조선총독부의 지방제도 개편

일제침탈사연구총서
정치
11

조선총독부의 지방제도 개편

동북아역사재단 일제침탈사 편찬위원회 기획
박찬승 지음

동북아역사재단
NORTHEAST ASIAN HISTORY FOUNDATION

| 발간사 |

  일본이 한국을 침탈한 지 100년이 지나고 한국이 일본의 지배로부터 벗어난 지 70년이 넘었건만, 식민 지배에 대한 청산은 이루어지지 못하고 있다. 일본의 독도영유권 주장은 도를 넘어섰다. 일본은 일본군'위안부', 강제동원 등 인적 수탈의 강제성도 인정하지 않고 있다. 일본군'위안부'와 강제동원의 피해를 해결하는 방안을 놓고 한·일 간의 갈등은 최고조에 이르고 있다. 역사문제를 벗어나 무역분쟁, 안보위기 등 현실문제가 위기 국면을 맞고 있다.

  한·일 간의 갈등은 식민 지배의 역사를 어떻게 볼 것인가 하는 역사인식에서 기인한다. 역사는 현재와 과거의 대화이며 이를 기반으로 미래로 나아갈 수 있다. 과거 침략의 역사를 미화하면서 평화로운 미래를 말하는 것은 불가능하다. 식민 지배와 전쟁발발의 책임을 인정하지 않고 반성하지 않으면 다시 군국주의가 부활할 수 있고 전쟁이 일어날 위험성도 배제할 수 없다. 미래지향적 한일관계를 형성하고 나아가 동아시아의 평화와 번영의 기틀을 조성하기 위해 일본은 식민 지배의 책임을 인정하고 그 청산을 위해 노력해야 할 것이다.

  식민 지배의 역사를 청산하기 위해서는 식민 지배는 어떻게 이루어졌는지 그 실상을 명확하게 규명하는 일이 긴요하다. 그동안 일본제국주의에 맞서 조국의 독립을 위해 헌신한 독립운동가들의 활동을 찾아내고 역사적으로 평가하는 일에는 상당한 성과를 거두었다. 반면 일제 식민침탈의 구체적인 실상을 규명하는 일에는 충분한 노력을 기울이지 못했다. 제국주의가 식민지를 침탈했다는 것은 너무나 당연한 사실로 여겨졌기 때문에, 굳이 식민 지배에서 비롯된 수탈과 억압, 인권유린을 낱낱이 확인할 필요가 없었는지도 모른다. 그러는 사이 일본은 식민 지배가 오히려 한국에 은혜를 베푼 것이라고 미화하고, 참혹한 인권유린을 부인하는 역사부정의 인식을 보이는 데까지 이르고 있다. 일제의 통치와 침탈 그리고 그 피해를 종합적으로 조사하고 편찬할 필요성이 여기에 있다.

일제침탈사를 체계적으로 정리하는 일은 개인이 감당하기 어렵다. 이에 우리 재단은 한국학계의 힘을 모아 일제침탈사 편찬위원회를 꾸렸다. 편찬위원회가 중심이 되어 일제의 식민지 침탈사를 정치·경제·사회·문화 모든 방면에 걸쳐 체계적으로 집대성하기로 했다. 일제 식민침탈의 실체를 파악하기 위해 2020년부터 세 가지 방면으로 사업을 추진하고 있다. 하나는 일제침탈의 실상을 구체적이고 생생한 자료를 통해서 제공하는 일로서 '일제침탈사 자료총서'로 편찬한다. 다른 하나는 이들 자료들을 바탕으로 연구한 결과물을 '일제침탈사 연구총서'로 간행한다. 그리고 연구의 결과를 대중들이 이해하기 쉽게 '일제침탈사 교양총서'를 바로알기 시리즈로 간행한다. 자료총서 100권, 연구총서 50권, 교양총서 70권을 기본

목표로 삼아 진행하고 있다.

'일제침탈사 연구총서'는 일제침탈의 실태를 정치·경제·사회·문화 분야로 대별한 뒤 50여 개 세부 주제로 구성했다. 국내외 학계 전문가들이 현재까지 축적된 연구 성과를 반영하면서 풍부한 자료를 활용하여 집필했다. 연구자뿐만 아니라 교육 현장에서도 활용되고 일반 독자들도 이해할 수 있도록 집필하기 위해 노력했다. 연구총서 시리즈가 일제침탈의 역사적 실상을 규명하고 은폐된 역사적 사실을 기억하고 왜곡된 과거사에 대한 인식을 바로 잡음으로써 역사인식의 차이로 인한 논란과 갈등을 극복하는데 기여하는 디딤돌이 되기를 바란다.

2024년
동북아역사재단 이사장

| 편찬사 |

    1945년 한국이 일제 지배로부터 해방된 지 79년의 세월이 지났다. 그럼에도 불구하고 일본 사회 일각에서는 여전히 일제의 한국 지배를 합리화하고 미화하는 주장이 나오고 있으며, 최근에는 한국 사회 일각에서도 일제 지배를 왜곡하고 옹호하는 주장이 나오고 있다. 이는 한국과 일본 사회, 한일관계와 동아시아 국제관계의 미래+를 위해서도 결코 바람직하지 않은 일이다.

    이에 동북아역사재단은 일제의 한국 침략과 식민 지배에 대한 학계의 연구 성과를 총정리한 '일제침탈사 연구총서'를 발간하기로 하였다. 이에 따라 2019년 9월 학계의 전문가를 중심으로 편찬위원회를 구성하였으며, 편찬위원회는 학계의 연구 성과를 토대로 정치·경제·사회·문화 부문에서 일제의 침탈이 어떻게 이루어졌는지 정리하여 연구총서 50권을 발간하기로 하였다.

    주지하듯이 1905년 일제는 러일전쟁에서 승리한 뒤, 한국에 군대를 주둔시키면서 한국의 외교권을 빼앗고 통감부를 두어 내정에 간섭하였다. 1910년 일제는 군사력으로 한국 정부를 강압하여 마침내 한국을 강제 병합하였다. 이후 35년간 한국은 일제의 식민통치를 받았다.

    일제는 한국의 영토와 주권을 침탈하였을 뿐만 아니라, 군사력과 경찰력으로 한국을 지배하면서, 정치·경제·사회·문화의 모든 부문에서 한국인의 권리와 자유, 기회와 이익을 박탈하거나 제한하였다. 정치적으로는 군사력과 경찰력, 각종 악법을 동원하여 독립운동을 탄압하고, 한국인의 정치활동을 억압하고 참정권을 박탈하였으며, 집회와 결사의 자유를 억압하였다. 경제적으로는 일본 자본이 경제의 주도권을 장악하고, 일본인 위주의 경제정책을 수행했으며, 식량과 공업원료, 지하자원 등을 헐값으로 빼앗아 갔고, 농민과 노동자 등 대다수 한국인의 경제생활을 어렵게 하였다. 사회적으로는 한국인들을 차별적으로 대우하고, 한국인의 교육의 기회를 제한하고, 한국인으로서의 정체성을 박탈하여 결국은 일본의 2등 국민으로 만들고자 하였다. 문화적으로는 표현과 창작의 자유, 종교와 사상의 자유를 억압하고, 한글 대신 일본어를 주로 가르치고, 언론과 대중문화를 통제하였다. 중일전쟁, 아시아태평양전쟁을 도발한 뒤에는 인적·물적 자원을 전쟁에 강제동원하고, 많은 이들을 전장에 징집하여 생명까지 희생시켰다.

'일제침탈사 연구총서'는 침탈, 억압, 차별, 동화, 수탈, 통제, 동원 등의 단어로 요약되는 일제의 침략과 식민 지배의 실상과 그 기제를 명확히 밝히고자 하였다. 이를 통해 일제의 강제 병합을 정당화하거나 식민 지배를 미화하는 논리들을 비판 극복하고, 더 나아가 일제 식민 지배의 특성이 무엇이었는지, 식민통치의 부정적 유산이 해방 이후에 어떤 영향을 미쳤는지를 밝히고자 하였다.

편찬위원회는 연구총서와 함께 침탈사와 관련된 중요한 주제들에 관하여 각종 법령과 신문·잡지 기사 등 자료들을 정리하여 '일제침탈사 자료총서'도 발간하기로 하였다. 아울러 일반인과 학생들이 보다 쉽게 읽을 수 있는 '일제침탈사 교양총서'를 바로읽기 시리즈로 발간하기로 하였다.

일제의 한국 침략과 식민 지배의 역사는 광복 후 서둘러 정리해 냈어야 했지만, 학계의 연구가 미흡하여 엄두를 내기 어려웠다. 이제 학계의 연구가 어느 정도 축적되어 광복 80주년을 맞기 전에 이와 같은 작업을 할 수 있게 된 것을 다행으로 생각한다. 한일 양국 국민이 과거사에 대한 올바른 역사인식을 갖고 성찰을 통해 미래를 향해 함께 나아갈 수 있기를 기대하면서 삼가 이 책들을 펴낸다.

2024년
동북아역사재단 일제침탈사 편찬위원회

차례

발간사 4
편찬사 7

머리말   15
   1. 조선총독부의 '지방제도' 개편과 '지방자치'   16
   2. 기존 연구의 검토   28
   3. 이 책의 구성 및 자료   47

제1부 1910년대까지의 지방제도 개편과 운영

제1장 대한제국기와 통감부 시기의 지방제도 개편
   1. 1895~1904년의 지방제도 개혁   54
   2. 통감부의 지방제도 개편과 지방의
      재판권·경찰권·징세권 장악   85

제2장 1910년대 조선총독부의 지방제도 개편
   1. 조선총독부지방관관제의 반포   134
   2. 지방행정조사와 지방제도 개정의 준비   145
   3. 1913~1914년 부·군·면의 폐합   155
   4. 1914년 부제의 실시   191
   5. 1917년 면제의 실시   208

제2부 1920년대의 지방제도 개편과 운영

제3장 1920년 제1차 지방제도 개정과 자문기구 도입

1. 1920년 지방제도 개정의 배경과 과정 **236**
2. 지방자문기구의 도입-도평의회, 부협의회, 면협의회를 중심으로- **244**
3. 신 지방제도에 대한 동아일보의 비판 **270**
4. 1920년 개정 지방제도에 따른 자문기구의 선거와 임명 **286**

제4장 1920년대 도평의회의 구성과 운영

1. 도평의회원의 선출과 임명 **322**
2. 도평의회의 회의 운영 **327**
3. 도평의회 회의의 주요 쟁점 **341**
4. 도평의회와 평의회원을 둘러싼 3대 사건 **352**
5. 언론의 도평의회와 도평의회원에 대한 평가 **372**

제5장 1920년대 부협의회의 구성과 운영

1. 부협의회원의 선거 **380**
2. 부협의회의 운영과 주요 쟁점 **430**

제6장 1920년대 면협의회의 구성과 운영

1. 면협의회원의 선거와 임명과정 **454**
2. 면협의회의 운영과 주요 쟁점 **469**

3. 주민대회와 면장배척·면장민선운동 496

제3부 1930년대 이후의 지방제도 개편과 운영

제7장 1930년 제2차 지방제도 개정과 의결기구 도입

1. 1930년 지방제도 개정의 배경 506
2. 제2차 지방제도 개정의 경과와 주요 내용 513
3. 부회·읍회의원, 면협의회원 선거에 관한 규정 및 선거취체규칙 534
4. 지방제도 개정에 대한 언론의 반응 545

제8장 1930년대 이후 부회·읍회·면협의회·도회 선거와 그 결과

1. 1931년의 부회·읍회·면협의회 총선거 560
2. 1935년의 부회·읍회·면협의회 총선거 575
3. 1939년의 부회·읍회·면협의회 총선거 585
4. 1943년의 부회·읍회·면협의회 추천제 선거 592
5. 1933·1937·1941년의 도회 선거 603

제9장 1930년대 이후 지방의회의 운영과 '식민지형 지방자치'

1. 부회의 운영과 주요 쟁점 610

    2. 읍회와 면협의회의 운영과 쟁점   **651**

    3. 도회의 운영과 주요 쟁점   **672**

    4. 언론의 '식민지형 지방자치' 비판   **693**

제10장 1930년대 조선과 대만에서의 지방제도 개정 비교

    1. 1930년대 조선·대만의 지방제도 개정 과정   **698**

    2. 1930년대 개정된 지방제도의 내용 비교   **705**

    3. '식민지형 지방자치'   **715**

맺음말   **721**

참고문헌 756

부록
    연표 **766**

    법령 **769**

인명 찾아보기 789

머리말

1. 조선총독부의 '지방제도' 개편과 '지방자치'

1) 지방제도와 지방자치

일본은 1895년에 대만을, 1910년에 한국을 각각 식민지로 만들었다. 일본은 대만과 한국(병합 이후 '조선')에 각각 대만총독부와 조선총독부를 설치한 뒤, '지방제도' 개편에 착수했다. 지방제도의 개편은 전국적 차원에서 식민지의 주민을 장악하고, 식민지를 확실히 통치하기 위해 반드시 해야 할 일이었기 때문이다.

조선총독부와 대만총독부는 조선과 대만에서의 '지방제도'를 개편하면서, 한편으로는 일본의 '지방제도'를 모방하고, 다른 한편으로는 조선과 대만의 전통적인 지방제도와 당시 현지 실정을 참작하였다. 메이지유신 이후 일본의 지방제도는 근대적인 지방행정제도와 지방자치제도를 결합한 형태를 띠고 있었다. '지방행정제도'는 국가의 행정 관련 실무를 지시받아 수행하는 지방행정기관과 관련된 제도를 말한다. '지방자치제도'는 지방의 주민들이 스스로 공동체를 구성하여 자신들에게 필요한 여러 사업을 하는 지방공공단체와 관련된 제도를 말한다. 일본의 지방제도는 지방행정기관과 지방공공단체를 결합하는 방식을 택하고 있었다. 그런데 이와 같이 지방행정과 지방자치를 아우르는 '지방제도'란 용어는 일본에서만 사용된 것으로, 서구에는 그런 개념은 없었고, 일본에서 만들어 쓰다가 식민지에 보급한 것이었다고 한다.[1] 서구에서 근대 이후 지방에 대한

1　姜再鎬, 1999, 解說「地方制度と地方制度特例」『(史料)日本の地方自治』, 學陽書房,

제도는 곧바로 '지방자치제도'였기 때문이다.

　그러면 서구에서 지방자치제는 어떻게 만들어졌고, 어떤 의미를 갖고 있었을까. 서구 지방자치제는 16세기 이후 근대 국민국가가 만들어지기 시작하면서 지방에 대한 안정적인 통치 및 통합을 위한 제도로 창출된 것이었다. 서구의 지방자치제에는 흔히 영국의 '주민자치' 유형과 프랑스·독일의 '단체자치' 유형이 있다고 설명된다. '주민자치'는 지방자치에서 "주민의 생활과 관련된 지방행정을 국가가 중앙정부기관에 의하지 않고, 그 지역 주민 스스로 또는 대표자를 통하여 자기들의 의사와 책임하에 행하는 것"이다. 반면 '단체자치'는 지방자치에서 "일정한 지역을 기초로 하는 지방자치단체가 국가와 별개로 법인격을 부여받아 국가로부터 상대적으로 독립된 지위와 권한을 갖고 주민의 생활과 관련된 지방행정을 원칙적으로 국가의 간섭을 받지 않고 지방자치단체 자신이 처리하는 것"이다.[2] 전자는 이후에 미국과 캐나다에 영향을 주었고, 후자는 이후에 일본과 한국에 영향을 준 것으로 알려져 있다. 그러나 제2차 세계대전 이후 주민자치와 단체자치는 서로 결합되었고, 오늘날의 지방자치는 단체자치에 의해 형식을 갖추고, 주민자치에 의해 실질을 갖추는 것을 목표로 하고 있다.[3]

　앞서 말한 것처럼 서구 국가들의 예를 보면 지방자치제는 근대 국민국가가 형성되는 과정에 지방에 대한 통치와 통합을 위해 만들어진 것이었다. 따라서 지방자치제란 중앙집권적 국가의 국민적 통합과 통일, 지방

　　5~6쪽; 姜再鎬, 1998,「地方制度」『行政學の基礎』, 岩波書店, 69~70쪽 참조.
2　김영기, 1999,『지방자치제의 이해』, 대영문화사, 16~19쪽.
3　김영기, 1999, 위의 책, 19쪽.

에 대한 효율적이고 안정적인 통치를 위해 지방행정에서 주민들과 밀접한 지방적 사무를 지방에 위임하고('분권'), 대의제도와 대표제도를 만들어 주민들이 이에 '참여'하고 '동의'할 수 있도록 하는 제도였다고 말할 수 있다. 그리고 이와 같은 자치제도를 수행할 수 있도록 여러 자치체를 계층적으로 창출하고, 각 계층에 대의기관과 집행기관을 두어 지방의 고유한 사무와 국가적 사무를 동시에 수행하게 하는 제도를 만든 것이었다.[4]

따라서 지방자치는 '분권, 참여, 동의'를 핵심이자 본질로 한다고 볼 수 있다. 분권, 참여, 동의가 빠진 지방자치는 지방자치라고 말하기 어려운 것이다.

2) 일본의 지방자치

식민지 조선과 대만의 지방제도는 일본의 지방제도를 모방하면서도 현지의 역사적 전통, 그리고 식민지라는 현실을 감안하여 만들어졌다. 그런 점에서 일본의 근대 지방제도에 대해 미리 알아볼 필요가 있다.[5] 1868년 메이지유신 이후 일본 정부는 근대국가의 하부기구로서 지방제도를 만들기 위해 1871년 폐번치현(廢藩置縣)을 단행하였다. 즉 다이묘(大名)가 통치하던 구래의 번(藩)을 폐지하고 새로 부현(府·縣)을 설치하면서 부현 장관의 인사권을 중앙정부가 장악한 것이다. 부현은 처음에는 3부

---

4 山田公平, 1991, 『近代日本の國民國家と地方自治: 比較史硏究』, 名古屋大學出版會, 제1,2장 참조.

5 근대 일본의 지방자치제도에 대해서는 다음의 책을 참조. 사쿠마 쓰토무(이경희 역), 1987, 『일본지방자치제도』, 서울, 문우사 ; 中西啓之, 1997, 『日本の地方自治』, 東京, 自治体硏究社 ; 大石嘉一郎, 2007, 『近代日本地方自治の步み』, 東京, 大月書店.

302현이었으나 통폐합을 단행하여 1871년 11월에는 3부 72현이 되었다. 신정부는 이어서 부현의 관제를 정하여 부에는 지사, 현에는 현령을 두어 중앙정부에서 이를 임명하였다. 그 후 부현의 통폐합이 더 진행되어 1877년경에는 39개 부현으로 줄어들었으며, 1888년경에는 46개 부현으로 조정하였다. 또 1878년에는 3신법(三新法), 즉「군구정촌편성법(郡區町村編成法)」,「부현회규칙」,「지방세규칙」을 공포하였다. 군구정촌편성법은 구래의 군와 정촌을 부활시키고, 새로이 구(區)를 설치한 것이었다. 이에 따라 군에는 군장(郡長), 구에는 구장(區長), 정촌에는 호장(戶長)을 두었다.[6]

일본 정부는 1888년에는「시제(市制)」와「정촌제(町村制)」를 공포하였으며, 1890년에는「부현제」및「군제(郡制)」를 공포하였다. 시제와 정촌제를 보면, 시정촌에 거주하는 주민 가운데 선거권과 피선거권은 공민(公民)에게만 부여된다. 공민의 조건은 1) 만 25세 이상의 제국신민으로서, 공권(公權)을 가지고 1호(戶)를 구성하는 남자일 것, 2) 2년 이래 시정촌의 주민이 되어 그 시정촌의 부담을 분임하고, 3) 그 시정촌에서 지조(地租)를 내거나 혹은 직접 국세 2엔 이상을 낸 자로 하였다. 따라서 여성에게는 공민권이 부여되지 않았고, 남성이라도 소작, 빈농, 영세 자영업자, 노동자들에게는 공민권이 부여되지 않았다. 공민권을 가질 수 있었던 것은 당시 인구의 약 10%, 직업을 가진 인구의 약 25%였다. 따라서 메이지시대의 지방자치는 흔히 '지주(地主)의 지방자치'라고 불리었다. '부현제'의 경우는 더욱 조건이 까다로워 피선거권자는 부현 내 시정촌의 공민 가운데 선거권을 가지고, 그 부현에서 1년 이상 직접국세 10엔

---

6 中西啓之, 1997, 앞의 책, 54~60쪽.

이상을 낸 자로 되어 있었다. 선거는 복선제(複選制)라는 간접선거로서, 시에서는 시회와 시참사회가 부현회 의원을 선출하고, 군에서는 군회의원 및 군참사회원이 부현회 의원을 선출하였다. '군제'에서는 군회 의원 3분의 2를 군내 정촌의 정촌회에서 선출하고, 3분의 1은 군내의 대지주, 즉 군내에서 정촌세의 부과를 받는 소유지의 지가총계 1만엔 이상의 지주들이 호선하여 선출하게 되어 있었다. 이런 제도는 프러시아 대지주의원제를 참고한 것이었는데, 일본의 실정에는 맞지 않는다 하여, 1899년 개정되었다. 이후 부현회 의원 선거는 복선제의 간접선거에서 직접선거로 바뀌었고, 선거권자는 부현내의 시정촌 공민으로, 시정촌회 의원의 선거권을 가지고, 그 부현 내에서 1년 이래 국세를 연액 3엔 이상 낸 자로 되었다. 군제에서는 군회 의원 선거에서 복선제 및 대지주의원제가 폐지되어 직접 선거제가 되었고, 선거권자의 납세자격은 직접국세 3엔 이상을 내는 자로 되었다.[7]

메이지시대 지방선거의 또 하나의 특징은 '등급선거제'였다. 이는 납세액에 따라서 선거권에 차등을 두는 것이었다. 시회 의원의 경우 3등급제, 정촌회 의원의 경우 2등급제 선거가 시행되었다. 즉 시회 의원의 선거에서는 선거인이 내는 직접시세(直接市稅)의 총액을 3등분하여, 그 가운데 상위 3분의 1을 점하는 최다 납세자 그룹을 1급 선거인, 다음 3분의 2그룹을 2급 선거인, 그 다음 3분의 1그룹을 3급 선거인이라 하여, 각 급별로 의원 정수의 3분의 1을 할당하는 제도였다. 마찬가지로 정촌의 경우에는 1급 선거인과 2급 선거인으로 나누어 의원 정수의 2분의 1씩을 할

---

7 中西啓之, 1997, 앞의 책, 70~71쪽.

당하였다. 이는 말할 것도 없이 유산자에게 유리한 선거제도였다.[8]

한편 1886년에는 칙령으로 「지방관관제」가 개정되어 부지사·현령의 명칭 구분이 폐지되고 부지사·현지사로 통일되었으며, 지사는 칙임 2등 또는 주임 1등이 되었다. 부현지사에는 내무성의 고급관료가 부임하였으며, 그는 내무대신의 지휘·감독하에 놓여 있었다. 부현지사는 징세, 치안, 교육, 후생, 토목, 건축, 도시계획, 관내 군대의 출동 등 광범위한 권한을 가지고 있었지만, 중앙정부의 지휘·감독을 받아야만 했다. 군의 군장(郡長)도 역시 관선으로, 부현지사의 감독하에 놓여 있었다. 이처럼 메이지시대의 지방자치제는 지주의 지방자치임과 동시에, 부현이 중앙정부의 하부기구로서 강력한 권한을 갖는 조건에서의 제도였다. 부현의회는 존재하였지만, 중앙정부와 부현의 관료기구가 갖는 힘은 강력하였다. 이러한 조건하에서 군과 정촌에서의 지주층, 즉 지방명망가에 의한 지방자치가 있었다.[9]

한편 정촌제가 시행된 1889년 약 7만 1천여 개에 달하던 정촌은 통폐합을 통해 1만 5천여 개로 줄어들었다. 대규모의 정촌합병이 이루어진 것이다. 정촌제 실시 전의 '무라'는 자연촌이었지만, 이제 새로 만들어진 '촌(村)'은 새로 편제된 행정촌이었다. 당시 정촌의 통폐합 과정에서 내무대신은 각 지방장관에게 3백 호 내지 5백 호를 가지고 하나의 정촌을 만들도록 지시하였다. 그리하여 약 5개의 무라(자연촌)가 하나의 촌(행정촌)으로 통합되었다고 볼 수 있다.[10]

---

8   中西啓之, 1997, 앞의 책, 72쪽.
9   中西啓之, 1997, 위의 책, 73~75쪽.
10 中西啓之, 1997, 위의 책, 70~71쪽.

다이쇼 시대에 접어들면서 지방제도에도 커다란 변화가 일어났다. 특히 1920년대 들어 활발히 진행된 보통선거운동에 의해 1925년 보통선거법이 성립하고, 재산에 의한 선거권 제도가 철폐되면서 이는 지방자치 선거에도 영향을 주었다. 1926년 시제 및 정촌제의 개정이 행해져, 지방자치제도에서도 재산에 따른 공민권의 제한이 철폐되었다. 이에 따라 25세 이상의 남자로서, 그 시정촌에 2년 이상 거주한 경우면 공민이 될 수 있었다. 또 등급선거제는 모두 철폐되었다. 시장 선거도 이전처럼 시회가 3인의 후보를 뽑아 내무대신이 이를 결정하는 방법이 아니라, 시회가 직접 선거하는 방법으로 바뀌었다. 부현제도 개정되어 부현 내의 시정촌 공민은 누구나 선거권과 피선거권을 갖는 것으로 개정되었다.[11]

또 그즈음 군제와 군역소(郡役所)가 폐지되었다. 1904년 이후 여러 차례에 걸쳐 군제 폐지안이 중의원에 제출되었지만 귀족원의 반대로 실현되지 못했다. 특히 야마가타 아리토모(山縣有朋)가 군제의 유지를 고집한 것으로 알려져 있다. 그는 기생지주의 보호육성, 지주 지배의 농촌질서의 유지, 중앙정부의 정촌에 대한 감독기관으로서의 군의 중요성 등을 강조했던 것이다. 그러나 하라 다카시(原敬) 등 정우회를 중심으로 한 정당세력은 군제의 폐지를 주장해왔다. 결국 다이쇼 시대의 농촌사회의 변화, 소작농민의 조직화 등 사회변화에 따라 대세는 바뀌어, 1921년 군제 폐지가 성립되어 1923년 시행되었으며, 군역소 또한 1926년에 폐지되었다.[12]

이상 메이지와 다이쇼 시대 일본의 지방자치를 살펴보았는데, 일본

---

11 中西啓之, 1997, 앞의 책, 101~102쪽.
12 中西啓之, 1997, 위의 책, 104~106쪽.

의 지방자치는 중앙정부의 강력한 지휘 감독하에 놓여 있었고, 따라서 '관치(官治)'적 성격이 강한 지방자치였다. 시간이 흐르면서 분권, 참여, 자치의 폭이 점차 넓어지기는 했지만, '관치'적 성격은 여전히 강하였다.

3) 식민지 조선과 대만의 지방제도

일제는 1895년 대만을 식민지화하고, 1910년 조선을 식민지화한 뒤에 일본의 부현(府·縣)-군(郡)-정촌(町·村)의 3단계 지방제도를 모방하여, 대만에서는 현청(縣·廳) - 변무서(辨務署, 뒤에는 支廳) - 가장사(街·庄·社)의 3단계로 이어지는 지방제도를 만들고, 조선에서는 도(道)-군(郡)-면(面)의 3단계로 이어지는 지방제도를 만들었다.[13] 그리고 조선에서는 군과 면의 대대적인 통폐합 작업이 있었다. 이는 일본에서 1889년 정촌의 대대적인 통폐합이 있었던 것을 연상케 한다. 이러한 면의 통폐합 작업 뒤에 1917년 조선에서「면제」를 실시하여, 면을 지방행정의 기본단위로 삼게 된다. 이는 일본에서 '정촌'을 지방행정의 기본단위로 했던 것을 모방한 것으로 보인다.

그리고 조선에서 3·1운동이 있은 뒤인 1920년 식민지민들의 정치참여 욕구를 달래기 위해 일제는 조선과 대만에서의 제1차 지방제도 개정을 통하여 지방자문기구를 도입하였다. 조선에서는 도평의회, 부협의회, 면협의회를 만들고, 대만에서는 주협의회, 시협의회, 가장협의회를 만든 것이다. 대만에서는 1920년에 지방제도를 개편하여 주(州)-시군(市·郡)-

---

13 박찬승, 2021,「일제지배 초기 대만과 조선의 지방제도 개편 비교」『동아시아문화연구』 85, 186쪽.

가장(街·庄)제를 실시하였다.[14] 그러나 조선과 대만의 경우 군 단위에는 협의회를 만들지 않았다. 앞서 본 것처럼 당시 일본에서는 군제(郡制)와 군역소의 폐지가 논의되고 있었고, 1920년대 중반에 결국 군은 단순한 행정구역으로만 남게 되는데, 이러한 논의가 식민지 조선에도 영향을 미친 것으로 보인다.

1920년대 조선과 대만에서 지방의 평의회 혹은 협의회가 만들어졌으나, 이는 의결기관이 아닌 자문기관이었기 때문에 많은 한계를 갖고 있었고, 따라서 조선인과 대만인들의 불만의 목소리가 높았다. 이에 따라 1930년 조선총독부는 제2차 지방제도 개정을 실시했고, 대만총독부는 5년 늦은 1935년에 제2차 지방제도 개정을 실시했다. 이때부터는 자문기구가 아닌 의결기구가 도입되었다. 조선의 경우 의결기구인 도회·부회·읍회가 도입되었고, 대만의 경우 의결기구인 주회·시회가 도입된 것이다. 이를 들어 조선총독부와 대만총독부는 조선과 대만에서 '지방자치제'가 시작되었다고 선전하였다. 그러나 면협의회와 가장협의회는 여전히 자문기구로 남겨둔 상태였다.

조선인과 대만인 의원들은 '지방의회'에서 행정기관의 정책에 대해 질문하고 비판도 할 수 있었다. 또 현안에 대해 나름대로 의견을 모아 의결을 할 수도 있었다. 그러나 행정기관의 장은 의결기구의 의결사항을 무시하고 집행하지 않아도 제도적으로 전혀 문제가 되지 않았다. 또 도시(조선의 부, 대만의 시)의 지방의회 의원의 민족별 구성에서는 일본인이 다수를 차지하여, 조선인과 대만인은 의결기구의 운영을 주도할 수도 없었다. 사

---

14 박찬승, 2022, 「1920·30년대 식민지 조선·대만에서의 지방제도 개정 비교」 『동아시아문화연구』 89, 113쪽.

실상 일본인 의원들이 주도하는 지방자치가 되었던 것이다.

1920년대와 1930년대의 총독부의 지방제도 개정과 자문기구 및 의결기구를 어떻게 평가할 것인가, 또 당시 자문기구와 의결기구에서 참여한 조선인 의원들은 어떤 이들이며, 그들의 활동을 어떻게 평가할 것인가에 대해서는 뒤에 보듯이 학계에 여러 견해가 나와 있다. 과거에는 대체로 제도상의 한계와 문제점을 강조하는 입장이 일반적이었다. 그런데 최근에는 의원들의 활동에 나름대로 의미부여를 하면서 이를 '지방정치'라 하여 적극적으로 평가하는 입장이 대두하고 있다. 그러나 이러한 평가에는 보다 신중할 필요가 있다.

1920년대의 지방제도 개정 시에는 의결기구가 아닌 자문기구가 도입되었을 뿐이기 때문에, 당시 조선총독부도 '지방자치의 실시'라는 말을 쓰지 않았다. 1930년대의 지방제도 개정 시에 의결기구가 도입되면서 조선총독부 측은 '지방자치의 실시'라고 선전하였다. 그러나 당시 의결기구가 된 도회·부회·읍회는 우선 제도적으로 많은 한계를 안고 있었다. 주민이 선출하지 않고 총독부로부터 임명을 받은 도지사·부윤·면장이 의회의 의장이 되고, 이들이 의회의 진행을 주도했다. 또 이들은 의회의 의결을 취소하거나 무시할 수 있는 권한도 있었다. 총독은 부회나 도회를 해산할 수 있는 권한도 갖고 있었다.

또 부회나 읍회 유권자의 자격에 제한이 있었기 때문에, 일본인 유권자의 수가 조선인 유권자보다 더 많았고, 이는 의회 구성에서 일본인 의원이 다수를 차지하는 결과를 낳았다. 따라서 부회와 읍회는 일본인 의원들에 의해 주도되는 경우가 많았다. 조선인 의원들은 의회에서 나름대로 조선인의 이해관계를 대변하기 위해 노력했지만, 숫자상으로 다수인 일본인 의원들과 의장의 벽에 부딪혀 좌절해야만 했다.

이처럼 1920년대의 자문기구 시대는 말할 것도 없고, 1930년대의 이른바 의결기구 도입 이후의 이른바 '지방자치'에 대해서는 제도상, 운영상에 어떤 문제가 있었는지 그 실상을 먼저 파악할 필요가 있다. 이러한 실상을 파악하지 않고서는 당시의 지방자치에 대해 제대로 평가하기 어렵다.

또 당시의 이른바 '지방자치'를 평가할 때에는 나름의 기준이 필요하다. 앞서 본 것처럼 지방자치의 핵심은 '분권·참여·동의'이다. 따라서 당시 조선의 지방자치를 평가하기 위해서는 지방자치에서 분권·참여·동의가 어느 정도 보장되고 실행되고 있었는지 객관적으로 평가해볼 필요가 있다. 또 당시 식민모국인 일본, 같은 식민지인 대만의 지방제도와도 비교해서 볼 필요가 있다. 이러한 작업을 통해 당시 조선의 지방제도가 어느 정도 수준의 지방자치였는지, 또 어떤 성격의 지방자치였는지를 비로소 파악할 수 있을 것이다.

한편 19세기 후반 이후 20세기 초까지 조선-대한제국에는 '향회'라고 불리는 주민들의 자치적인 모임이 있었다. 군 단위에서는 향회, 면 단위에서는 면회, 리 단위에서는 리회가 있었는데, 이들 모임은 그 이후에 어떻게 되었을까. 1920·1930년대에 전국 각지에서는 도민대회, 군민대회, 부민대회, 면민대회와 같은 이른바 '주민대회'가 우후죽순처럼 일어났다. 이는 이전의 향회, 면회를 계승한 것이라고 볼 수도 있다. 이들 주민대회에서는 당시 지역사회에서 현안이 되고 있던 문제들을 직접 논의하고 해결책을 찾고자 했다. 당시 도평의회-도회, 부협의회-부회, 면협의회와 같은 공식적인 자문기구 혹은 의결기구가 있었지만, 지역사회의 현안을 제대로 해결해 주지 못했기 때문에 주민들은 따로 주민대회를 열어 이를 해결하고자 한 것으로 보인다. 따라서 이들 주민대회는 공식적인 자문기구나 의결기구보다 주민자치의 성격이 더 강한 것이었다고 볼 수도 있다. 그런 점에서 이 시기 주민대회에 주목해서 살펴볼 필요가 있다.[15]

---

15   주민대회에 대해서는 한상구, 2013, 「일제시기 지역주민운동 연구 - 지역 주민대회를 중심으로 - 」(서울대 국사학과 박사논문)를 참조할 것.

2. 기존 연구의 검토

일제하의 지방제도에 대한 대표적인 연구는 손정목이 1992년 출판한 『한국지방제도·자치사연구』(상)이다. 그는 이 책에서 갑오개혁기부터 일제강점기에 이르는 시기의 지방제도의 변화 과정과 지방선거에 대해 제도사적인 측면에서 주로 정리하였다. 특히 그는 이 책에서 1920년대 총독부의 제1차 지방제도 개정에 대해 1) 당시 도평의회와 부면협의회가 자문기관에 지나지 않았고, 2) 도지사·부윤·면장이 의장을 맡았으며, 의장의 권한이 대단히 컸고, 3) 자문할 수 있는 사항이 극히 한정되어 있었으며, 4) 조선인의 참여가 제한되거나 친일 인물만 참여가 가능하게 해두었다는 점 등을 들어 '허울만의 지방자치'였다고 비판하였다. 또 1930년대의 제2차 지방제도 개정에 대해서는 1) 선거권자 및 피선거권자의 자격에 여전히 강력한 제한을 두고 있었고, 이는 일본인 유권자들에게 크게 유리하였으며, 2) 지방의회에 대한 상급관청의 의결권 제한, 의결 취소, 의회 해산권 등 엄격한 감독제도가 존재하였으며, 3) 의원의 의안발안권이 없었다는 점 등을 들어 본질적으로 달라진 것은 거의 없었다고 비판하였다.[16]

손정목의 연구는 이 방면의 고전적인 연구라고 할 수 있는데, 이 책의 출판을 전후하여 많은 연구자들이 각 시기별, 주제별 연구를 진행하였다. 아래에서 이를 차례대로 살펴보자.

---

16 손정목, 1992, 『한국지방제도·자치사연구(상) - 갑오경장 ~ 일제강점기 - 』, 일지사.

1) 1895~1910년 조선의 지방제도

조선의 근대적인 지방제도는 1895년 개화파의 지방제도 개정으로부터 시작되었으며, 이후 대한제국기에도 여러 차원에서의 지방제도 개정이 진행되었다. 그리고 1905년 통감부가 설치된 이후 통감부는 나름대로 조선의 지방제도 개정을 꾸준히 시도하였다.

이 시기 지방제도 개혁에 관한 본격적인 연구는 1980년대 윤정애에 의해 시작되었다. 그는 갑오개혁기의 지방제도 개혁과 광무개혁기의 지방제도 정비에 대해 지방행정구역, 지방행정체제, 지방재정의 세 측면을 중심으로 정리하였다. 우선 지방행정구역의 측면에서는 갑오개혁기에는 23부제를 근간으로 하는 군(郡) 일원화체제가 시행되었고, 광무개혁기에는 '구본신참'의 원칙에 따라 23부제가 폐지되고 13도제가 시행되지만 군 일원화체제는 유지되었다고 한다. 또 군도 그 결호(結戶)의 다소에 따라 등급을 나누어 경비·봉급체계에 차등을 두었다고 한다. 지방행정체제와 관련해서는 갑오·광무개혁기에는 각 도·부·목과 군 등에 따라 이서층의 정원과 보수의 지급을 달리하여 그 규모를 정하였으며, 이에 따라 지방이서층의 대폭적인 감원이 이루어졌다고 한다. 지방재정의 측면에서는 전국재정의 일원화 추진에 따라 지방재정도 탁지부에서 일률적으로 관리하게 되었다고 한다. 또 지방의 징세기구는 갑오개혁기에는 지방관으로부터 조세징수권을 분리시키고자 하였으나, 광무개혁기에는 사정에 의해 이를 다시 지방관에게 돌려주고 대신 감독을 강화하였다고 한다.[17]

이어서 유정현은 1894년부터 1904년까지 지방재정에 대한 정책과

---

17 윤정애, 1985, 「한말 지방제도 개혁의 연구」, 『역사학보』 15.

그에 따른 지방재정구조의 변화를 군 단위에서 살펴보았다. 그에 따르면, 이 시기의 조세변화는 결호전(結戶錢) 제도의 성립으로 대표되는데, 조세가 정액금납화됨에 따라 지방의 자의적인 수탈이 금지되었고, 법적으로 지방재정은 국가에서 떼어주는 경비에 전적으로 의존할 수밖에 없었다고 한다. 당시 이러한 새로운 조세제도를 실시하기 위해서는 지방재정에 경제적 기반을 두고 있던 이서층을 정리하지 않으면 안 되었다. 그리하여 이서층의 정원을 절반 이하로 급격히 축소시키고 이서층이 아닌 향원(鄕員)에게 이를 맡기고자 했지만, 이는 이서층의 저항을 불러왔다고 한다. 결국 광무년간에는 다시 조세행정과 지방재정을 이서층에게 전적으로 맡기게 되어, 중간수탈이 재연되고 심화되는 결과를 가져왔다고 보았다.[18]

이상찬은 이 시기의 지방자치 논의와 관련하여 주로 향회에 주목하였다. 그는 이와 관련된 두 편의 논문을 썼다. 먼저 1894~1895년 개화파의 향회의 법제화와 관련된 논문에서는 1894년 7월 군국기무처의 의안으로 나온 향회 설치안에 대해, 이 안의 중심 내용을 1) 수령과 이서층으로부터 징세권을 분리시켜 향원이 이를 맡으며, 2) 읍 향원은 향회, 면 향원은 면에서 선출하고, 3) 법률로 정해진 이외의 세금을 걷지 않는다는 것으로 설명했다. 개화파정부는 각 도에 향회를 구성하라고 훈령을 내렸고, 일부 군에서는 이에 따라 향원이 실제로 조세행정을 담당하고 있었다고 하였다. 그러나 1895년 들어 「각군세무장정」과 「세무시찰관장정」이 시행되면서 23부에 탁지부 관리가 세무시찰관으로 파견되어 각 군의 조세행정을 관리 감독하게 되고, 군 단위에서는 군수가 조세의 부과와 징수

---

18 유정현, 1992, 「1894~1904년 지방재정제도의 개혁과 이서층 동향」, 『진단학보』 73, 진단학회.

를 맡게 되었다고 한다. 이에 따라 각 군에는 세무과가 설치되고 세무과장은 세무주사가 맡았는데, 그들은 대체로 향임층이었다고 보았다. 그는 이렇게 변화된 상황을 법제화한 것이 1895년 11월 공포된 「향약판무규정」과 「향회조규」였다고 보았다. 이때 향회를 주도하는 세력은 양반신분이 아니라, 재산을 많이 소유한 세력이었다. 이에 양반층은 강력히 저항하였고, 결국 1896년 4월 「세무시찰관장정」의 시행이 정지되고 조세행정은 갑오개혁 이전으로 되돌아갔다고 한다. 그리고 광무개혁기에 이르러 이서층이 지방행정의 실무자로 등장하고, 향원층은 배제되었다고 한다.[19]

이상찬은 또 1906~1910년의 지방행정제도의 변화와 관련된 정부와 민간 차원의 논의를 분석하였다. 이 글에서는 특히 '향회'와 민의소 설치, 면과 면장제도와 관련한 논의를 '지방자치'라는 문제와 관련하여 분석하였다. 이에 따르면, 1906년 설치된 지방제도조사소는 보고서에서 지방자치 문제와 관련하여 각 지방에 향회조규와 향약규정을 시행하여 지방자치를 실시할 것을 주장했다고 한다. 이들은 군 단위까지는 관치행정을 하고, 면과 리에서는 자치를 실시하자고 주장했다. 그러나 이러한 건의는 채택되지 않았다. 그런 가운데 각 지방에서는 민의소나 민회와 같은 일종의 지방의회가 부유층에 의해 설립되기도 했다. 또 1906년 이후에는 각 군에 행정관리로서 군주사가 설치되고, 1909년부터는 일본인이 군주사로 채용되기 시작하였다. 또 관제 자치기구로서 지방위원회라는 것이 설치되기 시작했다. 그리고 1906년에는 조세징수규정에 징세기구로서 면장을 두었다. 이때 면장은 조세징수만 담당하게 되어 있었지만, 장차 면에서

---

19 이상찬, 1989, 「1894~1895년 지방제도 개혁의 방향 - 향회의 법제화 시도를 중심으로 -」, 『진단학보』 67, 진단학회.

지방행정을 총괄할 인물로 구상되고 있었다. 면민들은 이전에 세금을 거두던 면임 정도로 면장을 생각하여 면장직을 기피했다. 그러나 통감부는 면을 일본의 정촌(町村)과 같이 운영할 구상을 세우고 있었다. 이에 따라 1909년 들어서 내부(內部)는 「면장직제칙령안」을 통감부에 제출하고, 통감부는 면장을 판임관대우로 한다는 구상을 하게 된다. 결국 1910년 강제병합 직후인 9월에 제정된 「지방관관제」를 근거로 「면에 관한 규정」이 만들어지는데, 면은 최하급 행정단위가 되고 면장은 판임관대우로, 면장의 경비는 면민의 부담으로 최종 결정되었다고 한다. 그러나 이 글에서 자치기구로서 면회(面會)는 언급되지 않았다.[20]

박성연은 통감부시기의 면, 동리제의 운영에 대해 분석하였다. 이에 따르면, 통감부 시기 면의 재무행정은 재무서의 지휘를 받고, 일반행정은 군의 지휘를 받는 이중적인 체제하에 놓이게 되었다고 한다. 이렇게 면에 대한 통제력이 강화되는 가운데에서도 면장 선출에서는 면민들에 의한 면장 선출 방식이 많은 지역에서 유지되었다고 한다. 그는 동래부의 면제 사례 연구를 통해, 각 면별로 다양한 면장 선출 사례를 소개하였다. 어떤 면에서는 관(동래부)의 영향력이 강하였지만, 어떤 면에서는 자치적인 성격이 강하였다는 것이다. 그렇지만 전체적으로는 관의 영향력이 강화되어 갔다고 평가하였다.[21]

한편 김민석은 갑오개혁·개한제국기 지방제도 개편과 지방자치논의를 주제로 한 박사논문을 통하여 갑오개혁기와 대한제국기의 지방제도 개

---

20 이상찬, 1986, 「1906~1910년의 지방행정제도 변화와 지방자치논의」, 『한국학보』 42, 일지사.

21 박성연, 2010, 「통감부시기 面·里洞制 연구 - 동래부의 사례를 중심으로 -」(서울대 국사학과 석사논문)

편의 의미에 대해 분석했다. 그는 갑오개혁기에 중앙에서 군현에 이르는 일원적 행정체계인 '8도-330여 군현제'가 '23부-337군제'로 개편되었으며, 당시 과다하고 불균등한 부·목·군·현의 읍 단위를 대폭 줄이고자 했으나 이서층의 반발로 인해 그 실행이 유보되었다고 하였다. 대신 읍 단위 행정구역의 읍호·읍격을 군(郡)으로 일원화하고, 읍 관장의 호칭을 군수로 통일하는 데 그쳤다고 설명했다. 또 외관제, 즉 도-군현을 담당하던 외관(지방관리)에 대한 관제를 개편하여, 기존에 지방관청에서 향역(鄕役)으로서 무급으로 행정실무를 담당하던 이서층을 지방관청을 구성하는 '직원'으로 규정하였다고 설명했다. 나아가 이들의 정원을 법으로 정하여 대폭 축소하였으며, 공적 업무 수행에 대한 보수로서 국가가 월급을 지급하는 체제로 바꾸었다고 설명했다. 한편 이 과정에서 개화파는 「향회조규」·「향약판무규정」을 통해 지방자치를 모색했는데, 이는 지방의 행정과 재정에 대한 주민참여를 제도화하여 면·리를 자치단체화하고, 군 단위까지 지방자치를 시행하고자 한 것으로 해석했다. 그리고 나아가 면·리제를 개편하여 면·리 단위까지 자치를 시행하고자 한 것으로 보았다. 하지만 군회·면회·리회로 이어지는 지방자치의 법제화는 군 폐합 등을 완료한 후에 시행하기로 하고, 일단은 내부 훈령을 통해 '권고'사항으로 반포하는 데 그쳤다고 보았다. 이 글에서는 위의 이상찬과는 달리 「향회조규」·「향약판무규정」은 법제화된 것이 아니라 '권고'하는 훈령에 그쳤다고 본 것이다. 한편 1896년 2월 개화파정권이 붕괴되고 광무정권이 들어선 뒤 23부제는 폐지되고 13도제가 들어섰지만, 지방관청의 직원에 대한 규정 등 지방관료제와 지방재정의 국가통제는 더욱 강화되어 갔다고 보았다.[22]

---

22 김민석, 2023, 「갑오개혁·대한제국기 지방제도 개편과 지방자치 논의」(한양대 사학과

2) 1910년대 조선의 지방제도

1910년 조선총독부는 1914년에 군·면의 통합과 '부제(府制)' 제정, 1917년에 '면제(面制)' 제정 등 지방제도 개편작업을 진행하였다.

이 시기 이와 같은 지방제도 개편에 대해서는 상당히 많은 연구가 있다. 1980년대에 국내 학계에서는 염인호가 '조선면제(朝鮮面制)'의 형성과 운영과정을 중심으로 일제하 지방통치에 관한 연구를 시작하였다. 이 논문에서는 통감부시기부터 1917년 '조선면제'가 제정되기까지 '면'을 둘러싼 제도와 운영의 실태를 설명하고, 1917년 면제 제정 이후 지정면과 보통면의 운영담당자와 운영구조에 대해 분석하였다. 이 논문에서는 일제가 통감부시기부터 조선면제의 성립에 이르기까지 조선인들에 의한 지역자치를 일관하여 부정하였다는 점을 중시하였다.[23] 일본에서도 야마토 가즈아키(大和和明)가 1917년 조선면제의 성립과정에 대해 분석했다. 그는 일본의 정촌(町村)에 해당하는 조선의 면(面)의 모습을 규정한 '조선면제'의 제정 과정을 정리하였다.[24]

1990년대에 들어서는 여러 논문이 나왔다. 김익한은 「식민지조선에 있어서의 지방지배체제 구축과정과 농촌사회변동」이라는 박사논문에서 1910년대 지방제도의 개편에 대해 간략히 정리하고, 지역명망가층의 동

박사논문).

23 염인호, 1983, 「일제하 지방통치에 관한 연구 – '조선면제'의 형성과 운영을 중심으로 – 」(연세대 사학과 석사논문).
24 大和和明, 1988, 「植民地期 朝鮮地方行政に関する試論: 面制の確立過程を中心に」『歷史評論』 458, 역사과학협의회.

향에 대해 주로 분석하였다.[25] 이정은은 갑오개혁부터 1910년대까지 지방제도의 개정 문제를 개괄적으로 정리하였으며, 윤해동은 통감부 시기 지방제도의 개정 문제를 군과 면의 지위 변화를 중심으로 다루었다.[26] 홍순권은 1910년대 면의 운영과 1917년 '조선면제'의 성립과정과 면제 공포 이후의 면 행정에 대해 다루었다. 이 논문에서는 특히 1910년대의 면 운영의 변화과정을 면리원의 확보, 면의 사업경영과 면 경비의 실태를 중심으로 살폈으며, '조선면제' 공포 이후 면의 법적 지위를 중점적으로 살폈다. 이 글은 조선면제가 종래 조선의 지방조직이 지니고 있던 자치적, 공동체적 요소를 해체시킴으로써 조선 민족의 정치적 자율성과 그 잠재 능력을 말살하려 한 것이었다고 보았다.[27]

2000년대에 들어 일본에서 강재호의 『식민지조선의 지방제도』가 출간되었다. 이 책은 1894년 갑오개혁 시기의 지방제도 개혁부터 시작하여 1930년대 도제, 부제 등 지방자치제도가 등장하기까지의 지방제도를 실증적으로 분석한 것이었다. 이 책은 특히 통감부시기와 1910년대 식민지 조선 지방제도의 성립과정에 중점을 두어 자세히 분석하였다. 이 책은 일본의 메이지유신 이후의 지방제도의 성장과정을 염두에 두면서, 그에 영향을 받은 조선의 지방제도가 어떻게 형성, 변용되는지를 밝히고자 했다. 그리하여 조선의 지방제도는 일본 지방자치의 극히 부분적인 개념만을

---

25 金翼漢, 1996, 『植民地朝鮮における地方支配體制構築過程と農村社會變動』 (동경대 박사학위논문).

26 李廷銀, 1992, 「일제의 지방통치제제 수립과 그 성격」, 『한국독립운동사연구』 6, 독립 기념관 독립운동사연구소; 尹海東, 1997, 「'통감부설치기' 지방제도의 개정과 지방지배 정책」, 『한국문화』 20, 서울대 한국문화연구소.

27 홍순권, 1997, 「일제 초기의 면 운영과 '조선면제'의 성립」, 『역사와 현실』 23, 한국역사연구회.

도입한, 후진성이 강한 지방제도였다고 평가하였다.[28]

한편 윤해동도 『지배와 자치』에서 면제(面制)의 성립과정과 촌락의 재편을 다루었다. 이 책은 통감부가 지방제도 개편을 통해 군을 약화시키고 면을 말단 행정기구로 확립하려 했다면서, 이는 도(道)-면(面)으로 이어지는 지방행정의 이급제(二級制)를 확립하려는 의도를 가진 것이라고 보았다. 이 책은 결국 1910년대의 면제 실시는 일본에서 시행되고 있던 정촌제(町村制)를 조선에 적용하려 한 것이었다고 보았다. 그러나 이러한 총독부의 의도는 제대로 달성되지 못했으며, 군과 면 모두 잠정적이고 과도적인 행정기관으로 머무를 수밖에 없었다고 평가했다.[29]

한편 행정학자인 안용식은 역시 읍과 면, 특히 읍면장의 사회적 배경에 대해 연구했다.[30] 또 이명학은 1910년대부터 1930년대까지 면의 행정구역 개편과 명칭의 변화에 대해 분석했다.[31]

3) 1920·1930년대 조선의 지방제도

3·1운동이 있은 다음 해인 1920년 사이토 총독이 이끄는 조선총독부는 지방제도 개정을 단행하여 자문기구로서 기존의 부협의회 외에 도평의회, 면협의회를 새로 도입하였다. 이를 흔히 제1차 지방제도 개정이라

28　姜再鎬, 2001, 『植民地朝鮮の地方制度』, 東京, 東京大學出版會.
29　윤해동, 2006, 『지배와 자치 - 식민지 촌락의 삼국면 구조 -』, 역사비평사.
30　安龍植, 2009, 「일제하의 면읍행정체제 개편과 면읍장의 사회적 배경 연구」, 『현대사회와 행성』 19-3, 한국국정관리학회.
31　이명학, 2020, 「일제시기 행정구역의 개편과 명칭의 변화 - 면을 중심으로」, 『한국독립운동사연구』 70, 독립기념관 한국독립운동사연구소.

부른다. 당시 총독부는 이는 지방자치제의 도입이라기보다는 지방자치의 훈련을 위한 과정이라고 설명했다. 1930년에는 사이토 총독이 재부임해 와서 제2차 지방제도 개정을 단행했다. 이때는 기존의 자문기구였던 도평의회와 부협의회를 의결기관인 도회와 부회로 바꾸었다. 그리고 일부 면을 읍으로 승격시켜 의결기구인 읍회를 두었다. 그러나 면의 면협의회는 자문기구로서 그대로 존치하였다. 이와 같은 1920~1930년대의 지방제도 개편과 관련해서는 학계에 이미 많은 연구가 나와 있다.

강동진은 『일본의 조선지배정책사연구』에서 1920년대 지방제도 개편과 자문기관의 설치에 대해 주목하였다. 그는 도평의회·부협의회·면협의회 등이 의결기관이 아니라 자문기관으로 설치되었고, 자문기관의 의장을 도지사·부윤·면장 등 각급 지방관이 맡았으며, 의장의 힘이 절대적으로 크고, 평의회원과 협의회원의 지위는 몹시 불안정했으며, 협의회원의 선거권 및 피선거권자의 자격이 극도로 제한되어 있었다는 점 등을 문제점으로 지적했다. 따라서 이러한 자문기구의 설치에도 불구하고 관치중심주의는 조금도 변함이 없었다고 보았다.[32]

김익한은 「식민지기 조선에 있어서의 지방지배체제의 구축 과정과 농촌사회 변동」에서 주로 면제와 면협의회에 대해 다루었다. 면협의회원 구성의 분석에서는 연령상으로는 40대와 30대가 가장 많고, 직업상으로는 농업이 압도적으로 많았으며, 신분상으로는 양반이 평민보다 많았다고 한다. 따라서 전체적으로 보면, 지역의 명망가 2세층이 많았던 것으로 보았다. 그런데 면협의회는 1년에 1~2일밖에 열리지 않았고, 협의원의 출

---

32 강동진, 1980, 『일제의 한국침략정책사』, 한길사 (姜東鎭, 1979, 『日本の朝鮮支配政策史研究』, 東京大學出版會의 번역본).

석율도 75% 정도밖에 되지 않아, 면협의회원의 지방행정에의 참여는 대단히 제한적인 의미밖에 갖지 못했다고 보았다.³³

강재호의 『식민지 조선의 지방제도』는 1920·30년대의 지방제도 개정에 대해서도 다루고 있는데, 오키나와·홋카이도의 지방제도와 조선의 지방제도를 비교하고 있으며, 실증적인 제도사 정리 위주로 되어 있다.³⁴

오동석은 1905년부터 1930년대까지의 지방제도 개편을 다룬 논문에서, 1920년대의 지방제도에 대해서는 '회유책으로서의 외견적 지방자치제'를 도입한 것이라고 평하였고, 1930년대의 지방제도에 대해서는 '고도의 지방통치술로서 장식적 선거제'를 도입한 것이라고 평하였다.³⁵

동선희는 전국적인 도평의회와 도회의 제도 변천, 평의회원·의원의 출신 배경과 주요 경력과 이들의 지역유력자로서의 성격, 이들의 정치적 활동 등에 대해 다각도로 분석을 하여 2011년 『식민권력과 조선인 지역유력자』라는 책을 출간했다. 동선희는 전국적으로 1,400명에 가까운 도평의회와 도회 의원들을 '지역유력자층'이라고 지칭하고, 이들에 대한 전수 조사를 통해 그들이 어떤 사회경제적 배경, 관직경력, 사회활동 경력을 가진 이들이었는지를 검토했다. 또 이러한 지역유력자층이 어떤 과정을 통해 형성되었고, 그들이 각종 공직에 어떻게 참여했는지, 지역에서 어떤 활동을 전개했는지를 검토했다. 동선희는 결론적으로 "그들은 남보다 빨리 식민지 근대를 경험하고 학습했고, 자신들의 영향력과 위신을 높이고자 하는 '근대적 욕망'에 충실했다. 도평의회·도회 의원들은 관·공직에

---

33 金翼漢, 1996, 앞의 글.

34 姜再鎬, 2001, 앞의 책.

35 오동석, 2004, 「일제하 '지방자치' 관련 법제의 변화」, 『법사학연구』 30, 한국법사학회.

참여하고, 경제·산업활동을 펴나갔으며, 일제의 식민지 지배에 저항하고 협력했다. 그들은 일제당국과 지역민 사이에서 이중의 압박을 받고, 동시에 지역유력자로서 성장·발전하기 위해 그 두 가지 관계를 적절하게 활용했다. 그들이 참여한 민족·사회운동이나 협력활동의 내용을 들여다볼 때, 저항과 협력은 복합적이고 중층적이었다"고 평가했다.[36]

홍순권은 부산부협의회와 부산부회, 동래면협의회에 대해 연구하여 2010년에 『근대도시와 지방권력』이라는 책을 출간했다. 그는 1920년대 부산부협의회의 구성을 보면 일본인측이 압도적 다수를 차지하고 있었고, 일본인이 협의회 운영의 주도권도 전적으로 장악하고 있었다고 보았다. 반면에 조선인측은 수적으로 열세였고, 따라서 일본인 협의회원들의 부속물처럼 여겨졌다고 한다. 1920년대 부산 지역사회에서 가장 중요한 정치사회적 의제는 '전기부영화' 문제였는데, 부협의회 내에서 부영화 세력이 주도권을 장악하였지만, 상업회의소 핵심세력은 이에 대해 대립적인 태도를 취해 결국 부영화를 무산시켰다고 한다. 부산부협의회는 비록 자문기관에 불과했지만 당시 일본인 의원들은 부민대회 등을 이용하면서 민의의 대변기관을 자임했다고 한다. 1930년대 이후 부산부협의회는 의결기구인 부산부회로 바뀌었는데, 조선인은 전체 정원의 4분의 1을 보장하는 부제의 규정에 따라 4분의 1을 유지하였고, 1936년 부역(府域) 확장의 결과 1939년 선거에서는 정원의 3분의 1 이상을 차지했다고 한다. 그러나 부회의 주도권은 여전히 일본인 의원들에게 있었다. 1930년대 부회 의원들의 활동은 1920년대에 비해 침체되어 부진했으며, 일본인 의원들의 파벌 간 이권다툼과 권력투쟁은 더 심해졌고, 조선인들도 이에

---

36 농선희, 2011, 『식민권력과 조선인유력자 도평의회·도회 의원을 중심으로-』, 선인.

편승했다고 한다. 중일전쟁이 발발한 이후 부회는 점차 관의 부속기관으로 전락해 갔고, 파벌 간의 싸움만 심해져 1939년 5월 총선거 직후 부의장 선거에서의 부정선거운동으로 인해 당선자 전원이 무효처리되고 재선거가 실시되는 사태가 빚어졌다고 보았다. 1920년대 동래면 협의회와 읍회에서는 조선인들이 절대적으로 수적 우위를 차지하여 운영의 주도권을 장악했다고 한다. 그러나 면협의회는 실권이 없는 자문기구에 불과했고, 의결기구인 읍회 또한 읍장이 의장을 겸하여 실제적인 자치기구가 되기는 어려웠다. 다만 동래면협의회와 읍회 의원들은 식민당국의 정책을 방조하는 동반자적인 역할과 함께 지역유지층의 의사를 당국에 전달하는 매개자로서의 역할을 하고 있었다고 보았다. 특기할 것은 1931년 읍회 선거에서 청년운동과 신간회 세력이 간여하여 경오구락부의 공인후보를 8명 당선시켰다는 것이다.[37]

김동명도 도평의회·도회와 부협의회·부회에 대한 연구를 진행하여 2018년에 『지배와 협력』이라는 책을 출간했다. 이 책에서는 이들 지방자문기구의 제도 변천, 도회와 부회의 선거과정과 그 결과, 전남도(평의)회, 경남도(평의)회와 경성부(협의)회의 구성과 운영 등의 문제를 자세히 다루었다. 특히 부(협의)회와 도(평의)회의 정치적 과정을 분석하는 데 중점을 두었다. 이 책은 당시 이들 지방자문기관에서 크게 이슈화되었던 사건의 분석을 통해 실제 전개된 부(협의)회와 도(평의)회의 협력이 일방적인 협력이 아니라 지배 권력과 대립과 갈등을 동반하면서, 지역사회의 지지 획득을 염두에 두면서 진행되었다는 점을 강조했다. 예를 들어 전남도평의회에서의 조선인과 일본인 의원 간의 알력사건과 관련해서는 도평의회

---

37   홍순권, 2010, 『근대도시와 지방권력』, 선인.

내에서도 일본인의 조선인 의원에 대한 차별의식이 존재했으며, 이에 대해 조선인 의원들은 도 당국과의 갈등을 무릅쓰고 반발했다고 한다. 따라서 도 당국으로서는 회유를 통해 조선인 의원들의 협력을 구하는 것이 쉽지 않았고, 조선인 의원은 조선인들의 지지를 업고 자신들의 경제적 기반을 유지·확대하는 일이 쉽지 않았다고 보았다. 또 경남도평의회의 예산안 반상 사건과 관련해서는 도평의원들이 지배당국의 정책에 일방적으로 협력하지는 않았다는 것을 보여 준다고 하였다. 그들은 일제에 협력하는 대가로 권력을 분점받아 정치적 영향력을 확대하려 했으며, 그 때문에 도 당국과 갈등과 협력, 대립과 협조를 반복했다고 보았다. 또 조선인 평의원들은 조선인 사회의 지지를 기반으로 더 많은 권력을 분점받기를 원했지만 이는 결코 용이한 일이 아니었다는 것을 보여 주는 사건이었다고 하였다. 경성부협의회의 신당리 토지문제와 관련해서는 역시 부협의회가 자문기관으로서 많은 한계를 갖고 있었지만, 부당국에 일방적으로 협력만 한 것이 아니라 때로는 지역주민의 이익을 내세우며 부당국과 대립과 갈등의 관계에도 있었다는 것을 보여 준다고 하였다. 또 부산부회의 조선인의원 총사직 사건은 역시 조선인 의원들이 부당국의 기대대로 항상 일방적으로 협력하지만은 않았다는 것을 보여 준다고 하였다. 물론 그들은 대체로 부당국에 협력적이었지만, 때로는 조선인 이익의 관철을 위해 부당국과 대립과 갈등도 불사했다는 것이다. 또 조선인 의원과 일본인 의원 사이에서도 협력과 갈등이 병존했다고 한다.[38]

전성현도 김동명과 비슷한 입장에서 김해읍회와 관련한 연구를 내놓았다. 그는 읍회와 같은 '지방자치기구'는 그 한계가 뚜렷했지만, 지역민

---

[38] 김동명, 2018, 『지배와 협력』, 역사공간.

의 일상적인 삶과 직결되는 다양한 문제들을 제기하고 요구하는 '정치적인 것'이 적극적으로 발현되는 공간이기도 했다고 그 의미를 부여했다.[39]

동선희도 경남지역의 읍회·면협의회의 의정활동과 사회적 활동의 의미에 대한 연구에서 이들은 이러한 자문·의결기관에 참여하여 지역의 이해를 실현하기 위한 현안에 적극 나서서 활동했으며, 다만 집단행동이나 지역현안투쟁에서 당국의 적극적인 회유에 용두사미격으로 행동하고 타협하는 경우가 많았다고 보았다. 그렇다고 해서 이들의 행위를 '협력'행위라고 단정하기는 어렵고, 지역에서의 '정치적 활동'이라고 잠정적으로 부를 수 있다면서, '이중성'을 지닌 행동이었다고 평가했다.[40]

한편 허영란은 부·면협의회에 대해 이들 협의회가 지역정치의 공간으로서, '지역엘리트'의 입장에서는 어느 정도 권력을 경험하고, 지역대표성을 사고하며, 자신의 위상을 재확인하는 장소가 되었다는 점에서는 의미를 부여했다. 그러나 면협의회의 권한에는 분명히 여러 한계가 있었으며, 특히 전시체제가 본격화되는 1930년대 말이 되면 제한된 공공성조차 무시해도 좋을 만큼 식민지배시스템의 일부가 되어 버렸다고 보았다.[41] 즉 부·면 협의회에 자치나 공론의 장으로서의 의미를 과도하게 의미를 부여하는 것은 문제가 있다고 본 것이다.

김윤정은 1930년대 함흥부회와 전주부회에 대한 연구를 통해 두 지

39　전성현, 2019, 「일제강점기 '민의가 있는 바를 표현'하는 장소로서의 읍회와 그 한계」, 『지방사와 지방문화』 22-2, 역사문화학회.

40　동선희, 2006, 「일제하 경남 지역 조선인 읍회의원에 관한 연구 - 1920~1945년의 지정면협·읍회의원 -」, 『정계사학』 20, 정계사학회.

41　허영란, 2014, 「일제시기 읍·면협의회와 지역정치」, 『역사문제연구』 31, 역사문제연구소.

역의 조선인 유지층과 부회의 관계에 대해 살폈다.[42] 박찬승은 일제하 전주의 일본인과 조선인 유력자층을 교풍회·민우회와 같은 조선인 유지단체, 일본인회 임원과 학교조합 의원, 상공회의소의 간부, 전주면협의회·읍회·부회와 도평의회·도회의 일본인·조선인 의원들을 총망라하여 검토하였다.[43]

오미일은 함경남도 원산의 자본가들이 주도한 시영회와 시민협회가 부협의회 선거시에 유권자대회와 공인후보 선출을 조직적으로 지휘하고 선거운동을 지원했던 사례 연구를 통해, 지역유력자들의 단체가 부협의회 선거에 어떻게 개입했는지를 잘 보여 주었다.[44] 조명근은 1920~1930년대 대구부협의회와 대구부회의 선거에서 당선된 조선인 의원들을 분석했다. 당선된 조선인 의원은 전체 의원의 38%였으며, 평균연령은 30대였고, 1930년대의 경우 대체로 3분의 2 이상이 초선으로 채워졌다고 한다. 당선된 이들의 직업을 보면, 은행 및 회사의 중역, 상공업자·광산업자 등 자본가가 많고, 변호사·사법서사·약사 등도 포함되어 있었다고 한다.[45]

주동빈은 1920년대 평양부협의회 선거에서 나타난 조선인 지역유력자의 '혈연-공간적' 변동에 주목했다. 그에 따르면 평양부협의회는 조선인들이 다수가 되어 주도할 수 있었던 자문기구였고, 따라서 조선인들이 가장 적극적으로 참여한 공직단체였다고 한다. 1920년대 평양부협의회

---

42   김윤정, 2017, 「1930년대 함흥부회와 전주부회의 구성과 활동」, 『사림』 60, 수선사학회.

43   박찬승, 2018, 「일제하 전주의 일본인·조선인 유력자층」, 『전주학연구』 12, 전주역사박물관.

44   오미일, 2016, 「1920~1930년대 초반 원산지역 조선인 자본가층의 지역정치」, 『한국사연구』 175, 한국사연구회.

45   조명근, 2017, 「1920~1930년대 대구부협의회·부회 선거와 조선인 당선자」, 『대구사학』 129, 대구사학회.

의 구성을 보면 조선인 당선자의 반 이상이 전문직이었다(변호사 및 의사). 또 평양의 신시가는 전통유력자의 세거지였던 반면, 구시가는 상공업자들이 다수 거주하던 곳으로, 수양동우회·동아일보·조선일보 지국도 구시가지에 있었다고 한다. 이들은 실력양성론자들이었고, 평양부협의회에 적극 참여했다는 것이 그의 분석이다.[46]

4) 식민지 조선과 대만의 지방제도 비교

끝으로 식민지 조선과 대만의 지방제도를 비교한 연구들을 살펴보기로 하자. 야마다 코헤이(山田公平)의 저서 『근대일본의 국민국가와 지방자치』는 근대 서구와 일본, 그리고 식민지 조선과 대만의 지방제도에 대한 비교연구서이다. 그는 지방제도, 특히 지방자치의 개념과 제도가 어떻게 서구에서 성립되었고, 그것이 일본에 어떻게 전파되었는지를 정리했다. 또 일본의 식민지 지배기에 조선과 대만의 지방제도가 어떻게 개편되었는지를 개략적으로 정리하였다.[47]

문명기는 식민지시기 대만의 가장(街·庄)과 조선의 면이라는 말단행정기관과, 대만의 보갑(保甲)과 조선의 동리(洞里)라는 기층행정 조직의 운영을 각각의 행정인력의 숫자를 통해 비교하였다. 이에 따르면 1919년까지 대만의 가장 당 행정인력은 26.2명이었고, 조선의 면당 행정인력은 18.3명으로 대만의 가장 쪽이 더 많았다. 그 이유는 대만의 가장의 행정인

---

46 주동빈, 2021, 「1920년대 평양부협의회 선거와 조선인 지역유력자의 '혈연-공간적' 변동」, 『한국문화』 97, 서울대 규장각한국학연구원.

47 山田公平, 1991, 『近代日本の國民國家と地方自治: 比較史研究』, 名古屋大學出版會.

력은 4.9명이지만 가장 산하의 보갑 인력은 21.3명인데 반해, 조선의 면의 행정인력은 8.3명이지만 면 산하의 구장은 10.0명이었기 때문이다. 즉 대만 쪽에 훨씬 더 촘촘한 행정인력이 있었다고 본 것이다.[48]

야마나카 에이노스케(山中永之佑)는 『제국일본의 통치법』이라는 책에서 일본 '내지'와 식민지 조선·대만의 지방제도를 비교하였다. 그는 3·1운동 직후인 1920년 조선의 지방제도 개정은 중국과 러시아로의 군사적 전진기지이면서 식량의 공급기지로서 의미를 가진 조선의 통치를 안정시키기 위한 것이었다고 보았다. 반면에 1920년 대만의 지방제도 개정은 쌀과 설탕의 생산지이자 공급지로서의 대만의 통치를 안정화하는 데 그 목적이 있었다고 보았다. 그는 조선과 대만의 지방제도를 '내지'와 비교하면, 조선과 대만에서는 권력적 규제가 '내지'보다 훨씬 강력하고, 또 치안과 교육법 체제와 경찰력·무력에 의한 위압과 교화·회유가 '내지'보다 훨씬 커다란 역할을 하였다고 보았다. 여기에서 말하는 권력적 규제란 조선에서 도지사가 도평의원을 해임할 수 있고, 부윤과 면장이 협의회원에 대해 발언을 금지·취소시키거나 퇴장을 명할 수 있었고, 대만에서 주지사가 주·시·가장협의원을 해임할 수 있었던 것을 말한다.[49] 그는 또 1930년대 조선과 대만의 지방제도 개정에 대해서 "제국 일본의 지방통치는 엄격한 치안법 체제 하에서의 내무대신·조선총독·대만총독의 지시를 매개로 한 지방 관공리에 대한 지휘감독·명령권과 지방의회(협의회를 포함) 해산권을 담보로 하여 행해졌다"고 보았다. 그는 이 해

---

48 문명기, 2020, 「일제하 대만·조선 기층행정 운영의 비교분석」, 『동양사학연구』 150, 동양사학회.

49 山中永之佑, 2021, 『帝國日本の統治法』, 大阪大學出版會.

산권은 그들이 지방통치를 행할 때 전가의 보도가 될 수 있는 권한이었다고 보았다. 그것은 해산권이 지방의회를 제어하여, 지방통치를 용이하게 수행할 수 있는 결정적 수단이었기 때문이다.[50]

야마나카의 책은 조선과 대만의 지방제도를 지방관관제와 자문기관·의결기관의 두 측면에서 분석하여 그 성격을 잘 짚어내고 있다. 그러나 이 책에서는 조선과 대만에서 1920년과 1930년대의 지방제도 개정이 왜 이루어졌으며, 그 차이는 어디에서 비롯되었는가에 대해 충분히 설명하지 않았다. 그것은 조선의 3·1운동과 그 이후의 독립운동의 전개, 대만의 의회설립운동과 지방자치운동의 차이에 대해 주목하지 않았기 때문인 것으로 보인다.

조선과 대만에서 1920~1930년대에 실시된 지방제도의 성격을 명확히 파악하기 위해서는 1) 조선과 대만, 그리고 나아가 일본에서 실시되고 있던 지방제도를 서로 비교하여 구체적으로 어떤 점에서 차이가 있는지 알아야 하고, 2) 그렇게 서로 다른 지방제도를 실시하게 된 배경에 대해서도 알 필요가 있다.

---

50   山中永之佑, 2021, 앞의 책, 902~903쪽.

3. 이 책의 구성 및 자료

　이 책의 본문은 모두 10개 장으로 구성되었다. 제1장에서는 대한제국기와 통감부 시기의 지방제도 개편에 대해 살펴본다. 여기에서는 1895~1904년의 갑오개화파와 대한제국 정부의 지방제도 개혁을 살펴보고, 이어서 통감부 시기의 지방제도 개편, 특히 지방관으로부터의 재판권·경찰권·징세권의 분리·장악과정을 살펴보기로 한다.

　제2장에서는 1910년대 조선총독부의 지방제도 개정에 대해 살펴본다. 1910년 조선총독부 지방관관제의 반포, 1910년대 초반 지방행정조사와 지방제도 개정의 준비, 1913년의 군·면의 폐합, 1914년 부제의 실시, 1917년 면제의 실시 등에 대해 자세히 살펴본다.

　제3장 이하에서는 총독부의 지방제도 개편 가운데, 특히 '지방자치' 문제와 관련된 부분들을 중점적으로 살펴보기로 한다. 우선 제3장에서는 1920년 제1차 지방제도 개정과 자문기구의 도입에 대해 살펴본다. 먼저 1920년 지방제도 개정의 배경과 그 과정에 대해 살펴보고, 이어서 자문기구로서 도입된 도평의회, 부협의회, 면협의회와 관련된 규정에 대해 자세히 살펴본다. 그리고 당시 『동아일보』와 『조선일보』를 중심으로 지방제도 개정에 대한 논평을 정리해 본다. 마지막으로 1920년 개정된 지방제도에 따른 자문기구의 선거 과정과 결과에 대해 살펴본다.

　제4장에서는 1920년대 도평의회의 구성과 운영에 대해 살펴본다. 먼저 관선 및 민선 도평의회원의 선출과 임명에 대해 살펴본다. 이어서 도평의회의 회의 운영과 회의에서의 주요 쟁점 사항들에 대해 살펴본다. 그리고 1920년대 도평의회와 평의원을 둘러싼 3대 사건에 대해 살펴보기

로 한다. 끝으로 언론의 도평의회와 평의원에 대한 평가를 살펴본다.

제5장에서는 1920년대 부협의회의 구성과 운영에 대해 살펴본다. 먼저 부협의회의 선거에 대해 살펴보고, 이어서 부협의회의 운영과 회의에서의 주요 쟁점에 대해 살펴본다.

제6장에서는 1920년대 면협의회와 면민대회에 대해 살펴본다. 먼저 면협의회원의 임명 과정, 면협의회의 운영과 주요 쟁점에 대해 살펴본다. 이어서 1920년대에 붐을 이루었던 면민대회 등 주민대회와 면장배척·면장민선운동에 대해 살펴본다.

제7장에서는 1930년 제2차 지방제도 개정과 의결기구의 도입에 대해 살펴본다. 먼저 1930년 제2차 지방제도 개정이 있게 된 배경에 대해 살피고, 이어서 지방제도 개정의 경과와 개정된 주요 내용에 대해 살펴본다. 이어서 부회·읍회의원, 면협의회원 선거에 관한 규정 및 선거취체규칙에 대해 살피고, 끝으로 제2차 지방제도 개정에 대한 『동아일보』, 『조선일보』 등 언론의 평가에 대해 살펴본다.

제8장에서는 1930년대 이후 부회·읍회·면협의회·도회 선거와 그 결과에 대해 살펴본다. 부회·읍회·면협의회 선거는 1931년, 1935년, 1939년, 1943년에 있었는데, 이들 총선거의 과정과 결과에 대해 살펴보기로 한다. 아울러 1933년, 1937년, 1941년에 있었던 도회 선거에 대해서도 살펴본다.

제9장에서는 1930년대 이후 지방의회의 운영과 언론의 평가에 대해 살펴본다. 당시 부회, 읍회, 면협의회, 도회의 구성과 운영이 어떻게 이루어졌는지, 그리고 회의에서의 주요 쟁점은 무엇이었는지 살펴본다. 아울러 이와 같은 지방의회의 활동에 대한 『동아일보』, 『조선일보』의 평가를 살펴본다.

제10장에서는 1930년대 제2차 지방제도 개정 이후의 조선과 대만에서의 지방제도를 비교해 보기로 한다. 여기에서는 1930년대 조선과 대만에서의 지방제도 개정이 어떻게 이루어졌는지 그 과정에 대해 먼저 살펴본다. 이어서 1930년대 조선과 대만, 그리고 일본의 지방제도가 어떻게 같고, 어떻게 달랐는지 서로 비교해 보기로 한다. 이를 통해 당시 조선과 대만의 이른바 '지방자치'가 사실은 '식민지형 지방자치'의 성격을 띠고 있었음을 확인해 본다.

이 책에서 주로 참고한 자료는 당시의 『동아일보』, 『조선일보』, 『매일신보』 등 각종 신문의 기사, 조선총독부의 『조선총독부관보』, 국가기록원에 보존되어 있는 지방행정 및 지방의회 관련 각종 1차 자료, 총독부에서 발간한 각종 간행물 및 책자와 보고서, 일본 국립공문서관에 보존되어 있는 제령(制令) 관련 자료(아시아역사자료센터 자료) 등이다. 이 가운데 가장 많이 참고한 자료는 각종 신문기사들이다.[51]

---

51 신문기사의 인용문은 가독성을 높이기 위해 현대문으로 고쳤음을 밝혀둔다.

제1부
1910년대까지의 지방제도 개편과 운영

제1장
대한제국기와 통감부 시기의 지방제도 개편

1. 1895~1904년의 지방제도 개혁

1894년 갑오개혁 당시 지방제도 개혁은 중요한 과제의 하나로 떠올랐다. 당시 지방제도 개혁의 과제는 ①지방행정구역의 개편, ②지방관으로부터의 재판권, 경찰권, 징세권의 분리, ③지방자치제의 도입이었다고 볼 수 있다. 아래에서는 이와 같은 세 가지 문제를 중심으로 이 시기 지방제도 개혁을 살펴보기로 한다.

1) 1894년까지의 지방제도

1894년까지 조선은 8도(道)로 편제되어 있었다. 1865년에 편찬된 조선국 법전인 『대전회통(大典會通)』에 따르면 8도(道)와 5부(府), 5대도호부(大都護府), 20목(牧), 75도호부(都護府), 77군(郡), 148현(縣)이 있었다. 그런데 같은 대도호부나 같은 군이라 할지라도 호수(戶數)와 인구수에서 상당한 편차가 있었다. 예를 들어 『여지도서』에서 보면, 안동대도호부의 경우 15,597호, 66,929명이었던 데 비해 창원대도호부는 7,344호, 28,309명에 불과했다. 합천군의 경우도 3,926호, 21,610명이었던 데 비해, 청도군은 7,270호, 32,555명으로 훨씬 많았다.[1] 따라서 이러한 편차를 줄이는 것은 조선 정부의 커다란 과제였다.

한성부에 판윤, 유수부에 유수, 도에 관찰사, 부에 부윤, 목에 목사, 대도호부에 대도호부사, 도호부에 도호부사, 군에 군수, 현에 현령 또는 현

---

1 윤정애, 1985, 「한말 지방제도 개혁의 연구」, 『역사학보』 105, 역사학회, 70쪽.

감이 각각 두어졌고, 이들 지방관청은 한성판윤=정2품, 현감=종6품과 같이 각각의 품으로 등급이 매겨지고 있었다. 그리고 관찰사 관할 아래 있는 부윤, 목사, 부사, 군수, 현령, 현감 등은 모두 수령(守令)으로 통칭하였으며, 그들 사이에 상하관계는 없었다.[2]

각 도의 감영에는 6방(房)의 이서들이 있었고, 각 부·목·군·현에도 6방의 이서들이 있어 실무를 담당했다. 이들 이서층은 흔히 향리나 아전이라 불렸고, 그 신분은 대체로 세습되었다. 지방행정은 주로 이들 이서에 의해 이루어졌는데, 정원에 제한이 있지도 않아 그 수가 계속 늘어만 갔다. 이서의 증가는 결국 민의 부담을 늘리는 일이었고, 정부는 각 군현에 이서의 수를 줄이라고 지시했지만 쉬운 일이 아니었다.[3] 지방에 따라서는 정원 내의 이서와 정원 외의 이서 명단을 따로 만들기도 했는데, 그런 경우 전자를 '향리', 후자를 '가리(假吏)'라 불렀다.[4] 조선후기에 이서들이 직무를 행하는 중심기구는 '질청(作廳)'이었다. 이방(吏房)을 중심으로 한 이서들은 질청에 모여 소관 업무를 처리했다. 이방은 이서집단의 우두머리가 되어 군현의 업무를 처리하였기 때문에 막강한 힘을 갖고 있었다.[5]

한편 수령의 보좌기관으로서 향청(鄕廳)이 있었다. 향청은 조선전기에는 지방 사족들이 수령과 이서층을 견제하기 위해 만든 유향소(留鄕所)의

---

2 윤정애, 1985, 앞의 글, 71~72쪽.
3 김필동, 2003, 제4장 「지방이서집단의 조직구조와 변동」 『차별과 연대 - 조선 사회의 신분과 조직 -』, 문학과지성사.
4 고석규, 1998, 『19세기 조선의 향촌사회 연구 - 지배와 저항의 구조 -』, 서울대학교출판부, 151쪽.
5 고석규, 1998, 위의 책, 147쪽.

후신으로, 조선후기에는 사실상 수령의 보좌기관으로 전락하였다.[6] 향청에는 좌수(향승) 1인, 별감 2인(좌별감·우별감)이 있었다. 일반적으로 좌수는 이방과 병방의 사무를, 좌별감은 호방과 예방의 사무를, 우별감은 형방과 공방의 사무를 각각 관장했다. 각 면에는 풍헌과 부헌(또는 약정)이 있었는데, 이는 좌수가 천거하였다.[7] 향청이 수령의 보좌기구로서의 성격이 강화됨에 따라 유력 사족들은 이를 기피하였고, 새로이 등장한 향족(鄕族) 혹은 신향(新鄕)이라 불리는 계층이 이를 맡게 되었다.[8]

군현 이하의 행정은 면리제(面里制)에 의해 운영되었다. 면에는 풍헌(風憲)·부헌(副憲, 約正)·검독(檢督) 등의 면임이 있었다. 리에도 역시 리감(里監, 尊位)·리정(里正)·기찰(譏察) 등의 리임이 있었다. 이들은 공문서 전달, 권농, 제언관리, 호구 파악 및 보고, 조세 징수 등의 업무를 수행하였다.[9]

김준형의 조선후기 면리제 연구에 따르면, 조선 전기의 방위면 체제가 속현·향·소·부곡의 직촌화, 인구의 증가, 전답 개간의 확대, 임진왜란으로 인한 촌락황폐 및 지방세력의 이산과 약화로 해체되고, 17세기 이후 새로운 면제의 편제가 가능하게 되었다고 한다. 그는 이에 따라 18세기인 영·정조 시대에 이르러 면리기구가 체계화되고 면리임의 직능이 다양해지면서 수령의 하수인이 되어 갔다고 보았다. 이에 따라 양반층은 이를

---

6 김용덕, 1978, 「향청연혁고」, 『한국사연구』 21·22, 242쪽.

7 고석규, 1998, 앞의 책, 156쪽.

8 김용덕, 1978, 위의 글, 242쪽.

9 윤정애, 1985, 앞의 글, 74쪽. 면의 풍헌과 약정은 삭지가(朔紙價)의 형태로 보수를 지급받았고, 다른 면임들도 일정한 보수를 받았다고 한다. 하지만 그 재원은 면민들이 마련해야 했기 때문에 면민들에게는 또 다른 부담이 되었다고 한다(송양섭, 2019, 「18~19세기 동래부 동하면의 '면중(面中)'과 잡역운영」, 『역사와현실』 112, 246쪽).

맡기를 꺼리게 되었고, 새로운 서민(부민)층이 면리제 운영에 참가하게 되었다고 보았다.[10]

한편 김인걸·고석규의 조선후기 지방지배를 둘러싼 수령-사족-향리의 관계에 대한 연구에서는 조선후기 수령을 중심으로 하는 관주도 향촌통제책이 강화되는 가운데 향권이 사족의 수중에서 수령과 이·향층으로 이전되어 간다고 보거나, 19세기에 이르러 도결제(都結制) 실시를 계기로 수령-이·향체제가 새로운 지배체제로 성립되었다고 보는 등 수령권이 일층 강화되었다고 보고 있다.[11]

2) 1895년 개화파의 지방제도 개편

(1) 지방행정구역의 개편: 23부제의 실시

개화파에 의한 지방제도 개혁작업은 1895년에 시작되었다. 1894년 11월 내무대신을 맡은 박영효(朴泳孝)는 1895년 1월에 지방행정구역의 개편작업을 시작하였다. 그는 우선 작은 군현을 인근 군현에 통합하는 작업을 시작하였다. 즉 적성을 마전에, 음죽을 이천에, 풍덕을 개성에, 함양을 안의에, 현풍을 창녕에, 교하를 파주에, 평택을 직산에, 곤양을 사천에, 벽동을 초산에, 칠곡을 대구에, 장진을 삼수에, 박천을 가산에, 교동을 강

---

10 김준형, 1882, 「조선후기 면리제의 성격」(서울대 국사학과 석사논문).

11 김인걸, 1991, 「조선후기 향촌사회 변동에 관한 연구-18,19세기 '향권'담당층의 변화를 중심으로-」(서울대 국사학과 박사논문); 고석규, 앞의 책. 조선후기 국가의 지방지배에 대한 연구동향에 대해서는 한상권, 1995, 「연구동향 조선시기 국가의 지방지배 연구현황」, 『역사와현실』 18, 한국역사연구회 참조.

화에 통합하였다.[12]

　박영효는 또 그해 5월에 대대적인 지방제도 개편을 단행했다. 그 내용을 보면, 1) 도(道)를 폐지하고 전국을 23개의 부(府)로 나누어 전국 337개 군을 23개 부의 관할 아래 두고, 2) 종래 유수부·부·목·대도호부·도호부·군·현으로 되어 있던 고을을 일률적으로 모두 군(郡)으로 하고, 부에는 관찰사를, 군에는 군수를 두어 행정을 총괄하게 하는 것이었다. 또 각 부의 관찰사는 내무대신의 지휘를 받게 하였고, 조세권과 경찰권은 별도의 기관에 부여하였다. 8도제를 23부제로 개편한 것은 커다란 변화였다. 박영효는 당시 내각에 올린 청의서에서, 과거 각 도의 관할구역이 지나치게 광활하여 하의상달이 잘 안되고 통솔에도 어려움이 있어 여러 폐단이 많았기 때문에 8도제를 폐지하고 23부제로 개편해야 한다고 주장하였다.[13] 즉 도제를 부제로 바꾼 것은 도의 영역이 너무 넓다고 보았기 때문이다. 또 국왕의 조칙에서도 군현의 크기가 고르지 못하고, 불필요한 인원이 너무 많아 세금부담이 가중되는 폐해가 있다는 점을 지적하였다.[14] 박영효는 또 인천·부산·원산의 세 항구에 설치된 감리서도 폐지하고, 인천감리서는 인천관찰사에, 부산감리서는 동래관찰사에, 원산감리서는 덕원군수에게 그 업무와 관원을 인계하도록 했다.[15]

　이때 칙령 101호로 반포된 「지방관제」를 보면, 한성부에는 관찰사 1인, 참서관 1인, 주사 약간인을 두게 했고, 다른 22개 부에는 관찰사 1인,

---

12 『관보』, 1895.1.11; 1.14; 1.29; 2.5; 3.12; 4.27.

13 청의서 41호 「지방제도 개정에 관한 칙령 반포건」(1895.5.23)(국사편찬위원회편, 2000, 『통감부문서』 제10권, 「지방제도 개혁」)

14 「조칙」, 『관보』, 호외, 1895.5.27.

15 「칙령 제99호」, 『관보』, 1895.5.28; 「내부령 제1호」, 『관보』, 1895.윤5.13.

참서관 1인, 주사 약간인, 경무관 1인, 경무관보 1인, 총순 2인 이하를 두도록 했다. 주사는 각 부에 13~15인을 할당하여, 모두 330인으로 정원을 정하였다. 관찰사는 내부대신의 지휘·감독을 받고, 각 부의 주무에 대해서는 각 부 대신의 지휘·감독을 받도록 했다. 관찰사가 유고일 때에는 참서관이 서리로서 그 직무를 대신하도록 했다. 경무관은 관찰사의 지휘를 받아 관내 경찰사무를 관장하도록 했다. 경찰업무는 여전히 관찰사의 지휘하에 있었다. 군수는 관찰사의 지휘·감독을 받도록 했다.[16] 이로써 지방행정은 내부대신-관찰사-군수로 이어지는 단일 계통으로 정비되었다.

이때의 지방제도 개편은 기존의 부·목·군·현을 모두 군으로 바꾸어 23부에 속하게 하는 것 외에도 337개 군을 154개 군으로 통폐합하는 안이 박영효에 의해 내각에 제출된 것으로 보인다. 그러나 내각에서는 아직 시기가 무르익지 않았고, 통폐합 시에 이서들이 반발하여 소요를 일으킬 것을 우려하여 적극적으로 이를 추진하지 못했다.[17]

그렇지만 각 군을 5등급으로 나누어 등급별로 이서층의 정원을 정하였으며, 이 과정에서 종래 과다했던 이서층을 감원하였다. 또 이서층의 봉급 지급규정도 마련하였다.[18] 그러나 8도가 23부로 바뀌면서 전체 인원은 크게 줄이지 못했던 것 같고, 신설된 일부 부의 경우 자체적으로 경비를 조달하지 못하는 곳도 있었던 것으로 보인다.

박영효는 지방제도 개혁 직후인 7월 초 '반역음모사건', '왕비시해음

---

16 「칙령 제101호」, 『관보』, 1895.5.29.

17 내각 편록과편, 1895, 『탁지부청의서』 제2책 (규 17716), 「各邑改革之件閣議案」 (1895.9.5) (이영호, 1993, 「갑오개혁 이후 지방사회의 개편과 성진민요」, 『국사관논총』 41, 국사편찬위원회, 87쪽 참조)

18 윤정애, 1985, 앞의 글, 78~84쪽.

모사건' 관련자로 지목되어 일본에 재차 망명하였고, 1896년 2월 고종의 러시아공사관 파천으로 개화파 내각은 일거에 몰락하였다. 새로 들어선 친러파 정부의 내부대신 박정양(朴定陽)은 1896년 8월 지방제도의 개정 작업을 서둘렀다.

(2) 지방관으로부터의 재판권·경찰권·징세권의 분리 시도

갑오개혁 이후 지방제도 개편과 관련하여 또 하나 중요한 과제로서 제기된 것은 지방관으로부터 재판권·경찰권·징세권을 분리시키는 일이었다.

가) 재판권의 분리 시도

1895년 3월 25일 법부(법부대신 서광범)는 법률 제1호로 「재판소구성법」을 반포하였다. 이는 일반행정에서 '사법'(司法)을 분리시켜 재판소에 맡기기 위한 것이었다. 이에 명시된 재판소의 종류는 지방재판소, 한성 및 개항장(인천·부산·원산) 재판소, 순회재판소, 고등재판소, 특별법원 등 5가지였다. 이 가운데 순회재판소는 부산·원산재판소와 지방재판소의 판결에 불복하는 경우의 2심을 맡는 재판소였고, 고등재판소는 한성 및 인천 재판소의 판결에 불복하는 경우의 2심을 맡는 재판소였다. 그리고 특별법원은 왕족의 범죄에 관한 형사사건을 맡는 재판소였다. 지방재판소는 일체의 민형사 재판을 관할하고, 단독판사의 재판을 원칙으로 했다. 한성 및 개항장 재판소는 일체의 민형사 재판 외에도 치외법권을 갖는 외국인에 대한 민형사 재판도 관할하였다. 순회재판소는 3월에서 9월 사이에 법부대신이 정하는 장소에서 임시로 개정하도록 하였다. 고등재판소는 3인으로 구성되는 합의재판이며, 재판장은 법부대신 또는 법부협판이 겸임하고, 사건이 있을 때마다 법부에서 임시 개정하도록 하였다. 각 재판소에는 판사 및 검사를 둔다고 하였는데, 원칙적으로 사법관 시험에 합격한 자여야만 했다.[19]

이에 따라 최초로 탄생한 재판소는 1895년 4월 16일에 창설된 한성재판소였다. 한성부에서 이때까지 미결된 민형사 사건은 모두 한성재판소로 이관되었다. 각 지방재판소와 개항장재판소는 1895년 윤5월 10일 칙령 114호로 22개소에 설치하고, 기존의 감영 등 지방관아에서 행하던 재판사무는 모두 이들 지방재판소와 개항장재판소로 이관하도록 하였다.[20] 그러나 22개 소의 재판소가 바로 설치된 것은 아니었다. 재판소 설치를 위해서는 우선 판사·검사 등의 인력이 필요했다. 그러나 그러한 인력이 준비되어 있는 것은 아니었다. 또 이들의 봉급과 관청 운영비 등 상당한 예산이 필요했지만, 그러한 재원은 준비되어 있지 않았다. 따라서 법부에서는 1895년 6월 1일 훈령으로 각 부 재판소를 아직 따로 설치하지 못하고 있으므로, 각 부의 관찰사가 재판소 판사의 직무를 집행하고, 참서관이 재판소 검사의 직무를 집행하라고 지시했다. 또 각 군 단위에 개설할 예정이던 각 지방재판소의 지소는 언제 설치할지 알 수 없었기 때문에, 각 군수가 판사의 사무를 겸하도록 하라고 지시했다. 각 군에서 군수의 판결에 불복하여 상소를 하고자 하는 경우에는 관찰사에게 상소하

---

19 법률 제1호 「재판소구성법」, 『관보』, 1895.3.25.
20 「개항장재판소·지방재판소 개설에 관한 건」, 『관보』, 1895.윤5.12. 개항장인 인천·부산·원산의 감리서는 1895년 5월 26일 폐지되었다. 그리고 같은 날 23개 관찰부 설치가 발표되었다. 인천감리서 일은 인천부관찰사에, 부산감리서 일은 동래부관찰사에, 원산감리서 일은 덕원군수에게 인계되었다. 윤5월 10일 지방재판부 및 개항장재판부 개설 시에는 한성부를 제외한 나머지 22부 가운데 함흥부에는 재판소를 개설하지 않고, 대신 원산항에 재판소를 개설한다고 되어 있었다.

도록 했다.[21] 또 순회재판소도 설치되지 않아, 고등재판소가 순회재판소 대신 각 감영·유수영 및 기타 지방재판소의 상소를 수리하여 심판하도록 했다.[22] 이로써 1895년에 실제로 설치된 재판소는 한성재판소와 고등재판소밖에 없었다. 그리고 관찰사와 군수 등 지방관이 갖고 있던 재판권은 여전히 변함이 없었다. 다만 군수-관찰사-고등재판소로 이어지는 3심제가 만들어진 것은 의미가 있었다.

나) 경찰권의 분리 시도

1894년 갑오개혁 당시 개화파 정부는 한성부에 기존의 좌우포청을 통합하여 경무청(警務廳)을 설치하고, 이에 경무사·부관·경무관·서기관·총순·순검 등을 두었다. 그리고 한성부의 5부에는 경찰지서를 설치하여 경찰사무를 담당하도록 하였다. 이에는 경무관(서장)·서기·순검 등을 배치하였다.[23] 또 각 개항장 감리서의 경찰관을 경무관으로 개칭하여 경무청에 이속시켰다.[24] 1895년에는 「경무청관제」를 다소 변경하여, 부관과 서기관을 없애고, 대신 주사를 두었다. 또 한성부 5부에 있는 기존의 경찰지서의 명칭을 경무서(警務署)로 바꾸었다.[25] 또 개항장(인천·부산·원산)의 경무관의 소속을 경무청에서 각 도의 관찰부로 옮겨 관찰사의 지휘·감독을

---

21 「각 부 관찰사·참서관·군수가 판검사 사무를 집행하는 건」, 『관보』, 1895.6.11.
22 「감영·유수영 및 기타 지방재판의 상소를 고등재판소에서 수리 심판하는 건」, 『관보』, 1895.5.2.
23 「警務廳官制 職掌」, 『관보』, 1894.7.14.
24 「各港 경찰관 개칭 경무관」, 『관보』, 1894.8.6.
25 칙령 제85호 「警務廳官制」, 『관보』, 1895.5.1.

받도록 하였다. 한성부 외 각 부의 순검 정원은 50~100명 정도였다.[26]

1895년 5월 박영효가 8도제를 폐지하고 23부제로 바꾼 뒤에는 23부에 경무서를 설치하고, 각 경무서에는 경무관(서장), 총순, 순검을 두도록 했다. 경무관은 관찰사의 지휘를 받아 관내 경찰사무를 관장하고 소속 직원을 감독하도록 했다.[27] 1896년 1월에는 「지방경찰규칙」을 발포하였는데, 여기에서는 지방경찰의 업무를 행정경찰과 사법경찰로 나누었다. 행정경찰이란 위해를 예방하며 안녕을 보전하고, 국법을 범하고자 하는 자를 사전에 경계하여 범죄에 빠지지 않게 하는 것이었다. 사법경찰은 법률·규칙을 범하는 자가 있는 때에는 그 증거를 수사하여 범인을 체포하여 검사가 기소할 수 있도록 돕는 것이었다. 경무관이 관찰사의 명을 받아 총순과 순검을 지휘·감독하도록 한 것은 예전과 같았다.[28] 1896년 8월에는 각 개항장(인천·동래·덕원·경흥)에도 경무서를 설치하여 경무관이 서장을 맡도록 했다. 경무관은 경무청이 아니라 해당 개항장 감리의 지휘를 받아 업무를 집행하도록 했다.[29]

개화파는 지방관으로부터 경찰권을 분리하는 작업에 착수했지만, 아직은 관찰부에 경무서를 두는 수준에 그쳤고, 관찰사는 여전히 경무관을 지휘하고 있었다.

---

26 칙령 제113호 「인천·부산·원산 등 3항 경무관의 감독에 관한 건」, 『관보』, 1895.윤5.10.

27 칙령 제101호 「지방관제」, 『관보』, 1895.5.29; 칙령 제128호 「각부 순검정원」, 내부령 제3호 「한성부 외 각부 경찰관에 관한 규정」, 『관보』, 1895.6.5.

28 내각편록과편, 1896, 『議奏』42, 「지방경찰규칙」(1896.1.8)

29 칙령 제52호 「각 개항장 경무서 설치에 관한 건」, 『관보』, 1896.8.12.

다) 징세권의 분리 시도

개화파 정부는 1895년 3~4월에 「관세사 및 징세서 관제」, 「각읍 부세소장정」, 「수입조규(收入條規)」 등을 칙령으로 공포하였다. 이들 장정과 조규로써 탁지부가 국가재정을 관할하고, 도 단위에는 관세사를 설치하고, 군 단위에는 징세서와 부세소를 설치하여 각각 징세와 부세를 담당하도록 하였다. 부세소는 부과할 세금을 최종적으로 확정하여 납세자에게 개인별로 징세명령이나 납입고지서를 부과하는 곳으로 각 읍 장관(군수 등)이 책임자였으며, 관세사의 감독을 받도록 되어 있었다. 징세서에는 평균 4명의 징세주사가 있었으며, 면 단위 이하에는 납세총대인이 징세를 담당하게 하였다.[30] 그런데 징세서는 모든 군에 설치하는 것이 아니라 220개만 설치하는 것으로 되어 있었고, 이에 따라 징세서장은 220명, 징세주사는 880명을 두도록 했다.[31] 관세사와 징세서 제도는 세금의 징수과정에서 각 군의 군수와 이서층을 배제한다는 의미를 갖고 있었다.

그러나 그해(1895년) 9월 5일 「관세사 및 징세서 관제」, 그리고 「각읍 부세소장정」의 시행을 정지한다는 칙령이 나왔다.[32] 그 이유는 무엇이었을까. 탁지부가 내각에 청의를 한 바에 따르면, 당시 관세사장과 징세서장을 파견할 만한 재원(財源)이 없었다.[33] 따라서 탁지부에서는 이미 임명한

---

30 이상찬, 1989, 「1894~5년 지방제도 개혁의 방향」, 『진단학보』 67, 진단학회, 82쪽; 칙령 제74호 「각읍부세소장정」, 『관보』, 1895.4.5.
31 칙령 제56호 「관세사급징세서관제」, 『관보』, 1895.3.26.
32 칙령 제159호 「관세사급징세서관제와 각읍부세소장정 시행의 정지에 관한 건」, 『관보』, 1895.9.5.
33 그 밖에도 군의 통폐합 정리가 안 된 것, 이서층의 반발이 거셌던 것도 그 배경이 되었다. 유정현, 1992, 「1894~1904년 지방재정제도의 개혁과 이서층 동향」, 『진단학보』 73, 진단학회, 89쪽 참조.

일부 관세사장과 징세사장을 모두 면직하고, 징세업무를 그 전과 마찬가지로 각 군 군수에게 다시 맡기기로 한 것이다. 그 대신 각 군 군수와 세무주사의 징세업무를 감독하기 위하여 세무시찰관을 탁지부와 각 부의 주임관 중에서 선발하여 파견하기로 했다.[34] 그리하여 「세무시찰관장정」이 반포되었는데, 세무시찰관의 정원은 23인 이하로 되어 있었다.[35] 이때는 23부제가 시행되고 있었기 때문에 각 부에 1인씩 파견한다는 구상이었던 것으로 보인다.

그리고 동시에 「각군세무장정」이 반포되었다. 이에 따르면 각 군수는 군내의 조세를 부과하고 또 징수하여 국고로 납입하도록 되어 있었다. 또 각 군수 아래에 세무주사 1인을 두고 군수의 명령을 받아 세무를 담임케 하도록 했으며, 군수가 추천하여 탁지부대신이 임명하고 판임관으로 임명하는 것으로 했다. 각 군에는 세무과를 두고, 세무주사가 그 과장을 맡도록 했다.[36] 세무주사 아래에는 세무서기 2인을 두도록 했다. 군수와 세무주사는 부세액의 결정 및 세의 감면에 대한 사무, 조세관련 장부의 정리, 세의 징수와 송납(送納)을 책임지도록 했다. 세무주사는 지방에서 적당히 임명되던 기존의 이서와는 달리 판임관의 정식 관리로서 임명되었고, 군수의 지휘를 받으면서도 세무시찰관을 통해 중앙의 통제를 직접 받게 되었다.[37]

「각군세무장정」에 따르면, 세무주사는 신분에 구애됨이 없이 청렴결백하고 명망이 있는 자를 추천하게 되어 있었다. 그러나 세무주사는 경제

---

34 내각 편록과편, 1895, 『탁지부청의서』 (규 17716) 2책, 1895.9.5.
35 칙령 제161호 「세무시찰관장정」, 『관보』, 1895.9.7.
36 칙령 제162호 「각군세무장정」, 『관보』, 1895.9.7.
37 유정현, 1992, 앞의 글, 93~94쪽.

적 이권을 갖는 요직이었기 때문에 이 자리를 둘러싼 치열한 다툼이 벌어졌다. 향청의 좌수·별감 등 향임층과, 이서 중의 전현직 호장·이방 등이 이 자리를 둘러싸고 각축을 벌였다. 전체적으로 보면 향임층 가운데 세무주사로 임명된 경우가 더 많았던 것으로 보이지만, 이서층도 자신들의 경제적 기반을 잃지 않으려고 군수에게 뇌물과 청탁 등 온갖 수단을 동원하여 세무주사로 임명된 경우도 많았다. 이 경우는 지역에서 많은 반발을 일으켰다.[38]

(3) 지방자치제의 도입 시도: 향회 설치 실패

개화파는 갑오개혁기에 지방자치의 초보적인 제도로서 '향회'를 설치하여 운영하고자 했다. 향회는 조선전기의 유향소, 조선후기의 향청의 구성원들이 모이는 집회였다. 향청이란 각 군현의 사족(士族)들이 모여 지방의 여론을 모아 수령에게 전달하고, 또 지역 현안에 대해 수령에게 자문을 하던 기구였다. 그런데 18·19세기가 되면서 일부 평민들이 성장하여 향반이 되고, 이들이 향청에 참여하기 시작하였다. 이에 사족들은 서원으로 이동하고, 결국 향청은 이들 신향(新鄕)의 차지가 되어 갔다. 그러면서 향청은 주로 세금을 어떻게 분배할 것인가를 논의하는 수령의 보좌기구처럼 되어 갔다. 향회는 군현 단위에서 주로 열려 읍회(邑會)라 불리기도 했는데, 세금 문제가 주요 현안이 되면서 면회·리회도 등장하기 시작했다. 그리고 이들 읍회, 면회, 리회는 19세기 후반에 들어서는 민란으로 발전하기도 하였으며, 이는 고종대까지 그대로 이어졌다.[39] 개화파는 이

---

38 유정현, 1992, 앞의 글, 100~101쪽.
39 향회에 대해서는 다음의 글들을 참조할 것. 안병욱, 1987, 「19세기 민중의식의 성장

향회에 주목하여 이를 공식기구로 만들고자 했다.

1894년 7월 12일 군국기무처는 각 지방의 관찰사에게 각 군에 지시하여 향회를 설립하되, 각 면의 인민들이 총명하고 노련한 이를 향회원으로 뽑아, 향회원들이 각 군의 공회당에 모여서 명령의 발포, 의료 시설 등의 사무와 관련하여 가부를 논해서 공동으로 결정하도록 한 후에 지방관이 시행토록 하였다.[40] 이는 향회를 일종의 지방자치 의회와 같은 형태로 운영하고자 하는 의도를 담은 것이었다. 그러나 당시 이러한 지시는 동학농민봉기로 인하여 동학군들이 지방을 장악하고 있는 곳이 많아 거의 시행되지 못한 것으로 보인다.

1895년 10월 26일에는 내부대신서리인 유길준과 총리대신 김홍집이 「향회조규」와 「향약판무규정」을 내각회의에 올려 승인을 받은 다음, 고종에 상주하여 윤허를 받아 11월 3일 반포하였다.[41] 이는 1894년 7월에 시도했다가 일단 좌절된 향회를 본격적으로 개설하고, 향약을 실시해 보

과 민중운동 - '향회'와 '민란'을 중심으로 - 」, 『역사비평』 1987년 가을호, 역사비평사 : 송찬섭, 1997, 「민회와 농민항쟁」, 『역사비평』 1997년 여름호, 역사비평사; 안병욱, 2000, 「19세기 향회와 민란」(서울대 국사학과 박사논문); 김인걸, 2017, 『조선후기 공론정치의 새로운 전개』, 서울대 출판부; 송찬섭, 2023, 「1862년 농민항쟁 과정의 공론의 형성: 향회와 민회를 중심으로」, 『역사연구』 47, 역사학연구소; 안병욱, 1987, 「19세기 민중의식의 성장과 민중운동 - '향회'와 '민란'을 중심으로 - 」, 『역사비평』 1987년 가을호, 역사비평사; 송찬섭, 1997, 「민회와 농민항쟁」, 『역사비평』 1997년 여름호, 역사비평사; 안병욱, 2000, 「19세기 향회와 민란」(서울대 국사학과 박사논문); 김인걸, 2017, 『조선후기 공론정치의 새로운 전개』, 서울대 출판부; 송찬섭, 2023, 「1862년 농민항쟁 과정의 공론의 형성: 향회와 민회를 중심으로」, 『역사연구』 47, 역사학연구소.

40 『관보』, 1894.7.12.
41 내각편록과편, 1895, 『議奏』 37권(규장각 17705), 「향회조규」「향약판무규정」(1895.10.26)

겠다는 의도에서 나온 것으로 보인다.

「향회조규」의 주요 내용을 보면 다음과 같다.[42] 먼저 향회로서는 리회(里會), 면회(面會), 군회(郡會)의 3단계의 지방자치 의회와 유사한 회의를 둔다는 것이었다. 리회는 30호 이상의 리에서 만들되, 30호가 되지 않으면 이웃한 마을과 협의하여 개설하도록 했다. 리회 회원은 존위와 해당 리 안의 매호 1인으로 구성하도록 했다. 면회 회원은 면집강과 해당 면 소속 각 리의 존위 및 각 리에서 뽑은 2인 이하로 구성하도록 했다. 군회 회원은 군수와 각 면 집강 및 각 면에서 선출한 2명으로 구성하도록 했다.

향회에서 논의할 수 있는 사안은 교육, 호적 및 지적, 위생, 사창(社倉), 도로 교량, 식산흥업, 공공산림 및 제언, 제반 세목 및 납세, 검황 및 환란, 공공복역, 계회(契會), 신식 지령 등 광범위한 것이었다. 리회·면회·군회에서는 모두 다수결로 결정을 하되, 리존위·면집강·군수는 표결에 참여하지 않으며, 만일 결정 사항이 리존위·면집강·군수의 마음에 들지 않을 때에는 리회와 면회에서 재의(再議)를 요구할 수 있고, 군회에서는 재의 내지는 삼의(三議)를 요구할 수 있도록 하였다. 그럼에도 불구하고 같은 결론이 나오면, 리존위는 면집강에게, 면집강은 군수에게 결정을 해주도록 요청할 수 있게 했다. 각 군회는 매년 2차례 이상 회의를 해야 하며, 회의 결과는 봄과 가을 두 차례에 걸쳐 군수가 관찰사에게 보고하여, 내부에 전달하도록 했다.

한편 「향약판무규정」의 주요 내용을 보면 다음과 같다.[43] 먼저 리에는 존위(尊位) 및 서기, 두민(頭民), 하유사(下有司) 각 1명씩을 두도록 했다.

---

42   내각편록과편, 1895, 『議奏』 37권(규장각 17705), 「향회조규」
43   내각편록과편, 1895, 『議奏』 37권(규장각 17705), 「향약판무규정」

단 20호 미만인 리에서는 이웃한 리와 합병할 수 있게 했다. 존위는 해당 리의 대소사무를 관장하는 사람으로서, 임기는 1년이다. 존위는 더 이상 관에서 임명하지 않고 각 리에서 매년 정월에 회의를 열어 뽑도록 했다. 나이는 30세 이상으로 반상(班常)을 가리지 않고 뽑으며, 선거 후 면에 보고하도록 했다. 존위는 종래처럼 무명잡세를 거두지 못하도록 했다. 서기는 존위의 명을 받아 해당 리의 장부기록과 보고문건을 관장하되 지필묵비(수고비)는 해당 리에서 상의하여 정하도록 했다. 두민은 해당 리에서 연로하고 마을 일에 해박한 사람으로 뽑고, 존위 유고 시에 그 사무를 대신하도록 했다. 하유사는 해당 리의 실무 일을 하는 이로서, 그에 대한 수고비도 마을에서 의논하여 정하도록 했다. 존위·서기·두민·하유사의 임기는 모두 1년이다.

　면에는 집강 및 서기·하유사·면주인을 각 1인씩 두도록 했다. 집강은 임기가 1년이며, 해당 면의 대소사무를 관장하고 소속 존위들을 감독하는 이이다. 집강도 더 이상 관에서 임명하지 않고, 면의 각 리 존위 및 선거인이 회의를 하여 나이 30세 이상으로 반상을 가리지 않고 뽑도록 했다. 집강은 종래처럼 무명잡세를 거두는 일이 없도록 했다. 만일 집강이 주어진 임무에 위배되는 일을 할 때에는 각 리의 존위 및 선거인이 모여 회의를 해서 군에 보고한 뒤에, 임기에 관계없이 새 인물을 뽑아서 군에 보고하도록 했다. 서기는 면집강의 명을 받아서 해당 면의 장부기록과 보고문건을 관장하되 지필묵비(수고비)는 면에서 의논하여 정하도록 했다. 하유사는 면의 실무일을 하는 이로서 역시 수고비는 면에서 의논하여 정하도록 했다. 서기와 하유사의 임기는 1년이다. 면주인은 본군과 소속 각 리와의 공문 발송의 일을 맡고, 수고비는 각 면에서 논의하여 정하도록 했다. 서기 및 하유사, 면주인이 임무에 위배되는 일을 할 때에는 임기와 관계없이 면에서 의논하여 교체할 수 있도록 했다. 면집강이나 리존위에 있는 이는 면민, 리민에 대해 반상을 가리지 말고 평등하게 대우해야 한다고 하였다. 또 기존의 풍헌·약정·권농·동장·리정 등은 모두 폐지하도록 했다.

이상 「향회조규」와 「향약판무규정」에 대해 살펴보았다. 이는 앞서 말한 것처럼 지방자치의 표준을 만들고자 하는 취지에서 나온 것이었다. 그러나 이러한 시도는 1896년 2월 아관파천으로 유길준 등 개화파가 몰락하면서 제대로 실시되지 못한 채 무위로 돌아가고 말았다.[44]

3) 1896~1904년 대한제국의 지방제도 개편

(1) 지방행정구역의 개편: 13도제의 실시

1896년 2월 아관파천으로 친러파가 집권한 뒤, 그해 8월 내부대신 박정양은 대대적인 지방제도 개편작업을 진행했다. 박정양은 8월 2일자로 내각에 제출한 「지방제도 개정하는 청의서」에서 "종전에 8도의 구역을 23부로 정하고 관할구역을 분치(分置)함은 8도의 구역이 광활하고 관할이 호대(浩大)하여 정령(政令)의 선포함이 균흡(均洽)치 못하므로 도를 나누어 부를 둠은 편의를 따르고자 함이러니, 현금 실시가 이미 오래 되었으나 민정이 편리하다 함은 적고 번용(煩宂 :번잡하고 무익함)한 폐가 있으며, 재정의 세입(歲入)이 넉넉지 않은 때에 해당 지방 소출로 해당 부의 경

---

[44] 지방제도조사소, 1906, 『地方制度調査』 (국립중앙도서관 소장), 193쪽. 이 자료를 보면, 고종의 재가를 거쳤으나 「향회조규」와 「향약판무규정」을 아직까지 실시하지 못하고 있다고 쓰고 있다. 그럼에도 기존 연구 중에는 「향회조규」와 「향약판무규정」이 실제로 시행되었다고 쓴 경우가 많다.

비를 감당치 못하는 이유도 혹 있으며, 또 각 부의 인원수가 과다하여 사무상에 간편치 못하다"면서 부득이 지방제도를 다시 개정하여 관할구역과 인원의 증감을 도모할 수밖에 없다고 하였다.[45]

박정양이 내놓은 새로운 지방제도안은 23부제를 폐지하고, 대신 13도 8부 1목 제도를 실시하는 것이었다. 즉 기존의 8도를 13도로 나누어 도 관찰사를 두고,[46] 한성과 종래 유수를 두었던 광주·개성·강화, 그리고 개항장인 인천·동래·덕원·경흥에는 부를 설치하여 부윤을 두고, 제주는 목으로 하여 목사를 두는 것이었다. 23부제에서 13도제로 바꾼 것은 커다란 변화였다. 그러나 13개 도에서 관할하는 군은 339개 군으로 거의 변화가 없었다.[47] 이와 같은 안은 내각의 동의를 거쳐 국왕의 재가를 받아 8월 6일 칙령 제36호 「지방제도·관제·봉급·경비 개정건」으로 공포되었다. 13도의 관찰부 위치와 소속 군의 수는 〈표 1-1〉과 같다. 이에서 보면, 각 도의 소속 군의 숫자는 10개에서 41개에 이르기까지 상당한 편차가 있었음을 알 수 있다. 주로 인구가 많은 삼남지방의 도 산하에 군의 숫자가 많았다.

---

45 지방제도조사소, 1906, 앞의 책, 63~64쪽.
46 관찰사를 두는 곳은 경기는 수원, 충북은 충주, 충남은 공주, 전북은 전주, 전남은 광주, 경북은 대구, 경남은 진주, 황해는 해주, 평남은 평양, 평북은 정주, 강원은 춘천, 함남은 함흥, 함북은 경성이었다. 내부, 1896, 『地方制度』(규장각 15443), 건양 원년, 22~23쪽 참조.
47 『高宗實錄』 34권, 高宗 33년 8월 4일.

〈표 1-1〉 13도 및 소속 군의 수

도명	관찰부 위치	소속 군의 수	도명	관찰부 위치	소속 군의 수
경기도	수원	38	황해도	해주	23
충청북도	충주	17	평안남도	평양	23
충청남도	공주	37	평안북도	정주	21
전라북도	전주	26	강원도	춘천	26
전라남도	광주	33	함경남도	함흥	14
경상북도	대구	41	함경북도	경성	10
경상남도	진주	30	계		339

출전: 칙령 제36호 「지방제도·관제·봉급·경비 개정건」, 『관보』, 1896.8.4.
비고: 이 표의 숫자에는 부(府)도 포함되어 있음.

〈표 1-2〉 도·부·목·군의 관리 정원

관청		관리의 정원
13도 관찰부		관찰사 1인, 주사 6인, 총순 2인, 순검 30인, 서기 10인, 통인 4인, 사령 15인, 사용(使傭) 8인, 사동(使僮) 8인
한성부		판윤 1인, 소윤 1인, 주사 5인, 서기 4인, 사령 6인, 청사(廳使) 4인, 사동 2인
광주·개성·강화·인천·동래·덕원·경흥의 부(府)		부윤 1인, 향장 1인, 순교 8인, 수서기 1인, 서기 8인, 통인 3인, 순졸 8인, 사령 10인, 사용 5인, 객사직 1인, 향교직 1인
제주목		목사 1인, 주사 2인, 순교 8인, 서기 8인, 통인 4인, 사령 8인, 사용 4인, 사동 3인, 객사직 1인, 향교직 1인
군	1등군	군수 1인, 향장 1인, 순교 6인, 수서기 1인, 서기 8인, 통인 3인, 사령 8인, 사용 4인, 사동 3인, 객사직 1인, 향교직 1인
	2등군	군수 1인, 향장 1인, 순교 6인, 수서기 1인, 서기 7인, 통인 3인, 사령 8인, 사용 4인, 사동 3인, 객사직 1인, 향교직 1인
	3등군	군수 1인, 향장 1인, 순교 5인, 수서기 1인, 서기 7인, 통인 2인, 사령 6인, 사용 2인, 사동 2인, 객사직 1인, 향교직 1인

군	4등군	군수 1인, 향장 1인, 순교 4인, 수서기 1인, 서기 6인, 통인 2인, 사령 6인, 사용 2인, 사동 2인, 객사직 1인, 향교직 1인
	5등군	군수 1인, 향장 1인, 순교 2인, 수서기 1인, 서기 4인, 통인 2인, 사령 4인, 사용 2인, 사동 1인, 객사직 1인, 향교직 1인

출전: 내부, 1896, 『地方制度』, 4~18쪽.

〈표 1-2〉는 도, 부, 목, 군의 관리 정원이다. 군에는 5등급이 있었는데, 각 군의 등급은 토지의 결부수(結負數)와 관련이 있었다. 1만 결 이하는 1등군, 7천 결 이하는 2등군, 4천 결 이하는 3등군, 2천 결 이하는 4등군으로 했으며, 다만 제주목의 대정군과 정의군은 5등급으로 하였다.[48] 1등군은 18개 군, 2등군은 29개 군, 3등군은 72개 군, 4등 군은 210개 군, 5등군은 2개 군이 있었다.[49]

이들 지방관리의 직제를 보면, 도 관찰사와 한성부 판윤은 칙임 3등 이하, 부윤·소윤·목사·군수는 주임, 주사와 총순은 판임이었다.[50] 주사는 판임으로 되어 있었으나, 향장은 이에 포함되지 않았다. 도 관찰사와 한성부 판윤은 내부대신의 지휘 감독을 받도록 했고, 부윤과 목사, 군수는 모두 도 관찰사의 지휘 감독을 받도록 하였다. 다만 제주목의 대정군과 정의군은 제주목사의 지휘 감독을 받도록 했다. 주사와 향장은 상관의 지휘 감독을 받아 서무에 종사하고, 순교·서리 이하를 지휘 감독하도록 했다.[51] 이로써 지방행정의 지휘계통은 '내부대신-도 관찰사 및 한성부 판윤-군수 및 제주목사'의 순으로 일원화되었다.

---

48   내부, 1896, 『地方制度』(규장각 15443), 20~21쪽.
49   칙령 제36호 「지방제도·관제·봉급·경비 개정건」, 『관보』, 1896.8.4.
50   내부, 1896, 앞의 책, 29쪽, 칙령 제37호.
51   내부, 1896, 위의 책, 29~31쪽. 칙령 제37호.

〈표 1-3〉 각 군의 군수 이하의 월봉 (단위:元)

	1등군	2등군	3등군	4등군	5등군
군수	83	75	66	58	50
향장	6	6	6	6	0
순교	4	4	4	4	4
수서기	8	8	7	7	7
서기	6	6	6	5	5
통인	3	3	3	3	3
사령	3	3	3	3	3
사용	3	3	3	3	3
사동	3	3	3	3	3

출전: 『관보』, 1896.8.6. 칙령 제36호.

각 군의 군수 이하의 월봉을 보면 〈표 1-3〉과 같다. 이에서 보면, 향장 이하 사동에 이르기까지 그들의 월봉은 3원에서 8원에 이르기까지 큰 차이가 없었다.

(2) 지방관으로부터의 재판권·경찰권·징세권의 분리 재시도

가) 재판권의 일부 분리

1896년 1월 20일 법부대신 장박(張博)은 1895년 윤5월의 개항장 및 지방재판소 개설 칙령에 의거하여 앞으로 30일 이내에 이들 재판소를 모

두 설치하겠다는 법부 고시를 발표했다.[52] 그러나 그 20일 뒤인 2월 11일 아관파천이 발생하여 개화파가 몰락함으로써 이 계획은 좌절된 것으로 보인다. 그리고 그해 8월에 23부제가 폐지되고 13도제가 실시됨으로써, 주로 23부에 해당하는 곳에 지방재판소를 개설하려던 계획은 취소되었다. 대신 한성부, 개항장 네 곳(인천·부산·원산·경흥), 12도의 관찰부[공주·충주·광주·전주·진주·대구·해주·춘천·평양·정주·함흥·경성(鏡城)]와 제주목 등에 재판소를 설치하게 되었다.[53]

경기도 관하 각 군의 민형사사건의 상소사건은 일단 한성부재판소에서 재판을 하게 하였는데, 한성재판소의 업무가 폭주하여 9월 들어 경기재판소를 따로 설치하여 이곳에서 다루게 하였다.[54] 경기재판소는 한성에 두도록 했다.[55] 또 10월에는 새로이 개항한 무안항과 삼화항에도 재판소를 설치하도록 했다.[56]

그러나 1898년 1월에는 다시 한성재판소와 경기재판소를 폐지하고, 대신 한성부와 경기관찰부에 재판소를 개설하였다. 결국 독립된 재판소가 아닌 한성부와 경기도 산하의 재판소로 바뀐 것이다. 한성부재판소의 수반판사는 한성부 판윤이 겸임하고, 판사는 한성부 소윤이 겸임하게 하였다. 경기재판소의 판사는 관찰사가 겸임하게 하였다.[57] 또 1899년 5월

---

52 법부고시 제2호 「개항장·지방재판소를 개설하는 건」, 『관보』, 1896.1.22.
53 칙령 제55호 「개항장재판소급지방재판소개정개설에 관한 건」, 『관보』, 1896.8.18.
54 도면회, 2014, 『한국근대형사재판제도사』, 푸른역사, 174쪽.
55 칙령 제37호 「경기재판소 설치에 관한 건」, 『관보』, 1896.11.1; 「한성·경기재판소 위치를 정하는 건」, 『관보』, 1897.11.20.
56 칙령 제36호 「무안·삼화항재판소 설치에 관한 건」, 『관보』, 1896.10. 7일
57 「한성·경기재판소를 폐지하여 한성부·경기관찰부로 구관케 하는 건」, 『관보』, 1898.2.2; 칙령 제4호 「한성·경기재판소 폐지에 관한 건」 2월 9일; 칙령 제5호 「한성

에는 추가로 개항·개시한 창원·성진·옥구·평양에도 재판소를 두도록 했다.[58]

　1899년 5월 대한제국 정부는 「재판소구성법」을 다시 고쳐서 한성부재판소 및 개항(시)장재판소, 순회재판소, 평리원, 특별법원의 5가지 재판소를 두었다. 당시 개항장과 개시장의 재판소는 모두 10개에 이르렀다.[59] 특기할 것은 이전의 고등재판소를 평리원으로 개칭한 것이다. 평리원은 각 지방재판소 및 개항(시)장재판소를 총괄하여 각 재판소 판결에 불복한 상소재판을 맡는다고 하였다. 원래는 이 재판을 순회재판소에서 맡게 되어 있었는데, 평리원에서도 이를 맡는다고 한 것은 모순된 일이었다.[60] 왜 그렇게 되었을까. 이 재판소구성법 부칙을 보면, 당분간은 순회재판소를 설치하지 않는다고 했는데, 이런 경우에 대비하여 평리원이 이를 대신하도록 한 것으로 추정된다. 또 부칙에서는 당분간은 지방재판소도 따로 개설하지 아니하고 각 관찰부에 임시로 설치하고, 판사는 관찰사가 겸임하고 다만 주사 1인만을 둔다고 하였다. 또 각 개항(시)장재판소도 당분간은 각 감리서에 겸하여 설치하고, 판사는 감리가 겸임하도록 한다고 하였다.[61] 결국 각 도의 지방재판소와 지부, 각 개항(시)장의 재판소는 여전히 따로 설치되지는 않았고, 관찰부나 감리서에 병설되어 관찰사나 감리가 이를 겸하여 맡도록 한 것이다. 따라서 행정권으로부터 사법권(재판권)

　　재판소관제규정」,『관보』, 1898.2.11; 「경기재판소를 경기관찰부에 설치하는 건」,『관보』, 1898.2.12.
58　칙령 제21호 「창원·성진·옥구·평양재판소를 설치하는 건」,『관보』, 1899.5.24.
59　법률 제3호 「재판소구성법개정안」,『관보』, 1899.5.30.
60　도면회, 2014, 앞의 책, 324쪽.
61　법률 제3호 「재판소구성법개정안」,『관보』, 1899.6.5.

을 분리하는 일은 여전히 이루어지지 않고 있었다. 이는 재정과 인력의 부족 때문이었을 것이다.

수령이나 관찰사의 자의적인 재판, 불공정한 재판은 여전히 계속되었고, 심지어 재판권을 이용하여 민인을 수탈하는 경우도 많았다.[62] 이로 인해 많은 이들이 한성으로 올라와 평리원이나 법부에 억울함을 호소하는 상황이 벌어졌다.[63] 이에 대한제국 정부는 1900년 12월 순회재판소를 설치하기로 결정하고, 「순회재판소세칙」을 반포하였다. 이에 따르면, 재판소의 위치는 13도에 각기 설치하는 것으로 되어 있었으며, 각 도의 재판소에서 불복하는 민형사 상소를 수리하여 재판을 하도록 했다. 순회재판소에는 판사 1인만 두어서 판사와 검사의 직무를 겸하도록 하며, 재판소에는 관찰부와 군의 서기와 순검을 차용할 수 있게 했다.[64] 1901년 법부에 의해 순회재판소 판사로 임명된 이는 모두 8명이었다. 그러나 나머지 5개 도의 경우에는 순회재판소 판사가 임명되지 않았다. 역시 예산과 인력 부족 때문이었을 것이다. 다만 그 이후에도 특정 사안에 대해 순회판사가 몇 차례 파견된 일이 있었다.[65] 결국 순회재판소로 수령과 관찰사의 자의적인 재판을 견제하는 일은 부분적으로만 작동하였을 뿐이다.

나) 경찰권의 일부 분리

1896년 9월에는 1895년 한성부 외에 22개 부에 설치했던 경무서를 모

---

62 도면회, 2014, 앞의 책, 335쪽.
63 도면회, 2014, 위의 책, 331쪽.
64 「순회재판소세칙」, 『관보』, 1900.12.31.
65 법부 법무국, 1905, 『訓指起案』 13책 (규장각 17277의5), 「訓海州郡」(1905.1.24)

두 폐지했다.[66] 이는 그해 8월에 23부제가 폐지되고 13도제가 만들어지면서 나온 후속조치였다. 13도 관찰부에는 경무관을 두지 않았으며, 경무관은 한성부와 4곳의 개항장에만 남게 되었다. 1897년 9월에는 목포항과 삼화항이 개항을 하게 됨에 따라 이곳에도 경무서가 설치되었다.[67] 1898년 7월에는 내부령으로 「지방경무장정」을 반포하였다. 이는 개항장의 경무관·총순·순검, 각 도 관찰부의 총순·순검의 임면규칙·처무규칙·순검채용규칙·순검징벌규칙·감옥규칙·경찰일기(보고)규칙 등으로 구성되어 있다. 여기에서 「순검채용규칙」을 보면, 순검을 시험으로 채용할 때는 관찰사(각 부), 경무관(각 항구), 총순(각 부 및 각 항구)이 입회한 가운데 실시하도록 하였다.[68] 1899년 5월에는 옥구항(군산), 창원항(마산), 성진항이 개항을 하고, 평양이 개시장이 되면서, 이곳에도 감리서가 설치되고 또 경무서도 설치되었다.[69]

이와 같은 과정을 거쳐 대한제국 정부는 1900년 6월 경부(警部)를 내부(內部)에서 독립시켜 새로운 부서로 설치하였다. 당시 칙령을 보면, 고종은 "경장 초에 경무청이 비록 내부 직할에 속하였으나, 오늘날의 국내 사무는 점차 크고 번잡해져서 그때그때 조치를 취하는 일을 조금도 늦출 수 없으므로 경부를 별도로 설치하라"고 지시했다고 한다.[70] 그리하여 경부에는 대신(1인, 칙임), 협판(1인, 칙임), 국장(3인, 칙임 또는 주임), 경무관(17인, 주

---

66 내부령 제7호 「한성부 외 각 부 경무관에 관한 규정을 폐지하는 건」, 『관보』, 1896.9.5.
67 칙령 제31호 「지방제도 중 각 개항장 경무서 설치에 관한 칙령을 개정하는 건」, 『관보』, 1897.9.14.
68 내부령 제15호 「지방경찰장정」, 『관보』, 1898.8.1.
69 칙령 제18호 「지방제도 중 각 개항장 경무서설치령을 개정하는 건」, 『관보』, 1899.5.12.
70 「경부를 설치하는 건」, 『관보』, 1900.6.12.

임), 주사(14인, 판임), 총순(44인, 판임), 감옥서장(1인, 주임), 간수장(2인, 판임), 주사(2인, 판임) 등을 두게 하였다. 그리고 한성부와 각 개항장·개시장의 경무서에는 경무관과 총순을 두고, 13도의 각 관찰부에는 총순을 두도록 했다. 경부 내에는 경무국, 서무국, 회계국의 3개 국을 두도록 했다.[71]

그러나 이와 같은 경부의 설치는 오래 가지 못했다. 불과 1년 뒤인 1901년 3월 정부는 경부를 폐지하고 도로 경무청을 부활시켰다. 그 이유에 대해 조칙에서는 "경부의 신설은 그 사무를 확장하기 위해서였는데, 별로 실효가 없고 오히려 폐를 더하였다"고 설명하고 있다.[72] 1902년 2월에는 「경무청관제」를 다시 반포하였는데, 경무청에는 경무사(1인, 칙임), 국장(1인, 칙임 또는 주임), 경무관(12인 이하, 주임), 주사(8인 이하, 판임), 총순(34인 이하, 판임) 등을 두도록 했다. 경무청에는 경무국 1국만을 두고, 그 안에 경무과, 신문과, 문서과, 회계과 등을 두도록 했다.[73]

이렇게 보면, 1894년부터 1905년까지도 각 도 관찰부나 부·군의 경우에는 경무서가 따로 설치되지 않았고 총순과 순검만 있을 뿐이었다. 따라서 개항(시)장을 제외한 각 지방의 치안은 여전히 관찰사나 부윤·군수가 담당하고 있었다고 할 수 있다.

다) 징세권의 분리 실패

1896년 지방제도 개정에서 주목할 것은 세무주사와 세무서기의 자리를 없앴다는 것이다. 탁지부는 1896년 4월에 세무시찰관 제도가 비용만

---

71 앞의 글, 『관보』, 1900.6.12.
72 조칙 「경부관제를 전 경무청에 의하여 시행하는 건」, 『관보』, 1901.3.18.
73 칙령 제3호 「경무청관제」, 『관보』, 1902.2.18.

들고 특별한 효과를 거두지 못했다면서 이를 폐지하고, 세무는 관찰사와 군수에게 맡기기로 결정했다.[74] 또 8월에는 지방제도를 개정하면서 각 군의 세무주사 자리를 없앴다. 이에 따라 9월에는 세무주사를 모두 폐지하고 각 군의 군수가 이를 책임지고 관리하도록 했다.[75] 이는 개화파가 만들어놓은 징세기구를 모두 폐지하고 갑오개혁 이전의 상태로 되돌리는 것을 의미했다. 이후 조세의 수취와 상납은 대부분 이서층이 도로 맡게 되었고, 일반적으로 수서기의 지휘 아래 봉세색(捧稅色)이 실무를 맡았던 것으로 보인다.[76]

1896년 이후 조세의 부과와 수취는 이전과 같이 이서층이 담당하게 되었고, 수취한 조세 가운데 지방경비로 배당된 액수를 제한 나머지를 상납하는 방식으로 지방재정이 운영되었다.[77] 배정된 경비의 90%는 관속의 봉급으로 쓰였고, 나머지는 관청경비, 여비, 제향비 등에 불과하였다. 따라서 도로나 관개시설 등을 건설할 수 있는 경비는 거의 없었다. 여기에다 1894년 이후 축소된 이서층의 정원을 잘 따르지 않고 정원 외의 이서층을 두고 있는 경우가 많았다. 따라서 이들의 봉급을 마련하기 위해 음성적인 세원을 마련하거나, 추가로 세금을 거두는 경우도 많았다.[78]

---

74 『탁지부청의서』 3, 제78호 청의, 1896.4.19; 칙령 제16호 「세무시찰관장정실시를 폐지하는 건」, 『관보』, 1896.4.21.

75 『탁지부청의서』 4, 제127호 청의, 1896.9.7; 칙령 제62호 「각군세무장정을 개정하는 건」, 『관보』, 1896.9.10.

76 유정현, 1992, 앞의 글, 103쪽.

77 『관보』, 1896.8.6.

78 유정현, 1992, 위의 글, 103쪽. 전남 장성군의 경우, 10명의 정원외 이서들이 있었다고 한다.

(3) 지방자치제도의 부분 도입: 향장제의 실시

1896년 지방제도 개정 시 각 군에는 향장(鄕長)을 1인 두도록 했다. 앞서 〈표 1-3〉에서 보듯이 그들의 월봉은 6원으로 수서기 7원보다 작았다. 당시 향장은 어떤 성격의 자리였을까. 1906년에 만들어진 『지방제도조사』에 따르면, "향장은 이전의 좌수이다. 군수를 보좌하고 군민을 대표하여 관민 간에 일체의 공무를 맡아서 하고 우체사무도 겸임한다"고 하였다. 향청의 집무소는 과거의 향청이며, 서북지방의 경우에는 향장의 권력이 군수를 능가한다고 하였다. 그것은 향장(좌수)은 세습되는 경우가 많고, 군수는 계속 교체되기 때문이라고 설명했다. 또 향장에는 부호가 많아 군수 교체 시에 향장을 뇌물을 주고 산 뒤에 군수를 농락하여 사리사욕을 채우는 경우가 많다고 지적하였다. 따라서 지방의 여러 폐단을 바로잡으려면 군수가 향장의 자리를 매매하는 것을 절대 금하고, 향장을 지방민의 선거에 의해 뽑도록 해야 한다고 주장하였다.[79] 이를 보면 향장은 비록 월봉은 적었지만, 권력은 상당했던 것으로 보인다.

그러면 어떤 이들이 향장을 맡게 되었을까. 향장은 이전의 좌수와 같은 자리였기 때문에, 이전의 좌수와 마찬가지로 그 지방의 양반층에서 이를 맡았다. 앞서 본 것처럼 조선후기에 들어 향청의 좌수는 수령의 보좌기구로서의 성격이 강화되어 유력 사족들은 이를 기피하게 되었고, 새로이 등장한 향족(鄕族) 혹은 신향(新鄕)이라 불리는 계층이 이를 맡게 되었다. 그리고 이들이 이제 1896년 이후에는 '향장'의 자리를 맡게 된 것이다. 1896년 8월 7일에 나온 칙령 44호 「각 부목군 판임관 이하 임면규례」를 보면, "각 군 향장은 해당 군의 사민(士民: 양반과 평민)과 이서(吏胥)

---

79 지방제도조사소, 1906, 『地方制度調査』 (국립중앙도서관 소장), 96쪽.

를 가리지 말고 그 성망과 재주가 뛰어난 사람으로 군수가 선택하되, 해당 군의 대소 민인이 회의를 하여 투표로써 다수의 의견을 따라 정하라"고 하였다. 또 향장은 해당 군에 입적하여 거주한 지 7년 이상인 자로서 택하라고 하였다.[80] 이를 보면, 향장은 꼭 양반층만이 아니라 향리층이나 평민층 가운데에서도 될 수 있었던 것으로 보인다. 그러나 양반층을 포함하는 군민의 여론를 수렴하는 역할을 해야 하기 때문에 실제로는 주로 양반층, 특히 신향이라 불리는 계층에서 맡았던 것으로 추정된다. 향장을 맡았던 인물의 이력서를 보면, 대체로 이전에 향교에서 재임이나 유사를 맡았던 인물들이 많았다.[81]

향장은 이제 향청의 일만 맡는 것이 아니라, 관아의 순교, 수서기, 서기, 통인, 사령, 사용, 사동 등을 직접 지휘 감독하는 일도 하게 되었다. 관아의 순교, 수서기 이하는 모두 과거의 향리층 출신들이었다. 따라서 향장은 이제 향리층을 직접 지휘하면서 지방관아의 실무를 총괄하는 자리에 서게 된 것이다.

그러면 면과 리의 운영은 어떻게 달라졌을까. 1906년에 작성된 『지방제도조사』라는 책자의 「면장 면임 동장 동임 직무권한」이라는 부분을 보면, 기존의 관례가 그대로 이어지고 있었던 것으로 보인다. 그 주요 내용을 보면 다음과 같다.

먼저 '면장'(혹은 면집강)은 해당 면의 성망이 있고 면의 일에 밝은 사족(士族) 중에 나이가 들고 의젓한 사람(老成人)으로 군수가 선정하거나, 면

---

80 지방제도조사소, 1906, 앞의 책, 100쪽.
81 大垣丈夫, 1913, 『朝鮮紳士大同譜』, 조선신사대동보발행사무소; 국사편찬위원회편, 1972, 『대한제국관원이력서』, 국사편찬위원회 자료에서 향장을 맡았던 인물의 경력 참조.

의 각 동 민인이 모여서 회의를 통해 뽑기도 했다. 또 '면임'(혹은 풍헌)은 군수의 명령을 받아 면내의 각 동장을 지휘하는 이로서, 요역·부세 등의 사항과 관련하여 각 동장, 동임을 지휘·통솔하고 있었다. 이에 따라 각 동장이 호포(戶布)를 거두고 결세(結稅:토지세)를 거두면 이를 면임에게 건네주고, 면임은 이를 관아(衙)에 납부하는데, 동장이 직접 군에 납부하기도 하였다. 가좌성책(家座成冊)과 호구장적(戶口帳籍)도 면임이 동장에게 이를 만들어내도록 지시하면, 동장은 각 민인이 이를 써내도록 하고, 동장은 이를 수합하여 면임에게 건네주고, 면임은 이를 모두 거두어 군에 냈다. 면에 옥사(獄事)가 있을 때에는 면임과 동장이 검험(시신의 검사)하는 곳이나 재판하는 곳에 의례히 참석하여 증인이 되었다. 면임의 수고비는 해당 면 각 동 민인들이 1호당 보리 1두, 쌀 1두씩을 거두어 마련했다. 면임은 군수가 임면을 하였다. '동장'(혹은 존위)은 각 동의 사무장이니, 동에 부여된 요역·부세 등을 징수하고, 춘추 계회(契會)와 구휼·장례 등의 공공의 일에 출석하여 일을 처리하였다. 각 동은 마을에서 중망이 있는 자로 동장을 선임하였는데, 면임이나 관속이 공적인 일로 동에 출장을 나오면 동장이 이를 응대해야 하니 반드시 글을 아는 자로 선임하였다. '동임'(洞任)은 동장의 지휘를 받아 동의 일을 처리하는 이로서, 매년 가을이나 겨울에 열리는 곗날(契日)에 그 동의 사람들이 의논하여 동임을 정하되, 가능하면 차례대로 돌아가면서 맡도록 했다.[82] 1896년 이후 향촌사회의 행정이나 징세업무는 이와 같이 전개되고 있었다. 개화파가 만들려고 했던 향회나 향약 같은 것은 전혀 시행되지 않았고, 갑오 이전의 상황과 크게 다르지 않게 '면리제'에 의해 운영되고 있었던 것이다.

---

82 지방제도조사소, 1906, 앞의 책, 97~99쪽.

한편 1896년 8월의 지방제도 개정 시에는 군의 조정도 일부 있었다. 즉 1895년에 박영효 내무대신에 의하여 인근 군에 통합되었던 교하·음죽·마전·가평·풍덕·교동·평택·칠곡·현풍·곤양·박천·옹진 등 12개 군을 '지방의 정형과 민심의 추향에 따라' 종전대로 다시 복구한 것이다.[83]

또 인천·동래·덕원·경흥의 개항장 감리서도 복구하여 감리를 두고, 감리가 해당 부(府)의 부윤을 겸하도록 했다.[84] 그러나 1903년에는 외부대신과 탁지부대신이 개항장·개시장의 감리가 부윤을 겸하지 못하도록 해달라고 청의하였는데, 내각에서는 찬성표가 5표, 반대표가 3표가 나왔다. 이에 고종에게 재결을 요청하였는데, 고종은 다수결에 따르라고 하여 감리와 부윤은 다시 분리되었다.[85]

그런데 앞서 본 것처럼 1895년 박영효의 지방제도 개혁 시에 기존의 부·목·군·현을 모두 군으로 개칭하고, 일부 작은 군은 큰 군으로 통합하였다. 1896년 박정양의 지방제도 개혁 시에는 박영효가 폐합한 군의 일부를 다시 복구시켰다. 당시 각 군은 1등에서 5등까지 나눌 정도로 군세에 큰 차이가 있었고, 또 군의 숫자는 지나치게 많았다. 따라서 군의 통폐합이나 관할 구역 조정은 언젠가는 손을 대야 할 문제로 남아 있었다. 그러나 대한제국 정부는 이에 손대지 않고 1905년까지 지방제도의 큰 틀을 거의 그대로 유지하였다.

---

83 지방제도조사소, 1906, 앞의 책, 21쪽.
84 칙령 제50호, 『관보』, 1896.8.10.
85 『관보』, 1903.1.28; 『고종실록』 1903(광무7).1.26.

2. 통감부의 지방제도 개편과 지방의 재판권·경찰권·징세권 장악

1) 1906년의 지방제도 조사 및 비입지·두입지 정리

(1) 지방제도 조사의 배경: 통감부의 내정 개입

1905년 11월 17일 일본과 한국 사이의 이른바 '보호조약'이 강제로 체결되었다. 이에 따르면, 일본정부는 한국의 외국에 대한 관계 및 사무를 감리·지휘한다고 하였고, 한국이 기존에 외국과 맺은 조약의 실행을 담당한다고 하였다. 또 일본은 한국에 1명의 통감을 두고, 통감은 오로지 외교에 관한 사항을 관리하기 위하여 한성에 주재하며, 각 개항장 및 기타 필요하다고 인정되는 곳에 이사관을 둘 권리를 갖는다고 하였다. 그리고 이사관은 통감의 지휘하에 종래 재한 일본영사에 속한 일체의 사무를 집행하고, 이 협약의 조관을 완전히 실행하기 위하여 필요한 일체의 사무를 장리(掌理)한다고 하였다.[86]

이후 일본 측은 11월 22일 (일본)칙령 240호를 발포하여 한국에 통감부와 이사청을 설치하였다. 이에 따르면 한성에 통감부를 설치하고, 한성·인천·부산·원산·진남포·목포·마산과 기타 주요지에 이사청을 설치한다고 하였다. 그리고 통감부는 종래 일본공사관의 직무를, 이사청은 일본영사관의 직무를 당분간 집행한다고 하였다.[87]

---

86 金正明편, 1964, 『日韓外交資料集成』, 巖南堂書店, 제6권 상, 36~37쪽.
87 칙령 제240호 「韓国ニ統監府及理事庁ヲ置クノ件」(1905.11.22) (일본 아시아역사자료

그리고 약 한 달 뒤인 12월 20일에 공포된 (일본)칙령 「통감부 및 이사청 관제」에서는 통감으로 하여금 한국에서 일본정부를 대표하도록 하였고, 한국에서 외국영사관 및 외국인에 관한 사무를 통할하고, 아울러 한국의 시정사무 가운데 외국인에 관계되는 것을 감독하도록 하였다. 또 통감은 한국에서의 일본 관헌 및 공서(公署)가 시행해야 할 제반 정무를 감독하도록 했다. 또 통감은 한국의 안녕질서를 유지하기 위해 필요하다고 인정될 때에는 한국수비군의 사령관에 대해 병력의 사용을 명할 수 있도록 했다. 또 한국의 시정사무로서 조약에 기초한 의무의 이행을 위해 필요한 것은 통감이 한국정부에 이첩하여 그 집행을 요구할 수 있고, 시급을 요할 경우에는 곧바로 한국의 당해 지방관헌에게 이첩하여 이를 집행하도록 한 뒤 이를 한국정부에 통첩해야 한다고 하였다. 또 통감은 일본 관리 혹은 기타의 자가 한국정부에 용빙되는 경우, 이를 감독하도록 했다. 그리고 통감부에는 통감 외에 총무장관, 농상공무총장, 경무총장, 비서관, 서기관, 경시, 기사, 통역관, 속(屬), 경부, 기수, 통역생 등의 직원을 두도록 했다.[88] 이들 조항을 보면, 통감은 한국의 안녕질서를 유지하기 위해 일본군을 동원할 수 있고, 외교에 관한 사무만이 아니라 한국정부에 고용되는 고문에 대한 감독권을 갖고, 지방관헌에게도 명령을 내릴 수 있도록 하여, 사실상 한국의 내정에 간섭하도록 하고 있다. 한편 기존의 일본공사관원은 거의 그대로 통감부 직원으로 임명되었다.[89]

한편 이사청에는 이사관, 부이사관, 속, 경부, 통역생 등을 두도록

센터, A03020645800)
88 칙령 제267호 「통감부 및 이사청 관제」, 『(일본)관보』 1905(명치 38).12.21.
89 한지헌, 2016, 「1906~1910 통감부 이사청 연구」(숙명여대 사학과 박사논문), 31쪽.

했다. 이사관은 통감의 지휘 감독을 받아 종래 한국 주재 영사에 속하던 사무 및 조약 및 법령에 기초한 이사청의 사무를 관장하도록 했다. 또 이사관은 안녕질서의 유지를 위해 긴급한 필요가 있다고 인정될 때에 통감의 명을 요청할 시간적 여유가 없으면 당해 지방 주재 일본 군대의 사령관에 이첩하여 출병을 요청할 수 있도록 했다. 또 이사관은 한국의 시정사무로서 조약에 기초한 의무의 이행을 위하여 필요한 것에 대해 사태가 긴급을 요하고 통감의 명을 청할 여유가 없을 때는 곧바로 한국 당해 지방관헌에 이첩하여 이를 집행케 하되, 뒤에 이를 통감에 보고해야 한다고 하였다. 이사관은 이사청령을 발포할 수 있으며, 이에 벌금 10원 이내, 구류 또는 과료의 벌칙을 부과할 수 있다고 하였다. 또 통감부와 이사청의 경시는 상관의 명을 받아 경찰사무를 관장하도록 했다.[90] 이를 보면, 이사청의 이사관도 역시 군대 동원, 지방관헌에 대한 명령 등을 통해 사실상 내정에 간섭하도록 하고 있다. 한편 이사청의 경우에도 기존의 영사관 직원들이 이사청 직원으로 거의 그대로 임명되었다.[91]

통감부가 설치된 이후, 이토 통감은 실제로 '시정개선'이라는 명분 아래 내정에 개입하였다. 여기에서는 지방제도와 징세제도의 개정 등에 대해 살펴보자. 일본 측은 보호조약 강제 이전인 1905년 8월 25일에 이미 주한일본공사 하야시 겐스케(林權助)가 대한제국의 내부대신 이지용을 만나 군(郡)의 통합을 권유했다고 한다.[92] 그리고 그즈음에는 경남에서 각 군의 통합 소문이 퍼져, 각 군의 이서들이 서울로 올라와 합군 반대운동

---

90 칙령 제267호 「통감부 및 이사청 관제」, 『(일본)관보』 1905(명치 38).12.21.
91 한지헌, 2016, 앞의 글, 31쪽.
92 「合郡催促」, 『대한매일신보』, 1905.8.25.

을 펴고 돌아갔다고 한다.[93] 합군은 이와 같이 이서층의 반대에 부딪혀 제대로 추진되지 못하였는데, 통감부 설치 이후인 1906년 1월 들어 다시 합군설(合郡說)이 나오기 시작했다.[94] 1906년 2월경 통감부는 내부에 부군폐합안을 작성하도록 했고, 내부에서는 폐합안을 만들어 통감부에 보냈던 것으로 보인다. 『대한매일신보』의 보도에 따르면, 이 안은 13도를 9성(省)으로 줄이고, 관찰부를 도의 중앙부로 옮기며, 345개 군을 170개 군으로 줄이는 내용으로 되어 있었다고 한다. 그러나 이와 같은 안에 대해서는 『대한매일신보』'잡설'의 필자도 매우 비판적이었다. 관찰부를 옮기고 부군을 대폭 폐합하면 관찰부나 군 소재지의 상인과 인민들 수백만 명이 생업을 잃을 것이라는 이유에서였다.[95] 이 글은 관찰부나 부군의 폐합보다는 관찰사, 군수를 공정하고 유능한 인재로 뽑아 임명하여 선정을 베풀게 하는 것이 더 급선무라고 주장하였다.[96]

(2) 지방제도의 조사와 비입지·두입지 정리

1906년 3월 21일 통감 관사에서 이토 통감과 메가타 다네타로(目賀田種太郎) 재정고문, 그리고 한국 측 각부 대신이 참석한 가운데 '한국 시정 개선에 관한 제2회 협의회'가 열렸다. 이 자리에서 이지용 내부대신은 지방의 관찰사 및 군수에 관한 제도를 개정할 필요가 있다고 주장했다. 그는 당시 관찰사가 받는 봉급은 월 70여 원이고, 4등 군수가 받는 봉급은

---

93 「不願合郡」, 『대한매일신보』, 1905.8.25.
94 「合郡何意」, 『대한매일신보』, 1906.1.6.
95 윤해동, 2006, 『지배와 자치』, 역사비평사, 44쪽; 잡보 「地方改革」(상), 『대한매일신보』, 1906.3.2.
96 잡보 「地方改革」(하), 『대한매일신보』, 1906.3.4.

29원에 불과하다면서, 월급이 이처럼 적기 때문에 부정을 저지르는 일이 많다고 지적하였다. 따라서 이들의 봉급을 늘리기 위해서는 군을 합병하여 군수의 수를 줄이고, 군수의 봉급을 올려주어야 한다고 주장하였다. 이에 대해 메카타 재정고문도 동의하고, 순사와 같은 경우는 월급이 3원에 불과하니 합군을 해서 이들의 봉급을 올려주어야 한다고 주장했다. 메카타는 13도와 3백여 개의 군은 너무 많다고 하면서, 합군 이후에 군수나 이서 등 실직자를 지방의 다른 사업에 투입하게 되면 심각한 소동은 일어나지 않을 것이라고 말했다. 이에 이토는 지방제도의 실지조사를 위해 위원회를 구성할 것을 지시했다.[97]

이 회의가 열린 직후, 『대한매일신보』는 논설을 통하여 합군에 찬성하고 나섰다. 이 논설은 한국의 국토 규모로 보아 360여 개의 군은 너무 많으며, 큰 군과 작은 군의 민호수(民戶數)와 전결수(田結數)가 너무 차이가 난다는 점을 지적하였다. 그런데도 각 군에서 수령의 봉급, 향리와 교졸의 봉급, 사직과 문묘의 향사비 등 경비를 모두 지출해야 하기 때문에, 만약 군을 합병한다면 그 경비를 크게 절약할 수 있을 것이라고 주장하였다. 합군에 대해서는 이해관계가 있는 양반층, 이서층, 평민층이 반대하고 있어 결코 쉬운 일이 아니지만, 만일 합군을 한다면 국가에는 큰 이익이 될 것이라면서, 국가 백년대계를 위해 당국은 결단을 내려야 한다고 이 신문은 주장했다.[98]

이토의 지시에 따라 4월 7일 '지방제도조사소'가 설치되었다. 조사위원

---

97 국사편찬위원회편, 1998, 「(2) 한국의 시정개선에 관한 협의회 제2회 會議錄」, 『統監府文書』 1권.

98 논설 「合郡問題」, 『대한매일신보』, 1906.3.27.

회 위원으로는 한국인 10명과 일본인 2명이 임명되었다. 한국 측 조사위원은 내부 지방국장 최석민, 탁지부 사세국장 이건영, 종2품 오상규, 삼화감리 이원긍, 정3품 박희로, 전 참서관 홍재기, 내부 경무국장 유성준, 6품 구연흠, 9품 이능우, 하헌상 등이었다. 일본 측 조사위원은 가메야마 리헤이타(龜山理平太) 경시, 시오카와 이치타로(鹽川一太郎) 통역관 등이었다. 한국인 조사위원 가운데 핵심적인 인물은 유성준으로, 그는 갑오개혁기 지방제도 개혁 구상의 연장선에서 지방제도조사소 활동에 참여하였다.[99]

4월 19일 통감과 각부 대신의 제5회 시정개선협의회가 열려, 이 자리에서 '지방제도조사소'의 업무에 대한 논의가 있었다. 이날 이토 통감은 조사위원회에서 ①지방청의 청비(廳費), 여비 등의 조사와 경비 부담의 방법, ②지방청에서의 공무 분배, ③지방행정 구역의 개편, ④군 합병 시 경비절감 정도, ⑤행정사무와 사법사무의 구분 방법, ⑥지방청으로의 교육 위임 범위, ⑦조세징수 시 지방청의 간여 정도, ⑧경찰과 지방관의 충돌 회피 방법 등을 강구하도록 지시했다.[100]

지방제도조사소는 7월 말경 사실상 그 활동을 마감하면서 조사보고서를 제출했다.[101] 이 보고서는 현재 국립중앙도서관에 있는 『지방제도조사』라는 책으로 남아 있다. 이 책에서는 앞부분에 '지방제도 연혁', '지방관리 직제', 지방관리의 사무 및 봉급표 등 31개 항의 주제에 관한 조사결과를 134쪽에 걸쳐 기록하였다. 135쪽부터는 '지방제도개정청의서'로 되

99　이상찬, 1986, 「1906~1910년의 지방행정제도 변화와 지방자치논의」, 『한국학보』 42, 일지사, 49쪽.

100　국사편찬위원회편, 1998, 「(5) 한국의 시정개선에 관한 협의회 제5회 會議錄」, 『統監府文書』 1권.

101　「合郡姑停」, 『대한매일신보』, 1906.7.25.

어 있는데, 그 내용은 '지방구역분합설명서'로 되어 있다. 즉 부군폐합 및 소속 면의 조정이 주된 내용으로 되어 있다. '지방제도개정청의서'는 현행 13도 제도는 그대로 유지하고, 부군은 219개로 줄이되 그 크기를 고르게 하는 것이 필요하다는 의견을 제시하였다.[102] 예를 들어 전라북도의 경우, 진산군은 금산군으로, 용담군은 무주군으로, 장수군은 진안군으로, 함열 군과 여산군은 용안군으로, 옥구군은 임피군으로, 만경군은 김제군으로, 금구군은 태인군으로, 고부군은 정읍군으로, 고창군과 흥덕군은 무장군 으로 각각 통합한다는 안을 제시하였다.[103] 또 '지방제도구역분합설명서' 에서는 타 군에 속하는 비입지(飛入地)는 그 땅이 소재한 곳으로 속하도록 하고, 타 군에 3면이 둘러싸인 두입지(斗入地)는 3면으로 둘러싸고 있는 군에 땅을 떼어줄 것을 권유하였다.[104] 그리고 이와 관련하여 비입지와 두 입지를 어느 쪽에 소속시킬 것인가를 자세히 기록하였다.

지방제도조사소에서 각 군의 폐합안을 만들고 있을 때, 『대한매일신 보』와 『황성신문』에는 이와 관련된 기사들이 자주 실렸다. 6월 21일 『대 한매일신보』는 지방제도조사소에서는 13도는 그대로 두고, 군을 280여 개로 줄이려 하고 있다고 보도했다.[105] 7월 17일 『황성신문』은 지방제도 조사소에서는 112개 군을 감축하려 하고 있고, 통감부에서는 182개 군을 감축하려 하고 있다고 보도하였다.[106]

지방제도조사소에서 제시한 안은 기존의 345개 부군을 219개로 통폐

---

102 지방제도조사소, 1906, 앞의 책, 135쪽.
103 지방제도조사소, 1906, 위의 책, 152~154쪽.
104 지방제도조사소, 1906, 위의 책, 137쪽.
105 「合郡作定」, 『대한매일신보』, 1906.6.21.
106 「合郡數爻」, 『황성신문』, 1906.7.17.

합한다는 것으로, 이는 기존 부군의 36%에 해당하는 126개 부군을 줄이는 것을 의미했다. 『대한매일신보』가 보도한 280개 안, 『황성신문』이 보도한 233개 안도 각각 65개, 112개의 부군을 줄이는 것을 의미했다. 따라서 이와 같은 안은 이해관계가 있는 이들의 반대에 부딪힐 수밖에 없었다. 앞서 본 것처럼 『대한매일신보』는 논설을 통해 부·군 감축에 찬성하였지만, 『황성신문』은 논설을 통해 이에 반대하였다. 『황성신문』이 반대한 5가지 이유는 ①국민이 암매하여 한쪽에서는 타군에 이속이 되면 그 군의 압제를 받게 될 것을 두려워하고, 다른 쪽에서는 각종 폐막이 전가되어 부담이 될 것을 두려워하여 서로 시기하고 미워하고 싫어한다는 것, ②지방에 의병이 아직 진압되지 않은 상태에서 군 폐합을 하면 의병이 이를 빌미로 선동할 우려가 있다는 것, ③폐지하는 군의 아전들은 다른 생업이 없어 하루아침에 실업자가 된다는 것, ④교육이 아직 발달하지 못하고 인재를 아직 키우지 못한 상태에서, 군현을 통합하면 초보자인 군수에게 수만 명의 큰 군을 맡기게 될 우려가 있다는 것, ⑤군 폐합의 문제가 나오면 각 군의 협잡배들이 나서서 중앙의 실력자들에게 뇌물을 바치면서 서로 운동을 할 폐단이 있다는 것 등이었다.[107] 이 가운데 이 신문이 가장 우려한 문제는 지방 이서층의 대량 실직이었다. 『황성신문』의 경우, 지방의 양반층이나 향리층 독자가 많았기 때문에 이를 의식한 것으로 보인다.

『황성신문』은 실린 7월 25일자에서 이토 통감이 23일 각부 대신들과의 회의에서 합군 추진은 시기가 적절치 않으므로 잠시 중지하라고 지시했다고 보도했다.[108] 그런데 당일의 시정개선에 관한 협의회의 회의록을

---

107 「合郡이 不當其時 欲速不達」, 『황성신문』, 1906.7.23.
108 「合郡勿施說」, 『황성신문』, 1906.7.25; 이정은, 1992, 「일제의 지방통치체제 수립과

보면, 회의 뒤 잡담에서 이지용 내부대신이 통감에게 "현재 군(郡)을 합할 의사가 없다는 뜻을 지방관에게 훈령하고 또한 신문지상에 발표해도 되느냐"고 물었고, 통감은 물론 지장이 없다고 말했다고 되어 있다.[109] 이는 회의 전에 이미 이토와 이지용 사이에 군 폐합은 보류한다는 데 합의를 했음을 의미한다. 또 이지용은 "지방관의 봉급은 무슨 일이 있어도 이를 올리지 않으면 안 될 것이며, 또 지방청비(地方廳費), 여비 및 외국인 거류자가 많은 지방에 있는 지방관에 대해서는 봉급 외에 상당한 수당을 지급할 필요가 있다"고 제의했다. 이에 대해 통감은 지방제도의 조사 완결 후가 아니면 이를 확언할 수 없지만, 약 40만 원 내외는 지방경비를 증가할 수 있을 것이라고 말했다고 한다.[110]

이에 따라 7월 25일 내부는 훈령을 통해 "근래 지방 합군의 설로 군수는 의욕을 잃고, 이속은 일자리를 잃게 될 것을 걱정하여 뜬소문으로 선동하여 민심이 안정되지 않으니, 극히 개탄스럽다. 합군의 일은 정부에서 논의한 바가 없거늘 어찌 이런 뜬소문이 전파되었는지 알 수 없다. 이에 훈령을 발하니 관하 각 군에 공문을 보내 군수는 안심하고, 이속과 서민들은 각기 생업에 열중하도록 하라"고 지시하였다.[111] 이로써 군 폐합은 뒤로 미뤄지게 되었다.

다만 지방제도조사소가 제안한 비입지와 두입지의 정리는 그해

그 성격」, 『한국독립운동사연구』 6, 독립기념관 한국독립운동사연구소, 257~261쪽; 윤해동, 1997, 앞의 글, 396~398쪽; 국사편찬위원회편, 1998, 「(9) 한국의 시정개선에 관한 협의회 제9회 회의록」(1906.7.23), 『統監府文書』 1권.

109 국사편찬위원회편, 1998, 「(9) 한국의 시정개선에 관한 협의회 제9회 會議錄」, 『統監府文書』 1권.
110 국사편찬위원회편, 1998, 위의 글, 1권.
111 「內部訓令」, 『황성신문』, 1906.7.26.

(1906년) 9월에 실행에 옮겨지게 되었다. 9월 24일 반포되고 10월 1일 시행된 칙령 49호 「지방구역정리건」은 바로 비입지와 두입지의 정리를 위한 것이었다. 그러나 지방제도조사소의 제안대로 실행된 것은 아니다. 지방제도조사소의 안에서는 82개의 비입지와 167개의 두입지 등 249개 지역을 정리하는 것으로 되어 있었다. 이 가운데 71개의 비입지와 133개의 두입지 정리는 그대로 시행되었지만, 나머지 11개의 비입지와 34개의 두입지 조정은 하지 않았고, 19개의 비입지와 48개의 두입지 조정이 추가되었다. 그리하여 전체적으로는 271개 지역의 조정이 이루어졌다.[112]

그리고 부군의 폐합도 1908년 9월 이후 부분적으로 이루어졌다. 9월에는 경기도 양근군과 지평군을 양평군으로 통합하였으며, 경남 진해군과 웅천군을 창원부로 통합하였고, 칠원군을 함안군에 통합하였다.[113] 10월에는 전남 옥과군과 담양군의 일부를 창평군에 통합하였다. 또 화순군을 능주군에 통합하였으며, 낙안군을 나누어 일부를 순천군에, 다른 일부를 보성군에 합쳤다.[114] 12월에는 평남 삼등군을 강동군에 통합하였고, 자산군 및 은산군을 순천군에 통합하였다. 함종군의 경우, 이를 3분하여 강서군, 용풍군, 증산군에 통합하였다.[115] 1909년 2월에는 황해도 강령군을 옹진군에, 풍천군을 송화군에, 장연군을 은율군에, 문화군을 신천군에 각각 통합하였다.[116] 1910년 이전의 군 통폐합은 이 정도 선에서 멈추었다. 본격적인 군 통폐합은 1910년대로 미루어졌다.

---

112 이정은, 1992, 앞의 글, 256쪽의 〈표 4〉 참조.
113 『관보』, 1908(융희 2).9.16.
114 『관보』, 1908.10.17.
115 『관보』, 1908.12.7.
116 『관보』, 1909.2.12.

한편 1909년 6월에는 칙령으로 「지방구역 및 명칭의 변경에 관한 건」이 발포되었다. 이는 도 및 부·군의 명칭 및 경계의 변경은 칙령으로써 정하고, 면의 폐치 및 명칭 경계 변경은 내부대신이 정한다는 것이었다.[117] 그리고 그해 10월에는 면내 동리촌의 폐치·분합과, 명칭 및 경계의 변경은 관찰사가 이를 정하는 것으로 하였다.[118]

한편 1909년 10월부터는 면 정리 사업이 부분적으로 시작되었다. 이는 주로 면의 폐합을 의미하였는데, 통합한 이후 면의 명칭을 변경하는 경우가 많았으며, 통합한 경우가 아니라도 면의 명칭을 변경하는 경우도 있었다. 황해, 경북, 경남, 평북, 평남, 함남, 강원 등에서 일부 면의 폐합이 있었다.[119] 그런가 하면 면내 동리촌(洞里村)의 폐합도 부분적으로 이루어졌다.[120]

2) 1906년 이후 지방관관제의 반포 및 개정

(1) 1906년 「지방관관제」의 반포

1906년 9월 24일 대한제국 정부는 칙령 제50호로 「지방관관제」, 칙령 제51호로 「지방관관등봉급령개정건」, 칙령 제52호로 「지방관전고규정(地方官銓考規程)」 등을 반포했다. 이 가운데 핵심은 역시 「지방관관제」였다. 대한제국 정부는 그동안 「지방관제(地方官制)」라는 명칭을 써왔는

---

117 『관보』, 1909.6.25.
118 『관보』, 1909.10.21.
119 예를 들어 경남 창원부의 면 정리. 『관보』, 1909.10.27.
120 예를 들어 경남 남해, 곤양, 밀양, 언양, 거제군의 동리촌의 합병. 『관보』, 1910.7.5. 7.19.

데, 이때부터는 일본식으로 「지방관관제」라는 명칭을 사용하기 시작한 것으로 보인다.

「지방관관제」에서는 도·부·군 소속의 관리를 나열하고, 그들의 직무에 대해 규정하였다. 우선 도(道)에는 관찰사(1인, 칙임), 참서관(1인, 주임), 경무관(2인, 주임), 주사(8인 이하, 판임), 총순(4인 이하, 판임) 등을 두도록 했다. 관찰사는 내부대신의 지휘·감독을 받고, 탁지부·군부·법부·농상공부 등의 주관 사무에 대해서는 해당 부 대신의 지휘·감독을 받아 법률·명령을 집행하고 관하의 행정사무를 관리해야 한다고 규정했다. 또 관찰사는 외국 및 외국인에 관한 사항에 대해서는 해당 도에 주재한 일본 이사관과 직접 교섭할 수 있으나, 이 경우에는 그 사유를 갖추어서 소관 부에 보고해야 한다고 했다. 1905년 보호조약에 의해 감리서가 폐지되었기 때문에 외국 및 외국인에 관한 사항의 업무를 관찰사가 맡도록 한 것이다. 다만 외국 및 외국인에 관한 사항의 일부를 부윤에게 위탁 관리할 수 있게 했다. 또 관찰사는 관하 행정사무에 관하여 직권의 범위 내에서 도령(道令)을 제정, 공포할 수 있도록 했다. 아울러 관찰사는 관하 부윤·군수의 정령(政令)이 규정을 위반하여 공익을 해치고 권한을 넘은 경우에는 해당 정령을 철폐하고 정지시킬 수 있도록 했다. 관찰사가 관장하는 사무는 ①관하 부군의 치적을 고과하는 일, ②소속 관리의 진퇴 및 신분에 관한 일, ③문서왕복에 관한 일, ④관인(官印)·관장(官章)의 관리와 간수에 관한 일, ⑤회계에 관한 일, ⑥외국 및 외국인에 관한 일, ⑦제향(祭享)에 관한 일, ⑧병사(兵事)에 관한 일, ⑨민적·지적에 관한 일, ⑩진휼·위생·교육에 관한 일, ⑪경찰에 관한 일, ⑫수세(收稅)에 관한 일, ⑬농상공·삼림·천택·수산에 관한 일, ⑭광산에 관한 일, ⑮도량형에 관한 일 등으로 그 폭이 대단히 넓었다. 여기에서 수세와 관련해서는 관찰사가 내부대신·탁지부대신이 정한 바에 따라 지방세를 부과·징수할 수 있다고 규정하였다. 다음으로 참서관은 관찰사를 보좌하고, 관찰사가 사고가 있을 때는 그 직무를 대리할 수 있게 하였다. 경무관은 관찰사의 명을 받들어 경찰사무를 관장하게 하였다. 그리고 주사는 서무를, 총순은 경찰사무를 맡는다고 하였다. 그 밖에 도서기(道書記), 순검(巡檢), 용인(傭人)에 대한 규정과 정원을 내부대신이 정하도록 하였다.[121]

다음으로 부(府)에는 부윤(1인, 칙임 또는 주임), 참서관(1인, 주임), 주사(4인 이하, 판임), 총순(1인, 판임)을 두도록 했다. 부윤은 관찰사의 지휘·감독을 받아 법률·명령을 집행하고 소관 내 행정사무를 관장하게 했다. 부윤은 또 관찰사의 위탁을 받아 일본이사관과 교섭하고, 외국 및 외국인에 관한 사무를 처리하며, 이와 관계가 있는 군수에 대해 지휘할 수 있다고 하였다. 또 부윤은 소관 내 행정사무에 관하여 그 직권 범위 내에서 부령(府令)을 제정, 공포할 수 있게 했다. 참서관은 부윤을 보좌하고, 부윤에게 사고가 있을 때는 그 직무를 대신할 수 있도록 했다. 단 내부대신이 필요하다고 인정하지 아니하는 때는 부의 참서관을 두지 않을 수 있다고 하였다. 주사와 총순은 상관의 지휘를 받아 서무와 경찰사무에 각각 종사하도록 했다. 또 부서기·순검·용인에 관한 규정과 정원을 내부대신이 정하도록 했다.[122]

끝으로 군(郡)에는 군수(1인, 주임)와 주사(1인, 판임)을 두도록 했다. 군수는 관찰사의 지휘·감독을 받아 법률·명령을 집행하고, 관내의 행정사무를 관장하도록 했다. 군수는 관내 행정사무와 관련하여 직권의 범위 내

---

121 『관보』, 1906.9.28. 부록.
122 위의 책, 1906.9.28. 부록.

에서 군령(郡令)을 제정, 공포할 수 있게 하였다. 또 군수는 관찰사의 명령으로 타군의 사무를 대리할 수도 있게 하였다. 주사는 군수의 지휘를 받아 서무에 종사하며, 군수가 유고일 때에는 그 직무를 대리할 수 있게 했다. 군서기·순검 이하의 용인에 대한 규정과 정원을 내부대신이 정하도록 했다.[123]

그러면 이들 지방관은 어떻게 임명하게 되어 있었을까. 「지방관전고규정」은 이를 규정한 것이다. 이에 따르면 지방관 전고위원의 조사를 거친 후, 지방칙임관(관찰사, 일부 부윤)은 내부대신이 의정부 회의에 제출하여 의정대신을 거쳐 황제에게 상주하여 재가를 받도록 했다. 지방주임관(부윤, 참서관, 경무관, 군수)은 내부대신이 내각회의를 거쳐 이를 상주하여 재가를 받도록 했다. 또 지방판임관(주사, 총순)은 내부대신이 이를 전결할 수 있도록 했다. 그리고 모든 지방관은 일정한 자격요건을 갖추어야 하고, 지방관 전고위원의 전고를 거쳐야만 지방관으로 임용될 수 있도록 했다. 즉 지방칙임관은 전현직 칙임관이거나, 5년 이상 각 부군의 주임직에 있었던 자나, 4년 이상 내부(內部) 주임직에 있었던 자, 지방 칙주임직에서 치적이 현저한 자, 특이한 학식과 기능이 있는 자로 한정했다. 지방주임관은 역시 전현직 주임관이거나, 4년 이상 각 부군 판임직에 있었던 자, 3년 이상 내부 판임직에 있었던 자, 2년 이상 지방판임직에 있으면서 사무에 밝은 자, 특이한 학식과 기능이 있는 자로 한정했다. 또 지방판임관은 주임관이나 판임관을 거친 자, 각 부군 판임직에 있는 자, 3년 이상 서기직에 있으면서 사무에 밝고 문장짓기와 계산을 잘 하는 자, 유림(儒林)과 향인(鄕人) 중에 사무에 밝은 자로 한정하였다. 지방관의 전고 시에는 이력

---

123 앞의 책, 1906.9.28. 부록

서를 주로 검토하되, 필요한 경우에는 내부대신의 허가를 얻어 시험을 볼 수도 있게 했다.[124]

1906년의 「지방관관제」는 1896년의 「지방관제」를 대폭 개정한 것이었다. 우선 관찰부에는 참서관 1인, 경무관 2인이 추가되었다. 부에는 참서관 1인, 주사 4인 이하, 총순 1인이 추가되었으며, 기존의 향장 1인은 없앴다. 가장 주목되는 것은 군의 경우에 향장 1인과 수서기 1인 제도를 없애고, 대신 주사 1인을 추가했다는 점이다. 이는 향장과 수서기를 통합하여 '군주사(郡主事)'(판임) 제도를 만든 것을 의미한다. 앞서 본 것처럼 향장은 대체로 이전의 좌수와 같은 위치였기 때문에 양반층이 맡았다. 그러면 군주사는 누가 맡게 되었을까.

군주사는 판임직이기 때문에 군수가 추천하여 내부대신이 임명하게 되어 있었다. 그런데 의정부에서 내부에 보낸 공문을 보면, 군수와 내부가 추천하여 군주사로 피선된 이들은 대부분 향장(鄕長), 서기(書記), 유학(幼學:관직 경력이 없는 유생)으로 구성되어 있다고 하였다. 그런데 이들의 이력서를 살펴보면, 향장의 경우 경력 1년 미만인 자가 많고, 서기의 경우에는 몇 년 동안인지 알 수 없게 이역(吏役: 향리의 일)을 했다는 것만 쓴 자가 많고, 유학의 경우 한문 공부만 하고 아무런 경력이 없이 갑자기 튀어나온 자가 많다고 지적하였다. 원래 전고규정에 사무에 밝은 자가 아니면 뽑을 수 없다고 했는데, 만일 군수가 추천한 자들로 임명을 한다면 간사한 무리들의 폐단이 여전할 것이라고 우려하였다. 따라서 의정부에서는 내부 측에 이 문제에 대한 변통이 반드시 필요하다는 의견을 강하게 피력하였다.[125]

---

124 「지방관전고규정」, 『관보』, 1906.9.28. 부록
125 의정부편, 1906, 『起案』 13(규장각 17746), 의정부통첩 「各郡主事被選者變通事」

실제로 군수의 군주사 추천과 관련하여 각 지방에서는 여러 말썽이 일어났다. 평안남도 안주에서는 군수가 3명의 군주사 후보를 추천하였는데, 안주 사람들은 그 가운데 김만희는 간사한 향반이고, 이동직은 관직 경력이 없는 상인이며, 이운엽은 간사한 향리라면서, 이들은 나이도 70을 넘어 자격에 위배될뿐더러, 다년간 협잡으로 불법행위가 무소부지였던 이들인 만큼, 군에서 다시 추천할 수 있게 해달라고 요청하는 진정서를 의정부에 제출했다.[126] 전라북도 전주군의 군민들도 이미 이임한 군수가 군주사로 추천한 박문(朴汶)은 향리 박준홍이 개명(改名)한 자로서, 그는 전주군의 호장(戶長)을 맡은 지 며칠 만에 공무에 갈등을 일으키고 민원이 낭자하여 그의 형(兄)으로 직무를 대리케 했던 자인데, 그보다 막중한 책임을 지는 군주사를 어떻게 감당하겠는가라고 하면서, 새로운 인물로 추천할 수 있게 해달라고 의정부에 청원하였다.[127] 충청남도 아산군의 선비들도 의정부에 청원서를 제출했다. 이들에 따르면, 군수가 3차에 걸쳐 군주사로 추천한 수서기 이규남은 내부에서 계속 각하되고, 내부에서는 사림 중에서 지식이 있고 일을 감당할 만한 이로 추천하라고 한 바, 본군에서 유치완·오한영 등 5인의 사인(士人)을 초청하여 공의에 따라 천보한다 하였는데, 갑자기 전 향장 김조(金照)를 추천했다고 한다. 이들에 따르면, 김조는 59세의 나이로 암매하고 무식하다는 것은 온 고을이 다 아는 바인데, 나이를 48세로 속여서 추천하였다 하니, 이는 법을 무시한 것이라 내부에 청원을 하였으나 내부에는 이를 받아들이지 않고 있다고 지

1906.11.8.
126 내각편, 1907, 『청원서』 3책(규장각 17848), 「上書」, 1907.2.27.
127 내각편, 1907, 위의 책, 「請願書」, 1907.1.

적하면서, 의정부에서 이를 살펴서 내부에 조회하여 김조를 물리쳐 달라고 청원하였다.[128]

당시 군주사에 추천된 이들은 대체로 향반층이나 이서층이었다. 그 가운데에서도 가장 많이 추천된 이들은 '향장(鄕長)'이었던 것으로 보인다. 『대한제국관원이력서』에는 군주사의 경력을 가진 이들 수십 명의 이력서가 실려 있다. 이들 가운데 군주사 이전의 경력을 알 수 있는 이들을 살펴보면, 향장이 가장 많고, 다음으로 유학, 그리고 향리 출신이 많았다. 예를 들어, 평남 양덕군의 김달형은 향교의 훈장과 향청의 좌수를 거쳐 1898년 향장이 되었고, 1906년 양덕군의 군주사가 되었다. 함북 경원의 김영학도 향교 교감과 면집강을 거쳐 1906년에 향장이 되었고, 이어서 바로 경원군의 주사가 되었다. 함북 명천의 김태헌(金泰憲)도 좌수와 향장을 거쳐 1907년 군주사가 되었다. 평남 평양군의 현도철(玄道轍)도 숭녕전 참봉과 향장을 거쳐 1907년 군주사가 되었다. 경북 연일의 김홍구(金洪久)도 향교 상유사와 향장을 거쳐 1907년에 군주사가 되었다.[129]

그런가 하면 아무런 관직 경력도 없는 유학(幼學) 출신의 선비들이 군주사가 된 경우도 많았다. 평남 중화군의 김강은 한문공부밖에 한 일이 없었는데, 1906년 중화군의 주사로 서임되었다. 평남 은산군의 김규석도 어려서 한문공부밖에 한 것이 없었는데, 1906년 군주사로 서임되었다. 황해도 풍천군의 노중현은 향교의 훈장을 지낸 경력밖에 없었는데, 1907년 풍천군 주사로 서임되었다. 또 이서배가 군주사로 된 경우도 꽤 많았다.

---

128 내각편, 1907, 앞의 책, 「請願書」, 1907.11.
129 전남 영암의 박선의(朴善義)도 향장을 거쳐 군주사가 되었다. 국사편찬위원회편, 1972, 『대한제국관원이력서』, 국사편찬위원회; 大垣丈夫, 1913, 앞의 책 참조.

평북 선천의 김두현은 1872년부터 1894년까지 향리로서 이역(吏役)을 지낸 경력이 있었는데, 1900년에 향감, 1907년 지방위원을 거쳐 같은 해에 선천군의 주사가 되었다. 경북 대구군의 서상규는 경상북도관찰부의 서기로 12년 근무한 끝에 1906년 대구군 주사로 서임되었다. 전남 운봉의 박준식은 1886년부터 군의 서기, 수서기를 맡았다가 1907년 운봉군의 주사로 서임되었다.[130]

(2) 1907년 「지방관관제」의 개정

1907년 12월 13일 대한제국 정부는 칙령 제40호로 「지방관관제」를 대폭 개정하였다. 이에 따르면, 각 도에는 관찰사(1인, 칙임), 서기관(1인, 주임), 사무관(1인, 주임), 경시(주임), 주사(판임), 경부(판임) 등을 두도록 했다. 불과 1년여 전인 1906년 9월에 반포한 「지방관관제」에서는 관찰사(1인, 칙임), 참서관(1인, 주임), 경무관(2인, 주임), 주사(8인 이하, 판임), 총순(4인 이하, 판임)을 두도록 했는데, 1년여 만에 참사관을 없애고 대신 서기관과 사무관을 두도록 했고, 경무관과 총순 대신 경시와 경부를 두도록 했다. 서기관이 평소에 맡는 사무는 지방행정에 관한 일, 구휼 및 자선에 관한 일, 제향에 관한 일, 종교 및 사사사(祠社寺)에 관한 일, 토목에 관한 일, 지적 및 토지수용에 관한 일, 교육·학예에 관한 일, 권업에 관한 일, 외국인에 관한 일 등이었다. 서기관은 이처럼 도의 사무를 사실상 총괄하는 위치에 있었으며, 관찰사 유고시에는 그 역할을 대리할 수 있는 중요한 직책이었다.[131] 서기관으로는 이전의 이사청 부이사관인 일본인들이 모두

---

130 국사편찬위원회 편, 1972, 앞의 책, 국사편찬위원회; 大垣丈夫, 1913, 앞의 책 참조..
131 「칙령 제40호」, 『관보』, 1907(융희 원년).12.18. 호외

임명되었다. 이로써 일인들은 통감부-내부차관-서기관으로 이어지는 지방 지배의 체계화를 이룰 수 있었다. 또 1906년 9월 지방관관제 개정 시 부윤과 군수에게 주어졌던 부령·군령의 제정·공포권은 사라졌다. 그만큼 부윤과 군수의 권한은 약화된 것이다.[132]

또 1908년 6월에는 내부대신을 경질하면서 13명의 관찰사 가운데 7명을 친일성향의 인물로 교체하였다. 그리고 11월에는 지방관자격심사위원회를 신설하여 일본인 내부차관을 위원장으로 임명하였다. 이는 일제에 협력하는 인물만을 지방관으로 임명하기 위한 것이었다. 그리고 1909년 6월 24일 21개군에 일본인 군주사 40명을 임명하였다.[133] 이후에도 일본인 군주사 수는 계속 늘어나, 1909년 말까지 전국 11부와 주요 44개 군에 일본인 주사가 각 1명씩 임용 배치되었다.[134] 또 도에도 일본인 주사 6인을 배치하여 군수와 관찰사를 견제하도록 하였다.[135] 이로써 도와 군의 지방행정도 일본인들이 장악해 가기 시작했다.

3) 통감부의 재판권·경찰권·징세권의 분리와 장악

(1) 재판권의 분리와 장악

한편 이토 통감은 한국의 내정 장악을 위하여 각 분야에 일본인 고문을 임명하였다. 그는 사법제도의 장악과 관련하여 도쿄제대 법학부 교수

---

132 윤해동, 1997, 앞의 글, 414쪽.
133 『관보』, 1909.6.28.
134 조선총독부편, 1911, 『조선총독부시정연보』, 明治 42年판(통감부 발행 『한국시정연보』의 제3차에 해당함), 40쪽.
135 윤해동, 1997, 위의 글, 415쪽.

인 우메 겐지로(梅謙次郎)를 한국정부의 최고 법률고문으로 초빙할 것을 한국정부에 요구하였다. 한국정부는 1906년 7월 우메 겐지로를 한국정부 고문관으로 임명하였다.[136] 이토는 우메 겐지로 외에도 일본인 전문가들을 법부와 재판소에도 배치하기 위하여 법부 참여관 1명, 평리원과 한성재판소 법무 보좌관 각 1명, 각 도 지방재판소 법무 보좌관 각 1명(총 13명), 각 개항시장 재판소 법무보좌관 각 1명(총 12명) 등 모두 28명을 일본에서 불러왔다.[137] 각 지방재판소와 개항시장 재판소에 배치된 법무보좌관은 형식적으로는 전문적인 법률지식으로 한국인 재판장의 자문에 응하고 의견을 진술하는 역할을 맡는 것으로 되어 있었지만, 실제로는 재판에 적극적으로 개입하고 이끌어가는 역할을 하였다. 그들은 '보좌'라기보다는 '감독과 지시'의 역할을 수행하며 재판을 장악하였던 것이다.[138]

1907년 헤이그특사 사건으로 고종을 물러나게 한 일본은 한국 측에 정미 7조약의 체결을 강요하여 내정을 완전히 장악하려 들었다. 이에 따라 정미 7조약에는 이와 관련된 내용들이 들어갔는데, 그 가운데 가장 중요한 것은 사법제도의 장악이었다. 그 내용을 보면, 제1조는 "한국정부는 시정개선에 관하여 통감의 지도를 받을 것", 제3조는 "한국의 사법사무는 보통 행정사무와 구별할 것", 제5조는 "한국정부는 통감이 추천한 일본인을 한국 관리로 임명할 것" 등이었다. 이는 사법제도 장악이 이 조약의 가장 중요한 내용이었음을 말해 준다. 이에 따라 「한일협약실행각서」가 만들어졌는데, 그 제1조 역시 사법제도의 개혁에 관한 것이었다. 그 내용을

---

136 전봉덕, 1982, 「일제의 사법권 강탈과정의 연구」, 『애산학보』 2, 애산학회, 181쪽.
137 전봉덕, 1982, 위의 글, 182쪽.
138 전봉덕, 1982, 위의 글, 184쪽.

보면, 한성에 대심원을 설치하고, 한성과 남북 각 1개소에 공소원을 설치하며, 관찰부 소재지 8개소에 지방재판소를 설치하며, 군청 소재지 113개소에 구(區)재판소를 설치한다는 것이었다.[139]

위와 같은 재판소제도는 5급 3심제로서, 당시 일본의 재판소 구성을 그대로 모방한 것이었다. 이제 구(區)재판소는 경미한 민형사 사건의 제1심을 맡게 되었다. 지방재판소는 기존의 지방재판소·한성부재판소·개항시장재판소를 모두 통합한 것으로, 구재판소의 판결에 대한 항소 및 항고, 그리고 구재판소와 대심원의 권한에 속하지 않은 소송의 제1심을 맡게 되었다. 공소원은 지방재판소의 1심 판결에 대한 항소를 맡게 되었다. 평리원과 특별법원을 통합한 대심원은 지방재판소·공소원에서 처리한 2심판결에 대한 상고 및 공소원의 재판에 대한 항고, 황족 범죄의 제1심이자 종심을 맡게 되었다.[140]

통감부는 또 각급 재판소의 판검사를 관찰사·수령·한성판윤·감리 등이 겸임하던 제도를 완전히 폐지하고, 전임 사법관들로 임명하고자 하였다. 이에 따라 일본에서 현직 판검사로 재직 중이던 이들을 한국으로 불러와 판검사로 임명하였다. 다만 한국인들 가운데 재판소에서 경험을 많이 쌓은 자, 일본에 유학하여 법학을 전공하고 귀국한 자, 변호사 시험에 합격한 자, 법관양성소 졸업생 중 재판사무 경력이 있는 자는 특별히 판검사로 임명하였다.[141] 그리하여 대심원은 일본인 판사 3인, 한국인 판사 2인,

---

139 전봉덕, 1982, 앞의 글, 186쪽; 金正明편, 1966, 『日韓外交資料集成』 6권(일한병합편) 中, 巖南堂書店, 627~628쪽. 통감부는 한성에 대심원, 한성·평양·대구에 공소원, 한성·공주·함흥·평양·해주·대구·진주·광주 등 8개소에 지방재판소를 설치하고자 하였다.

140 도면회, 2014, 앞의 책, 442~443쪽.

141 도면회, 2014, 앞의 책, 443쪽.

일본인 검사 2인, 한국인 검사 1인으로 구성되었다. 공소원의 경우, 경성공소원은 일본인 판사 6인, 한국인 판사 2인, 일본인 검사 3인, 한국인 검사 2인으로 구성되었다. 지방재판소는 평양재판소의 경우 일본인 판사 4인, 한국인 판사 2인, 일본인 검사 3인, 한국인 검사 2인으로 구성되었다. 이같이 지방재판소 이상의 모든 재판소에서 일본인 판사는 한국인 판사보다 숫자상으로 더 많았다. 다만 구재판소의 경우에는 모두 일본인 판사 1인, 한국인 판사 1인으로 동수로 구성되었다. 전체적으로 보면, 판사는 일본인 79명, 한국인 40명, 검사는 일본인 36인, 한국인 12인으로 구성되어, 일본인 판검사가 압도적으로 많았다. 따라서 이제 한국의 재판소는 절대다수의 일본인 판사와 검사의 지배하에 놓이게 되었고, 일본은 한국의 사법권을 사실상 차지하게 되었다.[142] 지방의 경우, 그동안 관찰사와 군수, 감리가 갖고 있던 재판권은 완전히 분리되어 지방재판소와 구재판소에 귀속되었으며, 지방재판소의 재판권은 사실상 일본인들에 의해 장악되었다.

그리고 1909년 7월 이미 통감을 사임한 이토 히로부미는 한국을 방문하여 한국정부 대신들에게 사법 및 감옥제도의 위탁과 군부의 폐지를 강력히 요구하였다. 한국정부 대신들은 이토의 협박에 굴복하여 결국 이에 동의하였다. 이에 따라 「한국 사법 및 감옥 사무위탁에 관한 한일각서」가 조인되었고, 통감부는 11월 1일 한국의 내각 고시를 통해 일본 측의 칙령 「통감부재판소령」 등을 반포하였다. 이에 따라 한국 법부의 업무는 모두 통감부 사법청에 이관되고, 각급 재판소 사무 역시 통감부재판소로 인계되었다.[143]

---

142 전봉덕, 1982, 앞의 글, 194~195쪽.
143 도면회, 2014, 앞의 책, 447쪽; 「통감부재판소령」, 『관보』, 1909.11.1. 호외

(2) 경찰권의 분리와 장악

1904년 12월 주한일본공사 하야시 겐스케는 고무라 주타로(小村壽太郞) 외무대신에게 한국의 경찰권을 일본이 장악하기 위해, 한국 정부가 일본인 경시를 고문으로 채용케 하자는 제안을 했고, 이에 고무라도 동의하였다. 이에 따라 하야시는 한국 정부의 참정대신, 내부대신을 설득하여 한국 정부가 일본 측에 경무고문을 초빙하겠다고 신청하게 하였다. 그리하여 마루야마 시게토시(丸山重俊) 경시가 1905년 1월 부임해오게 되었다.[144] 그는 당시 내부대신 조병식과 경무고문 용빙계약을 체결했는데, 그 안에는 "한국 정부는 경찰에 관한 일체의 사무를 경무고문 마루야마 시게토시의 동의를 얻은 후 시행할 것"이라는 내용이 들어 있었다.[145] 이후 마루야마는 한국 경찰의 실세가 되어 제도 개혁에 나서게 된다. 당시 일본 측은 경무고문제도를 통해 한국의 중앙 및 지방경찰의 실권을 장악한다는 구상을 갖고 있었다.[146]

그가 부임한 직후인 1905년 2월에는 한성부의 경찰업무만 담당하는 경무청과 각 개항장·개시장의 경찰업무를 담당하는 경무서를 나누어, 「경무청관제」와 「각 개항시장 경무서관제」가 발포되었다. 한성의 경무청에는 경무사와 국장, 경무관 등을 두고, 개항시장의 경무서에는 총순을 두게 한 것은 이전과 마찬가지였다. 이때 개항시장의 총순은 개항시장 감리

---

144 국사편찬위원회편, 1998, 『駐韓日本公使館記錄』 25권, 국사편찬위원회, 「五. 警務改善」, (2) 警務顧問 및 觀察府 고문 채용에 관한 건, (3) 한국 조정의 警務顧問 傭聘 신청의 건, (6) 한국 警務顧問으로서 丸山 警視 부임 건」.

145 박기서·김민철, 1995, 「일제의 조선경찰권 침탈과정에 관한 연구」, 『경희사학』 19, 305쪽.

146 박기서·김민철, 1995, 위의 글, 305쪽.

의 명을 받아 경찰업무에 종사하고 순검을 감독하게 되어 있었다. 당시 경무서가 두어진 개항시장은 인천항, 동래항, 덕원항, 경흥시, 무안항, 삼화항, 옥구항, 창원항, 성진항, 평양시, 용천항, 의주시 등 12곳이었다.[147]

마루야마는 지방에도 일본 경찰을 파견할 필요가 있다고 보고, 일본 정부에 경찰 파견 증원을 요청하여, 1905년 6월에 경시와 경부 21명이 한성에 왔다. 이들 가운데 8명의 경시는 한성(경무청), 수원, 공주, 전주, 춘천, 대구, 함흥, 평양 등 8부에 배치되었고, 나머지 5개 부에는 경부가 배치되었다. 또 한국어학교를 졸업한 통역 7명, 통역 순사 13명이 13개 관찰부에 배치되었다. 또 일본에서 뽑혀온 순사 30명도 전국 13개 관찰부에 배치되었다.[148]

지방경찰제도와 관련된 본격적인 개혁은 1906년 6월부터 시작되었다. 1906년 6월 19일, 칙령 제30호로 「지방 13도 각 관찰부 경무서 및 분서 설치에 관한 건」이 발포되었다. 이는 각 관찰부에 경무서를 설치하고, 서장은 경무관으로 임명하며, 해당 도의 경찰사무를 관장하게 한다는 것이었다. 또 각 도내 주요지에 경찰분서를 배치하고 서장은 총순으로 임명한다고 하였다. 또 총순의 지휘를 받을 순검의 정원은 전체적으로 1,273인으로 정하였다.[149] 동시에 칙령 제29호로 「지방관리직제」를 발포하였는데, 여기에서는 "경무관은 해당 도 관찰사의 지휘를 받아 관내 경찰사무를 관장하고 소속 직원을 감독한다"고 하였다.[150] 경무분서는 어디

---

147 칙령 제16호 「경무청관제」; 칙령 제17호 「각개항시장 경무서관제」, 『관보』, 1905(광무9) 3월 1일 호외.
148 岩井敬太郞, 1910, 『顧問警察小誌』, 내부경무국, 34~44쪽.
149 칙령 제30호 「지방13도 각 관찰부 경무서 급 분서 설치에 관한 건」, 『관보』, 1906.6.22.
150 칙령 제29호 「지방관리직제 중 개정건」, 『관보』, 1906.6.22.

에 설치되었을까. 1906년 7월 경무분서는 충남 홍주·대전, 충북 청주, 경북 안동·경주, 강원도 강릉, 전남 장흥, 전북 남원 등 13개 지역에 설치되었다.[151] 마루야마는 13개소의 경무서, 13개소의 경무분서, 122개소의 분견소·분파소가 있는 곳에 경무고문 지부와 분파소를 설치하고, 제1차 경무확장계획에 따라 일본인 경시 5명, 경부 26명, 순사 520명을 일본에서 추가로 데려와 배치하였다.[152]

이처럼 전국 13도에 경무서, 그리고 주요 부·군에 경무분서를 설치하고, 일본인 경찰들을 대거 배치한 것은 관찰사와 부윤·군수로부터 경찰권을 분리시키고, 나아가 일본 측이 조선의 경찰권을 장악하기 위한 조치였다. 비록 경무관은 관찰사의 지휘를 받는다고 되어 있지만, 경무서라는 독자적인 기관을 만든 것은 사실상 경찰업무를 관찰사로부터 분리시킨다는 것을 의미했다. 1906년 9월에 발포된「지방경무관직무규정」을 보면, "지방경무관은 각 해당 도 관찰사의 지휘를 받아 관내 경찰사무를 처리하되, 다음의 사항은 경무관이 이를 결행한다"라고 하고, 순검의 진퇴·상벌, 순검 배치, 순검 모집 및 교습, 보고서·청원서의 처리 등을 열거하였다.[153] 이를 보면 경무관은 사실상 관찰사의 간섭 없이 경무서와 경무분서의 업무를 관장할 수 있었다고 해석된다. 이후에 경무분서와 분파소는 추가로 계속 증설되었다. 당시의 부·군이 345개였는데, 거의 모든 부·군에 경무서, 경무분서, 분파소 중의 하나가 설치되었다. 그리고 이곳에는 모두 일본인 고문경찰들이 있었고, 이들이 점차 실세를 장악해 갔다.

---

151 내부령 제4호「지방경무서 하에 경무분서를 설치하는 건」,『관보』, 1906.7.16.
152 岩井敬太郎, 1910, 앞의 책, 157쪽.
153 내부령 제9호「지방경무관직무규정」,『관보』, 1906.9.14.

1907년 7월 마루야마 시게토시는 한국 경찰의 조직을 본격적으로 일본식으로 고쳤다. 우선 경무청을 경시청으로, 경무사는 경시총감으로, 경무관은 경시로 개칭하였다. 그리고 경시총감 밑에는 그를 보좌하는 경시부감을 두었다.[154] 1907년 7월 정미 7조약에 따라 일본인도 한국관리에 임용될 수 있게 되자, 마루야마는 경무총감을 직접 맡았다.[155] 또 10월에는 경찰관리 임용령에서 경찰의 계급을 경시, 경부, 순사로 고쳤다.[156] 경시청이라는 명칭과 경시총감, 경시, 경부, 순사 등의 계급은 1880년 이후 일본의 경찰제도를 그대로 가져온 것이었다. 이에 따라 1907년 12월에는 기존의 총순·순검을 경부·순사로 임용한다는 칙령이 발포되었다.[157] 그리고 동시에 각 지방의 경무서·경무분서·분파소의 명칭을 경찰서·경찰분서·순사주재소로 개칭하고 위치도 일부 변경하였다.[158] 경찰서장은 경시 혹은 경부로 임명하도록 하였다. 경찰서장은 관찰사를 보좌하여 부하 관리를 지휘·감독하게 되어 있었는데, 그가 맡은 업무에는 경찰에 관한 사항 외에도 위생, 민적, 이민에 관한 사항도 포함되어 있었다. 경찰분서장은 경부로 임명하고, 경부 아래에는 순사(판임관 대우)를 두도록 했다.[159] 마루야마는 '제2차 경무확장계획'에 따라 일본인 경부 26명, 순사 600명, 통역관보 4명, 고문의(顧問醫) 47명을 일본에서 새로 충원하여 데리고

---

154 칙령 제1호「경무청관제 중 개정건」,『관보』, 1907.7.27.

155 「사임·사령」,『관보』, 1907.8.5, 8.8.

156 칙령 제29호「경찰관리 임용에 관한 건」,『관보』, 1907.10.30.

157 칙령 제66호「총순·권임·순검을 경부 및 순사로 임용하는 건」,『관보』, 1907.12.29.

158 내부령 제4호「경찰구획 개정에 관한 건」,『관보』, 1907.12.28. 호외.

159 칙령 제40호「지방관관제를 개정하는 건」,『관보』, 1907.12.18. 호외.

왔다.[160] 그리고 1년 뒤인 1908년 7월에는 일본인 경시 혹은 경부 20여 명을 각 지방의 경찰서장으로 임명하여, 지방의 경찰을 완전히 장악하였다.[161]

(3) 징세권의 분리와 장악

1904년 일본은 러일전쟁을 도발하면서 한국에 대규모 군대를 파견하여 사실상 한국을 군사적으로 강점하였다. 그리고 일본은 한국 측에 일본군의 군사상 필요한 토지의 수용, 일본의 시정개선에 대한 충고의 수용을 주요 내용으로 하는 '한일의정서' 체결을 강요하였다. 이어서 주한 일본공사 하야시 겐스케는 한국 측에 일본인 재정고문을 받아들일 것을 강요하였다. 결국 일본 대장성 주세국장(主稅局長)이던 메가타 다네타로가 한국정부 재정고문으로 왔다. 메가타는 우선 화폐제도의 정비가 필요하다고 보고, 한국의 화폐제도를 일본의 화폐제도와 통일시키는 한편, 제일은행이 한국의 국고은행의 역할을 하도록 하였다. 그는 이를 통해 한국의 재정을 장악해 나갈 수 있었다. 이어서 그는 탁지부령「세입세출처리순서」를 제정하여, 도 관찰사를 '세입사무관리청' 및 '출급명령관'으로, 부윤과 군수를 납입고지서를 발부하는 '세입징수관'으로 지정하였다.[162] 아직은 징세업무를 행정관리들에게 맡겨둘 수밖에 없었던 것이다.

그러나 1905년 11월 한국이 일본의 '보호국'이 되고, 이토 히로부미가

---

160 통감관방,『한국시정연보』(1906~1907), 111~113쪽; 박기서·김민철, 1995, 앞의 글, 311쪽.
161 「敍任及辭令」,『관보』, 1908.7.27. 8.8.
162 이윤상, 1996,「1894~1910년 재정제도와 운영의 변화」(서울대 국사학과 박사논문), 206~215쪽.

통감으로 부임하자, 메가타는 본격적인 징세기구 개혁작업에 나섰다. 그는 1906년 9월 24일 칙령 제54호 「관세관관제(管稅官官制)」를 통해, 탁지부 아래에 세무감·세무관·세무주사를 두는 식으로 징세기구를 개편하였다. 세무감은 당분간 관찰사가 겸임하도록 했지만, 주요 지역 36개소에는 세무관을 파견하여 일체의 세무를 담당하게 하고, 동시에 각 군에 주재하는 168명의 세무주사를 감독하게 하였다.[163] 이어서 10월 16일에는 칙령 제60호 「조세징수규정」을 통하여, 조세 징수는 각 군의 세무주사가 납세의무자에게 납입고지서를 발부하여 진행하도록 하였다. 그렇지만 실제로는 가장 중요한 지세 및 호세의 납입고지서를 면장을 대상으로 발행하고, 면장은 각 면의 납세 다액자 5명 이상으로 임원을 정하여 그들과 협의하여 면내에 거주하는 각 납세의무자에 대한 부과금액을 정하여 납입통지서를 발부하도록 하였다. 그리고 지세와 호세의 현금 징수는 임원 중에서 선정된 '공전영수원'으로 하여금 이를 맡아서 하도록 하였다. 그리고 징수업무에 소요되는 비용은 징수되는 금액의 100분의 2를 해당 면에 교부하도록 하였다.[164]

　이로써 징세사무는 지방행정업무에서 분리되어 세무관-세무주사-면장-공전영수원으로 이어지는 별도의 징세기구가 맡아서 하게 되었다. 이러한 새로운 징세기구의 설치는 종래 징세업무를 담당해왔던 부윤·군수 등 지방관과 이서·향임층을 배제하기 위한 것이었다. 그러나 새로운 징세기구의 도입은 결코 쉬운 일이 아니었다. 종래 수세업무를 담당해온 지방관과 이서·향임층의 반발과, 납세자인 농민들의 반발도 만만치 않

163　칙령 제54호 「管稅官官制」, 『관보』, 1906.9.28.
164　칙령 제60호 「조세징수규정」, 『관보』, 1906.10.20.

았다. 이들은 세무방해와 거납(拒納)으로 맞섰다. 또 면장 가운데에는 세무를 담당하기에는 능력이 부족한 경우도 많았다. 이에 대한 대책으로 나온 것이 '지방위원회'의 설치를 통한 회유와 경찰을 동원한 탄압이었다.[165] 당시 탁지부대신 민영기가 기존의 향회를 이용하자고 주장하였음에도 불구하고, 이토 히로부미는 향회는 수령권에 예속되어 있다면서 지방자치에 대비해야 한다는 명분을 앞세워 지방위원회 설치를 밀어붙였다.[166]

이토의 뜻에 따라 1907년 5월 13일 공포된 「지방위원회규칙」을 보면, 지방위원회는 세무관 주재지에 두고, 재무에 관해 관민의 의견을 소통하고 법령의 뜻을 주지시키기 위해 두는 자문기관으로 되어 있다. 지방위원은 세무관이 지방관과 협의하여 각 부·군에서 상당한 자산이 있고 민정에 통달한 자로 5명 내지 10명을 세무감을 거쳐 추천하여 탁지부대신이 위촉하도록 되어 있다.[167] 이어 탁지부령 제18호로 공포된 「지방위원회규칙 시행에 관한 건」에 따르면, 지방위원회 회장은 세무관이 겸임하고 회의를 주재하도록 되어 있다. 또 세무주사 2명을 서기로 두어 회의록 작성과 기타 서무를 보도록 되어 있다. 지방위원회는 격월로 회의를 개최하고, ①조세·수수료·부역현물의 부과와 징수, ②화폐정리에 관한 시설, ③지방금융에 관한 시설, ④금곡(金穀) 등을 축적한 기관(금융조합)의 설치 등의 문제를 다루도록 되어 있다.[168] 이토는 지방위원회가 일제의 재정 장악을 위한 활동을 방조해줄 것을 기대하고 있었다. 당시 재정고문 메가타는 지방 분요의 다수는 세무에 말미암은 것인데, 이는 관민 간의 의사소통이

---

165 이윤상, 1996, 앞의 글, 228~229쪽.
166 윤해동, 1997, 앞의 글, 408쪽.
167 칙령 제31호 「지방위원회규칙」, 『관보』, 1907.5.17.
168 탁지부령 제18호 「지방위원회규칙 시행에 관한 건」, 『관보』, 1907.6.15.

잘 되지 않고 있는 것과, 인민이 몽매하여 법령을 잘 이해하지 못하고 있기 때문이라고 보고, 지방위원을 통해 지방민에게 법령을 주지시키고 관민간의 의사소통을 도모해야 한다고 지시하고 있었다.[169]

이에 따라 1907년 7~9월 각 지방의 지방위원 추천과 선정이 이루어졌다. 이후 약간의 변동과정을 거쳐 그해 12월말에는 전국에 50개소의 지방위원회가 만들어졌고, 이에 참여하는 지방위원은 360여 명이 되었다. 각 군별로 보면, 1~3명의 지방위원이 선정되었다.[170] 지방위원으로 선정된 이들 가운데에는 징세업무에 밝은 이전의 향임이나 군주사를 지낸 이들이 많았던 것으로 보인다.[171]

일제는 징세기구로서 「관세관관제」를 만든 뒤, 재정 사무 전반을 감독할 기관으로서 재정감사청을 만들었다. 1907년 3월 일본 칙령으로 「통감부 재정감사청관제」가 발포되어, 통감부 산하에 재정감사청이 설치되었다. 재정감사청은 감사장관과 재정감사관으로 구성되었는데, 감사장관은 메가타가 맡았다. 한편 메가타의 '재정고문부'도 여전히 존속시켜, 1907년 6월 서울·평양·대구·전주·원산에 재정고문감부를 두고, 재정감사관을 배치하여 지부 이하의 감독과 지방재무의 감독을 맡게 하였다. 각 도에 배치되어 있던 고문지부 13개소는 여전히 존속하였고, 산하의 13개 분서가 분청으로 개편되면서 69개로 늘어났다. 재무관과 재무관보가 여기에 파견되어 지방세무 및 재정 일반을 감독하였다. 이는 종래의

---

169 「지방분요에 관한 건」, 『재무주보』 13호, 1907.7.8.

170 윤해동, 1997, 앞의 글, 410쪽.

171 「지방위원회 위원 선정」(『관보』, 1907.9.30)을 보면 지방위원들은 정3~9품, 혹은 전 주사로 기록되어 있다. 여기서 정3~9품은 대체로 향임층으로 보이고, 전 주사는 대체로 전 향리층으로 보인다.

재정고문본부 및 지부를 확충한 것으로, 관세관관제로 만들어진 징세기구를 더 철저히 감독하기 위한 것이었다.[172]

1907년 7월 일제는 헤이그특사 사건을 빌미로 하여 고종을 퇴위시키고, 제3차 한일협약(정미 7조약)을 한국 측에 강요했다. 이에 따라 일제의 한국 내정에 대한 개입은 본격화되었고, 일본인들은 이제 재정고문·경무고문이 아닌 한국정부의 차관과 같은 중요 관직을 차지하게 되었다. 이후 한국정부의 기구도 대대적으로 개편되었는데, 일본인들의 관리 고용은 주로 지방행정·경찰·사법·재정 등에 집중되었다. 재정부문의 기구 개편은 재정고문부와 관세관 제도의 폐지와 재무감독국의 신설로 진행되었다. 1907년 12월 13일 칙령 제46호 「재무감독국관제」가 공포되었는데, 이는 「관세관관제」를 대신하는 것이었다. 재무감독국은 탁지부대신 하에서(사실상 일본인 차관의 지휘 하에) 세무와 지방의 재무를 감독하는 기관으로 설치되었다. 재무감독국은 한성(경기·강원 관할), 평양(평남·평북·황해 관할), 대구(경북·경남·충북 관할), 전주(전북·전남·충남 관할), 원산(함남·함북 관할) 등 5곳에 설치되었으며, 5명의 국장이 이를 주관하게 되었다.[173] 같은 날 공포된 칙령 제47호 「재무서관제」와 18일 공포된 탁지부령 제33호 「재무서명칭위치 및 관할구역표」에 따르면, 재무서는 전국 231곳에 설치되고 재무관이 재무서장으로서 이를 주관하게 되어 있었다. 재무서장 밑에서는 주사와 기수가 배치되었다. 재무감독국과 재무서 제도는 1908년 1월 1일부터 시행하게 되었다.[174]

---

172 이윤상, 1996, 앞의 글, 229쪽.
173 칙령 제46호 「재무감독국관제」, 『관보』, 1907.12.18.호외.
174 칙령 제47호 「재무서관제」, 『관보』, 1907.12.18.호외; 탁지부령 제33호 「재무서명칭위치급관할구역표」, 『관보』, 1907.12.25.

「재무감독국관제」와 「재무서관제」는 징세업무를 담당해온 관세관제도와 이를 감독하던 재정고문부 제도를 하나로 통합한 것이었다. 일본인들이 직접 징세기구를 장악하게 되었기 때문에 재정고문부를 따로 둘 필요가 없어졌기 때문이다. 이로써 일본인들은 일원적인 징세·재무기구를 완성하고 이를 장악하게 되었다.[175]

4) 면장 직제의 추진

앞서 본 것처럼 1906년 9월 「관세관관제」의 시행에 따라 징세업무는 '세무관-세무주사-면장-공전영수원'으로 이어지는 징세기구가 맡아서 하게 되었다. 면장은 기존에 면집강으로 불리기도 하면서, 각 면의 사족 중 명망 있는 자를 군수가 선정하거나, 면의 각 동 민인이 모여서 의논하여 선정하기도 했던 자리였다. 또 면장(면집강) 밑에는 풍헌이라 불리는 면임이 있었고, 면임은 각 동장(洞長)을 지휘하여 요역과 부세를 거두는 역할을 해왔다. 또 면장과 면임은 각 동의 동임들을 지휘하여 가좌성책(家坐成冊)과 호구장적(戶口帳籍)을 만드는 일도 해왔다. 또 옥사(獄事)가 있을 때는 일차 조사를 하고, 재판정에 입회하는 역할도 했다. 즉 면장(면집강)은 단순히 수세만이 아니라 말단의 행정도 맡고 있었던 것이다.[176] 그런데 「관세관관제」의 시행과 함께 면장에게 주로 수세(收稅)의 책임을 맡기게 되자, 기존에 면장의 역할을 해왔던 사족들은 이를 기피하게 되었다.

당시 각 관찰사들은 각 면의 '근실한 사람'으로 면장을 택해서 임명하

---

175 이윤상, 1996, 앞의 글, 233쪽.
176 지방제도조사소, 1906, 앞의 책, 97~99쪽(「면장 면임 동장 동임 직무권한」).

라고 각 군에 지시했다.[177] 또 내부에서는 "각 면리의 집강·존위 등의 이름은 모두 혁파하고 민가 매 10호에 호수(戶首)를 두고, 매 100호에 동장을 두고, 각 면에는 면장을 두어 면내의 일은 면장이 관리하도록 하라"고 훈령을 내렸다.[178] 이와 같은 내부의 지시는 '면장'이라는 자리가 단순히 징세업무를 대신하는 자리가 아니라, 자치행정의 주역으로서 역할을 할 것을 주문한 것이라 할 수 있다. 그리고 면집강이니 존위니 하는 말을 쓰지 말고, '면장'으로 통일해서 쓰도록 주문하였다. 이로써 면장은 이제 정부에 의해 공식적으로 인정받는 자리가 되었다. 그러나 앞서 본 것처럼 각 면의 유지급 인물들은 징세업무를 맡아야 하는 면장 자리를 기피하고 있었다.

또 이 시기 면장은 의병 진압을 위해 출동하는 경찰과 헌병대를 안내하는 역할과 관내 치안상황을 경찰과 헌병대에 보고하는 역할까지 강요당했다. 따라서 면장은 일제의 앞잡이로서 인식되어 갔고, 면에서 명망이 있는 이들은 모두 면장을 맡는 것을 회피하였다. 그 결과 면장을 맡은 이들은 대부분 면내의 2, 3류의 인물들, 즉 하층 양반이나 이전의 면임이나 향리들이었던 것으로 보인다.[179]

한편 통감부는 1908년부터 면장 직제와 면제(面制)를 입법화하기 위한 구체적인 검토에 들어갔다. 우선 탁지부 사세국은 1908년 10월 각 재무감독국의 의견을 취합하여 『면에 관한 조사』라는 보고서를 만들었다. 이 보고서는 면의 넓이, 면장의 임면·임기·자격, 면장의 직무, 면장과 기

177　경기도 이천군편, 『訓謄冊』 11책, (규장각 고 5120-149) 광무10년 10월 15일 到付
178　「地方治制」, 『황성신문』, 1906.12.17; 「擇置面長」, 『대한매일신보』, 1906.12.18.
179　윤해동, 1997, 앞의 글, 419~420쪽.

타 면리원의 수입, 면의 재정, 면장의 감독, 동리에 관한 사항, 면제 개량에 관한 사항 등으로 구성되어 있다. 앞부분은 모두 당시 면과 면장의 현황에 대해 각 재무감독국에서 조사한 것을 취합한 것이고, 마지막의 면제 개량에 관한 사항은 '면제'를 실시한다면 그 내용을 어떻게 할 것인지에 대한 각 재무감독국의 의견을 취합한 것이다.

이 가운데 '면제 개량에 관한 사항'의 내용을 살펴보자. '면제'의 실시에 대해서 평양재무감독국은 "인민이 아직 자치가 무엇인지 이해하지 못하고 있고, 선거의 관념도 없고, 재정의 독립도 불가능하기 때문에 일본의 시정촌제(市町村制)와 같은 자치제의 도입은 시기상조"라는 의견이었다. 따라서 "아직은 면을 단순한 행정구역으로 하고, 면사무소를 설치하고, 군수에 예속된 지방최하급 관청으로 하는 것이 좋겠다"는 의견을 내놓았다.[180] 또 대구재무감독국도 당시로서는 면의 행정사무로서 조세징수 사무 외에는 이렇다 할 것이 없지만, 장차 행정기관이 정비되면 면은 하급행정기관으로서 여러 업무를 해야 할 것이기 때문에 현재처럼 방치해 두어서는 안 된다는 의견을 제출했다.[181] 즉 지방자치기관은 아니지만 행정구역으로서 '면제'를 실시해야 한다는 의견이 많았던 것이다. 그리고 각 재무감독국은 이를 위해 면사무소를 두어, 면장·공전영수원·서기(혹은 보조원) 등이 매일 일정 시간 동안 출근하여 일을 보게 함으로써 공과 사를 구별할 수 있도록 하는 것이 급무라는 의견을 내놓았다.[182]

면장 등의 임면과 관련하여, 평양재무감독국은 "면장은 군수 및 재무

180　탁지부 사세국, 1908, 『面に關する調査』(국립중앙도서관 소장), 60~61쪽.
181　탁지부 사세국, 1908, 앞의 책, 59쪽.
182　탁지부 사세국, 1908, 위의 책, 59쪽, 65쪽.

서장의 의견을 들어 관찰사가 이를 임명하고, 서기는 군수가 이를 임명하도록 할 것"을 제안했다. 다만 면장은 동·리민(洞·里民)이 후보자 여러 명을 선출하여 군수에게 추천하도록 하는 것도 자치와 선거의 관념을 기르게 하는 데 좋을 것이라 하였다. 또 동·리장(洞·里長)들의 회의(면회의)를 인정하여 면장의 사무 집행에 참고할 수 있도록 하는 것도 제안했다. 또 평양재무감독국은 면장에 대한 감독권은 원칙적으로 내부대신에게 있다면서, 각 위임사무에 대해서는 주관관청이 이를 감독하고, 재정에 관해서는 탁지부대신이 이를 감독해야 한다고 주장했다.[183] 그러나 원산재무감독국은 면장의 업무는 사실상 징세업무밖에는 없고, 따라서 군수로부터 징세권을 분리시키고자 한다면 군수에게 면장 임면권을 주어서는 안 된다면서, 면장을 재무기관에 전속시킬 것을 주장하였다.[184] 그러나 원산재무감독국의 의견은 소수의견이었다.

면장 등의 봉급과 면사무소의 운영과 관련한 재정 마련에 대해서, 한성재무감독국은 결세와 호세의 부가세만을 징수하고, 종래의 결호채(結戶債)와 고복채(考卜債)를 제한적으로 징수하고, 나머지 잡세는 일체 거두지 말아야 한다고 주장했다.[185] 평양재무감독국은 지방세에서 교부금을 지급하고, 인가를 얻어 면민에게 공과금을 부과할 수 있도록 할 것을 제안했다.[186] 전주재무감독국도 지방세만으로 재원을 마련하고, 다른 잡세는

183　탁지부 사세국, 1908, 위의 책, 62쪽.
184　탁지부 사세국, 1908, 위의 책, 67~69쪽.
185　탁지부 사세국, 1908, 앞의 책, 58쪽. 결호채는 결세(結稅)와 호세(戶稅)의 장부의 작성 시에, 고복채는 결세 장부의 작성 시에 드는 비용에 보태 쓰기 위해 면서원(面書員)이 가외로 거두던 돈을 말한다.
186　탁지부 사세국, 1908, 위의 책, 63쪽.

일절 거두지 말아야 한다고 주장했다.[187] 당시 전주재무감독국은 지방에서 상당한 자산이 있거나 권세가 있는 이들은 면장직을 맡는 것을 기피하고 있어 공금을 마음대로 쓰고, 무명잡세로 주구를 하려는 이들이 면장직을 맡으려 하고 있다면서, 앞으로는 면장에게 상당한 명예와 대우(보수)를 주어야 권세와 명망이 있는 자가 면장을 맡으려 할 것이라고 지적했다.[188]

1909년 2월 내부대신 서리 고영희와 내각총리대신 이완용은 내부가 마련한 '면장직제' 칙령안을 통감부의 소네 통감대리에게 보내 승인을 요청했다. 그러나 소네 통감대리는 이를 승인하지 않음으로써, 이 안은 내각회의에 올라가지 못했다. 이 안의 주요 내용을 살피면 다음과 같다. 1) 각 면에 면장을 두고, 면장은 판임대우로 한다. 면장은 군수의 추천에 의해 관찰사가 이를 임명한다. 2) 면장은 법령에 의해 정해진 직무 외에 군수의 지휘감독을 받아 면내의 행정사무를 관장한다. 3) 면장은 군수의 인가를 얻어 면서기를 둘 수 있다. 4) 면장 및 면서기의 급료 및 면의 사무비는 면의 부담으로 한다. 면장, 면서기의 급료 및 면의 사무비의 부담에 관한 세칙은 내부대신의 인가를 얻어 관찰사가 정한다. 5) 군수는 면장에 대해 관리 징계의 예에 따라 징계처분을 할 수 있다. 단 면직 처분은 관찰사가 행한다. 6) 본령에서 면이라 칭함은 사(社), 방(坊), 부(部) 등 어떤 명칭을 사용하더라도 면에 해당하는 구역을 말한다. 7) 본령 시행 이전에 면장, 사장, 방장, 부장 기타의 면장에 해당하는 직무에 있는 자는 모두 해당직에 피임한 자로 간주한다. 8) 본령은 1909년 4월 1일부터 시행한다.[189] 위

---

187   탁지부 사세국, 1908, 위의 책, 65쪽.
188   탁지부 사세국, 1908, 위의 책, 66쪽.
189   내각편, 1907, 『統別勅令往復案』 5책(규장각 17851의2), 74~76쪽(「면장의 직제에 관한 건」, 1909.2.19)

와 같은 내부의 '면장직제'안은 1908년의 각 재무감독국의 안을 참고하여 만들어진 것으로 보이지만, 탁지부-재무감독국 중심의 면제안이 아니라 내부-도-군-면의 계통을 더 중시한 것이었다.

그런데 이러한 내부의 안 외에도 탁지부가 만든 안도 있었다. 1909년 6월 내부에서 작성한 『한성부 사무관 및 각 도 서기관 회의 요록』이라는 자료를 보면, 부록에 '면장직제'에 관한 내부의 안과 탁지부의 안이 실려 있다. 당시 회의를 주재한 사와다 도요타케(澤田豊丈) 지방국장은 "본건은 작년 서기관회의 이후 현안이 되어온 것으로서, 별지의 탁지부안 및 내부안은 모두 통감부에서의 참여관 회의에 부의한 것이지만 아직 승인을 거치지 않은 것이다. 탁지부안은 면장은 현재 재무행정의 기관으로서, 본래 군수로부터 징세권을 분리시킬 때 당연히 재무서의 신분 감독에 속해야 한다는 사유로서 기안된 것으로서, 이미 탁지부에서의 재무감독국장 회의에서 감독국장의 의견에 따르면, 면장은 이를 공선(公選)으로 하고, 군수와 재무서장의 인가를 거치는 것이 가하다는 의견이었다. 그리고 내부안에서는 면장은 일반 행정의 기관으로서 그 신분의 감독은 당연히 내부 계통에 속하는 것이 가하고, 각 부 소관에 속하는 면장의 사무에 대한 감독에 대해서는 각부에서 이를 관장하는 것이 가하다는 것이었다"고 말하였다.[190]

내부 안은 위에서 살펴본 바와 같고, 탁지부 안의 내용은 다음과 같다. 1) 각 면에 면장 및 공전영수원을 둔다. 면장 및 공전영수원은 해당 면내 동(리)장의 합의로 후보자를 선출하며, 면장에 대해서는 군수, 공전영수원에 대해서는 재무서장의 인허를 거친다. 2) 면장 및 공전영수원의 임기

---

190 내부, 1909, 『한성부사무관급각 도서기관회의요록』(국립중앙도서관 소장), 45쪽.

는 각 2년으로 하며, 재임을 허용한다. 3) 면장은 법령에 정해진 직무 외에도 면내 일체 행정사무를 관장한다. 공전영수원은 면의 회계 및 공전의 출납 및 보관을 관장한다. 4) 면장은 면 내 동(리)장의 합의를 거쳐 면서기, 면주인, 기타 심부름꾼을 임용할 수 있다. 5) 면장, 공전영수원 및 부속원의 급료와 기타 면의 사무비는 면의 부담으로 한다. 6) 면장 및 공전영수원이 그 직무를 위배했을 때는 해당 면 내의 동(리)장 합의를 거쳐 임기에 관계없이 다시 후보자를 정하여 임명의 인가를 요청할 수 있다. 7) 본령에 면이라 칭하는 것은 사, 방 기타 어떤 명칭을 사용함에도 불구하고 면에 해당하는 구역을 이른다. 8) 본령 시행 시에 면장, 사장(社長), 방장(坊長) 기타 면장에 해당하는 직무에 있는 자 및 공전영수원에 있는 자는 모두 본령에 의하여 선임된 자로 간주한다.[191] 탁지부 안을 보면, 내부의 안과는 달리 면에 면장 외에 면서기가 아닌 공전영수원을 두도록 하고 있다. 또 각 동리장은 면장과 공전영수원을 선출하며, 면장은 군수, 공전영수원은 재무서장의 허가를 받도록 하고 있다. 면서기는 둘 수도 있고, 두지 않을 수도 있게 되어 있다. 탁지부 안은 공전영수원을 중시한 안이라고 말할 수 있다. 면장 등의 급료와 면의 사무비는 두 가지 안 모두 지방비가 아니라 면의 부담으로 해결하는 것으로 되어 있다.

    1909년 6월에 있었던 것으로 보이는 한성부의 사무관 및 각 도 서기관 회의에서는 이에 관한 토론이 진행되었다. 이들은 모두 내부 소속의 일본인 관리들이었는데, 대체로 내부 안에 찬성하는 경향이 있었다. 예를 들어, 공전영수원을 두어 재무서장의 지휘를 받게 하는 것보다는 면서기를 두어 징세 업무를 맡기면 된다고 보았다. 토론 뒤에 표결을 한 결과, 참

---

191 내부, 1909, 위의 책, 116~117쪽.

석자들은 면장을 판임대우로 하는 것에 대해 대체로 찬성하였다. 면장의 임명에 대해서는 동리장이 선출하는 것은 불가하고, 군수의 추천에 의해 관찰사가 임명하는 안에 대부분 찬성하였다. 면장 휘하에 두는 직원의 명칭에 대해서는 면서기, 면리(面吏), 면주인(面主人), 고원(雇員) 등 다양한 안이 나왔다. 면장 등의 급료와 면 사무비의 재원 마련에 대해서는 대체로 면의 부담으로 해결하는 데 찬성했고, 소수가 지방비 부담으로 할 것을 주장했다.[192] 이상 살펴본 1908년과 1909년의 면제 혹은 면장 직제에 관해 수렴된 의견은 1910년 지방관관제의 면장 규정, 그리고 1917년 면제의 내용을 만드는 데 기초가 된 것으로 보인다.

한편 1909년 2월에 반포된 법률 제5호 「국제징수법」에서는 "면(面)은 탁지부 대신의 지정에 의하여 면내 각종의 국세를 징수하여 이를 국고에 납입함이 가함"이라 하였고, "정부는 국고에 납입한 금액에 따라서 탁지부대신이 정한 바에 의해 그 면에 교부금을 지급함"이라 하였다. 또 "국세를 징수코자 할 때는 재무관리 또는 면장은 납부자에 대하여 그 금액, 기일, 납부 장소 등을 고시함이 가함"이라 하였고, "면은 재무서장이 인허한 공전영수원으로 하여금 국세의 영수 및 납입을 처분케 함을 요함"이라 하였다. 이로써 면장과 공전영수원은 면에서의 국세 징수의 책임을 진다는 사항이 법제화되었다.[193] 또 1909년 3월에는 법률 제8호로 「민적법」이 반포되었는데, 여기에서는 출생·사망·혼인·이혼 등 호적과 관련된 일은 모두 면장에게 신고하도록 하였다.[194] 이로써 면장은 징세업무와 호적업

192　내부, 1909, 앞의 책, 52~53쪽.
193　법률 제5호 「국세징수법」, 『관보』, 1909.2.18.
194　법률 제8호 「민적법」, 『관보』, 1909.3.6.

무를 담당하게 되었고, 면은 말단 행정기관으로서 점차 공식화되기 시작했다. 이와 같은 변화 위에서 1910년대 들어 '면제' 제정의 움직임이 본격화되어 1917년 「면제」가 제정되었던 것이다.

5) 지방세·지방비제도의 실시

(1) 1906년 「지방세규칙」의 공포와 실시 보류

지방제도의 정비에서 중요한 문제 중의 하나는 국가재정과는 별도로 지방재정을 어떻게 조달할 것인가 하는 문제였다. 이 문제를 해결하기 위해 통감부는 우선 앞서 본 바와 같은 부·군 폐합 작업을 진행하고자 하였다. 즉 부와 군의 수를 줄임으로써 부·군의 이서배의 숫자를 줄이고자 한 것이다. 그러나 이는 지방세력의 강력한 반대에 부딪혀 쉽게 진행되지 못하였다. 통감부는 우선 비입지와 두입지를 정리하고, 이어서 1908~1909년에 십여 곳에서 군 폐합 작업을 진행하였다. 그러나 통감부는 1백 개가 넘는 군을 줄이려고 계획하고 있었기 때문에 이는 시범적인 군 폐합에 불과했다.

통감부는 우선은 '지방세'라는 것을 만들어 지방재정 문제를 해결하고자 하였다. 1906년 8월 15일 제10회 '한국시정개선에 관한 협의회'에서 지방세 부과문제가 처음 논의되기 시작했다. 11월 16일 제12회 시정개선 협의회에서 탁지부대신 민영기는 관찰사가 관내 각 군에서 부과 징수할 지방세의 종목, 세율 및 세액을 미리 정하여 내부와 탁지부 양 대신의 인허를 받도록 하고, 관찰사는 인허를 받은 뒤에 그 부과와 징수를 소관 세무감에게 넘겨주고, 세무감은 이를 관내 세무관 또는 군에 파견된 세무주사로 하여금 집행하도록 하고, 세무관과 세무주사는 결세와 호세의 징수

방법에 준하여 지방세를 징수하도록 한다는 안을 제출하였다.[195]

이후 이토 통감의 지시에 따라 재정고문 메가타와 한국 관리들 간의 지방세에 관한 협의가 진행되었다. 그리하여 12월 14일 지방세 징수 종목이 결정되었다. 그리고 12월 29일에 칙령 제81호로 「지방세규칙」이 공포되었다. 여기에서 결정된 지방세 종목은 시장세, 포구세, 여각세(旅閣稅), 교세(轎稅:가마세), 인력거세, 자동차세, 하차세(荷車稅:짐차세), 화세(花稅:창기세) 등이었다. 내부는 법령의 제정과 동시에 각 도와 각 군에 부과할 세목과 관련된 자세한 사항을 조사하여 보고할 것을 지시하였다.[196] 조사해야 할 대상은 시장세의 경우는 지명과 개시일자, 거래물품, 거래자 성명 등이었고, 포구세의 경우는 지명과 통과화물의 종류 등이었으며, 여각세의 경우는 소재지명, 여각 주인 성명, 거래물품 종류 등이었다. 가마세, 인력거세, 자동차세, 하차세 등의 경우에는 그 주인의 성명을 조사하도록 했고, 화세의 경우 창기의 성명을 조사하도록 했다.[197]

이어서 1907년 2월에 탁지부는 부령으로 「지방세규칙시행세칙」을 공포하였다. 이 규칙에서는 지방세의 부과방법과 징수방식이 구체적으로 규정되었다. 시장세의 경우, 개시일마다 징수원이 시장물품 방매자 및 매개자에 대해 이를 징수하고 영수증을 교부하도록 했다. 포구세의 경우, 해당 포구의 징수원이 화물 통과 시마다 이를 징수하도록 했다. 시장세와 포구세의 징수원은 세무관 또는 군의 세무주사가 시장과 포구 부근에 거주하는 부유한 자 가운데 적당한 자로 선정하도록 했다. 징수원이 징수한

---

195 김정명 편, 1963, 『일한외교자료집성』 6-上, 巖南堂書店, 401쪽.
196 김태웅, 2012, 『한국근대지방재정연구』, 아카넷, 354~356쪽.
197 김태웅, 2012, 앞의 책, 357쪽.

시장세 및 포구세는 매달 지방세를 출납하는 은행에 납부하도록 했다. 그리고 이들에 대한 수고료는 납부한 금액의 100분의 2를 다음 달에 징수원에게 교부하도록 했다. 여각세의 경우, 여각주인은 매년 1월 말까지 1년간 거래할 물품의 가격을 어느 정도 책정하여 해당 지역을 관할하는 세무관 또는 군의 세무주사에게 보고하도록 했다. 그 밖에 가마·인력거·자전거·우차·마차에 매기는 세금의 경우, 이를 소유한 자는 매년 1월 말까지 소유 수량을 그 지역을 관할하는 세무관 또는 군의 세무주사에게 보고하도록 했다. 화세의 경우, 창기가 되고자 하는 자는 그 친족·인척이 되는 보증인과 연서하여 소관 세무관 또는 군의 세무주사의 인허를 받아야만 영업을 할 수 있도록 했다. 그리고 납세의무자는 1907년 2월 말일까지 그 성명, 거주지, 납세의무의 원인 등을 기록하여 세무관 또는 군의 세무주사에게 보고하도록 했다.[198]

    탁지부는 또 1907년 3월에는 부령으로 「지방세납부규정」을 반포하였다. 여기에서는 지방세를 수입인지로 납부해야 한다고 규정했다. 즉 납세자가 납부고지서를 받게 되면 그 금액에 상당한 수입인지를 납부고지서 뒷면에 첨부하여 지정한 기한 내에 이를 소관 세무관 또는 군 세무주사에게 직접 제출하거나, 등기우편으로 제출하도록 한 것이다. 그리고 세무관 또는 세무주사는 이를 받아서 세무감에게 제출하도록 했다. 세무감은 이를 탁지부 사계국(司計局)에 제출하여 현금 교부를 요청하고, 사계국은 첨부된 인지를 확인한 뒤 그 액면 금액의 100분의 93에 상당하는 현금을 해당 지역의 지방세취급은행에 송금하도록 했다.[199] 이는 지방세의 납

---

198   탁지부령 제6호 「지방세규칙시행세칙」, 『관보』, 1907.2.22.
199   탁지부령 제10호 「지방세납부규정」, 『관보』, 1907.3.30.

부와 송금 등의 과정에서 현금 사용을 일절 배제하여 중간 횡령의 소지를 없애고자 한 것이었다.

그러나 지방세의 실시는 쉽지 않았다. 1907년 4월 8일 『황성신문』은 내부에서 지방세를 실시하라고 지시하였지만, 각 지방에서 인민들이 이에 크게 반대하여 실시되지 못할 것이라는 소문이 돌고 있다고 보도하였다.[200] 그리고 4월 11일에는 탁지부에서 각 세무감에게 전보를 보내 지방세는 내부와 협의하여 처리할 터이니 그 실시를 잠시 정지하라고 지시했다는 보도가 나왔다.[201] 그것은 지방세를 거두는 과정에서 민의 저항이 만만치 않았기 때문이다. 예를 들어 1907년 2월 김천시장에서는 상인들에게 영업세(시장세)를 거두려 하자 상인들이 이에 저항하여 중지한 일이 있었다.[202]

약 1년 정도 시행이 보류되던 지방세 건은 1908년 5월 각 도 서기관 회의에서 서기관 1명이 반대하여 다시 보류되었다. 그리고 5월 25일 열린 각 도 관찰사 회의에서도 이 문제를 논의하였다.[203] 이날 관찰사회의에서 탁지부대신은 지방세를 거둘 것인지 여부에 대해 각 도 관찰사에게 물었는데, 관찰사들은 모두 거두는 데 동의했다.[204] 이어서 각 관찰사들은 지방세의 세목을 어떻게 정할 것인지에 대해 의견을 진술했는데, 그 가운데 경기도 관찰사와 충청남도 관찰사의 의견은 다음과 같았다.

---

200 「地方稅姑停」, 『황성신문』, 1907.4.8.
201 「地方稅姑停」, 『황성신문』, 1907.4.11.
202 탁지부편, 1907, 『훈령편안』 12책(규장각 17876), 「훈령 상주세무관 민영완」(1907.2.6)
203 「地方稅實施」, 『황성신문』, 1908.5.28.
204 내부, 1908.5, 『관찰사회의』(규장각 15252), 32쪽.

경기도 관찰사 이규식 : 기왕의 지방세규칙에 가(可)한 것과 불가(不可)한 것이 있은즉, 시장세는 인민도 마땅히 내야 할 줄로 안다. 어기세(漁基稅), 선세(船稅), 수산세(水産稅), 염전세, 노전세(蘆田稅), 주세(酒稅), 연초세, 포사세(庖肆稅:푸줏간세)는 가히 징수할만한 것이오, 여각(餘閣)은 비록 이미 조잔(凋殘)한 것이지만 약간 세금을 거두는 것이 가능하고, 호포(戶布)는 가옥세로 개칭하여 거두는 것이 가하고, 화세(花稅)는 추업(醜業:더러운 직업)을 제재하기 위하여 징수함이 가하고, 삼림세와 인력거세는 현재 징수하기 어려운 바 … 205

충청남도 관찰사 양재익 : 지방세 징수에 관하여는 시장세, 포구세, 호포, 수산세, 염세(鹽稅), 도수장세, 주세, 연초세, 사탕세, 선세, 노전세, 우피도고세(牛皮都賈稅), 저포세(苧布稅)는 모두 거둘 만한 것이오, 그 지출에 있어서는 관청수리에 사용하는 것은 이상할 것이 없으나, 정부에서 지출을 보조해줄 것을 바라오며, 경비와 신건축 등에 사용하는 것은 불가하오며 … 206

위에서 보면, 도별로 지방세를 부과할 수 있는 종목에 어느 정도 차이가 있었음을 알 수 있다. 이날 회의에서 관찰사들은 지방세 제도를 실시한다는 데에는 합의를 했지만, 탁지부에서 이를 곧바로 시행한 것은 아니었다. 지방별로 지방세 부과가 가능한 종목에 대해 더 조사가 필요했고, 또 보다 안정적인 지방세 수취를 위해서는 지세와 호세에 대한 부가세 제

---

205 내부, 1908.5, 위의 책, 41~42쪽.
206 내부, 1908.5, 앞의 책, 49쪽.

도를 도입할 필요가 있어 이에 대한 검토가 필요했기 때문이다.

(2) 1909년 「지방비법」 제정·공포와 시장세 거납운동

내부는 결국 1909년 2월에 「지방세규칙」을 폐지하고 새로 「지방비법」을 제정한다는 방침을 세웠다.[207] 이에 따라 4월 1일 법률 제12호로 「지방비법」이 제정, 공포되었다. 이 법의 제1조에서는 한성부 및 각 도에서 공공사업을 위하여 지방비를 설치한다는 것, 지방비는 지방비에 속한 재산과 그 수입, 그리고 지방비 지변(支辨)의 사업에 속한 수입 및 부과금으로 이를 충당한다고 하였다. 제2조에서는 지방비를 쓸 수 있는 사업으로 청사의 건축 및 수선, 토목공사, 위생·병원·구휼·자선의 사업, 권업, 교육 및 학예 등을 규정하였다. 제3조에서는 지방비에 충당할 부과금의 종류는 종래 지방에서 징수하던 여러 세금 중에서 이를 정한다고 하였다. 이는 국세인 지세와 호세에 부가금을 얹어 지방비로 징수할 수 있다는 뜻이었다. 제4조에서는 부과금의 과목·과율·납기 및 기타 부과에 관해 필요한 규정은 내부대신 및 탁지부대신의 허가를 얻어 한성부윤 및 관찰사가 부령 또는 도령으로 이를 정한다고 하였다.[208]

이어서 각 도에서는 1909년 9월에 차례대로 도령(道令)으로 「지방비부과금부과규칙」을 제정, 반포했다. 경기도의 경우, 지방비는 지세의 부가세(본세의 5/100), 도장세[屠場稅: 도우(屠牛) 1두에 금 1원], 시장세(방매가격의 1/100)를 부과하기로 했다.[209] 다른 지역의 경우도 도장세에서 약간

---

207 「지방비규칙개정」, 『대한매일신보』, 1909.2.18.
208 법률 제12호 「지방비법」, 『관보』, 1909.4.2.
209 경기관찰도령 제2호, 「지방비부과금부과규칙」, 『관보』, 1909.10.1.

의 차이가 있었을 뿐 경기도의 경우와 대동소이했으며, 다른 세목은 없었다. 결국 지방비는 대체로 지세의 부가세, 도장세, 시장세로 정해진 것이다. 이는 1906년에 정했던 지방세에 다양한 명목의 잡세를 포함시켰던 것과 크게 다른 것이었다. 1909년 6월 한성부 사무관과 각 도 서기관들이 참여한 회의가 열렸을 때, 각 도 서기관들은 이전의 지방세처럼 다양한 세목으로 지방비를 거둘 수 있다고 발언했다. 예를 들어 평남 도 서기관은 지세부가세, 호세부가세, 우(牛)매매세, 도진세(渡津稅), 시가지영업세, 화세, 도축세 등을 제시했다.[210] 그러나 탁지부의 사와다(澤田) 지방국장은 지방비의 세목을 너무 많이 설정하지 않는 것이 좋겠다고 말했다.[211] 이후 탁지부와 내부는 서로 협의하여 지방비의 세목을 대폭 줄였다.

이같이 잡세를 대부분 배제하였지만, 지방민들은 지방비에 시장세가 포함된 것에 대해 크게 반발하였다. 1909년 10월 지방비로서 시장세 징수가 시작되자 시장 상인들의 저항이 시작되었다. 가장 먼저 개성의 서문안 시장 상인들은 시장세 철회를 요구하면서 철시에 들어갔다. 그리고 이듬해 4월까지 평안남도의 증산, 순천, 강서, 남포, 중화, 안주와 평안북도의 정주, 영변, 용천, 삭주, 박천, 선천 등지에서 평안도 지방의 시장 상인들은 거납(拒納), 철시, 폭동 등으로 반발하였다.[212] 특히 평남 순천에서는 1910년 1월 29일 폭동이 일어났다. 순천 시장의 중소 상인, 수공업자, 농민 등 시장에서 거래를 하던 이들은 시장세를 거두던 재무주사를 공격하고, 나아가 순사주재소, 우편취급소, 일본상인의 점포 등을 공격하였다.

---

210 내부, 1909, 『한성부사무관급각 도서기관회의요록』, 30쪽.
211 내부, 1909, 위의 책, 32쪽.
212 김태웅, 2012, 앞의 책, 398~405쪽.

그 결과 일본인 관리 및 상인 8명이 사망하고 여러 명이 부상을 입었다.[213] 순천 상인들은 왜 이와 같은 폭동을 일으킨 것일까. 당시 이들이 지적한 사항은 1) 시장 상인들은 시가지 가옥세를 이미 내고 있는데, 시장세를 또 부과하는 것은 이중으로 과세하는 것이며, 2) 농민들은 이미 지세를 내고 있는데, 농민들이 농산물을 판매하는 데 시장세를 거두는 것은 역시 이중으로 세금을 거두는 일이고, 3) 상인과 소비자의 거래가 아닌 상인 간의 매매에 대해서도 세금을 부과하는 것은 온당하지 않다는 것 등이었다.[214]

평북 용천에서도 2월 2일 대규모 시장세 거납운동이 일어났다. 이날 용천 시장에서는 다수의 사람들이 모여 재무서원의 시장세 징수를 거부하기로 하고 재무서에 몰려갔는데, 이 소식을 들은 일인 헌병과 경찰들이 출동하여 6,70명을 체포했다. 이에 다음 날 오후 5백여 명이 모여 시위를 벌이면서 경찰에 항의하였다. 또 다음 날에도 4백여 명이 용암포 경찰서에 몰려가 항의를 했으며, 경찰은 이들 가운데 3명을 체포하고 군중을 해산시켰다. 용천 상인들은 구금된 13명의 석방을 요구하며 철시를 계속하였다.[215] 순천과 용천에서 시위를 주동한 이들은 결국 재판에 넘겨졌다.

시장세에 대한 반발은 평안도만이 아니라 경기도 강화, 황해도 곡산, 함경도 혜산진, 단천, 고원 등 경기와 황해도로 확대되어, 이들 지역에서도 역시 거납운동이 일어났다. 또 충청, 강원, 전라도 지방에서도 역시 시

---

213 김대길, 1990, 「1910년 평안도 순천지방의 시장세 반대운동」, 『사학연구』 42, 한국사학회, 175~176쪽.
214 김태웅, 2012, 위의 책, 402쪽.
215 김대길, 1992, 「1910년 평안도지방의 시장세 반대운동」, 『중앙사론』 7, 중앙사학연구소, 102~104쪽.

장세 거납운동이 일어나고 있었다.[216] 이에 통감부 당국은 시장세 징수 방법을 약간 변경하여, 재무서원은 감독만 하고 징세는 시장관리인이 하도록 하면서, 시장 안팎에서 헌병과 경찰이 엄중히 경계하도록 하였다. 또 관찰사가 상인들이나 면장, 동장들을 모아놓고 시장세의 성질과 지방비의 용도에 대해 설명을 하기도 했다.[217] 시장세에 대한 저항은 일제의 회유와 강압에 의해 일단 가라앉았다. 그러나 시장 상인들의 저항은 1919년 3·1운동 때에 각 시장(장시)에서 일어난 시위에 상인들이 적극적으로 참여하는 것으로 이어졌다.

---

216 김대길, 1990, 앞의 글, 109~110쪽; 김태웅, 2012, 앞의 책, 398쪽.
217 김대길, 1990, 위의 글, 111쪽.

제2장
1910년대 조선총독부의 지방제도 개편

1. 조선총독부지방관관제의 반포

1) 1910년 조선총독부지방관관제의 반포

일제는 1910년 한국을 병합한 지 한 달 뒤인 9월 30일에 칙령 357호로 「조선총독부지방관관제」를 반포하였다. 이에 따르면 우선 조선에 경기도, 충청북도, 충청남도, 전라북도, 전라남도, 경상북도, 경상남도, 황해도, 평안남도, 평안북도, 강원도, 함경남도, 함경북도를 둔다고 되어 있다. 그리고 각 도에는 장관(칙임), 참여관(칙임 또는 주임), 사무관(주임), 통역관(주임), 기사(주임), 서기(판임관), 기수(판임관), 통역생(판임관)을 둔다고 하였다.[1]

도장관은 총독의 지휘하에 법령을 집행하고, 관내의 행정사무를 관리하고, 소속 관리를 지휘 감독한다고 하였다. 도장관은 도 행정의 집행에 관하여 관내의 경찰관을 사용할 수 있다고 했으며, 경찰부장으로 하여금 필요한 명령을 발하게 할 수 있다고 하였다. 또 도장관은 도의 행정사무에 관하여 직권 또는 위임의 범위 내에서 '도령(道令)'을 발할 수 있도록 했다. 또 도장관은 부윤 또는 군수의 명령 또는 처분이 규제에 어긋나 공익을 해치거나 권한을 벗어난다고 인정될 때는 그 명령 또는 처분을 취소하거나 정지시킬 수 있다고 하였다. 또 도장관은 안녕질서를 유지하기 위하여 병력을 필요로 할 때는 이를 조선총독에 문서로써 요청해야 한다. 다만 비상급변(非常急變)의 경우에는 곧바로 해당 지방 주재 군대의 사령

---

1 칙령 357호 「조선총독부지방관관제」, 『조선총독부관보』, 1910.9.30, 125쪽.

관에게 출병을 요구할 수 있다고 하였다. 도장관 사고 시에는 내무부장인 사무관이 그 직무를 대리할 수 있게 했다. 한편 참여관은 도장관의 자문에 응하거나 또는 임시 명을 받아 사무에 임하도록 했다. 그리고 각 도에는 장관관방, 내무부 및 재무부를 두도록 했으며, 각 부의 부장은 사무관으로 임명한다고 했다.[2]

다음으로 각 도에는 부(府)와 군(郡)을 두도록 했다. 각 부·군에는 부윤 또는 군수(주임관), 서기(판임관), 통역생(판임관)을 두도록 했다. 단 부에는 주임관에 해당하는 사무관과 통역관을 둘 수 있게 했다. 부윤 또는 군수는 도장관의 지휘 감독을 받아 법령을 집행하고 관내의 행정사무를 장리(掌理)하고, 부하 관리를 지휘 감독하도록 했다. 또 각 도나 부·군에는 참사를 둘 수 있도록 했다. 참사는 도·부·군 관내에 거주하는 학식과 명망이 있는 자로서, 조선총독의 인가를 받아 도장관이 이를 임명하도록 했다. 참사는 명예직으로서 도장관 또는 부윤, 군수의 자문에 응하도록 하였다.[3] 일종의 자문기구로서 참사를 둔 것이다.

지방관관제 가운데 가장 주목되는 부분은 '면(面)'에 대한 규정 부분이다. 우선 각 부·군에는 '면'을 둔다고 했다. 그리고 면에는 면장을 두며, 면장은 판임관 대우로 한다고 했다. 면장은 부윤 또는 군수의 지휘 감독을 받아 면내의 행정사무를 보조 집행한다고 했다. 이로써 '면'은 처음으로 공식적인 행정구역이 되었으며, 면장은 처음으로 관공리의 대열에 포함되어 판임관 대우를 받게 되었다.[4] 이 규정으로 면과 면장은 일정한 법

---

2 칙령 357호 「조선총독부지방관관제」, 『조선총독부관보』, 1910.9.30, 125~126쪽.
3 위의 글, 1910.9.30, 126쪽.
4 위의 글, 1910.9.30, 126쪽.

적 지위를 얻게 되었다. 면은 이제 국세의 징수 업무, 호적의 작성 업무 등 지방행정의 가장 핵심적인 업무를 담당하는 공식적인 기구가 되었다. 반면에 그러한 핵심적인 업무를 담당해왔던 기존의 군(郡)은 이로부터 배제되기 시작했다. 그리고 조선의 면은 일본의 정촌(町村)과 유사한 역할을 맡게 되었다.[5] 그러나 일본의 정촌이 법인으로서의 지방단체였음에 반해, 조선의 면은 아직 지방행정구역에 머무르고 있었다.[6]

한편 총독부는 1910년 10월 1일 조선총독부령 제8호로 「면에 관한 규정」을 반포했다. 이에 따르면, 면의 명칭과 구역은 종전의 예에 의한다고 하였고, 면의 명칭과 구역의 변경은 조선총독의 인가를 받아 도장관이 이를 정하도록 하였다. 기존에 면 대신 사(社), 방(坊), 부(部)라 불리던 지역도 모두 면에 해당하는 것으로 간주하였다. 면장은 도장관이 임면하도록 하였으며, 면장의 수당 및 사무집행에 소요되는 비용은 면에서 자체 부담하도록 하였다. 면의 경비를 조달하는 방법은 도장관의 인가를 얻어 부윤 혹은 군수가 정하도록 하였다.[7]

그렇다면 면 경비는 어떤 방법으로 조달할 수 있었을까. 이에 관한 규정은 1913년 3월 6일자로 나온 조선총독부령 제16호 「면경비부담방법」에서 비로소 구체적으로 규정되었다. 이에 따르면, 우선 면경비(面經費)는 면의 재산으로부터 발생한 수입, 면교부금, 기타 면에 속한 수입으로 이에

---

5 『매일신보』 1911년 11월 8일자 「국세징수령」이라는 기사를 보면, 1911년 11월 17일 발포된 총독부의 '국제징수령'은 일본의 '국세징수법'에 준하는 것으로, '內地'의 '市町村'이 조선에서 '面'에 해당하며, '내지'에서 市町村長이 조선에서 面長에 해당한다고 설명하고 있다.

6 姜再鎬, 2001, 『植民地朝鮮の地方制度』, 東京大學出版會, 126쪽.

7 조선총독부령 제8호 「면에 관한 규정」, 『조선총독부관보』, 1910.10.1.

충당하고, 부족할 때는 면부과금을 부과 징수할 수 있다고 하였다. 면부과금으로 부과할 수 있는 것은 호별할(戶別割)과 지세부가금(地稅附加金)이었다. 호별할은 1호당 30전(錢) 이내에서 부과할 수 있고, 지세부가금은 지세 1원(圓)에 대해 평안남북도와 함경남북도에서는 80전 이내, 기타 도에서는 50전 이내를 부과할 수 있도록 했다. 여기서 호별할은 면내에 거주하고 독립생계를 유지하는 자에 대해 부과하며, 호별할의 부과기일, 징수기일은 국세인 호세에 준하도록 하였다. 또 호별할은 소득 또는 자산을 표준으로 하고 등급을 두어 부과하도록 하되, 특별한 경우에는 부윤, 군수이 허가를 얻어 균일하게 부과할 수 있도록 했다. 지세부가금은 면내에서 지세를 납부하는 자에 대해 본세와 동시에 부과 징수하도록 하되, 단 특별한 사정이 있을 때는 부윤, 군수의 허가를 받아 별도로 부과, 징수기일을 정할 수 있게 했다. 그리고 면주인(面主人), 면하인(面下人)의 수당, 급료에 충당하기 위해 필요한 때에는 부윤 또는 군수의 인가를 받아 호별할과 지세부가금 외에 현물을 부과할 수 있도록 했다(금전 대납도 가능).[8] 한편 총독부는 1914년 3월 16일 총독부령으로 지세부가금을 대폭 낮추어 본세 1원(圓)에 평안남북도, 강원도, 함경남북도에서는 40전 이내, 기타 도에서는 20전 이내로 제한하였다.[9]

이같이 '면'은 재산을 소유할 수도 있고, 면 경비를 면부과금 등으로 자체 조달할 수도 있게 되어 있었지만, 면은 아직 법인은 아니었다. 따라서 면은 자체적으로 사업을 한다든가 하는 일은 불가능했다. 뒤에 보듯이 총독부는 이와 같은 불편을 해소하기 위해 면을 법인으로 만들기로 하고

---

8 조선총독부령 제16호 「면경비부담방법」, 『조선총독부관보』, 1913.3.6.
9 조선총독부령 제20호 「면경비부담방법중개정」, 『조선총독부관보』, 1914.3.16.

1917년 '면제' 제정 시에 이를 추진했으나, 본국 정부 관료들의 반대로 관철하지 못했다.

2) 도장관·부윤·군수·면장의 임명

그러면 도장관, 부윤, 군수, 면장에는 누가 임명되었을까. 우선 도장관에는 충북에 동경부 사무관 스즈키 다카시(鈴木隆), 평남에 시마네현 지사를 지낸 마쓰나가 다케키치(松永武吉), 경기에 오카야마현 지사를 지낸 히가키 나오스케(檜垣直右), 경남에 도토리현과 사가현 지사를 지낸 가가와 데루(香川輝), 함북에 미야자키현 사무관 다케이 도모사다(武井友貞), 전남에 통감부 대구이사청 이사관을 지낸 노세 다쓰고로(能勢辰五郎), 평북에 대구재무감독국장이던 가와카미 쓰네로(川上常郎), 경북에 평남관찰사로 있던 이진호(李軫鎬), 황해에 중추원 부찬의를 지낸 조희문(趙羲聞), 전북에 전북관찰사로 있던 이두황(李斗璜), 충남에 경북관찰사로 있던 박중양(朴重陽), 강원에 강원관찰사로 있던 이규완(李圭完), 함남에 전남관찰사로 있던 신응희(申應熙) 등 일본인 7명, 조선인 6명이 임명되었다.[10]

도 참여관으로는 경북에 최정덕(崔廷德), 경남에 신석린(申錫麟), 경기에 유혁로(柳赫魯), 평남에 장헌식(張憲植), 황해에 김창한(金彰漢), 평북에 윤갑병(尹甲柄), 전남에 원응상(元應常), 전북에 김윤정(金潤晶), 충북에 유성준(兪星濬), 충남에 정난교(鄭蘭敎) 등 모두 조선인이 임명되었다.[11] 그러

---

10 「각 도장관 신임」, 『매일신보』, 1910.10.5; 「敍任及發令」, 『조선총독부관보』, 1910.10.1. 호외 3호. 각 인물의 약력에 대해서는 『재조선내지인 신사명감』, 『조선신사대동보』, 『조선인사홍신록』, 『조선공로자명감』 등을 참조했음.

11 「敍任及發令」, 『조선총독부관보』, 1910.10.1. 호외 3호.

나 각 도에서 내무부장과 재무부장을 맡는 사무관 2명은 모두 일본인으로 임용되었다.[12]

한편 1910년 10월 1일 70개 군의 군수 임명도 있었는데, 모두 조선인들이었다.[13] 군수는 특별한 사정이 없는 한 조선인으로 임명한다는 것이 총독부의 방침이었던 것으로 보인다. 부윤의 경우는 어떠했을까. 부로는 경성부, 인천부, 군산부, 목포부, 대구부, 부산부, 마산부, 평양부, 진남포부, 의주부, 원산부, 청진부 등 12개 부가 있었는데, 부윤은 모두 일본인이었다. 또 경성부에는 부윤 아래 사무관, 통역관, 서기가 있었는데, 사무관과 통역관 각 1명은 일본인, 그리고 서기 23명 가운데 일본인은 11명, 조선인은 12명이었다. 부산부의 경우, 사무관 1명과 서기 5명이 일본인, 서기 5명이 조선인이었다. 규모가 작은 군산부의 경우, 서기 7명 가운데 4명이 일본인, 3명이 조선인이었다. 이같이 부의 경우에는 이에 속한 직원의 약 반수가 일본인이었다.[14]

군의 경우에는 군수 휘하에 서기들이 있었다. 경기도 개성군의 경우, 7명의 서기 가운데 3명이 일본인, 4명이 조선인이었다. 충남 공주군의 경우, 9명의 서기 가운데 4명이 일본인, 5명이 조선인이었다. 평남 순안군의 경우, 5명의 서기 가운데 2명이 일본인, 3명이 조선인이었다. 이와 같이 군의 서기 가운데 약 반 가까이가 일본인으로 채워졌다.[15] 1910년 9월 15일 『매일신보』의 보도에 따르면, "신관제는 지방행정 쇄신을 급선무로 하여, 도(道)에는 전연 일본인으로 조직하여 종래 면목을 일신하기로 하고, 그 하

12   『조선총독부직원록』 1910년도판.(국사편찬위원회의 한국사데이터베이스 참조)
13   「敍任及發令」, 『조선총독부관보』, 1910.10.7.
14   『조선총독부직원록』 1910년도판.(국사편찬위원회의 한국사데이터베이스 참조)
15   『조선총독부직원록』 1910년도판.(국사편찬위원회의 한국사데이터베이스 참조)

급기관 되는 군에 대해서는 조선인 군수를 두고 그 보조원 되는 주사는 유경험한 일본인으로 등용하고, 도에는 약간의 참여관을 임용하고, 군에는 각 지방에서 명망 있는 인사를 참사로 임용"할 예정이라 보도하였는데,[16] 그대로 실행이 된 것이다. 다만 '군주사'는 '군서기'로 명칭이 바뀌었다. 총독부가 들어선 뒤 『매일신보』는 사설에서 지방행정의 통일과 조화, 그리고 정무의 민첩함을 도모하기 위하여 기왕에 4백 명이 채 안 되던 지방의 일본인 관리를 2천 5백 명으로 증가시켰다고 언급하고 있다.[17] 이와 같이 조선총독부는 도, 부, 군에 일본인 관리를 절반 정도 배치하여 지방행정을 확실하게 장악하고자 했다. 그리고 이들 일본인 관리들이 조선 사정을 숙지할 수 있도록 각 도·부·군 서기 강습회를 자주 열어, 조선의 지방제도와 지방행정, 조선어, 산업, 위생, 회계 등에 대한 교육을 실시했다.[18]

1910년대 초 조선총독부의 지방행정 가운데 가장 어려운 과제는 '면장'의 임명 문제였다. 면장의 임명권은 도장관에게 있었지만, 실제로는 군수가 추천하여 도장관이 추천하는 것이었고, 따라서 사실상 면장의 임명권은 군수가 장악하고 있었다고 해도 과언이 아니었다.[19] 이때 군수는 정실에 의해 면장을 추천하는 경우가 많았고, 이에 따라 1910년대에는 특히 자질이 미흡한 면장들이 세금 징수 시에 가봉(加捧), 횡령 등으로 문제를 일으키는 경우가 많았다.[20] 당시 『매일신보』는 사설에서 기왕에 면에

---

16 「신관제와 지방행정」, 『매일신보』, 1910.9.15.
17 「(사설) 지방행정쇄신」, 『매일신보』, 1910.10.13.
18 「신군서기 강습회」, 『매일신보』, 1911.8.25; 「서기 강습회 일정」, 『매일신보』 1911.8.27.
19 안용식, 2009, 「일제하의 면읍행정체제 개편과 면읍장의 사회적 배경 연구」, 『현대사회와 행정』 19-3, 한국국정관리학회, 135쪽.
20 「면장의 작폐」, 『매일신보』, 1910.9.25.

집강이나 존위가 있어 면의 행정을 담당하였으나, 지금은 대우가 소홀하여 면내에 재산과 명망이 있는 자는 이를 맡기를 꺼려, 패류(悖類)나 잡배(雜輩)들이 뇌물과 청탁으로 이 자리를 맡은 뒤에 지방관리의 주구가 되어 인민의 고혈을 빨아들이는 매개가 되었다고 지적했다. 따라서 앞으로는 면장의 자리를 이러한 패류나 잡배들에게 맡기지 말고 공평·정직하고 명망이 있는 인사에게 맡겨야 한다고 주장했다.[21]

당시 조선총독부는 면장 임용의 자격으로 '명망과 자산, 학식과 재능이 있는 자로서, 공직을 성실히 수행하여 행정을 개선할 만한 자'로 방향을 잡고 있었다.[22] 그러나 면장 선임 시에 재산가 명망이 있는 자, 학식과 재산이 있는 자들은 이를 고사하고, 잡배와 패류들이 서로 맡으려 분경(奔競)을 하는 양상은 크게 달라지지 않았다.[23] 이에 각 군청에서는 각 면에 면내 인사 가운데 가장 재산이 많고, 품행이 방정한 자를 선정하여 군에 보고하면, 각 군청에서는 도청에 보고하여 임명케 하겠다고 통지를 보냈다.[24] 그러나 1910년대 초반에는 상황이 크게 달라지지 않았다. 1911년 7월 『매일신보』는 면장들 가운데 여전히 지세를 거두면서 몇십 전 혹은 몇 원씩을 마음대로 추가로 거두는 사례들이 있다면서 이러한 면장은 없느니만 못하다고 비판하였다.[25]

결국 총독부는 1911년 9월 문제가 있는 면장을 징치하기 위해 조선총독부령으로 「면장징계규정」을 만들어 공포하였다. 10개 조로 이루어진

---

21 「(사설) 면장의 직책」, 『매일신보』, 1910.10.15.
22 「面長可堪人詮議」, 『매일신보』, 1910.11.26.
23 「(사설) 면장의 책임」, 『매일신보』, 1910.12.9.
24 「面長敍任의 방법」, 『매일신보』, 1911.1.15.
25 「(사설) 면장의 책임」, 『매일신보』, 1911.7.5.

이 규정을 보면, 면장이 직무상의 의무를 위배할 때 또는 위신을 잃은 행위가 있을 때는 이를 징계한다고 하였으며, 징계에는 면직과 견책이 있다고 하였다. 면직의 처분을 받은 자는 그 직을 잃은 날로부터 2년간 관직에 나아갈 수 없도록 했다. 면직은 징계위원회의 결의에 의하여 도장관이 이를 행하며, 견책은 도장관이 이를 바로 행할 수 있도록 했다. 징계위원회는 위원장 1인(도장관), 위원 2~4인(도 직원)으로 구성하도록 했다.[26]

그런데 면장의 임면 문제는 비리의 문제에만 그치지 않았다. 또 하나의 문제는 무지한 면장이 많다는 것이었다. 즉 공문에 쓰인 일본어를 이해하지 못하고, 공문으로 전달되는 법령도 이해하지 못하는 면장들이 많았던 것이다. 당시 『매일신보』는 '무식한 면장'이 많다면서, 열 명의 면장이 모이면 글자를 아는 면장은 한두 명에 불과하다고 하였다. 이러한 무식한 면장은 공문이나 법령을 전혀 이해하지 못한다면서, 면장을 뽑을 때는 우선 글자를 아는 이를 선택해야 한다고 하였다.[27] 여기서 글자는 일본어를 가리키는 것으로 보인다.

1916년 당시 경기도의 면장 경력을 조사한 〈표 2-1〉을 보면, 당시 면장 246명 가운데 무경력자가 105명으로 가장 많고, 면장 경력자는 15명, 면서기 경력자는 6명밖에 되지 않았음을 알 수 있다. 경력자 가운데 가장 많은 수를 차지한 것은 구한국판임관으로 대한제국 시기 다른 관직 경력을 가진 자들이었다. 또 사립학교 교사가 24명으로 다음으로 많았다. 1910년대 들어 면장의 교체가 꾸준히 진행된 것으로 보이며, 이 과정에서 기존의 관직 경력과 일본어 해독 능력이 중시되었던 것으로 보인다. 그러나 〈표 2-2〉를

---

26 「면장징계규정」, 『매일신보』, 1911.9.29.
27 「面長자격의 必擇」, 『매일신보』, 1912.3.8.

보면, 신식교육을 받았을 것으로 보이는 이는 246명 가운데 45명으로 18.3%밖에 되지 않았다. 그럼에도 나머지 약 80%의 면장이 면장으로 임용될 수 있었던 것은 비록 구식 교육을 받았지만, 〈표 2-1〉에 나오는 대한제국기의 관리 시절에 비록 초보적인 수준이나마 일본어로 된 공문의 해독 능력을 갖추었기 때문이 아닐까 추정된다.

한편 면사무소에는 면장 외에도 공전영수원, 면서기 등이 있었다. 이들 가운데에도 행정에 어둡고, 일본어를 못하는 이들이 많았다. 〈표 2-3〉을 보면, 조선 전체의 면서기 5,209명 가운데 서당에서 공부한 학력밖에 없는 이들이 76.2%를 차지했다. 나머지 23.8%가 신교육을 받은 이들이었다. 물론 서당 가운데에는 개량서당이 있어 이곳에서 일본어를 배운 이들도 있었을 것이고, 이들이 면서기로 임용될 수 있었던 것이 아닐까 추정된다. 한편 각 군에서는 면장, 공전영수원, 면서기 등을 소집하여 사무강습회를 자주 실시하여 이들의 실무능력을 키우는 데 주력했다.[28]

〈표 2-1〉 경기도 면장 경력 조사표 (1916.11) (단위: 명, %)

경력	구한국 고등관	군참사	구한국 육군무관	구한국 판임관	관청 고원	향교 직원	사립학교 교사	면장	면서기	순사보	경력 없음	계
인원	12	4	14	51	12	1	24	15	6	2	105	246
백분비	12.6	1.6	5.7	20.7	4.9	0.4	9.8	6.1	2.4	0.8	42.7	100

출전: 홍순권, 1997, 「일제초기 면운영과 '조선면제'의 성립」, 『역사와현실』 23, 한국역사연구회, 148쪽. (원자료는 「경기도면장경력조사」 (국가기록원 CJA0002542 「조선 면제 제정의 건」 중)

---

28 「개성군의 강습회」, 『매일신보』, 1913.2.20; 「평양군의 면서기 강습」, 『매일신보』, 1913.3.23.

〈표 2-2〉 경기도 면장 학력 조사표 (1916.11) (단위: 명, %)

학력	소과전사	무과급제	구한국 무관학교졸	구한국 관립사범 학교졸	구한국 법률전문 학교졸	사립 학교졸	서당 사숙	가정에서 수학	계
인원	12	6	12	1	3	29	114	69	246
백분비	4.9	2.4	4.9	0.4	1.2	11.8	46.3	28.0	100

출전: 홍순권, 1997, 「일제초기 면운영과 '조선면제'의 성립」, 『역사와현실』 23, 한국역사연구회, 149쪽. [원자료는 「경기도면장경력조사」 국가기록원 CJA0002542 「조선 면제 제정의 건」 중]

〈표 2-3〉 조선인 면서기 학력 조사표 (1916년경, 조선 전체)(단위: 명, %)

학력	보통 학교	실업 학교	고등보통 학교	사립 학교	한성 외국어학교	경성 무관학교	통신원우 무학교	서당 기타	일본내 학교	계
인원	335	53	9	824	3	2	2	3,970	11	5,209
백분비	6.4	1.0	0.2	15.8	0.06	0.04	0.04	76.2	0.2	100

출전: 「鮮人書記경력조사」 (국가기록원 CJA0002542 「조선 면제 제정의 건」 중)

2. 지방행정조사위원회와 지방제도 개정의 준비

1) 지방행정조사위원회의 설치와 지방제도 개편안

일제는 1910년 병합 이전부터 한국의 지방제도를 대폭 개정한다는 구상을 갖고 있었다. 이를 위해 1909년 11월 지방행정조사위원회를 설치하기로 하고,[29] 위원장에 총무장관, 위원에 탁지부·내부·학부·농부의 4차관을, 간사에 통감부 서기관 2명을 임명했다.[30] 이때 차관들은 모두 일본인 관리들이었다.

이 위원회는 여러 차례에 걸친 회의를 열고, 이사청 뿐만 아니라, 관찰도·군수·헌병·경관 등의 지방제도를 근본적으로 개편하기 위해 조사를 수행했다.[31] 그러나 이 가운데 가장 중요한 것은 이사청과 관찰도의 통합 문제였다. 통감부 측은 이미 오래전부터 지방정무기관이 이사청과 관찰도로 나뉘어 행정상, 경제상 불편함이 심하고, 관찰도는 한국정부의 관할이라 통감의 지시가 직접 미치지 못하는 점이 있어 이를 통합하고자 하는 뜻을 갖고 있었다.[32]

지방행정조사위원회는 관찰도와 이사청을 통합하기로 하고, 그 방법은 관찰도를 폐지하고 이사청에 통합시키는 방법을 취하기로 했다.[33] 이

---

29 「지방행정조사회」, 『황성신문』, 1909.11.18.
30 한지헌, 2016, 「1906~1910 통감부 이사청 연구」 (숙명여대 사학과 박사논문), 248쪽.
31 한지헌, 2016, 위의 글, 248~249쪽.
32 「소네통감의 정책」, 『황성신문』, 1910.1.16.
33 한지헌, 2016, 위의 글, 250쪽.

러한 논의 내용은 일본의 『동경일일신문』과 한국의 『황성신문』, 『대한매일신보』에 보도되었다. 이에 따르면, "근일 각 지방에 일본인이 잡거치 아닌 곳이 없은 즉 이를 통치키 위하여 이사청을 설치할 터인데, 그 권한이 관찰사와 충돌할 염려가 있고, 경제상 행정상에 불편함이 많은 즉, 관찰도를 폐지하야 이사청에 합병하자 함인데 우선 경성, 인천, 부산, 대구 등지와 같은 대도회로부터 실시하리라는 설이 낭자하다더라"하는 것이었다.[34]

이러한 설이 퍼지자 한국인들은 당연히 반발하였다. 『대한매일신보』는 논설을 통하여, 관찰도를 폐지하려 하는 이유에 대해, 각 지방에 일본인들이 점점 퍼져서 이를 관리하기 위해 이사청을 더 늘리게 된다면 이사청과 관찰도 사이에 의견 충돌이 있을 수 있고, 일본인들에게 불리한 일이 있을 수 있다고 우려하기 때문인 것으로 보인다고 분석하였다. 이 신문은 현재 "소위 관찰도 관리가 있기는 있으나 실상인 즉 일본인이 마음대로 휘두르고 한국 관리는 명령대로 따라 할 뿐"이라면서, 그러나 "(관찰도는 여전히) 대한제국의 정청이며, 대한의 나라 된 이후의 지방정청이라 할지면, 대한 신민을 통치하는 행정관청"이라고 못박았다. 그러면서 "일본인 식민은 아무리 많아도 몇십만 명에 지나지 않고, 한국 인민은 이천만이니 인민의 다소로 볼지라도 관찰사를 폐지함이 불가"하다고 비판하였다. 그런데도 만일 관찰도가 폐지된다면 한국 인민은 장차 일본 이사청의 지배를 받게 될 것이라면서 비판하였다.[35]

통감 소네 아라스케(曾禰荒助)는 1910년 1월 이사청과 관찰도의 합병안을 들고 본국으로 건너갔다. 당시 일본 정부의 수상 가쓰라 다로(桂太

---

34 「道廳合併問題」, 『대한매일신보』, 1909.12.28.
35 「관찰도를 폐지한다는 말」, 『대한매일신보』, 1909.12.29.

郎)는 점진적 병합론자였고, 소네 아라스케도 대체로 같은 입장이었다. 따라서 두 사람은 이사청 및 도관찰부를 합병하여 하나의 행정기관으로 이사청을 두고 일본인 이사관에게 수장을 맡긴다는 데 합의했다.36 이는 한국 쪽에도 알려져 『대한매일신보』는 "지방행정 통일은 협약 등 형식을 요구하지 않고 통감의 권력으로 단행한다 하며, 또 통일한 후에 조직은 이사관으로 하여금 한국 지방장관을 겸임케" 할 것이라고 보도했다.37 그런데 그 직후 소네 통감은 일본에서 지병으로 인해 중태에 빠졌다. 그리고 일본 정부 내에서는 한국 병합을 둘러싼 논의가 본격적으로 시작되었다. 1909년 10월 26일 발생한 안중근 의거와 12월 4일 일진회의 '합방' 청원 이후 일본 정부 내에서도 '병합 강경론'이 힘을 얻기 시작한 것이다. 강경론이 힘을 얻어가자 온건론자 내지는 점진론자였던 가쓰라 수상도 점차 강경론으로 기울어갔다. 그리고 마침내 5월 30일 점진론자였던 소네 아라스케 대신 강경론자인 육군대신 데라우치 마사타케(寺內正毅)가 신임 통감으로 임명되었다. 데라우치는 부임 이후 급진적으로 병합을 추진하였고, 이에 따라 지방제도에도 대개혁을 단행하고자 하였다. 1910년 6월 『황성신문』은 정부의 현 제도에 대개혁이 있을 것 같다면서, 지방제도에 대해서도 대변개가 있을 것이 확실하며, "관찰사와 이사관을 모두 폐지하고, 칙임 이상의 일본인으로 지방장관을 임명하여 종래의 행정의 개혁하리라는 모 통신이 있다"고 보도하였다.38 그리고 이와 같은 보도는 사실이었다.

---

36 한지헌, 2016, 앞의 글, 252쪽.
37 「통일행정」, 『대한매일신보』, 1910.1.21.
38 「지방제도 개혁설」, 『황성신문』, 1910.6.16.

통감부에서는 7월 13일에 이사청 이사관이 갖고 있던 경찰과 관련된 직무를 각 도의 경무부장(경성에서는 경무총장)에 인계하도록 지시하였다.[39] 그리고 1910년 9월 30일 「조선총독부지방관관제」를 발포하면서, 지방에 도, 부, 군, 면을 둔다고만 함으로써 이사청의 폐지를 확정지었다.[40] 그리고 10월 1일자로 총독부 훈령으로 전 이사청 소관 사무를 각기 소관 관서에 인계하도록 지시함으로써, 이사청의 폐지를 재차 확인하고 이사청의 소관 사무 인계에 대해 구체적으로 지시하였다. 이 훈령에서는 이사청의 소관 사무를 도, 부, 경무총감부, 경무부, 경찰서, 세관 등지에 나누어 이관하도록 했다.[41] 또 10월 1일자 총독부 부령에서는 '부(府)'를 경성, 인천, 군산, 목포, 대구, 부산, 마산, 평양, 진남포, 의주, 원산, 청진에 둔다고 하였는데, 이곳들은 모두 이전에 이사청이 있던 곳이었다.[42] 이전에 이사청이 있던 곳에서 부가 되지 않은 곳은 성진(성진군이 됨)뿐이었다. 그리고 이들 부의 부윤에는 모두 일본인 이사관이나 고등관 경력을 가진 이들이 임명되었다. 또 기존의 이사청에서 근무한 다른 이사관이나 부이사관들도 모두 도청이나 부의 주요 관직에 임명되었다.[43]

---

[39] 통감부령 제38호 「警察에 관한 규정 중 이사관에 속한 직무는 통감부 경무부장이 이를 행함」, 『통감부공보』 호외, 1910.7.13.

[40] 칙령 357호 「조선총독부지방관관제」, 『조선총독부관보』, 1910.9.30.

[41] 조선총독부훈령 제22호 「元理事庁 所管 事務는 좌의 수속에 의하여 각기의 소관 관서와 인계를 수수해야 함」, 『조선총독부관보』, 1910.10.1.

[42] 조선총독부령 제7호 「지방관관제 제17호에 의하여 부 및 군의 명칭 및 관할구역은 좌와 같이 정함」, 『조선총독부관보』, 1910.10.1.

[43] 한지헌, 2016, 앞의 글, 261~278쪽.

2) 총독부 내무부의 「지방제도 개정에 관한 의견」

조선총독부가 설치된 이후 처음 임명된 내무부 장관은 우사미 가쓰오(宇佐美勝夫)였다. 그는 1910년 5월 데라우치가 통감으로, 야마가타 이사부로(山縣伊三郎)가 부통감으로 임명되자 그들을 따라 조선에 부임하여 통감부 참여관(지방부장), 내부차관 등을 역임하고, 총독부가 들어서자 내무부 장관이 되었다.[44] 그의 휘하에서 지방행정을 맡은 지방국 국장은 오하라 신조(小原新三)였으며, 그는 1914년까지 지방국 국장으로 있었다. 1911년 지방국에는 사와다 도요타케(澤田豐丈)라는 서기관이 부임해왔고, 1912년에는 오쓰카 쓰네사부로(大塚常三郎)라는 서기관이 들어와, 두 사람이 각각 제1과와 제2과의 과장을 맡았다. 1910년대 지방제도의 개정에서는 이 두 사람이 실무를 담당했다.[45]

1910년 10월 총독부가 설치된 이후 총독부 내무부에서는 바로 지방제도 개정에 관한 구상을 시작한 것으로 보인다. 그 결과 1911년 말에 『조선지방제도 개정에 관한 의견』이라는 작은 책자를 만들었다.[46] 45쪽의 이 책자에서는 지방비령, 부제, 면제, 학교조합령 등 지방제도의 개정에 관한 내무부의 의견과 그 근거를 정리하고 있다. 이 책자는 총독부가 1912년부터 추진할 부제와 면제를 위해 내부적으로 토론을 거쳐 만든 것으로 보인다.

---

44 姜再鎬, 2001, 앞의 책, 129쪽.
45 조선총독부, 『조선총독부직원록』 각년판 참조.
46 이 책자는 현재 국립중앙도서관에 남아 있는데, 이 책자의 맨 앞에 쓰인 바에 따르면 이 책자는 내무부 지방국장인 오하라 신조(小原新三)가 경상북도 내무부장에게 1912년 1월에 비밀리에 보낸 것이었다. 오하라는 이 책자에 실린 의견은 미정(未定)된 것이지만 참고하시라고 보내드리는 것이니 반드시 비밀로 해달라고 당부하고 있다.

이 책자에서는 맨 앞에서 병합 이후 약 1년의 시간이 흘러 중앙의 제도는 대략 본궤도에 올랐으므로 이제는 지방제도를 개정해야 할 때가 되었다고 말하고 있다. 조선 지방제도 개정에는 두 가지 요점이 있는데, 하나는 지방행정구획에 관한 것이고, 다른 하나는 지방단체의 조직 및 기능에 관한 것이라고 지적하고 있다. 그리고 이 책자에서는 후자에 대해서만 논하고자 한다고 언급하였다. 이에 조만간 개폐와 정리가 필요한 것으로는 거류민단, 일본인회, 지방비, 부 제도, 면 제도 등이 있다고 정리하였다.[47]

총독부가 생각하는 지방제도 개정의 방향을 요약하면 다음과 같은 것이었다. 지방비, 부, 면은 법인으로 인정하고, 일본인 교육을 위한 학교조합도 법인으로 인정하며, 거류민회와 일본인회는 폐지한다. 군의 경우는 직접 경영할 만한 하등의 사업이 없기 때문에, 일종의 단체 내지는 행정구획으로서만 인정한다. 부와 면에서는 일본인 교육에 관한 사무를 제외하고 원칙으로는 일선인을 통틀어 공동으로 이를 처리하게 한다. 거류민단의 사무는 교육에 관한 사무 외에는 부에서 이를 계승하고, 학교조합 및 일본인회의 사무 또한 교육에 관한 사무 외에는 면에서 이를 계승한다. 일본인 교육은 학교조합의 경영에 이를 맡긴다.[48]

그리고 지방제도에 자치주의를 도입하는 문제에 대해서는 조선인에게 자치권을 허용하는 것은 아직 그 시기가 아니라고 못박고, 따라서 조선인을 포용하는 단체에서는 모두 의결권을 인정하지 않는다고 하였다. 다만 비교적 다수의 일본인을 포용하는 단체에서는 자문기관을 설치하

---

47 내무부, 1911, 『조선지방제도 개정에 관한 의견』(일본문), 1~2쪽
48 내무부, 1911, 위의 책, 2~4쪽.

고, 오로지 일본인으로만 이루어지는 단체(학교조합)에 대해서만 의결기관을 설치하게 한다는 것이었다.[49]

지방비, 부, 면 등을 법인으로 인정하려 하는 것은 이를 통해 이들 단체가 기본재산과 적립금을 저축하게 하여 재산능력을 갖게 하기 위한 것이라고 설명하였다. 이처럼 이들 단체에 경제력을 부여하려 하는 것은 지방 공동의 이익과 발달을 위해 다소의 사업을 경영하게 하기 위한 것이라고 설명하였다. 즉 지방단체의 재정적 자립을 돕기 위해 법인화가 필요하다는 것이었다.[50]

지방비는 도별로 이를 설치하고 이를 법인으로 한다는 것이었다. 현재는 지방비가 법인으로 인정받지 못하고 있는데, 그 결과 이것이 국고의 일부로 간주되고, 따라서 그 예산은 해마다 제국의회의 승인을 받아야만 하는 번거로움이 있다고 지적하였다. 따라서 현재 실제로는 법인의 역할을 하고 있는 도 지방비를 분명하게 법인화하는 것이 좋다는 것이 총독부의 의견이었다. 다만 지방비는 그 액수가 적기 때문에 굳이 의결기관이나 자문기관을 두지 않고, 필요한 경우에는 도 참사의 자문을 구하면 된다고 설명하였다.[51]

부제(府制)와 관련된 「부제강령」 부분을 자세히 살펴보자. 우선 부는 법인으로 하고, 그 구역은 국가의 행정구획인 부의 구역으로 하되, 현재의 거류민단 구역과 이에 이어지는 구역으로 한다고 하였다. 부의 집행기관은 국가의 관리인 부윤(府尹)으로 하고, 부의 관리로 하여금 그 사무를 보

---

49 내무부, 1911, 앞의 책, 5쪽.
50 내무부, 1911, 위의 책, 5~6쪽.
51 내무부, 1911, 위의 책, 9~10쪽.

조하게 한다고 하였다. 부에는 참여(參與)를 두어 부의 자문기관으로 삼는다고 하였다. 부 참여는 부 주민 중에 식견이 있는 자를 선택하여 총독의 허가를 얻어 도 장관이 이를 임명하도록 한다고 하였다. 참여의 수는 총독이 정하도록 한다고 했다. 부가 처리하는 사무는 교육사무를 제외한 일반 공공사무로 제한했다.[52]

부세(府稅)는 국세 및 지방세에 대한 부가세로 하고, 필요한 경우에는 특별세를 부가할 수 있다고 하였다. 부는 법인으로서 기본재산 및 적립금곡(積立金穀)을 마련할 수 있게 하였다. 또 부는 필요한 경우 기채를 할 수 있게 하였다. 또 거류민단의 재산이나 부채 가운데 교육에 관한 것은 학교조합에, 그 밖의 것은 부(府)에 인계하도록 했다. 또 각국거류지회의 사무 및 그 권리·의무는 부에서 인계하도록 했다. 그리고 부는 최하급의 지방단체로 하고, 이에 따라 부내의 면은 이를 폐지하도록 했다.[53] 1911년 4월 경성부는 세금 징수의 편의를 위해 경성부 내의 방(坊)을 폐지하고 대신 5부(部)와 8면(面)을 두었는데,[54] 이들 면을 다시 폐지하겠다는 뜻으로 보인다.

이어서 나오는 면제(面制)와 관련된 「면제강령」 부분을 자세히 살펴보자. 우선 면을 2등급으로 나누어 1급 면과 2급 면을 두도록 했다. 그것은 대전·공주·전주·광주·진주·개성·해주 등과 같이 아직 부제를 실시할 만한 단계에 이르지는 못했지만, 인구가 비교적 많고 일본인이 많이 거주하는 지역의 경우에는 1급 면제를 실시해야 한다는 것이었다. 1급 면과

---

52 내무부, 1911, 앞의 책, 11~12쪽.
53 내무부, 1911, 위의 책, 12~13쪽.
54 「경성부 행정구역 坊을 폐하고 部와 面을 新置」, 『매일신보』, 1911.4.5. 5부 8면 아래에 661개 동리가 있었다. 조선총독부, 1912.1. 『지방행정구역명칭일람』, 1쪽.

2급 면을 정하는 것은 총독에게 맡기기로 했다. 면은 법인으로 하고, 1급 면은 교육에 관한 사무 외에 공공사무를 처리할 수 있게 하고, 2급 면은 가벼운 사무에 한해 이를 처리할 수 있게 한다는 것이었다. 2급 면의 경우 자력(資力:사업을 할 수 있는 경제적 능력)이 부족한 경우가 많지만, 장래에 적당한 방법으로 기본재산을 조성하게 하여 그 기초를 공고히 할 필요가 있으므로, 역시 법인으로 인정해야 한다고 보았다. 면의 집행기관은 면장으로 하고(관선), 1급 면에는 부면장(관선)을 둘 수 있게 하여, 일본인이 면장을 맡는 경우에 조선인으로 부면장을 맡게 함으로써 일선인 상호간의 유화를 돕도록 할 필요가 있다고 하였다. 또 1급 면에는 자문역할을 할 면참여(관선)을 두도록 하되, 2급 면에는 두지 않도록 했다. 면규칙의 경우, 1급 면에서는 도장관의 허가를 얻어 면장이 이를 정하고, 2급 면에서는 도장관의 허가를 얻어 군수가 이를 정하도록 했다. 이렇게 차이를 두는 것은 1급 면과 2급 면 면장 사이에 능력의 차이가 있을 것으로 추정되기 때문이라 하였다.[55]

면은 면세(面稅)를 징수할 수 있게 하고, 면세는 결수할(結數割), 호별할(戶別割) 또는 가옥할(家屋割)로 하고, 또 필요한 경우에는 인가를 얻어 특별세(特別稅)를 부과할 수 있게 하였다. 1급 면에는 기채(起債) 능력을 인정하고, 2급 면에는 인정하지 않도록 했다. 동리유(洞里有) 재산은 모두 면유(面有) 재산으로 옮기도록 했다. 동리를 재산의 주체로 남겨두면, 동리 할거의 우려가 있고, 면의 공동발달과 행정통일에 장애가 될 우려가 있기 때문이라고 하였다. 면은 면조합을 설치할 수 있도록 했다.[56]

---

[55] 내무부, 1911, 앞의 책, 14~15쪽.
[56] 내무부, 1911, 위의 책, 15~18쪽.

끝으로 학교조합과 관련된 「학교조합강령」이라는 부분에 대해 살펴보자. 우선 학교조합은 일본인의 교육에 관한 사무를 처리하는 것을 그 목적으로 하며, 따라서 조합원은 일본인만으로 구성하고, 조합원이 거주하는 구역을 그 영역으로 한다고 하였다. 이미 군(郡)에서 학교조합으로 존재하는 것은 조합원의 협의에 따라 조합규약을 만들고, 과반수의 동의를 얻어 조선총독의 허가를 받도록 하였다. 또 부(府)에서 학교조합으로 존재하는 것은 부윤이 조합규약을 만들어 조선총독의 허가를 받도록 하였다.[57]

학교조합의 의사기관은 조합회로 하고, 조합회의 조직에 관한 사항은 조합규약으로 정하도록 하였다. 학교조합의 집행기관은 '관리자'이고, 군에서의 조합 관리자는 도장관이 이를 임명하며(임기는 3년), 부에서의 조합 관리자는 부윤이 이를 맡는 것으로 했다. 조합의 재원은 재산수입, 사용료, 기타 잡수입, 조합비로 하고, 부에서의 학교조합비의 징수는 일정한 수수료를 교부하여 부에 위탁하도록 했다. 조합은 기본재산과 적립금을 마련할 수 있고, 기부와 보조를 받을 수 있으며, 조합채를 기채할 수 있다고 하였다. 학교조합의 감독은 군의 조합의 경우에는 제1차로 군수, 제2차로 도장관, 제3차로 조선총독이 행하고, 부의 조합의 경우에는 제1차로 도장관, 제2차로 조선총독이 이를 행하도록 하였다.[58]

---

57   내무부, 1911, 앞의 책, 29쪽.
58   내무부, 1911, 위의 책, 29쪽.

3. 1913~1914년 부·군·면의 폐합

1) 부·군 폐합

우사미 내무부장관은 1912년 이후 한편으로는 부제와 면제 제정 등 지방제도 개정을 위한 준비를 시작했고, 다른 한편에서는 부·군·면의 폐합의 준비를 시작했다. 부·군·면의 행정구역 정비는 이미 갑오개혁 이후부터 계속 하나의 과제로 남아 있었다. 당시 각 부·군·면은 인구·면적 등에서 편차가 너무 컸다. 특히 군의 경우 문제가 많았다. 그것은 조선시대에 부·목·군·현 등으로 차등이 있던 지역들을 1894년 갑오개혁 때에 모두 군으로 통일했기 때문에 빚어진 일이었다. 따라서 언젠가는 군의 행정구역을 재조정해야만 했다. 앞서 제1장에서 본 것처럼 1906년 이토 히로부미 통감은 부·군의 통폐합을 통해 행정구역을 정비하고자 했지만, 여론의 반대가 심하여 이를 추진하지 못하고 보류하였다. 1910년 설치된 조선총독부의 관료들은 이토가 하지 못했던 지방행정구역의 정비를 우선적으로 실시해야 할 사업이라고 생각했다.

조선총독부 내무부는 부·군·면 폐합 작업을 진행하기로 하고, 우선은 부·군의 폐합을 진행하고 이어서 면의 폐합을 진행하기로 하였다.[59]

내무부는 이미 1911년경 지일(地一 : 지방국 제일과) 255호 공문으로 각 도 장관에게 부·군 폐합과 총독부 측의 시안을 보내면서 이에 대한 의견

---

59 1911, 1912년경에도 면이나 동·리의 폐합이나 구역변경을 도장관 권한이었기 때문에 부분적으로 진행되었던 것으로 보인다. 「洞里廢合과 告示」, 『매일신보』, 1912.5.28.

과 군별 면적, 호구수, 지세액 등을 조사하여 보내주도록 요청한 것으로 보인다. 평안남도의 경우, 1912년 1월 12일자로 내무부장관에게 보낸 공문에서 부군의 폐합과 관련하여, 평안남도에서는 군의 면적이 좁은 남부지방과 달리 북부지방은 군의 면적이 오히려 넓은 편이라면서 총독부에서 보낸 안처럼 상원군과 강동군 2개 군을 합병하면 면수와 인구수가 너무 많아 심히 불편할 것이라 하였고, 안주군과 숙천군 2개 군을 합병하는 경우도 마찬가지라고 지적하였다. 또 총독부가 제시한 평양부의 일부를 영유군에 합병하는 안, 용강군의 절반을 진남포 및 강서군에 부속시키는 안도 적절치 못하다고 반대하였다. 이처럼 평안남도는 총독부에서 몇 개 군을 폐합하고, 경계를 변경하자는 안을 제시한 것에 대해 대체로 반대의견을 보였다. 평안남도는 이 보고서 뒷부분에 당시 각 군의 면적, 호수, 인구, 경지면적, 세액 등을 표로 만들어 첨부했다.[60]

내무부는 1912년 이후 각 도에서 올라온 안들을 수합하여 자체적으로 새로운 안을 만들었다. 내무부는 1913년 5월 30일 내무부 통첩 114호로 「부군폐합에 관한 건」이라는 이름의 정무총감 명의의 공문을 각 도 장관에게 내려보냈다. 그 내용은 이미 각 도의 의견을 내무부에서 수합하였지만, 새로 내려보내는 기준에 맞게 다시 조사하여 폐합안을 만들어 7월 31일까지 보내줄 것을 요청하는 것이었다. 이 공문에서 제시된 군 폐합의 기준은 다음과 같은 것이었다.

  1. 一郡의 크기는 면적 약 40방리[61] 또는 호수 약 1만 호를 표준으로

---

60 「부군의 폐합에 관한 건」(평안남도장관→내무부장관, 1912.1.12) (국가기록원 CJA0002550)
61 方里는 일본의 면적 단위로서 1方里는 사방 1里를 말한다. 일본의 1里는 조선의 10里

하고, 현재 위 표준 이하의 면적 또는 호수를 가진 것은 폐합하고, 그 이상을 가지는 것은 현재 그대로 둔다. 단 40방리 미만의 것이지만, 지세 또는 인접군과의 관계상 병합하기 어려운 것은 현재 그대로 둔다. 또 40방리 이상이지만 호구가 근소하거나 혹은 인접군과의 관계상 병합이 필요한 것은 이를 병합할 것.

2. 폐합을 행함에 있어서는 지세, 교통 등의 관계를 참작하고, 또 一郡의 전 구역과 타 군의 전 구역을 병합하기 어려운 경우 외에는 一郡을 세분하여 여러 개 군에 병합하지 말 것.
3. 府에 있어서는 부제 시행 예정지(거류민단 소재지 및 청진에서는 시가 지세 시행예정지와 같은 구역으로 한다)를 제외한 나머지 구역을 정리할 것.
4. 군 경계가 불분명한 것, 착잡한 것 및 기타 정리가 필요한 것은 상당한 조치를 취할 것.
5. 도서(島嶼)에 있어서는 교통의 편부(便否)에 따라 정리할 것.
6. 군의 폐합을 행함에 있어서는 따로 통첩하는 면의 폐합도 예상하여 이를 조치할 것.
7. 군의 폐합을 함에 있어서는 고래의 구관 습속(舊慣 習俗)의 선미(善美)한 것은 힘써 이를 보존하고, 폐합 후 군민의 화협(和協)을 결여하거나 시정 상 장애를 가져오지 않도록 주의할 것.[62]

에 해당하며, 방리는 미터법으로 환산하면 15.423km²에 해당한다(손정목, 1992, 『한국지방제도·자치사연구』상, 일지사, 152쪽, 각주 112 참조).
62 內秘 제114호 「부군폐합에 관한 건」(정무총감→각 도장관, 1913.5.30) (국가기록원 CJA0002547)

이어서 내무부는 5월 31일 내무부장관의 명의로 각 도 장관에 공문을 보냈다. 여기에서는 7월 말까지 보내줄 공문에 조사서와 지도 도면을 첨부해줄 것을 요청했다. 조사서에는 1) 폐합의 이유, 2) 표준에 적합하지 않으면서도 존치하는 경우의 이유, 3) 신구 부군별 면적 및 호구수, 4) 폐합 후의 군의 명칭 및 그 이유, 5) 폐합 후의 군청 소재지 선정의 이유 및 본 선정지로부터 군경계까지의 가장 먼 거리 등을 포함할 것을 요구했다. 또 지도 도면에는 각 도의 지도 위에 폐합 전후의 부군 구역 및 군청의 위치 및 산천, 주된 도로, 항만 등의 관계를 상세히 표시할 것을 요구했다.[63]

내무부는 또 6월 2일에 각 도 장관에게 공문으로 내무부 측의 새로운 폐합예정안을 보냈다.[64] 〈표 2-4〉는 폐합 전의 각 도의 군 숫자와 각 도에서 제출한 안의 군 숫자, 그리고 총독부 내무부에서 만든 안의 군 숫자를 시간순으로 정리한 것이다.

〈표 2-4〉 각 도와 총독부 측의 군 폐합안

도명	경기	충북	충남	전북	전남	경북	경남	강원	황해	평남	평북	함남	함북	계
기존 군의 숫자	36	18	37	27	28	40	27	25	19	17	20	13	10	317
각 도제출안 (1912)	23	13	22	20	27	?	22	25	19	17	21	미제출	미제출	
총독부안 (1913.6)	20	9	14	15	22	22	19	23	17	17	19	13	10	220

---

63 府令 제111호「부군폐합에 관한 건」(내무부장관→각 도장관, 1913.5.31) (국가기록원 CJA0002547)

64 「부군폐합에 관한 건」(내무부장관→각 도장관, 1913.6.2) (국가기록원 CJA0002546, CJA0002548 등)

도명	경기	충북	충남	전북	전남	경북	경남	강원	황해	평남	평북	함남	함북	계
기존 군과 총독부안의 비교	-16	-9	-23	-12	-6	-18	-8	-2	-2	0	-1	0	0	-
각 도 제출 수정안 (1913.8)	21	?	14	13	22	22	13	?	17	?	18	13	?	
각 도와의 협의 이후 총독부의 최종안 (1913.12)	20	10	14	14	22	23	19	21	17	14	19	16	11	220
기존 군과 최종안의 비교	-16	-8	-23	-13	-6	-17	-8	-4	-2	-3	-1	+3	+1	-97

출전: 1912년과 1913년 정무총감, 내무부장관, 각 도장관 간에 주고받은 다수의 공문(국가기록원 관리번호 CJA0002545, CJA0002546, CJA0002547, CJA0002548, CJA0002549, CJA0002550)
  * ?표는 공문에서 확인되지 않는 경우.

〈표 2-4〉에서 보면, 각 도장관은 1912년 군 숫자가 30개가 넘은 경기도, 충남의 경우는 대폭 줄여서 안을 만들어 보냈지만, 다른 도의 경우에는 약간 줄여서 보내는 정도로 안을 만들어 보냈다. 그러나 총독부 내무부 측은 그보다 더 많이 줄여서 안을 만들었다(1913.6). 특히 경기, 충청, 전라, 경상지역의 군의 숫자를 대폭 줄인 안을 만들었다. 가장 많이 줄인 곳은 충남으로 23개 군을 줄였고, 경북도 18개 군을 줄였다. 반면에 군 숫자가 적었던 평안과 함경 지역은 거의 줄이지 않았다. 그리하여 기존의 317개 군 가운데 97개 군을 줄여 220개 군이 되는 안을 만든 것이다. 그리고 각 도의 수정안을 받아 다시 약간의 절충을 거쳐 12월에 최종적으로 220개 군으로 확정하였다.

<표 2-5> 전라북도 군폐합의 3가지 안

		존치와 폐합 군의 안	계	합계
①내무부안 (1913.6.2)	존치	전주군, 임실군, 순창군, 장수군, 무주군, 부안군	6	15
	폐합	군산+임피, 함열+용안+여산+익산, 김제+만경, 금구+태인, 고부+정읍+흥덕, 고창+무장, 진산+금산+고산, 남원+운봉. 용담+진안	9	
②전라북도안 (1913.8.16)	존치	무주군, 장수군	2	15
	폐합	임옥군(군산+임피), 옥야군(함열+용안+여산+익산), 전주군(전주+고산), 벽산군(김제-만경+금구일부), 송양군(고창+무장), 금산군(금산+진산), 고성군(고부+정읍+흥덕), 태산군(금구+태인), 옥안군(용담+진안), 남원군(남원+운봉), 부안군(부안+고부일부), 임실군(임실+남원일부), 순창군(순창+임실일부)	13	
③최종결정안 (1913.12)	존치	순창군, 무주군, 장수군	3	14
	폐합	옥구군(군산일부+충남오천군일부+전남지도군일부+임피군), 익산군(익산군+용안군+함열군+여산군), 전주군(전주군+고산군), 김제군(김제군+만경군+금구군), 고창군(고창군+무장군+흥덕군), 정읍군(태인군+고부군+정읍군), 금산군(금산군+진산군), 진안군(진안군+용담군), 남원군(남원군+운봉군), 부안군(부안군+고부군일부), 임실군(임실군+남원군일부)	11	

출전: ①내무부안: 「부군폐합에 관한 건」(내무부장관→전라북도장관, 1913.6.2)(국가기록원 CJA0002546), ②전라북도안: 「부군폐합에 관한 건」(전라북도장관→정무총감, 1913.8.16) (국가기록원 CJA0002546). ③최종결정안: 越智唯七, 1917, 『新舊對照朝鮮全道府郡面里洞名稱一覽』 참조.

<표 2-5>를 보면 전라북도의 경우, 1913년 6월의 총독부 내무부 측의 통폐합안과 8월의 전라북도에서 올린 안에 상당한 차이가 있었음을 알 수 있다. 총독부 내무부안을 보면, 군산-임피, 함열-용안-여산-익산, 김제-만경, 금구-태인, 고부-정읍-흥덕, 고창-무장, 진산-금산-고산, 남원-운봉, 진안-용담 등을 통합하고 나머지를 독립 존치할 것을 제안했다.[65] 이에

---

65 「부군폐합에 관한 건」(내무부장관→전라북도장관, 1913.6.2) (국가기록원 CJA0002546)

대해 전라북도장관이 올린 안을 보면, 군산-임피-함열일부를 합해 임옥군(臨沃郡)으로, 함열-용안-익산-여산-임피일부를 합해 옥야군(沃野郡)으로, 전주-고산을 합해 전주군으로, 김제-만경-금구일부를 합해 벽산군(碧山郡)으로, 고창-무장을 합해 송양군(松陽郡)으로, 금산-진산을 합해 금산군으로, 고부-정읍-흥덕을 합해 고성군(古城郡)으로, 금구-태인을 합해 태산군으로, 용담-진안을 합해 옥안군(玉安郡)으로, 남원-운봉을 합해 남원군으로, 부안-고부일부를 합해 부안군으로, 임실-남원일부를 합해 임실군으로, 순창-임실일부를 합해 순창군으로 하고, 무주와 장수는 존치하는 등 모두 15개 군으로 개편할 것을 제안했다.[66]

이에 대해 총독부 내무부는 9월 16일 전라북도 측의 안을 수정한 안을 공문으로 보냈다. 이를 보면, 김제-만경-금구를 합하여 벽산군으로 하고, 태인-고부-정읍을 합하여 고성군으로 하고, 흥덕-고창-무장을 합하여 무성군으로 한다는 것이었다.[67] 이렇게 하면 1개군이 더 줄어 모두 14개 군이 되는 안이었다. 그리고 19일에 다시 보낸 공문에서는 새로운 군의 명칭에 대해 옥안군은 진안군으로, 고성군은 정읍군으로, 무성군을 고창군으로, 벽산군을 김제군으로, 옥야군을 익산군으로, 임옥군을 옥구군으로 고치도록 지시하였다. 즉 군청 소재지의 군명을 그대로 사용하도록 지시한 것이다. 이는 다른 도에서도 마찬가지였다. 그리고 전주에서 교통이 불편한 금산, 진안, 무주 중 금산과 진산은 충청남도로, 무주는 충청북도로 이속시키는 안을 전라북도 측에 제안하였다.[68]

---

66 「부군폐합에 관한 건」(전라북도장관→정무총감, 1913.8.16) (국가기록원 CJA0002546)
67 「부군폐합에 관한 건」(내무부장관→전라북도장관, 1913.9.16) (국가기록원 CJA0002546)
68 「부군폐합에 관한 건」(내무부장관→전라북도장관, 1913.9.19) (국가기록원 CJA0002546)

이에 대해 10월 1일 전라북도장관은 내무부장관에 보낸 공문에서, 몇 개의 군을 병합하여 새로운 군을 만들면서 기존의 군 중의 하나의 이름을 그대로 쓰는 것은 다른 군의 악감정을 불러일으킬 우려가 있다면서, 새 군민 간의 융화를 위하여 재고해 줄 것을 요청하였다. 또 금산, 무주, 진안과 전주의 교통은 차차 좋아질 것으로 예상되고, 전주로부터의 거리와 청주나 대전으로부터의 거리는 크게 차이가 나지 않는다면서 이들 3군의 이속에 반대하였다.[69] 총독부는 통합명칭을 사용하는 것에 대해서는 받아들이지 않았지만, 금산, 무주, 진안을 전북에 그대로 두자는 주장은 받아들였다.

이후에도 내무부와 전라북도 사이에는 몇 차례의 공문이 더 오고 갔다. 이때는 새 군청을 어느 곳에 둘 것인가가 주로 논의되었다. 그리고 12월에 들어서면서 최종적으로 1부 14군안이 만들어지게 되었다. 즉 군산부, 옥구군(군산부 일부+임피군), 익산군(익산군+용안군+함열군+여산군), 전주군(전주군+고산군), 김제군(김제군+만경군+금구군), 고창군(고창군+무장군+흥덕군), 정읍군(정읍군+태인군+고부군), 금산군(금산군+진산군), 진안군(진안군+용담군), 남원군(남원군+운봉군), 부안군(부안군+고부군 일부), 임실군(임실군+남원군 일부), 순창군(순창군), 무주군(무주군), 장수군(장수군)의 안이었다(괄호안은 이전 군의 명칭).[70] 이는 8월 이후 전라북도 측과 내무부 측의 안을 절충한 것이었다. 이를 통해 보면 1913년의 부군폐합은 총독부 측이나 각 도의 안이 일방적으로 관철된 것이 아니라, 상호 절충을 통해 이루어진 것이었다고 볼 수 있다.

---

69 「부군폐합에 관한 건」(전라북도장관→내무부장관앞, 1913.10.25) (국가기록원 CJA0002546)
70 越智唯七, 1917, 『新舊對照 朝鮮全道 府郡面里洞 名稱一覽』, 京城, 中央市場 참조.

〈표 2-6〉 경기도 군 폐합의 3가지 안 비교

		군의 존치와 폐합안	계	합계
① 내무부안 (1913.6.2)	존치	양주군, 가평군, 광주군, 양평군, 남양군, 수원군, 장단군	7	20
	폐합	경성부일부+고양군, 인천부일부+부평군, 과천군+시흥군+안산군, 포천군+영평군, 양지군+용인군, 이천군+여주군+음죽군, 죽산군+안성군+양성군+진위군, 양천군+김포군+통진군, 강화군+교동군, 교하군+파주군, 풍덕군+개성군, 적성군+마전군, 연천군+삭녕군,	13	
② 경기도안 (1913.8.6)	존치	여주군, 양평군, 양주군, 가평군, 장단군	5	21
	폐합	광주군(광주군+양평군3면), 고양군(고양군+경성부일부+양주군1면), 부천군(부평군+인천부12면+남양군2면+강화군4도), 죽천군(이천군+음죽군), 진위군(진위군+수원군15면), 밍회군(김회군17면)0두+교동구), 용지군(용위구+양지군+죽산군4면), 안성군(안성군+양성군+죽산군11면), 경남군(시흥군+과천군+안산군6면), 김진군(김포군+통진군+양천군), 수원군(수원군25면+남양군18면+광주군2면+안산군3면), 파교군(파주군+교하군), 개성군(개성군+풍덕군), 영천군(영평군+포천군), 연녕군(연천군+삭녕군), 마적군(마전군+적성군+양주군1면).	16	
③ 최종 결정안 (1913.12)	존치	여주군, 양평군, 양주군, 가평군, 장단군	5	20
	폐합	광주군(광주군+양평군1면), 고양군(고양군+경성부일부+양주군1면), 부천군(부평군+인천부12면+남양군2면+강화군4도), 시흥군(시흥군+과천군+안산군6면), 수원군(수원군25면+남양군18면+광주군2면+안산군3면), 진위군(진위군+수원군15면+충남평택8면), 안성군(안성군+양성군+죽산군11면), 용인군(용인군+양지군+죽산군4면), 이천군(이천군+음죽군), 김포군(김포군+통진군+양천군), 강화군(강화군17면9도+교동군), 파주군(파주군+교하군), 개성군(개성군+풍덕군), 포천군(영평군+포천군), 연천군(연천군+삭녕군+적성군+마전군+양주군1면)	15	

출전: ① 내무부안 : 「부군폐합에 관한 건」(내무부장관→경기도장관, 1913.6.2) (국가기록원 CJA0002545),
② 경기도안 : 「부군폐합에 관한 건」(경기도장관→정무총감, 1913.8.6) (국가기록원 CJA0002545),
③ 최종결정안: 越智唯七, 1917, 『新舊對照 朝鮮全道 府郡面里洞 名稱一覽』 참조.

경기도의 사례를 하나 더 보자. 〈표 2-6〉에서 보는 것처럼, 경기도의 경우에는 6월에 총독부 내무부 측에서 36개 군 가운데 16개를 폐합하여

20개를 만들자고 제안했는데, 8월에 경기도 측에서는 15개를 폐지하고 21개를 만들자고 제안했다. 경기도의 안은 총독부의 안보다 지세나 교통을 감안하여 안을 만들었기 때문에, 일부 면의 경우에 군을 옮기는 경우가 많았다. 때문에 원래대로 존치하는 군의 숫자는 줄어들고, 다른 군의 일부 면을 받아들여 통합하는 군들이 많아졌다. 이후 도와 내무부 사이에 여러 차례 공문이 오고 간 뒤에 충남의 평택군의 일부를 진위군이 받아들여 통합하기로 결정되었고, 또 연천군, 삭녕군 외에도 적성군과 마전군을 통합하여 연천군을 만들기로 결정되었다. 그리하여 폐합 이후의 군의 숫자는 20개로 줄어들었다. 경기도 측에서는 통합되는 2개 군의 한 글자씩을 따서 새로운 군명을 만들자고 제안하였지만, 총독부 측은 이를 거부하였다. 다만 부천군의 경우에는 이를 허용하였다.

앞서 〈표 2-4〉에서 최종안을 보면, 폐합 조치 이후 전국의 군은 220개가 되어 폐합 이전의 317개에서 97개가 줄어든 셈이 되었다. 가장 많이 줄어든 곳은 충남, 경북, 경기로서 각각 23개, 17개, 16개의 군이 줄어들었다. 반면 황해도와 평안남북도는 거의 줄어들지 않았고, 함경남북도는 오히려 1~3개가 늘었다.

그러면 군폐합은 과연 1913년 5월 총독부에서 제시한 기준에 맞추어 이루어졌을까. 당시 총독부의 기준은 군의 크기를 면적 약 40방리, 호수 약 1만호였다. 물론 지세나 교통 관계상 병합이 어려운 것은 그대로 두도록 했다. 경상남도 각 군의 병합 결과를 정리한 연구에 따르면, 병합 이후 경남에서 면적이 가장 큰 군은 합천군으로 64.6방리였고, 가장 작은 군은 사천군으로 28.2방리였다.[71] 그리고 19개 군의 평균 면적은 39.8방리

---

71 김연지, 2007, 「1914년 경상남도 지방행정구역의 개편과 성격」, 『역사와 세계』 31,

었다. 이는 표준으로 제시한 40방리에 거의 근접한 것이었다. 이는 병합 이전 각 군의 평균 면적이 28.0방리였던 것에 비해 훨씬 넓어진 것이었다. 호수의 경우를 보면, 폐합 이후의 각 군 평균 호수는 16,193호였으며, 이는 폐합 이전의 평균 호수 11,395호에 비해 크게 늘어난 것이었으며, 기준인 1만호를 훨씬 상회하는 것이었다.

2) 부·군 폐합에 대한 일부 지방민의 반발

조선총독부는 부·군 폐합이 대강 마무리되어 가자, 각 도장관을 통해 민심의 동향을 조사하도록 하였다. 각 도장관은 모두 민심에 특별한 동요가 없다고 보고했고, 이에 안심한 총독부는 1913년 12월 29일에 총독부령 111호로 「도의 위치, 관할구역 및 부군의 명칭, 위치, 관할구역」을 『조선총독부관보』(호외)에 발표했다. 이에 따르면, 부·군 폐합의 결과, 기존의 317개 군 가운데 97개 군이 줄어들어서 모두 220개 군이 되었다. 시행일자는 1914년 3월 1일이었다.

과연 민심에는 특별한 동요가 없었을까. 12월 29일 발표 전까지는 일부 지역을 제외하고는 특별한 동요는 없었다. 그러나 이는 군 폐합 과정이 비밀리에 진행되어 주민들이 거의 알지 못했기 때문이었다. 총독부는 처음부터 폐합의 대상이 되는 군에서 민의 반발이 일어날 것을 우려하여 이를 최대한 비밀리에 진행하고자 했다. 이에 따라 총독부 기관지인 『매일신보』는 1913년 5월부터 12월 초까지 이 사안에 대해 일절 보도하지 않았다. 이 신문이 이를 처음 보도한 것은 1913년 12월 11일이었다.

71~72쪽 〈표 8〉 참조.

총독부에서는 지방군수 행정구역의 균형 유지상 그 정리의 필요를 느껴 이래 당국자 간에 협의와 숙고를 거듭 거치고, 조사를 누차 행하여 현재 317군을 220군으로 폐합하기를 결정한 후 본월 4, 5일경 총독부로부터 각 도에 그 준비에 대한 훈령을 발하였고, 총독부에서 그 폐합에 필요한 지도(地圖)의 개정에 다소간 시일을 요함에 아직 발포치 못하였으나, 해 도면도 며칠을 지나지 않아 전부 완성될 터인 고로 기어코 금년 내에는 발포될 터인데 그 일자는 24, 5일경이라 하며, 내지인으로 군수 임명된다는 설은 허무하다더라.[72]

일부 지방민들이 이러한 폐합 작업이 진행되고 있다는 것을 알게 된 것은 이 보도보다 앞선 11월경이었던 것으로 보인다. 아마도 각 군의 군수나 군서기 등을 통해 소식이 흘러나갔을 것이다. 이에 따라 폐합의 대상이 된 여러 군에서 반발이 일어났다. 12월 29일 군폐합의 내용이 발표되면서 이에 대한 반발은 더 거세게 일어났다. 폐합 자체에 반대하는 곳도 있었고, 폐합의 대상이 된 군에서는 군청이라도 자기 군에 유치하기 위한 운동이 벌어졌다.

대표적으로 문제가 된 곳들을 사례로 들어 살펴보기로 하자. 논란이 가장 크게 일어난 곳은 경상남도 거제군이었다. 총독부 측은 1913년 6월 2일 경상남도에 보낸 내무부안에서 용남군과 고성군을 통합하고 군청은 현재의 용남군청을 사용하라고 하였다. 용남군청은 통영면에 있었다. 이에 대해 경상남도장관은 7월 17일 내무부장관 앞으로 공문에서 고성군과 용남군을 병합한다면 군청은 지세상 고성에 두지 않을 수 없다고 말하고, 그

---

72 「郡面廢合發表期, 內地人 郡守說의 虛無」, 『매일신보』, 1913.12.11.

렇게 되면 용남군 사람들이 불편하게 될 것이므로, 용남군 광이면만 고성군에 병합하고 나머지 용남군은 독립 존치시켜야 한다는 의견을 보였다. 이에 대해 내무부장관은 7월 29일 보낸 공문에서 용남군은 도저히 독립 존치시켜 두어야 할 가치가 없다면서, 총독부의 원래 안대로 고성군과 용남군을 병합하든가, 또는 거제군과 병합하도록 지시하였다. 이에 대해 경상남도장관은 8월 17일 내무부장관에게 보낸 공문에서 통영이 있는 용남군과 고성군을 병합하는 것은 여러모로 볼 때 불가하다면서 독립존치시킬 것을 주장하였다. 8월 19일 경상남도 장관은 내무부장관에 다시 보낸 공문에서, 거제군과 용남군을 병합하고 용남의 통영에 군청을 두는 안에 대해서도, 1) 거제와 통영 간에 1일 1회 배 왕복편이 있을 뿐이고, 거리도 가깝지 않아 거제 사람들이 매우 불편할 것이며, 2) 거제 사람들은 그동안 주로 마산과 거래를 해왔고, 통영과는 교섭이 별로 없었으며, 3) 거제의 장목면에서는 거제읍까지 육로로 6리, 다시 배편으로 통영까지 가야만 해서 매우 불편하다면서, 지세상 용남군과 거제군을 독립 존치시킬 수밖에 없다는 의견을 써서 보냈다. 10월 15일 경상남도장관은 내무부장관에게 보낸 공문에서도 용남군과 거제군의 병합은 곤란하다면서, 용남군이 면적이 협소하여 군이 병합을 해야 한다면 차라리 총독부안처럼 고성군과 병합하는 것이 낫고, 군청 소재지는 고성으로 해야 한다고 주장하였다.[73] 그러나 총독부 측도 쉽게 물러서지 않았다. 총독부 측은 12월 29일에 발표한 최종안에서, 용남군과 거제군을 병합하여 통영군을 만들고, 군청은 용남의 통영

---

73 「부군폐합에 관한 건」(내무부장관→경상남도장관, 1913.6.2); 「부군폐합에 관한 건」(경상남도→내무부장관, 1913.7.17); 「부군폐합에 관한 건」(내무부장관→경상남도장관, 1913.7.29); 「부군폐합에 관한 건」(경상남도→내무부장관, 1913.8.17. 1913.8.19. 1913.10.15). (국가기록원 CJA0002550)

에 둔다고 결정해 버렸다. 다만 용남군의 광이면, 광남면은 고성에 소속시킨다고 하였다.[74]

　12월 29일 최종 발표에 앞서 거제군이 용남군과 함께 통영군으로 통합되고, 군청이 통영에 소재하게 된다는 사실을 알게 된 거제군민들은 이에 반발하고 나섰다. 12월 25일 거제군 거제읍의 일본인 대표자들(학교조합 관계자들) 6명, 거제군 군 참사 2명, 각 면의 면장 9명은 연명으로 총독부 측에 청원서를 제출했다. 청원서에서 이들은 "거제군은 군으로서 오랜 역사를 가지고 있을 뿐만 아니라, 동서 6리, 남북 12리, 면적 50여 방리, 인구 6만 내외를 가짐으로써 소군(小郡)이라고 할 수 없습니다. 또 내지인의 재주자(在住者)도 본군 도처에 산재하고 6개의 학교조합이 있어, 조합 수로 말하면 본도 중 수위(首位)를 점합니다"라고 하여, 거제군을 독립 존치시킬 만한 군이라는 것을 강조하였다. 또 이들은 만일 고성, 용남, 거제를 2개의 군으로 줄이고자 한다면, 용남군을 폐하고 1900년 용남군 설치 이전처럼 본토는 고성군에, 섬들은 거제군으로 복귀시키면 될 것이라고 주장하였다. 만일 고성군은 존치하고, 용남과 거제를 통합하여 군청을 통영엔 둔다면, 거제의 끝으로부터 군청 소재지인 통영까지는 12, 13리의 거리가 되어 불편함이 말할 수 없을 것이라고 주장하였다. 따라서 이들은 고성, 용남, 거제의 3군을 모두 그대로 존치하거나, 용남군을 폐지하고 고성·거제군만을 두거나, 용남·거제군을 통합하되 군청을 거제읍 내에 두어야 한다고 주장했다. 이들은 "통영은 양호한 어항을 가지고, 상공업도 발달하고, 덧붙여 지방법원 지청, 경찰서 등의 제 관서도 있어, 군청의 유

74　조선총독부령 제111호 「도의 위치, 관할구역 및 부군의 명칭, 위치, 관할구역」, 『조선총독부관보』, 1913.12.29.

무에 의하여 지역의 번영에 영향을 주지 않는다. 그러나 거제군 읍내는 통영과 같이 상공업이 성한 곳이 아니라, 고래로 군청으로 직간접으로 먹고사는 땅이어서, 만일 군청을 이전하면 홀연 지역이 쇠미하게 될 것이며, 호구에 거미줄 치는 자도 속출할 것이 확실하다"면서, "군청의 유무는 곧 지역의 사활문제"라고 호소했다. 그러나 총독부 내무부는 이에 대해, 청원서의 내용은 "필경 거제에 군청을 두지 않을 때는 거제읍의 쇠퇴를 가져올 우려가 있다는 것에 지나지 않고, 교통 기타 행정상의 불편은 주된 원인이 아니다"면서, 더 이상 논의할 이유가 없다고 경상남도장관에게 통첩을 보냈다. 그러자 이번에는 거제군 읍내의 주민들 4백여 명이 연명으로 다시 총독부 측에 청원서를 내어 용남-거제군의 통합에 반대하였다. 이에 총독부 내무부 측은 역시 같은 태도로 이를 거부하였다.[75]

총독부 측이 거제군과 용남군을 통합하여 통영군으로 만들고, 통영에 군청을 두고자 한 것은 무엇 때문이었을까. 당시 용남군과 거제군에는 일본인 어민들이 상당수 이주해 있었다. 1920년의 통계를 보면, 통영쪽의 산양면 도남리에 64호, 거제군 쪽의 성포리에 54호, 장승포에 124호, 연구리에 54호가 이주해 있었다.[76] 이를 보면 거제군 쪽에 더 많은 일본인이 이주해 있었다. 그런데도 총독부 측은 굳이 통영쪽을 고집했다. 이는 아마도 통영 도남리의 오카야마촌(岡山村) 쪽이 더 발전 가능성이 크다고 보았거나, 오카야마촌 이주민들의 로비가 더 강력했기 때문이 아닐까 생각된다.

---

75 「부군폐합에 관한 청원의 건」(내무부장관→경상남도장관, 1914.1.10., 1914.1.12) (국가기록원 CJA0002550)
76 조선총독부편, 1924, 『朝鮮に於ける內地人』, 149쪽.

거제군 다음으로 논란이 된 곳은 황해도 배천이었다. 1913년 12월 황해도 배천군(白川郡)은 군 폐합에 의해 연안군과 병합되는 것으로 발표되었다. 이와 관련하여 황해도장관은 새로 만드는 군 이름을 연안군과 배천군의 이름에서 한 자씩 따서 연백군이라고 붙일 것을 총독부 내무부에 건의했다. 당시 황해도장관은 연안과 배천 지방은 합하여 '연백'이라 칭해온 오랜 역사가 있다면서 '연백군'으로 이름을 붙여달라고 한 것이다. 그러나 총독부는 군청 소재지의 이름으로 군 이름을 짓는다는 원칙을 내세워 이를 거부했다.[77] 당시 총독부 측은 폐합 후의 군 이름은 "군청 소재지의 군명을 답습하여 일반의 기억에 편하게 한다"는 방침을 갖고 있었다.[78] 그런 가운데 12월 들어 배천군민들은 배천군이 연안군에 병합되고, 군청은 연안군에 둔다는 것을 알게 되었다. 이에 배천군민들은 총독부에 직접 청원서를 내어 배천군을 독립된 군으로 존치시켜 줄 것을 요청하였다. 이에 대해 배천군수는 청원서를 낸 군민들에게 '존치 불가' 방침을 재차 확인하였다. 이에 배천의 일부 양반, 상인, 유지들이 다시 청원서를 제출하였다. 그리고 1913년 1월 10일 배천군민 약 3천 명이 군청 앞에 모여서 군의 존치를 진정하였다. 이 지역 양반들은 1월 10일 총독에게 낸 청원서에서 "배천군은 결수, 호구, 물자 교역도 조금도 다른 군에 못지않고, 지면(地面)의 광장(廣長)이나 인물의 번영에서도 인접군의 모범이 되어 왔습니다. 그런데 이제 갑자기 타군과 병합하면 천백사(千百事)가 모두 불편하게 되고, 더하여 읍내 7백여 호가 영락(零落)하고, 5천여 명의 읍민의 안전

---

77 「부군폐합에 관한 건」(황해도장관→정무총감) (1913.8.16);「부군폐합에 관한 건」(내무부장관→황해도장관, 1913.9.27);「부군폐합에 관한 명칭의 건」(황해도장관→내무부장관, 1913.10.7) (국가기록원 CJA0002550)

78 「지방행정개혁(1) 小原지방국장담」,『매일신보』, 1914.4.15.

한 생활을 할 수가 없게 됩니다"라고 하였다. 또 배천의 상인들도 따로 청원서를 냈는데, 이를 보면 "본군은 호수가 9천여 명이고, 읍호(邑戶)가 7백여 호이며, 결수(結數) 4천여 결이고, 남녀 인구 4만여 명으로서, 조선에서 중상(中上)의 읍입니다. 읍의 남쪽에 옥산포, 한격포라는 경인선로(京仁船路)가 문전에 있어, 1년에 벼, 콩, 잡곡의 선운(船運) 수가 수십만 석에 달하고, 어염포저(魚鹽布苧)·석유 등 이입도 막대합니다. 좌고(坐賈)·행상(行商)이 무수하여 비단 읍민의 매매를 편리하게 할 뿐 아니라, 재화의 집산지가 되어 창생으로서 자생하는 자가 수천 인에 달합니다. 그런데 폐군하게 되어 연안군에 병합된다고 하니, 이리 되면 결세 등 상납도 두절되고, 촌민도 희박하게 되고, 잡화, 음식점 등도 폐업하게 될 것이니, 번화하던 거리는 영락하게 될 것이며, 기백 명의 상민(商民)이 실업하게 될 것이고, 읍민(邑民)의 태반이 이산하게 될 것"이라고 말하였다.[79] 결국 배천군민들의 배천군 독립존치 운동은 실패로 끝났다. 다만 총독부는 배천군의 반발이 거센 것을 의식하여, 연안군과 배천군의 병합 군의 명칭을 연안군으로 하라고 지시했던 것에서 한 발 물러서서 '연백군'이라고 개칭하는 것을 허락하였다.[80]

강원도 금성군(金城郡)도 반발이 심한 곳이었다. 1913년 12월 27일 발표된 총독부의 부군폐합 결정안은 김화군(金化郡)과 금성군을 병합하고, 군청은 김화군에 둔다는 것이었다. 이에 대해 1914년 1월 2일 금성군의 각 면장, 이장들은 신년 하례를 위해 군청에 모였는데, 이 자리에서 이번

---

79 「군폐합에 대한 민심 경향에 관한 건」(황해도장관→내무부장관, 1913.12.15); 「백천군 존치 청원의 건」(내무부장관→황해도장관, 1914.1.16) (국가기록원 CJA0002550)
80 「황해통신 부군폐합과 본도」, 『매일신보』, 1914.1.8.

금성과 김화의 병합은 김화군민의 운동이 주효하여 이루어진 것이며, 이를 번복시키기 위해서는 반대운동을 하지 않으면 안 된다는 데 의견을 모았다. 이들은 면장직과 이장직의 총사직을 선언하고, 진정위원 16명을 뽑아 상경하여 이에 반대하는 운동을 전개하기로 하였다. 이 소식을 들은 관할 경찰서에서는 군청과 협의하여 이들을 제지하고, 이미 결정된 것이니 무익한 운동을 하지 말 것을 설득했다. 면장과 이장의 총사직건은 강원도 경무부장에 의해 총독과 정무총감, 본국정부의 내각서기관장과 내무차관, 총독부의 내무부장관과 지방국장에 보고 혹은 통보되었다.[81]

사태가 심상치 않게 전개되자, 도 참사 유근준(柳根駿)이 1월 6일 급히 금성군으로 달려가 상황을 파악했다. 유근준은 금성군의 여론이 점차 냉각되고 있다고 도장관에게 보고했다. 도장관은 유근준의 보고를 받고 정무총감에게 "폐합의 일이 이미 발령이 되어 어쩔 수 없고, 군청을 김화로 옮기는 것도 어쩔 수 없으나, 권업 및 교육상의 시설은 물론 금융조합, 문묘, 경찰서 기타 종래 금성군에 설치된 것은 여전히 존치해 주기를 바란다. 이렇게 된다면 금후 별일이 없이 평정으로 돌아갈 것이라고 믿는다"라는 내용의 유근준의 건의를 전달했다.[82]

그러나 유근준의 보고와 달리 상황은 바로 가라앉지 않았다. 1월 17일 금성군 인민대표를 자처한 20명은 총독부에 헌의서를 제출했다. 이들은 헌의서에서 금성군은 면적 67방리, 호수는 6,179호, 인구는 33,096인인데, 김화군은 면적 30방리이고, 호수는 4,000호, 인구는 21,000인으로, 면

---

81 警高機發 제1호, 강원도 경무부장 전보「군폐합에 대한 지방선인의 행동에 관한 건」(1914.1.1) (국가기록원 CJA0002548)

82 「금성군에 있어서의 부군폐합에 관한 상황 건」(강원도장관→ 정무총감, 1914.1.8) (국가기록원 CJA0002548)

적과 호수 및 인구에서 모두 금성군이 더 크다는 점을 강조하였다. 또 교통으로 볼 때도 금성군청부터 김화 끝 경계까지 8리이고, 김화군청에서 금성 끝 경계까지 15리 내지 13리라면서, 금성군청이 더 중심에 가깝다고 주장했다. 그들은 만일 김화군으로 군청소재지를 정한다면 그 위치가 군의 중심이 아니어서 행정상의 많은 불편이 있을 것이라 주장했다.[83]

또 1월 20일 경무총감은 총독, 정무총감, 내각서기관장, 내무차관, 내무부장관, 지방국장 등에 보낸 지방민심 보고문에서, 강원도 금성군에서는 경성으로 진정하러 갔던 이들이 아무 성과가 없이 돌아오자 어느 정도 평온을 되찾고 있지만, 각 면사무소는 여전히 폐쇄 상태에 있고, 일부 군민들은 관헌에 대해 폭행을 하려는 정황도 있어 상당히 경계 중이라고 보고하였다.[84] 이에 내무부장관은 1월 24일 강원도장관에게 금성군의 각 면사무소가 아직 폐쇄 중이고, 금성군 군민 중에는 관헌에 대해 폭행을 하려 할 정도로 분위기가 험악해지고 있다는 전문이 있는데, 이에 대해 자세히 보고하라고 지시하였다. 이에 대해 강원도장관은 2월 초에 군청 당국과 경찰이 노력한 결과 진정을 위해 상경한 자는 귀향하고, 각 면장과 면리원들은 종전대로 집무하고 있다고 보고했다. 다만 일반의 분위기는 아직 불온하고, 폐합을 실제로 실시하는 경우에는 각 면장은 연대 사직하고 김화군의 이름으로 나오는 명령은 일체 거절해야 한다는 유언(流言)을 퍼뜨리는 자들이 있다면서, 충분히 설유하고 단속을 하겠다고 보고하였다.[85]

---

83 「헌의서」 금성군 인민대표 엄대길, 엄태영, 고성환 등 20명, (1914.1.17) (국가기록원 CJA0002548)
84 警高機發 제140호 「행정구획 변경과 지방민심」 (1914.1.20) (국가기록원 CJA0002548)
85 「김화군청 위치에 관한 건」(내무부장관→강원도장관, 1914.1.24); 「김화군청 위치에 관한

그러나 그 이후에도 금성군민들의 청원은 계속되었다. 금성군의 최기혁 외 4명, 고우진 외 4명, 고덕환 외 3명은 각각 총독부 측에 청원서를 제출했다. 그 청원서 요약문을 보면, 폐합 이후 금성에 군청을 두게 되면 군청의 위치가 중심에 가까워서 양측 모두 편리하지만, 김화에 군청을 두게 되면, 군청 위치가 변방이 되어 금성 쪽은 너무 불편하다는 것이 주된 내용이었다. 그러나 이러한 청원서들은 모두 반려되고, 김화 쪽에 군청을 두는 것으로 결론이 났다.[86]

그 밖에 다른 지역에서도 반발의 움직임이 연이어 일어났다. 충남 지역에서는 강경, 아산, 보령, 태안에서 반발이 있었고, 경기에서는 남양, 안성, 진위에서 반발이 있었다.

충남 강경에서는 1월 초부터 강경을 논산에 통합하여 논산에 군청을 두는 것에 대해 반발하여, 대표를 뽑아 경성에 보내 진정서를 내도록 하였다. 그러나 아무런 성과가 없었고, 1월 18일 강경의 대정좌(大正座)에서는 이에 대한 진정위원들의 보고가 있었다. 이후에도 강경에서는 계속해서 총독부 내무부에 진정서를 냈다. 이러한 움직임에는 일본인들도 적극적으로 참여했다. 2월 중순 강경군청은 강경의 유력자들을 군청에 소집하여 여러모로 설유를 했지만, 유력자들은 계속해서 군청 이전반대 운동을 펴겠다는 뜻을 밝혔다. 3월 1일 군폐합에 의해 통합된 논산군이 출범을 하여 그 기세는 다소 꺾였지만, 강경의 주민들은 여전히 논산군의 이름을 강경군으로 바꾸고, 군청도 강경으로 이전해야 한다고 주장하고

건」(강원도장관→내무부장관, 1914.2.5) (국가기록원 CJA0002548)
86 「군청 위치에 관한 청원의 건」(내무부장관→강원도장관, 1914.2.24) (국가기록원 CJA0002548)

있다고 충남도장관은 보고하였다.[87]

보령군에서는 1914년 1월 보령군청 소재지 거주자 일본인 3명이 도청에 출두하여 보령·오천·남포를 통합하여 보령군으로 만드는 것에 대해서는 반대하지 않지만, 군 청사를 보령(주포면 신성리)에서 대천(대천면 대천리)으로 옮기는 건에 대해 반대한다는 뜻을 담은 진정서(일본인 14명 서명)를 제출했다. 이들은 진정서에서 대천읍이 수해가 자주 나는 지역이고, 전염병도 심한 지역이라며 반대했다. 이에 대해 충남도장관은 조사 결과, 대천천에서 홍수가 나는 경우는 매우 드물고, 전염병도 폐디스토마가 발생한 적은 있지만 지금은 그런 우려가 없다고 보고했다.[88] 결국 대천으로의 군청 이전은 그대로 진행되었다.

경기도 남양군에서는 1913년 말 남양군이 수원군과 통합된다는 발표가 있자, 군민이 크게 동요하였다. 남양군민들은 남양군이 원래 상당히 큰 군으로서 산업도 발전한 편이어서 타군에 병합된다는 생각을 하지 않고 있었는데, 갑자기 폐군된다는 소식을 듣자 민심이 동요한 것이다. 이에 유지 몇 명이 탄원을 할 것을 주장하고 탄원서를 만들고 있었다. 1월 초에 군청에서 면장 회의가 열리자 유지들은 탄원서에 면장들의 연명을 받아달라고 군수에게 요구했다. 군수는 이를 거절하고 이들을 오히려 설득하

---

87 警高機發 제140호 「행정구획 변경과 지방민심」(경무총감→내무부장관, 1914.1.20); 「논산군의 명칭 및 위치 변경의 건」(충남도장관→내무부장관, 1914.2.26); 「논산군의 명칭 및 위치 변경의 건」(충청남도내무부장→충남도장관, 1914.2.25); 「논산군청 이전 후에 있어서의 강경시민의 정세에 관한 건」(충남도장관→정무총감, 1914.3.11); 「논산군 위치 및 명칭 변경에 관한 건」(충남도장관→내무부장관, 1914.3.18)(국가기록원 CJA0002548)

88 「군청 이전에 관한 진정의 건」(충남도장관→내무부장관, 1914.1.19); 「보령군청 위치에 관한 건」(충남도장관→내무부장관, 1914.1.28) (국가기록원 CJA0002545)

였지만, 이들은 계속해서 군민들의 서명을 받았다. 이에 경찰이 나서서 이들에게 압력을 가해 서명 작업을 중단시켰다. 탄원서를 제출하려 한 이들은 대체로 읍내에서 영업을 하는 이들이어서, 군청이 옮겨가게 되면 자신들의 영업에 큰 타격을 입을 것을 우려한 것으로 보인다. 이러한 소식을 들은 경기도에서는 도 참여관을 남양군에 파견하여, 군민들을 만나게 하였다. 도 참여관은 1월 12일 남양군에 도착하여 상황을 파악하고 남양공립보통학교 교정에서 군 참사, 각 면의 이장, 기타 유지 2백여 명을 모아놓고, 군 폐합에 대해 설명하고 이해를 구하였다. 그는 이제는 교통이 발달하여 이전과는 달라서 군의 적절한 통합이 필요하고, 군의 구역이 협소하면 인민의 재정부담이 많아지며, 면장이나 이장의 인재를 뽑아 쓰는 데에도 불편하다는 점 등을 들어 군 폐합이 불가피하다면서, 군 폐합은 '국리민복'을 도모하는 데에서 나온 것이라고 주장했다.[89] 이후 남양군에서의 반발은 일단 가라앉은 것으로 보인다. 그런데 5년 뒤인 1919년 3·1운동이 일어났을 때, 남양군에 속했던 우정면과 장안면에서 격렬한 시위가 일어났다.[90] 이 시위의 일차적인 원인은 간척을 위한 노동력 동원이었던 것으로 보이지만, 남양군을 수원군에 병합한 것도 하나의 불만 요인이 되었을 것으로 보인다.

경상남도에서는 창녕군에 병합되는 영산군에서도 반발이 있었다. 1914년 1월 영산군민 5,154명의 대표자로 남성희, 박봉호 두 사람이 군청 소재지를 영산군 계성면에 두어달라는 뜻으로 총독에게 청원서를 제출

---

89 「부군폐합에 관한 지방민심의 건」(경기도장관→조선총독, 1914.2.4) (국가기록원 CJA0002545)
90 이정은, 1995, 「화성군 장안면·우정면 3·1운동」, 『한국독립운동사연구』 9 참조.

했다.[91] 영산군 계성면은 영산군에 속한 지역 중 창녕군에 가장 가까운 곳이었다. 따라서 창녕으로 군청을 옮기는 것보다는 계성면으로 옮기는 것이 영산 쪽 사람들에게 편리할 것이라는 생각에서 이런 청원서를 낸 것으로 보인다. 그러나 군청 소재지는 결국 창녕으로 정해졌다. 1919년 3·1운동 당시 창녕면에서는 시위가 제대로 일어나지 못했지만, 영산면에서는 3월 13일과 16일 두 차례에 걸쳐 격렬한 시위가 벌어졌다. 13일에는 야간에 약 3백여 명이 영산면에서 창녕읍까지 약 8km를 행진하여 창녕경찰서 앞에서 격렬한 시위를 벌이기도 했다. 이 시위를 주도한 이들은 23인의 청년결사대원들이었는데, 그들의 직업은 농업 외에도 면서기, 이발직, 어물상, 소금장수 등 다양했다.[92] 이들도 역시 1914년의 군 폐합과 군청 이전에 대해 불만을 갖고 있었을 가능성이 있다.

위에서 본 바와 같이 전국 각지에서 부·군 폐합에 대한 불만이 터져 나오고 있었다. 이에 대한 총독부 측의 대응 자세는 1914년 1월 23일 정무총감이 각 도장관 앞으로 보낸 공문에서 잘 나타난다. 이를 보면, "이번 부·군폐합의 결과, 지방민 중 군청 위치 등에 관하여 다소 불만을 품은 자가 있는 것 같았지만, 각 지방 관헌의 유시에 의하여 목하 인심이 평온하게 되었습니다. 3월 1일 실시의 경우에 있어서는 혹은 인심을 자극하거나 불온한 일이 있을지도 알 수 없으므로, 경찰관헌과 협의하여 그때 군청 이전 등에 지장을 가져올 것 일이 없도록 미리 상당한 조치를 취해 주시기 바랍니다"라고 하였다.[93] 즉 경찰을 동원하여 군 폐합에 대한 불만이

---

91 「군청소재지에 관한 청원의 건」(경남도장관→내무부장관, 1914.1.23) (국가기록원 CJA0002550)
92 이정은, 1988, 「창녕군 영산의 3·1운동」, 『한국독립운동사연구』 2, 독립기념관 한국독립운동사연구소 참조.
93 내비 62호 「부군폐합 실시에 관한 건」(정무총감→각 도장관, 1914.1.23) (국가기록원

나 불온한 일들을 단속하라고 지시한 것이다.

　총독부 내무부 지방국장 오하라(小原)는 『매일신보』 기자와의 회견에서, "금번 부·군폐합에 대하야 혹 일부분의 완미한 자가 폐합의 주지와 목적된 바가 어디에 있는지 이해하지 못하고, 지방발전 및 번영에 저해나 될까 하고 기우하는 자도 있으며, 또는 전연히 자기 1인의 이해관계를 타산하야 혹은 불만을 품는 자가 있는 듯하니, 전자는 즉 지방의 발전과 번영에 상당한 방법이 있음을 이해하지 못함이로다. (중략) 후자는 금세에 처하야 사회생활상 공리(公利)와 공익을 고려하지 않는 자이니, 이는 곧 이기주의자라 다시 논할 필요가 없다"고 군 폐합 반대론자들을 비판하였다.[94] 그러나 위에서 본 사례들 가운데 통영-거제의 통합과 통영에의 군청 설치, 금성-김화의 통합과 김화에의 군청 설치, 보령군의 대천으로의 군청 이전 등은 도장관도 납득하지 못한 별로 설득력이 없는 무리한 조치들이었다.

3) 군서기의 조정

　한편 군 폐합으로 줄어드는 군이 97개에 달하게 되자, 결국 97명의 군수와 그 군에 속했던 수백 명의 군서기 등 군 직원의 처리 문제가 심각하게 대두하였다. 만일 이들을 모두 면직시킨다면 그들의 반발은 불을 보듯 뻔한 것이었다. 이에 정무총감은 1913년 12월 3일 각 도장관에게 보낸 공문에서 이에 대한 대책을 다음과 같이 지시했다.

CJA0002547)
94 「府郡廢合에 就하야(小原地方局長談)」 『매일신보』 1914.1.13.

먼저 군수 중에서는 과원이 생긴 인원은 2월 말에 면직시킬 예정이라면서, 각 도의 현임 군수 가운데 퇴관시켜야 할 자와 유임시켜야 할 자를 조사하여, 유임시켜야 할 자의 인물, 기량, 치적 등을 상세히 갖추어서 순위를 매겨 12월 말일까지 제출하도록 지시했다. 또 군폐합이 없는 도의 경우에도 성적 불량의 군수는 차제에 도태시킬 방침이므로 해당자가 있으면 보고하라고 하였다. 그리고 퇴관시켜야 할 군수에 대해서는 특별상여를 지급할 예정이므로 재직한 기간을 조사하여 제출할 것을 지시했다.

이어서 군서기의 경우에는 각 군의 정원을 산정하여 제시하고, 각 도에서 과원이 발생할 경우에는 타도로 전근시키도록 하였다. 도내에서 전근을 시키는 경우에는 가능한 한 폐합 전에 근무하던 군이 이속하는 군에 전속시키고, 불가능한 경우에는 인접한 군에 배치하도록 지시했다. 그 밖에 부·군에서 근무하던 참사(參事)에 대해서는 대체로 군수의 경우와 비슷하게 처리하고, 고원(雇員)에 대해서는 군서기와 비슷하게 처리하고, 용인(傭人)들에 대해서는 모두 해고하도록 지시했다.[95]

그러면 군 서기의 정원은 어떻게 조정했을까. 이는 1913년 11월 5일 내무부장관이 정무총감에게 올려 결재를 받은 공문에 자세히 나와 있다.[96] 〈표 2-7〉은 그 기준을 적은 것이다.

---

95 「부군폐합 실시에 관한 건」(정무총감→각 도장관, 1913.12.3) (국가기록원 CJA0002547)
96 「군서기 정원에 관한 건」(내무부장관→정무총감, 1913.11.5) (국가기록원 CJA0002564)

<표 2-7> 군폐합 이후 군 서기 정원 배당 방법

현재 배당 방법					폐합 후 배당 방법				
등급	등급표준	同上 郡數	1군 배당 인원	합인원	등급	등급표준	同上 郡數	1군 배당 인원	합인원
					갑	인구 12만 이상	13	5	65
								7	91
갑	인구 8만 이상	20	4	80	을	인구 8만 이상	41	4	164
			5	100				6	246
을	인구 5만 이상	53	3	159	병	인구 5만 이상	100	3	300
			4	212				5	156
병	인구 3만 이상	88	2	176	정	인구 3만 이상	52	3	156
			4	352				4	208
정	인구 3만 미만	156	2	312	무	인구 3만 미만	14	2	28
			3	468				4	56
계		317	일본인	727(743)	계		220	일본인	713
			조선인	1,132				조선인	1,101

비고: 위 가운데 일본인 5백인 이상이 있는 을 이하의 군에 일본인 1인을 늘림으로써 이 인원이 20인.
1912년 4명 감원에 의해 <u>일본인 현재의 정원은 743명임.</u>

비고: 배당 인원의 윗 칸은 일본인, 아랫 칸은 조선인.

출전: 「군서기 정원에 관한 건」(내무부장관→정무총감, 1913.11.5) (국가기록원 CJA0002564)

<표 2-7>에 따르면, 군서기의 정원 배정은 인구의 다소에 따라 정하되, 기존의 4단계 구분을 5단계 구분으로 고쳐서, '인구 12만 이상'의 경우를 신설하도록 했다. 220개 군 가운데 가장 많은 경우는 인구 5만 이상 8만 미만인 '병'의 경우로, 100개 군이 이에 해당한다. 이 경우에는 군서기의 정원은 일본인 3명, 조선인 5명으로 정하도록 했다. 이는 이전의 일

본인 3명, 조선인 4명에서 다소 늘린 것이다. 전체적으로 보면, 군서기의 정원은 일본인의 경우 743명(표의 비고란 참조)에서 713명으로 줄어들고, 조선인의 경우 1,132명에서 1,101명으로 줄어들었다. 일본인 30명, 조선인 31명을 줄인 것이다. 97개 군이 줄어드는 상황에서 이에 속했던 군서기의 거의 대부분을 타군에 전속시켜 계속 임용하고, 61명이라는 소수의 인원만을 줄이도록 한 것이다. 이는 폐합되는 군의 군서기들의 불만을 누그러뜨리기 위한 것이었다.

그리고 이들 61명도 모두 면직시킨 것은 아니었다. 같은 공문에 따르면, 제주군에는 일본인 서기 1명, 조선인 서기 2명을 증원 배치하고, 부(府)에는 일본인 서기 13명을 증원 배치하도록 했다. 이로써 일본인 서기 14명이 구제되고, 조선인 서기는 2명이 구제되었다. 그 결과 면직 대상은 일본인 서기 16명, 조선인 서기 29명이 되었다. 〈표 2-8〉은 군서기의 각 도별 배치 일람표이다.

〈표 2-8〉 군서기 각 도별 배치 일람표

도명	郡數	총인구에 의한 할당		특별사정에 의한 증원		계		현재		조정 이후 증감	
		일본인	조선인	일본인	조선인	일본인	조선인	일본인	조선인	일본인	조선인
경기	20	66	102			66	102	82	119	-16	-17
충북	10	32	50			32	50	40	60	-8	-10
충남	14	46	73			46	73	78	118	-32	-45
전북	14	48	73			48	73	60	95	-12	-22
전남	22	75	116	1	2	76	118	71	111	+5	+7
경북	23	79	122			79	122	93	129	-14	-7
경남	19	66	102			66	102	66	103	0	-1
황해	17	54	86			54	86	52	75	+2	+11

도명	郡數	총인구에 의한 할당		특별사정에 의한 증원		계		현재		조정 이후 증감	
		일본인	조선인	일본인	조선인	일본인	조선인	일본인	조선인	일본인	조선인
평남	14	46	68			46	68	38	64	+8	+4
평북	19	58	89			58	89	48	74	+10	+15
강원	21	62	91			62	91	51	88	+11	+3
함남	16	53	80			53	80	37	51	+16	+29
함북	11	28	49			28	49	27	35	+1	+14
계	220	713	1,101	1	2	714	1,103	743	1,132	-29	-29

비고: 일본인 잔여인원 29인 가운데 13인은 이를 府에 증원 배치하여 실제 감소인원은 16인임.
출전: 「군서기 정원에 관한 건」(내무부장관→정무총감, 1913.11.5) (국가기록원CJA0002564)

4) 면 폐합

한편 총독부는 부·군 폐합 작업과 거의 동시에 면 폐합 작업도 시작했다. 1913년 5월 30일 정무총감이 각 도장관 앞으로 부·군 폐합과 관련된 공문을 보낸 것과 같은 날, 정무총감은 각 도장관 앞으로 면 폐합과 관련된 공문도 보냈다. 공문의 내용은 다음과 같았다.

각 도에 있어서 현재의 면 수는 그 면적, 호구 및 지력(資力) 등에서 심한 격차가 있습니다. 작은 것은 자력이 박약하여 면비(面費) 부담의 재원도 모자라 면민의 부담도 가볍지 않은 상태에 있습니다. 이에 작은 면들을 병합하여 그 현격한 차이를 완화하고, 또 면비 재원을 유족하게 함으로써 면민의 부담을 경감시키는 것은 현재 긴요한 조치라고 인정되는 바, 차제에 좌기 표준에 따라 각각 조사를 수행하여 본년

8월 말일까지 시행안을 갖추어 신청해 주시기 바랍니다. 이에 통첩하는 바입니다.

(추) 본건은 대정 3년 4월 1일부터 시행할 예정입니다.[97]

이 공문에 따르면 면폐합 이후 새로운 면제도는 1914년 4월 1일부터 시행될 예정이었다. 또 이 공문에서는 면 폐합과 관련된 6가지 사항을 부기했는데, 그 내용은 다음과 같다.

1. 면은 지방의 상황에 따라 호수 최소한 약 8백 내지 1천 호를 가지는 것을 표준으로 하고, 그 표준의 호수를 초과하는 면은 현재대로 존치하고, 그 미만의 면은 이를 폐합하여 표준호수 최소치를 맞출 것. 단, 면적 4방리 이상의 면 또는 지세(地勢), 교통 등의 관계상 폐합 불가능한 것에 대해서는 호수 8백 미만의 경우라도 그대로 존치할 것.
2. 면의 폐합은 가능하면 어떤 면의 구역 전부와 다른 면의 구역 전부를 병합하여 이를 행할 것. 다만 필요상 1면을 분할하는 경우에도 이를 사분오열시켜 인접면에 병합하거나 또는 동리를 분할하는 것은 피할 것.
3. 면의 폐합을 행함에 있어서는 지세, 교통 등의 관계를 참작할 것.
4. 시가지세 시행 예정지에 관계가 있는 면은 그 시행 지역 내에 속하는 부분으로 1면으로 하고, 나머지 부분은 이를 정리할 것.
5. 면의 폐합에 관계없이 단순히 경계를 정리함에 그치는 것도 비지(飛地) 또는 심한 돌입지(突入地) 등은 이번에 모두 정리할 것.

---

97 「면 폐합에 관한 건」(정무총감→각 도장관) (1913.5.30) (국가기록원 CJA0002560)

6. 면의 폐합을 함에 있어서는 고래의 구관습속(舊慣習俗)의 선미(善美)한 것은 힘써 보존하고, 폐합 후 면민의 화합을 해치거나, 또는 시정상 장애를 가져오는 일이 없도록 유의할 것.[98]

면 폐합은 1개 면 당 호수 8백 내지 1천 호를 기준으로 하여, 그 이상은 존치하고 그 미만은 폐합하도록 한 것이다. 다만 면적이 4방리 이상인 면은 호수가 부족하더라도 존치하도록 했다. 그 밖에도 면 폐합시에는 지세와 교통을 참작하도록 지시하였으며, 비지(飛地)와 돌입지(突入地)는 차제에 모두 정리하도록 지시했다. 비지는 A군의 땅이 B군의 땅 안에 들어가 있는 것을 말하고, 돌입지는 A면과 B면의 경계선이 반듯하지 않고 한 쪽으로 깊숙이 들어가 있는 것을 말한다.

여기서 총독부 내무부 측은 표준면의 호수를 8백~1천 호로 제시했는데, 그 근거는 무엇이었을까. 내무부 측은 각 도별로 1년 면 경비를 모두 합쳐, 이를 전국의 면수로 나누어 1개 면의 평균을 산출했더니 649원이 나왔다고 한다. 그러나 내무부 측은 1개 면의 1년 경비로 적어도 858원이 필요하다고 보았다. 그 내역을 보면, 면장 1인 연 120원(월 10원), 면서기 2인 연 168원(1인당 월 7원), 동리장 수당 300원(1인 연 20원씩, 15개 동리로 계산), 면주인 1인 60원,[99] 면 하인 1인 연 60원, 면사무소 경비 연 150원 등이었다. 내무부 측은 당시 조선 전체의 면 경비의 총액을 281만 7천 여 원으로 집계하고, 1개 면당 858원이 필요하다고 볼 때, 전국의 면은

---

98 앞의 글(1913.5.30) (국가기록원 CJA0002560).
99 면주인은 군과 면 사이의 공문을 전달하는 역할을 하는 이로서, 용무가 없을 때에는 사실상 군청의 소사와 다름없는 존재였다고 한다. 조선총독부, 1911, 『부군서기 강습회 강연집』, 71쪽 참조.

3,284개 면이 적당하다고 계산했다. 당시의 전체 면이 4,322개였으므로, 1,054개 면을 줄여야 적정한 수가 된다는 계산이 나온다. 또 이 숫자를 기준으로 1개 면의 평균 호수를 계산하면, 877호가 나오고, 면적도 1개 면 평균 4방리가 나와서 1개 면에 적당한 호수와 면적이 된다고 파악했다. 각 도에 따라 호수와 면적에서 상당한 편차가 나오기는 하지만, 평균적으로 그런 수준이면 적당하다고 판단한 것이다.[100] 이에 따라 면 폐합의 일차적인 기준은 호수 8백 내지 1천 호가 되었다.

이후 내무부는 각 도에 면의 폐합에 관한 안을 만들어 8월 말까지 보고할 것을 지시했고, 각 도에서 각 군에 지시하여 각 군에서「면 정리 조사서」를 만들어 도에 보고하도록 했다. 그러나 부군 폐합과 면 폐합을 동시에 진행하는 일은 쉽지 않았다. 대부분 부군 폐합 안을 먼저 만들고, 이어서 면 폐합안을 만든 것으로 보인다. 때문에 대부분의 도에서 8월말까지 일부 안만을 제출하였고, 충남·황해·강원·평남·평북 등은 11월 말까지도 일부 폐합안만 제출하고 있었으며, 함북은 11월 말까지 전혀 제출하지 못하고 있었다. 이에 내무부는 각 도에 공문을 보내 시급히 안을 만들어 제출하라고 독촉하였다.[101]

면 폐합 작업이 진행되는 동안 총독부 기관지『매일신보』는 그 정당성을 뒷받침하는 사설들을 자주 실었다. 1914년 2월 1일『매일신보』는 사설에서 "면리(面里)의 제도도 또한 불균(不均)하여 땅의 넓이가 넓고 좁음과 인구의 많고 적음이 차이가 너무 심하여 행정상의 곤란은 물론이오,

---

100 「면 폐합에 관한 건」(정무총감→각 도장관) (1913.5.30) (국가기록원 CJA0002560)
101 「면의 폐합에 관한 건」(내무부장관→각 도장관) (1913.9.12. 1913.12.1) (국가기록원 CJA0002560)

주민들도 불편이 많았도다. 그러나 개정치 못함은 또한 주민의 강약으로 인함이라. 동면(東面)을 폐하야 서면(西面)에 합하여야 가할지라도 동면에는 명문거족이 있고, 서면에는 힘이 약한 사람들이 살고 있으면 이를 행하지 못하였으니 어찌 완전한 제도를 만들 수 있었으리오. 일반 인민이 이를 당연한 관습으로 알아, 이번의 부군폐합에도 몰상식한 자는 혹 관리들의 힘을 원망하고 이미 발표한 명령을 취소코자 운동을 하는 이도 있으니 전도에 걸쳐 지공무사(至公無私)로 일시에 단행하는 사업을 한두 군을 위하야 변경이 가능할까"라고 비판하였다.[102]

면 폐합은 1914년 1월 들어 크게 진척된 것으로 보인다. 『매일신보』 2월 5일자 기사에 따르면, "조선 각 도 면 폐합에 관한 인가 신청서는 이미 각 도로부터 총독부에 제출되어 총독부에서는 예의(銳意)로 그 처리를 급행(急行)하는데 전도 317군 중 150군 내의 면에 대해서는 이미 인가를 마쳤고, 기타는 늦어도 본월 중에 전부 인가를 마치리라더라"고 하였다.[103] 그리고 2월 27일 보도에 따르면, "각 도에서도 부군 내의 면 폐합을 결행하기로 이미 조사를 종료하고 태반은 총독부의 인가까지 이미 거쳤으나, 발표는 각 도청에서 전부를 종합한 후 3월 중순에 발표되겠고, 실시시기는 4월 1일인데 면의 현재 수는 4,338면이나 폐합 정리의 결과, 1천5백여를 감소하기에 이르리라더라"고 하였다.[104]

면 폐합과 정리는 1914년 2월 말경까지 계속되었다.[105] 각 도의 면 정

---

102 「(사설) 面里 폐합의 실행」, 『매일신보』, 1914.2.1.
103 「면폐합의 인가」, 『매일신보』, 1914.2.5.
104 「면폐합 실시기」, 『매일신보』, 1914.2.27.
105 내무부장관이 정무총감에게 보낸 공문을 보면, 3월 9일로 면 폐합건은 모두 인가가 났다고 한다. 「면폐합의 결과에 관한 건」(내무부장관→정무총감) (1913.3.23) (국가기

리 사업의 결과는 3월 15일을 전후하여 각 도장관의 도령(道令)으로 차례로 발표되었다.[106] 면 폐합의 결과는 4월 1일자로 일단 발표되었는데,『매일신보』와『조선총독부통계연보』에 따르면, 종래의 4,322개의 면 가운데 12개 면은 부에 편입되고, 나머지 면은 2,522개 면으로 통합되었다고 한다. 동리는 기존의 61,473개에서 58,467개로 정리되었다.[107] 면의 수를 4,322개에서 2,522개로 41.6%에 해당하는 1,800개를 줄인 것이다. 이는 당초 총독부 내무부가 예상했던 1,054개보다 훨씬 많은 것이었다. 내무부가 집계한 면 폐합의 결과를 표로 보면 〈표 2-9〉와 같다.

〈표 2-9〉면 폐합 일람

도명		경기	충북	충남	전북	전남	경북	경남	강원	황해	평남	평북	함남	함북	계
면적		771	490	552	539	932	1061	779	1192	1049	2080	1980	1876	1088	14,389
호수		266,128	130,405	199,258	205,745	336,571	338,292	287,442	234,316	184,684	188,505	180,984	177,588	79,433	2,819,351
지세액		529,676	369,418	774,722	874,841	1,085,414	870,069	840,747	645,198	278,069	152,549	141,612	177,020	63,366	6,802,701
면평균	면수 현재	487	199	387	380	447	514	453	348	299	260	236	190	122	4,322
	면수 개정	250	114	175	188	275	272	259	227	169	194	178	142	79	2,522
	면적 현재	1.6	2.5	1.4	1.4	2.1	2.1	1.7	3.4	3.5	8.0	8.4	9.9	8.9	3.3
	면적 개정	3.1	4.3	3.2	2.9	3.4	3.9	3.0	5.3	6.2	10.7	11.1	12.2	13.8	5.7
	호수 현재	546	656	515	541	755	658	657	673	618	725	767	935	651	652
	호수 개정	1061	1144	1139	1094	1224	1244	1148	1032	1093	972	1017	1251	1005	1118
	지세액 현재	1090	1857	2002	2302	2434	1693	1856	1854	923	587	600	932	519	1574
	지세액 개정	2119	3241	4427	4653	3947	3199	3246	2842	1644	786	796	1247	802	2697

출전:「면폐합의 결과에 관한 건」(내무부장관→정무총감, 1913.3.23) (국가기록원 CJA0002560)

록원 CJA0002560)
106 「面廢合의 結了」,『매일신보』, 1914.3.20.
107 『조선총독부통계연보』1913년도판, 1면.

〈표 2-9〉에서 보면, 면 폐합 이후 각 도의 면 숫자는 함북의 79개부터 전남의 275개까지 상당한 편차를 보였다. 각 도의 면 평균 면적도 전남의 2.9방리부터 함북의 13.8방리까지 상당한 편차가 있다. 그러나 평균 호수의 경우, 평남의 972호로부터 경북의 1,244호까지 큰 차이가 나지 않았다. 이는 호수를 기준으로 하여 면 폐합을 하도록 했기 때문일 것이다. 전국의 1개 면 호수의 평균은 1,118호로서 원래의 기준 8백 호 내지 1천 호보다 훨씬 많았다.

경기도장관 히가키 나오스케(檜垣直右)는 면 폐합의 결과와 함께 유고문을 발표했다. 그는 "종래 각 관내 각 면의 상황을 시찰하건대, 그 경계는 견아착종(犬牙錯綜)하고 또 면적, 호구, 자력(資力) 등에 심히 차등이 있어 그 작은 것은 면민의 부담이 적지 않고, 또 유지에 고로(苦勞)가 많은지라. 이와 같은 상태로써 시설의 통일을 기하고, 동일한 보조를 취하여 면민의 부담을 경감하며, 또 면 경비의 재원을 풍부하게 함이 목하 급무이오"라고 하였다.[108] 이는 면 폐합의 목적이 크고 작은 면을 어느 정도 고르게 하면서, 면의 숫자를 줄여 면 경비를 절약하는 데 있었음을 말해 준다. 그러나 면 폐합은 관리가 주로 하천을 경계로 하여 경계선을 그었고, 산악과 교통은 충분히 고려하지 않은 채 진행되었다고 한다.[109]

부군 폐합과 면 폐합이 마무리되자 내무부 지방국장 오하라 신조(小原新三)는 4월 중순 『매일신보』에 그 소회를 밝혔다. 그는 "지방행정구역의 변경 즉 부군면의 폐합은 지형, 민정의 여하, 면적의 대소, 호구의 다과 및

---

108 「京畿의 面廢合」, 『매일신보』, 1914.3.15.
109 이명학, 2020, 「일제시기 행정구역의 개편과 명칭의 변화 - 면을 중심으로」, 『한국독립운동사연구』 70, 독립기념관 한국독립운동사연구소, 143~144쪽.

다년의 연혁 등에 비추어 충분한 조사를 마치되 조금도 유감이 없게 하기를 기하였으나, 각 도 다수의 부군면에 대하여 일제히 이 폐합을 기도함으로 다소의 분의(紛議)를 면할 수 없으리라 함은 당국자도 우려하던 바인데, 그 후의 보고를 보건대, 각 지방을 통하야 예상외로 정온(靜穩)한 가운데 무사히 폐합을 종료하였음은 실로 흔쾌한 바이라. 원래 군청 및 면사무소의 위치 등에 관하여는 극히 소수의 지방에서 다소의 고충을 토로하였으나 이 또한 당국 관헌의 설유에 열복(悅服)하여 즉시 평온으로 돌아갔고, 그렇지 않은 경우도 점차 평온에 돌아갔음은 매우 기뻐할 일이로다"라고 밀이있다.[110]

오하라 신조는 또 군과 면 폐합의 긍정적 결과로서, 군 폐합으로 군의 숫자가 줄어들어 각 도의 사무가 간편하게 되었고, 면 폐합으로 면의 숫자가 줄어들어 군의 사무도 간편하게 되었다는 것을 들었다. 또 면의 평균 지세액(국세)이 1,574원에서 2,697원으로 크게 늘었고, 그 결과 이에 부가되는 면비인 지세부가금도 크게 늘어날 것이며, 면 당 평균 호수도 652호에서 1,118호로 약 2배로 크게 늘어나 역시 면비인 호별할(戶別割)도 약 2배가 될 것이므로, 면의 자력(資力)이 견실하게 되고 면민의 부담은 경감될 것이라고 주장하였다.[111]

군과 면의 폐합은 대한제국기부터 계획되어 오던 것으로, 군청·면사무소의 경비 절약을 위해서는 불가피한 것이었다. 그러나 군과 면 폐합 과정에서 계획보다도 더 많은 군과 면을 폐지하여 타군에 통합시켰고, 이 과정에서 무리한 통합 사례들이 있었다. 또 군청 소재지를 정하는 과정에

---

110 「지방행정개혁(1) 小原지방국장담」,『매일신보』, 1914.4.15.
111 「지방행정개혁(2) 小原지방국장담」,『매일신보』, 1914.4.16.

서도 비합리적인 결정 사례들이 있어 지방민들의 반발이 만만치 않았다. 또 통합 이후의 군 이름을 정하는 과정에서도 무리하게 군청 소재지의 군 이름만을 고집함으로써 폐지되는 군 쪽의 민심을 소외시킨 것도 사실이었다.

4. 1914년 부제의 실시

1) 총독부 내무부의 3가지 부제안

앞서 본 것처럼 조선총독부 내무부는 1911년 말에 『지방제도 개정에 관한 의견』이라는 책자를 만들어 지방비령, 부제, 면제, 학교조합령 등 지방제도의 개정에 관한 내무부의 의견을 정리한 바 있었다. 이에 근거하여 총독부는 1912년 가을에 본격적으로 '부제' 입안 과정에 들어갔다. 1912년 9월 21일 총독관저에서는 데라우치 총독, 호즈미 노부시게(穗積陳重) 도쿄제국대학 명예교수, 이치키 기토쿠로(一木喜德郎) 전 내무차관, 에기 다스쿠(江木翼) 척식국 제2부장, 아키야마 마사노스케(秋山雅之介) 참사관, 고다마 히데오(兒玉秀雄) 총독관방 총무국장, 우사미 가쓰오 내무부장관이 참석한 가운데 '부제안'에 대한 토의가 있었다. 이날 회의에 올라온 '부제안'은 모두 세 가지였다. 제1안은 총독부 취조국 원안에 총독부 총무부 및 본국 정부 척식국이 수보(修補)를 한 것, 제2안은 총독관방 외사국장인 고마쓰 미도리(小松綠)가 독자적으로 입안한 것, 제3안은 총독부 내무부안이었다.[112]

이들 3개 안을 비교해 보면, 부의 설치구역을 총독이 정한다든가, 부를 법인으로 하고 관의 감독을 받도록 한다든가, 법령의 범위 내에서 부에 속하는 사무를 처리한다든가, 부 내에 거주하는 자를 부 주민으로 한다든가, 부 주민은 부의 시설을 이용할 권리와 부의 부담을 분담할 의무를 가진다

---

112 이들 3가지 안은 국가기록원의 「부제안관계서류」라는 문서철(CJA0002541) 안에 남아 있다. 姜再鎬, 2001, 앞의 책, 145쪽 참조.

든가, 부윤이 부를 대표하고 이를 대표한다든가 하는 내용들은 문구에 약간 차이가 있을 뿐 대동소이하다. 그러나 교육사무에 관해서는 제1, 2안은 부에서 함께 처리할 것을 주장했지만, 제3안은 교육사무에 관해서는 일본인들의 경우에는 따로 조합을 개설해야 한다고 주장했다.

3개의 안의 더 커다란 차이는 부회 혹은 참사회와 같은 자치기구를 둘러싼 의견에서 나타났다. 이를 표를 통해 정리해 보면 〈표 2-10〉과 같다.

〈표 2-10〉 조선총독부의 3개 부제안의 부 자치기구 구상 비교

	제1안(취조국+총무부안)	제2안(고마쓰안)	제3안(내무부안)
(준)자치기구의 설치와 구성	부회를 두고 총독이 정하는 규정에 따라 일본인 및 조선인이 각각 선출하는 의원으로 이를 조직한다. 1) 부회 의원의 선거인은 2급으로 구별한다. 2) 부회 의원은 명예직으로 하고, 임기는 3년으로 한다. 3) 부회는 행정청의 자문이 있을 때는 의견을 답신해야 한다. 4) 부회는 부윤이 이를 소집하고 개폐한다. 5) 부회는 일본인 및 조선인의 부회를 두고, 교육비 및 교육을 위한 기본재산의 설치 및 처분에 관한 사안에 대해 각기 따로 의결한다. 6) 부회 의원의 정수(定數)·배당(配當)·선거 및 부회와 부회에 관한 규정은 총독이 이를 정한다.	부 참사회를 두고 일본인 및 조선인이 각각 선출하는 회원으로 이를 조직한다. 1) 일본인 및 조선인의 교육사무에 관하여 참사회는 각각 별도의 部會를 설치할 수 있다. 2) 참사회원은 명예직으로 하고 그 임기는 2년으로 한다. 3) 참사회는 부의 사무에 관하여 부윤의 자문에 응하거나 심의한다. 4) 참사회원의 정수는 8명 이상 30명 이내에서 도장관이 이를 정하고, 그 안에 일본인 및 조선인의 배당에 대해서도 도장관이 정한다. 5) 참사회는 부윤이 이를 소집하고 이를 개폐한다.	부 참여를 두고 그 정원은 총독이 이를 정한다 (18인 내지 6인으로 현재 민단 의원의 약 반수). 1) 부 참여는 부 주민 중에서 총독의 인가를 얻어 도장관이 이를 임명한다. 2) 부 참여는 명예직으로 하고, 임기는 2년으로 한다. 3) 부 참여가 직무를 게을리하거나 체면을 오손하는 행위를 한 것으로 인정되는 경우, 도 장관은 총독의 허가를 얻어 해임할 수 있다.

	제1안(취조국+총무부안)	제2안(고마쓰안)	제3안(내무부안)
의결 또는 자문 안건	부회에서 의결할 수 있는 안건은 다음과 같다. 1) 부 규칙을 개설하거나 개폐하는 일. 2) 세입출 예산을 정하는 일. 3) 결산보고를 의정하는 일. 4) 법령에 정해진 것 외에 사용료, 수수료, 부세, 부역현물의 부과 징수에 관한 일. 5) 부동산의 처분 및 소득에 관한 일. 6) 기본재산, 특별기본재산 및 적립금곡 등의 설치, 처분에 관한 일. 7) 세입출예산으로 정해진 것 외에 새로운 의무를 부담시키거나 권리를 포기시키는 일. 8) 기부 또는 보조를 하는 일.	참사회 또는 部會에서 임의를 거쳐야 하는 사안. 1) 부 규칙을 개설하거나 개폐하는 일. 2) 세입출예산을 정하는 일. 3) 결산보고를 인정하는 일. 4) 법령에 정해진 것 외에 사용료, 수수료, 부세 및 현물부역을 부과 징수하는 데 관한 일. 5) 부동산의 처분 및 취득에 관한 일. 6) 기본재산, 특별기본재산, 적립금곡 등의 설치 및 처분에 관한 일. 7) 기채의 방법, 利息의 定率, 상환의 방법에 관한 일. 8) 세입세출 예산으로 정해진 것 외에 새로운 의무를 부담시키거나 권리를 포기시키는 일. 9) 기부 또는 보조를 하는 일.	부 참여에 자문해야 할 사안. 1) 부 규칙을 개설하거나 개폐하는 일. 2) 세입출 예산을 정하는 일. 3) 세입출 예산으로써 정해진 것 외에 새로운 의무를 부담시키거나 권리를 포기시키는 일. 4) 府債에 관한 일. 5) 기타 부윤이 필요하다고 인정하는 일.

〈표 2-10〉에서 보는 것처럼, 제1안에서는 의결기구로서의 부회를 둘 것을 주장했고, 제2안에서는 자문기구로서의 부 참사회를 둘 것을 주장했으며, 제3안에서는 자문에 응할 수 있는 소수의 부 참사를 둘 것을 주장했다. 세 가지 주장의 차이는 부의 주민에게 자치권을 어느 정도까지 허용할 것인가에 대한 의견 차이에서 비롯된 것이었다. 주민의 자치권 인정에 제1안은 가장 적극적이고, 제3안은 가장 소극적이고, 제2안은 그 중간쯤 된다고 볼 수 있을 것이다.

2) 총독부 부제안의 확정

9월 21일의 모임 이후 3일째가 되던 날인 24일부터 31일 사이에 우사미 내무부 장관은 아키야마 참사관, 에키 척식국 제2부장, 나카가와 척식국 서기관 등과 협의를 거쳐 「조선지방비령안」「부제안」「학교조합령안」「조선면령안」을 만들어 21일 회의에 참석했던 호즈미 노부시게 교수, 이치키 기토쿠로 전 내무차관에게 송부했다고 한다.[113] 이때 보낸 「부제안」의 주요 내용을 검토해 보자.

「부제안」은 총 34조로 구성되었다. 제1조에서 제12조까지의 내용을 보면, 1) 부를 법인으로 한다는 것, 2) 부의 폐치와 분합, 경계변경 등은 총독의 허가를 얻어 도장관이 정한다는 것, 3) 부에 주소를 가진 자를 '부 주민'으로 한다는 것, 4) 부 주민의 권리와 의무 및 부의 사무에 관한 '부 규칙'을 만들 수 있다는 것, 5) 부윤은 부를 통할하고 이를 대표한다는 것, 6) 부에 이원(吏員)을 둘 수 있으며, 부 이원은 부윤이 이를 임면한다는 것, 7) 부에 출납을 담당하는 이원을 둔다는 것, 8) 부윤은 필요한 경우에 총독의 허가를 얻어 부를 여러 구(區)로 나누어 구장 및 부속원을 둘 수 있으며, 구장은 부윤의 명을 받아 구 내의 사무를 보조한다는 것, 9) 부 이원은 유급으로 하되, 구장은 명예직으로 할 수 있다는 것, 10) 부윤은 부 이원에 대하여 징계를 행할 수 있고, 그 징계는 견책과 과태료 부과, 해직으로 한다는 것, 11) 관리의 부 행정에 관한 직무는 부제령에 규정된 것 외에도 국가의 행정에 관한 직무의 예에 따른다는 것 등이다.

---

113 姜再鎬, 2001, 앞의 책, 148쪽. 현재 이 안들도 「부제관계서류」라는 문서철(CJA0002541) 안에 포함되어 남아 있다.

제12조부터 제15조까지는 부 참여에 관한 것이다. 즉 부회나 부참사회를 택하지 않고, 내무부의 원래의 안대로 부에 참여를 두는 것으로 정하고, 이에 대한 구체적인 규정을 마련하고 있다. 그 내용을 보면 다음과 같다. 1) 부에는 부 참여를 두며, 부 참여의 일부는 부 소재지 학교조합회 의원으로서 부의 주민인 자 가운데 호선한 후보자 중에서 도장관이 임명하며, 다른 일부는 부 주민 중에서 총독의 인가를 얻어 도 장관이 임명하도록 한다. 2) 부 참여는 명예직으로 하고, 임기는 2년으로 한다. 3) 부 참여가 직무를 게을리하거나 체면을 오손(汚損)하는 행위를 하였다고 인정되는 경우 총독의 인가를 얻어 도장관이 이를 해임할 수 있다. 4) 부 참여는 부의 사무에 관해 부윤의 자문에 응한다. 부 참여에 자문을 구할 사안은 다음과 같다. ①부 규칙을 개설하거나 개폐하는 일, ②세입출 예산을 정하는 일, ③입출 예산으로 정한 외에 새로이 의무를 부담하게 하거나 권리를 포기하게 하는 일, ④부채(府債)에 관한 일, ⑤기본재산 및 적립금 곡의 설치와 처분에 관한 일, ⑥위의 각 호 이외에 부윤이 필요하다고 인정하는 사안. 부 참여와 관련된 위와 같은 사항들은 대체로 내무부의 원래의 안(〈표 2-1〉의 제3안)과 유사하나, 부 참여의 선정 과정에서 학교조합 의원 중에서 부 참여를 선정하는 내용이 들어간 것이 달라진 점이다. 이러한 조항을 넣은 것은 거류민단의 해체와 관련하여 일본인 사회 내부에서 불만이 커지게 될 것을 우려하여, 이들의 불만을 누그러트리기 위해 학교조합 의원들에게 부 참여가 될 수 있는 우선권을 준 것이라고 해석된다.

제16조와 제17조는 부 참여 및 이원(吏員)의 대우에 관한 내용이다. 이를 정리하면 다음과 같다. 1) 부 참여 및 명예직인 구장은 직무를 위해 필요한 비용을 변상받을 수 있다. 명예직 구장에게는 비용 변상 외에 근무에 상

당하는 보수를 지급할 수 있다. 2) 유급(有給) 부 이원에게는 부 규칙이 정하는 바에 의해 퇴은료(退隱料),[114] 퇴직급여금, 사망급여금, 또는 유족부조료를 지급할 수 있다.

　　제18조부터 제31조까지는 부의 재정 및 회계에 관한 내용들이다. 이를 요약하면 다음과 같다. 1) 수익을 위한 부의 재산은 기본재산으로서 이를 유지해야 한다. 부는 특정한 목적을 위해 특별한 기본재산을 두거나, 금곡(金穀) 등을 적립할 수 있다. 2) 부의 영조물의 사용에 대해 사용료를 징수할 수 있다. 부는 일 개인을 위한 사무에 대해서 수수료를 징수할 수 있다. 3) 부는 공익상 필요한 경우에는 기부 또는 보조를 할 수 있다. 4) 부는 필요한 비용 및 법령 또는 관례에 따른 부의 부담에 속하는 비용을 지변할 의무를 진다. 부는 그 재산에서 나오는 수입, 사용료, 수수료, 기타 부에 속하는 수입으로써 전항의 지출을 충당하고, 부족할 경우는 부세(府稅) 및 부역 현물을 부과 징수할 수 있다. 5) 부세 및 부역 또는 현물의 부과 징수에 관한 사항은 조선총독이 이를 정한다. 6) 부세, 사용료, 수수료 및 영건물의 사용 방법에 관한 사항은 부 규칙으로 이를 규정해야 한다. 7) 부세의 부과에 관하여 필요한 경우에는 당해 관리·이원은 가택 혹은 영선소를 임검(臨檢)하거나 장부·물건의 검사를 할 수 있다. 8) 부세 기타에 속하는 징수금은 지방비의 징수금에 이어 선취특권을 가지고, 그 추징, 환부 및 시효에 있어서는 국세의 예에 따른다. 9) 부는 그 부채의 상환을 위하여 부의 영구의 이익이 될 수 있는 지출을 할 수 있고, 또는 천재지변을 위하여 필요한 경우에는 부채(府債)를 기채할 수 있다. 10) 부는 매 회계연도 세입출 예산을 편성해야 한다. 부의 회계연도는 정부의 회계연도

114　퇴은료란 퇴직후 받게 되는 연금으로 퇴직 후 吏員의 생활을 보장하는 제도였다.

에 따른다. 11) 부비(府費)로써 지변해야 할 사안으로서 수년에 걸쳐 그 비용을 지출해야 할 것은 그 기간 동안 각 연도의 지출액을 정하여 계속비로 할 수 있다. 12) 부는 특별회계를 설치할 수 있다. 13) 부의 지불금에 관한 시효에 대해서는 정부의 지불금의 예에 따른다. 13) 부 이원의 복무규율, 배상책임, 신원보증, 부의 재무에 관한 규정은 조선총독이 이를 정한다.

한편 부칙 제33조에는 "거류민단의 사무 및 권리·의무로서 교육에 관한 것은 학교조합이 이를 승계하고 기타는 부가 이를 승계한다. 학교조합 및 부가 승계할 것의 구분은 조선총독의 허가를 얻어 도장관이 이를 정한다. 한성위생회의 사무 및 권리·의무는 경성부가 이를 승계한다"고 하였다. 즉 거류민단의 교육관계 사업은 학교조합이 승계하도록 명시한 것이다. 1909년 말 통감부령 제71호로 「학교조합령」이 제정된 이후, 각 지역별로 법인으로서 학교조합이 설립되기 시작하였다. 조선총독부는 각 지역의 거류민단이 상당한 부채를 갖고 있고, 이 부채가 교육비 부담에서 비롯되었다고 보고 있었다. 따라서 일본인 교육은 종전대로 거류민사회의 학교조합에 맡김으로써 부(府)의 재정적 부담을 덜고자 했던 것이다.[115]

내무부는 두 번째 안을 관계자들에게 보낸 뒤에 다시 의견을 수합하여 10월에 세 번째 안을 만들었다. 그러나 달라진 점은 '참의'의 이름을 '협의원'으로 바꾼 것뿐이었다. 협의원의 선출 방법을 "일부는 학교조합

---

115 이동훈, 2018, 「'한국병합' 전후 재조일본인 교육사업의 전개 – 거류민단체에서 학교조합으로 – 」 『한림일본학』 32, 한림대학교 일본학연구소, 140~141쪽 참조. 당시 경성거류민단의 한 의원은 "현재 민단 비용의 대부분은 학교 경비에 들어가고 있다. 학교조합만을 남겨두고 민단을 없앤다는 것은 자치기관은 빼앗지만 비용이 많이 드는 학교는 너희들 쪽에서 처리하라고 하는 것과 진배없다"고 비판했다고 한다(「時事所感二則」, 『朝鮮及滿洲』 51, 1912년 5월호, 17쪽).

의 의원 중에서 호선한 후보자 중에서, 일부는 부의 거주민 중에서 도장관이 이를 임명한다"고 한 것은 이전과 같았다.[116]

내무부의 세 번째 안이 나온 이후 총독부 각 국장들 사이에서는 이 안을 둘러싸고 찬반양론이 전개되었다. 내무부 안에 대한 비판론과 찬성론의 내용을 정리하면 다음과 같다.

〈내무부 안에 대한 비판의견〉

1) 부(府)를 구(區)로 나누어서는 안 된다. 본 규정의 구는 내지 시제(市制)에서의 구(區)와는 전연 성질을 달리하여 마치 부 본청의 지청을 두는 것 같다. 실제 필요가 있다면 모르겠지만, 이 같은 부속의 기관은 설치해서는 안 된다.
2) 자문기관을 의결기관으로 하고, 또 그 선임 방법을 바꾸어야 한다. 내지인 단체인 민단을 정리하고 부제를 설정하려고 하는 것이라면, 내지인 종래의 자치권을 빼앗고, 공선(公選)의 민단장(民團長) 대신 관리(官吏)인 부윤(府尹)을 두고, 또 의결기관도 폐지하는 것은 망단(妄斷)이다. 학교조합에는 광범한 자치권을 주고, 일반 공공단체인 부에는 극단적인 관치주의(官治主義)를 채택하는 것은 부조화이다. 또 부 내의 조선인은 지식 및 자력에서 내지인과 큰 차이가 없으므로 의결기관을 감당할 수 있음은 물론, 지방제도 상 하등의 악영향을 미치지 않을 것이다.

또 자문기관의 성질상 협의원의 결정은 법률상의 효력을 가지지 않지만, 위법·월권 또는 공익을 해치는 것이 아닌 한, 이를 존중하

---

116 「조선에 있어서의 지방제도의 연혁」, 『齋藤實文書』 3, 1990, 고려서림, 68쪽.

는 것이 사리상 당연하다. 그렇다면 자문기관인 것과 의결기관인 것은 사실상 하등 다를 바 없으므로, 일보를 나아가 의결기관의 제도를 채택하여 공공기관으로서 실질을 갖추는 것이 타당하다. 협의원의 선임에 대해서는 조선인과 내지인에 따라 선임의 제도를 달리하는 것은 일견 교묘하다고 할 수는 있지만, 마치 나무에 대나무를 접붙인 것 같은 느낌을 면할 수 없다. 협의원을 고쳐서 참사회로 하고 참사회원은 내지인, 조선인 중에서 각각 따로 선거한 후보자 중에서 총독의 인가를 얻어 도장관이 임명하고, 참사회에 대해서는 재의명령, 원안집행, 참사회원의 해직 등 충분한 감독의 권한을 가지면서, 이를 의결기관으로 해도 가하다.

3) 학교조합을 신설하지 말 것. 자문기관을 의결기관으로 하면 학교조합의 조직은 부제와 동일하기 때문에 이중으로 법인을 둘 필요는 없다. 만일 내지인과 조선인의 교육에 대해 동일한 처리가 어렵다면, 그 비용에 대해서는 불균일 부과의 제도를 정하고, 참사회의 조직에 특례를 둔다면 지장이 없다. 특히 일시적 편법으로서 조합을 인정하게 된다면 이에 대하여 영구히 존속해야 할 기본재산을 부여하게 되어 장래의 정리상 커다란 장애를 남길 우려가 있다.[117]

〈내무부 안에 대한 지지 의견〉

1. 부제의 실시에 의하여 종래 내지인이 향유하던 자치권을 모두 잃게 된다는 것은 피상적인 견해이다. 민단에서 처리하는 사무의 주요한

---

117 「조선에 있어서의 지방제도의 연혁」, 『齋藤實文書』 3, 69~70쪽.

것은 교육사무로서, 이에 관해서는 별도의 학교조합을 설치하여 내지인의 자치에 맡기고, 민단 자치의 주요 부분은 제도의 개정에 의하여 하등의 변경을 받지 않는다. 또 병합 후 내선인 공동의 행정을 행함에 다소의 자치권의 제한을 받는 것은 당연한 일이다.

2. 종래의 예를 보건대 자못 발달한 지방단체라 해도 다수의 의견이 왕왕 정도(正道)를 잃는 사례가 적지 않다. 하물며 발달의 정도가 유치한 조선에서 인종적 이해(利害)가 개재되는 경우에는 자문기관의 의견이 정당하면 언제나 채용해야 한다고는 말할 수 없다.

3. 조선인은 종래 자치의 훈련을 갖지 못했고, 이에 더해 그 발달의 정도가 내지인에 비해 훨씬 낮다. 도저히 대의제도의 운용을 감당할 수 없다. 혹은 부(府)에 거주하는 조선인의 일부는 그 지식이나 자산에서 내지인에 비하여 큰 차이가 없으므로 의결기관을 조직할 수 있을 것 같지만, 병합 후 아직 일천하여 내선인의 융화가 아직 전혀 이루어지지 못한 금일에 너무 일찍 의회에 해당하는 권리를 인정하고 각자의 이익을 다투게 하는 기회를 주는 것은 극력 피하지 않으면 안 된다.

4. 부에 의결기관을 설치하지 않은 이상은 부 소재의 내지인의 교육사업은 따로 조합을 만들어 이를 처리하는 것이 필요함은 당연하다. 특히 학교조합의 제도는 오로지 부에서 필요할 뿐만 아니라 부 이외의 지방에서의 내지인 교육을 위해서도 또한 이를 개설할 필요가 있고, 동일한 사무는 동일한 형식으로 처리하는 것이 당연하다.[118]

---

118 「조선에 있어서의 지방제도의 연혁」, 『齋藤實文書』 3, 70~71쪽.

가장 큰 쟁점은 1) 부에 자문기관을 둘 것인가, 아니면 의결기관을 둘 것인가, 2) 학교조합을 따로 둘 것인가, 아니면 부에서 일본인 교육도 직접 관장할 것인가의 문제였다. 이와 같은 논의에 대해, 내무부는 의결기관이 아닌 자문역할을 하는 협의원을 두고, 학교조합은 따로 둔다는 원래의 안을 밀고 나아갔다. 다만 내무부는 협의원 선임의 방법만을 수정하여 "협의원은 부민 중에서 내선인의 구별 없이 총독의 인가를 얻어 도장관이 이를 임명한다"는 내용을 만들었다. 그리고 이러한 수정된 내무부의 최종안을 1913년 9월 본국 정부의 법제국에 제출하였다.[119]

본국 정부의 법제국에서도 의결기관으로 하는 것이 가하다는 의견이 있었지만, 대체로 조선총독부의 원안을 인정하고, 다만 다음의 2가지 점을 수정하였다. 1) 부의 폐치 또는 경계 변경의 경우에 재산처분을 요하는 때에는 도장관은 부윤의 의견을 들어(부윤은 부협의회에 자문) 총독의 허가를 얻어 처분 방법을 정한다. 2) 원안에서는 부의 사무에 관하여 부윤의 자문에 응하기 위하여 협의원을 두고, 협의원 각자의 의견을 들을 수 있는 제도로 한 것을 협의회라는 합의체를 두어 이에 자문하는 것으로 하고, 협의회는 부윤 및 협의회원으로 조직하고, 부윤이 의장을 맡도록 한다.[120]

3) 1913년 「부제」의 공포와 1914년 부제 실시의 의미

이와 같은 부제안은 천황의 재가를 얻어 1913년 10월 30일 조선총독

---

119 「조선에 있어서의 지방제도의 연혁」, 『齋藤實文書』 3, 71쪽.
120 「조선에 있어서의 지방제도의 연혁」, 『齋藤實文書』 3, 72쪽.

부관보에 제령 7호「부제(府制)」로 공포되었고, 1914년 4월 1일부터 시행되었다. 그리고 이와 함께「조선거류민단법」은 폐지되었다.[121] 부제의 실시가 1914년 4월로 미루어지게 된 것은 부제의 실시와 함께 이루어지는 외국인거류지 철폐 문제 때문이었다. 거류지 및 그곳에 거류하는 외국인의 법적 지위는 구한국법령과 구한국과 해당국 사이에 체결된 조약·협정에 의해 정해진 것이어서, 일본이 이를 일방적으로 파기할 수는 없었다. 총독부는 해당 국가들의 영사관과 협정서를 교환하고, 해당 국가 정부가 이를 승인하는 것을 기다려 부제를 실시할 수밖에 없었던 것이다. 총독부는 1914년 3월까지 이 과정을 마무리하여 비로소 4월 1일부터 부제를 실시할 수 있었다.[122]

한편「부제」제령의 발포와 함께 우사미(宇佐美) 내무부장관은 언론과의 인터뷰에서 부제 실시의 배경과 그 의의에 대해 설명하였다. 먼저 그 배경과 관련해서는 그동안 조선 각 주요 도시의 행정조직이 일본인의 거류민단, 조선인의 부윤으로 나뉘어 있고, 개항장의 경우에는 각국거류지·전관거류지가 있고, 경성에는 일본인과 조선인으로 조직된 한성위생회가 있는 등, 여러 기관이 병존하면서도 그 기능이 충분하지 못하였다는 점을 지적하였다. 특히 병합 이후 일본인의 이주가 늘어나면서 조선인과 잡거하는 지역이 늘어나고, 이에 따라 도로와 구거(溝渠) 등을 개수해야 할 지역이 늘어났음에도 불구하고 재정상의 이유로 거류민단에서 이를 수행하기 어렵다는 것을 지적하였다. 또 부산·목포·군산·원산 등에서는 시가지의 확장과 함께 상수도의 시설 확장이 필요하게 되었는데, 거류민단 외에 이

---

[121] 「府制의 閣議 통과」,『매일신보』, 1913.10.31.
[122] 姜再鎬, 2001, 앞의 책, 151~152쪽.

를 담당할 적당한 단체가 없어 민단에서 이를 시행하고 있는데, 그 사업에 따른 이익은 일본인뿐만 아니라 조선인들에게도 돌아가고 있다는 것을 아울러 지적하였다.[123]

우사미는 부제 및 학교조합령의 내용과 그 의의를 요약하여, "부는 법인으로 하고, 부 구역의 제반 공공사무를 처리하되, 단 내지인의 교육사업은 이를 학교조합의 경영에 맡겼은즉 그동안 거류민단, 각국거류지회, 한성위생회의 사무는 물론, 조선인 간 또는 내지인 조선인 간에서 협의적으로 처리한 사항도 부의 사무로 통일 처리할지오. 현재의 제도하에서 빚어지는 수많은 장애도 이로써 제거할 수 있을지로다"라고 말하였다.[124] 그는 조선인과 일본인이 함께 거주하는 부 지역의 행정을 통일적으로 집행할 수 있게 되었다는 것이 가장 중요한 의의라고 말한 것이다.[125]

부윤에 대해서 그는 "부(府)의 사무를 처리함에 필요한 이사자(理事者)를 부윤으로 하고, 부윤은 관리로서 한편으로 부내의 국가 행정사무를 관장하는 동시에, 다른 한편으로 부의 공공단체를 대표하야 그 사무를 통할하는 임무를 가지니, 이와 같이 관리된 부윤으로 하여금 부의 사무에 대하야 전반적인 책임을 지게 함은 조선의 현상을 비추고 민도를 생각하야 선거제도·의회제도 등의 적절한 제도가 아닌 소이요"라고 말하였다. 즉 부윤은 관리이자 공공단체의 대표라는 것, 민에 의한 선거나 의회에서의 선거를 통해 선출된 부윤이 아니라 임명된 관리로 부윤을 맡게 한 것은 조선의 민도를 감안한 것이라는 주장이었다. 그는 또 부윤 외의 부의 관

---

123 「府制공포에 대하여, 宇佐美 내무부 장관 談」, 『매일신보』, 1913.11.2.
124 위의 글, 『매일신보』, 1913.11.2.
125 위의 글, 『매일신보』, 1913.11.2.

리로 하여금 공공단체인 부의 행정사무에 종사할 수 있게 한 것은 오로지 처무의 편의와 비용의 절약을 위한 것이라면서, 이로써 그동안 민단 경비의 주요 부분을 점해 온 사무비는 현저히 절감될 수 있을 것이라고 주장하였다.[126]

또 부협의회에 대해서 그는 "부에 협의회를 두고, 협의회에 자문할 사항은 부조례의 제정 개폐, 예산의 편성, 기채(起債) 및 중요 재산처분 등이며, 협의회원은 부 주민 중에서 도장관이 이를 선임할지라도 그 선임에 당하야 특히 총독의 인가를 요하니 이는 그 전형을 신중히 하는 뜻에서 나온 것이오"라고 하였다.[127] 즉 부협의회는 부윤의 자문기관이며, 협의회원은 민선이 아니라 도장관이 총독의 허가를 얻어 임명하게 한 것은 전형을 신중히 하기 위한 것이라고 변명한 것이다. 그러나 민선이 아니라 전원 관선으로 한 것은 부 주민의 자치권을 거의 인정하지 않는다는 뜻을 표명한 것이다.

한편 「학교조합령」을 통해 부의 일본인 교육을 반드시 학교조합에서 경영하게 한 것에 대해서는 "그동안 민단구역의 내지인 교육은 민단에서 경영하였으므로 학교조합령을 적용할 필요가 없었으나, 앞으로 부는 내선인을 불문하고 부 주민의 공통 사무를 처리하게 되었으므로, 내지인의 교육사업은 내지인만으로 조직하는 학교조합으로 하여금 경영케 하는 것이 적당"하기 때문이라고 말하였다.[128]

총독부 기관지인 『매일신보』는 '부제' 실시의 의의에 대하여 "원래 거

---

126 「府制공포에 대하여, 宇佐美 내무부 장관 談」, 『매일신보』, 1913.11.2..
127 위의 글, 『매일신보』, 1913.11.2..
128 위의 글, 『매일신보』, 1913.11.2..

류민단 및 거류지의 제도와 한성위생회 등은 이미 병합 당시에 정리했어야 하나, 당시에는 겨를이 없어 구제도를 존속시켰는데, 이제 시기가 도래하여 불공평한 구제를 철폐하고 새로이 부제(府制)를 제정하였으니 어시호 행정상 통일을 볼지로다"라고 하여, '행정상의 통일'을 가장 중요한 의의로 꼽았다. 또 이 신문은 일부 일본인이 민단 철폐에 대해 이론(異論)을 제기할 수 있지만, "조선이 이미 제국의 영토가 된 이상에는 당연히 이를 철폐할지니 왜 그러한가. 동일한 제국신민으로 동일한 지방에 거주하면서 호상 할거하야 거의 외국인과 같은 상태가 되어 물과 기름이 섞이지 못하는 상태가 되면 일선인의 동화는 도저히 희망할 날이 없을지라"라고 하여, 일선인의 동화를 위해서도 민단폐지와 부제실시가 필요하다고 주장하였다.[129]

그러면 부제의 실시는 어떤 결과를 가져왔을까. 이를 부윤, 부협의회의 구성을 중심으로 살펴보자. 우선 부제 실시 직후인 1915년 12개 부의 부윤의 명단을 보면 〈표 2-11〉과 같다.

〈표 2-11〉 1915년 12개 부의 부윤

부명	경성	부산	평양	대구	인천	목포	군산	원산	진남포	마산	신의주	청진
부윤	金谷充	若松兎三郎	本田常吉	竹崎六次郎	久水三郎	橋本豊太郎	天野喜之助	村地卓爾	中野太三郎	三增久米吉	深川傳次郎	楠野俊成

출전: 『조선총독부직원록』 1915년판.

〈표 2-11〉에서 보듯이 모든 부의 부윤을 일본인 관리가 담당하고 있

---

129 「(사설) 부제령 발포」, 『매일신보』, 1913.11.4.

음을 알 수 있다. 일본인 관리가 부윤을 모두 맡게 된 것은 이미 1910년 10월 1일 조선총독부가 들어서면서부터였다.[130] 그런데 이제 부제의 실시와 함께 거류민단이 해체되고 그 사무가 부에 모두 통합되었기 때문에, 부윤을 일본인 관리가 맡게 된 것은 당연한 일처럼 되어 버렸다. 이후 1945년 해방될 때까지 모든 부의 부윤은 일본인 관리가 맡게 된다.

그러면 부협의회원의 일본인과 조선인의 구성은 어떻게 되었을까. 1914년 12개 부의 첫 부협의회원의 민족별 구성은 〈표 2-12〉와 같다.

〈표 2-12〉 1914년 12개 부 부협의회원의 민족별 구성

부명	경성	인천	군산	목포	대구	부산	마산	평양	진남포	신의주	원산	청진	계
일본인	8	7	4	5	5	8	5	6	5	4	5	4	66
조선인	8	3	2	3	5	4	3	6	3	2	5	2	46
계	16	10	6	8	10	12	8	12	8	6	10	6	112

출전: 「각부 협의원 수」, 『매일신보』, 1914.4.9.

〈표 2-12〉를 보면, 일본인은 전체 112명 가운데 66명으로 58.9%를 차지했고, 조선인은 46명으로 41.1%를 차지했다. 약 6 대 4의 비율로 일본인이 많았던 것이다. 이 비율은 당시 각 부의 인구 구성과는 크게 달랐다. 예를 들어, 1914년 4월 1일 현재 경성부의 인구는 23만 2,499명으로, 이 가운데 조선인이 17만 6,705명, 일본인이 5만 5,794명으로, 조선인이 일본인의 약 3배에 달하였다.[131] 하지만 같은 달 구성된 부협의회 의원은 조선인과 일본인이 8명으로 같았다. 부산의 경우, 1915년 당시 조선인

---

130 「敍任·辭令」, 『조선총독부관보』, 1910.10.1.
131 「경성의 호구수」, 『매일신보』, 1915.3.14.

인구가 2만 6,600여 명, 일본인 인구가 2만 8,200여 명으로 일본인 인구가 약간 많았다.[132] 1914년 구성된 부협의회 의원은 조선인 4명, 일본인 8명으로, 일본인이 조선인의 2배에 달했다. 즉 경성, 평양, 대구 등지와 같이 전통적인 도시로서 조선인 인구가 2~3배 되는 곳은 부협의회의 조선인과 일본인 의원을 동수로 구성했다. 그러나 부산, 목포, 군산, 진남포 등과 같이 본래 개항장으로 출발하여 1910년대 중반 일본인과 조선인의 인구가 비슷한 곳에서는 부협의회의 조선인과 일본인의 비율을 1:2 정도의 비율로 구성하였다. 따라서 본디 개항장으로 출발한 부의 부협의회는 일본인 의원들에 의해 주도될 수밖에 없었다.

결국 부윤도 일본인이고, 부협의회도 일본인들에 의해 주도되는 상황이 되어, 이제 부의 행정은 일본인들의 이해관계를 중심으로 이루어질 수밖에 없게 된 것이다.

---

132 「부산개관」, 『매일신보』, 1913.9.21.

5. 1917년 면제의 실시

1) 1911~1916년 총독부 내무부의 면제 입안

총독부 내무부는 부군 폐합, 면 폐합, 부제 실시 등이 마무리되자 1916년부터는「면제」제정을 위한 본격 준비에 나섰다. 「면제」제정은 이미 1911년부터 추진되어 온 것이었다. 앞서 본 것처럼 1911년 말에 총독부 내무부가 만든 『지방제도 개정에 관한 의견』이라는 작은 책자 안에는 지방비령, 부제, 면제, 학교조합령 등 지방제도의 개정에 관한 내무부의 의견과 그 근거가 정리되어 있다. 여기에 실린「면제강령」부분을 보면, 면을 2등급으로 나누어 1급 면과 2급 면을 둘 것을 제안했다. 면의 집행기관은 면장으로 하고(관선), 1급 면에는 부면장(관선)을 둘 수 있게 하여, 일본인이 면장을 맡는 경우에 조선인으로 부면장을 맡게 함으로써 일선인 상호간의 융화를 돕도록 할 필요가 있다고 하였다. 면은 면세(面稅)를 징수할 수 있게 하고, 면세는 결수할(結數割), 호별할(戶別割) 또는 가옥할(家屋割)로 하고, 또 필요한 경우에는 인가를 얻어 특별세(特別稅)를 부과할 수 있게 할 것을 제안했다.

조선총독부 내무부 지방국은 1912년 위와 같은 강령에 기초하여「면제」시안을 만들어 우사미 내무부장관을 통해 총독에게 결재를 올렸다. 지방국은 우선 면을 둘로 나누어 1급면과 2급면(또는 읍과 면)을 두고 이를 모두 법인으로 할 것을 제안하였다. 그리고 "1급면은 교육에 관한 사무 외에 기타 공공사무를 처리할 수 있게 하고, 2급면은 관행에 의한 사무 및 가벼운 사무에 한하여 처리할 수 있게 할 것"을 제안하였다. 또 면의 집행기관은 면장(관에서 임명)으로 하고, 1급면에는 부면장을 둘 수 있게 할 것과, 1급면에는 자문기관으로서 '면참여(面參與)'를 둘 것을 제안했다. 또 면은 면세(面稅)를 징수할 수 있게 하고, 면세는 결수할(結數割 : 지세에 대한 부가세), 호별할(戶別割 : 호세에 대한 부가세) 또는 가옥할(家屋割 : 가옥세에 대한 부가세)로 하고, 또 필요한 경우에는 인가를 받아 특별세를 부과할 수 있게 할 것을 제안했다. 지방국은 이러한 구상 위에서 '조선1급면제안'(총 62조), '조선2급면제안'(총 53조)을 따로 만들었다. 1급면제안을 보면 제1장 총칙, 제2장 면참여, 제3장 면리원, 제4장 면의 재무, 제5장 면조합, 제6장 면의 감독, 부칙 등으로 구성되어 있다. 총칙의 제1조는 "본령은 조선에 있어서의 1급면이 되는 곳에 행하는 것으로 한다", 제2조는 "면은 법인으로 한다. 관의 감독을 받아 도장관의 허가를 얻는 범위 내에서 그 공공사무 및 법령에 의하여 면에 속하는 사무를 처리한다"고 하였다. 2급면제안에서는 제1조에 "본령은 조선에서의 2급면이 되는 곳에 행하는 것으로 한다" 제2조에 "면은 법인으로 한다. 관의 감독을 받아 도장관의 허가를 얻는 범위 내에서 가벼운 공공사무 및 법령에 의하여 면에 속하는 사무를 처리한다"고 하였다. 1급면과 2급면의 가장 큰 차이는 1급면에는 면참여를 두고, 2급면에는 이를 두지 않는 것이다.[133]

당시 총독부 지방국에서는 면을 나누어 1급면과 2급면을 두어야 하는 이유로서, "조선에 있어서의 각 지방의 실상은 내지인집단의 상황 및 그 경제능력 등에서 심한 차이가 있습니다. 예를 들면 대전, 개성 기타 도청 소재지로서 부제를 시행할 정도로 발달하지는 않은 도회지와 조선 도처에서 목격되는 인구가 희박하고 자력이 빈약한 대다수의 면을 동일한 제

---

[133] 「조선면제 제정의 건」(1912년) (국가기록원 CJA0002542)

도 하에 두는 것은 도저히 불가능하다고 생각합니다. 전자에 대해서는 그 자력에 상당한 사업을 경영함으로써 그 발전을 도모하도록 하고, 특히 사업 및 기채 능력을 인정할 필요가 있습니다만, 후자에 대해서는 사업능력을 단순히 관행에 의한 사항 및 가벼운 사항의 범위에 그치도록 하고, 기채능력은 이를 인정하지 않는 것이 당연하다고 생각합니다. 이것이 면을 두 계급으로 구별하고자 하는 주요한 이유입니다"라고 설명하였다. 또 1급면에 참의를 두자고 한 이유로서는 "1급면의 사업의 범위가 비교적 광범하므로 그 경비도 2급면에 비하여 훨씬 다액이고, 따라서 면민의 부담도 가볍지 않으므로 다소 민의를 소통시키는 길을 여는 것이 적당하다고 생각합니다. 이에 1급면에 자문기관으로서 면참의를 두어 면장의 자문에 대해 의견을 개진하도록 해야 합니다"라고 설명하였다.[134]

그러나 이와 같은 1급면제와 2급면제를 나누어 만드는 안은 총독부 내의 논의 과정에서 채택되지 않은 것으로 보인다. 1912년 10월 29일 내무부 지방국 제1과장인 사와다 도요다케(澤田豊丈)가 만든 것으로 보이는 제령 「면제」 초안에서는 1급면이나 2급면에 대한 언급은 전혀 보이지 않는다.[135] 그러나 1급면과 2급면을 구분하는 안은 1916년 면제 제정 시에 지정면과 보통면의 구분으로 다시 살아난다.

1912년 10월의 안은 1급면안과 2급면안을 통합하고, 내용을 대폭 줄인 전문 19조로 되어 있다. 주요 내용을 살펴보자. 제1조에서는 "면은 법인으로 한다. 관의 감독을 받아 그 공공사무 및 법령에 의하여 면에 속하는 사무를 처리한다"고 하였다. 여기에서 주목할 것은 면을 '법인'으로

---

134 위의 글, (1912년) (국가기록원 CJA0002542)
135 위의 글, (1912년) (국가기록원 CJA0002542)

한다는 것을 확실히 한 것이다. 제2조에서는 "면의 폐치, 분합 또는 그 경계 변경의 경우에 재산처분을 요할 때에는 조선총독의 허가를 얻어 도장관이 이를 정한다"고 하였다. 제3조에서는 "면내에 주소를 가진 자는 그 면 주민으로 한다. 면 주민은 본령에 따라 면의 영조물을 공용할 권리를 가지고, 면의 부담을 분임할 의무를 진다"고 하여, 면주민의 자격과 권리, 의무를 규정했다. 제4조에서는 "면장은 면을 통할하고 이를 대표한다. 면장 외에 면의 직원에 관한 사항은 조선총독이 이를 정한다"고 하였다. 이는 면장과 면직원에 대한 규정이다. 제5조는 "수익을 위한 면의 재산은 기본재산으로서 이를 유지해야 한다. 면은 특정한 목적을 위하여 특별한 기본재산을 두거나, 또는 금곡(金穀) 등을 적립할 수 있다"고 하였다. 이는 면의 기본재산과 관련된 조항이다. 제6조는 "면은 영조물의 사용에 대해 사용료를 징수할 수 있다. 면은 일 개인을 위한 사무에 대해 수수료를 징수할 수 있다"고 하였다. 사용료와 수수료에 대한 조항이다. 제7조는 "면은 그 공익상 필요한 경우에는 기부 또는 보조를 할 수 있다"고 했다. 기부 및 보조에 관한 조항이다. 제8조는 "면은 그 필요한 비용 및 법령에 의하여 면의 부담에 속하는 비용을 지변할 의무를 진다. 면은 그 재산으로부터 생기는 수입, 사용료, 수수료, 기타 면에 속하는 수입으로써 전항의 지출에 충당하며, 부족할 때는 면세 및 부역현품을 부과할 수 있다"고 하였다. 면의 재정 운용에 관한 조항이라 할 수 있다. 이하 제9조부터 제19조까지는 면세와 면의 예산, 차입금, 회계연도, 기채(起債) 등에 관한 내용으로 구성되어 있다. '면제' 제정의 이유에 대해서는 "종래의 면은 단순히 행정구획에 지나지 않았지만, 재산을 가지고 또 면장의 수당 및 사무집행에 요하는 비용을 부담하는 등 이미 공공단체임이 사실이므로, 차제에 이에 인격을 부여하고 또 2, 3의 특정공공사무를 처판하도록 할 필요가 인정됨"이라고 설명하였다.¹³⁶ 즉 이미 재산을 가지고 사업을 하는 등 공공단체로서 이미 역할을 하고 있으므로 이에 법인격을 부여하자는 주장이었다.

그러나 1912년의 이와 같은 면제 추진은 일단 보류된 것으로 보인다. 그것은 면리원 가운데 아직은 유능한 자들이 적어, 우선 유능한 자들을 면리원으로 뽑아야 하고, 군서기들의 면사무 지도에 대한 강습도 필요하고, 면리원들에게 면재정 취급에 대해 교육을 면재산 취급에 익숙해지도록 할 필요가 있다고 보았기 때문이다.¹³⁷ 또 면제의 실시 이전에 군과 면의 폐합이 선행되어야 한다는 판단도 중요하게 작용한 것으로 보인다. 이에 따라 총독부는 1913년과 1914년에 걸쳐 부면 폐합과 부제 실시의 작업을 진행하였고, 또 유능한 면리원들을 뽑아서 면재정에 대한 교육을 실시했다. 이러한 작업이 어느 정도 이루어지자, 총독부는 1916년 들어 '면제' 제정 작업을 다시 시작했다.

2) 「면제」를 둘러싼 조선총독부와 본국 법제국 간의 논쟁

1916년 11월 초 총독부의 내무부와 참사관실에서는 「면제」 제령 초안을 확정하였다. 지방국 제1과 과장 사와다 도요타케(澤田豊丈)가 만든 이 초안은 모두 27조로 구성되어 있다. 그 내용은 1912년에 만들었던 「면제」 초안과 상당히 유사하다. 특히 제1조가 그렇다. 1912년의 면제 초안에서는 "제1조. 면은 법인으로 한다. 관의 감독을 받아 그 공공사무 및 법령에

---

136 「조선면제 제정의 건」(국가기록원 CJA0002542)
137 澤田豊丈, 1918, 「面制에 대하여」, 『朝鮮總督府道郡島書記講習會講演集』, 2~3쪽.

의하여 면에 속하는 사무를 처리한다. 전항 공공사무의 범위는 조선총독이 이를 정한다. 면의 구역은 행정구획인 면의 구역에 의한다"고 하였는데, 1916년의「면제」초안에서는 "제1조. 면은 법인으로 한다. 관의 감독을 받아 그 공공사무 및 법령에 의하여 면에 속하는 사무를 처리한다. 면이 처리해야 할 공공사무의 범위는 조선총독이 이를 정한다"고 하였다. 이와 같이 1912년의 초안과 1916년의 초안은 상당히 유사하다. 그것은 같은 사람이 만들었기 때문이다. 그러나 양자 사이에는 중요한 차이가 있었다. 1912년의 초안에서는 없었던 '지정면의 상담역' 제도가 1916년의 초안에는 들어갔기 때문이다. 즉 1916년의 초안 제7조에는 "조선총독이 지정하는 면에 상담역을 둔다. 상담역은 면의 사무에 관하여 면장의 자문에 응한다"라는 조항과, 상담역이 자문할 6개 사항이 들어간 것이다. 제8조에서는 상담역은 도장관이 임명한다고 되어 있고, 무급으로 임기는 3년으로 한다고 되어 있다.[138] 이는 1912년 처음에 만들었던 1급면제안과 2급면제안에서 "1급면에는 자문기관으로서 참사를 둔다"고 했던 것이, 1916년 면제 초안에서 "지정면에는 상담역을 둔다"는 것으로 살아난 것이다. 1916년「면제」초안의 핵심은 면을 법인, 즉 공법인(公法人)으로 한다는 것과, 공공사무를 처리한다는 것, 즉 공공단체로 인정한다는 것이었다.[139]

조선총독부가 면제 제령안을 확정했을 때 작성된 것으로 보이는 사와다의「면제설명서」를 보면, 총독부 측의 면제 제정의 취지를 어느 정도

---

138 「面制制令案」대정 5년(1916) 11월 13일 (아시아역사자료센터, A13100239800)
139 공공단체란 원래 공법인으로서 자치행정의 주체가 되어 공공사무를 처리하는 단체를 말한다. 총독부 관리들은 이때 조선의 면을 공법인으로서, 사실상의 공공단체로 만들려 했던 것으로 보인다. 공공단체의 개념에 대해서는 脇坂健次, 1924,『改正 府制面制釋義』, 제국지방행정학회, 27~35쪽 참조.

알 수 있다. 그는 이 글에서 "병합의 때에는 잠시 면을 단순한 행정구획으로 하고, 지방관관제로 면장을 두고, 면장의 수당 및 그 사무집행에 필요한 경비에 한하여 이를 면민으로부터 징수할 수 있다고 하여, 재산의 소유, 사업의 경영 등에 관해서는 이를 훗날의 연구에 미루어두었다. 이후 이에 대한 조사가 진전됨과 함께, 혹은 면의 폐합을 행하고, 혹은 면사무의 정리, 면의 경비 절감, 면리원의 훈련에 노력하는 등, 장래 면제의 시행에 대비하였다"고 하여, 병합 이후 계속해서 조사와 연구, 면 폐합 등을 통해 '면제'에 대해 준비해왔음을 밝혔다. 그는 이어서 "면장 기타 면리원은 점차 사무에 익숙해지고 있고, 사무정리 또한 자못 볼만한 것이 있다. 또 근래 지방의 실정을 보건대, 면의 경영으로 해야 할 사업이 더욱 많아지고 있다. 그런데 면은 아직 법령상 사업경영의 능력을 인정받지 못하고 있기 때문에, 조합 또는 계 등을 설치하여 이를 경영한다든가 하는 고식적인 방법에 의하여 일시의 급무에 대응하고 있을 뿐이다. 본부(조선총독부)에서도 또한 시장, 도장(屠場) 및 모범림의 경영을 하지 않을 수 없는 상황에 이르렀는데, 지방사무의 통일을 결여함으로써 헛되이 다액의 경비를 써버릴 우려가 없지 않다. 이제 면제 시행의 준비가 대략적으로 이루어짐과 함께, 더욱 통절하게 면제 제정의 필요를 느끼기에 이르렀다. 따라서 차제에 '면제'를 발포하고, 위와 같은 사무를 면에 통일 경영시킴으로써 지방의 필요에 응하고, 그 부담의 경감을 기하고자 한다"고 면제 입안의 취지를 밝혔다.[140]

그러나 그는 "면을 내지 정촌제도와 같은 자치제도로 하는 것은 조선 통치상 대국에서 타산하여 인지의 발달정도를 고려할 때, 아직 그 시기가

---

140 「면제 설명서」(국가기록원 CJA0002542 「조선 면제 제정의 건」 중)

아니라고 인정한다. 다만 단순히 현재의 실정에 적응시키기 위하여, 재산을 소유함과 동시에 어느 정도의 공공사업을 경영할 능력을 인정함에 그치게 한다"고 그 의미를 제한하였다. 따라서 그는 "관제로써 면장을 두고, 이를 판임관 대우로 해준 것과 같은 제도는 의연히 이를 계속하고, 관제상의 면장으로 하여금 면행정의 일체를 담임하게 하는 것"이라 하여 정촌제와 같은 자치제도를 도입하는 것은 아니라는 점을 분명히 했다.[141]

1916년 조선총독부가 마련한 「면제」 초안은 먼저 일본 내무성에 제출되었다. 내무성에서는 척식과, 지방과, 참사관이 이를 검토하고 수정안을 만들어냈다. 이후 수정안은 내각 법제국으로 검토를 받게 된다. 조선총독부에서 초안을 만든 사와다는 11월 18일 직접 동경으로 가서 내무성 및 법제국 관료들의 축조 심의에 참여하였다.[142]

내무성에서는 척식과와 지방과, 그리고 참사관이 차례대로 축조 검토를 하여 12월 12일에 내무성 최종안을 만들었다. 그 내용을 살펴보면, 우선 제1조에서는 "면은 법인으로 한다. 관의 감독을 받아 그 공공사무 및 법령에 의하여 면에 속한 사무를 처리한다. 면이 처리할 공공사무의 범위는 조선총독이 이를 정한다"라고 하여, 면의 법인화를 비롯하여 주요 내용을 거의 손대지 않고 그대로 두었다. 제5조에서는 "면에는 조선총독이 정하는 바에 의하여 유급 또는 무급의 면리원을 둔다"라고 하여 조선총독부 안에서 '면리원을 둘 수 있다'고 한 것을 '둔다'고 고쳤다. 제6조에서는 "면리원의 복무규율에 관한 규정은 조선총독이 이를 정한다"라는 내용을 추가하였다. 제7조에서는 "조선총독이 지정하는 면에 상담역을 둔다"라

---

141 앞의 글(국가기록원 CJA0002542 「조선 면제 제정의 건」 중)
142 「面制實施 不遠」, 『매일신보』, 1916.11.19.

는 내용을 그대로 두고, 여기에 "상담역의 정원은 조선총독의 허가를 받아 도장관이 이를 정한다"는 내용을 추가했다. 그리고 맨 마지막에 제29조를 추가하여 "면은 제1차로 군수와 도사(島司)의 감독을, 제2차로 도장관이 이를 감독하고, 제3차로 조선총독이 이를 감독한다. 감독관청은 면의 감독상 필요한 명령을 발하거나 또는 처분을 할 수 있다"고 하여, 면의 감독에 관한 사항을 명기했다.[143]

그런데 내무성 안이 법제국으로 넘어간 뒤, 법제국 측에서 면의 법인화에 강하게 반대하고 나왔다. 12월 중에 법제국은 이에 대한 축조 심의에도 착수하지 않았다. 그런 가운데 사와다는 도쿄에서 장티푸스에 걸려 요양 치료에 들어갔고,[144] 이에 아키야마 마사노스케 참사관이 도쿄로 달려갔다. 법제국에서는 1월 이후에 검토에 들어간 것으로 보이지만, 1월 27일로 예정되었던 심의회의가 연기되는 등 소극적인 태도를 보였다. 2월 들어 총독부 측의 하타노 속(屬)과 건강을 회복한 사와다 과장, 그리고 아키야마 참사관이 법제국측의 아베(阿部) 참사관과 논의를 거듭했지만, 이견을 좁히지 못했다.[145] 양측의 가장 커다란 의견 차이는 면의 법인화와 상담역의 설치 문제를 둘러싼 것이었다.

법제국 관리들은 '법인'과 '상담역'이라는 문구에 대해 매우 비판적이었다. 법제국의 아베 참사관은 "조선총독부가 새로이 면제를 제정하여 면에 법인격을 주고 이로써 공공사무를 행하도록 하고, 그 규정하는 바의 조항은 모범을 내지의 정촌제에서 취하여 자못 이에 방불하다. 이 제도는

---

143 「내무성 최종안」(국가기록원 CJA0002572, 「면제관계서류」 중)
144 姜再鎬, 2001, 앞의 책, 166쪽.
145 「면제에 관한 잡건」(국가기록원 CJA0002572, 「면제관계서류」 중)

명확히 식민지에 대하여 새로이 자치제를 시행하려는 것이다. 새로 부속된 민을 다스리는 것은 극히 세밀하고 신중하게 고려하여 준비하지 않으면 안 된다. 민족의 자각이 시작되면 식민지가 모국으로부터 분리하려 하게 된다는 것은 열국의 역사책에 비추어 역연하다. 따라서 식민지에서는 (식민지) 민족의 자각심을 자극하는 일을 가급적 피하는 정책을 취하고, 민에게는 무조건 따르게 하는 방책을 취해야 함에도 불구하고, 이번에 졸연히 자치제를 시행한다는 것은 경솔한 것이다. 훗날 조선에서도 민심이 향상함과 함께 지방자치를 요구한다든가, 의회의 선거권을 요구한다든가, 그 독립자치를 요구한다든가 하는 일이 있을 때는 폐해가 적은 것부터 이를 허용하여 형세를 완화하는 길을 도모하지 않을 수 없음에도 불구하고, 현재 전혀 그러한 요구가 없음에도 불구하고 먼저 이를 준다면, 훗날 그러한 요구가 일어날 때에 무엇을 줄 수 있을 것인가 심히 우려하지 않을 수 없다"고 하였다. 그는 '면제'를 새로이 자치제를 시행하려는 것이라고 규정하고, 조선인들이 지방자치제 같은 것을 요구하고 있지 않음에도 이와 비슷한 것을 실시하려는 것은 매우 우려스럽다고 비판하였다.[146] 같은 법제국의 하라(原) 참사관도 아직은 조선에서 동화의 실을 거두기 위한 노력을 해야 할 때이며, 공공단체라 하여 단체적 권력의 주체를 인정함으로써 자치의 사상을 양성할 우려가 있고, 지정면의 상담역도 일본인으로 주로 임명하는 경우, 조선인의 민원이 될 우려가 있다면서 이에 반대하였다.[147]

---

146 「면제에 대한 의견」(阿部 법제국 참사관) (아시아역사자료센터, A13100239800, 「면제제령안」중)

147 「비고」(原참사관) (「면제제령안」중)

아베 참사관은 또 "하물며 내지의 정촌에서도 자치상 시설하는 바는 학교경영 외에는 거의 없는 편인데, 조선에서 학교는 학교조합을 개설하고 있기 때문에 나머지 일은 미미한 것이다. (중략) 당장의 준비에 응하기 위해서는 면비(面費)의 제도를 개설하여 이를 재산 주체로 하도록 하는 데 그치고, 이로써 면사업의 비용을 지변하고, 이에 필요한 재원을 징수하도록 하는 데 그치는 것이 지당하다"고 주장하였다. 그리하여 그는 '면제' 대신 '면비령(面費令)'을 만들자고 주장하였다. 그는 「면비령」의 초안도 만들었는데, 제1조를 보면 "면에 면비를 두어 면비에 속하는 재산 및 그 수입, 면비지변의 사업으로부터 생기는 수입, 기부금, 보조금, 부과금 및 차입금으로써 이를 충당한다"라고 하였다.[148]

이에 대해 총독부의 아키야마 참사관은 식민지 지배에 있어서는 "모름지기 종래의 관행 및 문화의 정도 등에 비추어 극히 세밀하고 신중한 고려 위에 준비를 함으로써 이에 맞는 제도로 그 인민을 선도 유액하여"야 한다고 주장하였다. 그는 "내지의 제도는 곧 이를 조선에 옮겨올 수가 없는 동시에, 조선에 적응할 수 있는 제도라 해서 반드시 이를 대만, 화태 및 관동주의 제도로 삼을 수는 없다"고 보았다. 그는 아베 참사관이 조선 면제안이 정촌제에서 그 모범을 취하고 있으며, 그 조항도 자못 이에 방불하다고 주장한 것에 대해 다음과 같이 반박하였다. "내지의 정촌제에서는 정촌회라는 의결기관을 개설하여 그 구성, 조직, 권한이 주요 부분을 점하고 있음에도 불구하고, 면제에서는 단순히 그 재산주체 및 필요한 사업주체임을 인정하는 외에 자치제의 안목인 의결기관을 개설하지 않고, 면장과 면리원은 군수, 도사가 이를 임면하고 징계를 행하도록 하였으며,

---

148 「면제에 대한 의견」(阿部 법제국 참사관) (「면제제령안」 중)

지정면에 설치할 무급의 상담역도 도장관이 임명 면직하도록 하고 있다. 이외에 면의 사업 및 면세(面稅), 사용료, 수수료, 부역현품의 종류 및 그 부과 징수에 대해서도 모두 조선총독이 정하는 바에 의하도록 하고, 도장관 및 군수 도사의 엄중한 지도 감독 하에 그 사무를 집행하도록 하였다. 때문에 아베 참사관은 자치제라는 문자를 나열하여 면제를 시비하였지만, 그 모양새에서 볼 때 정촌제와는 크게 그 취지를 달리하는 것이라고 말하지 않으면 안 된다" 즉 조선 면제안은 일본의 정촌제를 모방한 것이 아니며, 그 내용도 크게 다르다고 주장한 것이다.[149]

이러한 관점에서 그는 조선의 면·동·리 제도는 오랜 역사를 갖고 있으며, 면은 오랫동안 하급 행정기관임과 동시에 사실상의 공공단체였다는 점을 강조하였다. 그는 병합 이후 총독부는 지방제도의 조사 및 심의를 거듭하였고, 군폐합과 면폐합 등을 통해 면의 정리를 해왔고, 면장과 면리원도 그 사무에 상당히 익숙해졌다고 주장했다. 또 1916년 현재 면이 경영하고 있는 것은 공동묘지 1,936개소, 모범림 1,930개소, 모범 뽕나무밭 199개소, 묘포 1,030개소, 시장 919개소, 도장(屠場) 179개소, 도선(渡船) 114개소에 달하였고, 그 밖에 다수의 채종전, 모범전, 죽림, 종빈우, 화장장, 공동우물 등을 경영하고 있다고 지적하였다. 또 면의 사업비는 123만 원에 달하고, 이들 비용은 모두 종래의 관행에 의하여 조합, 계 등에 의해 조달되거나, 협의비 기타의 명목으로 면민이 부담하고 있고, 면리 소유의 재산은 논 1,132정보, 밭 2,191정보, 대지 74만 1,600평, 임야 91,980정보, 건물 6만 4,800평, 현금 약 15만 원을 헤아리고 있다고 지적

---

149 「면제에 관한 阿部 법제국 참사관의 의견에 대하여」(秋山雅之介 조선총독부 참사관)(「면제제령안」 중)

하였다.¹⁵⁰ 따라서 면이 재산의 주체 및 사업주체임을 인정하고, 이로써 면의 사업을 통일하여 간략하게 하고, 동시에 면민의 부담을 절약 경감시키기 위하여 '면제'를 제정하고자 한다는 것을 강조하였다. 즉 면은 이미 사실상의 공공단체라는 점을 지적한 것이다. 그는 아베 참사관이 제안한 '면비령'은 오히려 관제 개정 등 오히려 더 번잡한 일을 만들게 될 것이라고 비판하였다.¹⁵¹

또 아키야마 참사관은 「면비령에 대한 반대의견 요지」라는 글에서 아베 참사관의 주장이 "면내의 공공사무를 처리하기 위해 사업주체를 인정하는 것이 조선의 현상에 필요하다는 것은 인정하지만, '면제'는 새로이 자치제를 창설하려는 것으로서, 조선민족의 자각심을 유발하고 자치독립의 사상을 환기할 우려가 있으므로 다소의 불편이 있더라도 '면비령'의 형식을 빌리는 것이 가하다는 것으로 요약된다"면서, 이에 대해 다음과 같이 그의 주장을 비판하고 있다.¹⁵²

1. 면제는 결코 새로이 자치제도를 창설하는 것이 아니다. 단순히 고대 이래의 관행에 기초하여 면의 인격을 인정하고, 권리의무의 주체임과 동시에 사업경영의 능력을 인정함에 그치는 것이다. 그 실

---

150 그런데 여기에서 야키야마가 말하는 '면리 소유의 재산'은 '면유재산'과는 다른 것이었다. '면리 소유재산은 면과 동리소유의 재산이 모두 포함된 것이었다. 그리고 그 대부분은 동리 소유의 재산이었다. 1915년 총독부가 조사한 바에 따르면, 조선 전체의 면유 재산은 논이 약 51정보, 밭이 약 84정보, 임야가 4,149정보, 잡종지 209정보, 기타 가옥 등이었다(「鮮內面有財産」, 『매일신보』 1915.4.16)
151 「면제에 관한 阿部 법제국 참사관의 의견에 대하여」(秋山雅之介 조선총독부 참사관) (「면제제령안」 중)
152 「면비령에 대한 반대의견 요지」(秋山 조선총독부 참사관) (「면제제령안」 중)

제는 순연한 관치(官治)에 맞게 면의 사업 및 사무는 모두 관청의 엄중한 감독하에 관선(官選)의 면장에 의하여 이를 집행할 뿐만 아니라, 내지정촌제에 있어서와 같은 의결기관을 두지 않기 때문에, 면민을 행정에 참여시키는 것은 아니다. 오직 대전, 진해와 같이 그 실질이 부(府)에 가까운 특수한 면에 한하여 (중략) 한두 명 면민을 상담역으로 관선하는 것에 지나지 않는다. (중략) 조선의 있어서는 고래에 면동리의 구역으로 일단을 이루어 공동의 이익 증진을 도모하고 재산을 소유한 관례가 있다. 면동(面洞) 민의 자각이 없고, 또 이를 표시할 법률상의 언어가 없지만, 오늘날의 법인과 거의 동일한 실질을 가지기 때문에 한국병합 이래 재판소의 판결에서도 면의 인격을 인정하고 있는 바로서, 면제에 있어서는 이 사실을 법문화(法文化)하는 데에 지나지 않는 것이다.

2. 면은 오랫동안 재산 및 사업의 주체로서 인격을 가짐으로써 조선총독부에서도 종래 이러한 방침으로 지방행정의 개선에 노력해왔다. 현재 각종 제령 및 부령 등에서도 면을 공공단체로 인정하여 규정한 것이 심히 많다. 그리고 이러한 방향에서 이미 제령 중에서도 규정하고 있는 이상, 단순히 조선총독부의 방침일 뿐만 아니라 중앙정부에서도 종래 이를 인정하였던 것이라고 하지 않을 수 없다. 그런데 이제 갑자기 이를 일변하여 면은 공공단체가 아니라고 하니, 이들 각종의 법령을 고쳐 병합 이래 일관해온 통치의 방침을 일변하지 않을 수 없다. 이와 같은 일은 정부의 위신에 관계되는 바가 적지 않을 뿐 아니라, 나아가서는 정부의 정책에 관하여 의혹을 품게 한다. (중략)

3. 면비령도 또한 재산권의 주체이자 사업경영의 능력자인 일종의 법

인을 창설하는 것으로서, 그 실질에 있어서는 면제와 큰 차이가 없다. 그 조문에서도 면비령은 일견 간단하여 법인적 규정이 없는 것 같지만, 면비 부과 징수의 규정을 부령에 위임하고 또 면장과 면비의 관계, 면의 직원, 사용료 수수료의 징수, 지불금의 시효, 선취특권의 순위, 면의 일부의 재산 등 각종의 필요한 규정을 결여하고 있다. 만일 이러한 규정들을 면비령 가운데에 덧붙이거나, 또는 부령에 위임하게 된다면 면제와 거의 다를 바 없게 될 것이다.(중략)
요컨대 면제를 고쳐서 면비령으로 하자는 것은 고래 조선에 있어서의 지방제도의 역사 및 관행에 어긋나고, 병합 이래 일관된 지방통치의 방침의 방침에도 어긋나며, 신부(新附) 인민의 사상에 영향을 미치는 바가 적지 않을 것이라고 인정되므로 조선의 실상에 비추어 원안과 같이 면제로 하는 것이 가장 적당하다고 믿는 바이다.[153]

조선총독부의 아키야마 참사관은 1) '면제'는 조선의 오랜 역사와 현실 속에서 면이 이미 재산을 소유하고 공동체를 위한 사업을 해온 것을 법문화하는 것에 불과하고, 2) 병합 이후 총독부에서 발포한 법령들에도 이것이 반영되어 있으며, 본국 정부도 이를 인정해 왔으며, 3) 면비령은 그 내용상 면제와 큰 차이가 없다는 것을 들어, 아베 참사관의 주장을 비판한 것이다.

아베와 아키야마 간의 위와 같은 논쟁의 핵심은, 아베는 "면제는 일본의 정촌제를 모방한 제도로서, 식민지 조선에서 이러한 법인화와 자치제를 실시하는 것은 시기상조"라고 주장하고, 아키야마는 "면제는 자치제가

---

153 「면비령에 대한 반대의견 요지」(秋山 조선총독부 참사관)(「면제제령안」중).

아니며, 이미 면은 사실상의 공공단체로서 재산을 소유하고 사업을 경영하고 있다"면서 면의 법인화가 필요하다고 주장하는 데 있었다.

3) 「면제」의 공포와 「면제」 실시의 의미

조선총독부와 법제국 측의 주장이 이와 같이 평행선을 달리자, 결국 총독부 내무부 장관 우사미 가쓰오가 데라우치 수상에게 편지를 보내 절충을 요청했고,[154] 수상의 조정에 의해 아키야마 참사관과 아베 참사관이 절충을 하여 최종안이 나왔다.[155] 면제 최종안은 1917년 4월 10일에야 확정될 수 있었다. 내각 총리대신은 4월 19일에 천황에게 재가를 요청했고, 5월 7일 천황의 재가를 얻었다.[156]

최종안의 제1조를 보면, "면은 법령에 의하여 면에 속한 사무를 처리한다"고 하여, '면의 법인화'라든가 '공공사무'라는 문구는 완전히 빠졌다. 제2조는 "면의 사무는 면장이 이를 담임한다"는 것이고, 제3조는 "면에는 조선총독이 정하는 바에 의하여 유급 또는 무급의 면리원을 둘 수 있다"는 것으로 되었다.

그리고 제4조에는 "조선총독은 면을 지정하여 면장의 자문에 응하게 하기 위하여 상담역을 둘 수 있다"고 하여, 지정면에 상담역을 둘 수 있다는 조항을 남겨두었다. 결국 양측은 '법인화' 조항은 삭제하되, '상담역' 조항은 남겨두는 것으로 타협을 한 것으로 보인다. 사실 지정면에 상담역 몇

---

154 姜再鎬, 2001, 앞의 책, 166쪽.
155 「面制審議 結了」, 『매일신보』, 1917.4.8.
156 「面制制令案」(아시아역사자료센터 A13100239800)

명을 두는 것은 자치제라고 할 수 없음에도 불구하고,[157] 법제국은 이를 자치제의 싹이 되어 조선인들의 자치사상을 자극할 것이라고 무리한 주장을 했다고 볼 수 있다. 당시 조선총독부 관리들도 「면제」를 통해 지방자치제를 도입하겠다는 생각은 거의 없었다. 「면제」안을 기초한 조선총독부의 사와다 서기관은 훗날 도군도(道郡島) 서기 강습회에서 면제가 자치제인가 아닌가의 문제와 관련하여, "내지의 정촌제와 같은 것을 자치라 칭한다면, 면제는 자치가 아니다. 왜냐하면 정촌과 같이 자기가 선거한 기관이 사무를 행하는 것이 아니고, 관에서 임명한 기관이 사무를 행하기 때문이다"라고 밝혔다. 즉 선거로 선출된 면장이 사무를 행하는 것이 아니라, 임명된 면장이 사무를 행하기 때문에 자치라고 볼 수 없다는 것이었다.[158]

한편 「면제」 최종안에서는 면은 재산을 소유할 수 있고, 사용료, 수수료, 부과금, 부역, 현품 등을 징수할 수 있게 했다(제7조, 제12조 등). 또 면은 필요한 경우 총독의 인가를 받아 면조합을 설치할 수 있게 했다(제13조). 면이 재산을 소유하고, 나름대로 재정을 운용할 수 있게 한 것이다.

결국 본국 정부 관료들의 견제에 의하여, 조선의 「면제」는 면의 기본 성격을 법인이나 공공단체가 아닌 관치행정의 말단기관으로 규정되었다. 그러나 내용적으로 보면 총독부관리들이 주장한 것처럼 면이 자체 재산을 소유하고, 각종 부과금과 부역, 현품 등을 거둘 수 있게 되었고, 면조합을 설치할 수 있게 됨으로써 어느 정도 공공단체(公共團體)에 준하는 성격

---

[157] 면제 확정 뒤에 조선총독부에서 만든 「면제시행심득」(1917)(국가기록원 CJA0002542)을 보면, 상담역의 정원은 3천 호 미만의 면은 4인 이내, 5천 호 미만의 면은 6인 이내, 5천 호 이상의 면은 8인 이내로 하고, 반드시 조선인과 일본인 동수로 하도록 했다.

[158] 澤田豊丈, 1918, 「面制에 대하여」, 『朝鮮總督府道郡島書記講習會講演集』, 조선총독부, 6쪽.

을 갖게 되었다고 볼 수 있다.

조선총독부는 천황으로부터 재가를 받은 「면제」를 제령으로 6월 9일 조선총독부관보에 게재하고 10월 1일부터 시행에 들어갔다.[159] 그리고 같은 날 관보에 조선총독부령 「면제시행세칙」을 게재했다.[160] 「면제시행세칙」을 보면, 면장과 면서기, 회계원을 두고, 각 동리에는 구장(區長)을 두도록 했다. 또 지정면에만 두는 상담역은 면 내에 주소를 가진 자를 대상으로 도장관이 이를 임명하며, 무급으로 임기는 3년으로 했다. 시행세칙에서는 부과금과 기타 수입에 대해 자세히 규정했으며, 면조합에 대해서도 구체적인 내용을 규정했다.

또 이어서 만들어진 「면제시행심득」을 보면, 면장은 종전대로 조선인을 임용하되, 지정면에 한하여 필요가 있을 때는 일본인을 임용할 수 있도록 했다. 또 면서기 및 구장은 특히 필요가 있는 경우 외에 가능한 한 조선인을 임용하도록 했다. 단 면서기 및 구장에 일본인을 임용할 때에는 도장관의 승인을 얻도록 했다. 그리고 제8조에서 면서기의 정원은 8백 호 미만의 면은 4인 이내, 1,300호 미만의 면은 5인 이내, 2천 호 미만의 면은 6인 이내, 3천 호 미만의 면은 7인 이내, 3천 호를 넘는 면은 1천 호 미만을 더할 때마다 1인을 증가할 수 있도록 했다.[161]

그러면 총독부 관리들이 「면제」를 실시하려 한 이유는 무엇이었을까. 이와 관련해서는 앞서 사와다가 「면제설명서」에서 "근래 면의 경영이라고 할 만한 사업이 더욱 많아지고 있지만, 면은 아직 법령상 사업경영의

---

159 제령 제1호 「面制」, 『조선총독부관보』, 1917.6.9.
160 조선총독부령 제34호 「면제시행규칙」, 『조선총독부관보』, 1917.6.9.
161 「면제시행심득」(국가기록원 CJA0002542)

능력을 인정받지 못하기 때문에 조합 또는 계 등을 설치하여 이를 경영하고 있다"면서, "장차 면에서 시장, 도장 등의 경영을 하기 위해서는 면이 법인으로서 사업주체가 될 수 있어야 한다"라는 주장을 했던 점을 주목할 필요가 있다.

『조선총독부통계연보』를 보면, 1917년 「면제」가 실시된 이후 면에서의 세입과 세출이 크게 변화하였음을 확인할 수 있다. 우선 면제 실시로 인해 세입예산에서 새로 추가된 항목을 보면 면부과금 안의 시가지세할, 영업할, 잡종할, 임야할 등이 있었고, 사용료, 수수료, 재산수입 등이 있었다. 그 결과 면의 세입예산은 아래 〈표 2-13〉과 같이 매년 크게 늘어났다. 또 '면제' 실시로 인해 세출에서도 토목비, 권업비, 위생비, 경비비, 전기사업비, 재산관리비 등의 항목이 추가되었다. 또 〈표 2-14〉에서 보듯이 기존에 있었던 급여(면장과 면서기)와 사무소비 항목의 예산도 크게 늘어났다.

〈표 2-13〉 면 세입예산의 추이

연도	1917	1918	1919	1920	1921	1922	1923
면세입예산	2,820,396	4,462,949	6,093,814	11,916,583	12,984,350	16,654,547	18,455,791

출전: 『조선총독부통계연보』 1917~1923년도판

〈표 2-14〉 면 세출예산 중 급여와 사무소비(事務所費)

연도	1917	1918	1919	1920	1921	1922	1923
급여	1,924,698	2,422,629	3,302,232	7,159,148	8,354,262	9,105,190	9,586,876
사무소비	648,067	829,480	1,111,538	1,727,276	1,779,159	2,129,623	2,190,014

출전: 『조선총독부통계연보』 1917~1923년도판

〈표 2-13〉, 〈표 2-14〉를 통해 보면, 총독부 관리들이 본국 정부 관료들의 견제에 의해 면을 법인이나 공공단체로 만들지는 못했지만, 「면제」 실시로 인해 면이 공식적으로 재산을 소유할 수 있게 됨으로써 자체 재산을 늘렸고, 또 여러 사업을 하고 여러 부가금 항목을 새로 설정하여 수입을 크게 늘릴 수 있었던 것이다. 그 결과 지출면에서도 면장과 면서기의 급료, 사무소경비 등을 크게 늘릴 수 있었고, 토목비, 권업비, 위생비, 경비비 등의 세출 항목을 새로 만들 수 있었다. 이렇게 본다면, 1917년 조선총독부 관료들이 「면제」를 제정, 실시하려 했던 이유가 면의 재정을 확대하여 면 운영의 안정적 기반을 마련하는 데 있었음을 알 수 있다. 그러나 이와 같은 면 재정의 확대는 결과적으로 면 주민들의 세금 부담 증가를 가져왔고, 면민들의 불만을 고조시켰다.[162]

한편 조선총독부는 1917년 12월 각 도별로 도령(道令)으로 「정동리유재산관리규정(町洞里有財産管理規程)」을 공포하도록 했다. 각 도에서는 1912년에 「부면동리유재산정리규정(部面洞里有財産整理)」을 공포하였는데, 이때에는 면유재산은 면장이 관리하고, 동리유재산은 면장의 지휘를 받아 동리장이 이를 관리하도록 했었다.[163] 그런데 이제 1917년 각 도에서는 이를 폐지하고 새로이 도령으로 「정동리유재산관리규정」을 만들어 공포한 것이다. 여기에서는 "동리유의 재산은 면장이 이를 관리해야 한다"라고 명기하였다.[164] 즉 면유재산은 물론이고, 동리유재산의 경우에

---

162 「면제」실시 2년 뒤 일어난 3·1운동 당시 민심동향을 조사한 바에 따르면, 면의 각종 세금과 부가금에 대한 불만이 상당히 높았음을 알 수 있다. 예를 들어 1919년 9월 10일 함경북도지사의 보고, 「總督施政ニ對スル人民ノ意見及希望報告ノ件」, 『大正八年騷擾事件ニ關スル道長官報告綴 七冊ノ內七』.
163 「部面洞里有財産整理」, 『매일신보』, 1912.6.23.
164 경기도령 제10호 「町洞里有財産管理規程」, 『조선총독부관보』, 1917.12.10.

도 관리 책임자를 동리장이 아닌 면장으로 바꾼 것이다. 그러나 그렇다고 해서 동리유재산을 면유재산으로 소유권자를 바꾼 것은 아니었다. 대부분의 동리유 재산의 소유권은 여전히 동리에 있었다.[165]

〈표 2-15〉 면제 실시 전후 동리유재산의 변화

	1917년 3월 말 현재			1919년 3월 말 현재			1921년 3월 말 현재		
	논	밭	현금	논	밭	현금	논	밭	현금
면적(금액)	1,237 정보	3,028 정보	154,584 원	1,159 정보	2,244 정보	109,665 원	1,122 정보	1,867 정보	131,565 원
수입	33,092원	21,021원	28,127원	49,888원	21,442원	17,305원	40,827원	18,746원	17,653원

출전: 『조선총독부관보』, 1918.2.1. 1920.5.4. 1921.11.16.

〈표 2-16〉 면제 실시 전후 면유재산의 변화

	1917년 3월 말 현재			1921년 3월 말 현재		
	논	밭	현금	논	밭	현금
면적(금액)	225정보	787정보	49,794원	927정보	3,474정보	935,299평
수입	5,702원	4,518원	7,650원	34,551원	27,645원	65,961원

출전: 『조선총독부관보』, 1918.2.1. 1921.11.16.

〈표 2-15〉에서 면제 실시 전인 1917년 3월과 면제 실시 후인 1921년 사이의 동리유 재산의 변화를 보면, 논은 1,237정보에서 1,122정보로 115정보가 줄었고, 밭은 3,208정보에서 1,867정보로 1,341정보가 줄

---

165 학계의 일부 연구는 이때 동리유재산이 모두 면유재산으로 이속된 것으로 서술하고 있으나 사실과 거리가 있다.

었다. 즉 논보다는 밭에서 크게 줄어들었음을 알 수 있다. 또 동리유재산 수입에서 논과 밭 다음으로 많은 현금 부분에서는 1917년 154,584원에서 1921년 131,565원으로 23,019원 줄었다. 따라서 가장 많이 줄어든 부분은 밭이었다고 할 수 있다.

〈표 2-16〉에서 면유재산의 변화를 보면, 논이 225정보에서 927정보로 702정보나 늘었고, 밭은 787정보에서 3,474정보로 2,687정보나 늘었다. 논도 많이 늘었지만, 밭은 그보다 훨씬 크게 늘었다. 그런데 동리 소유에서 줄어든 논이 115정보였는데, 면 소유에서 늘어난 논이 702정보였고, 동리 소유에서 줄어든 밭이 1,341정보였는데 면 소유에서 늘어난 밭이 2,687정보였던 것을 보면, 동리소유에서 면소유로 이속된 논과 밭 외에도 다른 경로를 통해 면의 기본재산이 된 논과 밭이 상당히 많았다는 것을 알 수 있다. 그럼 동리 소유의 논밭 가운데 어떤 부분이 면 소유로 이전되었을까. 아마도 공공사업(도로, 교량, 제언수축 등)의 지변을 목적으로 하던 동리유재산이 주로 면유재산으로 이전된 것으로 보인다.

그럼 동리유재산과 면유재산의 수입은 어떻게 변하였을까. 〈표 2-17〉을 보면, 1917년 이후에도 동리유재산의 수입이 크게 달라지지 않고 오히려 늘기도 했다. 〈표 2-18〉에서 보면, 면유재산 수입은 1918년 이후 매년 크게 늘어나고 있음을 알 수 있다. 그리하여 1919년부터는 면유재산 수입이 동리재산 수입을 능가하고 있음을 알 수 있다. 당시 면유재산은 논과 밭, 현금 이외에도 대지(垈地), 임야, 잡종지, 건물, 증권, 곡류, 수차 등이었고, 가장 수입이 많았던 것은 현금, 건물, 논, 밭의 순이었다.[166]

---

[166] 「面, 洞里有財産調」, 『조선총독부관보』, 1921.11.16.

〈표 2-17〉 면제 시행 전후 동리유재산(洞里有財産) 수입 합계의 변화

연도	1916	1917	1918	1919	1920
금액	105,791	94,251	82,948	100,125	134,727

출전: 「面, 洞里有財産調」, 『조선총독부관보』, 1921.11.16.

〈표 2-18〉 면제 시행 전후 면유재산(面有財産) 수입 합계의 변화

연도	1916	1917	1918	1919	1920
금액	26,108	33,666	82,364	129,044	175,883

출전: 「面, 洞里有財産調」, 『조선총독부관보』, 1921.11.16.
비고: 수입증가는 주로 동리유재산의 면유재산으로의 이속과, 면 자체의 기본재산 증가에 의한 것임.

1917년의 「면제」 시행은 어떤 의미를 가지고 있을까. 조선의 면은 이제 하나의 행정구획으로서 조선총독부의 말단 행정업무를 집행하는 기관이면서도, 자기 재산을 소유할 수 있고 다양한 공공사무를 집행할 수 있게 되었다. 그러나 면은 아직 자치단체나 공공단체라고 부를 수는 없는 존재였다. 면장 선거제나 면협의회와 같은 것도 아직은 없었다. 당시 조선총독부나 일본 법제국 관료들은 조선의 면을 일본의 정촌과 같은 자치단체로 만들 생각은 전혀 없었다. 면은 아직은 말단 행정단위로서의 성격을 더 강하게 갖고 있었다. 그러나 면의 업무가 확장되고, 인원도 보강되고, 권한도 확장되었기 때문에 면은 이제 지방행정의 중심적 위치에 서게 된 것이 사실이었다. 조선에서 오랜 세월 동안 지방행정의 중심이 되어 왔던 '군(郡)' 대신 '면(面)'이 지방행정의 중심으로 자리 잡기 시작한 것이다. 이는 일본에서 '군' 대신 '정촌'을 지방행정의 중심으로 삼은 것과 같은 맥락에서 이루어진 것이다. 조선의 면제는 일본 정촌제의 식민지판으로 만

들어진 것이었다. 조선총독부가 '군제' 대신 '면제'를 만든 이유는 바로 여기에 있었다.

제2부
1920년대의 지방제도 개편과 운영

제3장
1920년 제1차 지방제도 개정과
자문기구 도입

1. 1920년 지방제도 개정의 배경과 과정

1) 지방제도 개정의 배경

3·1운동이 있은 1919년 8월 조선총독부는 「조선총독부지방관관제」를 개정하여 '도장관'을 '도지사'로 개칭하였다. 이어서 1920년 7월 조선총독부는 조선의 지방제도를 대폭 개정하여, 도·부·면에 자문기구로서 도평의회·부협의회·면협의회를 설치하였다. 이미 도와 군에는 참사회라는 것이 있었고, 부에는 1913년 부제 실시 이후 협의회라는 것이 있었지만, 모두 도장관이 임명하는 자들에 의해 구성된 것이었다. 그런데 1920년 지방제도 개정 시에 도평의회원의 3분의 2는 부면협의회원에 의한 간접선거와 도지사의 임명, 그리고 나머지 3분의 1은 도지사의 임명제로 한다고 고쳤고, 부협의회의 경우는 전원 선거로 선출한다고 고쳤다. 또 면협의회원의 경우 지정면(24개 면)은 전원 선거로 선출하고, 나머지 면은 군수 또는 도사(島司)가 임명한다고 했다(이에 대해서는 뒤에 자세히 서술함). 한편 대만에서도 1920년에 대만총독부가 지방제도를 개정하여, 자문기구인 주협의회·시협의회·가장(街庄)협의회를 설치하였다. 다만 민선제는 일절 도입하지 않고, 대만총독 또는 주지사가 임명하는 임명제를 도입하였다.

1920년 식민지 조선과 대만에 도입된 지방제도는 조선총독부나 대만총독부 스스로 말하고 있듯이 '지방자치제도'라고 부를 수는 없는 매우 초보적이고 제한적인 지방자치제였으며, 그들 스스로도 "장래 지방자치제를 실시하기 위한 한 계제"이며, '정치적 훈련과정'이라고 말할 정도였다.[1] 그러면 당시 조선총독부나 대만총독부는 1920년이라는 시점에서 왜 이와 같은 제도를 도입한 것일까.

1920년 7월 지방제도 개정안을 공포할 당시 미즈노 렌타로(水野錬太郞) 정무총감은 그 취지에 대해 이렇게 설명했다.

> 현 총독 취임지초에 우리들은 세운(世運)의 추이에 비추고 크게 여러 행정에 쇄신을 가하기로 하야, 종래 중앙집권적 시설방침을 고쳐서 지방분권의 실현에 노력하고 위선 장래 지방자치의 제도를 확립할 사를 선명하였음이라 무릇 국가의 정무는 극히 광범위하기 때문에 중앙에서 각 지방의 특수한 사정에 적응할 미세한 시정을 행하는 일은 자못 곤란한 바가 있으므로 이를 지방에 위임하여 그 지방민으로 하여금 공공의 사무를 담임케 하야 그 부담에 의하여 지방공공의 이익의 증진을 도모케 하는 제도를 채용함에 이른 것이 즉 소위 지방자치제라 하는 자이라. 이는 즉 피치자로 하야금 동시에 치자(治者)된 사무를 행케 함에 있으므로 국민의 공공적 관념이 발달하고 공사(公事)를 담임함에 필요한 훈련을 거치지 아니하면 자치제의 운용은 지난한 바이라. 따라서 민도에 적당치 아니한 제도의 실시는 헛되이 분쟁을 양성(釀成)케 하야 행정을 분규케 할 뿐 아니라 도리어 지방민의 이익을 해하는 결과를 만드므로, 그 실시에 대하여는 시세 민도를 살피고 그 시세 민도에 적응할 법제를 세워야 점차로 제도를 완전히 진전시키지 아니함은 불가하도다. 예를 들어 이를 우리 일본의 실례에 비출지라도 유신 이후 10년에 비로소 군구정촌편성법(郡區町村編成法), 부현회

---

1 水野錬太郞, 1921, 「朝鮮統治의 一 轉機」, 『朝鮮』 1921년 9월호, 9쪽.

규칙, 지방세규칙 및 구정촌회법(區町村會法)과 같은 제도를 순차로 제정하여 이에 의하여 지방자치의 단초를 열고, 그 후 약 10년을 거쳐 시제, 정촌제, 군제, 부현제의 발포를 봄에 이르렀고, 다시 이들의 법제는 명치 30년 이후에 개정되어 금일의 제도를 보기에 이르렀노라. 다시 우리 조선의 현상을 보면 최근 문화의 진보가 현저한 자 있어 도저히 구제(舊制)의 묵수함을 불허하는 사정이 되었으나, 연이나 아직 곧 완전한 지방자치제를 시행할 수 있다고는 말하기 불능하도. 금일의 민도에는 위선 그 계제로 지방 선각사(先覺士)를 뽑아서 지방공공사무에 참여케 하야 그 성실한 노력에 의하여 점차 지방자치의 훈련을 쌓게 하는 것을 필요하다고 인정하고, 금회 지방제도를 개정하야 부군도 면행정에 대하야 자문기관을 설치함에 이름이 주안(主眼)이라.[2]

조선총독부는 조선에서도 지방자치제를 도입하고자 하나, 아직 지방자치제를 실시할 만한 훈련이 안 되어 있기 때문에, 일본처럼 몇십 년에 걸쳐 점차적, 단계적으로 완벽한 지방자치제로 나아가기로 하고, 이번에는 부·군·도에 자문기관을 설치하여 지방자치제의 아주 초보적인 제도만을 도입하기로 하였다는 것이 미즈노 정무총감의 설명이었다.

미즈노만이 아니라 당시 조선총독부 고위 관리들은 1920년 지방제도 개정의 취지에 대해 "민의를 창달하고 지방행정을 조선의 실정에 적절하게 함과 동시에 장래 지방자치제 실시의 바탕을 만드는 데 있다"라는 식으로 '지방자치의 초보적 제도의 도입'에 초점을 맞추어 그 취지를 설명

---

2   「지방제도 개정 요지, 水野 정무총감 談」, 『매일신보』, 1920.7.30.

하고자 하였다.³ 그러나 1920년 지방제도 개정의 배경은 그리 간단하지 않았다.

1919년 조선에서 3·1운동이 일어나자, 일본정부는 그 대책에 부심하였다. 당시 하라 다카시(原敬) 수상은 1919년 9월 새로 부임하는 사이토 마코토(齋藤實) 총독에게 보낸 「조선통치사견(朝鮮統治私見)」이라는 글에서 평소 자신의 지론인 '내지연장주의'에 기초하여 '내지'의 부현제, 시정촌제와 같은 제도를 결국은 조선에서 시행하도록 하겠다는 포부를 밝혔다. 그는 또 오키나와현에서 '내지'의 제도를 다소 변용한 제도를 실시한 것과 마찬가지로 조선에서도 그렇게 하는 것이 적당할 것이라고 말했다. 그는 또 조선인들에게 위안을 주기 위해서도 일종의 시정촌제와 같은 것을 실시하여, 그들로 하여금 부현제도 조선에서 실시될 수 있을 것이라는 희망을 갖게 하는 것이 목하의 급무라고 말하였다.⁴

당시 사이토 밑에서 정무총감을 지낸 미즈노 렌타로(水野鍊太郎)는 1937년 회고담에서 1920년 지방제도의 개정은 "원래 다이쇼(大正) 8년 조선통치의 신시정(新施政)에 대하여 하라(原)수상이 주창한 것"이었다고 말했다. 즉 "하라 수상은 당시 발표된 성명서에도 있는 것처럼 내지연장주의를 주장하면서 조선의 지방제도도 가능하면 내지와 같이 하고 싶다는 의견이었고, 수상은 특히 이 일을 역설하였다. 또 사이토 총독도 그 시정방침으로서 이 점을 명언하였다"라고 말했다.⁵ 그는 또 다음과 같이 말하였다.

---

3 「지방제도에 관한 지시사항」, 『朝鮮』 1921년 9월호, 35쪽.
4 原敬, 1919, 「朝鮮統治私見」(『齋藤實文書』 13, 고려서림, 1990, 73쪽).
5 「朝鮮行政」編輯總局編, 1937, 『朝鮮統治秘話』, 帝国地方行政学会, 265~266쪽.

조선의 자치는 인정할 수 없는 것은 물론이지만, 지방단체의 자치는 그 상황에 따라서 점차 이를 인정하는 것이 필요하다고 생각한 것이다. 당시 조선인의 참정권에 대한 욕구는 극히 치열한 것이었다. 조선인의 참정권이라 하는 것은 조선인에게 제국의회의 의원이 될 수 있는 자격을 부여하고, 제국의회에 대의사를 보내도록 해달라는 요구였다. 이것은 일면에서는 맞는 말이고, 적당한 시기에는 고려하지 않으면 안 된다는 것은 말할 것도 없지만, 현재 조선의 사정은 문화는 극히 낮고 정치사상도 발달되어 있지 않기 때문에, 갑자기 조선인에게 참정권을 부여한다는 것은 조선인을 위해서도, 또 내지의 정치상에서도 상당히 연구하지 않으면 안 되는 것이다. 이 문제는 별문제로 하고, 우선은 그 전에 조선의 지방단체, 즉 부·도·읍·면에 대한 자치를 허용하여 정치적 욕구를 만족시켜 주면서 조선인에게 지방정치에 참여하는 길을 열어주는 것이 필요하다고 생각했다. 당시 조선의 지방단체의 행정은 인민에게 아무런 참여의 권한이 없었고, 전적으로 관치(官治)였다. 따라서 어느 정도 인민에게 지방정치에 참여하는 권한을 주는 것이 필요하다고 생각했다. 그래서 우선 지방단체의 행정에 대해 자문기관을 세워서 예산 및 과세에 관한 인민의 의견을 밝히는 길을 트려고 했다."[6]

미즈노의 말은 조선인의 정치에 참여하고자 하는 욕구를 부분적으로 만족시켜 주기 위해 지방단체의 자문기관에 참여하는 길을 열어주고, 그들에게 예산 및 과세에 대한 인민의 의견을 대변하게 함으로써 지방통치

---

6 「朝鮮行政」編輯総局編, 1937, 앞의 책, 158~159쪽 (강동진, 1980, 『일제의 한국침략정책사』, 한길사, 312쪽 참조).

의 협력세력으로 포섭하려 했다는 것이었다.

1920년 전라북도 사무관, 총독부 사무관, 학무과장 등을 지낸 마쓰무라 마쓰모리(松村松盛)는 "대정 8년 8월 조선총독부관제 개혁 시에 당시 하라 내각총리대신이 조선에 있어서의 지방제도는 사정이 허하는 한 점차 시행하고 싶다는 희망을 말했다. 사이토 총독이 조선통치의 대명을 받들었을 때, 지방민력의 함양, 민풍의 작흥은 지방단체의 힘에 의지해야 하기 때문에, 장래 시기를 보아 지방자치제를 시행할 목적으로 속히 조사연구에 착수하라는 뜻을 밝혔다. 이후 지방제도의 권위자인 미즈노 정무총감이 주무국장을 독려하여 조사·입안시켜 그 결과 이듬해 7월 27일 발포, 10월 1일 시행한 제령 12호, 13호, 15호로써 신지방제도가 실현된 것이다"라고 말하였다.[7]

이상의 증언들을 종합하면, 1920년의 지방제도 개정은 ①하라 수상의 의견 제시, ②사이토 총독의 공감, ③미즈노 정무총감의 지시, ④내무국장의 조사·입안의 과정을 거쳐 실시되었음을 알 수 있다. 그리고 그 취지는 조선인들의 참정권 욕구를 조금이나마 해소하기 위해 지방단체에 자문기관을 설치한다는 것이었다.

3·1운동 이후 조선인들 사이에서는 절대독립론, 조선자치론(조선의회 설치), 참정권론(일본의회 참여) 등이 거론되고 있었는데, 일본 정부나 조선총독부에서는 세 가지 모두 받아들일 수 없는 것이었다.[8] 따라서 일본정부와 조선총독부는 지방자치제의 가장 초보적인 제도를 도입하여 조선인

---

7 「朝鮮行政」編輯総局編, 1937, 앞의 책, 260~261쪽.
8 조선자치론과 참정권론에 대해서는 다음 책을 참조할 것.
박찬승, 1992, 『한국근대정치사상사연구』, 역사비평사; 김종식·윤덕영·이태훈, 2022, 『일제의 조선참정권 정책과 친일세력의 참정권 청원운동』, 동북아역사재단.

들의 정치참여 욕구를 조금이나마 해소하고, 지방통치의 협력세력을 포섭한다는 쪽으로 방향을 잡은 것이었다.

2) 지방제도 개정의 과정

1920년 조선 지방제도의 개정 과정은 어떻게 진행되었을까. 당시 조선총독부의 내무국장은 오쓰카 쓰네사부로(大塚常三郎)였으며, 그를 도운 사무관은 사와다 도요타케(澤田豐丈)였다. 오쓰카는 일본 내무성을 거쳐 오키나와현에서 근무한 경력이 있었는데, 오키나와에서 그는 오키나와 특유의 시정촌제를 만든 인물이었다고 한다.[9] 또 사와다는 1910년대에 총독부에서 내무부 제1과장을 맡아 조선 '면제'의 입안을 담당한 인물이었다.[10]

오쓰카와 사와다는 지방제도 개정안을 만들어, 1920년 4월부터 도쿄에 가서 머무르면서 척식국·법제국 담당자들과 상의를 한 것으로 보인다. 그는 5월 초까지 법제국과의 협의를 마치고 5일 도쿄를 출발하여 7일 경성으로 돌아왔다.[11] 천황에게 올린 면제개정안과 부제개정안의 서류들을 보면, 조선총독부의 오쓰카 내무국장이 본국 정부(척식국·법제국)에 서류를 낸 날은 4월 9일이었고, 척식국과 법제국에서 검토 후 총리에게 재가를 요청한 날은 5월 12일, 이후 내각 회의에서 관계 대신들의 동의를 얻은 날은 6월 24일, 총리대신이 천황에게 재가를 주청한 날은 7월

---

9   萩原彦三, 1945, 「寺內さん大塚さん」, 『朝鮮の回顧』(和田八千穗·藤原喜藏編), 根澤書店, 89쪽.
10 이 책 제2장 '면제' 서술 부분을 참조할 것.
11 「자문기관 확장안 大塚국장 귀임후 直발표」, 『매일신보』, 1920.5.6.

15일, 천황의 재가를 얻은 날은 7월 19일이었다.[12] 그리고 조선총독부가 『조선총독부관보』에 「면제개정령」, 「부제개정령」, 「도지방비령」, 「학교비령」과 그 시행규칙들을 게재하여 공포한 것은 7월 29일이었다.[13]

    1916년 11월에 일본 정부에 제출되어 1917년 5월 천황의 재가를 얻어 공포된 「조선면제」의 경우, 조선총독부 관리와 일본 정부 법제국 관리 간에 치열한 논쟁이 벌어져 여러 차례의 수정을 거쳐 6개월 만에 공포될 수 있었던 것과 비교하면, 1920년의 「지방제도 개정안」은 법제국과 별다른 논쟁도 없이 매우 빠른 속도로 진행되어 3개월 만에 공포될 수 있었다. 그것은 이미 1920년의 지방제도 개정이 본국 정부의 하라 수상의 지시에 의해 시작된 것이었고, 지방자치의 최소한의 제도만을 도입한다는 것, 즉 도·부·면에 자문기관을 설정하고 점차 확장해나간다는 데 양측이 이미 의견을 같이하고 있었기 때문이다.[14]

---

12 「면제중개정제령안」, 「부제중개정제령안」(일본국립공문서관 소장)
13 『조선총독부관보』, 1920.7.29.
14 「公約善政漸實現 자문기관확장=지방비령제정, 大塚 내무국장 談」, 『매일신보』, 1920.5.10.

2. 지방자문기구의 도입
- 도평의회, 부협의회, 면협의회를 중심으로

1) 도지방비령과 도평의회

1920년 7월 29일 제령 제15호로 「조선도지방비령」이 공포되었다. 그리고 같은 날 조선총독부령 제105호로 「조선도지방비령시행규칙」이 공포되었다. 이는 도의 재정에 관한 법령으로서, 「조선도지방비령」은 총 20조, 「조선도지방비령시행규칙」은 총 4장 49조로 구성되었다. 시행규칙을 보면, ①도평의회, ②지방세 및 부역현품, ③도지방비의 재무, ④감독으로 구성되었다. 총독부는 도지방비령을 통해 국세 외에 도 재정을 위한 별도의 과세제도와 예산 및 지출 제도를 만들려 하였던 것으로 보인다. 「조선도지방비령」은 이후 1923년 11월 10일 제령 제14호로 한차례 개정되었지만, 부분적인 개정으로서 근본적인 변화는 없었다.[15]

1920년의 「조선도지방비령」의 내용을 살펴보자.[16] 제1조는 "각 도의 지방비는 도의 지방세, 기타 도지방비에 속한 수입으로써 이를 지변(支辨)한다. 도지방비에 관한 사무는 도지사가 이를 담임한다"고 되어 있다. 제2조에서는 도지방비로 지변할 수 있는 비목으로서 토목비, 권업비, 교육비, 위생비, 구제비, 보조비, 도평의회비, 도지방비수취비 등을 들었다. 제

---

15 고려대 한국사연구소편, 2010, 「道에 관한 해설」, 『식민지조선과 제국일본의 지방제도 관계법령 비교자료집』, 선인, 366쪽.
16 제령 제15호 「조선도지방비령」, 『조선총독부관보』 호외, 1920.7.29.

3조에서는 지방세로서 부과할 수 있는 세금으로는 국세부가세, 특별세 등을 들었다. 그리고 제4조에서는 사용료와 수수료를 징수할 수 있다는 것, 제5조에서는 필요한 경우에는 부역과 현품을 부과할 수 있다는 것, 제6조에서는 도지방비에 속한 징수금은 국가의 징수금 다음으로 선취특권을 가진다는 것, 제7조에서는 지방세, 사용료, 수수료, 부역현품과 그 부과 징수에 관한 사항은 조선총독이 이를 정한다는 것, 도지방비는 조선총독이 정하는 바에 의해 부·면(府·面)에 이를 분담할 수 있다는 것, 제8조에서는 도지방비는 영구이익이 될 만한 사업, 구채(舊債)상환, 천재지변으로 인해 필요한 경우에 한해 기채(起債)할 수 있다고 하였다. 제9조에서는 도지방비의 운영을 위해 유급 이원(吏員)을 둘 수 있다고 하였다.

제10조부터 제15조까지는 도평의회에 관한 조항이다. 제10조에서는 "도지방비에 관해 도지사의 자문에 응하기 위해 도평의회를 둔다"고 하였다. 도평의회는 도지사 및 도평의회원으로 이를 조직하여, 도평의회원의 정원은 조선총독이 이를 정하고, 도평의회는 도지사를 의장으로 한다고 하였다. 제11조에서는 도지사가 도평의회에 자문할 사항에 대해 설명했다. 그것은 ①세입출예산을 정하는 일, ②지방세, 사용료, 수수료, 부역현품의 부과징수에 관한 일, ③기채(起債)에 관한 일, ④세입출 예산 외에 새로이 의무의 부담을 하거나 권리의 포기를 하는 일 등이었다. 제12조에서는 도평의회는 도의 공익에 관한 사건에 대해 의견서를 도지사에게 제출할 수 있다고 하였다. 제13조에서는 도평의회원은 도지사가 임명하며 명예직으로 한다고 하였다. 도평의회원의 임기는 3년으로 하며, 보궐한 경우에는 전임자의 잔여 임기만을 임기로 한다고 하였다. 제14조에서는 도평의회원이 직무를 게을리하거나 체면을 오손(汚損)하는 행위를 한 때에는 도지사는 총독의 허가를 받아 그를 해임할 수 있다고 하였다. 제

15조에서는 도평의회 및 도평의회원에 관해 필요한 사항은 조선총독이 이를 정한다고 하였다.

제16조부터 제20조까지는 도지방비에 관한 내용들이다. 제16조에서는 도지사는 회계연도마다 도지방비의 세입출예산을 작성해야 한다고 하였고, 도지방비의 회계연도는 정부의 회계연도에 의한다고 하였다. 제17조에서는 도지방비로써 지변하는 사안이면서 여러 해에 걸쳐 그 비용을 지출해야 하는 경우에는 도평의회의 자문을 거쳐 그 기간 동안 계속비로 할 수 있다고 하였다. 제18조에서는 도지방비에 특별회계를 설치할 수 있다고 하였다. 제19조에서는 도지방비의 수입금 및 지불금의 시효는 정부의 수입금 및 지불금의 예에 의한다고 하였다. 제20조에서는 도지방비의 재무에 관한 사항과 이원(吏員)의 배상책임, 신원보증, 사무인계에 관한 사항은 조선총독이 이를 정한다고 하였다.

동시에 발표된 「조선도지방비령시행규칙」 가운데에서는 이 글의 주요 관심사인 자문기관으로서의 제1장 도평의회 부분에 대해서만 살펴보자.[17]

도평의회와 관련해서는 제1조에서 도평의회의 정원에 대해 서술하고 있다. 이에 따르면, 경기도와 경상북도가 37인으로 가장 많다. 다음이 전라남도 34인, 경상남도 33인, 평안북도 30인이다. 나머지 다른 도는 18인에서 27인 사이로 되어 있다. 전체 인원은 362명이었다. 제2조에서는 도평의회원의 정원 중 3분의 2는 이를 부군도(府郡島)에 배당한다고 하였다. 부군도에 배당된 도평의회원은 부군도마다 부·면협의회원이 선거한 후보자 중에서 임명한다고 하였다. 제3조에서는 도평의회원의 정원 중 3분의 1은 학식, 명망이 있는 자이면서, 제7조에서 규정한 자격을 갖춘 자 중

---

17   조선총독부령 제105호 「조선도지방비령시행규칙」, 『조선총독부관보』 호외, 1920.7.29.

에서 임명한다고 하였다. 제7조에서 규정한 자격이란 1년 이래 도내에 주소를 가진 '제국신민'이면서, 독립된 생계를 운영하는 25세 이상의 남자여야 하며, 금치산자, 준금치산자 및 6년의 징역 혹은 금고 이상의 징역에 처해진 자, 가자분산(家資分散) 혹은 파산선고를 받아 확정이 있은 후로부터 복권 결정이 확정되기 전까지인 자는 후보자가 될 수 없다고 규정하였다. 또 금고 이상의 형을 선고받은 자가 그 집행을 종료하기까지 혹은 그 집행을 받지 않게 되기까지도 후보자가 될 자격이 없다고 규정하였다. 그 밖에도 그 도의 관리 및 유급이원, 그 도내 부군도의 관리 및 유급이원, 검사 및 경찰관리, 신직(神職) 승려 기타 종교사, 소학교 및 보통학교의 교원, 현역 중인 육해군 군인 등도 후보자에서 제외된다고 규정했다. 제8조에서는 도평의원이면서 위에 규정한 자격을 잃게 될 때에는 그 직을 상실하며, 결정은 도지사가 한다고 하였다.

제4조에서는 도평의회원 후보자의 선거는 각 부군도에서 도지사의 고시에 의하여 이를 시행하며, 고시는 선거일로부터 20일 전에 발표해야 한다고 하였다. 제5조에서는 도평의회원 후보자의 선거는 부윤, 면장이 부면협의회원으로 하여금 투표에 의해 이를 행하게 해야 하며, 투표는 무기명으로 하고 후보자의 씨명을 기재해야 한다고 하였다. 투표를 마치면 면장은 즉시 투표함을 군수, 도사(島司)에게 송치해야 한다고 하였다. 제6조에서는 부윤, 군수, 혹은 도사는 득표수가 최다인 자를 도평의회원 후보자로 정하고, 이를 도지사에 보고하도록 했다. 만일 득표수가 동일한 경우에는 연장자를 선택하고, 연령도 동일할 때에는 부윤, 군수, 도사가 추첨하여 정하도록 했다.

제9조부터 제14조까지는 도평의회에 관한 조항들이다. 제9조에서는 도평의회는 도지사가 이를 소집하며, 도지사가 회의를 개폐하도록 했다.

제10조에서는 도평의회는 도평의회원 정원의 반수 이상이 출석하지 않으면 회의를 개최할 수 없다고 하였다. 제11조에서는 도평의회의 의사(議事)는 과반수로 결정하되, 가부 동수인 경우에는 의장의 결정에 따른다고 했다. 제12조에서는 의장은 회의를 총리(總理)하고, 회의의 순서를 정하고, 그날의 회의를 개폐하고, 회의장의 질서를 유지한다고 하였다. 의장은 필요하다고 인정한 때에 도평의회원에 대해 발언을 금지하고, 발언을 취소시키거나, 회의장 밖으로 퇴거를 명할 수 있다고 하였다. 제13조에서는 의장은 회의록을 작성하고, 회의의 전말 및 출석 도평의회원의 씨명을 기재해야 한다고 하였다. 제14조에서는 도평의회원은 직무를 위해 요구되는 비용의 변상을 받을 수 있으며, 비용변상액 및 그 지급방법은 총독의 인가를 받아 도지사가 이를 정한다고 하였다.

위의 도평의회 관련 규정들을 보면, 제약 요건이 매우 심하다는 것을 알 수 있다. 도평의회원 정원의 3분의 1은 아예 관선(임명)제이고, 3분의 2는 부·면 협의회원들이 투표하여 후보자를 선출하도록 했는데, 이는 간접선거에 해당하는 것이었다. 또 도평의회 회의에도 커다란 제약들이 있었다. 의장은 도지사가 맡게 되어 있고, 도지사가 회의 진행을 독점적으로 할 수 있게 되어 있었다. 의장은 도평의회원의 발언을 금지시키거나 취소시킬 수 있었고, 아예 평의회원을 퇴장시킬 수도 있었다. 또 앞서 본 것처럼 「도지방비령」 제14조에서는 도평의회원이 직무를 게을리하거나 체면을 오손(汚損)하는 행위를 한 때에는 도지사는 총독의 허가를 받아 그를 해임할 수 있다고 하였다. 이 조항은 도평의회원의 언행을 제약할 수 있는 중대한 조항이었다. 뒤에 보겠지만, 실제로 이 조항을 적용하여 해임한 사례가 경상남도 도평의회에서 있었다. 이처럼 제도상으로 보면, 도평의회는 자문기관이라는 원천적인 한계를 가지면서, 동시에 회원의 발언권이 크게 제약되어 있는 '제한된 자문기관', 더 나아가서는 '어용적인 자문기관'에 불과했다. 따라서 이에 대한 조선인들의 불만이 매우 클 수밖에 없었다.

2) 부제 개정과 부협의회

앞서 제2장에서 본 바와 같이 조선총독부가 식민지 조선에서 부제(府制)를 처음 실시한 것은 1914년의 일이었다. 부제는 주로 일본인들이 다수 거주하는 개항장, 주요 도시와 같은 도회지를 '부(府)'로 지정하고 이곳에서 실시한 것인데, 그 이전에 있었던 재조선 일본인들의 도회지별 '거류민단'을 해체시키고, 그 대신 '부'라는 법인에 이를 흡수하기 위해 제정한 것이라 볼 수 있다. 이때 일본인들의 거류민단 해체에 대한 반발이 있자, 이를 무마하기 위해 부윤의 자문기관으로서 부협의회를 설치하였다. 당시 부협의회원은 도장관이 임명하고, 임기는 2년인 명예직으로 하였다. 그러나 1920년 부제 개정에서는 부협의회원을 모두 '민선'으로 바꾸기로 했다. 부제 개정에서는 이 점이 가장 큰 변화였다.

1914년에 실시된 부협의회가 '자문'할 수 있는 사항은 다음과 같은 것이었다. ①부조례(府條例)의 설치 또는 개폐, ②세입출예산을 정하는 일, ③부채(府債)에 관한 일, ④세입출예산으로써 정하는 것을 제외하고 새로운 의무의 부담을 하거나, 또는 권리의 포기를 하는 일, ⑤기본재산, 특별기본재산 및 적립금곡(積立金穀) 등의 설치 또는 처분에 관한 일, ⑥부(府)의 폐치 시 재산처분에 관한 일, ⑦기타 부윤이 필요하다고 인정하는 일 등이다.[18]

---

18   제령 제7호 「府制」, 『조선총독부관보』 호외, 1913.10.30.

이를 당시 일본의 시회(市會)에서 '의결'할 수 있는 사항과 비교해 보자. 1911년 개정 시행된 일본의 시제(市制)에서 시회가 의결할 수 있는 사항은 다음과 같았다. ①시조례 및 시규칙을 제정하거나 개폐하는 일, ②시비(市費)로써 지변해야 할 사업에 관한 일, ③세입출예산을 정하는 일, ④결산보고를 인정하는 일, ⑤법령에서 정한 경우를 제외하고, 사용료, 수수료, 가입금, 시세 혹은 부역현품의 부과징수에 관한 일, ⑥부동산의 관리, 처분 및 취득에 관한 일. ⑦기본재산 및 적립금곡 등의 설치, 관리 및 처분에 관한 일, ⑧세입출예산으로써 정한 것 외에 새로운 의무의 부담 및 권리 포기를 하는 일, ⑨재산 및 영조물의 관리방법을 정하는 일, ⑩시 이원(吏員)의 신원보증에 관한 일, ⑪시에 관계된 소원, 소송 및 화해에 관한 일 등이다.[19]

일본 시회의 의결사항 가운데 조선 부협의회의 자문사항에서 누락된 것은 결산보고의 인정, 법령에서 정한 외의 사용료, 수수료, 가입금, 시세 혹은 부역현품의 부과징수에 관한 일, 시에 관계된 소원, 소송 및 화해에 관한 일 등이었다. 조선의 부협의회는 그만큼 권한과 역할이 제한되어 있었다.

1920년 7월 29일 개정된 '부제'가 공포되었다. 개정 내용 중 부협의회와 관련된 주요 사항을 살피면 다음과 같다. 제11조에서는 부윤의 자문에 응하기 위해 부협의회를 두며, 부협의회의 정원은 12인 이상 30인 이하의 범위 내에서 조선총독이 정하며, 부협의회의 의장은 여전히 부윤으로 하였다. 제12조에서는 "협의회에 자문해야 하는 사항은 다음과 같다"라는 문장 대신에 "부윤은 부에 관해 다음의 사항을 협의회에 자문해야

---

19 고려대 한국사연구소편, 2010, 「市制」, 『식민지조선과 제국일본의 지방제도 관계법령 비교자료집』, 선인, 568쪽.

한다. 단 시급을 요해 협의회에 자문할 틈이 없다고 인정한 때에는 이에 해당하지 않는다"는 문장을 넣었다. 또 자문 사항 맨 마지막에 "부윤은 필요하다고 인정한 때에 전항 각호에 기재된 사항 외에 부에 관한 사항을 협의회에 자문할 수 있다"고 규정하였다. 제13조에서는 가장 큰 변화로 부협의회원을 선거로 선출하도록 했으며, 협의회원은 여전히 명예직이지만 임기를 2년에서 3년으로 1년 늘렸다.[20]

개정된 「부제시행규칙」을 보면 다음과 같다.[21] 제2조에서는 부협의회원의 정원을 규정하였는데, 인구 2만 이상의 부는 12인, 2만 이상 3만 미만의 부는 14인, 3만 이상 5만 미만의 부는 16인, 5만 이상 10만 미만의 부는 20인, 인구 10만 이상의 부는 30인으로 하였다. 제2조의 2~7항에서는 선거준비와 관련된 내용들을 규정하였다. 우선 2항에서는 선거권자 및 피선거권자의 자격을 정하였는데, '제국신민'이면서 독립의 생계를 영위하고 25세 이상의 남자가 1년 이상 부 주민으로 거주하고, 그 부에서 1년에 부세(府稅) 5원 이상을 납부한 경우에 부협의회원의 선거권 및 피선거권을 갖도록 했다. 여기에서 부세란 시가지세부가세, 가옥세부가세, 호별세, 특별호별세, 영업세, 소득세를 합한 것을 말한다.[22] 여기에서 1년에 부세 5원 이상 납부자로 제한한 것은 일정한 재산을 가진 자산계급에게만 선거권 및 피선거권을 준다는 것을 의미했다.

「부제시행규칙」에서는 부세 5원 이상 납부자라 하여도 금치산자, 준금치산자 및 6년 이상의 징역 또는 금고에 처해진 자는 유권자가 될 수 없

---

20 제령 제12호 「府制中改正」, 『조선총독부관보』 호외, 1920.7.29.
21 조선총독부령 제102호 「부제시행규칙중개정」, 『조선총독부관보』 호외, 1920.7.29.
22 「부면선거인명부조제급취급순서」, 『동아일보』 1920.9.13.

게 했다. 3항에서는 협의회원의 선거권을 가진 자는 그 부의 협의회원의 피선거권을 가진다고 했으며, 다만 소속 도 및 그 부의 관리 및 유급이원, 검사 및 경찰관리, 신직(神職), 승려, 기타 종교사(宗敎師), 소학교 및 보통학교 교원은 피선거권을 가질 수 없도록 했다. 4항에서는 협의회원 중 궐원이 발생하여 그 궐원이 협의회원 정원의 3분의 1 이상이 되면 보궐선거를 행해야 한다고 하였다.

5항에서는 부윤은 선거기일 50일 전에 그날을 기준으로 선거인 명부를 작성해야 한다고 하였다. 그리고 선거기일 30일 전이 되는 날로부터 7일간 부청에서 선거인 명부를 관계자의 종람에 제공해야 한다고 하였다. 이의제기가 있는 경우, 부윤은 3일 이내에 이를 결정해야 한다고 하였다. 그리고 선거인 명부는 선거기일 3일 전에 확정하도록 했다. 6항에서는 부윤은 선거기일 전 적어도 7일간 선거회장, 투표일시, 선거해야 하는 협의회원 수를 고시해야 한다고 하였다. 7항에서는 부윤은 선거회를 개폐하고 그 단속을 해야 하며, 부윤은 선거인 중에서 2~4인의 선거입회인을 선임하도록 했다.

제2조의 8항 이하는 투표와 관련된 것이다. 우선 8항에서는 선거는 무기명투표로 이를 행하며, 선거인은 선거회장에서 투표용지에 직접 피선거인 1인의 씨명을 기재하여 투표함에 넣어야 한다고 하였다. 투표용지는 부윤이 정한 바에 의해 일정한 양식을 사용하도록 했다. 9항에서는 무효표의 경우를 들고 있는데, ①규정된 용지를 사용하지 않은 경우, ②현재 협의회원의 직에 있는 자의 씨명을 적은 경우, ③1표에 2인 이상의 피선거인의 씨명을 기재한 경우, ④피선거인이 누구인지 확인하기 어려운 경우, ⑤피선거권이 없는 자의 씨명을 기재한 경우, ⑥피선거인의 씨명 외에 다른 사항을 기입한 경우(다만 작위, 직업, 신분, 주소, 경칭을 기입한 경우는 예

외) 등이었다.

　10항에서는 투표의 거부 및 효력은 선거입회인의 의견을 들어 부윤이 이를 결정하도록 했다. 11항에서는 협의회원의 선거는 유효투표의 최다수를 얻은 자를 당선자로 하며, 득표수가 동일한 경우에는 연장자를 취하고, 연령도 동일한 경우에는 부윤의 추첨으로 이를 정한다고 했다. 12항에서는 부윤은 선거록을 작성해 선거의 전말을 기재하고 선거를 마친 후에 이를 낭독하고 선거입회인과 함께 이에 서명해야 한다고 하였다. 13항에서는 당선자가 정해진 때에 부윤은 즉시 당선자에게 이를 고지해야 한다고 했다. 당선자가 당선을 사절하려 할 때는 당선고지서를 받은 날로부디 5일 이내에 부윤에게 이를 알려야 한다고 하였다. 14항에서는 당선자가 당선을 사절하는 경우, 부윤은 즉시 이를 보충할 만한 당선자를 정해야 한다고 했다.[23] 15항에서는 선거를 마친 때에 부윤은 즉시 선거록의 등본을 첨부해 이를 도지사에게 보고하도록 했다.

　16항에서는 선거규정을 위반한 사실이 있는 경우, 선거의 결과에 이동(異動)을 발생할 우려가 있는 경우에 한해 도지사는 선거 또는 당선을 취소해야 한다고 하였다. 17항에서는 도지사가 선거 또는 당선을 취소한 때에는 즉시 이를 고시해야 한다고 하였다. 18항에서는 선거가 취소된 경우에는 선거를 다시 행해야 하며, 당선이 취소된 경우에는 나머지 최고득표자 등으로 당선자를 다시 정해야 한다고 하였다. 19항에서는 협의회원의 정원을 채울 수 있는 당선자를 얻기 어려운 경우에는 부족한 수에 대해 다시 선거를 행하도록 했다. 20항에서는 협의회원 가운데 피선거권을 가지지 못하게 된 경우에는 그 직을 상실한다고 규정하였다. 피선거권의

23　나머지 후보자 가운데 최고득표자를 당선자로 선정해야 한다는 것으로 보임.

유무는 부윤이 정하도록 하였다. 21항에서는 협의회원은 선거 또는 당선의 취소가 있기까지 회의에 출석할 수 있다고 하였다.

제2조의 22항 이하는 부협의회의 운영과 관련된 조항들이다. 우선 22항에서는 협의회는 부윤이 이를 소집하며, 단 가벼운 사안에 대해서는 회의를 개최하지 않고 서면으로 협의회원들의 의견을 들어 3분의 2 이상의 동의가 있을 때는 이를 협의회의 의견으로 간주할 수 있다고 하였다. 소집 및 자문해야 하는 사안은 개회일로부터 적어도 5일 전에 협의회원에게 이를 통지해야 한다고 하였다. 단 시급을 요하는 경우에는 이에 해당하지 않는다고 하였다. 협의회는 부윤이 이를 개회하고 폐회한다고 하였다. 23항에서는 협의회는 부협의회원 정원의 반수 이상이 출석하지 않는다면 회의를 개최할 수 없다고 하였다. 24항에서는 협의회의 의사(議事)는 과반수로 결정하도록 했으며, 가부 동수인 경우에는 의장의 결정에 따른다고 하였다. 25항에서는 의장은 회의를 총리하고, 회의의 순서를 정하고, 그날의 회의를 개폐하고, 회의장의 질서를 유지한다고 하였다. 또 의장은 필요하다고 인정한 때에는 협의회원에 대해 발언을 금지하고, 발언을 취소하게 하거나, 회의장 밖으로 퇴거를 명할 수 있다고 하였다. 26항에서는 의장은 회의록을 작성하여 회의의 전말 및 출석 협의회원의 씨명을 기재해야 한다고 하였다. 가장 중요한 조항은 25항으로서, 회의 중에 의장이 협의회원의 발언을 금지하고, 이미 한 발언을 취소시키고, 심지어는 회의장 밖으로 퇴거를 명할 수 있다고 한 부분이다. 이는 협의회원의 협의회에서의 활동을 근본적으로 제약하는 것이었다고 할 수 있다.

3) 면제 개정과 면협의회

1920년 7월 29일 공포된 개정된 면제를 살펴보자.[24] 먼저 제4조에 "면장의 자문에 응하게 하기 위해 면에 협의회를 둔다"고 하였다. 1917년 면제를 공포할 때, 제4조에서 "조선총독은 면을 지정하고, 면장의 자문에 응하게 하기 위해 상담역을 둔다"고 한 것을 바꾼 것이다. 즉 지정면에 한정하여 상담역을 두었던 것을 1920년 개정으로 모든 면에 자문기구로서 면협의회를 둔다고 바꾼 것이다. 개정된 면제의 4조에서는 계속하여 협의회는 면장 및 협의회원으로 이를 조직하며, 협의회원의 정원은 8~14인으로 하며, 총독이 이를 정한다고 하였다. 그리고 협의회의 의장은 면장이 맡도록 했다.

제4조 2항에 규정된, 면장이 협의회에 자문을 구해야 하는 사항은 다음과 같은 것이었다. ①세입출예산을 정하는 일, ②법령에서 정한 것 외에 사용료, 수수료, 부과금, 부역현품의 부과 징수에 관한 일, ③차입금에 관한 일, ④세입출예산을 정하는 일을 제외하고, 새로이 의무를 부담하거나 권리를 포기하는 일, ⑤재산처분에 관한 일, ⑥기타 면장이 필요하다고 인정하는 사안 등이었다.

제4조 3항에서는 "협의회원은 조선총독이 지정한 면에서는 이를 선거하고, 기타의 면에서는 군수 또는 도사(島司)가 이를 임명한다"고 하였다. 즉 지정면에서만 선거를 하고, 다른 면에서는 여전히 임명제로 한다는 것이었다. 또 협의회원은 명예직으로 한다고 하였는데, 이는 무보수직을 뜻한다. 협의회원의 임기는 3년으로 하였다. 제4조의 4항에서는 협의

---

24 제령 제13호 「면제중개정」, 『조선총독부관보』 호외, 1920.7.29.

회원이 직무를 게을리하거나 체면을 오손하는 행위를 한 때에는 군수 혹은 도사는 도지사의 인가를 받아 그를 해임할 수 있도록 했다. 4항의 이 내용은 면협의회원의 언행을 제약할 수 있는 중대한 독소적 조항이었다고 할 것이다.

「면제」와 함께 「면제시행규칙」도 개정되었다.[25] 시행규칙 제2조를 보면, 지정면에는 면에 부장(副長) 1인을 둔다고 하였으며, 면장의 사무를 보좌하고, 면장 유고시에는 그 직무를 대행한다고 하였다. 제2조의 2항에서는 면에 '서기'를 둔다고 하였다. 이는 이전의 '면서기'를 둔다는 표현을 바꾼 것이다. 부장을 두지 않은 면에서는 면장 유고시에 상석서기(上席書記)가 그 직무를 대리한다고 하였다. 제2조의 3항에서는 면은 도지사의 인가를 얻어 기수(技手)를 둘 수 있다고 하였다. 기술직을 채용할 수 있게 한 것이다. 제2조의 4항에서는 부장, 서기, 기수는 유급으로 한다고 하였다.

시행규칙 개정 내용에는 면협의회와 관련된 내용이 많이 들어 있다. 우선 제6조에서는 협의회원의 정원을 인구 5천 미만의 면은 8인, 5천~1만의 면은 10인, 1만~2만의 면은 12인, 2만 이상의 면은 14인으로 정하였다. 인구의 통계는 도지사의 인정 여부에 따르도록 했다. 지정면은 경기도의 수원군 수원면, 개성군 송도면, 시흥군 영등포면, 충북의 청주군 청주면, 충남의 공주군 공주면, 대전군 대전면, 논산군 강경면, 연기군 조치원면, 전북의 전주군 전주면, 익산군 익산면, 전남의 광주군 광주면, 경북의 김천군 김천면, 영일군 포항면, 경남의 진주군 진주면, 창원군 진해면, 통영군 통영면, 황해의 해주군 해주면, 황주군 겸이포면, 평북의 의주군 의주면, 강원의

---

25 조선총독부령 제103호 「면제시행규칙중개정」, 『조선총독부관보』 호외, 1920.7.29.

춘천군 춘천면, 함남의 함흥군 함흥면, 함북의 경성군 나남면, 성진군 성진읍, 회령군 등이었다. 이를 각 면의 성격별로 분류하면 대체로 다음과 같다.

도청소재지: 청주·공주·전주·광주·진주·해주·의주·춘천·함흥
군사도시: 진해·나남·회령
철도연선도시: 영등포·수원·송도·대전·강경·조치원·김천·익산
어항: 포항·통영
종전의 개항장: 성진[26]

즉 지정면은 대체로 도청소재지, 군사도시, 철도연선도시, 어항, 종전의 개항장과 같은 전통도시나 신흥도시로서, 일본인들이 많이 거주하는 면이었다.

제6조의 3항에서는 선거권자 및 피선거권자의 자격을 규정하였다. 선거권자 및 피선거권자는 '제국신민'이면서 독립된 생계를 영위하는 25세 이상의 남자로서, 1년 이상 면내에 주소를 가지고 그 면에서 총독이 지정한 면부과금 연액 5원 이상을 납부한 자로 하였으며, 금치산자나 준금치산자 및 6년 이상의 징역 혹은 금고 이상의 형에 처해진 자는 제외하였다. 여기에서 '면부과금'이란 시가지세할, 지세할, 호별할, 영업할을 모두 합한 것을 말한다.[27] 여기에서 선거권자 및 피선거권자를 연 5원 이상의 면

---

26 손정목, 1992, 『한국지방제도·자치사연구』(상), 일지사, 166~167쪽. 손정목은 당시 지정면의 기준을 일본인 거주자 250호 이상, 일본인의 한국인에 대한 비율 30% 이상을 기준으로 삼은 것으로 보인다고 하였다.
27 「부면선거인명부조제급취급순서」, 『동아일보』, 1920.9.13.

부과금 납부자로 제한한 것은 일정한 재산을 가진 자산계급에게만 권리를 준다는 것을 의미했다. 면 단위에서 자산계급이란 현실적으로는 주로 재지지주층을 의미하는 것이었다.

제6조의 4항에서는 피선권자의 자격을 규정하였는데, 면협의회원의 선거권을 가진 자는 면협의회원의 피선거권도 가진다고 하였다. 다만 ①소속 도군도의 관리 및 유급이원(有給吏員), ②그 면의 면장 및 유급이원, ③검사 및 경찰관리, ④신직, 승려, 기타 제 종교사, ⑤소학교 및 보통학교의 교원 등은 피선거권을 가질 수 없다고 하였다. 제6조의 5항에서는 협의회원 중 궐원이 정원의 3분의 1 이상이 되는 경우에는 보궐선거를 해야 한다고 하였다. 면협의회원의 선거권자와 피선거권자의 자격 조건은 앞서 본 부협의회의 경우와 거의 같다.

제6조의 6항은 선거준비와 관련된 내용이다. 먼저 면장은 선거기일 50일 전에 그날을 기준으로 선거인명부를 작성해야 한다고 하였다. 면장은 선거기일 30일 전부터 7일간 매일 오전 9시부터 오후 4시까지 면사무소에서 선거인명부를 관계자의 종람에 제공해야 한다고 하였다. 관계자로부터 이의가 있는 경우에는 종람기일 내에 이를 면장에게 알려야 하며, 면장은 3일 이내에 이를 결정해야 한다고 하였다. 면장의 결정에 불복하는 경우, 그 결정이 있는 날로부터 3일 이내에 군수 또는 도사에게 알려야 한다고 하였다. 선거인명부는 선거기일 3일 전에 확정하도록 했다. 그리고 선거인명부에 등록되지 않은 자는 선거에 참여할 수 없도록 했다.

제6조의 7항은 선거, 즉 투표회에 관한 것으로서, 면장은 선거기일 전 적어도 7일간 선거회장, 투표일시, 선거해야 하는 협의회원의 수를 공고해야 한다고 하였다. 제6조의 8항은 면장은 선거회를 개폐하고, 그 단속에 임한다고 하였다. 또 면장은 선거인 가운데 2~4인의 선거입회인을 선

임하여 투표에 입회하도록 했다. 제6조의 9항은 투표 방법(선거인은 선거회장에서 투표용지에 피선거인 1인의 씨명을 기재하여 투표함에 넣는다), 10항은 무효표와 관련된 조항(규정된 투표용지를 사용하지 않은 경우 등 6가지 경우), 11항은 선거의 효력 결정, 12항은 당선자는 최다득표자로 선정한다는 것,[28] 13항은 선거록의 작성, 14항은 당선자의 고지, 15항은 당선을 사절하는 자가 있는 경우에 이를 보충할 당선자를 정하는 법, 16항은 선거결과를 군수 또는 도사에게 보고하는 법, 17항은 선거규정을 위반한 사실이 있는 경우의 처리 방법, 18항은 도지사가 선거 혹은 당선을 취소하는 경우의 고지, 19항은 선거 취소의 경우 재선거를 실시한다는 것, 20항은 협의회원의 정원을 채우지 못했을 경우의 부족원 인원을 채우기 위한 재선거, 21항은 지정면 이외의 면(보통면)에서는 제6조 4항에서 규정한 자격을 가진 자 중에서 이를 임명한다는 것, 22항은 협의회원이면서 그 자격을 잃게 되는 경우, 면협의회원의 직도 상실한다는 것, 23항은 협의회원은 선거 또는 당선이 취소될 때까지 면협의회 회의에 출석할 수 있다는 것 등을 열거하였는데, 앞서 본 부협의회의 경우와 거의 동일하여 자세한 설명을 생략한다.

제7조는 면협의회의 회의 운영에 관한 것이다. 먼저 1항에서는 협의회는 면장이 소집하며, 가벼운 사안에 대해서는 회의를 열지 않고 서면으로써 협의회원의 의견을 들어 3분의 2 이상의 동의가 있는 때에는 이를 협의회의 의견으로 간주할 수 있다고 하였다. 소집 및 자문해야 하는 사안은 개회일로부터 3일 이전에 협의회원에게 이를 통지해야 하며, 다만

---

28 지정면에서는 8~14인의 면협의회원을 뽑아야 하기 때문에 후보자 중에 다수 득표자의 순으로 당선자를 정한다는 의미로 보인다.

시급을 요하는 경우에는 이에 해당하지 않는다고 하였다. 그리고 협의회는 면장이 이를 개폐하도록 했다. 제7조의 2항에서는 협의회는 협의회원 정원의 반수 이상이 출석하지 않으면 회의를 열 수 없다고 하였다. 다만 동일한 사안에 대해 소집을 재차 해도 거듭 반수를 충족하지 못한 경우는 예외로 한다고 하였다. 제7조의 3항에서는 협의회의 의사는 과반수로 결정하며, 가부 동수일 경우에는 의장이 결정한다고 하였다. 제7조의 4항에서는 의장은 회의를 총리하고 회의의 순서를 정하고, 그날의 회의를 개폐하고 회의장의 질서를 유지한다고 하였다. 의장은 필요하다고 인정되는 때에는 협의회원에 대해 발언을 금지하고 이를 취소시키거나 회의장 밖으로 퇴거를 명할 수 있다고 하였다. 제7조의 5항에서는 의장은 회의록을 작성하고, 회의의 전말 및 출석협의회원의 씨명을 기재하도록 했다. 회의록에는 의장과 출석 면협의회원 2인 이상이 서명해야 한다고 하였다.

4) 조선학교비령과 학교평의회

1910년 이후 학교와 교육재정은 조선인과 일본인을 구별하여 별도의 법령과 제도하에서 관리되었다. 일본인들은 거류민단 시절부터 자체 재정으로 일본인 학교를 운영해왔고, 이를 뒷받침하기 위해 통감부는 1909년 12월 「학교조합령」을 공포했다. 전문 7조로 된 간단한 이 학교조합령의 골자를 보면, 제1조는 "학교조합은 법인으로 하고, 관의 감독을 받아 법령의 범위 내에서 전적으로 교육사무를 처리함을 목적으로 함. 학교조합은 지역의 정황에 따라 부대사업으로 위생사무를 처리할 수 있음"이라 하였다. 제2조는 "학교조합을 설립하려고 할 시는 그 설립지구 내에 거주하는 제국신민이 조합규약을 작성하여 통감의 인가를 받아야 함"이라 하였다. 제3조는 "학교조합 지구 내에 거주하는 제국신민은 그 조합원으로 함"이라 하였다. 조합원 자격에 큰 제한이 없었던 셈이다. 제4조는 "학교조합의 폐지 및 조합규약의 변경은 통감의 인가를 받음이 가함"이라 하였다. 조합의 폐지나 규약변경을 쉽지 않게 해놓은 것이다. 제5조에서는 학교조합에는 조합회 및 관리자를 둔다고 하였고, 관리자는 이사관이 이를 임면하며, 임기는 3년으로 한다고 하였다. 조합회에 대해서는 자율에 맡기려 했는지 자세한 규정이 없다. 제6조는 학교조합은 재산으로부터 발생하는 수입 및 수업료 기타의 수입으로써 그 지출을 충당하고, 그래도 부족할 시에는 조합비를 부과, 징수할 수 있도록 했다. 이 학교조합령은 1910년 1월 1일부터 시행하도록 되어 있었다.[29]

조선총독부는 1914년 '부제'를 실시하면서 거류민단은 폐지했지만 '학교조합'은 그대로 존속시켰다. 1913년 10월 30일 공포된 「학교조합령」은 모두 41조에 달할 만큼 그 내용이 자세하다. 제1조를 보면, "학교조합은 법인으로 하고, 관의 감독을 받아 법령의 범위 내에서 내지인의 교육에 관한 사무를 처리한다"고 되어 있다. 학교조합은 구역 내에 주소를 가진 일본인을 조합원으로 하며, 조합원들이 선출하는 조합회 의원들로 구성되는 '조합회'라는 것을 둔다. 조합회는 '의결기관'으로서, 의결사항은 조합규약의 변경, 예산의 확정, 결산보고의 인정, 기본재산 등의 설치, 관리 및 처분, 부동산의 관리 및 처분, 재산 및 영조물의 관리방법, 법령 외의 사용료, 수수료, 부역현품을 정하는 일, 조합채에 관한 일, 조합과 관

---

[29] 통감부령 제71호 「학교조합령」, 『통감부공보』, 1909.12.27. 1910년 2~3월 각 이사청에서 이사청령으로 공포한 시행규칙은 조항도 30조 안팎으로 상당히 자세했으며, 그 내용도 지역별로 약간씩 달랐다. 학교조합에 대해서는 조미은, 2010, 「일제강점기 재조선 일본인 학교와 학교조합 연구」(성균관대학교 박사논문) 참조.

계있는 소송 및 화해에 관한 일 등이었다. 학교조합에는 '관리자'를 두게 되어 있었는데, 관리자는 조합원 중에서 도장관이 임명하고, 임기는 3년이며 명예직으로 했지만 필요한 경우 유급으로 할 수 있게 했다. 부(府)의 구역을 포함하는 학교조합에서는 부윤이 그 관리자의 직무를 행한다고 하였다. 즉 부윤이 조합관리자가 되는 것이다. 또 조합에는 유급 또는 명예직의 이원(吏員)을 두어 사무를 담당하게 했다.[30]

같은 시기 「학교조합령시행규칙」도 공포되었다. 그 내용을 보면, 제1장은 설치 및 폐지, 제2장은 조합회, 제3장은 조합이원, 제4장은 조합의 재무 등으로 모두 77조에 달한다. 이 가운데 조합회의 주요 내용을 보면, 조합원의 수는 인구에 비례하여 500명 미만인 경우 6인으로 시작하여, 4만 명 이상인 경우 18인까지로 정하였다. 조합원의 임기는 3년이고, 무기명투표로 선거회장에서 선출하도록 했다. 의원 정수 10인 미만인 경우에는 의원 수에 해당하는 피선거인의 씨명을 기재하도록 했으며, 10인 이상인 경우에는 피선거인 1인의 씨명을 기재하도록 했다. 조합회는 관리자를 의장으로 하며, 관리자 유고 시에는 연장자인 의원이 의장을 직무를 대리하도록 했다. 조합회는 관리자가 이를 소집하고, 회의 개폐도 관리자가 담당하도록 했다.[31]

이와 같은 학교조합 제도는 재조선 일본인들에게만 허용되었다. 학교조합은 이른바 '내지인의 교육'을 위한 것이었기 때문에, 조선인들은 이와 같은 학교조합을 만들 수 없었다. 그 대신 조선인들에게 주어진 것은 '학교비용' 혹은 '학교비(學校費)'라는 제도였다. 조선총독부는 1911년 10월

---

30 제령 제8호 「학교조합령」, 『조선총독부관보』 호외, 1913.10.30.
31 조선총독부령 제6호 「학교조합령시행규칙」, 『조선총독부관보』 호외, 1914.1.25.

「공립보통학교비용령」이란 것을 공포했다. 그 제1조를 보면, "공립보통학교에는 기본재산을 설치할 수 있다"고 하였다. 제2조를 보면, "공립보통학교의 설립 유지에 관한 비용은 임시은사금 이자, 향교재산 수입, 기본재산 수입, 수업료, 기부금, 국고보조금, 지방비보조금으로써 이를 지변한다"고 하였다. 그리고 제4조에서는 "공립보통학교의 설립 유지는 도장관의 감독을 받아 부윤 또는 군수가 이를 관장한다"고 하였다.[32] 「공립보통학교비용령」은 모두 6조에 그치는 것이었지만, 같은 날 발표된 「공립보통학교비용령시행규칙」은 모두 26조로 자세했다. 그 내용은 총칙, 예산, 수입, 지출, 결산, 세계잉여 등, 재산 등의 7개 장으로 되어 있었다.[33] 위에서 본 것처럼 학교비의 운영 주체는 부윤 또는 군수였고, 모든 예산의 수립과 집행, 결산 등의 책임이 이들에게 있었다. 학교 설립과 유지의 비용은 임시은사금 이자, 향교재산 수입, 기본재산 수입, 수업료, 기부금, 국고보조금, 지방비보조금 등 다양한 요소로 구성되어 있었지만, 그 관리자는 부윤 또는 군수와 같은 관리였던 것이다. 일본인들의 학교조합의 경우, 부의 경우에만 부윤이 관리자를 맡고, 군 지역에서는 조합원 중에서 도장관이 임명하는 자가 관리자를 맡도록 했던 것, 즉 자율성을 어느 정도 부여했던 것과는 큰 차이가 있다.

　「공립보통학교비용령」과 그 시행규칙은 1920년 「조선학교비령」과 그 시행규칙이 공포되면서 폐지되었다. 1920년 7월 29일 제령으로 공포된 「조선학교비령」을 살펴보자.[34] 제1조를 보면, "보통학교 기타 조선인 교육

32　제령 제12호 「공립보통학교비용령」, 『조선총독부관보』 호외, 1911.10.28.
33　제령 제12호 「공립보통학교비용령시행규칙」, 『조선총독부관보』 호외, 1911.10.28.
34　제령 제14호 「조선학교비령」, 『조선총독부관보』 호외, 1920.7.29.

에 관한 비용을 지변하기 위해 부군도(府郡島)에 학교비를 둔다. 학교비에 관한 사무는 부윤, 군수 혹은 도사가 이를 담임한다"고 하였다. 즉 부군도의 조선인 학교의 비용을 지변하기 위해 만들어진 것이 '조선학교비'였던 것이다. 제2조를 보면, 학교비는 부과금, 사용료, 보조금, 재산수입, 기타 학교비에 속한 수입으로써 이를 지변한다고 하였다. 제3조에서는 '부과금'은 부군도 내에 주소를 가지고 있거나 토지 혹은 가옥을 소유한 조선인에게 부과한다고 되어 있다. 제4조에서는 학교비에 속한 영조물의 사용에 대해 '사용료'를 징수할 수 있다고 하였다. 제5조에서는 학교비로써 지변하는 사업을 위해 특별한 필요가 있는 때에는 부과금을 부과하는 자에게 부역 또는 현품을 부과할 수 있다고 하였다. 제6조에서는 학교비에 속하는 징수금에 대해서는 도지방비에 속한 징수금 다음으로 선취특권을 가지며, 그 추징 및 환부에 대해서는 국세의 예에 의한다고 하였다. 제7조에서는 부과금, 사용료, 부역현품 및 그 부과 징수에 관한 사항은 총독이 이를 정한다고 하였다. 제8조에서는 학교비는 영구이익이 될 만한 사업, 채무상환, 천재지변을 위해 필요한 경우에 한해 기채를 할 수 있다 하였다.

제9조부터 제13조까지는 학교평의회에 관한 내용을 담고 있다. 제9조에서는 학교비에 관해 부윤, 군수, 도사의 자문에 응하게 하기 위해 '학교평의회'를 둔다고 하였다. 학교평의회원의 정원은 부(府)에서는 6인 이상 20인 이하의 범위 내에서 총독이 이를 정하고, 군(郡)과 도(島)에서는 군·도 내의 면의 숫자와 동수로 한다고 하였다. 즉 1개 면에 1명의 평의원을 둔다는 것이었다. 그리고 학교평의회의 의장은 부윤, 군수, 도사가 맡도록 했다. 제10조에서는 부윤, 군수, 도사가 학교평의회에 자문해야 하는 사항으로서, ①학교비 세입출예산을 정하는 일, ②부과금, 사용료 혹은 부역현품의 부과징수에 관한 일, ③기채에 관한 일, ④세입출예산을 정하는 일

을 제외하고, 새로이 의무 부담을 하거나 권리 포기를 하는 일 등을 들었다. 일본인들의 학교조합과 비교해 볼 때, 학교조합은 의결기관이지만 학교평의회는 자문기관이며, 학교조합은 결산보고의 인정, 기본재산의 설치·관리 및 처분, 부동산의 관리 및 처분, 재산 및 영조물의 관리방법, 조합과 관계있는 소송 및 화해에 관한 일 등의 일에 관여할 수 있었지만, 학교평의회는 그런 권한이 없었다.

제11조에서는 학교평의회원은 부에서는 이를 선거하고, 군·도에서는 군수 또는 도사가 이를 임명하도록 하였다. 또 학교평의회원은 명예직으로 하며, 임기는 3년으로 하였다. 제12조에서는 학교평의회원이 직무를 게을리하거나 체면을 오손하는 행위를 하는 때에 부윤, 군수, 도사는 도지사의 인가를 받아 그를 해임할 수 있다고 하였다. 제13조에서는 제9조부터 제12조에 이르는 조항에 규정한 외에 학교평의회 및 학교평의회원의 선거, 기타 학교평의회원에 관해 필요한 사항은 조선총독이 이를 정한다고 하였다.

제14조에서는 부윤, 군수, 도사는 회계연도마다 학교비의 세입출 예산을 작성해야 하며, 학교비의 회계연도는 정부의 회계연도에 따른다고 하였다. 제15조에서는 학교비로써 지변하는 사안이면서 여러 해에 걸쳐 그 비용을 지출해야 하는 경우에는 학교평의회의 자문을 거쳐 그 기간 동안 각 연도의 지출액을 정해 계속비로 할 수 있다고 하였다. 제16조에서는 학교비의 수입금 및 지불금에 관한 시효에 대해서는 정부의 수입금 및 지불금의 예에 따른다고 하였다.

동시에 발표된 「학교비령시행규칙」을 살펴보자.[35] 시행규칙은 제1장

---

35 조선총독부령 제104호 「조선학교비령시행규칙」, 『조선총독부관보』 호외, 1920.7.29.

학교평의회, 제2장 학교비부과금 및 부역현품, 제3장 학교비의 재무, 제4장 감독 등으로 구성되어 있다. 이 가운데 제1장 학교평의회와 제2장 학교비부과금의 주요 부분만 살펴보기로 한다. 제1조에서는 학교평의회의 정원을 규정하였는데, 부(府)의 경우 '인구 5천 미만은 6인'으로부터 시작하여 '인구 10만 이상은 20인'으로 하여, 인구의 다소에 따라 6~20인으로 6단계로 나누었다. 군·도의 경우, 학교평의회원의 정원은 면의 숫자에 따라 정하도록 했다. 즉 1면 1평의원으로 한 것이다.

제2조에서는 부(府)의 학교평의회원의 선거권자를 규정하였는데, '제국신민'이면서 독립생계를 운영하는 연령 25세 이상의 남자가 부내에 주소를 가지고 학교비부과금 연액 5원 이상을 납부한 때에는 그 부의 학교평의회원의 선거권을 갖는다고 규정하였다. 다만 도지사는 필요하다고 인정될 때에는 조선총독의 인가를 받아 학교비부과금 연액을 낮출 수 있다고 하였다. 이는 연액 5원이 지나치게 높아서 선거권자가 너무 적을 경우에 대비한 것이었다. 제3조에서는 부의 학교평의회원의 피선거권를 규정하였는데, 선거권을 가진 자는 그 부의 학교평의회원 피선거권도 갖는다고 하였다. 다만 소속 도 및 그 부의 관리 및 유급이원, 검사 및 경찰관리, 승려 기타 제 종교사, 보통학교 교원은 피선거권을 가질 수 없도록 했다. 제4조에서는 부의 학교평의회원의 선거에 대해서는 부제시행규칙 제2조의 4항에서 제2조의 19항까지의 규정을 준용한다고 하였다. 즉 부제의 선거 규정을 준용토록 한 것이다.

제5조에서는 군·도의 학교평의회원은 조선인인 면협의회원이 선거한 후보자 중에서 이를 임명한다고 하였다. 제6조에서는 군·도의 학교평의회원의 선거권자를 규정하였는데, 독립생계를 영위하는 연령 25세 이상의 남자이면서 1년 이상 군·도 안에 주소를 가지고 그 군·도에서 학교

비부과금 연액 5원 이상을 납부한 자로 하였다. 다만 도지사는 필요하다고 인정한 때에 조선총독의 인가를 받아 학교비부과금 연액 5원을 낮출 수 있다고 하였다. 군·도의 경우에는 부에 비해서 연액 5원 이상의 학교비부과금을 납부하는 이들이 더욱 적을 가능성이 높았다. 제7조에서는 학교비평의회의 후보자의 선거는 각 면에서 군수 혹은 도사의 고시에 의해 이를 행하며, 선거일로부터 적어도 10일 전에 선거기일, 선거장소, 선거해야 할 후보자의 숫자 등을 발표해야 한다고 하였다. 제8조에서는 학교평의회원 후보자의 선거는 면장이 면협의회원으로 하여금 투표에 의해 이를 행하게 해야 하며, 투표는 무기명으로 하고, 선거해야 하는 후보자의 숫자에 상당하는 피선거인의 씨명을 기재해야 한다고 하였다. 여기서 '선거해야 하는 후보자의 숫자'는 1면 1평의회원제가 원칙으로 되어 있었기 때문에 실제로는 1인을 의미하는 것이었다. 이는 부의 학교평의회의 경우에 투표용지에 피선거인 1인의 씨명을 기재하도록 한 것과 같은 형식이었다. 제9조에서는 면장은 득표수가 최다인 자를 평의회원 후보자로 정하고, 이를 군수 또는 도사에게 보고하도록 했다. 제10조에서는 학교평의회원이 된 이후에 평의회원으로서의 자격을 상실하는 경우 그 직을 상실한다고 규정하였다.

제11조부터 제15조까지는 학교평의회의 회의에 관한 규정이다. 제11조에서는 학교평의회는 부윤, 군수, 도사가 이를 소집하고 개폐한다고 규정하였다. 제12조에서는 학교평의회는 평의회원 정수의 과반 이상이 출석하지 않으면 회의를 개최할 수 없다고 규정하였다. 제13조에서는 학교평의회의 의사는 과반수로써 결정하며, 가부 동수인 경우에는 의장이 결정하는 바에 따른다고 하였다. 제14조에서는 의장은 회의를 총리하고, 회의의 순서를 정하고, 그날의 회의를 개폐하고, 회의장의 질서를 유지

한다고 하였다. 또 의장은 필요하다고 인정하는 때에 학교평의회원에 대해 발언을 금지 혹은 취소시키거나 회의장 밖으로 퇴거를 명할 수 있다고 하였다. 제15조에서는 의장은 회의록을 작성하여 회의의 전말 및 출석한 학교평의회원의 씨명을 기재해야 한다고 하였다.

　제2장 학교비부과금 및 부역현품 부분을 살펴보자. 제17조에서는 학교비부과금으로서 부과해야 하는 것으로, ①지세 혹은 시가지세의 부가금(附加金), ②호세 혹은 가옥세의 부가금, ③특별부과금을 들었으며, 부가금은 균일한 과율로써 이를 부과해야 한다고 하였다. 제18조에서는 부가금의 비율에는 제한을 두었다. 즉 ①지세 및 시가지세의 부가금은 본세(本稅)의 100분의 30, ②호세의 부가금은 납입의무자 평균 1인에 대해 40전(錢), ③가옥세의 부가금은 가옥세 시행지의 조선인 호수 평균 1호당 40전을 넘을 수 없게 한 것이다. 다만 특별한 필요가 있는 경우, 총독의 허가를 받아 이 제한을 초과하여 부과할 수 있다고 하였다. 제19조에서는 지세, 시가지세, 호세 및 가옥세의 부가금은 본세와 동시에 이를 징수해야 한다고 하였다. 다만 특별한 사정이 있는 경우에는 도지사의 인가를 받아 부윤, 군수, 도사가 별도로 징수기일을 정할 수 있다고 하였다. 제20조에서는 부역현품은 이를 금액으로 환산하여 부과해야 한다고 하였다. 부역을 부과받은 자는 적당한 대리인을 낼 수 있다고 하였으며, 부역현품은 금전으로써 이를 대신할 수 있다고 하였다. 제21조에서는 부윤, 군수 혹은 도사는 특별한 사정이 있는 자에 대해 부과금을 감면하거나 부과금의 납입 연기를 허용할 수 있다고 하였다. 제22조에서는 군·도의 일부에 대해 특별한 이익이 있는 경우에는 도지사의 인가를 얻어 불균일한 부과를 하거나 그 일부에 대해 부과할 수 있다고 하였다. 제23조에서는 부 혹은 면은 그 부·면 내의 부과금을 징수하고 이를 학교비에 납입할 의무가

있다고 하였다. 학교비 징수의 비용은 부·면의 부담으로 하고, 학교비에 납입한 부과금의 100분의 2에 상당하는 금액을 그 부·면에 교부한다고 하였다. 즉 학교비 징수의 책임은 부와 면에 있었던 것이다.

3. 신 지방제도에 대한 동아일보의 비판

이상 1920년에 나온 지방제도 개정 내용을 주로 자문기관과 관련된 사항을 중심으로 살펴보았다. 이와 같은 지방제도 개정에 대해 당시 조선인들의 반응은 어떠하였을까. 당시 조선인들의 입장을 대변하던 신문은 사실상 『동아일보』밖에 없었으므로, 이 신문을 중심으로 이를 살펴본다.

『동아일보』에서 지방제도 개정에 관해 보인 첫 번째 반응은 1920년 5월 16일 자 사설에서 나왔다. 이때는 일본 정부의 척식국과 법제국에서 이 문제에 대해 검토를 끝내고 총리대신에게 재가를 요청한 직후였다. 『동아일보』의 「지방자문기관, 관선민선호(官選民選乎)」라는 사설에서는 우선 "현 총독부의 소위 '신간부(新幹部)'의 부임 초에 천하에 공표한 조선 통치의 개혁 중 하나는 지방자치제도의 시행이라. 이는 시세가 일변하며 인심이 혁신하야 재래의 전제무단정치로는 도저히 정국을 수습치 못함에 기인함이오, 또한 사리의 당연함에서 나옴이라"라고 하였다. 즉 지방자치제도의 도입은 환영한다는 것이었다. 그러나 이 사설은 세 가지 점을 지적하며 불만을 제기했다. 첫째는 도, 부, 면 등에 '자문기관'으로서의 협의회를 두는 것에 대한 비판이었다. 이 사설은 "협의회의 권한이 자순(諮詢)에 그침은 유감이라. 극히 제한된 인도(印度)의 지방자치도 순연한 자순기관은 아니라. 일정한 범위 내에 결의할 수 있으며, 결의는 행정관에게 대하여 강제의 효력이 있으되 인도인은 오히려 불만하여 민심이 안정치 못함은 외전(外電)에서 자주 보도하는 바이거늘 우리 조선인에 있어서 오직 자순에 그치는 협의회가 어찌 중추원 이상의 인민에게 정신적 권위를 가질 수 있으리오"라고 비판하였다. 둘째는 협의회원을 민선이 아닌 관선

위주로 뽑는 것에 대한 비판이었다. 이 사설은 "조직에 대하여는 철저히 민선(民選)을 주장하며, 또한 자산(資産)만 표준하지 말고 지식을 표준하여 선거권을 부여하라 하노니, 부군(府郡)을 구별하여 관선, 민선의 구별을 둠과 같음은 전연 가치없고 근거없는 행동이라 하노라. 더구나 부윤 등이 의장이 될 필요가 어디에 있는가. 의장은 자치단체의 정신에 기초하여 자주자선(自主自選)할 것이라"고 주장하였다. 즉 관선이 아닌 민선으로 모두 뽑아야 하며, 자산을 기준으로 선거권·피선거권을 부여해서는 안 되고, 부윤 등이 의장을 맡을 필요는 없다는 주장이었다.[36] 이후 『동아일보』는 6월 한 달 동안 독자들의 지방자치에 대한 지식을 넓히기 위해 지방자치의 연혁, 시방자지의 개념, 각국(프러시아, 영국, 미국, 러시아, 일본)의 지방자치 제도를 소개하는 기사를 연재했다.

총독부에서 1920년 7월 29일 제령과 부령으로 지방제도 개정의 내용을 발표하자, 『동아일보』는 이에 대한 세밀한 검토에 들어간 것으로 보인다. 그리고 7월 31일 우선 신설된 학교평의회 제도에 대해 사설을 통해 이를 비판하였다. 이 사설은 첫째 평의회원의 선출 방법에 대해, "학교평의회는 그 성질이 일 자문기관에 불과한지라. 하등 결정권이 없으니, 그 조직에 있어서 혹은 그 선임방법에 대하야 철저히 민주적으로 함이 방해가 없을 뿐 아니라 오히려 민중의 의사를 창달하며 다수의 협동으로 인하야 좋은 효과를 거둘 것이거늘, 이제 그 조직을 보건대 혹은 임명 혹은 선거로써 통일이 없으며, 임명에도 면협의원의 선출한 후보자 중에서 임명하는 등 이중삼중의 수속을 취하니 그 어찌 직절간명(直截簡明)한 민중을 신뢰하는 태도라 하리오"라고 비판하였다. 둘째, 그 자문기관으로서의 성격에 대해,

---

36 사설 「지방자문기관, 官選民選乎」, 『동아일보』, 1920.5.16.

"설사 이와 같이 번잡한 수속으로 조직된 평의회라 할지라도 결의권이 있어서 학무를 스스로 처단하는 권한이 있으면 오히려 흥미를 붙이려니와 부윤, 군수나 도사의 일 자문기관으로 존재하여, 그 의견의 채용과 불채용이 확실치 않고, 혹 확실할 시에는 당국의 의견대로 순치된 후의 일일지니, 이것이 어찌 자치의 풍(風)을 양성(釀成)하여 재래의 소위 '자문기관'과 특별히 다른 결과를 초래할 수 있으리오"라고 비판하였다. 이 사설은 "각 면으로 하여금 충분히 자치의 권리를 향유케 하는 동시에 그로 하여금 교육사무를 스스로 담임(自擔)케 함이 가할지니 일면일교주의(一面一校主義)를 실행하면 더욱 좋겠지만 만약 재정상 이것이 불능한 경우에는 2, 3면이 연합하여 이를 경영하되 연합 학무위원을 선출하여 이를 관리케 함이 가하도다"라고 하였다.[37] 즉 조선인들도 일본인들처럼 1~3개 면이 연합하여 학교조합을 만들고, 교육사무를 스스로 담당하게 하는 것이 바람직하다는 주장이었다. 이는 교육자치를 강조한 것이었다.

『동아일보』는 8월 1일자 사설에서는 "이번에 발표된 지방제도는 당국자가 이미 성명한 바와 같이 자치제가 아니라 관료의 자문기관에 불과하며, 그 조직이 철저한 민주적 조리에 의한 바가 아니라 관료적 기분이 농후한 자문기관"이라고 비판하였다. 이어서 이 사설은 "그 자문기관은 하등 실효가 없는 기만적 형식에 지나지 못할 뿐 아니라, 선거에 대한 간섭 혹은 유혹 등 제반 사회의 죄악이 유행할지니, 이는 근대 정신에 새로이 깨어나는 조선 민족에 대하여 부패의 씨(種)와 타락의 세(勢)를 부식(扶植)하는 것"이라고 비판하였다.[38]

---

37 사설 「학교평의회, 당국의 小心」, 『동아일보』, 1920.7.31.
38 「지방제도 개선에 임하야 관민의게 바라노라」, 『동아일보』, 1920.8.1.

『동아일보』의 지방제도 개정에 대한 보다 본격적인 비판은 8월 7·8일에 실은「지방제도의 개정에 취(就)하여」라는 '재동경 일서생'의 이름으로 된 독자 투고였다. 이 글에서는 우선 이번 지방제도 개정의 요점은 면에 면협의회, 부 및 군·도에 학교평의회, 도에 도평의회를 개설한 것이라고 보고, 이러한 것들은 일견 새로이 만들어진 기관처럼 보이지만, 실제로는 종래 있었던 도·부·군 참사, 보통학교 학무위원, 또는 면상담역의 명칭 및 자문 사무의 범위를 변경함에 불과하다고 비판했다. 그는 "대저 자문기관이라 하는 것은 그 글자의 뜻과 같이 이사(理事)기관의 자문에 응하는, 즉 행정상 의견을 신술(申述)하는 의무가 있는 기관을 이름이니, 이사기관은 가령 이에 대하여 지문하는 일이 있다 할지라도 그 의견의 채납(採納) 여부는 전혀 이사기관의 자유에 속하는지라. 고로 자문기관은 의무는 있으나 권리는 없는 것이 분명하며, 따라서 활용 방법의 마땅함을 얻지 못하면 곧 있어도 없는 것과 같은 폐물됨을 면하기 어렵다"고 지적하였다. 그는 그 예로서 종래의 중추원, 도·부 참사회, 보통학교 학무위원회 등을 들었다. 그는 "이들 기관이 종래 폐물의 취급을 받은 원인이 어디에 있을까. 요컨대 하등 권능은 없이 절대 필요치도 못한 의무만 부담함에서 말미암음은 췌언을 불요할 사실"이라고 지적하고, "이제 그 명칭을 고치고 약간 자문사무의 범위를 변경함으로써 시대요구에 적응한 시설이라 함은 그 정신이 어디에 있는지 알기 어려워 당국자의 성의를 의심치 아니치 못할뿐더러, 왕년의 면제(面制) 실시 시에 이장(里長) 명칭을 구장(區長)이라 고침으로써 그 지위를 향상함이라 하여 면민의 조소를 받던 것과 흡사하도다"라고 비판하였다.[39]

---

39 在東京 一書生,「지방제도의 개정에 就하야」,『동아일보』, 1920.8.7.

그는 또 일본에서는 시제, 정촌제가 1888년(明治 21)에 발포되어 이듬해 4월 이후 각 지방 상황에 따라 점차 실시되었고, 현제와 군제는 1890년에 발포 실시됨으로써 일본 지방자치제의 기초를 확립했다면서, "그러면 현재(1920년) 조선의 문화 정도가 일본에서 지방자치제가 실시된 1890년보다 더 낙후해 있다는 것인가"라고 질문하였다. 그는 조선이 일본보다 30년 이상 낙후되어 있다고 보는 총독부 관료들의 시각은 도저히 받아들일 수 없다고 비판하였다.[40]

『동아일보』는 또 「횡설수설」란을 통하여 "지난번에 발포하여 오는 10월 1일부터 실시하게 된 지방제도 개정이란 것은 자치제도 실시니 참정권의 전제니 떠들지만 그야말로 표언판(表言板)에 불과한 듯하다"고 비판했다. 그 이유의 하나로 든 것은 협의회원 선거권자의 자격이다. 즉 부나 면 협의회의 선거권자는 연 5원 이상의 부세나 면비를 납부한 자만 될 수 있게 하였는데, "경성이나 부산같은 도회지는 어떨지 모르지만, 지방에 있는 각 면의 현상을 보면 국세를 제한 외에 단지 면부과금으로 일년에 5원 이상을 납부하는 인민이 몇 사람이나 될른지. 각 부로 말하면 부세요, 지방의 면으로 말하면 호별할 같은 것이니, 대개 1년에 몇십 전에 불과한 것이 아닌가"하고 물었다. 이어서 "유권자의 세액 제정이 이와 같으니 결국은 협의회원 선거에 당하여 비교적 다액 납세자가 많은 일본인이 조선인보다 그 대부분을 점할 것은 정한 이치라"고 이 글은 지적하였다.[41]

이 신문은 지방제도 개정 가운데 특히 '자문기관의 설치' 부분을 집중적으로 공격하였다. 8월 15일 사설 「1년간 재등총독의 정치(속)」이라는

40　在東京 一書生, 「지방제도의 개정에 就하야」(속), 『동아일보』, 1920.8.8.
41　「횡설수설」, 『동아일보』, 1920.8.12.

글에서 "재등총독은 지방자문기관을 설치하고 장래에 조선에 어떤 종류의 자치를 주겠다 하니, 그 자치는 어떤 종류에 속한 자치인지 알지 못하거니와, 자문기관이라 하는 제도는 그 성질상 현대정치와는 아무 의미도 없는 무용(無用)의 장물(長物: 불필요한 물건)이다. 국가 정부에 대하여 의결하는 결정권이 있지 못하고 오직 위정자의 자문에 응할 뿐이니 자문사항이 비록 불가할지라도 이를 불가라고 결정치 못함으로 위정자는 그 자문하는 사항을 임의로 실행도 하며 정지도 할 수 있도다. 그런즉 자문기관 자체는 위정자의 비정(秕政: 악정)을 규탄하며 광정치 못하고 한갓 자문에만 응할 뿐이니, 그 자문에 응하였다는 책임은 부담치 아니치 못할지라. 그러므로 위정자는 자기 책임의 몇 부분을 그 자문기관으로 전가하여, 밖으로는 민의를 존중하노라 하고, 안으로는 민의에 자문한 바이니 곧 민의로 행함이라 하는 엄복적(掩覆的: 가리고 덮어서 얻는) 실익이 있으니, 고로 위정자의 주관으로는 우민정치를 행함에 가장 양책(良策)이라"라고 사이토 총독의 지방제도 개정을 비판하였다.

이 글은 이러한 자문기관의 설치는 조선 정치에 아무런 도움이 되지 않고, 오히려 조선 민중에게는 막대한 해독을 끼칠 것이라면서, 그 이유로서 1) 그 기관의 경비를 부담해야 하고, 2) 무용의 장물이 인민과 관청 간에 가로놓여 민의의 자유 신장을 방해하고, 3) 민의의 소향(所向)을 무권능한 위정자들이 당국자에게 아유(阿諛)하기 위하여 말을 잘못 전달하고, 4) 당국의 정치가 그 기관으로 좋은 장벽을 만들어 암흑면의 암흑을 더욱 암흑케 호도하고, 5) 당국의 아유자를 그 기관에 수용하는 인원만큼 더 선발하여 이로써 수족(手足)과 과아(瓜牙: 주인의 수족이 되어 움직이는 부하)를 만들어 인민에게 구속을 가하게 될 것이기 때문이라 하였다. 이 글은 "금번 발표한 자문제도가 오는 10월 실시가 되면 그때부터 그 기관에 수용되는 인원만큼 당국의 수족과 과아가 증가할지오. 중추원과 참사 등 1중 장벽으로 내면을 어둡게 했던 정치가 지방자문기관을 증설하여 2중의 장벽으로 그 내면을 더욱 어둡게 할지니 암흑에 암흑을 더한 그 화(和)의 대암흑을 조선인은 무슨 광명으로 이를 파(破)할꼬"라고 탄식하였다.[42]

『동아일보』의 지방제도 개정에 대한 본격적인 비판은 8월 24일부터 9월 3일까지 7차에 걸친 「기괴한 지방제도」라는 연재기사에서 제기되었다. 그 내용을 차례대로 살펴보자. 첫 회에서는 아래와 같이 총론적인 비판을 제기하였다.

> 그 개정된 제도의 근본이 하등 지방자치의 중요한 근본의(根本義)에 접촉됨이 없어, 자치제도의 생명되는 권한은 그 의결이 하등의 구속력을 갖지 못한 자문에 응함에 불과하고, 기관의 기본되는 의원의 선임(選任)에도 극소 부분에 한하여 극히 제한이 많은 선거제를 용인하였을 뿐이오. 그 외에는 전부 그 자문을 행하는 관공서나 상급관청에서 임명을 행하게 되어 지난 가을 재등총독이 성명한 바 소위 지방자치제도에 대한 약간의 기대도 전연 수포로 돌아가고 내용이 전혀 공허한 거세(去勢)의 제도임은 이미 소개한 바로 총독부 당국자가 성의로써 조선인을 지도 계발하여 문화의 진보를 진실히 조장하려는 의사가 없이 다만 외식(外飾)을 장선(裝繕)하여 당면을 미봉하고 현시 총독정치에 면종(面從)하는 약간 도배(徒輩)의 허영심이나 만족케 하고, 일부 무식한 조선의 민심에 횡류(橫流)하는 불평을 완화하려 함이 이 제도를 발포하기에 이른 당국자의 진의라고 관측할 수 있을지니 (하략)[43]

---

42 「사설. 1년간 재등총독의 정치(속) 3.자문기관 설치」, 『동아일보』, 1920.8.15.
43 「기괴한 지방제도(1), 입안의 본의가 那邊에 在한가」, 『동아일보』, 1920.8.24.

즉 평의회, 협의회 등이 자문기구로서 설치되었다는 것, 의원의 선임에도 극히 제한적인 선거제를 도입했다는 것을 가장 중요하게 지적하였던 것이다.

이 글은 이어서 선거권자, 피선거권자의 자격 문제를 본격적으로 거론하였다. "민선제나 관선제를 통하여 부면 협의원이나 학교평의원에 선임될 자격 또는 이들을 선거로 선임하는 지방의 선거권을 가지는 자격은 이를 일본 현행 지방제에 준하여 번잡한 제한을 두었으되 대개 일본제도보다 가혹치 아니하되, 특히 납세 또는 비용부담에 관한 부담액의 제한에 대하여는 일본의 제도보다 비상히 고액으로써 원칙을 삼았음은 무슨 까닭인가"라고 하여, 선거권과 피선권기의 기준을 시방부과금 연액 5원 이상으로 설정한 것을 문제삼은 것이다. 이 글은 일본의 경우 군, 시, 정촌 의원 선거에서 연액 2원 이상을 납부하는 자는 모두 공민권을 가지며, 다만 세액에 표준하여 다액 납세자 그룹은 상대적으로 다수의 의원을 선출하는 제도를 도입했을 뿐인데, "조선에서는 모두 각종 협의원, 평의원의 선거 피선거권을 가지는 납세제한을 일본 군, 시, 정촌보다도 실로 2배 반 되는 5원으로 정하였음은 실로 기괴한 일"이라고 지적하였다. 이 글은 이어서 "연액 5원 이상 면비 납부자 수가 임명할 면협의원의 정수에도 부족한 면이 조선 내에 태반을 점할 것은 숫자를 보지 않고도 자명할 일이거늘, 무슨 뜻으로 당국자는 자감(自甘 : 스스로 좋아함)하여 이와 같이 현상(現狀)과 현격(懸隔 : 차이가 매우 심함)이 태심(太甚)한 제도를 세웠는가"라고 신랄하게 비판하였다.[44]

이어서 이 글은 "현재 일본에서도 전술한 바와 같이 부현 의원의 선거

---

44 앞의 글, 『동아일보』, 1920.8.24.

권은 5원 이상, 그 외의 지방자치기관에서는 2원 이상의 납세자에게 선거권을 부여하는 제한이 있으므로, 자치기관과 유사치도 못한 조선의 지방제도에 대하여 선거권 및 피선거권을 정함에 납세금액을 표준하는 제한을 철폐하라 함은 본래 무리의 일이라. 연이나 경제력이 비상히 빈약하고 지방비나 교육비의 부담이 극히 저액(低額)인 이 정도에 향하여 그 공민권을 얻는 납세액의 표준을 일본보다 저하하는 것이 당연한 것이거늘 몇 배를 높게 한다 함은 입안자에 '타의'(他意: 다른 뜻)가 있음이 아니면 결코 허심탄회 공평한 처지로부터 입법한 것이라 해석하기는 도저히 불가능한 일이라"라고 비판하였다.

그러면 입안자가 가진 '다른 뜻'은 무엇이었을까. 이 신문은 "각 도회지에 재류하는 일본인은 그 수는 조선인보다 소수일지라도 그 부력(富力)은 일반이 조선인보다 우승(優勝)하야 다액의 공비(公費) 부담자는 그 수가 전체로 다수인 조선인보다 다수함은 각지가 다 그러함으로 협의원에 대한 자격을 제한함에 그 세금액을 저하하면 조선인의 유권자가 다수하게 되고, 금액을 높이면 일본인의 유권자가 다수할 것은 자명한 이치"이기 때문에, 자격제한의 금액을 높여 일본인 유권자의 수를 더 많게 하려 한 것이라고 지적하였다. 그러면 "그 결과는 자연히 일본인이 다수히 당선되고, 조선인이 소수됨이 분명"하다는 것이었다.

실제로 부산부의 경우를 예로 들어, 조선인 인구는 3만 6,362명, 일본인 인구는 2만 8,394명으로 조선인이 약 1만 명쯤 더 많은데, 이 제도에 의한 유권자 수는 조선인이 294인, 일본인이 1,871인으로 일본인이 6배에 달한다고 보았다. 이렇게 되면, 부협의회 당선자 수에서도 일본인이 6배 이상에 달할 것은 불을 보듯 환한 일이었다. 이 신문은 당국자가 바로 이 점을 노리고 5원 이상으로 한 것이며, 일부 지방에 대해서는 도지사에게 납입금액의 저하를 허가할 수 있게 하여, 조선인들의 불만을 누그러뜨리려 한 것인데, "그 교묘함에 놀라지 않을 수 없다"고 탄식하였다.[45]

『동아일보』는 계속하여 "이번의 신 지방제에 이러한 정책을 철저하게 습용(襲用)함은 불가해한 일"이라고 지적하고, 그 이유로서 첫째 "금회의 소위 지방제도는 그 협의의 결의가 실행기관을 구속할 하등 법규상 능력이 없는 자문기관에 불과함으로 이와 같은 정도까지 조선인을 불신임하며 의구할 필요가 없으며", 둘째 "'자치제의 계제(階梯)로' 하여 '점차 지방자치의 훈련을 득(得)케' 하는 것이 금회의 제도를 세운 본지(本旨)라 하면 조선인을 중심으로 하여 이 기관의 운용을 행하여 조선인의 자치능력을 함양함이 당연한 일이거늘, 그중에서 비교적 중요시할 부(府) 및 지정면의 협의회에 일본인 협의원 수를 조선인 협의원 수보다 과다케 하여 조선인 협의원으로 하여금 그나마 하등의 능력을 발휘케 할 기회를 주지 아니함은 당국자가 이 제도의 설치를 시인하는 유일한 근본의(根本義)까지 몰각한 일"이라고 비판하였다.[46]

이 신문은 또 납세금액 '5원'제를 제시한 이유 중의 하나는 조선인측의 자본가계급을 보호 이용하려는 정략이라고 보았다. 즉 "소위 '지방 선각(先覺)의 사(士)'니 '유덕재간(有德才幹)의 사(士)'니 '학식·명망이 있는 인물'을 진심으로 구할 성의가 있으면 무슨 까닭으로 협소한 자본가에 국한치 않고 널리 인재를 택할 길을 열지 아니하는가. 무릇 재산이 있는 자는 그 재산을 보호하기에 급급하여 권력자에게 복종하여 자기 신상의 명

---

45 「기괴한 지방제도(3) 입안의 본의가 那邊에 在한가, 자격제한(下의 1)」, 『동아일보』, 1920.8.26.
46 「기괴한 지방제도(4) 입안의 본의가 那邊에 在한가, 자격제한(下의 2)」, 『동아일보』, 1920.8.29.

리 안전을 최선의 총명으로 생각하는 고로, 당국에 대하여 반항적 기세를 보일 용기가 없음이 상례(常例)이라. 그러함으로 당국자는 이를 이용하여 자본가계급으로 하여금 협의원의 허위(虛位)를 점하는 특권을 부여하였도다"라고 비판하였다.[47] 즉 조선인 자본가계급에게 헛된 자리 하나씩을 나누어주고, 그들로 하여금 총독부에 협력하도록 유도할 방침이라고 본 것이다.

이 연재 기사는 다음 문제로서 '의장' 문제를 제기하였다. 즉 평의회와 협의회의 의장을 도지사, 부윤, 면장으로 한 것을 문제 삼은 것이다. 이 신문은 "협의회나 평의회가 비록 그 실행기관의 종속적 부속물에 불과하여 하등의 권위도 없고 능력도 없는 것일지라도, 일단 이에 자문을 행하여 그 의견을 취하는 이상은 가능한 한 그 자유의사를 구하는 것이 당연한 일이거늘 실행기관의 책임자가 그 장이 되어 광범한 직권을 행사하는 이상에는 그 의견은 약간이라도 의장의 의사에 구속될지라"고 지적하였다.[48] 즉 의원들의 자유로운 의사 표현을 구속할 것이라고 본 것이다.

이 기사는 일본의 지방자치제의 경우를 보면, 의사기관의 장은 거의 의원 중에서 선거를 통해 선출하고, 다만 정촌회의 경우 정촌장이 의장을 맡는데, 이는 정촌장이 선거에 기초하여 임명되기 때문에 역시 선거로 선출한 것이나 마찬가지라고 보았다. 그런데 조선의 경우, 지방행정기관의 장은 모두 관이 임명한 자이니, 일본의 경우와는 완전히 다른 것이라고 지적했다. 또 의장의 권한을 보아도, 일본의 경우 회의 중 의원이 회의 규

---

47 앞의 글, 『동아일보』, 1920.8.29.
48 「기괴한 지방제도(5) 입안의 본의가 那邊에 在한가, 議長문제」, 『동아일보』, 1920. 8.30.

칙을 어기거나 회의장의 질서를 문란하게 하는 경우에 이를 제지하고, 발언을 취소케 하고, 명을 따르지 않을 때는 당일 회의 종료 시까지 발언을 금지하고, 회의장 밖으로 퇴거케 하며, 필요한 경우 경찰 관리의 처분을 구할 수 있다고 되어 있는데, 조선의 경우 의장이 "필요가 있다고 인정할 때에는 협의회원의 발언을 금지하고, 이를 취소케 하며, 회의장 밖으로 퇴거를 명할 수 있다"고 하였다는 점을 지적하였다. 즉 일본의 경우에는 의장이 의원에 제재를 가할 수 있는 경우를 의원의 '현실행위'에 국한하였으나, 조선의 경우에는 의장이 막연히 '필요로 인정할 시'에는 언제든지 의장은 협의회원의 퇴장까지도 명할 수 있으니, 의장이 독단으로 횡포를 행하는 것을 막기 어렵다는 것이었다. 이 기사는 이런 제도하에서는 "의원된 자는 반드시 회의장에 들어가서는 황송 침묵하고 '가(可)'자만 쓸 결심이 견고치 아니치 못할지라. 실로 기괴의 극(極)이로다"라고 비판하였다.[49]

『동아일보』가 다음의 문제로 제기한 것은 부정선거에 대한 '벌칙의 문제'였다. 즉 이번 지방제도 개정의 내용에는 이에 대한 규정이 전혀 없다는 것이었다. 이 기사는 "조선의 지방자치제는 그 제도 자체가 극히 협소한 자문기관에 불과하여 그 의원도 하등의 직무상 권위가 없고 사회상으로도 영예될 가치가 없으므로 사실상 의원에 당선되기를 희망하는 자가 절무(絶無) 혹은 근소하여 이 사이에 후보자의 경쟁으로 인하여 생기는 하등 부정행위를 행할 필요가 없을 줄로 예측하고 제재 조문을 두지 아니함인가"라고 비꼬는 질문을 하였다. 이 신문은 부정선거에 대한 벌칙 조

---

49 「기괴한 지방제도(5) 입안의 본의가 那邊에 在한가, 議長문제」, 『동아일보』, 1920. 8.30.

항을 두지 않은 것은 그렇게 하는 것이 "의원의 선거에 당하여 반대파 후보자의 당선을 암중에 방해하고, 관파(官派) 후보자의 당선을 용이케 하는 데 극히 유리하며, 또 그 실효가 적확할 것이라. 다시 말하면 이 벌칙의 제정이 없음으로부터 얻는 시민의 편의보다 그 취체 감독을 행하는 관변(官邊)의 자유 범위가 자못 광대하게 되는 것이라"라고 지적하였다.[50] 즉 관변 후보들의 선거운동을 자유롭게 해주고, 그들이 선거에 당선되는 데 유리하게 해주기 위한 것이라고 본 것이다. 조선에서 지방선거와 관련한 취체규칙이 발표된 것은 1929년의 일이었다. 1929년 부면협의회 선거를 앞두고 조선총독부는 총독부령 제83호로 「지방선거취체규칙」을 공포했다. 그리고 이에 따라 부제, 면제, 학교조합의 시행규칙도 일부 개정했다. 지방선거취체규칙에 대해서는 제5장에서 자세히 다루기로 한다.

『동아일보』의 이 연재 기사에서 마지막으로 문제 삼은 것은 '의견제출'이었다. 즉 일본의 지방자치체에서는 지방의회에서 공익을 위하여 실행기관이나 감독관청에 의견서를 제출할 수 있는 권한을 부여하였는데, 조선의 신제도에서는 도평의회에 한하여 도지사에게 의견을 제출할 수 있는 권한을 부여하였고, 부·면협의회나 학교평의회에는 의견제출의 권한을 부여하지 않았다는 것이다. 이 신문은 "당국의 소위 '민의의 창달'조차 행할 수 있는 하등의 조직적 시설이 없는 조선에서 극히 불완전하나마 지방행정에 대한 자문기관이라도 설치하였으면, 혼란치 아니할 범위 내에서 그 의견을 널리 구하여 정책의 참고에 제공함이 당국자의 당연히 행할 처치이거늘 이를 거의 막아버렸다"는 것이었다.[51]

---

50 「기괴한 지방제도(6) 입안의 본의가 那邊에 在한가, 벌칙문제」, 『동아일보』, 1920.9.1.
51 「기괴한 지방제도(7) 입안의 본의가 那邊에 在한가, 의견제출」, 『동아일보』, 1920.9.3.

『동아일보』의 「기괴한 지방제도」 연재기사는 위의 연재 내용들을 요약하여 신 지방제도의 한계를 다음과 같이 지적하였다.

1) 부협의원 및 지정면 협의원의 선거 피선거 자격을 고의로 엄중히 제한하여 인구의 비례를 무시하고 다수인 조선인측보다 소수인 일본인측으로부터 도리어 다수한 의원을 선출하는 결과를 보게 한 것.
2) 실행기관의 책임자로 하여금 자문기관의 의장이 되게 하고, 막대한 권한을 부여하여 의원의 자유의사를 구속케 한 것.
3) 자문기관에 부여한 권한이 극히 협소하여 지방행정에 관한 하등 민의의 창달을 기하기 어려운 것.[52]

선거문제, 의장문제, 권한문제 등 세 가지를 지적한 것이다. 이 신문은 총독부가 이와 같이 민에게 경제적 부담만 안겨주고, 권리의 신장은 전혀 인정하지 않은, 하등의 실질이 없는 '기괴한 제도'를 만든 것은 "조선총독부 당국자가 조선인을 극도로 불신하고 단순히 외형상의 수식(修飾:꾸밈)만 행하려 함"에서 말미암은 것이라고 결론을 지었다.[53]

언론의 이와 같은 비판에 대해 미즈노 정무총감은 여러 차례에 걸쳐 지방자치제의 본격 도입을 위해서는 의결기관의 전 단계로서 자문기관의 운용 단계가 필요하다고 주장하였다. 그는 일본의 경우에도, 서구의 경우에도 그러한 과정을 거쳤다면서 조선에서도 그러한 과정을 거쳐야 한다

---

52   앞의 글, 『동아일보』, 1920.9.3.
53   위의 글, 『동아일보』, 1920.9.3.

고 강조하였다.[54] 그리고 1921년 10월 1일 지방제도 개정 1주년을 맞아 내놓은 「지방제도와 그 운용」이라는 훈시에서는 다음과 같이 말하였다.

> 혹자는 이 제도는 불철저한 감이 있음을 면할 수 없다고 한다. 내지의 자치제도와는 큰 차이가 있어, 그 의결권과 같은 것도 단지 자문기관에 그치고, 전혀 결의 능력을 가지지 못한다. 또 그 의원 중에도 관선(官選) 분자가 있어서, 하등 자치단체의 기관이라는 성능을 갖추지 못한 것은 아닌가라고 한다. 또 혹자는 선거자격 제한과 기타 제도의 내용 등에 대해 여러 비평을 하는 경우도 있었던 것 같다. 어쨌든 이들 의론이나 비평은 각각 일단의 이치가 있겠지만, 대체로 제도 제정에는 그 민도(民度) 사정에 비추어보고, 각 지방 곳곳에 적합한 것을 최대 요건으로 하여, 그 실정에 적합하지 않은 제도의 시행은 오히려 국리민복을 저해하는 데 이르는 것이다. 조선에서는 종래 지방행정에서, 민의를 모으고 자문할 수 있는 어떤 기관도 갖지 못했고, 또 일반 민중도 회의 또는 선거에 어떤 경험이 없었다. 이러한 민도에 있는 조선에, 지금 바로 완전한 자치제도를 시행하는 것이 실정에 적합하지 않다는 것은 당연하다. 따라서 내지와 그 밖의 여러 국가에서와 같은 자치제도를 바로 시행하고, 완전한 의결기관을 마련하는 것과 같은 것은 너무 빠른 것이다.[55]

미즈노 렌타로는 의결기관에 앞서 자문기관, 민선제에 앞서 관선제가

---

54 水野錬太郎, 1920.12.14, 「京城府協議會員茶話會に於ける政務總監演述」, 『施政に關する諭告・訓示竝演述』, 조선총독부, 1922, 166~170쪽.

55 水野錬太郎, 1921.10.1, 「地方制度と其の運用」『施政に關する諭告・訓示竝演述』, 조선총독부, 1922, 182쪽.

필요하다는 '단계론'을 강조하고 있었다. 그는 조선의 지방제도는 지방자치제라고는 아직 말할 수 없고, 훗날의 지방자치제 실시를 위한 훈련단계라고 변명한 것이다.

4. 1920년 개정 지방제도에 따른 자문기구의 선거와 임명

개정된 지방제도는 1920년 10월 1일 그 시행에 들어갔다. 그 시행 상황에 대해 조선총독부가 정리하여 1922년 3월에 발간한 『개정지방제도실시개요(改正地方制度實施槪要)』라는 책자가 있다. 이 자료를 통해 당시 도평의회원, 부협의회원, 면협의회원, 학교평의회원의 선거와 임명 상황을 살펴보기로 하자.

1) 유권자(선거권자·피선거권자) 자격의 조정

앞서도 보았지만, 개정된 제도에서 가장 문제가 있었던 것은 선거권자와 피선거권자의 자격 요건이었다. 특히 농촌지역인 지정면에서도 협의회원의 선거를 실시해야 하는데, 선거권자와 피선거권자의 자격을 면부과금 연액 5원 이상으로 해놓았다. 그러나 당시 면 단위에서의 면부과금은 그 액수가 작아서 5원 이상에 해당하는 이들이 거의 없었다. 때문에 당시 개정된 제도에서도 부득이한 경우에는 도지사가 총독의 인가를 받아 5원 이하로 낮출 수 있도록 해두지 않을 수 없었다. 1920년 9월 초 총독부에서 각 도에 내려보낸 지방제도와 관련한 지시를 보면 '면협의원의 선거'라는 항목 가운데 '임명자격요건 중 면부과금의 저하'라는 부분이 있다. 그 내용을 보면 다음과 같다.

지정면 이외의 면에 있어서는 발달이 아직 유치하여 면부과금액이 적으므로 법정의 자격을 가진 적임자를 얻기 어려운 경우가 적지 않겠으므로 당분간 이를 저하하는 길을 열어두었는 바, 지방의 실정에 따라 임명자격요건 중 부과금액을 저하할 필요가 있는 경우에는 적당한 정도를 정하여 인가를 받을 것. 이 인가는 각 면을 일괄하여 10월 20일까지 인가를 신청하고 11월 1일까지 도령(道令)으로 발포할 것.[56]

각 도에서는 각 군의 요청을 받아들여 면협의원의 임명 자격 중 면부과금의 기준을 낮출 수 있게 한 것이다. 그 결과 광주·의주·회령면의 경우에는 2원으로, 수원·영등포면은 3원으로, 함흥·부산·전주면은 4원으로 낮추었다. 이로써 선거권자의 수는 협의회원 정원의 8배 내지 12배에 달하게 되었다고 한다.

또 지정면 이외의 보통면의 경우에는 협의회원을 임명하게 되어 있었는데, 그 자격도 역시 5원으로 되어 있어 이를 낮추지 않으면 임명할 사람이 거의 없는 형편이었다. 이에 따라 나머지 보통면의 경우에 대부분 5원 이하로 그 기준을 낮추었다. 이에 따라 총 2,483개 면 가운데 4원으로 낮춘 면은 379개 면, 3원으로 낮춘 면은 948개 면, 2원으로 낮춘 면은 451개 면, 1원으로 낮춘 면은 127개 면, 70전으로 낮춘 면은 1개 면, 40전으로 낮춘 면은 1개 면 등 모두 1,907개 면(76.8%)에 달하였다. 반면 낮추지 않은 면은 576개 면(23.2%)으로 얼마 되지 않았다.[57] 부(府)의 경우에는 부세 5원 이상을 납부하는 일본인들이 많기 때문에 굳이 조선인들을 위해 5원의 기준을 낮추지 않은 것으로 보인다.

---

56 「지방제도에 관한 지시사항(속)」 중 '면에 관한 사항', 『동아일보』, 1920.9.10.
57 조선총독부내무국, 1922, 『改正地方制度實施槪要』, 4쪽.

개정지방제도에서 선거권자의 '5원 기준'의 원칙은 면협의회원에만 적용된 것이 아니었다. 학교평의회원의 경우에도 마찬가지로 적용되었다. 따라서 학교평의회원의 선거권자, 피선거권자의 경우에도 5원의 기준을 낮추어야만 했다. 학교평의회원은 군·도만이 아니라 부에서도 조선인들이 피선거권자가 되어야 했기 때문에(일본인은 제외), 부에서도 학교비 5원의 기준을 대폭 낮추어야만 했다. 예를 들어 평양부에서는 2원으로, 인천·군산·목포·대구·진남포의 각 부에서는 1원으로, 부산부에서는 80전으로, 원산부에서는 70전으로, 마산·청진부에서는 15전까지 낮추었다. 이로써 부의 학교평의회 선거권자 및 피선거권자는 정원의 10배 이상에 달했다고 한다.[58]

군(郡)과 도(島)의 학교평의회원은 더 큰 문제였다. 이에 따라 13개 군을 제외한 모든 군에서 5원의 기준을 4원 이하, 심지어 20전까지 낮추었다. 이 가운데 가장 많은 경우는 5원을 1원으로 낮춘 경우로 81개군 1도가 여기에 해당하였다. 그 결과 각 면 모두 적어도 2, 3명 이상의 유자격자를 갖추게 되었다고 한다.[59]

군·도의 학교평의회원은 각 면에서 조선인 면협의회원이 후보자 1인(원문에는 2인으로 되어 있음-필자)을 선거하게 되어 있었다. 그런데 일본인이 다수 거주하는 지정면의 경우에는 조선인 면협의회원이 3인 이하인 경우가 있었다. 그렇게 되면 1~3인의 면협의회원이 학교평의회원 후보자 1인을 선거하게 되어 간접선거의 취지가 무색하게 될 상황이었다. 총독부는 이런 경우에는 면협의회원의 선거권을 가진 자들이 모두 선거에 참여

---

58 조선총독부내무국, 1922, 앞의 책, 6쪽. 여기에서 유일하게 빠진 부는 경성부였다.
59 조선총독부내무국, 1922, 위의 책, 7~8쪽.

하여 학교평의회원 후보자를 선거할 수 있도록 하였다. 그런 특례가 적용된 곳은 청주, 대전, 조치원, 공주, 겸이포, 나남 등 6개 지정면이었다.[60]

총독부는 이와 같은 조치들을 취한 이후, 11월 20일 각 부와 지정면에서 일제히 선거를 시행하였다. 그러면 구체적으로 선거는 어떻게 진행되었을까.

선거 전의 분위기에 대해 위의 자료는 조선인측에서는 당초에 무관심을 보이는 것 같았지만 선거 기일이 다가옴에 따라, 일부 극단적인 배일파가 선거를 거부하여 일본의 통치에 불신임을 표명해야 한다는 뜻으로 비밀인쇄물을 만들어 경성, 평양, 대구 등지에서 뿌리기도 했지만 이렇다 할 반향을 얻지 못했다고 한다. 일본인들은 그동안 지방행정에 제대로 참여하지 못한 것을 불만으로 여겼기 때문에, 신제도를 환영하여 지방행정에 참여하고자 하는 입후보자가 속출하였다고 한다. 그 결과 부에서는 입후보자가 일본인 122인, 조선인 86인이었고, 지정면에서는 일본인 158인, 조선인 155인으로 나타나 모두 정원 이상의 후보자가 입후보하였다고 한다.[61]

2) 부협의회와 면협의회(지정면) 선거의 결과

11월 20일의 선거는 평온한 가운데 무사히 치러졌다고 한다. 각 부에서 치러진 부협의회원 선거의 현황은 〈표 3-1〉과 같다. 〈표 3-1〉에서 보면, 부에서는 유권자 총수 1만 964인(일본인 6,251인, 조선인 4,713인) 가운데

---

60 조선총독부내무국, 1922, 앞의 책, 9쪽.
61 조선총독부내무국, 1922, 위의 책, 10~11쪽.

투표자가 8,608인(일본인 5,486인, 조선인 3,122인)에 달하였고, 따라서 투표율은 78.5%(일본인 87.8%, 조선인 66.2%)였다. 당선자는 190인(일본인 133인, 조선인 57인)으로 일본인이 70%, 조선인이 30%를 차지했다.[62] 〈표 3-1〉에서 보면, 거의 모든 부에서 일본인 당선자가 조선인 당선자의 수를 압도하고 있음을 볼 수 있다. 유권자의 수에서 이미 일본인이 조선인을 압도하고 있었기 때문에 충분히 예상되던 결과였다. 부의 유권자 자격을 지방비 납세 연 5원 이상으로 해놓았기 때문에, 조선인 유권자는 일본인 유권자에 비해 소수가 될 수밖에 없었고, 따라서 조선인 당선자도 일본인 당선자보다 압도적으로 적을 수밖에 없었다.

〈표 3-1〉 부협의회원 선거에 관한 조사표

부명	정원	입후보자 수 / 당선자 수		유권자 수			투표자 수			투표율		투표중무효표	한글기재투표
		일본인	조선인	일본인	조선인	계	일본인	조선인	계	일본인	조선인		
경성	30	19 / 18	16 / 12	2,145	2,626	4,771	1,860	1,582	3,442	0.87	0.60	67	300
인천	16	9 / 10	8 / 6	397	224	621	346	180	526	0.87	0.80	5	30
군산	12	12 / 10	4 / 2	294	109	403	271	84	355	0.92	0.77	3	10
목포	12	9 / 9	7 / 3	259	138	397	238	116	354	0.92	0.84	-	1
대구	16	10 / 10	7 / 6	564	393	957	483	302	785	0.85	0.77	2	-

---

62 조선총독부내무국, 1922, 앞의 책, 12쪽.

부명	정원	입후보자 수 / 당선자 수		유권자 수			투표자 수			투표율		투표중무표효	한글기재투표
		일본인	조선인	일본인	조선인	계	일본인	조선인	계	일본인	조선인		
부산	20	16 / 16	5 / 4	1,027	90	1,117	890	75	965	0.87	0.83	3	10
마산	12	8 / 8	5 / 4	227	134	361	206	105	311	0.91	0.78	7	11
평양	20	14 / 13	8 / 7	524	558	1,082	462	345	807	0.88	0.61	10	-
진남포	14	10 / 10	7 / 4	180	106	286	161	64	225	0.90	0.60	-	-
신의주	12	? / 9	9 / 3	179	74	253	159	17	230	0.82	0.96	-	3
원산	14	13 / 12	10 / 2	305	155	460	271	118	389	0.88	0.76	7	23
청진	12	12 / 8	? / 4	159	106	265	139	80	219	0.87	0.76	1	13
계	190	? / 133	? / 57	6,251	4,713	10,964	5,486	3,122	8,608	-	-	104	401
평균	15.8	11.1	4.7	438	393	831	457	260	717	0.88	0.66	-	33

출전: 조선총독부내무국, 1922, 『改正地方制度實施槪要』, 12~13쪽

〈표 3-2〉는 1920년 11월 20일에 있었던 지정면에서의 선거 현황을 정리한 것이다. 지정면에서는 유권자 총수 3,032인으로 일본인 1,399인, 조선인 1,633인이었기 때문에 조선인이 약간 많았다. 그런데 이들 가운데 투표자가 2,422인(일본인 1,224인, 조선인 1,198인)으로 일본인이 약간 많았고, 따라서 투표율은 79.9%(일본인 87.5%, 조선인 73.4%)이었다. 당선자는 256인으로, 이 가운데 일본인 130인, 조선인 126인이었으니, 일본인이

50.8%, 조선인이 49.2%를 차지하여,[63] 전체 숫자는 거의 비슷했다고 할 수 있다. 그런데 〈표 3-2〉에서 보면, 각 지정면에 따라서 어느 면은 일본인 당선자가 많고, 어느 면은 조선인 당선자가 많은 것을 볼 수 있다. 즉 일본인들이 다수 거주하던 대전, 조치원, 겸이포, 나남과 같은 곳에서는 당선된 일본인 협의회원이 압도적으로 많고, 소수의 일본인이 거주하던, 조선의 전통적인 도시인 송도, 수원, 함흥 등지에서는 조선인이 훨씬 많이 당선되었음을 알 수 있다.

〈표 3-2〉 지정면의 면협의회원 선거에 관한 조사표

면명	정원	입후보자 수 / 당선자 수		유권자 수			투표자 수			투표율		투표중 무표효	한글 기재 투표
		일본인	조선인	일본인	조선인	계	일본인	조선인	계	일본인	조선인		
송도	14	5/3	12/11	14	121	135	13	71	84	0.93	0.59	2	3
수원	10	3/2	12/8	22	88	110	22	79	101	1.00	0.90	-	7
영등포	10	5/5	5/5	48	66	114	42	59	101	0.88	0.92	4	15
청주	8	6/5	3/3	82	59	141	77	35	112	0.94	0.56	3	8
공주	10	7/7	4/3	41	35	76	38	29	67	0.93	0.83	-	-
조치원	8	7/6	4/2	54	27	81	50	27	77	0.93	1.00	-	1

---

63 조선총독부내무국, 1922, 앞의 책, 13~14쪽.

| 면명 | 정원 | 입후보자 수 | | 유권자 수 | | | 투표자 수 | | | 투표율 | | 투표중 무표효 | 한글 기재 투표 |
| | | 당선자 수 | | | | | | | | | | | |
		일본인	조선인	일본인	조선인	계	일본인	조선인	계	일본인	조선인		
대전	10	9 8	2 2	189	20	209	176	18	194	0.93	0.82	2	-
강경	10	6 6	5 4	74	73	147	70	61	131	0.95	0.84	2	2
전주	12	6 6	7 6	47	84	131	43	63	106	0.92	0.75	1	1
익산	10	9 3	7 7	47	67	114	41	60	101	0.87	0.87	1	2
광주	12	9 7	6 5	88	68	156	79	63	142	0.92	0.94	-	9
김천	10	10 6	7 4	76	92	168	75	75	150	0.99	0.81	4	36
포항	10	7 6	5 4	68	62	130	57	54	111	0.84	0.87	2	30
진주	12	4 4	11 8	38	74	112	30	61	91	0.79	0.82	3	-
진해	12	4 4	6 6	38	57	95	28	33	61	0.74	0.58	3	3
통영	12	4 4	12 8	27	101	128	25	62	87	0.93	0.61	-	3
해주	12	6 6	2(?) 6	41	104	145	32	65	97	0.78	0.62	10	-
겸이포	10	13 9	6 1	136	70	206	120	57	177	0.88	0.81	-	-
의주	12	6 6	11 6	38	78	116	36	54	90	1.00	0.68	-	-
춘천	8	4 4	4 4	10	25	35	10	20	30	1.00	0.80	-	5

면명	정원	입후보자 수 / 당선자 수		유권자 수			투표자 수			투표율		투표중 무효효	한글 기재 투표
		일본인	조선인	일본인	조선인	계	일본인	조선인	계	일본인	조선인		
함흥	12	3 3	9 9	36	101	137	32	40	72	0.89	0.39	1	1
나남	10	9 8	3 2	128	37	165	80	30	110	0.63	0.81	3	6
회령	12	11 7	5 5	29	50	79	24	32	56	0.83	0.64	2	3
성진	10	3 3	7 7	28	74	102	24	50	74	0.86	0.68	2	6
계	256	515 130	155(?) 126	1,399	1,633	3,032	1,224	1,198	2,422	-	-	45	141
평균	10.7	5.4	5.3	58.3	68.0	126.3	51.0	49.9	100.9	0.88	0.73	-	5.9

출전: 조선총독부내무국, 1922, 『改正地方制度實施槪要』, 13~15쪽

　그러면 선거권자 및 인구 대비 협의회원의 당선자 비율은 어느 정도 되었을까. 먼저 부의 경우를 살펴보면 〈표 3-3〉과 같다. 〈표 3-3〉에 따르면, 12개 부(府)에 거주하는 일본인은 모두 173,682명, 조선인은 401,887명이었으며, 이 가운데 유권자 수는 일본인이 6,252명, 조선인이 4,714명이었다. 유권자 1인 대 인구를 계산해 보면, 일본인측은 인구 28명 당 유권자 1인의 비율이었던 반면, 조선인측은 인구 85명 당 유권자 1인의 비율이었다. 일본인 당선자 수는 132명, 조선인 당선자 수는 57명이었다. 따라서 당선자 1인 대비 인구수를 계산해 보면, 일본인측은 인구 1,316명 당 1명의 당선자를 낸 반면, 조선인측은 인구 6,977명 당 1명의 당선자를 낸 셈이었다. 민족 간에 대표의 비례성에서 심각한 격차가 있었음을 알 수 있다.

당선자 1인당 인구수에서 조선인측이 약 5.3배 많다. 일본인 당선자는 과다대표되고, 조선인 당선자는 과소대표된 것이다. 특히 원산부와 같은 경우, 일본인측 인구는 7,577명인데 당선자는 12명으로 인구 731명 당 1명의 당선자를 낸 반면, 조선인측 인구는 17,618명인데 당선자는 겨우 2명으로 인구 8,809명 당 1명의 당선자를 낸 셈이어서 그 격차는 12.1배에 달하였다.

〈표 3-3〉 부협의회원 유권자 및 인구 대 당선자 조사표

부명	일본인					조선인				
	인구	유권자 수	유권자 1인 대 인구	당선자 수	당선기 1인 대 인구	인구	유권자 수	유권자 1인 대 인구	당선자 수	당선자 1인 대 인구
경성	67,665	2,145	32	18	3,759	178,907	2,626	68	12	14,909
인천	9,550	397	24	10	955	21,628	224	97	6	3,605
군산	6,809	294	23	10	681	6,581	109	60	2	3,291
목포	4,853	259	19	9	539	10,348	138	75	6	3,449
대구	12,603	564	22	10	1,260	28,609	393	73	6	4,768
부산	30,499	1,027	30	16	1,906	43,424	90	483	4	10,856
마산	3,831	227	17	8	479	12,054	134	90	4	3,014
평양	14,878	524	29	13	1,144	51,062	558	92	7	7,295
진남포	7,283	180	41	10	728	22,130	106	209	4	5,532
신의주	3,575	180	20	9	397	3,546	75	48	3	1,182
원산	7,577	305	25	12	731	17,618	155	114	2	8,809
청진	4,559	150	30	8	570	5,980	106	56	4	1,495
계	173,682	6,252	28	132	1,316	401,887	4,714	85	57	6,977
평균	14,474	521	28	11	1,316	33,491	393	85	4.8	6,977

출전: 조선총독부내무국, 1922, 『改正地方制度實施槪要』, 15~16쪽.

그러면 지정면의 경우는 어떠하였을까. 〈표 3-4〉는 지정면협의회원의 유권자 및 인구 대 협의회원 당선자 수를 조사한 것이다. 24개 지정면에 거주하는 일본인 인구는 모두 50,533명으로 이 가운데 유권자는 1,399명이었다(36명 당 1인). 그리고 당선자는 130명으로 인구 421명 당 당선자 1인을 낸 셈이었다. 24개 지정면에 거주하는 조선인 인구는 모두 206,834명으로 이 가운데 유권자는 1,633명이었다(127명당 1인). 그리고 당선자는 126명으로 인구 1,724명 당 당선자 1인을 낸 셈이었다. 역시 조선인측이 4.1배 많다. 부의 5.3배보다는 적지만, 역시 지정면의 경우에도 조선인측은 과소대표되고, 일본인측은 과다대표되고 있었다고 할 수 있다. 그 정도가 가장 심한 곳은 겸이포로서, 인구 4,797명의 일본인측은 9명의 당선자, 인구 8,880명의 조선인측은 1명의 당선자만을 냈을 뿐이다. 따라서 일본인측은 인구 533명 당 1명의 당선자, 조선인측은 8,880명 당 1명의 당선자를 내어 그 격차는 16.7배에 달했다.

〈표 3-4〉 지정면협의회원 유권자 및 인구 대 협의회원 당선자 조사표

구별	일본인					조선인				
	인구	유권자 수	유권자 1인 대 인구	당선자 수	당선자 1인 대 인구	인구	유권자 수	유권자 1인 대 인구	당선자 수	당선자 1인 대 인구
송도	1,216	14	87	3	405	35,224	121	291	11	3,202
수원	1,390	22	63	2	695	8,392	88	95	8	1,049
영등포	1,154	48	24	5	231	4,369	66	66	5	874
청주	1,608	82	20	5	322	3,583	59	61	3	1,194
공주	1,526	41	37	7	218	5,761	35	165	3	1,920
조치원	1,161	54	22	6	194	3,741	27	139	2	1,871

구별	일본인					조선인				
	인구	유권자 수	유권자 1인 대 인구	당선자 수	당선자 1인 대 인구	인구	유권자 수	유권자 1인 대 인구	당선자 수	당선자 1인 대 인구
대전	4,060	189	21	8	508	1,955	20	98	2	978
강경	1,318	74	18	6	220	5,698	73	78	4	1,425
전주	2,620	47	56	6	437	13,064	84	156	6	2,177
익산	1,592	47	34	3	521	5,587	67	83	7	798
광주	2,739	88	31	7	391	9,882	68	145	5	1,976
김천	1,338	76	18	6	223	6,979	92	76	4	1,744
포항	1,604	68	24	6	267	4954	62	80	4	1,239
진주	2,073	38	55	4	518	12,021	74	163	8	1,206
진해	4,202	38	111	6	700	9,163	57	161	6	1,527
통영	2,312	27	86	4	578	12,685	101	126	8	1,586
해주	1,557	41	38	6	260	13,034	104	125	6	2,172
겸이포	4,797	136	35	9	533	8,880	70	127	1	8,880
의주	924	38	24	6	154	7,402	78	95	6	1,234
춘천	1,039	10	104	4	260	3,674	25	147	4	919
함흥	3,066	36	85	3	1,022	15,138	101	150	9	1682
나남	3,888	128	30	8	486	3,707	37	100	2	1,854
회령	2,034	29	70	7	291	6,912	50	138	5	1,382
성진	1,315	28	47	3	438	5,209	74	68	7	718
계	50,533	1,399	36	130	421	206,834	1,633	127	126	1,724
평균	2,106	58	36	5	421	8,618	68	127	5	1,724

출전: 조선총독부내무국, 1922, 『改正地方制度實施槪要』, 16~17쪽.

3) 부·면협의회 당선자의 분석

조선총독부 내무국이 만든 『개정지방제도실시개요』에 따르면, 부·면 (지정면)협의회 당선자는 대체로 다음과 같은 이들이었다고 한다.

- 내지인: 부에 있어서는 부산, 인천, 목포 등과 같이 일류의 인물만을 망라하고, 기타의 부에 있어서도 평양에서 신인(新人)을 뽑은 경우 외에 대다수는 일류 혹은 지방에서 지명이 있는 인사로서, 이미 지방의 공사(公事)에 참여하여 부의 행정에 대해 이해를 갖고 있는 자로서, 그 식견이나 기량, 중망을 짊어지기에 족하다. 지정면에 있어서는 내지인은 비교적 소수로서 지방에서 중망이 있는 자를 정함으로써 대개 일류의 인물을 뽑을 수 있었다.
- 조선인: 부·면(府·面)을 통하여 조선에서 보통 일류라고 칭하는 고로(古老)로서 덕망이 높고, 성망이 높은 장자(長者: 윗사람)를 선출한 경우가 많지만, 대개 시세를 이해하고, 식견과 기량이 우수하고, 사상이 온건하여 현재의 부면 행정에 이해가 있는 인물로서 뽑을 수 있었다.[64]

위의 평을 보면, 부협의회원으로 당선된 일본인들은 대체로 지방의 중견 유지로서, 이미 지방행정에 어떤 방식으로든 간여한 경험이 있는 인물들이었던 것으로 보인다. 반면 부와 면에서 협의회원으로 당선된 조선인들 가운데에는 지역의 '어른'으로 불리는 노년층이 많았다고 쓰고 있다.

---

64   조선총독부내무국, 1922, 앞의 책, 19~20쪽.

또 이들은 덕망이 높고 성망이 있으며, 비교적 온건하고 행정에도 어느 정도 식견이 있는 인물이었다고 한다. 그러나 이는 사실과 거리가 있는 것이었다.

〈표 3-5〉 부협의회원의 연령

30세 이하			40세 이하			50세 이하		
일본인	조선인	계	일본인	조선인	계	일본인	조선인	계
1	2	3	13	22	35	61	19	80
60세 이하			60세 이상			합계		
일본인	조선인	계	일본인	조선인	계	일본인	조선인	계
50	13	63	8	1	9	133	57	190

출진: 조선총독부내무국, 1922, 『改正地方制度實施槪要』, 20~21쪽.

〈표 3-5〉는 부협의회원의 연령을 조사한 것이다. 당선된 일본인은 40대가 61명, 50대가 50명, 30대가 13명, 60대가 8명, 20대가 1명의 순으로 많다. 조선인의 경우는 30대가 22명, 40대가 19명, 50대가 13명, 60대가 8명, 20대가 2명이다. 일본인측보다 조선인측이 30대의 비중이 크다. 부협의회의 경우에는 젊은 층의 조선인이 다수 참여하여 당선되었음을 알 수 있다.

〈표 3-6〉 부협의회원의 부세 납세액

구별		인원	백분비
10원 미만	일본인	6	12.2
	조선인	5	
	계	11	

구별		인원	백분비
10원 이상 20원 미만	일본인	11	8.9
	조선인	6	
	계	17	
20원 이상 50원 미만	일본인	23	20.5
	조선인	16	
	계	39	
50원 이상 100원 미만	일본인	35	23.7
	조선인	10	
	계	45	
100원 이상 200원 미만	일본인	18	14.7
	조선인	10	
	계	28	
200원 이상	일본인	40	26.3
	조선인	10	
	계	50	
합계	일본인	133	70.0
	조선인	57	30.0
	계	190	100.0

출전: 조선총독부내무국, 1922, 『改正地方制度實施槪要』, 21~22쪽.

〈표 3-6〉은 부협의회원으로 당선된 이들의 부세 납세액을 조사한 것이다. 이를 보면, 200원 이상 납세자가 26.3%로 가장 많고, 다음이 50원 이상 100원 미만이 23.7%, 그 다음이 20원 이상 50원 미만이 20.5%로 많았다. 100원이상 200원 미만 납세자도 14.7%로 많았고, 10원 미만이

12.2%, 10원 이상 20원 미만이 8.9%로, 20원 미만은 비교적 적은 편이었다. 즉 부협의회원으로 당선된 이들은 당시 부에서 손에 꼽는 중소자산가층이었음을 알 수 있다. 부협의회원의 피선거권 자격은 부세 5원 이상 납세자였지만, 실제로 선출된 이들은 그보다 훨씬 많은 부세를 납부하고 있는 이들이었다. 결국 이 선거를 통해서 조선총독부는 부에서의 지방통치 협력세력으로 이들 중소자산가층을 얻게 된 것이었다. 이들 자산가는 대체로 상공업자들이었다.

〈표 3-7〉 지정면 협의회원의 연령, 직업, 자산

		일본인 130인	조선인 126인	계 256인	
연령	60세 이상	1	3	4	256
	60세 이하	20	23	43	
	50세 이하	87	40	127	
	40세 이하	21	56	77	
	30세 이하	1	4	5	
직업	농업	12	65	77	256
	상업	91	45	136	
	공업	0	0	0	
	公員	4	1	5	
	기타	23	15	38	
자산	5천 원 미만	8	10	18	256
	5천 원 이상	16	16	32	
	1만 원 이상	73	54	127	
	5만 원 이상	18	20	38	

자산	10만 원 이상	13	14	27
	20만 원 이상	2	6	8
	50만 원 이상	0	3	3
	100만 원 이상	0	3	3

출전: 조선총독부내무국, 1922, 『改正地方制度實施槪要』, 23~24쪽.

<표 3-7>은 지정면의 면협의회원의 연령, 직업, 자산을 조사한 것이다. 우선 면협의회원들의 연령을 보면, 일본인들은 40대가 87명으로 가장 많고, 30대가 21명, 50대가 20명, 60대와 20대가 각 1명으로 되어 있다. 또 조선인들은 30대가 56명으로 가장 많고, 40대가 40명, 50대가 23명, 20대가 4명, 60대가 3명의 순이었다. 따라서 조선인 협의회원들이 일본인 협의회원들보다 오히려 젊은 편이라고 볼 수 있다. 따라서 위에서 조선인 지정면 협의회원 가운데 노년층이 많았다고 한 것은 사실과 거리가 있다.

다음으로 지정면 협의회원의 직업을 살펴보면, 일본인들은 상업이 91명, 농업이 12명, 기타 23명 등으로 상업이 가장 많았는데, 조선인들은 농업이 65명, 상업이 45명으로 농업이 가장 많았다. 이어서 자산 상태를 살펴보면, 일본인들은 1~5만 원이 73명, 5~10만 원이 18명, 5천~1만 원이 16명, 10~20만 원이 13명 등이었는데, 조선인들은 1~5만 원이 54명, 5~10만 원이 20명, 5천~1만 원이 16명, 10~20만 원이 14명 등이었다. 일본인과 조선인 협의회원의 자산 상태는 거의 비슷했음을 알 수 있다. 그리고 면협의회원에 선출된 이들은 대체로 1~10만 원의 자산을 가진 이들로서, 중소 자산가층에 속하는 이들이었다. 이는 면 단위에서 일제의 지방통치에 협력할 세력으로서 일본인·조선인 가운데 중소 자산가층이 선택되었음을 의미하는 것이었다.

4) 보통면에서의 면협의회원 추천 및 임명 방법

지정면 외의 보통면에서는 법제상으로는 군수·도사가 면협의회원을 임명하게 되어 있었지만, 총독부는 민의를 수렴한다는 취지에서 각 마을별로 협의회원의 인원을 배당하여, 가능하면 마을 사람들이 추천하는 이를 임명하도록 하였다. 1920년 9월 초 각 도에 내려보낸 총독부의 지시사항을 보면, "지정면 이외의 면에서는 면민의 다수는 아직 복잡한 선거방법 등을 행함이 적당치 않다고 보아 군수, 도사가 임명하도록 하였으나, 협의회의 설치는 민의의 창달을 목적으로 하는 고로, 면민이 신뢰하는 유능한 이를 거용코자 하는 취지에는 다를 바 없으므로 각 지방의 실정에 따라 부락 등에 추천케 할 후보자의 인원수를 배당하고 적당한 방법에 의하여 선정케 한 후 후보자 중에서 임명을 하게 할 것"이라고 되어 있다.[65] 즉 각 마을에 후보자의 인원수를 배당하여 각 마을에서 적당한 방법을 택하여 추천하도록 지시한 것이다.

그러면 마을 주민들로부터는 어떻게 추천을 받았을까. 도별 상황을 살펴보기로 하자.

경기도: 각 리에서 별도로 간담회를 열기도 하고, 투표를 하기도 하고, 유자격자의 이름을 쓴 표를 나누어주고 이름 아래 점을 찍게 하는 권점법을 이용하기도 하고, 유자격자의 씨명을 호명하여 그 가부를 묻는 다수결의 방법을 쓰기도 함.

---

65 「지방제도에 관한 지시사항(속)」 중 '지정면 이외의 면협의원의 임명', 『동아일보』 1920.9.10.

충청북도: 각 리의 주민들이 무기명 투표를 하게 하거나, 각 리의 구장 및 유력자를 소집하여 추천케 했다고 함.

충청남도: 구장 및 유력자를 모아놓고, 간담회를 열거나 권점법을 씀.

전라북도: 각 리에서 유식자들을 모아놓고 무기명 투표를 하게 하거나 면장이 예선한 씨명에 대해 투표를 하거나 권점을 찍도록 함.

전라남도: 동리의 주민을 모아 권점법을 쓰거나, 각 면의 유력자들의 모아 의견을 청취함.

경상북도: 부락별로 유자격자의 씨명을 보여 주고 호주로 하여금 투표를 하게 하거나 권점을 하도록 함.

경상남도: 각 부락마다 주민들이 모여서 합의에 의해 추천하거나, 유력자의 의견을 들어 면장이 추천하거나, 협의를 하여 추천서를 작성해서 면에 내도록 함.

평안남도: 면장이 면내 유식자의 의견을 듣거나, 협의하여 추천을 함.

평안북도: 투표를 하거나, 협의하여 추천을 하도록 함.

강원도: 각 부락에서 부락회, 동회, 호주회를 열어 권점법을 써서 최고 점수를 얻은 자를 면장에게 추천케 함.[66]

이를 보면 보통면의 협의회원은 법제상으로는 임명제였지만, 실제로는 마을의 유력자나 주민들의 회의에서 추천 혹은 권점법이나 투표에 의해 뽑힌 이들이 면장의 추천을 거쳐 군수에 의해 임명된 것으로 보인다. 권점법도 사실상의 투표라고 할 수 있기 때문에, 투표를 통해 뽑힌 경우가 상당수에 달했다고 볼 수 있다. 당시 각 동리별로는 사람들이 얼마나

---

66 조선총독부내무국, 1922, 앞의 책, 26~32쪽.

모였을까. 평균적으로 보면 동리별 유력자 모임에는 20~30명이 참여한 것으로 보이고, 동회와 같이 마을 주민들이 거의 다 모인 경우에는 50~100명 정도 모인 것으로 보인다.[67]

〈표 3-8〉 면(보통면)협의회원 임명에 관한 조사표

도별	협의회 인원수로 본 면의 수				총 면수	협의회 총인원	1면 평균 협의회원	면협의회원 중 일본인과 조선인			
	8인 면	10인 면	12인 면	14인 면				일본인 (명)	조선인 (명)	일본인 (%)	조선인 (%)
경기	85	157	2	2	246	2,302	9.3	40	2,262	1.7	98.3
충북	26	73	10	0	109	1,058	9.7	17	1,041	1.6	98.4
충남	30	141	0	0	171	1,650	9.6	64	1,586	3.8	96.2
전북	54	130	2	0	186	1,756	9.4	71	1,685	4.1	95.9
전남	56	189	19	4	268	2,622	9.8	66	2,556	2.3	97.7
경북	22	216	31	1	270	2,722	10.0	59	2,663	2.2	97.8
경남	73	165	16	0	254	2,426	8.4	105	2,321	4.4	95.6
황해	83	138	3	0	224	2,080	9.2	31	2,049	1.5	98.5
평남	61	95	11	0	167	1,570	9.4	13	1,557	0.8	99.2
평북	58	121	14	0	193	1,842	9.4	18	1,824	0.7	99.3
강원	42	127	8	0	177	1,702	9.6	25	1,677	1.5	98.5
함남	17	84	38	1	140	1,446	10.3	12	1,434	0.8	99.2
함북	40	23	15	0	78	730	9.3	5	725	0.7	99.3
계	647	1,659	167	8	2,483	23,906	9.6	526	23,380	2.2	97.8

출전: 조선총독부내무국, 1922, 『改正地方制度實施槪要』, 33쪽.

---

67 조선총독부내무국, 1922, 앞의 책, 26~32쪽. 많은 경우에는 수백 명의 사람들이 모여서 이 문제를 논의하기도 했다고 한다.

그러면 보통면에서의 협의회원의 민족별 구성은 어떠하였을까. 〈표 3-8〉은 보통면에서 임명된 협의회원의 상황을 조사한 것이다. 이에서 보면, 면별 협의회원의 정원은 8인, 10인, 12인, 14인의 경우가 있었으며, 총 2,483개 면에서 모두 23,906명의 면협의회원이 임명되었다. 1면 평균 협의회원의 수는 9.6명이었다. 면협의회원 중 일본인과 조선인의 비율을 보면, 일본인은 526명으로 2.2%, 조선인은 23,380명으로 97.8%를 차지했다. 보통면에서는 조선인이 거의 절대 다수를 차지한 것이다.

〈표 3-9〉 보통면협의회원의 연령

도명	인원	연령					최고령	최소령
		60세 이상	60세 이하	50세 이하	40세 이하	30세 이하		
경기	일본인 40 조선인 2,262	1 273	11 563	19 681	9 594	0 151	64 80	31 25
충북	일본인 17 조선인 1,041	1 80	2 204	7 340	7 312	0 105	64 75	34 25
충남	일본인 64 조선인 1,586	3 101	16 372	26 527	18 472	1 114	62 77	30 2
전북	일본인 71 조선인 1,685	2 211	6 399	31 515	30 441	2 119	68 84	29 25
전남	일본인 66 조선인 2,556	1 231	12 564	23 833	24 739	1 189	62 80	30 25
경북	일본인 59 조선인 2,663	1 272	15 658	26 822	16 755	1 156	61 88	29 25
경남	일본인 105 조선인 2,321	3 209	17 470	47 740	37 710	1 192	72 80	28 25
황해	일본인 31 조선인 3,049	1 304	5 476	11 621	14 516	0 132	65 88	30 25

도명	인원		연령					최고령	최소령
			60세 이상	60세 이하	50세 이하	40세 이하	30세 이하		
평남	일본인	13	0	2	8	3	0	53	34
	조선인	1,557	263	428	428	371	67	81	25
평북	일본인	18	1	3	7	7	0	64	33
	조선인	1,824	276	413	595	442	98	77	26
강원	일본인	25	2	2	8	13	0	?	?
	조선인	1,677	224	482	529	368	74	78	25
함남	일본인	12	0	2	8	2	0	52	37
	조선인	1,434	348	353	473	222	39	81	26
함북	일본인	5	0	2	2	1	0	57	39
	조선인	71	140	192	240	125	30	84	26
총계	일본인	526	16	95	228	181	6	72	28
	조선인	23,580	2,932	5,572	7,344	6,066	1,466	88	25

출전: 조선총독부내무국, 1922, 『改正地方制度實施槪要』, 34~35쪽.

　보통면에서의 면협의회원의 연령 분포는 어떠하였을까. 〈표 3-9〉에서 보면, 면협의회원의 연령은 조선인은 40대가 7,344명, 30대가 6,066명, 50대가 5,572명, 60대가 2,932명, 20대가 88명의 순으로 많았다. 일본인의 경우에도 40대가 228명, 30대가 181명, 40대가 95명, 60대가 16명, 20대가 6명의 순으로 많았다. 조선인이나 일본인이나 모두 40대와 30대가 가장 많았음을 알 수 있다. 최고령자는 조선인의 경우 88세, 일본인의 경우 72세였고, 최연소자는 조선인의 경우 25세, 일본인의 경우 28세였다.

〈표 3-10〉 보통면 협의회원의 직업과 신분

도명	인원		직업					신분	
			농업	상업	공업	공무원	기타	양반 유생	常民
경기	일본인	40	19	15	1	5	0	0	0
	조선인	2,262	2,121	119	8	11	3	1,579	683
충북	일본인	17	1	11	0	0	5	0	0
	조선인	1,041	1,035	4	0	0	2	?	?
충남	일본인	64	33	24	0	2	5	0	0
	조선인	1,586	1,491	44	0	0	51	1,284	302
전북	일본인	71	48	21	1	1	0	0	0
	조선인	1,685	1,666	19	0	0	0	1,336	349
전남	일본인	66	43	21	0	0	2	0	0
	조선인	2,556	2,500	44	0	1	11	1,952	604
경북	일본인	59	21	36	0	0	2	0	0
	조선인	2,663	2,603	38	0	0	22	1,733	930
경남	일본인	105	56	29	0	0	20	0	0
	조선인	2,321	2,253	33	0	0	35	1,577	756
황해	일본인	31	13	14	0	2	2	0	0
	조선인	3,049	1,971	58	1	11	8	991	1,058
평남	일본인	13	0	8	1	0	4	0	0
	조선인	1,557	1,502	39	2	0	14	587	970
평북	일본인	18	0	16	0	1	1	0	0
	조선인	1,824	1,703	102	0	12	7	1,270	554
강원	일본인	25	2	19	0	0	4	0	0
	조선인	1,677	1,641	23	0	0	13	761	916
함남	일본인	12	2	9	0	0	1	0	0
	조선인	1,434	1,385	40	0	0	9	622	812
함북	일본인	5	1	3	0	0	1	0	0
	조선인	71	683	21	0	8	13	203	514
총계	일본인	526	239	226	3	11	47	0	0
	조선인	23,580	22,554	584	11	43	188	13,895	8,436

출전: 조선총독부내무국, 1922, 『改正地方制度實施槪要』, 34~35쪽.

그러면 보통면 협의회원의 직업과 신분은 어떠하였을까. 〈표 3-10〉에 따르면, 조선인의 경우 농업이 22,554명, 상업이 584명, 공무원 43명, 공업 11명, 기타 188명이었으며, 일본인의 경우에도 농업이 239명, 상업이 226명, 공무원 11명, 공업 3명, 기타 47명이었다. 조선인의 경우에는 농업이 압도적으로 많았고, 일본인의 경우에는 농업과 상업이 거의 비슷하였다. 다음으로 조선인 면협의회원의 신분을 보면, 양반 유생이 13,895명, 평민이 8,436명으로 양반 유생이 62.2%, 평민이 37.8%였다. 즉 양반 유생이 3분의 2에 가까웠던 것이다.

결국 보통면에서 협의회원에 임명된 이들은 신분으로는 양반, 직업으로는 농업, 연령으로는 40대에 해당하는 이들이 가장 많았다고 할 수 있다.

5) 도평의회원의 후보자 선거와 임명 상황

도평의회원은 총독부령으로 도별 정원을 정하고, 도별 정원 안에 그 3분의 2를 도내 부·군·도에 배당(경성부 4인, 청주, 공주, 충주, 군산, 전주, 충주, 창원, 해주의 군은 각 2인, 기타는 전부 1인씩 배당)하고, 부·군·도마다 부·면협의회원으로 하여금 배당된 인원의 2배수를 각각 투표로 뽑게 한 뒤, 도지사가 그들 가운데 1인을 도평의회원으로 임명하고, 다른 3분의 1에 상당하는 평의회원은 도내에 거주하고 학식·명망이 있는 자 가운데 도지사가 임명하게 되어 있었다.[68]

이에 따라 도평의회원 후보자 선거는 부·군·도 또는 면에 배당된 정

---

68 조선총독부내무국, 1922, 앞의 책, 39쪽

원의 2배에 상당하는 후보자를 선거케 하고, 도평의회원 후보자의 투표 중 부(府)의 것은 부에서 개표케 하고, 면에서의 것은 그 투표함을 군·도에 보내어, 군·도에서 이를 개표하도록 했다고 한다.

〈표 3-11〉 도평의회원 후보자 선거 상황 (1920년)

도명	정원			부면협의 회원 수	기권자수	투표자 수	투표율 (%)
	관선	민선	총수				
경기	12	25	37	2,382	560	1,822	76.5
충북	6	12	18	1,066	243	823	77.2
충남	8	16	24	1,688	409	1,279	75.8
전북	8	16	24	1,790	450	1,340	74.9
전남	11	23	34	2,646	584	2,062	77.9
경북	12	25	37	2,758	625	2,133	77.3
경남	11	22	33	2,494	421	2,073	83.1
황해	9	18	27	2,102	521	1,581	75.2
평남	8	16	24	1,604	392	1,212	75.6
평북	10	20	30	1,866	417	1,449	77.7
강원	10	21	31	1,710	226	1,484	86.8
함남	8	17	25	1,472	232	1,240	84.2
함북	6	12	18	774	103	671	86.7
계	119	243	362	24,352	5,183	19,169	78.7

출전: 조선총독부내무국, 1922, 『改正地方制度實施槪要』, 41쪽.

〈표 3-11〉은 도평의회원 후보자 선거 상황이다. 정원 362명 가운데 243명을 민선으로 뽑았는데, 그 2배 정도 되는 후보자를 각 부·군·도에

서 선거하게 한 것이다. 당시 부·면협의회원의 수는 24,352명이었는데, 투표에 참여한 이는 19,169명으로 78.7%였다. 비교적 높은 투표율이었다고 볼 수 있다.

도지사는 각 부·군·도별 도평의회원 후보자 선거에서 득표가 많은, 정원의 2배 되는 인원을 후보자로 하여, 가능한 한 최다득표자를 평의회원으로 임명하였다고 한다. 그러나 범죄 혐의가 있거나, 경력이 차점자에 미치지 못하거나, 성행 및 소행이 불량한 경우인 충청북도 단양군, 황해도 연백군, 함경남도 안변군에서는 모두 차점자를 임명하였고, 또 동일 득표자 중에 자산·경력 등이 동일 득표자인 연소자에 미치지 못한 경우인 황해도 금천군, 경성부에서는 동일 득표사 중에 연소자를 임명했다고 한다.[69]

한편 도지사가 임의로 임명하는 이른바 '관선' 도평의회원은 도내에서 경력이나 명망이 우수한 자를 뽑았다고 하는데, 이 경우는 총독부의 사전 승인을 받아야만 했다. 따라서 조선인의 경우 정치적 성향을 검토했을 것으로 보인다. 또 일본인 관선 도평의회원의 경우에는 "다년간 조선에 거주하여 조선의 사정을 잘 알고, 상당한 학력과 식견을 가지고 항상 일선인 간에 존경을 받는 자, 조선인에 있어서는 지방의 호족 또는 식자로서 지방민의 신뢰를 받는 자를 임명했다"고 한다.[70] 조선 내 일본인 사회의 유지로서 이름이 있는 자를 임명한 것이다.

---

69 조선총독부내무국, 1922, 앞의 책, 42쪽.
70 조선총독부내무국, 1922, 위의 책, 42쪽.

<표 3-12> 일선인별 도평의회원 수 (1920년)

도별	관선			민선			총인원		
	일본인	조선인	계	일본인	조선인	계	일본인	조선인	계
경기	7	5	12	4	21	25	11	26	37
충북	4	2	6	2	10	12	6	12	18
충남	5	3	8	2	14	16	7	17	24
전북	5	3	8	2	14	16	7	17	24
전남	5	6	11	2	21	23	7	27	34
경북	6	6	12	3	22	25	9	28	37
경남	5	6	11	2	20	22	7	26	33
황해	4	5	9	2	16	18	6	21	27
평남	5	3	8	2	14	16	7	17	24
평북	4	6	10	1	19	20	5	25	30
강원	5	5	10	0	21	21	5	26	31
함남	4	4	8	1	16	17	5	20	25
함북	4	2	6	1	11	12	5	13	18
계	63	56	119	24	219	243	87	275	362

출전 : 조선총독부내무국, 1922, 『改正地方制度實施槪要』, 43~44쪽.

<표 3-12>는 일본인과 조선인 별 도평의회원의 수를 정리한 것이다. 관선(임명제)의 경우 일본인이 63명, 조선인이 56명으로 일본인이 약간 많았다. 민선의 경우에는 일본인이 24명, 조선인이 219명으로 조선인이 압도적으로 많았다. 전체 362명 가운데 일본인은 87명, 조선인은 275명으로, 일본인은 24%, 조선인은 76%를 차지했다.

〈표 3-13〉 관선 도평의회원 연령 및 자산

	인원	연령					자산							
		30 이상	40 이상	50 이상	60 이상	평균 연령	5천 원 미만	5천 원 이상	1만 원 이상	5만 원 이상	10만 원 이상	20만 원 이상	50만 원 이상	100만 원 이상
일본인	63	7	27	23	6	48	1	4	17	15	11	7	3	5
조선인	56	14	19	17	5	43	2	8	15	7	5	12	2	5
계	119	21	46	40	11	-	3	12	32	22	16	19	5	10
백분비(%)		17.7	38.7	33.6	9.2	-	0.3	10.1	26.9	18.5	13.4	16.0	4.2	8.4

출전: 조조선총독부내무국, 1922, 『改正地方制度實施槪要』, 44~45쪽.

〈표 3-13〉은 관선 도평의회원의 연령 및 자산을 정리한 것이다. 이에 따르면, 연령에서는 40대가 38.7%로 가장 많고, 다음이 50대로 33.6%를 차지했다. 30대는 17.7%로 그 다음에 머물렀다. 즉 관선 도평의회원으로는 정치·사회적 성향이 어느 정도 검증이 되었다고 볼 수 있는 40대와 50대의 인물들이 주로 임명된 것으로 보인다. 자산 상태를 보면, 1~5만 원이 26.9%로 가장 많고, 5~10만 원이 18.5%, 10~20만원이 13.4%, 20~50만원이 16.0%였다. 이렇게 보면, 관선 도평의회원은 상당한 자산 가들이었다고 볼 수 있다. 즉 조선총독부는 주로 대자산가들을 도에서의 지방통치 협력 세력인 관선도평의회원으로 선택하였던 것이다.

〈표 3-14〉 관선 도평의회원의 직업 및 경력

구별	현 직업			구별	경력		
	일본인	조선인	계		일본인	조선인	계
면장	1	3	4	군수	0	6	6
변호사	1	3	4	道·府 서기	2	2	4
의사	1	0	1	면장	0	4	4

구별	현 직업			구별	경력		
	일본인	조선인	계		일본인	조선인	계
은행회사중역	9	7	16	도 참사	0	9	9
신문사장	1	1	2	府郡島 참사	0	18	18
농업	13	33	46	학교조합 관리자·직원	26	0	26
상업	30	6	36	부면협의회원	6	7	13
수산업	3	0	3	금융조합장	0	3	3
광산업	2	0	2	상업회의소 및 민회 의원	15	0	15
청부업	1	0	1	변호사	0	3	3
무직	0	4	4	은행회사원	6	2	8
금융조합이사	1	0	1	신문사원	1	1	2
				기타	5	1	6
				없음	2	1	3

출전: 조선총독부내무국, 1922, 『改正地方制度實施槪要』, 45~46쪽.

〈표 3-14〉는 관선도평의회원의 직업 및 경력을 정리한 것이다. 이를 보면, 직업으로는 농업이 46명으로 가장 많았고, 상업이 36명으로 다음으로 많았다. 경력을 보면, 조선인은 부·군·도 참사를 지낸 이가 18명으로 가장 많았고, 다음이 도 참사를 지낸 이로 9명이었다. 또 부면협의회원을 지낸 이도 7명, 군수를 지낸 이도 6명이었다. 즉 관리였거나 관과 밀접한 관계를 가져온 이들이 관선 도평의원으로 다수 임명된 것이다. 일본인들의 경우에는 학교조합관리자 및 직원이 26명으로 압도적으로 많았고, 상업회의소 및 민회 의원이 15명으로 뒤를 이었다. 즉 학교조합이나 상업회의소에 관계해 온 이들이 관선 도평의회원으로 대거 임명된 것이다. 따라

서 '학식·명망이 있는 자'란 말뿐이었고, 실제로는 조선인이나 일본인이나 모두 관리나 관변인물들, 즉 총독부 권력에 충성을 다 할 수 있는 이들을 임명했다고 볼 수 있다.

〈표 3-15〉 선거에 의한 도평의회원 연령 및 자산

	인원	연령					자산							
		29 이상	40 이상	50 이상	60 이상	평균 연령	5천 원 미만	5천 원 이상	1만 원 이상	5만 원 이상	10만 원 이상	20만 원 이상	50만 원 이상	100만 원 이상
일본인	23	1	16	4	3	49	1	2	7	2	5	4	1	1
조선인	219	65	89	51	14	45	30	3	81	36	18	14	9	1
계	242	66	105	55	17	-	31	5	88	38	23	18	10	2
백분비(%)		27.3	43.4	22.7	7.0	-	12.8	2.0	36.4	15.7	9.5	7.4	4.1	0.8

출전: 조선총독부내무국, 1922, 『改正地方制度實施槪要』, 46~47쪽.

민선 도평의회원의 연령 및 자산은 어떠하였을까. 〈표 3-15〉에 따르면, 민선 도평의회원의 경우 연령에서는 40대가 43.4%, 30대가 27.3%, 50대가 22.7%로 40대와 30대가 50대보다 많았다. 관선 도평의회원의 경우 40대 다음으로 50대가 많았던 것과 대비가 된다. 그만큼 젊은 세대가 민선으로 많이 선출되었다는 것을 의미한다. 자산의 경우에는 1~5만 원이 36.4%, 5~10만 원이 15.7%이며, 5천 원 미만도 12.8로 3위를 차지했다. 10~20만 원은 9.5%, 20~50만 원은 7.4%를 차지했다. 관선도평의회원의 경우, 5천 원 미만은 0.3%였던 것이나, 20~50만 원인 경우가 16.0%였던 것과 크게 대비가 된다. 관선 도평의회원이 민선 도평의회원보다 훨씬 더 큰 자산가였던 것이다.

<표 3-16> 민선 도평의회원의 직업 및 경력

구별	현 직업			구별	경력		
	일본인	조선인	계		일본인	조선인	계
면장	0	13	13	군수	0	24	24
변호사	2	0	2	道·府·郡 서기	1	19	20
의사	0	4	4	면장	0	49	49
은행회사중역	2	4	6	道 참사	0	4	4
신문사장	1	0	1	府郡島 참사	0	117	117
농업	0	182	182	중추원 의관	0	5	5
상업	10	19	29	학교조합 관리자·직원	6	0	6
무직	1	2	3	부면협의회원	14	11	25
인쇄업				금융조합장	0	3	3
기타				상업회의소 및 민회 의원	4	0	4
				변호사	0	1	1
				은행회사원	0	5	5
				신문사원	0	1	1
				기타	7	34	41
				없음	1	6	7

출전: 조선총독부내무국, 1922, 『改正地方制度實施槪要』, 47~48쪽.

　민선 도평의회원의 직업과 경력은 어떠하였을까. 〈표 3-16〉에 따르면, 조선인은 농업이 182명, 상업이 19명, 면장이 13명의 순이었는데, 일본인은 상업이 10명, 은행·회사 중역 2명, 변호사 2명의 순이었다. 경력을 보면, 조선인의 경우 부·군·도 참사를 지낸 이가 117명으로 가장 많고, 다음이 면장을 지낸 이로 49명이었다. 또 군수를 지낸 이가 24명, 도·부·군 서기를 지낸 이가 19명, 부면협의회원이 11명이었다. 관선 도평의원과 마찬가지로, 군수·면장 등 관리의 경력을 가졌거나, 참사·부면협의회원 등 관변에서 활동한 경력을 가진 이들이 민선으로 선출되었던 것이다. 이런 인물들이 이처럼 많이 선출된 것은 관에서 그들을 지원하고, 그들도 적극적으로 후보자로 나섰기 때문일 것이다. 결국 민선 도평의회원도 일부 예외는 있겠지만, 대부분 총독부의 지방통치에 협력할 자세가 되어 있는 인물들이 뽑혔다고 할 수 있다.

6) 학교평의회원의 후보자 선거와 임명 상황

끝으로 학교평의회원의 후보자 선거와 임명 상황에 대해 살펴보자. 부에서의 학교평의회원의 선거는 12월 20일 각 부에서 일제히 시행되었다. 선거가 시작되었지만 학교평의회원의 후보자로 출마하는 이가 거의 없어, 부 당국에서는 학교평의회에 대해 적극적으로 선전하고 후보자를 직접 선정하여 적극 권유하여 각 선거구별로 2,3명의 후보자를 내기에 이르렀다고 한다. 그리하여 12월 20일 투표를 하기는 했으나, 투표율도 45% 정도에 그쳤고, 대구와 같은 일부 지역에서는 정원 12명에 10명의 당선자만을 내어, 27일에 다시 선거를 행했다고 한다. 〈표 3-17〉은 부의 학교평의회원 선거 상황이다.

〈표 3-17〉 부의 학교평의회원 선거 상황

부명	평의회원 정원	유권자 수	투표자 수	투표율
경성	20	312	127	41
인천	12	112	54	49
군산	8	95	47	49
목포	10	131	64	49
대구	12	123	48	39
부산	12	112	56	50

부명				
마산	10	85	43	50
평양	16	99	60	61
진남포	12	74	34	46
신의주	6	64	44	69
원산	10	131	34	25
청진	8	60	25	42
계	136	1,398	636	45

출전: 조선총독부내무국, 1922,, 『改正地方制度實施槪要』, 36~37쪽.

〈표 3-18〉 부의 학교평의회원 연령 및 직업

부명	인원	연령							직업		
		30세 이하	40세 이하	50세 이하	60세 이하	60세 이상	최고	최저	농	상	기타
경성	20	0	9	7	1	3	65	30	0	2	18
인천	12	1	2	4	5	0	59	27	2	10	0
군산	8	?	?	?	?	?	?	?	0	4	4
목포	10	0	1	8	1	0	55	37	2	7	1
대구	12	0	5	6	1	0	50	32	2	1	9
부산	12	1	3	5	3	0	55	29	3	5	4
마산	10	0	4	4	1	1	62	33	0	0	10
평양	16	?	?	?	?	?	?	?	0	0	16
진남포	12	?	?	?	?	?	?	?	0	3	9
신의주	6	?	?	?	?	?	?	?	0	6	0
원산	10	1	1	6	2	0	54	28	0	1	9
청진	8	0	3	4	1	0	50	30	1	2	5
계	136	3	28	44	15	4	65	27	10	41	85

출전: 조선총독부내무국, 1922,, 『改正地方制度實施槪要』, 37~38쪽.
비고: 총인원과 연령별 인원수의 계가 맞지 않는 것은 연령 불명인 경우가 있기 때문임.

그러면 이때 부에서 선출된 학교평의회원들은 어떤 인물들이었을까. 〈표 3-18〉에 따르면, 40대가 44명, 30대가 28명, 50대가 15명의 순으로 많았다. 즉 40대와 30대가 많았던 것이다. 직업을 보면 상업이 41명, 농업이 10명, 기타가 85명으로 상업이 가장 많았다.

〈표 3-19〉 군(郡)·도(島) 학교평의회원의 연령과 직업, 신분

총원	연령					직업					신분	
	30세 이하	40세 이하	50세 이하	60세 이하	60세 이상	농업	상업	공업	공무원	기타	양반 유생	평민
2,603	179	821	885	528	190	2,322	178	3	75	26	1,706	788
	6.9%	31.5%	34.0%	20.3%	7.2%	89.2%	6.8%	0.1%	2.9%	1.0%	68.4%	31.6%

출전: 조선총독부내무국, 1922,『改正地方制度實施槪要』, 49~50쪽.
비고: 신분에서 충북은 조사되지 않았음.

그러면 군과 도에서 학교평의회원으로 선출, 임명된 이들은 어떤 인물이었을까. 〈표 3-19〉는 학교평의회원의 연령과 직업, 신분을 정리한 것이다. 이에 따르면 연령상으로는 40대가 34.0%, 30대가 31.5%, 50대가 20.3%의 순으로 많고, 다음이 60세 이상 7.2%, 20대 6.9%였다. 부에서 선출된 학교평의회원들의 연령과 같은 경향을 보였다. 직업으로는 농업이 89.2%로 압도적으로 많고, 다음이 상업 6.8%, 공무원 2.9%의 순으로 나타나고 있다. 군·도가 농촌지역이기 때문에 부와는 달리 농업이 직업인 경우가 압도적인 것은 당연한 일이었다. 신분상으로 보면, 양반·유생이 68.4%, 평민이 31.6%로 양반이 3분의 2를 차지하였다. 보통면협의회의 경우에 양반·유생이 62.2%, 평민이 37.8%였는데, 이보다 양반·유생의 비중이 약간 크다고 할 수 있다.

제4장
1920년대 도평의회의 구성과 운영

1. 도평의회원의 선출과 임명

도평의회 제도가 도입된 1920년대 도평의회원의 3분의 1은 관선(임명), 3분의 2는 민선(선거)으로 임명되었다. 당시 관선과 민선의 결과가 어떠했는지, 또 일본인과 조선인의 비율은 어떠했는지 살펴보자.

〈표 4-1〉 1920년대 민선과 관선 도평의회원의 일본인-조선인별 숫자

구분	정원	제1회(1920)		제2회(1924)		제3회(1927)	
		일본인	조선인	일본인	조선인	일본인	조선인
민선	243	24	219	28	215	21	222
관선	119	63	56	65	54	68	51
합계	362	87	275	93	269	89	273
	(백분비)	24.0	76.0	25.7	74.3	24.6	75.4

출전: 조선총독부, 『지방제도개정안참고서』, 20쪽 참조(일본국립공문서관 소장 「府制改正制令案」(1930년)에 포함된 자료).

〈표 4-1〉을 보면, 도평의회원의 정원은 362명으로 계속 유지되었고, 이 가운데 민선은 243명, 관선은 119명으로 각각 67.1%, 32.9%를 차지하고 있었음을 알 수 있다. 즉 전체 도평의회원의 3분의 1은 관선, 3분의 2는 민선으로 한다는 원칙을 유지했다. 또 관선에서는 일본인과 조선인이 평균적으로 약 65명과 54명으로 55:45 정도의 비율을 유지하고 있었음을 알 수 있다. 그리고 1920년, 1924년, 1927년의 3회에 걸친 임명(민선과 관선을 합하여)에서 일본인과 조선인의 비율은 대체로 25%와 75% 내외로 유지되었음도 알 수 있다.

그러면 1920년과 그 이후 세 차례의 도평의회원 선거(1924·1927·1930년)는 실제로 어떻게 진행되었을까. 이에 대해 살펴보기로 하자.

1920년 12월 경성부협의회에서는 도평의회원 후보자 선거가 있었다. 당시 경성부협의회에서는 도평의회원 후보자를 8명까지 선출할 수 있었고, 도지사는 이들 가운데 4명을 임명하는 식이었다. 당시 일본인측에서는 5명이 출마하였고, 조선인측에서도 5명이 출마하였다. 당시 경성부협의회원의 정원은 30명이었는데, 선거 결과 일본인 측에서는 가타 나오누마(賀田直沼) 등 4명이 선출되었고, 조선인 측에서는 김한규 등 4명이 당선되었다. 당선된 이들의 득표수가 27~29표로 거의 비슷했고, 낙선한 이들의 표는 1표 정도여서 투표 전에 사실상 8명이 거의 내정되어 있었던 것으로 보인다. 이때 경성부협의회원은 8표까지 투표를 하였던 것으로 보인다.[1] 결국 도지사는 득표순으로 일본인 2명, 조선인 2명을 임명하였다.[2]

같은 시기 부산부협의회에서도 도평의회원 후보자 선거가 있었다. 부산부협의회원의 정원은 20명이었으며, 도평의회원 후보자로 선출할 수 있는 이는 2명이었고, 선거에 나선 이도 2명이었다. 투표 결과 하자마 후사타로(迫間房太郞)는 11표, 사카타 분키치(坂田文吉)는 9표를 얻었다. 당시 후보자가 2명밖에 안 되었기 때문에 부산부협의회원들은 각각 1표씩만을 행사한 것으로 보인다. 하자마 후사타로가 두 표를 더 얻어 1위로 당선되었기 때문에 그가 민선 도평의회원으로 임명되었다.[3]

---

1 「도평의회원 선거 종료됨」, 『조선일보』, 1920.12.11.
2 「경기도평의회원 임명 발표」, 『조선일보』, 1920.12.21.
3 「각지 선거제, 경상남도」, 『조선일보』, 1920.12.18;「각지 선거계」, 『조선일보』, 1920.12.23.

제1기 도평의원의 임기는 1923년 12월 19일에 만료될 예정이었다. 그러나 매년 3월에 도평의회에서 예산심의가 있는데 이를 갓 선출된 신임 도평의원들에게 맡기기는 어렵다는 이유로, 총독부는 제1기 도평의원의 임기를 1924년 3월말까지로 연장하기로 하였다. 이는 학교비평의원의 경우도 마찬가지였다. 그러나 부와 면 협의회원의 경우는 11월 20일에 임기가 만료되므로 그 전에 선거나 임명절차를 밟으면 된다고 보아 임기를 연장하지 않았다.[4]

1924년 3월에 있었던 제2기 도평의회 선거는 어떤 분위기에서 진행되었을까. 『동아일보』는 당시 평안남도의 분위기를 이렇게 전한다.

> 오는 3월 중에는 도평의원 선거를 행할 터인데 벌써부터 암중비약이 꽤 맹렬한 모양이다. 도평의원은 정원이 24명인데 그중에 관선이 8명이오 민선이 16명이다. 종래 평안남도의 평의원은 관선 민선을 물론하고 오직 '지상처분주의(至上處分主義)'를 가진 노인이나 유유시종(唯唯是從)으로써 당국에 아첨이나 하야 사리(私利)를 도(圖)하며 민론(民論)과는 교섭이 먼 사람이 태반이다. 어찌하여 그와 같이 되느냐 하면 원래 도평의원이란 것을 '마음이 있는 자'는 당초부터 고려하는 바가 아니오, 따라서 선거자도 깊은 의의를 생각하는 것이 아니라 소위 신성한 한 표라는 것을 부력(富力)이나 세력에 이용하는 것이며, 당국자로도 일 형식에 불과한 회(會)이나마 자기에게 감언을 보내는 자를 채택하는 것이 인정일 것인즉, 은연중 양자가 합치되어 그와 같이 되는 것이라 생각한다. 당국자로도 다소간 그 행정상에 참고를 정말로 얻

---

4 「도학평의원 임기연장, 명년 3월까지」, 『동아일보』, 1923.10.14.

으려거든 그에 상당한 사람을 임명하는 것이 가할 것이며, 선거자들도 도평의원이 다소간이라도 우리의 의사를 표현할 수 있다 생각하는 사람은 마땅히 그에 상당한 사람을 선택하라.[5]

이 신문은 종래의 도평의원은 관선 민선을 물론하고 오직 관청의 결정에 따라가겠다는 생각만을 가진 노인이나, 당국에 아첨이나 하여 사리를 도모하여, 여론과는 거리가 먼 사람이 태반이라고 보았다. 그러면서 이번에는 관선은 행정상에 다소라도 참고하려면 그런 도움을 줄 수 있는 사람을 고르고, 민선은 다소라도 여론을 대표할 수 있는 사람을 뽑으라고 말하고 있다.

1927년 제3기 도평의회원 선거를 앞두고 함경남도 안변의 한 기자는 도평의회가 '허수아비' 판이 되지 않으려면 최소한 아래와 같은 조건을 갖춘 사람을 뽑아야 할 것이라고 주장하였다.

1. 자기 지방사정에 통효(通曉)한 사람
2. 도세(道勢)를 일반으로 음미한 사람
3. 정계의 추세와 사조의 방향에 상식이 있는 사람
4. 관료풍이 없고 과단성이 있는 사람.[6]

그러면 실제로 함남 도평의회에 당선된 이들은 어떤 이들이었을까. 1928년 함남 도평의회의 구성과 관련하여 조선일보 함흥지국 기자는

---

5 「평양에서 일기자. 도평의원 선거」, 『동아일보』, 1924.2.18.
6 「지방논단 도평의원 자격에 대하여, 안변 일기자」, 『동아일보』, 1927.2.15.

"1부 16군에 함흥이 5명, 원산이 4명, 북청이 2명, 기타 각 군에 1명씩 도합 25명인데, 면장이 대부분이오, 그 외에 전 순사, 전 헌병, 고리대금업자, 요리점 주인, 기생조합장, 변호사 대재벌의 고문, 상인 등 참 민의창달을 표방한 기관이니만큼 잘도 사회 각계각층을 망라하였다"고 비꼬았다.[7] 함남 도평의회원 가운데에는 면장 출신이 가장 많았던 것이다.

1927년 『조선일보』는 도평의원 선거와 관련하여 시평을 실었는데, 다소 다른 평가를 하고 있다. 이 신문은 1927년 선거에서 당선된 이들이 "경제적 조건으로 보면 대부분이 조선인으로서는 대자본가이오, 그렇지 않으면 중산 이상의 자본가계급의 사람들이며, 그의 이사적 경력으로 말하자면 비교적 모두 지식계급의 사람들로서 상당한 사회사업에 종사하여 각각 다소의 신망 혹은 명성을 얻었던 인물들"이라고 평가하였다. 또 이 글은 특히 지식계급의 사람들 가운데 도평의원으로 출마한 것을 두고, "그들의 개인적 방향전환의 경로로 보아서도 흥미있는 일이겠지만, 사회적으로 이를 대관(大觀)함에도 퍽 주목할 일이라 하겠다. 우경(右傾)! 오인이 항상 지적하고 논평한 바 우경적 전환이 사회의 일부에서 진행됨을 알아야 한다"고 지적하였다. 그러면서 "지금까지 이 방면에 참가한 자들은 모두 소위 특수부락을 형성한 자들로서 분참봉과 통정대부의 첩지를 사두는 류의 진부한 사환열(仕宦熱), 허영욕에서 나온 것인 줄은 누구든지 잘 알던 바이다. (그런데) 지금 식자 명사의 축으로부터 '출마'자를 보는 것은 대체 무슨 까닭일까"라고 하였다. 즉 그동안은 사환열이나 허영욕, 즉 출세욕이나 명예욕에서 출마한 이들이었는데, 이제 지식계급에서도 출마

---

7 「함남도평의 雜觀, 함흥지국 일기자」, 『조선일보』, 1928.3.10.

하는 이들이 나타나고 있으니, 이는 새로운 현상이라는 것이었다.[8]

2. 도평의회의 회의 운영

1920년 말 도평의회원의 관선과 민선이 끝난 뒤 1921년 봄에 들어 각 도에서 도평의회 회의가 열렸다. 도평의회는 1년에 두 차례 정도 열렸는데, 3월에 열리는 정기회의는 세입세출예산을 심의하기 위한 회의여서 다소 길었고, 그 이후 필요에 따라 한 차례 정도 열리는 임시회의는 추가경정예산을 심의하기 위한 회의여서 정기회의보다는 짧았다.

정기회의는 3월 중순에 일제히 열렸는데, 그 회기는 7~14일 정도였다. 논의할 사안이 많았던 경기도에서는 회의를 14일간 열었지만, 그렇지 않은 함경도나 황해도 등지에서는 5~7일간 열었다.[9]

당시 각 도에서는 도평의회 회의규칙을 만든 것으로 보인다. 현재 신문지상에 전해지는 것은 경기도평의회 회의규칙인데, 이에 따르면 회의는 오전 10시에 시작하여 오후 3시에 마치고(단 사정에 따라 변경 가능), 도지사의 명을 받은 관리(官吏)와 이원(吏員)은 회의에 열석하고 의사에 참여할 수 있으며, 의원의 자리 배치는 첫 번째 회의 때 추첨으로 정한다고 되어 있다. 또 의장(도지사)은 개회 첫날 회의에서 회의 일정을 보고하고 의사에 들어가야 하며, 도평의회원이 도정에 관한 '의견서'의 제출을 발의하고자

---

8 「(시평) 觀道評議 결과」, 『조선일보』, 1927.3.27.
9 「각 도 평의회 개최 일순」, 『동아일보』, 1922.3.10.

1921년 경북도청 회의실에서 열린 경북도평의회의 모습

할 때는 5명 이상 찬성자의 연명을 받아 제출해야 하며, 1차 부결된 발의는 동 회기 내에는 다시 제출할 수 없다고 하였다. 또 회의에서 어떤 의제를 제안하여 동의를 얻어 의제로 채택되기 위해서는 2인 이상의 찬성자를 얻어야 한다고 하였다. 또 의안은 3독회의 순서를 거쳐 이를 결정하며, 단 의장의 의견 또는 결의에 의해 독회를 생략할 수도 있다고 하였다.[10]

1921년 3월 16일 처음 열린 경기도평의회의 모습에 대해 기자는 다음과 같이 묘사하였다.

---

10 「도평의회 회의규직」,『조선일보』, 1921.3.17.

회장 안에는 도지사 즉 평의회장의 자리를 정면으로 일층 높게 설치하고, 좌우 양편에는 도청 내의 내무부장을 비롯하여 재무부장, 경찰부장과 고등관 기타 관계있는 각 과장까지 참석하고 평의원의 자리는 장방형으로 회장의 자리를 중심으로 하여 늘어앉게 되었다. 앞에는 장책상을 놓고, 그 위에는 붉은 천을 덮어 회장을 번화하게 설비하였으며, 한 사람 앞에마다 삼각형 목패를 세워 자리 차례의 번호를 기록하였으나, 자리의 차례를 정하지 못하였으므로 처음에는 순서없이 앉았다가 공등(工藤) 지사가 일어나서 처음 보는 인사를 마치고 다음에는 제일착으로 자리의 차례를 결정할 동의가 진행되어 추첨의 방법으로 징하게 되어 그 결과 고양군 노병의원이 제1번의 자리를 차지하게 되고, 따라서 석차가 결정된 후에는 '회칙'을 통과하여 원안대로 가결이 되었는데, 당일 회석의 통역은 총독부 도산(陶山) 통역관과 도서기가 출석하여 조선말은 일본말로, 일본말은 조선말로 각각 바꾸어 원만하게 의사를 소통케 하였으며, 각 평의원에게는 회의에 부칠 예산안과 여러 가지 서류를 분배하고 오후 0시 30분에 폐회하였는데, 금 16일에는 하오 한 시부터 개회하여 하오 다섯 시까지 지방비 예산 중 토목비와 교육비에 대한 예산안을 협의한다더라.[11]

이를 보면 도평의회는 일본어로 진행되었고, 일본어를 잘 듣지 못하는 평의회원들을 위해 통역이 있었음을 알 수 있다. 그러나 일본어를 잘 모르는 평의원들이 줄어들면서 통역 폐지 문제가 계속 거론되었다. 결국 순차 통역은 폐지하고, 평의원 가운데 2~3명의 일본어를 잘 모르는 이들에

---

11 「初舞臺의 평의원, 작일 경기도 제1회 평의원회」, 『동아일보』, 1921.3.16.

게 통역 1명씩을 붙이는 식으로 바뀌어 간 것으로 보인다.[12]

한편 언론에는 도평의회 회의에 일본인 평의회원들의 출석이 저조하다는 지적이 잇따랐다. 어떤 기사에 따르면 일본인 의원 수의 반 이상이 결석한 회의가 적지 않다고 하였고,[13] 총독부 지방과장도 심지어 7명의 일본인 의원 가운데 첫 번째 도평의회 회의에 참석한 이는 2명에 불과한 일도 있었다는 것을 인정했다.[14]

도평의회가 구성된 초창기인 1921~1922년의 경우, 다수의 도평의회의 회의 장면을 일반 대중과 기자들에게까지 공개하지 않는 일들이 있어 언론의 비판이 제기되었다. 평남도평의회는 1921년에 회의를 비공개로 하였다가 비판이 일자 기자들에게만 방청을 허용하였는데, 1922년에는 기자들의 방청까지 금지하려는 움직임이 있어 논란이 되었다.[15] 1922년 충북도평의회는 일반인 및 기자들에게 방청을 일절 허용하지 않았다.[16] 이에 대해 당시 『동아일보』 등 언론은 "이 자문기관의 집회에 당연히 허할 일반의 방청을 금지하고 신문기자의 방청 희망도 이를 거절하고 어디까지든지 비밀집회로서 시종하려 하는 것은 부분으로든지 전체로든지 모두 기괴한 이 제도를 운용함에 상당한 기괴한 처치"라고 일제히 비판을 퍼부었다.[17]

---

12 「도평의원 말 몰으면 不能, 경북도평의원회의에서 통역제도 폐지된다」, 『조선일보』, 1931.2.15.
13 「경남도평의회 제2일의 會況」, 『동아일보』, 1923.3.23.
14 「兩道 평의원회 渡邊 第一課長 談」, 『조선일보』, 1923.3.14.
15 「도평의회 방청금지」, 『동아일보』, 1922.2.8.
16 「충북도평의회」, 『동아일보』, 1922.3.19.
17 「횡설수설」, 『동아일보』, 1922.2.15.

이 문제에 대해 총독부 내무국 지방과장 와타나베 도요히코(渡邊豊日子)는 "본래 도평의회는 일반에 공개할 것이오, 따로 비밀에 부칠 것이 아니나, 그러나 도평의회란 것은 일반이 공지(共知)함과 같이 재작년 가을에 처음 지방제도가 실시된 것으로 이전에는 이와 같은 회의란 것이 없었도다. 그런 고로 일반이 모두 일반 내지와 기타에 비하여 또 미숙할 뿐 아니라 회의장과 같은 것도 급거히 신축키 불능한 사정인 고로 위선 종래에 사용하던 도청회의실을 이에 사용케 되었는바, 졸지에 다수한 인원을 이에 수용하려 하니 심히 협애하여 소정의원 및 당해 관리로써 회장(會場) 전부가 가득 차는 고로 부득이 당분간 일반의 방청을 허하지 아니한 것이오, 따로 평의회 규징에 이를 공개치 아니한다 함은 아니다. 그래서 당국에서도 점차 회의장이 개선됨을 따라서 일반에 공개할 방침이다. 그런 고로 평의회장의 수용력에 의하여 목하 신문기자 또는 공직자에 한하여 방청을 허하는 길도 있다"고 변명하였다.[18] 결국 이 문제는 1922년까지는 일부 도의 공개, 일부 도의 비공개로 나타났는데, 특히 경기도평의회가 비공개를 고집하다가 1923년에 일반인과 기자들에 대해 완전히 방청을 허용하기로 함으로써 대부분 공개하는 것으로 정리되었다.[19]

도평의회는 어떻게 진행되었을까. 도평의회에서 가장 중요한 의제는 각 도 지방비의 세입세출예산에 관한 심의였다. 따라서 이에 대한 보고와 질문 순으로 회의가 진행되었다. 예를 들어 1921년 경상북도 평의회에서는 도지사가 의장석에 나아가 세입세출예산에 대해 설명을 하였고, 이에 대해 평의회원들의 질문이 이어졌다. 한익동은 교육비가 예산 가운데 사

---

18 「도평의회 공개여부에 대하야」, 『동아일보』, 1922.3.14.
19 「도평의회 공개」, 『동아일보』, 1923.1.22; 「횡설수설」, 『동아일보』, 1923.1.22.

업비의 4위에 있는데, 왜 이렇게 소액인지를 질문하였고, 도지사는 지방비 이외에 학교비와 학교조합비 예산이 따로 있어 그러하다고 답하였다. 김귀현은 전년도 수해로 인하여 피해가 막대한데 토목비가 왜 이렇게 적은가 질문하였고, 도지사는 전년도에 이미 응급조치로 11만 원의 토목비를 투입하였고, 중앙에 교섭하여 38만 원의 저리자금을 융통해서 빈곤한 자 등에게 식량 등을 배급하였고 금년에도 가능한 한 노력을 계속할 것이라고 답하였다. 가와이 아사오(河井朝雄)는 세입세출과 관련하여 시장세, 도우세(屠牛税)의 인상, 차량세의 신설 등을 주장했다. 이에 대해 도지사는 도우세의 인상 의견은 받아들이고, 시장세나 차량세는 조사 연구해 보겠다는 취지로 답변했다.[20] 다른 도평의회에서 대체로 같은 식으로 의사가 진행되었다.

당시 도에서 보고한 지방비 세입세출예산은 어느 정도였고, 어떤 항목이 가장 큰 비중을 차지했을까. 1926년 함남 도평의회에서는 도지사 김관현이 세입세출예산의 총계와 그 내역에 대해 〈표 4-2〉와 같이 보고했다.

〈표 4-2〉 1926년 함남도 지방비 세입세출예산안

세입	세출
○ 세입 일금 84만 6,826원. 경상부 예산 일금 63만 8,390원. 임시부 예산 합계 148만 5226원. 그중에 5만 915원은 임시은사금 수입.	○ 세출 일금 84만 6440원. 경상부 예산 일금 63만 8786원. 임시부예산. 합계 148만 5226원. 그중에 6만 1082원은 임시은사금 사업비

---

20 「경남북도평의원회」,『동아일보』, 1921.3.16.

세입	세출
○ 지방비 세입경상부 제1관. 지방세 600,082원 제2관 임시은사금 수입 50,915원 제3관 재산수입 20,864원 잡수입 174,974원	○ 지방비 세출경상부 제1관 토목비 91,862원 제2관 권업비 218,825원 제3관 授産費 36,267원 제4관 교육비 246,786원 제5관 위생비 155,988원 제6관 측후소비 5,040원 제7관 사회구제비 14,056원 제8관 평의회비 4,450원 제9관 재산비 3,514원 제10관 지방채취급비 42,992원 제11관 잡지출 6,660원
○ 지방비 세입임시부 제1관 繰越金 80,000원 제2관 국고보조금 423,368원 제3관 재산매각대 25,000원 제5관 잡수입 2(?)원 제5관 공채 110,000원	○ 지방비 세출임시부 제1관 토목비 55,230원 제2관 권업비 47,208원 제3관 수산비 1,650원 제4관 교육비 8,591원 제5관 위생비 1,000원 제6관 보조비 369,080원 제7관 공채비 49,141원 제10관 임시특별수당 492원 제11관 편찬비 2,380원 제12관 적립금 699원 제13관 잡지출 2,594원

출전: 「함남도평의회 제1일」, 『동아일보』, 1926.1.30.

〈표 4-2〉에서 보면 지방비의 세입예산 가운데 가장 큰 비중을 차지하는 것은 역시 '지방세'와 국고보조금이었다. 또 세출예산 가운데 가장 큰 비중을 차지하는 것은 각 군에 대한 보조비, 교육비, 권업비, 토목비와 같은 것이었다.

도평의회에서 각 도 지방비의 세입세출예산을 검토하고 자문하게 되자, 조선총독부는 1922년 총독부령으로써 「도지방비령시행규칙」 일부를 개정하였다. 즉 그동안은 도지방비의 세출입예산은 도지사가 이를 조제하여 해당 연도 개시 전에 조선총독의 인가를 받도록 했지만, 이제는 도평의회에서 도 지방비에 관해 자문을 하게 되었으므로, 도지방비예산은 도평의회의 자문을 거쳐 도지사가 전결로써 이를 정하도록 한 것이다.[21]

1923년에는 「도지방비령」을 개정하여 도지사의 권한을 강화하는 조치를 취하였다. 즉 도지사는 도지방비의 사무의 일부를 부군도의 관리에게 보조 집행하게 하며 또는 위임할 수 있도록 했으며, 도평의회원들이 도평의회의 소집이나 자문회의에 응하지 않는 경우, 도지사는 총독의 지휘를 받아 자문할 사건을 처리할 수 있도록 하였다.[22]

도평의회에서는 지방비의 세입세출예산안만 검토, 자문한 것은 아니었다. 1928년 전남도평의회에서 보고된 자문안과 같은 해 평남도평의회에 보고된 자문안은 다음과 같았다.

◇ 전남도평의회 자문안 (1928년)
1. 소화 3년도 전라남도 지방비 세입세출예산안
2. 소화 2년도 전라남도 지방비 세입세출추가예산안
3. 소화 3년도 전라남도 지방비 은급특별회계 세입세출예산안
4. 소화 3년도 전라남도 아동장학자금 특별회계 세입세출예산안
5. 미곡검사규칙시행규칙 중 개정 道令案
6. 가마니 검사 수수료 규정 제정 도령안

---

21 「지방사무분장규정개정에 대하야」, 『동아일보』, 1922.1.12.
22 「지방비령 개정내용」, 『동아일보』, 1923.11.10.

7. 지방세징수규칙 중 개정 도령안
8. 도지방비의 예산외 의무부담금에 관한 건
9. 어선, 어구개량장려자금 貸下金의 회수면제의 건.[23]

◇ 평남도평의회 자문안 (1928년)
지방비세입세출예산에 대해. 아동장학자금특별회계 세입세출예산안, 도립학교수업료규정중 개정, 공립학교 입학시험수수료 규정 개정, 직물검사수수료 징수, 도금고(道金庫)사무계약 등.[24]

위에서 보면 도평의회는 지방비세입세출예산안, 추가예산안, 은급특별회계예산안, 예산외 의무부담금, 수수료 등과 제정 도령안, 개정 도령안, 각종 규정 개정안 등에 대해 검토하고 자문했음을 알 수 있다. 세입세출예산에 대한 검토에서는 숫자의 검토도 있었지만, 평의회원들은 주로 그 내용에 대해 당국자에게 질문하였다. 아래는 1925년 강원도평의회에서의 질의·응답을 요약한 것이다.

고운하(철원): 연일 문제가 많던 기업전습소 보조 3천 원은 원안대로 통과는 되지만 어제 의원의 희망대로 조건부로 보조를 하는지요?
치쿠타(筑田) 산업과장: 의원이 요구한 조건 하에 보조를 합니다.
오쓰카(大塚) 지방과장이 자문 제4호 아동장학자금을 낭독한 후,
김동화(화천): 아동장학회로는 빈곤한 학생에게 매인 평균 3원씩을

---

23 「전남도평의회, 去7일에 개막」, 『동아일보』, 1928.1.10.
24 「평남도의회 제1일 예산 심의」, 『동아일보』, 1928.1.13.

준다 하면 겸하여 수업료도 면제를 못하나요?

다카오(高尾) 학무과장: 그것은 학교수업료징수규칙에 따로 있는 문제이고, 이는 다만 학용품 보조비로만 쓰겠습니다.

오쓰카 지방과장이 자문 제6호 강원도 지방비 부역 부과안을 낭독하여 원안대로 통과는 되었는데, 부역을 부과할 군별과 인원수는 좌와 같더라.

울진 삼척 춘천 양구 인제 화천 6군에 대하여 15, 6 양년도 출역할 원수(員數)가 총계 12만 7,504인이더라.

김규근(김화): 부역 부과는 설계에 오산인지, 공사를 완성하고도 원수가 남아 공연히 이리저리 쓰고 보니, 결국 인민의 폐를 보면 매호에 평균 7인씩이니까 중하지 않습니까.

오쿠다(奧田) 토목과장: 그는 김화군에 대한 문제이니, 방금 조사 중이므로 분명히 않으니 후에 대답하오리다.

김동화(화천): 본원도 그 문제로는 고심 중이오나, 3등 도로에 대하여 예산액 3만 5천 원으로는 불능할 것이며, 하여튼 양구, 화천 간의 자동차는 금년 내로 속히 통하도록 요청하는 바이요.(하략)[25]

위에서 본 것처럼 도평의회원들은 기업전습소 예산, 아동장학금 예산, 도로 부역, 도로개설 등에 대해 논하고 있었음을 알 수 있다.

한편 도평의회원들은 질문을 통해 자기 지역에 교량, 도로, 하수도를 신설해달라고 요청했다. 아래 황해도평의회의 경우 평의회원들이 이런 질문을 했지만 거의 참고로 하겠다는 답변밖에 듣지 못했음을 알 수 있다.

---

25 「강원도평의회 제7일」, 『동아일보』, 1925.12.26.

△ 세출경상임시비를 통하여 토목비가 제일 다액을 차지할 만큼 그 款에 대하야는 토의가 상당히 많았는데, 평의원마다 거의 한 번씩은 다 자기 군에 교량, 도로, 하수도를 신설, 수선해 달라는 희망이 어찌나 많은지 기자가 이를 다 받아 쓸 수가 없을 만큼 많았지만, 모두가 참고로 듣겠다, 재정상 어찌할 수 없다는 조건으로 그냥 넘어가버리고 말았다.

△ 그중에 한 가지 특기할만한 것은 재령 김기수 군으로부터 村에서는 면내 거주자가 그 면내 도로를 부역으로나 세금으로 매년 수선케 되는데 개산적으로 보아 그 부담액이 얼마나 되는가 하니까 八卷 토목과상이 "조사해 오지 않아 답변을 못하겠다" 하니까. 토목과장으로 "그런 무책임한 답변이 어디 있느냐, 그저 예산안만 작성하면 도로가 완성되는 줄 알지만 부역이나 세금으로 인하여 인민의 고통이 여하한 줄 알고 있느냐" 반박한 것은 꽤 통쾌하였다.[26]

도평의회원들은 회기 중에 도정에 관한 '의견서'의 제출을 발의할 수 있었는데, 이때에는 5명 이상 찬성자의 연명을 받아 제출해야 했으며, 1차 부결된 발의는 동 회기 내에는 다시 제출할 수 없었다. 또 회의에서 어떤 의제를 제안하여 동의를 얻어 의제로 채택되기 위해서는 2인 이상의 찬성자를 얻어야만 했다. 아래에서 보듯이 도평의회의 경우 누군가가 의제를 제기하면 이에 대해 토의를 하고 찬반 투표를 하여 과반수가 넘으면 이를 채택하여 도청 쪽에 건의하였던 것으로 보인다. 평북 도평의회의 사례를 보면 다음과 같다.

---

26 「각 도의회 잡관, 黃海道議, 황주 일기자」, 『동아일보』, 1928.2.29.

지난 17일 오전 10시에 개회되어 자문안 제2호 소화 2년도 지방비세 입출 추가경정예산에 들어가서 기쿠야마(菊山) 내무부장의 설명이 있고, 즉시 가결되었으며, 동 제3호 평북공립학교 수업료규정과 제4호도 역시 설명이 있은 후 다른 의견이 없이 가결되고, 다음에 건의안에 대한 내용 설명을 제출한 의원이 하게 되어 제1호 의혜선 미개수부분의 속성을 요망한다는 것을 설명 후 가결되고 정오가 되어 휴회.

오후 1시 20분 재개하고 먼저 이창석군(선천)의 건의안에 반수 이상의 의원이 서명하였으며 전부 그대로 의결하자는 의견이 가결된 후, 동 제13호 "금후 보고 신설은 철산 박천 강계 삭주 의주 초산군의 순서로 설치하기를 요"한다는 것에 대하여 반대 찬성 등 논의가 많다가 결국은 무기로 보류하기로 한 후, 대개 내용은 도로개수, 보통학교 증설 등 희망인데 몇 가지를 열기하면,

1. 면의원 대우개선과 종래에 자문기관인 도평의원회를 결의기관으로 개정할 것.
2. 매년도 세입세출예산사정에는 도평의원을 참여원으로 몇 명 간여시킬 것.
3. 보통학교의 분교 제도를 만들어 목하 입학난을 완화시킬 것.
4. 강계 및 선천 읍내에 도시 금융조합을 설치할 것
5. 용천군 부라면에 금융조합을 설치할 것
6. 정부, 군농회의 사업으로 농업창고를 각 소에 둘 것
7. 도립의원을 본도 남부 지대에 설립할 것
8. 용천 장서면 이생지(泥生地) 개간의 속성을 기할 것
9. 보통학교의 1면1교제와 조선인 교장을 다수 채용하기로 할 것
10. 군소재지 학교에 실업과를 설치할 것

11. 중국노동자 사용허가를 제한하도록 노력할 것
12. 용천군 용암포 항로 준설을 속히 할 것
13. 영변군에 잠종취체소 지부 설치를 희망
14. 본도 후창 자성 강계 위원 희천 초산 벽동 창성 삭주 의주 등 11군에 있는 약 30만의 화전민의 구제책으로 국토보존상 큰 피해가 없는 장소를 특정하여 그들의 생활 안정을 도모할 것.[27]

아래 강원도평의회의 경우에도 건의안에 대해 일일이 표결하여 과반수가 찬성하면 이를 채택하였음을 알 수 있다.

심상희(춘천): 하나는 신연강(新延江)의 주교(舟橋)는 장구히 견고한 계획이 아니니 속히 철교를 가설하고, 둘은 경춘간에 철도 부설을 희망한다 함이오. 셋은 춘천으로부터 동해안을 관통할 철도 부설을 요구함에 만장일치로 가결되고, 씨는 다시 공동단체의 통일제를 요구하니 군 양잠 축산 삼림조합 등 각 단체를 통일하여 달라고.
고니시(小西) 내무부장: 이는 당국에서 방금 시행하려 하는 것이니 특별히 제의할 필요가 없다고.
김동화(화천): 공립보교에 학급 부족으로 남녀공학은 지방 습관상 여자교육에 많은 지장이 되니, 여자부 학급을 증설하여 달라고 요구함에 다수로 가결되고.
나나가 쓰루이치[(田中鶴一)(강릉)]: 본원의 제안은 하나는 강릉읍 남대천에서 제방수축과, 둘은 정선 도로개축과, 셋은 묵호진 축항을 원합

---

27 「平北道議 최종일」, 『조선일보』, 1928.3.26.

니다. 함에 이상 3조를 종다수로 채결되며 정선도로 문제만 가결되고.

김규근(김화) : 도평의회는 자문기관으로 지나오지만 앞으로는 의결기관으로 고쳐달라고. 만장일치로 가결되다. (중략)

김원홍(삼척) : 본원은 아래와 같은 3조(條)를 희망합니다. 하나는 해안선 철도부설과, 둘은 금융조합의 증설과, 셋은 토목기수를 매 군 1인씩 배치이외다.

의장은 각 조목을 따로 물어 종다수로 가결되었더라.(중략)

니시타니 구니조[(西谷國藏) (철원)] : 철원에 도립병원을 설치하여 달라고. 다수로 가결되다.

석종하(통천) : 교육제도 개선문제로 하나는 1면1교의 제도, 둘은 소학교를 폐지하고 보통학교에서 공학제로, 사범학교는 고등보통학교에 부설하기를 희망한다고 하매, 공학문제 외에는 전부 가결되다.

석종하(통천) : 동해안에 철도부설과 금강산전기철도 제2기선(금성 장안사 간)을 온정리까지 연장 실현을 촉진시켜 달라고. 일치로 가결되다.

최돈상(정선) : 도내 178면을 2,3면씩 합병하여 유자격자를 택하여 면사무를 보게 하고, 면장은 관선제를 폐하고 민선을 원합니다. 일치로 가결되다.[28]

---

28 「강원도평의회 제8일」, 『동아일보』, 1925.12.28.

3. 도평의회 회의의 주요 쟁점

도평의회 회의에서 거론된 쟁점은 대단히 많았지만, 그 가운데 가장 많이 거론된 사안은 교육문제, 도로부역 문제였다. 이제 이를 차례대로 살펴보기로 하자.

1) 교육 문제

교육문제와 관련하여 가장 중요하게 다루어진 이슈는 조선인들이 다니는 보통학교와 중등학교가 태부족하니 이를 증설하라는 것이었다. 1925년 경기도 평의회에서의 평의원의 질문과 이에 대한 도 학무과장의 답변을 보면 당시 문제의 실상을 알 수 있다.

현재 조선인의 교육기관 중에도 가장 급박한 것이 아동교육인 것은 일반이 다 아는 바이니와 25일 경기도평의회에서 이 문제로 도평의원과 당국자간에 한참 동안 논전이 있었다. 도평의원 류창근(柳昌根) 씨로부터 현재 학령아동을 수용하도록 하자면 일면일교의 제도를 실현하여야 하겠는즉 그것은 언제쯤이나 실현하게 되겠느냐는 질문에 아베(阿部) 학무과장은 일면일교의 제도를 실현하자면 경기도 관내에 125교를 신설하여야 되겠고, 125교를 신설하자면 180만 원의 시설비가 있어야 되겠으며, 매교에 평균 4학급씩만 두기로 하더라도 총합 5백 학급이오, 이를 유지하자면 75만 원의 거액이 또 있어야 되겠는데, 이 중에 수입될 수업료 19만 원을 제한 나머지는 민간에서 부담하여야 되겠으니, 그렇게 부담하게 되면 지금의 학교비보다 2배 이상의 부담을 하여야 되겠으므로 현재 민간의 재력으로 보아 점진주의를 쓰는 수밖에 없다는 답변으로 그 문제도 그럭저럭하고 말았다. 이제 정밀한 조사에 따르면 일면일교는 고사하고 2면 1교로만 계산하더라도 경기도 내에 오히려 10교가 부족한 현상이니 1면1교는 언제나 실현될지 실로 전도가 요원하다는데, 실상은 1면1교를 실현하는 동시에 매교에 12학급씩을 두지 아니하면 학령아동을 전부 수용할 수 없는 터이라 하니, 조선인 교육 문제 중에도 가장 시급하고 기초적인 아동 교육기관이 이와 같이 영성한 상태에 있은 즉, 과연 한심한 일이라 아니할 수 없다.[29]

도평의회원 유창근은 1면1교를 빨리 실현해달라고 요구했지만, 당시는 2면1교도 아직 실현되지 않은 상황이었고, 도에서는 1면1교를 실현하려면 경기도 내에 125개 학교를 신설해야 하는데, 이를 위해서는 180만 원의 시설비가 있어야 하고, 유지비가 매년 75만 원이 있어야 하며, 학교비를 2배 이상 올려야 한다는 답을 듣고는 더 이상 추궁하지 못하고 말았던 것이다. 이와 유사한 질문과 답변은 각 도의 평의회에서 수없이 반복되었다. 1925년 황해도평의회에서는 안악 출신의 강주경이 "보통학교 보조금 16만 486원 중 학교 신설비는 얼마나 되는가"라고 질문하자, 도 학무과장은 "장소는 미정이나 11교를 증설할 계획이고 2,3년간 2면 1교가

---

29 「시급한 일면일교 언제나 실현할터이냐, 도평의회에서 질문전」, 『조선일보』, 1925. 2.26.

실현될 터이며, 현재는 84교가 있다"고 답하였다.[30]

또 1925년 황해도 평의회에서는 보통학교에서 일본어를 교수 용어로 하는 것에 대한 불만도 터져나왔다. 또 토지세에 부가하는 학교비를 왜 일본인 농장의 토지세에는 부가하지 않는가 하는 질문도 있었다.

> 안악 강주경 씨: 보통학교 아동에게 일어로써 교수를 하니, 선생과 아동 사이에 의사가 소통되지 못하는 이중교육을 받아 사실 조선인을 위한 교육이라고 논할 수 없으며, 선생된 자는 월급을 도식(盜食)할 뿐이니, 교육의 근본정신을 무시하는 것이다.(중략) 본도는 동척, 흥업, 삼정(三井) 등이 토지가 많은데, 학교비를 부과치 않고 조선인에게만 지정할(指定割)을 받는 이유는 어디에 있는가? 도당국은 각 의원의 질문과 의견에 대하여 법령과 규칙을 빙자만 하니, 법령 그것이 근본부터 인위적 제정인 이상 적의(適宜)한 방법을 강구하여 인민의 복리를 증진하도록 하라.
> 번외: 조선교육령을 끌어 답변하고, 장려비는 총독부에서 지출하는 것이고, 일인 토지에 학교비의 부담이 없다는 것은 여론이 많아 총독부에서도 고려 중이니까 조만간 해결될 것으로 아노라.[31]

학교가 부족한 것은 초등학교인 보통학교만이 아니었다. 조선인이 다니는 중등학교인 고등보통학교의 수는 각 도에 1~2개교밖에 없을 정도로 극히 적었다. 따라서 도평의원들은 회의에서 중등학교 개설을 강력히

---

30 「황해도 평의회」, 『동아일보』, 1925.3.2.
31 「황해도 평의회 제3일」, 『동아일보』, 1925.3.2.

요구했다. 1927년 평남 도평의회에서는 고등보통학교가 부족하여 경쟁률이 7대1이 넘자, 도평의원 백윤호는 "도의 재정관계로 일교(一校)를 증설함은 곤란하다 할지라도, 예비비 8만 원 중으로 우선 6천 원만 인출하여 기설(旣設)된 고등보통학교에 1학급을 증설함이 어떨까" 하고 질문하였다. 그러나 도 당국에서는 "3학급 이상을 증설함에는 총독의 특수한 허가를 요함으로 도저히 불가능하다"는 답변이 있었을 뿐이었다.[32]

또 조선인들이 다니는 고등보통학교와 일본인들이 다니는 중학교 간의 차별대우에 대해서도 말이 많았다. 아래 기사에서 보듯이 평안남도에서는 평양고보와 평양여자고보의 실험실습비를 삭감하고, 이를 일본인 학교인 평양중학교의 학교비를 증액하는 데 충당하고, 일본인 학교인 평양고등여학교의 증축비로 따로 1만 7천 원의 거금을 계상하자 이에 대해 반발이 일어났던 것이다.

> 평안남도 소화 2년도 지방비세입세출예산에 교육비를 전년보다 9천여원이나 증가하여 37만 155원을 계상하였으나, 조선인의 자제가 통학하는 평양공립고등보통학교의 학교비는 금년도보다 1,170원이나 삭감되어 종래의 실험실습비에서 1,200원까지 500원으로 감하고, 평양공립여자고등보통학교비에서도 금년도보다도 396원을 삭감하였으나, 일본인이 통학하는 평양공립중학교의 학교비는 금년도보다 1,541원이나 증가하여 계상하는 외에 학교비보조 중으로부터 일본인 고등여학교의 증축비로 1만 7천 원을 계상하여 19일 오후 3시경 방금

---

32 「"조선인교육에 넘어도 무성의" 고보교 1학급 증설 반대에 도의원은 당국을 원망」, 『동아일보』, 1927.2.12.

개회 중인 도평의회에서도 큰 문제거리가 되어 당국의 구구한 답변이 있었으나, 20일 계속될 동 회의에서도 또한 큰 문제가 될 모양이라는데, 당국자의 답변에 따르면 평양공립중학교의 소화 2년도 학교비가 전년도보다 증가된 것은 일본국민은 병역의 의무가 있는 이상 국민개병주의에서 일본 중등 정도 학교에서 실시되는 군사교육을 전기 평양중학교에서 소화 2년 신학기부터 실시할 터이므로, 부득이 그 같이 느는 것이라 하나 평양중학교의 실험실습비는 656원이나 전년도보다 증가하고, 조선인 보통학교의 실험실습비 7백 원과 여자고등보통학교의 실험실습비 내지 기숙사비 5, 6백 원까지 삭감한 것은 도당국의 심사를 모를 일이라 하여 물의가 분분하더라.[33]

한편 조선인들의 보통학교 교장에 주로 일본인 교장을 임명하는 것에 대해서도 반발이 많았다. 그것은 일본인 교장의 경우 조선인 교장보다 봉급이 2배 정도 많았고, 조선인 학생들에 대한 이해도 부족했기 때문이다.[34]

지난달 27일 황해도 평의회에서 재령 김봉욱(金鳳郁) 씨는 종래로 보통학교장은 조선인의 사상 감정 습관 등에 그 이해가 우원한 일본인 교장을 채용함으로 그 폐해가 막심할 뿐 아니라, 조선인보다도 봉급이 고등(高騰)한 일본인만 파(播)하여 인건비만 증가되었으니 조선 전

---

33 「고보예산을 삭감하야 일본인중학에 유용, 도평의회의 중대문제거리, 기괴한 평남도 예산」, 『동아일보』, 1927.1.21.
34 일본인 교장 임용 문제에 대해서는 다음의 글이 있다. 박찬승, 2018, 「일제하 공립보통학교의 일본인 교원 임용을 둘러싼 논란」, 『동아시아문화연구』 75, 한양대 동아시아문화연구소.

체를 통하여 학급이 부족되야 학업을 불수(不修)하는 아동이 기만(幾萬)이며, 그로 인하여 문화발달의 지완(遲緩)됨이 얼마나 한가. 일본인 교장을 채용하는 용비(冗費)를 절감하여 그 비용으로 학급을 증설하여 화염(火焰)같이 치미는 수만 아동의 학업욕을 만족시키지 않고 도리어 조선인 중에는 유자격자가 없다고 무모한 궤변만 발휘하니 조선인 교육에 진의가 나변에 있느냐고 통쾌하고도 맹렬한 힐문으로 공박하였으며, 또 다시 무산아동의 교육을 위하여 보통학교 수업료 전폐를 역설하되 근래에 빈빈(頻頻)한 수업료 미납으로 정학을 당하는 통계를 들어서 주장하였다더라.[35]

1928년 황해도 평의회에서도 역시 이 문제가 지적되었고, 당시 도 학무과장은 1종 교원 자격을 가진 조선인이 거의 없기 때문이라고 답하였는데, 기자는 보통학교 교장을 반드시 1종 교원으로 임명할 필요는 없다고 지적하였다.

△ 교육비 독회에서 어떤 의원으로부터 현재 도내 보통학교 수가 108교인데 조선인은 교장 2인 사무취급 11인, 합하여 13명인데 그들의 성적을 보면 퍽 양호한 편인데 교육비로 머리를 앓던 당국으로서 사무취급을 승격시키든지 하여 조선인 교장을 더 많이 채용치 않고 다급(多給)의 일인(日人)만 쓰느냐고 질문.
△ 사사키(佐佐木) 학무과장으로부터 본도 내 조선인으로 1종 교원이

---

35 「조선인교장 채용과 수업료 전폐를 주장. 보통학교 교육에 대한 재령의원이 도의회에서 역설」, 『동아일보』, 1927.3.2.

1인밖에 없으니 더 쓸래야 쓸 수가 없다고 답변. 그러면 현재나 과거의 조선인 보통학교 교장이 다 1종 자격을 가졌던가 하고 왜 더 한 번 반문을 아니 하여 보는지.[36]

2) 도로부역 문제

도평의회에서 단골로 거론된 또 하나의 주제는 도로부역 문제였다.[37] 1910년 이후 도로를 개설하거나 보수를 할 때에는 인근 지역 주민들의 부역으로 필요한 노동력을 해결했던 것이다. 당시 『조선일보』는 부역문제가 농민들에게 기다란 부담이 되어 원성이 자자하다고 다음과 같이 보도했다.

각 지방관청에 있는 소위 관리들이 일반 민간에 다니면서 무리한 폭행과 또는 하루하루 벌어서 겨우 살아가는 농촌 사람들에게 무리한 부역을 시키는 문제로 각처에서 원성이 자자하여 오던 사실은 일반이 다 아는 바이니와, 27일 오후에 경기도 평의회에서 이 문제로 평의원과 당국자 간에 일장 논전이 일어났었다. (중략) 도평의원 이유재 씨로부터 "일반 민간에서는 부역으로 도저히 살아갈 수가 없다. 하루 벌어 하루 먹는 농민들에게 십여일씩 부역을 시키면 늙은 부모와 어린 처

---

36 「각 도의회 잡관, 黃海道議, 황주 일기자」, 『동아일보』, 1928.2.29.
37 도로부역 문제에 대해서는 다음의 논문이 있다. 소두영, 1992, 「한말 일제초기(1904-1919) 도로건설에 대한 일연구: 용지수탈과 부역을 중심으로」, (한양대 석사논문); 박이택, 2002, 「식민지기 부역의 추이와 그 제도적 특질」, 『경제사학』 33, 경제사학회; 小林拓矢, 2010, 「일제하 도로사업과 노동력 동원」, 『한국사론』 56, 서울대 국사학과.

자는 무엇을 먹여 살리며 겨우 생명을 이어가는 극히 가난한 사람들에게도 한 사람씩이오, 몇 천 석, 몇 만 석 하는 사람들에게도 하루에 한 사람씩이니 그런 불공평한 일이 어디 있느냐. 이에 대하여 당국의 답변을 구한다"는 질문이 있자, 의장(도지사)의 고압으로 어쩔 수없이 유야무야 답변도 못 들어보고 흐지부지되고 말았다.[38]

아래 전북도평의회 관련 기사를 보면, 당시 도로부역 일수는 1년에 45일 이상이 되는 경우도 있었다고 한다.

지난 23일 오전 10시 15분부터 전북도청 회의실에서는 와타나베(渡邊)지사의 개회로 제9회 전북도평의회 제6일의 제2독회가 있었다는데, 토목비 도로수선비에 들어가 김제 곽탁(郭鐸) 씨는 도로 사리(자갈) 문제 즉 부역문제에 있어서 산간부는 비교적 관계가 없을지 모르나 평야부 중에서도 김제 같은 평야부는 사리가 없으므로 1리 혹은 2리나 되는 원방(遠方)에서 원석(原石)을 채취하여 운반치 않으면 안되는 터에 부역일수가 궁민도 45일 이상이 되므로 일반 궁민들은 조밥도 잘 먹지 못하고 그 부역을 감내치 못하겠으므로 "부역을 나가지 아니하면 그 죄로 차라리 경찰서에 잡아다가 편히 앉혀주고 주는 밥이나 먹게 하였으면 좋겠다"고 하는 말까지 있게 되어 실로 궁민들의 참상을 볼 수 없는 형편인즉 도 당국에서는 궁민구조책을 세워야 되겠다고 재삼 역설하였다는데 실로 궁민들의 부역 부과가 과중함으로 부역군들은 사리를 도로에 부설키 위하여 원석을 깨뜨리며 도변 지사

---

38 「官吏暴行과 賦役으로 또 논전이 일어난 경기도평의회」, 『조선일보』, 1925.3.1.

에 대한 민원(民怨)이 일고(日高)하다더라.[39]

평남 도평의회에서도 아래와 같이 '도로부역 폐지'를 주장했는데, 도 당국자는 이에 대해 '관행이자 미풍'이라고 답했다고 한다.

> 1,2등 도로 수리 수선을 그곳 주민들에게 부담시키고 어느 때를 물론하고 인민에게 부역을 강제함으로 평안남도 내의 인민들은 불평이 창천하였는데, 지난 18일 평남도평의회에서 순천의원 김기정 씨는 이에 대해 "인민에게 더욱이 농번기의 인민에 부역을 강제함으로 인민의 불평이 장전한데, 일정한 부과규정을 제정하도록 하든가 그렇지 않으면 폐지하라"고 도 당국에 질문하였는데, 도 당국자는 "이는 관행의 미풍인즉 폐지할 생각이 없다"고 하매, 김기정 씨는 "이것은 실로 민원이 극도에 달한 악정임에도 불구하고 미풍이라는 말로 덮어두려는 것은 도 당국자는 장님이 아니면 귀머거리다. 만일 그렇지 않다면 도 당국자들은 월급이나 먹는 형식적 관리요, 실제 민복을 위한 성의를 가진 자들이 아니다"라고 크게 부르짖었다더라.(평양)[40]

충북도평의회에서는 아래와 같이 부역은 결코 '미풍'이 아니라 당국이 강제하여 할 수 없이 하는 것이라는 반박까지 나왔다.

---

39 「도로부역 과중, 민원이 日高. 궁민도 45일 이상. 도의회에 제의」, 『동아일보』, 1928.2.25.

40 「평남도의 失政! 농민에게 賦役强制 농번기에도 불구하고 부과. 문제된 도평의회 분란」, 『조선일보』, 1929.2.24.

충청북도평의회 제3일은 23일 오전 10시부터 속회되어 세출경상부 토목비에 대해 제1독회를 열었는데, 각 의원의 열렬한 질문 중 부역철폐문제, 각 지방의 교량가설, 도로개선 등의 문제였고, (중략) 이어서 옥천 정의원은 당국에서는 부역은 조선의 미풍이라 표방하고 다소 무리하게 강권하는 감이 있는데, 과연 인민의 미풍으로 자발적으로 부역에 응하는지 의문이다. 생각건대 부역을 전폐하고 인민의 재산정도에 의하여 적당한 금액을 부과함이 어떠냐 하였으나, 당국은 말하되 작년 1년간 부역인원이 26만 6천이나 되었으나 인민의 희망에 의하여 부역을 시켰지 당국에서 강압적으로 하지는 않았고, 이를 금액으로 환산하여 부담시킬 수는 없다함에, 여러 의원들이 차례로 일어나서 금일까지 해내려 온 부역은 하등 인민의 자의로 하는 것이 아니라, 군 당국이 가혹한 취체를 하니까 부득이 하는 것이지 미풍, 이런 미풍이 어디 있느냐고 통론한 바 있으나, 별로 명쾌한 답을 듣지 못하고 오후 4시경 폐회하였다.[41]

부역제도는 이와 같이 당시 조선의 중요한 사회문제 중의 하나였는데, 당시 『동아일보』는 아래와 같이 사설을 통해 부역제의 폐지를 강력히 주장하였다.

조선의 부역제는 전제(專制)제도의 유물이다. (중략) 부역의 분배 불공평과 같은 것이 그 폐단의 하나이오, 근본적으로 부역이 불가함이 아

---

41 「인민의 고통인 부역을 폐지하라. 각 의원들이 강경히 주장. 충북도평의회의 제3일」, 『동아일보』, 1930.2.26.

니라고 할지도 모른다. 이것은 잘못된 생각이다. 공과(公課)의 부담은 부담능력에 비례해서 할 것이니 이 의미에 있어 현재의 세제(稅制) 전반에 대하여 개혁을 가하여야 할 것이지만은 그중에도 가장 빈궁한 계급, 이 빈농에 대하야 부과를 강제하는 것은 불가한 것이다.

토지자본을 소유한 바가 없고 생활의 필수 이하의 수입을 가진 조선의 농민에게 대하여 공공 비용의 부담을 강제하는 것은 부당한 일이니, 그 부담이 부역이나 현품이라 하야 화폐로 부과하는 것과 분간할 까닭이 없다. 그 반면에 화폐로써 부역을 대납(代納)할 수 있는 계급에 대해서는 이미 부역현품을 과할 필요가 없을 것이니, 부역의 제도는 그들에게 대해서는 유명무실의 것이 아닌가. 세계에서 가장 가난한 조선의 농민이 세계에서 가장 유례없는 주구(誅求)를 받고 있다 함이 과언이 아닐 것이다. (중략) 부역현품의 부과를 폐지하라. 부담할 능력이 있는 자에게 부담을 시켜라. 농민을 가렴주구에서 구하라.[42]

---

42 「(사설) 夫役現品부과를 廢하라」, 『동아일보』, 1930.3.25.

4. 도평의회와 평의회원을 둘러싼 3대 사건

1920년대 도평의회 또는 평의회원을 둘러싸고 여러 분란과 사건이 있었는데, 그 가운데 대표적인 것은 통영 김기정 경남도평의회원 징토 사건, 전남도평의회원 알력 사건, 경남도평의회 예산안 반상(반려) 사건 등 3대 사건이었다. 이에 대해서는 이미 자세한 연구가 있으므로,[43] 여기에서는 간략하게 그 개요를 설명하는 데 그치고자 한다.

1) 경남 도평의회원 김기정 징토 사건

김기정(金淇正)은 통영 소재 일어학교를 졸업하고 관립법학교를 졸업한 뒤, 재판소 서기를 거쳐 법관 전형시험에 합격하여 통감부와 총독부 판사를 역임하고 변호사 생활을 하였으며, 1917~1920년에는 통영면 상담역, 1919년에는 통영전기(주)의 취체역으로 있었다. 또 그는 당시 통영의 각종 관변단체(통영소방계, 제국재향군인회, 통영실업동지회)에 참여하여 활동하였다고 한다.[44] 그리고 1920년 10월 간접선거에 의해 도평의원 후

---

[43] 김동명, 2011, 「식민지조선에서의 도평의회의 정치적 전개 - 김기정 징토 시민대회를 중심으로」, 『일본문화학보』 50, 한국일본문화학회; 김상환, 2014, 「1920년대 통영지역 청년운동과 '김기정징토운동'」, 『역사와 경계』 9, 부산경남사학회; 김동명, 2013, 「1928년 전라남도 도평의회의 조선인과 일본인 '알력'사건 연구」, 『한일관계사연구』 46, 한일관계사학회; 김동명, 2010, 「1929년 경상남도 도평의회 예산안반상(返上)사건 연구」, 『한일관계사연구』 37, 한일관계사학회.

[44] 김동명, 2011, 위의 글, 277쪽; 김상환, 2014, 앞의 글, 205~206쪽.

보자로 선출되어 도지사로부터 임명을 받았다.[45]

1924년에도 경남 도평의회원이 된 김기정은 1926년말 도평의회에서 남해군 출신 평의회원인 윤병호가 1면1교제를 주장하자 이를 공박하는 발언을 하였다. 김기정은 "조선사람에게는 교육이 필요치 않다. 조선사람은 보통학교만 나오면 사상이 악화되어 사꾸라 몽둥이를 끌고 다니며 불량한 짓을 하고 사회운동의 선봉이 된다. 지난 1919년의 소요 이래 당해 보지 않았느냐? 조선은 교육으로 망했다"고 주장했다.[46]

그로부터 몇 달이 지난 뒤인 1927년 3월 13일 통영 청년 김원석(잡화상. 사상단체 정의단 소속)은 도평의회원 김현국으로부터 김기정의 발언을 전해 듣고, 15일에 단독으로 "매족상습범 김기정을 성토하노라. 김기정은 도평의회 석상에서 '보통교육을 폐지하라. 조선은 교육으로써 망국하였다. 조선어 통역을 철폐하라.'는 횡포한 주장을 한 자인즉 이를 징토한다"는 내용의 전단을 제작하여 뿌렸다. 또 그는 김기정을 직접 찾아가서 태도를 결정하라고 강요했고, 마침 곁에 있던 허기엽(친일단체 삼구회 회원)이 김기정을 변호하려고 하자 그를 구타하였다. 그 후 경찰의 수배령이 내리자 김원석은 잠적하였다.[47]

김원석이 김기정의 조선인을 모욕한 발언을 폭로하자, 통영의 청년단체들이 김원석을 이어받아 폭로와 비판을 이어나갔다. 3월 17일 통영청년단은 이 사건에 대한 진상조사위원회를 구성하였다. 조사위원들은 도평의회 회의록을 열람하고 김원석의 징토문 내용이 사실이며, 김기정이

---

45 「各道議員 推薦의 件, 김기정」(중추원조사자료) 국사편찬위원회 데이터베이스.
46 「통영사건 진상」,『동아일보』, 1927.5.24.
47 위의 글,『동아일보』, 1927.5.24.

그 밖에도 조선인 중등교육기관인 마산고보와 부산여자고보의 신설에는 반대하면서 일본인들의 마산중학교 신설에는 찬성했다는 것을 확인했다. 조사위원회는 3월 25일 극장 봉래좌에서 진상보고회를 열어, 김원석의 전단 내용이 사실이라는 것과 그 밖에도 새로 확인한 사실들도 있다는 것을 보고했다. 이날 참석한 군중은 김기정의 죄상을 전 조선사람들에게 알릴 것, 김기정 성토대회를 열 것, 김기정을 모든 공직에서 사퇴하도록 할 것 등을 결의했다. 이들은 27일 김기정 성토대회를 열고자 했으나 경찰의 불허로 열지 못했다. 『동아일보』는 4월 1일 사설로써 김기정의 망언을 강력히 비판하였다. 이로써 김기정 사건은 전국에 널리 알려지게 되었다.[48] 이에 따라 이웃한 마산에서 4월 4일 마산청년회가 김기정발언 진상보고대회를 열었고, 20일에는 김기정성토대회를 열었다. 또 경남 고성과 거제, 전북 고창과 옥구, 경북 칠곡 왜관 등지에서도 김기정 성토연설회를 계획하거나 통영청년회에 격려문을 보냈다.[49]

통영청년단 등 통영의 사회단체들은 결국 4월 17일 봉래좌에서 통영시민대회를 열고 김기정의 모욕적 발언을 성토하였다. 이날 연사들이 발언하는 가운데 경찰은 발언을 중지시키고, 한때 대회의 해산을 명령하는 등 시민대회의 열기는 뜨거웠다.[50] 한편 김원석은 4월 19일 경찰에 체포되어 명예훼손 및 출판법위반으로 검속되었다.[51] 김기정 비판여론이 들끓고 있는 가운데 경상남도는 4월 4일 김기정을 관선 도평의회원으로 임명

---

48 김상환, 2014, 앞의 글, 209~211쪽.
49 김동명, 2011, 앞의 글, 279~280쪽.
50 「김기정 죄악징토 통영시민대회」, 『조선일보』, 1927.4.20.
51 「김원석군 검속」, 『조선일보』, 1927.4.26.

한다고 발표했다.[52] 여론에 역행하는 조치였다. 이에 '김기정죄악징토시민대회위원회'에서는 5월 5일 경남도당국규탄연설회를 개최하기로 결정했다.[53]

한편 김기정은 자신이 마산고보와 부산여자고보 신설에 반대했다는 것은 사실이 아니라면서, 다만 조선인이 보통학교를 졸업하여 일정한 직업 없이 사회주의 등에 경사되어 민심악화를 가져온다는 주장과, 3·1운동 이후 학교가 있어도 들어올 학생이 없었다는 말은 잘못하였다며 사과를 했다. 그러나 그는 시민대회 위원들을 명예훼손 혐의로 고발했다.[54]

그리고 경찰은 5월 5일의 연설회를 불허하고, 5월 9일에는 3월 25일에 열렸던 '김기정사건조사보고회'의 집행위원 박봉삼, 박중한, 박태근, 박영근, 박태규, 김상호, 최학기, 배홍엽, 김계완, 최남기, 최천 등 11명을 체포했다. 그리고 단 하루의 조사 끝에 명예훼손죄와 협박죄로 예심에 넘겼다. 이에 이들 11명은 11일부터 단식투쟁에 돌입했다.[55] 이 사태에 대처하기 위해 청년단 등 통영 사회단체 회원 30여 명은 10일 밤 민정회(民正會)라는 단체를 임시로 조직하고, 12일 시민대회를 개최하기로 하였다. 시민대회는 경찰에 의해 불허되었으나, 시민대회 장소였던 봉래좌 앞에는 낮 12시부터 천여 명의 군중이 모여들었다. 경찰은 봉래좌 입구를 차단하고 군중의 해산을 시도했다. 시민대회 준비위원들은 '구금자의 석방'을 외치면서 시위를 시작하였고, 시위군중은 통영경찰서로 몰려갔다. 경찰은 경찰병력 외에도 재향군인, 일본인청년단 등을 동원하여 시위군중

---

52 「임명된 도의원」, 『동아일보』, 1927.4.4.
53 「통영시민대회에서 경남도당국을 규탄」, 『조선일보』, 1927.4.30.
54 김동명, 2011, 앞의 글, 281쪽.
55 김상환, 2014, 앞의 글, 211~212쪽.

을 막았다. 서장은 가족들의 구금자 면회를 다음날인 13일에 해주겠다고 약속하고 군중을 해산시켰다.[56]

다음날인 5월 13일 아침부터 모여든 군중은 경찰서 앞에서 시위를 하다가 김기정의 집 앞으로 몰려가 시위를 했다. 1천여 명의 군중은 오후 5시까지 시위를 벌였으며, 경찰은 소방대, 청년단, 재향군인회 등을 동원하여 이를 막았다. 이날 오후 민정회 간부들의 요청으로 마산의 서기홍 변호사가 구속자들을 접견하고 나와서 「근고(謹告)」라는 제목의 격문을 만들어 시내 전역에 뿌렸다. 흩어져 가던 군중은 이 격문에 자극받아 다시 모여들었고, 저녁 8시경 수천 명에 달한 군중은 다시 경찰서와 김기정의 집 앞으로 몰려갔다. 일부 군중은 김기정의 집에 투석을 하기도 했다. 김기정의 집을 지키고 있던 경찰은 공포를 쏘았고, 이에 흥분한 군중은 경찰을 향해 돌을 던졌다. 경찰서 앞에 몰려든 군중은 검속자의 석방을 요구하였고, 다무라 도이치(田村藤市) 경찰서장은 군중을 향해 해산하지 않고 계속 소요를 일으킨다면 의법 처단하겠다고 경고했다. 그러나 경찰서장은 군중이 던진 돌에 맞아 혼절하였고, 경찰서 정문의 외등과 전면 유리창이 거의 다 깨어졌다. 이에 다무라 서장은 경남경찰부에 지원을 요청했고, 부산, 마산, 진주, 사천, 고성의 경찰 1백여 명이 통영으로 출동하였다. 군중과 경찰 및 일본인 청년단원·재향군인들 간의 충돌은 이튿날 새벽 4시까지 이어졌고, 이 과정에서 수십 명이 다치고 2백여 명이 경찰에 연행되었다. 14일 저녁까지 일경에 연행된 이는 350여 명에 달했다.[57]

경찰은 5월 14일 오전 5시에 이미 검속한 시민대회 간부 11명과 김원

---

56 김상환, 2014, 앞의 글, 213쪽.
57 김상환, 2014, 위의 글, 214~215쪽.

석을 경비선에 태워 마산으로 압송했다. 이후 이들은 검사국 송치, 예심을 거쳐 부산지방법원 마산지청에서 재판을 받았으며, 10월 3일 징역 1년 3월~1년 10월을 언도받았다. 이들은 항소를 제기하여 1928년 5월 1일 대구복심법원에서 김원석은 징역 8월, 다른 이들은 징역 6월 이하와 집행유예 3년을 언도받았다.

한편 경찰은 5월 14일 이후 13,14일 시위의 주동자인 민정회 간부 등 십여 명을 검거하였다. 그런 가운데 김기정이 모든 공직에서 사퇴함으로써 시위는 일단 진정되었다. 시위 주모자의 검속은 19일까지도 이어져 사회단체 간부 43명이 연행되었다. 이들 가운데 22명이 5월 23일 검사국에 송치되었고, 6월 4일 마산형무소에 수감되었다. 이들은 이후 재판에 회부되었고, 12월 7일 1심 판결에서 최고 징역 1년 6월에서 무죄까지 언도받았다. 실형을 언도받은 이들은 항소를 제기하여 이듬해인 1928년 12월 13일에야 선고공판이 있었고, 역시 징역 1년 6월 이하를 언도받았다.[58]

김기정사건은 당시 도평의회원 가운데 일부였겠지만 김기정과 같이 조선인으로서의 정체성을 상실하고 대신 친일적인 의식을 가진 이들이 있었음을 보여 주고, 또 이런 이들로 인해 일반사회에서는 도평의회원들에 대해 부정적인 인식이 강했음을 보여 준다.

2) 조선인-일본인 전남도평의회원 간의 알력 사건

1928년 당시 전남도평의회는 조선인 27명, 일본인 7명 등 34명으로 구성되어 있었다. 1928년 1월 12일 도평의회가 개회되고 있던 중에 도평

---

58 김동명, 2011, 앞의 글, 284~285쪽.

의회원들은 금융권의 초청 연회에 참석하였는데, 연장자인 일본인 도평의회원 야마노 다키조(山野瀧三, 관선 도평의원이자 목포상업회의소 회두, 광주일보·목포신보 사장)가 인사말을 하였는데, 이때의 발언이 훗날 문제가 되었다. 그는 "최근 조선 농촌이 극도로 피폐한 것은 보통학교의 남설(濫設)에 있다"고 주장했다. 또 그는 그 이전의 무덕전 초대연에서는 "위대한 경찰력에 의해 이같은 대건물이 세워졌다"고 주장했으며, 또 다른 자리에서는 "공민학교가 현재 직업기술을 가르치고 있지만, 형무소의 죄수들도 수감 중에 토목 등의 기술을 습득해도 출옥 후에 취직이 곤란한 상황이다"라고 말하였다.[59]

이와 같은 야마노의 발언에 대해 조선인 도평의회원들은 이를 좌시할 수 없다고 보았다. 이에 보통학교 남설 발언이 있은 다음날인 1월 13일 도평의회에서 조선인 평의회원 2명(박준규·박이규)은 야마노를 강력히 비판하였다. 조선인 의원들은 1) 야마노는 무덕전 건립기금을 조선인이 낸 것은 경찰력을 무서워해서라고 했는데, 사실은 대부분 조선인 유력자가 자발적으로 낸 것이며, 2) 야마노가 조선인이 주로 다니는 공민학교 학생들을 형무소 죄수들에 비유한 것은 적절치 못하고, 3) 야마노는 조선의 농촌이 궁핍한 원인을 보통학교의 남설에 있다고 했는데, 일본 본토의 경우 조선보다 더 많은 학교를 세워 농촌진흥을 이끌고 있으므로 이는 잘못된 견해라고 비판하였다. 조선인 의원들은 야마노의 발언은 모두 조선인을 능멸한 폭언이므로, 그가 진사(陳謝)하지 않으면 안 된다고 주장했다.[60] 이들은 야마노가 진사하지 않으면 회의장에서 퇴장하겠다고 선언했다.

---

59 김동명, 2013, 앞의 글, 165~166쪽.
60 김동명, 2013, 위의 글, 166~167쪽.

당시 의장을 맡고 있던 전남 도지사 석진형(石鎭衡)은 잠시 휴회를 선언하고 야마노를 설득하여 진사를 하도록 했다. 석진형과 도 당국은 당시 도평의회에서 예산안을 처리하기 위해서는 수적으로 압도적인 우위에 있던 조선인 의원들의 협조가 필요하다는 생각에서 야마노를 설득한 것으로 보인다.[61]

그런데 이와 같은 조치에 이번에는 일본인 평의회원들이 반발하고 나섰다. 이들은 야마노의 발언은 회의장 밖에서 이루어진 것으로 의제와는 관계없는 것이라 보고, 조선인 평의회원들이 이 문제를 회의장에서 거론한 것은 의사규칙을 위반한 것이라고 주장하였다. 또 그들은 의장(도지사)이 조선인 평의회원들의 연설을 방치하고 나아가 야마노로 하여금 진사하게 한 것은 부당하다고 항의하였다. 따라서 이들은 "앞으로 이와 같은 의사규칙을 위반하는 일이 없도록 하겠다"는 말을 의장의 폐회인사에 넣어줄 것을 요구했다. 이에 의장은 쾌히 승낙했지만, 의장은 폐회인사에서 이를 분명히 말하지는 않았다. 이에 일본인 의원들은 분개했지만 회의는 일단 막을 내렸다.[62]

도평의회가 막을 내린 뒤 야마노가 사장으로 있던 『광주일보』와 『목포신보』는 3~5일 동안 야마노의 진사 문제를 대서특필하였다. 이들 신문은 회의장 밖에서 있었던 일을 조선인 평의회원들이 회의에서 거론한 것은 규칙 위반이라며, 이를 주도한 조선인 도평의회원들과 도지사를 맹렬히 공격했다. 『광주일보』는 야마노가 진사를 한 1월 13일을 "재선 내지인 동포 50만의 영원히 잊을 수 없는 치욕기념일"이라고 주장하기까지

---

61   김동명, 2013, 앞의 글, 168쪽.
62   김동명, 2013, 위의 글, 169쪽.

했다.[63]

두 신문이 이와 같이 조선인 도평의회원들을 공격하고 나오자, 조선인 평의회원들도 이에 대한 대응과 반격에 나섰다. 이들은 두 신문의 기사에 대해 반박문을 작성하여 발표하기로 하고, 박이규(담양), 이재혁(함평), 오헌창(화순), 정창욱(광양) 4명의 위원을 선정하여 성명서를 발표할 것을 일임했다. 이 소식을 들은 도 당국은 반박문 발표를 만류하고 나섰고, 참여관 박영철은 일본인과 조선인 평의회원 사이의 중재안을 제시했다. 그것은 도평의회 의장인 석진형 지사가 회의장 밖의 문제를 의장 내에서 논의하게 한 것은 자신의 실수였다고 인정하고, 조선인 도평의회원들도 역시 규정을 어기고 회의장 밖의 문제를 논의한 것에 대해 공개 사과하고, 일본인 평의회원들은 이를 양해하는 선에서 끝내자는 것이었다. 그러나 조선인 도평의회원들은 자신들이 야마노의 발언을 문제삼은 것은 조선의 교육문제를 다룬 것으로, 지방비 예산안 중 교육비 심의와 관련된 내용이라면서 결코 장외의 문제가 아니라고 주장했다. 박영철 참여관이 계속해서 4명의 조선인 성명서 발표 대책위원을 설득하여, 결국 이들의 동의를 얻어냈다.[64]

이와 같이 반쯤 성공을 본 도당국은 각 군에 이미 돌아간 도평의원들에게 4인 위원의 명의로 "성명서를 발표치 아니하고도 원만한 해결을 짓게 되었으니 어떠하오"하는 전보를 치는 동시에, 각 군수에게 전화를 걸어 평의회원들을 설득하도록 하였다. 각 군의 도평의원들은 전보를 받고

63　김동명, 2013, 앞의 글, 170쪽; 「鮮日人이 대립된 전남도의원 분쟁사건(1)」, 『동아일보』, 1928.3.1.
64　김동명, 2013, 위의 글, 175쪽; 「鮮日人이 대립된 전남도의원 분쟁사건(1)」, 『동아일보』, 1928.3.1.

광주일보와 목포신보가 사과하게 되는 것으로 생각하였으며, 군수의 권유도 있어 승낙한다는 답전을 의심없이 보냈다. 이것을 입수한 도 당국에서는 2월 11일 도 회의실에서 도지사, 각 부장, 광주일보, 목포신문 대표, 조선인측 위원 4명, 도평의원 박준규 등이 참석한 가운데 미리 준비한 원고를 낭독하는 것으로 원만한 해결을 지었다고 선언하였다.[65]

이후 『광주일보』와 『목포신보』는 조선인 도평의원측에서 사과를 했다고 보도했고, 이 기사를 접한 각 군의 도평의회원들은 놀라지 않을 수 없었다. 결국 도평의회원 노재승(순천, 관선), 손영(광주, 민선), 김상필(장성, 민선) 등 3명은 이 사안에 대해 언론기관이 사실을 제대로 보도하지 않음은 매우 유감이라고 성명을 발표하고 사직서를 도 당국에 제출했다. 또 당시 '화해'의 장소에 참석했던 박준규(장성, 관선) 평의회원도 책임을 지고 사표를 제출했다.[66]

이에 도지사 석진형은 상경하여 총독부에 사직서를 제출하였으나 정무총감은 이를 반려했다. 이후 성명서 발표 대책위원 중 한 명인 정창욱(광양, 민선)은 자신의 책임을 다하지 못한 점을 도민과 다른 평의회원들에게 사과한다면서 사표를 제출했다.[67] 그러나 다른 도평의회원들은 사태를 방관하였고, 이 문제는 점차 흐지부지되어 갔다. 도지사 석진형은 9월 6일 사표를 낸 박준규, 김상필, 노재승, 손영, 정창욱 등 5명을 초청하여 사표를 철회하도록 교섭하였다. 이튿날 이들 5명은 사직을 철회한다고 발표했고, 이로써 전남도평의회 내부의 조선인과 일본인 의원 간의 알력

---

65 「鮮日人이 대립된 전남도의원 분쟁사건(2)」, 『동아일보』, 1928.3.2.
66 「日人議員妄言問題로 朝鮮人議員辭表, 三人은 提出, 其餘도 提出氣勢」, 『동아일보』, 1928.3.11;「朴準圭氏도 辭任」, 『동아일보』, 1928.3.21.
67 「良心이 잇는 以上 그대로 못견대」, 『동아일보』, 1928.4.30.

문제는 일단락되었다.[68]

전남 도평의회의 이 사건은 당시 조선인 의원과 일본인 의원 간에 현실 인식의 차이가 상당히 컸다는 점을 확인시켜 준다. 그러나 야마노 의원이 사과한 데 대해 일본인 의원과 일본인 신문들이 강력히 반발하고 나오자, 조선인 의원 대표들이 이에 대해 효과적으로 대응하지 못하고 오히려 자신들이 사과하는 모습을 보였다. 이에 일부 조선인 의원들이 반발하여 사표를 내기도 했지만 소수에 그쳤고, 결국 그들도 얼마 뒤에 사표를 철회하는 약한 모습을 보이고 말았다. 결국 이는 당시 도평의회원들이 조선인의 이해를 대변해야 한다는 생각을 가지고는 있지만 그 강도가 그리 강한 것은 아니었으며, 당국의 설득이나 언론의 협박에 언제든지 타협적인 자세로 돌아설 수 있었다는 것을 보여 준다.

3) 경남도평의회의 예산안 반상 사건

1929년 3월 6일 경상남도 도평의회에서는 세입세출예산안에 대한 제1독회가 진행되었다. 그런데 이날 오후 도평의회원 김병규(동래)가 일어나 다음과 같이 발언하였다.

> 본 도에서 1면 1교를 소화 2년도부터 소화 6년도까지 완성하겠다는 것은 당시 도 당국자가 확실히 성명한 바임에도 불구하고 그것을 후임자인 현 당국이 계획을 변경하는 것은 확실히 민중의 기대를 배치하는 것인데 동시에 기만적 정치인 것을 표시하는 것이다. 전일 이래

---

68 김동명, 2013, 앞의 글, 180쪽.

도 당국의 설명과 답변은 다만 형식만 표방하고 실질을 무시하는 편이 많다. 도평의회란 것은 그것이 도지사의 자문기관으로서 출생한 것이다. 언론의 자유를 조금도 가지지 못한 아등(我等)의 조선인에게 이와 같은 기관을 설치하여 민의의 몇 부분이라도 청취하여 주는 것인 줄로 알고 다소의 기대를 가지고 이 회에 임하였더니 수일래로 도 당국이 취해온 바의 태도는 아등의 평의원을 소아(小兒)같이 취급하고 다만 고압적 태도로 발언의 자유를 주지 않으니 아등에게 부여된 자문에 응할 권리는 여지없이 박탈되고 그 반대로 자문에 응할 의무를 강요당하게 된 상태에 있다. 형세가 이렇게 된 이상에는 아등은 도저히 이 예산안의 자문에 응할 수 없다. 그러므로 본인은 이 예산안 반상의 동의를 제안한다.[69]

즉 경상남도에서는 전임 도지사가 1927~1931년 사이에 보통학교의 1면1교제를 완성하겠다고 약속했음에도 불구하고, 후임자인 스도 모토(須藤素) 지사가 이를 변경하여 예산안에서 1929~1936년 사이에 완성하겠다고 하는 것은 약속 위반이며, 따라서 이 예산안에 대해서는 자문을 할 수 없다면서 예산안의 반상(返上), 즉 예산안의 반려를 동의(動議)한 것이다. 의장은 당황하여 이날 회의를 급히 마쳤다. 이튿날인 7일 김병규는 자신의 동의를 철회할 생각이 없다고 하여 결국 표결에 부쳐졌다. 표결 결과는 29명 참석자 가운데 김병규 안에 대한 찬성이 14표, 반대가 13표,

---

69 「豫算案返上 動議를 제출. 휴회 선언. 採決 회피. 경남도평의회의 제4일」, 『동아일보』, 1929.3.8.

불명 2표로 되어, 결국 1표 차이로 동의가 가결되었다.[70] 이로써 예산안은 반려될 수밖에 없게 되었다.

이에 스도 도지사는 이튿날인 8일 도평의회에 참석하여 예산안 반상은 도지사에 대한 불신임으로 간주한다고 말하였다. 이에 예산안 반상을 제의했던 김병규는 예산안 반상은 도지사에 대한 불신임이 아니라면서 예산안의 수정 제출을 촉구하였다. 그러나 스도 도지사는 도평의회의 폐회를 선언하였고, 이에 따라 도평의회에서는 예산안 이외의 다른 안건에 대한 자문을 계속할 수 없게 되었다. 이와 같은 상황은 도평의회 역사상 전례없는 일이었으며, 전 조선에 큰 파문을 일으켰다.[71] 『동아일보』는 사설을 통하여 "오인은 차제에 경남 2백만 도민의 총의가 동 도평의회의 금번 행동에 의하여 여실히 반영된 것을 흔쾌히 여기는 동시에 2백만 도민의 총의사를 무시 역행하려는 동 도 당국의 인책 반성을 요구하는 바"라고 하면서, 사실상 도지사의 사직을 요구하였다.[72]

한편 조선총독부는 3월 9일 경상남도에 도평의회에서 반상한 예산안과 그에 따른 여러 자문안에 대해 원안대로 집행하라고 지시하였다.[73] 또 스도 도지사는 9일부로 예산안 반상을 동의한 김병규와 이 동의에 찬성한 13명의 조선인 도평의원 등 모두 14명에 대해 해임을 명하였다. 그 근거는 지방비보조령 제14조의 "도평의회원이 직무를 태만하거나 또는 체

---

70 「경남도의 예산안, 返上 動議 遂 可決. 조선인 의원의 맹활동 주효. 14표 대 13표로」, 『동아일보』, 1929.3.9.
71 「須藤경남지사 도의 폐회 명령. 예산반상의 동의 성립. '수등지사의 불신임을 의미'. 전조선적 파문」, 『동아일보』, 1929.3.10.
72 「(사설) 경남지사의 책임문제 - 道議예산반상안 통과」, 『동아일보』, 1929.3.10.
73 「총독부에서 原案 집행 지령」, 『동아일보』, 1929.3.12.

면을 오손하는 행위가 있을 때에는 도지사는 조선총독의 인가를 받아 이를 해임할 수 있다"는 내용이었다. 즉 도평의회원의 직무를 게을리 하였다는 이유로 해임을 한 것이다.[74]

이에 대해 3월 1일 해임된 도평의회원들은 성명을 발표하였다. 그들은 자신들은 도평의회원으로서의 역할을 게을리하지 않았는데, 도지사가 마음대로 불신임이니 자문거절이니 하는 판단을 내려 자신들을 해임한 것으로, 이는 견강부회에 지나지 않는다고 비판하였다.

"예산 반상의 결의는 지사의 자문에 응치 않겠다는 의사 표시임에, 지사의 자문에 응케 하기 위해 임명한 도평의원이 지사의 자문에 응치 않겠다는 의사를 명시한 이상, 그냥 직에 있게 할 수 없으므로 해직하였다"고 하는 그러한 성명도 도 당국의 주관적 인정으로서 이 또한 오등(吾等)의 논의를 무망(誣罔)하는 것이다. 왜냐하면 오등이 이미 현 제도에 의한 자문기관에 참여한 이상, 그 직책인 심의를 거절할 리 만무하고, 또 제1호 예산안의 반상 결의는 심의를 거부한 것이 아니고 도 교육방침을 고쳐서 재자문을 요망하였음에 불과하였다. 그리고 또 반상 결의 후에 있어서도 다른 자문안에 대하야 심의한 사실이 있었음으로이다. 그런데 의장은 자신의 해석으로 불신임이니 자문거절이니 하는 판단을 내려 돌연 심리 중의 제안(諸案)을 철회하였음에도 불구하고 그 책임을 오등에게 전가하는 것은 과연 1도(道) 장관의 공정한 태도라 할 수 있을까. 요컨대 오등을 도정(道政)의 권외(圈外)에 구

---

74 「예산안 반상에 찬동한 도의 14명 해임 문제는 날이 갈수록 확대, 경남 須藤 도지사 조처」, 『동아일보』, 1929.3.11.

축하기 위하여 제도의 결함을 방패삼아 사실 아닌 이유를 억지로 부회(附會)하였음에 다름아니라고 단언한다. 그러므로 도지방비령 제14조를 오등의 행동에 적용함과 같은 것은 이상의 사실에 비추어서 전혀 감정에서 나온 부당한 조치라고 하지 아니치 못하겠다. 그러나 아등은 해면(解免)된 것을 조금도 유감으로 생각지 않을 뿐아니라 차라리 제도 결함의 희생자로서 크게 각오하는 바 있다. 단 아등 자제의 교육시설은 2백만 도민의 노력을 기다릴 뿐이다.[75]

『동아일보』도 사설을 통해 "이제 평의회가 원안을 반상(즉 부결)하였다는 것을 가지고 자문에 응하지 않았으니, 직무를 게을리한 것이라고 함은 견강부회도 혹심한 일이다. 원안을 반상한 것이 도지사를 불신임하였다는 것이거나 신임하였다는 것이거나 그 해석에 맡길 것이거니와, 설사 불신임을 표시한 것이라 하더라도 그것이 곧 평의원의 직무를 게을리한 것이라 해석하는 것은 실로 도지방비령을 제정한 당국자가 그 법령 자체를 곡해하는 행동일 것이다"라고 비판하였다.[76]

이에 대해 일본어 신문들은 조선인 도평의회원들의 행동을 계속 공격하면서 심지어는 '몰상식한 광태(狂態)'라고까지 비난하였다. 그리고 도당국에서도 팜플렛을 만들어 각 부군에 발송하여 각 군에서는 면장회의를 소집하여 이를 민간에 널리 배포하도록 조치하였다. 이에 해임된 14명의 도평의회원들은 2차 성명서를 발표하기로 하고, 그 책임을 김병규에

---

75 「도당국 고압규탄, 평의회 진상발표. 11일에 성명서를 발표. 예산반상한 경남도의」, 『동아일보』, 1929.3.13.
76 「(사설) 당국의 自家撞着 - 경남지사의 조치에 대하야 -」, 『동아일보』, 1929.3.12.

게 맡겼다. 이에 스도 도지사는 후지하라 경남경찰서 고등과장을 김병규에게 보내 2차 성명서의 발표를 중지해줄 것을 요청하였다.[77]

그러나 김병규는 이를 거부하였고, 결국 4월 5일 2차 성명서를 발표하였다. 김병규가 쓴 이 성명서에서 이들은 자신들이 도평의회에 참여한 이유에 대해 다음과 같이 설명하였다.

> 무릇 조선의 도평의회 및 부면협의회란 것은 원래 국가 통치권의 일부가 부여된 지방자치권에 기인(基因)한 완전한 결의기관이 아니고 만연(漫然) 민의를 듣는다는 표방 하에 임시적으로 설시(設施)한 제도이므로 이에 관한 법규도 자연 불비(不備)의 점이 많고, 따라서 이들 기관에 참여한 의원은 그에게 부여된 직능의 한계가 불명한 점이 있는 동시에 위정자에 있어서도 왕왕이 그 시정상의 편부(便否)에 의하여 이의 운용을 함부로 할 위험성을 함축하고 있음은 일반이 공인하는 바이나, 그런 극히 불완전한 기관도 현하 조선에 있어서는 소위 민의창달의 유일무이한 기관으로 이의 활용 및 그 효능의 여하는 곧 조선 시정의 대본(大本)에 중대한 의의를 끼치는 것으로 믿고, 우리도 원래부터 이 제도의 결함과 함께 기관의 불완전함을 알지 못함은 아니지만 언론 봉쇄의 심혹한 이곳에서 이와 같은 기관의 존재일지라도 활용하여 감히 민의의 일단을 여실히 소개하여 위정자의 시정상 비익(裨益)이 되게 할 필요를 느낄 뿐 아니라, 유시호(有時乎) 간세도배(奸細徒輩)가 정계(政界)의 이도(裡道)에 암암리에 서행(鼠行)하면서 민의

---

77 「제2차 성명서의 발표정지를 懇願, 須藤 경남도지사의 內命 밧고 藤原과장 김 씨와 회견」, 『동아일보』, 1929.3.30.

를 속이는 동시에 위정자를 미혹케 하여, 2천만 무고(無辜)의 민중으로 하여금 더욱 궁고(窮苦)의 심연에 빠지게 하는 예가 결코 적지않음을 통탄하고 불초(不肖)를 불고(不顧)하고, 전술(前述)과 같이 위험을 무릅쓰고 이 기관에 참여한 바이다.[78]

즉 도평의회는 제도상 그 한계가 분명한 불완전한 기관임을 잘 알지만, 민의를 전달할 수 있는 유일한 기관이라는 점에서 이에 참여하였다는 것이다. 이 성명서는 자신들이 도평의회에 참여해 보니, "도 시정방침이란 것이 반드시 민의에 배위(背違)됨이 없지 않았다. 즉 시설의 선후 완급, 도시 농촌의 편중편경, 내지 인사 행정 등에 크게 논란할 점이 없지 않았지만, 우리들은 제도의 유래에 비추어 의원 직권의 한계를 고려하고, 일이 적어도 국리민복에 중대한 영향을 미칠만한 염려가 없는 한에서는 될 수 있는대로 자중의 태도를 가지고 다만 원만한 의사진행을 도모하였을 뿐 아니라, 간혹 어떤 때는 억지로 참기까지 해가면서 자문안을 맹찬(盲贊)한 예도 전혀 없지 아니하였다"고 실토하였다.[79]

또 이 사안의 발단이 된 1면1교 문제에 대해서는 "이번에 야기된 본도 1면1교 완성 연도 천연(遷延) 문제와 같은 것은 그것이 조선인의 생존 상 지대한 영향을 끼치는 중대 문제이므로 조선인 된 자는 목숨을 걸더라도 그 계획의 환원을 촉구하지 아니치 못할 것이다. 더구나 이 계획은 지난 소화 2년도 평의회의 석상에서 당시의 내무부장 마쓰이 후사지로(松井房

---

78 「當局懇願도 泡影, 제2성명 발표, 被免경남도평의원, 비위를 일일 지적」, 『동아일보』, 1929.4.6.
79 위의 글, 『동아일보』, 1929.4.6.

次郎) 씨가 '소화 2년으로부터 소화 6년까지 1면1교를 완성할 계획이다'고 성명하고, 이에 준하야 도내 각 군에 신설할 학교수의 연도할(年度割)까지 확정하여 각 부군에 공문을 발한 사실까지 있은즉, 설령 그 계획이 다소 무리의 점이 있다 하더라도 이미 도 당국 자신이 세운 계획이고, 도민에 대한 공약인 이상 정치도덕상 또는 위정자의 위신상 적어도 불가항력의 이변이 일어나지 않는 한에는 반드시 실행할 책임이 있음에도 불구하고 사람이 바뀌었다는 탓으로 돌연히 전임자의 도민에 대한 정치상의 공약을 헌신짝처럼 폐기한 것은 앞으로 도정(道政) 운행상 일대 악례를 만든 것이므로 우리로서는 도저히 참고 따를 수 없는 바"였다고 주장하였다.[80]

또 자신들이 도평의회원으로서의 의무를 게을리하였다는 도지사측의 주장에 대해서는, "우리들은 원근을 불문하고 소집에 응하고 개회 이래 7일간에 걸치도록 촌시(寸時)도 나태한 일없이 최대 긴장 속에서 의사규칙을 준수하면서 질문 응답을 교환한 것은 물론, 제1호안 반상 결의 후에도 또 다른 자문안에 대해서는 심의를 계속하고, 최종일에 이르러 의장이 자문안 전부를 철회코자 할 때에도 제1호안에 관계없는 제2호 및 제5호안에 대해서는 열심히 심의를 요망한 일이 있었다. 전후 전말이 이와 같이 명백하고 하등 직책을 태만히 한 현증(顯證:뚜렷한 증거)이 없음에도 불구하고, 단지 자문기관이라는 전제하에 그 자문안에 대하여 맹찬묵종(盲贊黙從)을 안 했다는 이유로 지방비령 제14조를 유추 적용하여 맹위를 휘두른 것은 먼저 이 제도의 존재를 무의의하게 하는 것일뿐만 아니라 현대법치국이 모두 용인치 않는 조문의 유추 적용의 신례(新例)를 열어 일반

---

80 앞의 글, 『동아일보』, 1929.4.6.

민중으로 하여금 법률행위의 표준을 잃게 하여 아연 전율할 암흑시대를 현출(現出)하였다 해도 감히 과언이 아닐 것이다"라고 비판하였다.[81]

경상남도는 8월 15일 경남도공시를 통해 해임된 14인의 도평의회원 가운데 관선의원 2명을 제외한 12명의 민선의원에 대한 보궐선거를 9월 7일에 실시한다고 발표했다. 이에 대응하여 해임된 14명은 전원 보궐선거에 출마했다. 관선의원으로서 해임된 2명도 민선의원 선거에 출마한 것이다.[82] 그리고 김병규는 보궐선거를 앞두고 성명을 발표했다. 그는 성명에서 자신들의 해임사건은 의사기관인 도평의회와 집행기관인 도 당국의 중대한 의견 충돌에서 나온 것이고, 그 책임 어디에 있는가는 보궐선거의 결과가 말해줄 수도 있을 것이라 하였다. 그러나 그는 조선에서는 시세, 민도, 제도의 측면에서 여러 문제가 많기 때문에, 선거가 민의를 꼭 반영한다고 볼 수 없다는 점도 지적했다. 따라서 선거의 결과로써 어느 쪽의 책임을 꼭 물을 수는 없을 것이라고 단서를 달아두었다.[83]

9월 7일의 도평의회원 보궐선거 결과 14명 중 이보형(하동)을 제외한 13명이 1,2위에 당선되었으며, 이 가운데 8명이 1위에 당선되었다. 특히 관선의원이었던 김경진도 창원에서 당선되었다. 선거결과는 당시 유권자(부·면 협의회원)들이 해임된 도평의회원들을 지지하고 있음을 보여 주었다. 도지사는 도평의회원 선거에서 1,2위로 당선된 이 가운데 한 명을 도평의회원으로 임명하게 되어 있었는데, 대개 민의를 고려하여 1위 당선자를 지명하고 있었다. 스도 도지사도 역시 그렇게 할 수밖에 없었다.

---

81 앞의 글, 『동아일보』, 1929.4.6.
82 김동명, 2014, 앞의 글, 230~231쪽.
83 「경남도평의원의 보결선거에 제하야, 전도평의원 동래 김병규」『동아일보』, 1929.8.27, 28.

다만 동래의 김병규는 자신이 1위로 당선되었음에도 불구하고 취임할 의사가 없다고 했기 때문에 2위를 임명하였다. 그리고 스도 도지사는 1929년 11월 28일 경남지사에서 해임되었다. 취임 10개월 만에 물러난 것으로, 이는 조선총독부의 문책 인사였다고 볼 수 있다.[84]

경남도평의회의 예산안 반상사건은 일제의 지방통치에 도평의회가 일방적으로 협력만 한 것은 아니었다는 것을 보여 준다. 당시 일제는 관변인사로서 가장 협력적인 인물들을 관선 도평의회원으로 임명하였고, 민선 의원들도 대체로 관변 인물들로 대부분 구성되었다. 그러나 도평의회원들은 자문기관으로서 권한이 극히 제한되어 있었던 도평의회에 불만을 갖고 있었고, 결국 예산안 반상 문제를 둘러싸고 도지사와 충돌하여 '도평의회의 권한은 어디까지인가?'라는 문제를 제기했다고 할 수 있다. 그러나 이 사건은 조선총독부가 경남도에 도평의회의 의결을 무시하고 예산안의 원안집행을 명령하고, 조선인 의원들을 해임함으로써 도평의회의 자문기관으로서의 한계를 그대로 드러낸 사건이기도 했다.

한편 당시 도 당국이나 조선총독부는 이 사건으로 큰 충격을 받지 않을 수 없었고, 이 사건은 1930년 지방자문기관의 지방의결기관으로의 전환 논의에 어느 정도 영향을 미친 것으로 보인다.

---

84 김동명, 2014, 앞의 글, 232~233쪽.

5. 언론의 도평의회와 도평의회원에 대한 평가

지방제도 개정에 의해 도평의회와 같은 자문기관이 들어섰지만, 조선인 언론의 이에 대한 평가는 매우 인색했다. 『동아일보』에 실린 한 독자의 글은 "사이토 마코토(齋藤實) 군의 손으로 건설된 소위 신지방제도는 지방자치의 제도가 아니오, 실로 기괴한 일종의 유희적 연습기관으로 각 지방에 다수한 중추원을 설립함이나 다름없다"고 혹평하였다.[85] 1922년 『동아일보』는 사설을 통해서도 자문기관 제도의 도입 등은 이미 실패로 돌아갔다고 비판하면서, "오인이 이제 유길(有吉)총감의 래임(來任)을 제하야 씨에게 희망하는 바는 지방자치제도의 확립이며, 이에 대한 민중정치의 철저이니, 그 안(案)의 구체적 일단을 표시하면, 면과 부에 완전한 자치단체의 성질을 인정하되, 면장과 부윤과 같은 것은 민선으로 할지며, 그 결의기관은 도회와 함께 순연한 민선의 결의기관적 성질을 갖게 할지며, 학교 적어도 보통학교는 이 자치단체에서 경영하게 되어야 할 것이라. 동시에 선거권의 기초를 단순히 재산에 한할 것이 아니라, 지식계급에 또한 이를 인정함이 가하다"고 주장하였다.[86] 면과 부의 완전한 자치단체화와 단체장의 민선, 자문기관을 민선의 결의기관으로 바꿀 것, 자치단체가 초등학교를 경영할 것 등을 주장한 것이다.

『동아일보』는 처음부터 자문기관인 도평의회에 대해 거의 기대를 갖지 않았다. 그래서 "도평의회가 개최된다고 일반 민중에게는 하등의 흥미

---

85 「白岳山人, (공개장) 齋藤實君에게 與함」, 『동아일보』, 1922.4.1.
86 「(사설) 有吉총감에게 – 지방제도의 개선을 희망」, 『동아일보』, 1922.8.5.

도 야기치 않는 것은 이제 다시 조조(噪噪:떠듦)할 필요도 없다"고 평하였다. 그러나 1923년경부터는 도평의회가 "민중생활에 직접의 영향을 미치게 하는 도지방비의 예산을 심의하는 것만으로도 우리는 이 기관의 일동일정(一動一靜)을 감시할 필요가 있"고, "그뿐 아니라 각 도의 도평의원회를 개최하는 데에는 적지 않은 비용을 요할 것이며, 그 비용의 출처는 일반 민중의 가뜩이나 빈약한 주머니 가운데에서 제공치 않을 수 없다"고 지적하였다. 따라서 도평의회를 "일부 호사가류의 자문 연습에 그 회기의 대부분을 낭비하기에는 너무나 고가(高價)의 희생"이라고 지적하고, "우리는 우리가 부담한 희생의 대가로 반드시 요구할 만한 무엇을 가졌으며, 이 요구에 의하여 저들의 이행을 엄히 독려할 것"이라고 하였다.[87] 즉 도평의회에서 민생과 직접 관련을 갖는 예산을 심의하고 있고, 도평의회원들의 회의비를 민중이 세금으로 부담한다는 점을 고려할 때, 도평의회에 대한 감시와 독려가 필요하다는 것이었다.

이후 『동아일보』 등 조선인 언론은 도평의회의 진행과정에 대해 비교적 자세히 보도하고, 이에 대한 논평도 자주 싣기 시작했다. 언론은 1923년 연말에 각 도 평의회 임시회의가 소집되었는데, 평의원들의 출석률이 저조하여 간신히 재적 과반수 출석으로 회의를 운영하는 상황이라고 보도하였다. 그 이유에 대해 『동아일보』는 "도평의회가 냉담하게 됨은 당연하다. 현재의 제도는 단순히 자문기관이요, 일분일리(一分一厘)도 예산을 변경하는 권능이 없는 까닭이라. 이와 같은 기관으로써 조선인의 정치적 훈련을 하려 함은 상상치 못할 것이라. 요컨대 결의기관으로 권위있

---

87 「(사설) 도평의회의 개최 - 그나마의 책임에 충실하라 -」, 『동아일보』, 1923.12.14.

는 것을 만드는 것이 무엇보다 긴급한 일"이라고 주장하였다.[88]

『조선일보』는 1925년 12월 평남도평의회에서 최창호 평의회원이 "소위 도평의회라는 것은 도청에서 임의로 작정한 예산안 같은 것을 그대로 한 번 들어보는 것 뿐이요, 별반 평의원들의 의사대로 성립되는 것이 없으며, 기타 모든 것이 다 그러하니 이와 같은 평의회는 차라리 활동사진을 영사하는 모양이라. 하루바삐 도평의회의 권리 범위를 신장하여 의결권을 얻도록 하라"고 주장하였다고 보도하였다.[89]

그러나『동아일보』나『조선일보』는 도평의회에 대해 어느 정도 의미를 부여하면서도 그 한계를 잘 알고 있었다. 따라서『동아일보』는 당시 각 도에서 주요 현안과 관련하여 간헐적으로 열리고 있던 '도민대회'에 주목하고, 이 도민대회에 아래와 같이 기대를 걸기도 했다.

> 얼마 전에 함남도민대회가 있고, 이제 또 황해도민대회가 있다. 도민대회라는 것이 이제로부터 조선의 일종의 민의표현의 기관이 되게 되었다. 함남도민대회보다도 황해도민대회는 그 문제를 취한 범위가 일층 심광(深廣)하게 된 듯하다. 이것은 과거의 경험을 양식(糧食)으로 하는 기관의 진화라 할 것이다. 우리는 이러한 종류의 회합이 점점 진화하야 전민족의 의사를 발표하는 무슨 확정적 기관으로 장성하기를 바라는 바다.
>
> 이미 전민족적 대의기관이 없고, 또 도·부·군·면에도 진정한 의미로 인민 자신의 대의기관이 없는 조선에서는 인민의 집합적 의사를 표시

---

88 「냉담한 도평의, 원인은 제도의 결함」,『동아일보』, 1923.12.20.
89 「'도평의회는 활동사진회' 불평 속출하는 평남도평의회」,『조선일보』, 1925.12.11.

할 기회가 전혀 결여하다 할 것이다. 여기 말하는 의사의 표시라 함은 반드시 인민이 국가에 대하여 하는 종류의 것을 이름이 아니라 인민이 인민 자신에게 자기의 집합적 의사를 표시하는 것을 가리킴이다. 우리는 우리 자신의 집합적 의사를 적확히 알만한 아무 수단도 없다. 이러한 기회에 민중 중에서 자발적으로 일종의 기관이 발생함은 "필요가 발명을 낳는다"는 원리의 일 적용이다.[90]

즉 각 도·부·군·면에 진정한 대의기관이 없는 상황에서 대의기관의 역할을 대신해 줄 수 있는 기구로서 '도민대회'에 주목한 것이다. 물론 이러한 도민대회는 경찰의 간섭과 방해, 대의원 선출의 어려움 등으로 대의기관으로서의 역할을 제대로 할 수는 없을 것이라고 보았다. 또 혹자는 "아무리 도민대회가 소작문제, 동척문제, 교육문제, 보통학교 아동교육 용어문제 등 가장 적절하고 진리적인 결의를 한다 하더라도 그것을 실현하는 권력을 가진 조선총독부가 이를 인정치 아니하고 청종(聽從)치 아니하면 무슨 이익이 있겠느냐"고 질문할 수 있을 것이라 하였다. 또 "당국자들은 이런 종류의 회합보다도 도리어 병적인 부면협의회, 도평의회, 중추원을 정통으로 알 것이다. 그리고 도리어 이런 종류의 회합을 압박할지도 모른다. 그러나 그렇다고 우리는 낙망할 것이 없다. 우리가 이러한 종류의 회합에서 바라는 바는 목적의 작은 효과보다도 그것이 건전하게 발육함을 낳을 대효과다. 이것이 정치적 생활의 준비가 되고 훈련이 되어 마침내 정치적 영구적 대단결의 기초가 되기를 바라는 것이다"라고 하였다. 즉 도민

---

[90] 「(사설) 도민대회에 대하야, 건전한 발달을 희망」, 『동아일보』, 1923.12.26.

대회를 주민의 '정치적 훈련'의 장으로서 주목하였던 것이다.[91]

1927년 제3기 도평의회가 출범한 이후에는 도평의회 등 자문기관에 대한 대중과 언론의 관심이 더 커졌다. 『조선일보』는 시평을 통하여 "조선의 대중은 자꾸 움직여간다. 그들은 지금 엄숙한 현실에 대해 또 진전되는 객관적 정세에 대해 결코 무관심하지 않고 불간여하지 않는다. 조선 내에서 조선인 대중의 의식에 배치되고 생활을 저해하는 언동이면 어떠한 사회층의 무엇을 하는 사람의 일이고 항상 감시 및 책동을 하여서 말지 않는 바이다. 도평의회나 부협의, 면협의, 기타 공직자들의 언동도 이러한 점에서 소위 치지도외하지 않는다"고 하였다. 그러면서 앞서 본 김기정 사건의 예를 들어, "김기정에 인한 통영사건이란 것은 즉 대중이 도평의회에 대해 얼마나 엄중한 감시 및 책동을 하고 있다는 것을 증명하기에 넉넉하다. 조선인 대중의 엄정한 의식에 배치되고 따라서 소위 매족적인 언동을 가지거나 권력에 아부하여 누열(陋劣)한 태도를 가지는 자에게 용서가 없는 것은 물론이다"라고 하여, 이제는 도평의회에 대해 대중이 엄중하게 주시하고 있다고 하였다.[92]

앞서 본 경상남도평의회의 예산안반상 사건이 일어난 이후, 타도의 도평의회에 대해서는 언론의 비판이 쏟아졌다. 『동아일보』에 실린 한 독자 투고의 글은 경기도평의회에 대해 신랄한 비판을 퍼부었다. 이 필자는 "도평의회를 당국은 일찍이 도민을 대표하야 민의를 당국에 창달하는 기관이라고 '메가폰'을 사용하는 이상의 고성(高聲)으로 성명(聲明)하여 왔다. 그러나 이번 경남도의 사건 발생 후에는 돌연히 메가폰을 감추고

91　앞의 글, 『동아일보』, 1923.12.26.
92　「(시평) 도평의원 제군」, 『조선일보』, 1927.12.5.

나지막한 소리로 크게 외치되 도평의원은 일종의 관리의 연장물이며, 그렇지 않으면 고문격(顧問格)에 불과하다고 하였다. 우리 충량한 경기도 의원 제군은 총독 문화정치의 연원지인 경기의 선출인 만큼 당국의 신성명(新聲明) 즉 관리의 연장물이며 고문의 책무를 완전무결히 이행하기에 너무 급급하였다"고 경기도 평의원들을 비판하였다. 이 글은 "만일 활동사진이 총독부 내무국 활동사진반에 설비되었더라면 응당 그들은 일류 배우로 일당 4원의 배액(倍額)은 충분하였으리라. 자문기관으로의 사명을 가장 충실히 수행한 사람이 몇 사람이 있다. 고양 김기환 씨를 필두로 모모 쟁쟁한 의원들이니, 시종여일하게 침묵으로써 자문에 찬의를 표하였다. 그리고 관청에서 출급하는 일당 4원 혹은 여비 10원씩도 공손히 영수하였다"고 지적하였다. 그리하여 "도에서 방청 온 모 공직자가 말하기를 도평의원에는 3종이 있으니, 하나는 이권의원, 둘은 명예의원, 셋은 무능의원이다"라고 말한 것을 전하기도 했다.[93] 이 독자는 대부분의 도평의회원은 이권과 명예를 노리는 의원이거나 거수기 역할만 하는 무능한 의원에 지나지 않는다고 신랄히 비판한 것이다.

---

93 「경기도의회 漫感, 獬豸生(해치생)」, 『동아일보』, 1929.3.16.

제5장
1920년대 부협의회의 구성과 운영

1. 부협의회원의 선거

1) 통계로 본 1920년대 부협의회원의 선거 결과

1920년대 12개 부의 부협의회원의 선거에 대해 살펴보자. 우선 〈표 5-1〉은 부협의회원에 당선된 일본인과 조선인의 숫자이다. 1920년의 경우, 12개 부 모두 일본인이 조선인보다 훨씬 많다. 전체적으로는 일본인이 133명, 조선인이 57명이었다. 1923년의 경우, 경성부와 평양부는 일본인과 조선인이 동수로 나타나고, 나머지 부는 모두 일본인이 압도적으로 많다. 전체적으로는 일본인이 126명, 조선인이 70명이었다. 1926년의 경우, 평양에서만 조선인이 19명으로 일본인 11명보다 많고, 다른 곳은 모두 일본인이 더 많았다. 전체적으로는 일본인 146명, 조선인 84명이었다. 1929년의 경우, 역시 평양에서만 조선인이 17명으로 일본인 13명보다 많았고, 다른 곳은 모두 일본인이 더 많았다. 전체적으로는 일본인이 152명, 조선인이 82명이었다.

〈표 5-1〉 1920년대 부협의회원에 당선된 일선인별 숫자 (단위: 인)

연도	구분	경성	인천	군산	목포	대구	부산	마산	평양	진남포	신의주	원산	청진	계
1920	일본인	18	10	10	9	10	16	8	13	10	9	12	8	133
	조선인	12	6	2	3	6	4	4	7	4	3	2	4	57
	계	30	16	12	12	16	20	12	20	14	12	14	12	190
1923	일본인	15	10	10	9	12	17	9	10	8	8	9	9	126
	조선인	15	6	2	5	8	3	3	10	6	4	5	3	70
	계	30	16	12	14	20	20	12	20	14	12	14	12	196

연도	구분	경성	인천	군산	목포	대구	부산	마산	평양	진남포	신의주	원산	청진	계
1926	일본인	18	12	10	9	12	27	10	11	8	9	10	10	146
	조선인	12	8	4	5	8	3	4	19	6	5	6	4	84
	계	30	20	14	14	20	30	14	30	14	14	16	14	230
1929	일본인	18	11	10	9	13	28	8	13	9	11	11	11	152
	조선인	12	9	4	5	7	2	6	17	7	5	5	3	82
	계	30	20	14	14	20	30	14	30	16	16	16	14	234

출전: 『府制改正制令案』(1930)(아시아역사자료센터 A14100216100) 중에 포함된 「지방제도 개정안 참고서」

    당시 부협의회원 선거의 유권자는 어느 정도 되었을까. 〈표 5-2〉에서 보는 것처럼 1920년의 경우, 조선인 유권자가 일본인 유권자보다 많았던 곳은 경성부, 평양부 정도였다. 나머지 부에서는 모두 일본인 유권자가 조선인 유권자보다 많았다. 전체적으로는 일본인 유권자 6,252명, 조선인 유권자 4,714명이었다. 1923년의 경우에도 경성과 평양에서만 조선인 유권자가 일본인 유권자보다 많았다. 전체적으로는 일본인 유권자 10,792명, 조선인 유권자 8,643명이었다. 1926년에는 경성부에서도 일본인이 4,615명, 조선인이 4,641명으로 조선인이 약간 우세하였다. 조선인이 절대 우세를 지키고 있는 곳은 평양뿐이었다. 전체적으로는 일본인이 11,442명, 조선인이 8,579명이었다. 1929년에는 경성부에서도 일본인이 5,889명, 조선인이 4,670명으로 일본인이 우세한 것으로 나타났다. 평양부에서는 여전히 조선인이 우세하였다. 전체적으로는 일본인이 15,035명, 조선인이 9,799명으로 일본인이 크게 우세하였다.

〈표 5-2〉 1920년대 부협의회원 선거권자 일선인별 숫자 (단위: 인)

연도	구분	경성	인천	군산	목포	대구	부산	마산	평양	진남포	신의주	원산	청진	계
1920	일본인	2,145	399	294	259	564	1,027	227	524	180	180	305	150	6,252
	조선인	2,626	224	109	138	393	90	134	558	106	75	155	106	4,714
	계	4,771	621	402	397	957	1,117	361	1,082	286	255	460	256	10,963
1923	일본인	4,361	538	366	351	1,150	1,492	363	838	287	279	442	325	10,792
	조선인	4,941	316	97	151	570	217	209	1,419	214	121	246	142	8,643
	계	9,302	854	463	502	1,720	1,709	572	2,257	501	400	688	467	19,435
1926	일본인	4,615	590	429	417	1,014	1,788	364	779	269	311	455	411	11,442
	조선인	4,641	243	144	235	600	214	260	1,316	220	166	294	145	8,579
	계	9,256	933	573	652	1,614	2,002	624	2,095	489	477	749	556	20,020
1929	일본인	5,889	672	563	473	1,402	2,115	497	1,184	363	500	572	832	15,035
	조선인	4,670	427	194	230	761	415	599	1,556	293	189	255	212	9,799
	계	10,559	1,099	730	703	2,163	2,530	1,096	2,740	656	689	825	1,044	27,834

출전: 『府制改正制令案』(1930) (아시아역사자료센터 A14100216100) 중에 포함된 「지방제도 개정안 참고서」

〈표 5-3〉 부협의회원 선거권자 및 당선자 민족별 비율 비교(백분비)

	구별		경성	인천	군산	목포	대구	부산	마산	평양	진남포	신의주	원산	청진	계
1920	선거권자 비율	일본인	45	64	73	65	59	92	63	48	63	71	66	59	57
		조선인	55	36	27	35	41	08	37	52	37	29	34	41	43
	당선자 비율	일본인	60	63	83	75	63	80	67	65	71	75	86	67	70
		조선인	40	37	17	25	37	20	33	35	29	25	14	33	30
1923	선거권자 비율	일본인	47	63	79	70	67	83	63	37	57	70	64	70	56
		조선인	53	37	21	30	33	17	37	63	43	30	36	30	44
	당선자 비율	일본인	50	63	83	64	60	85	75	50	57	67	64	75	64
		조선인	50	37	17	36	40	15	25	50	43	33	36	25	36

구별		경성	인천	군산	목포	대구	부산	마산	평양	진남포	신의주	원산	청진	계
1926	선거권자 비율 일본인	50	53	75	64	63	89	58	37	55	65	61	75	57
	선거권자 비율 조선인	50	47	25	36	37	11	42	63	45	35	39	25	43
	당선자 비율 일본인	60	60	71	64	60	90	71	37	57	64	63	71	63
	당선자 비율 조선인	40	40	29	36	40	10	29	63	43	36	37	29	37
1929	선거권자 비율 일본인	56	61	73	67	65	84	45	43	55	73	69	80	61
	선거권자 비율 조선인	44	39	27	33	35	16	55	57	45	27	31	20	39
	당선자 비율 일본인	60	55	71	64	65	93	57	43	56	69	69	79	65
	당선자 비율 조선인	40	45	29	36	35	07	43	57	44	31	31	21	35

출전: 『府制改正制令案』(1930) (아시아역사자료센터 A14100216100) 중에 포함된 「지방제도 개정안 참고서」

〈표 5-3〉은 부협의회원 선거권자(유권자) 및 당선자의 민족별 비율을 백분비로 표시한 것이다. 1920년의 경우, 경성부에서는 일본인과 조선인의 선거권자의 비율이 45:55로 조선인이 많았지만, 당선자 비율은 60:40으로 일본인이 더 많았다. 평양부에서도 일본인과 조선인의 선거권자의 비율이 48:52로 조선인이 다소 많았지만, 당선자는 65:35로 일본인이 월등하게 많았다. 전체적으로는 일본인과 조선인 선거권자의 비율이 57:43으로 일본인이 다소 많았지만, 당선자 비율은 70:30으로 일본인이 월등하게 많았다.

1923년의 경우에는 어떠했을까. 경성부의 경우 선거권자의 비율이 47:53으로 조선인이 다소 많았는데, 당선자는 50:50으로 동수였다. 평양의 경우에는 일본인과 조선인 선거권자의 비율이 37:63으로 조선인의 비율이 크게 높아졌는데, 당선자의 비율은 50:50으로 동수가 나왔다. 나머지 부의 경우에는 여전히 일본인 유권자의 비율이 높고, 당선자의 비율도 높았다. 전체적으로는 일본인과 조선인 선거권자의 비율이 56:44였지만, 당선자의 비율은 64:36이다. 양자의 차이가 여전히 크지만, 당선자의 비율은 1920년의 70:30보다는 다소 좁아졌다.

1926년에는 경성부의 경우 일본인과 조선인 선거권자의 비율이 50:50으로 거의 같아졌지만, 당선자의 비율은 60:40으로 여전히 일본인이 많았다. 평양의 경우에는 일본인과 조선인 유권자의 비율이 37:63이었는데, 당선자의 비율도 37:63으로 같았다. 하지만 전체적으로는 일본인과 조선인 선거권자의 비율이 57:43이었고, 당선자의 비율은 63:37로 나타났다.

1929년에는 경성부에서 일본인과 조선인 선거권자의 비율이 56:44였고, 당선자의 비율은 60:40으로 그 간격이 다소 좁아졌지만, 여전히 일본인 당선자들의 비율이 더 높았다. 전체적으로는 일본인과 조선인 선거권자의 비율이 61:39였고, 당선자의 비율은 65:35로 그 간격이 많이 좁혀졌지만, 아직도 양자간의 비율에 간격이 있었다. 이와 같은 현상이 나타난 이유는 무엇일까.

〈표 5-4〉 1920년대 경성부협의회 투표 현황

연도	조선인					일본인				
	후보자	당선자	인구	유권자	투표율	후보자	당선자	인구	유권자	투표율
1920	12-16	12	178,907	2,626	53%	18~19	18	67,665	2,145	87%
1923	20	15	207,496	4,941	66%	19	15	76,188	4,361	75%
1926	31	12	220,312	4,641	73%	20	18	81,559	4,615	80%

출전: 기유정, 2007, 「1920년대 경성의 '유지정치'와 경성부협의회」, 『서울학연구』 28, 서울학연구소, 24쪽.

〈표 5-4〉를 보면, 경성에서 조선인측의 유권자가 더 많지만 일본인측의 당선자가 계속 많은 것을 볼 수 있다. 표에서 보면 그 원인은 바로 투표율에 있었다. 조선인측의 투표율은 1920년에 53%, 1923년에 66%, 1926년에 73%였고, 일본인측은 1920년에 87%, 1923년에 75%, 1929년에 80%에 달했다. 조선인측의 투표율이 현저하게 낮았기 때문에 조선인측의 당선자 수는 적을 수밖에 없었다. 조선인 가운데에는 부협의회와 같은 자문기관을 백안시하거나 비판적인 이들도 꽤 많았고, 또 아예 관심을 두지 않는 경우도 많았기 때문에 투표율은 낮을 수밖에 없었다.

2) 1920년대 부협의회원의 선거 과정

1920년 이후 부협의회원 선거는 1923년, 1926년, 1929년 세 차례에 걸쳐 있었다. 이들 선거의 양상은 어떠했는지 차례대로 살펴보기로 하자.

(1) 1923년의 부협의회원 선거

1923년 선거에서는 1920년의 선거와는 다른 새로운 양상이 나타났다. 그것은 선거 전에 유권자들이 미리 모여서 이른바 '공인후보자'를 선정하는 것이었다. 이러한 움직임이 나타난 곳은 평양, 원산, 인천, 신의주, 군산, 진남포, 대구였다.

① 평양
평양의 일부 유지들은 자격도 없는 이들이 부협의회원이 되어 명예만 차지하고 부민의 이익은 돌보지 아니할 우려가 있다고 보고, 이를 막기 위해 유권자대회를 열어 연립후보를 옹립하자는 데에 의견을 모았다.

1923년 10월 23일 박경석, 정세윤, 이기찬 등은 임시회의를 열고 26일 유권자대회를 제일관에서 열기로 결정했다.[1] 이에 따라 26일 평양 제일관에서는 시민대회가 열려 5백여 명이 참여하였으며, 유지들은 연설을 통해 '충실한 인격과 지식이 있는 자', '시민을 위해 일할 수 있는 자'를 부협의원으로 뽑자고 열변을 토하였다. 의장을 맡은 정세윤은 협의회원의 자격으로서 '부민을 대표할 명망있는 사람', '부정(府政)에 간여할 식견이 있는 사람', '직무를 감당할 성의가 있는 사람'을 들었다. 이어 후보자 추천위원 10명을 선정하였고, 이들은 후보자로 30명을 추천하였다. 이들 30명을 대상으로 시민대회에 참여한 일반 유권자들이 무기명투표를 실시하여 13명의 부협의원 공인후보자를 선출하였다. 선출된 13명은 강병옥, 정규현, 양제겸, 백윤식, 이춘섭, 한윤찬, 이기찬, 옥동규, 차주원, 손수경, 김능원, 이은용, 김희경 등이었다.[2]

이들 13인은 어떤 이들이었을까. 『동아일보』 기자는 이들에 대해 "이기찬 군은 변호사계에서 명성이 높고 두뇌가 명철하기로 정평있는 인물이다. 강병옥, 한윤찬, 백윤식은 이미 협의원으로 재직하여 진췌(盡悴) 공헌한 바가 많다 한다. 김희경 군은 연로라 하겠으나 그 사상은 청년을 압두(壓頭)하며 조선인을 위한 심정이 간절한 바가 있다. 옥동규 군은 노련한 변호사, 김능원 군은 평양 법교국(法橋局:약종상-인용자)의 주인옹(主人翁), 이춘

---

1 「평양부의 선거와 유권자대회, 선거의 폐해를 막고자 26일 오후 2시에」, 『동아일보』, 1923.10.26.
2 「평양에 시민대회 개최. 금번 부협의원 추천으로 평양부 제일관에서 개최」, 『조선일보』, 1923.10.28; 「평양부의의 선거유권자 대회, 대성황으로 개회되야 후보자 십삼명을 선거」, 『동아일보』, 1923.10.29.

섭 군은 교회 장로인데,[3] 모두 평양에서 근거있는 지반을 소유하였으며 풍부한 경험과 침중(沈重)한 성격을 가졌다. 양제검 군은 올봄 명치대 법과를 졸업하고 현재 광문사(光文社:인쇄업-인용자) 지배인이 되어 있는데 청년 간에 신용이 돈후하고 생각이 민첩하며 행동이 돈실하다 하고, 대동의원장 손수경 군, 고물상조합장 차주원 군, 보광당 주인 이은용 군은 모두 상당히 활동할 만한 소질과 재능이 있다 한다"라고 11명을 소개하였다.[4]

여기에서 자세히 소개되지 않은 이기찬, 강병옥, 한윤찬, 백윤식, 김희경은 어떤 인물인지 알아보자. 이기찬은 법관양성소 출신으로, 1908~1912년 판사를 거쳐 변호사가 된 인물이며, 뒤에 평양변호사회 회장이 되었다. 이후 평양부협의회원, 부회의원을 거쳐 도회의원까지 되었다.[5] 강병옥은 1902년 경성광제의원 견습생으로 출발하여, 일본으로 유학하여 1910년 치바의학전문학교를 졸업한 뒤 총독부의원에서 근무하였으며, 평양에서 순천병원을 개업하여 운영 중에 1920년 부협의회원이 되었다. 1916년에는 평양부윤으로부터 독행자(篤行者)로서 포상을 받기도 했다.[6] 한윤찬은 평양에서 우피(牛皮), 우골(牛骨) 기타 판매업을 하는 상인으로, 평양상업회의소 평의

---

3   이춘섭은 무안항감리서 주사 출신으로, 평양에서 포목상을 경영하는 자산가이면서 교회 장로로서, 1920년대 이후 부협의원, 상업회의소평의원, 평양전기회사취체역 등을 맡게 된다(「평양상의원 당선」, 『매일신보』, 1916.6.18. 등). 김기전·차상찬, 1924, 「朝鮮文化基本調査(其八) - 平南道號」, 『개벽』 제51호, 1924년 9월호, 69~70쪽에서는 명예욕과 이기심이 강한 인물로 소개하고 있다.

4   평양지국 일기자, 「평양부협의원선거에 대하여」, 『동아일보』, 1923.10.30.

5   藤村德一편, 1931, 『전전부읍회의원명감』, 경성, 조선경제신문사, 248쪽; 조선인사흥신록편찬부, 1935, 『조선인사흥신록』, 경성, 조선신문사, 520쪽; 森川靑人, 1935, 『조선총독부시정25주년기념표창자명감』, 조선총독부시정25주년기념표창자명감간행회, 1049쪽.

6   「독행자 포상」, 『매일신보』, 1916.6.18.

원을 거쳐, 부협의회원이 된 인물이다.[7] 1920년대 백윤식은 평양의 실업가로 알려져 있었는데, 1910년대에는 고물상을 하여 1920년대 초에는 평양고물상조합 부조합장, 평양의 조선물산장려회 발기인, 부협의회원, 평양북금융조합 평의원을 맡는 등 사회활동에 활발히 참여하였던 것으로 보인다.[8] 김희경은 평양감리서 주사를 지낸 이로, 1916년 이후로는 평안남도 참사를 지냈다.[9]

결국 추천된 이들은 변호사 2명, 의사 2명, 상공업자 6명, 도참사 1명 등이었다. 대체로 평양상업회의소에 참여해온 상공업자들을 중심으로 평양에서 유지라고 칭해지는 인물들이었다. 이와 같은 결과가 나온 것은 시민대회(유권자대회)를 주도한 박경석(朴經錫)이라는 인물이 1910년 이후 평양부 참의, 1914~1915년 평양부협의회원, 1916~1919년 평양부 참사, 1919년 이후 평양상공회의소 평의원 및 부회장 등을 역임해온 인물이었기 때문이다. 1919년 12월에 있었던 평양상업회의소 평의원 선거에서 조선인측 평의원으로 당선된 인물은 이재홍, 최순정, 박경석, 한성은행(대표), 임석규, 홍홍준, 이덕환, 한윤찬, 이춘섭 등이었는데,[10] 이 가운데 한윤찬과 이춘섭이 부협의회원으로 추천되었던 것이다. 그리고 평양상업회의소 평의원은 아니었지만, 상공업자로서 활동해온 백윤식, 김능원, 차주원, 이은용도 역시 시민대회에서 부협의회원으로 추천되었다.

평양부협의회원 선거는 11월 20일 평양공회당에서 있었는데, 당선된

---

7 「평양상의원 당선」, 『매일신보』, 1916.6.18.
8 「朝鮮物産獎勵會」, 『동아일보』, 1920.8.23; 「古物商組合總會」, 『동아일보』, 1922.5.15 등.
9 『通牒』 제65호, 광무5년 7월 9일, 外部參書官 卞鼎相 → 議政府參書官 趙秉圭); 「유람과 주객의 단편」, 『매일신보』, 1916.6.8.
10 「평양상의원 선거」, 『매일신보』, 1919.12.4.

조선인과 일본인은 각각 10명씩이었다. 당선된 조선인을 보면, 이기찬, 손수경, 황석환, 정규현, 양제겸, 백윤식, 선우순, 이춘섭, 강병옥, 한윤찬이었다.[11] 이 가운데 8명은 시민대회에서 추천을 받은 이였고, 추천 받지 않은 이는 황석환, 선우순 2명이었다. 황석환은 1920년부터 부협의원을 지내온 인물이었고,[12] 선우순은 1914년 도시샤대학 기독교신학과를 졸업한 뒤 귀국하여 일본조합교회의 전도사로서 포교에 열중하였고, 1917년에는 정미소를 개업하기도 했다. 1919년 8월 이후 사이토 총독을 면담하면서 친일파 육성에 적극 나섰고, 1920년 10월 평남지사의 지원으로 친일단체 대동동지회를 창립하여 회장을 맡았다. 그리고 11월에 부협의원에 출마하여 당선되었는데, 일본인들의 지원이 있었던 것으로 보인다.[13]

② 원산

평양부에 이어 공인후보 추천운동이 일어난 곳은 원산부였다. 각 단체 대표자와 유지들은 1923년 10월 24일 이후 원산청년회관에서 공인후보자를 추천하는 유권자대회를 열기로 하였고, 이에 따라 열린 유권자대회에서는 공인후보자로서 원산객주조합측의 남충희(南忠熙), 원산청년회측의 김용호(金容浩), 원산노동회측의 박민룡(朴敏龍), 포목상조합측의 김종운(金鍾運), 일반유지측의 손조봉(孫祚鳳)이 추천되었다.[14] 원산객주조합,

---

11 「십명씩 당선, 평양」, 『동아일보』, 1923.11.22.
12 「부협의회원 임명」, 『조선총독부관보』 2311호, 1920.4.27.
13 朝鮮紳士錄刊行會編, 1931, 『朝鮮紳士錄』, 조선신사록간행회; 친일반민족행위진상규명위원회, 2009, 『친일반민족행위진상규명 보고서』 IV-8, 현대문화사; 강동진, 1980, 『일제의 한국침략정책사』, 한길사 참조.
14 「元山府議選舉 青年側蹶起」, 『동아일보』, 1923.11.2.

원산청년회, 원산노동회측이 이 대회를 주도한 것으로 보이며, 특히 객주조합이 중심이었던 것으로 보인다. 이들 단체에 대해 살펴보자.

원산객주조합은 1917년 3월에 창립되었으며, 당시 원산의 해륙물산 위탁판매업자들, 즉 객주들이 모여 설립한 것이었다. 이를 주도한 것은 객주 가운데 유력한 이도순, 남경희, 장익진, 한이견, 조정린, 최광린, 서준성, 김영옥, 최각, 김우상, 명성태, 이용순, 서상한, 최동본, 정봉점, 김두현 등이었다.[15]

원산청년회는 1920년 6월 원산의 유지들이 중심이 되어 창립된 단체였다. 회장에는 안정협, 부회장에는 남백우가 선출되었다.[16] 원산청년회는 원산이 상업의 중심지임을 감안하여 상업과 법률에 대한 지식의 보급 등 지덕체의 함양에 사업의 중점을 두고자 했다.[17] 원산청년회는 1921년 10월 임원진을 개선했는데, 회장에 남백우, 부회장에 안남규, 총무에 정봉점 등을 선출했다.[18] 1922년 5월에는 다시 임원진을 개선하여 회장에 안정협, 부회장에 남백우, 총무에 남충희 등을 선출했다.[19] 1922년 10월에는 임원을 다시 개선하여 회장에 조종구, 부회장에 남충희, 총무에 박민률 등을 선출했다.[20] 1923년 4월에는 회장제를 폐지하고 위원제를 채택하여 위원장에 조종구를 선출했다.[21] 원산청년회는 지덕체의 함양을 주목

---

15 「객주조합발기」, 『매일신보』, 1917.3.4.
16 「원산청년회 창립총회」, 『동아일보』, 1920.6.16.
17 「원산청년회의 사업」, 『동아일보』, 1920.7.18; 「원산청년회 소식」, 『동아일보』, 1921.4.18.
18 「원산청년 정기총회」, 『동아일보』, 1921.10.9.
19 「원산청년 임원개선」, 『동아일보』, 1922.5.20.
20 「원산청년회 총회」, 『동아일보』, 1922.10.27.
21 「원산청년회 정기회」, 『동아일보』, 1923.4.29.

적으로 하는 단체였고, 이에 따라 강연회, 운동회 등의 행사를 주로 개최했다.

원산청년회를 주도한 이들은 어떤 이들이었을까. 회장과 부회장을 지낸 인물들을 보면, 안정협, 남백우, 안남규, 조종구, 남충희 등이었다. 안정협은 객주 출신으로 원산무역주식회사 사장이었으며,[22] 상업회의소 평의원, 곡물상조합장 등을 지냈다.[23] 남백우는 보성전문학교를 졸업한 뒤 안정협이 사장인 원산무역주식회사와 북선창고주식회사 지배인으로 근무하고 있었다.[24] 안남규는 의사이다.[25] 조종구는 조선일보 지국장으로 원산청년회를 사실상 키워온 인물이었다.[26] 남충희는 일본 와세다대학 정치과를 졸업하고 귀국하여 동창사라는 무역회사의 이사, 원산객주조합 이사, 원산무역회사취체역을 맡았으며, 동아일보 지국장을 맡는 등 다방면에서 활동한 인물이다.[27] 이처럼 초기 원산청년회 회장단의 안정협, 남백우, 남충희는 원산의 객주이거나 객주조합과 밀접한 관련이 있는 인물들이었다. 초창기 원산청년회는 원산 객주들의 영향력 아래 있었다고 말해도 과언이 아니다.

원산노동회는 1921년 3월 원산객주조합의 주도 아래 설립된 단체였다. 그 이전에 노동대회 원산지부와 원산객주조합 사이에 긴장관계가 조성되자, 객주조합측은 노동대회 지부를 해산하도록 종용하고 노동회를

---

22 「安廷協氏 長逝」, 『조선일보』, 1925.11.3.
23 觀相者, 1924.12, 「함흥과 원산의 인물백태」, 『개벽』 54호, 105쪽.
24 조선인사흥신록편찬부, 1935, 앞의 책, 348쪽.
25 觀相者, 1924.12, 위의 글, 109쪽.
26 觀相者, 1924.12, 위의 글, 106쪽.
27 「남충희 씨 장서」, 『동아일보』, 1927.1.9.

신설하도록 했다고 한다. 그리고 신설된 노동회는 원산객주조합의 감독을 받도록 했다고 한다.[28]

1923년 11월 20일 원산부청에서 있었던 부협의원 선거에서 조선인으로서는 남충희, 손조봉, 김용호, 박민률, 김종운 등 공인후보 5명과 일본인 후보 9명이 당선되었다.[29] 이는 원산의 지역정치에서 원산객주조합이 가지고 있는 영향력을 보여 준 것이었다.

③ 인천

평양, 원산에 이어 인천부에서도 공인후보선출운동이 있었다. 인천에서는 11월 11일 신용조합에서 유권자와 유지들이 참석한 가운데 공인후보자 선거가 있었다. 이날 모임은 이동호, 이재구, 박충의 등에 의해 주도되었다. 이날 선거는 무기명투표로 최다점자 6명을 선출하기로 하여, 유효표 164표 가운데 다점자인 장석우(張錫佑), 최응삼(崔應三), 정치국(丁致國), 김상규(金相圭), 이재구(李宰求), 이동호(李東皓) 등 6명이 공인후보로 선출되었다.[30]

이날 공인후보로 선출된 이들은 어떤 인물들일까. 장석우는 강화도 출신으로 1910년대에 공익사(共益社 : 물품 매매 대리 및 위탁업 중심) 인천지점장, 인천부 참사, 인천상업회의소 의원, 1920년 인천부학교평의원에 당선된 인물이었다.[31] 최응삼은 해주 출신으로 인천에 와서 객주로 성공하였

---

28 「원산노동회 신설」, 『조선일보』, 1921.3.18.
29 「각협의원 선거상황」, 『조선일보』, 1923.11.27.
30 「豫選된 仁府협의원 인천의원후보예선회에서 부민의 주목의 초점이 되던 예선전 원만히 좌기 6 씨를 후보자로 선거」, 『조선일보』, 1923.11.13.
31 「인천상의 의원 당선자」, 『매일신보』, 1916.1.27; 『조선총독부직원록』 1919, 1920년

으며, 이미 1910년대부터 인천부협의원, 객주단합소조합장, 신용조합이사, 인천상업회의소 의원 등을 맡아온 인물이었다.[32] 정치국은 부산 출신으로 공동우선주식회사(共同郵船株式會社) 인천지점장으로 있으면서 인천부 참사가 되었고, 또 인천상업회의소 의원, 1920년 인천부학교평의원에 당선된 바 있다.[33] 김상규는 인천 외리에서 대제원(大濟院)이라는 병원을 운영하고 있던 의사였다.[34] 이재구는 자산가로서 1920년 인천부학교평의원에 당선된 인물이었다.[35] 이동호는 강원도 홍천 출신으로 인천에 와서 객주로 성공한 뒤, 1899년 미국 하와이로 이주하여 식료품 및 의류판매업에 종사하다가 6년만인 1905년 귀국하여 기독교 전도에 힘쓰고 사립 영화학교 학감을 맡았으며, 서적상을 하기도 하였다. 그는 또 동인사(東仁社)라는 회사를 차려 경제화(經濟靴)라는 신발을 만들어 판매하여 큰 성공을 거두었다.[36] 이처럼 공인후보로 추천된 6명 가운데 3명은 당시 학교평의원이었고, 4명은 객주나 상공업으로 성공한 이들이었다. 그런데 이들 6명 가운데 이동호, 최응삼은 뒤에 돌연 출마를 단념하여, 김윤복(金允福), 주명기(朱命基) 두 사람을 새로 추천했다고 한다.[37] 김윤복은 인천 출신으로 1894년 일본육군사령부 통역관에 임명되었고, 1905년 인천항경찰서장, 1910년 통감부 경찰부, 1919년 조선총독부 도경부, 1922년 도경시에

도판 참조.
32 「인천상의 의원 당선자」, 『매일신보』, 1916.1.27.
33 「인천상의 의원 당선자」, 『매일신보』, 1916.1.27.
34 「대제원장 초대회」, 『동아일보』, 1922.7.26.
35 「인천부학교평의원 당선어례」, 『조선일보』, 1920.12.23.
36 「仁川紳士紳商소개호」, 『매일신보』, 1916.4.28.
37 「인천부협의원 公選移動」, 『동아일보』, 1923.11.18.

까지 오른 경찰 출신이었다.[38] 그는 부협의원을 거쳐 훗날 도평의원, 중추원참의까지 오르게 되는데, 그가 어떤 경위로 1923년에 인천 유지들에 의해 부협의원 공인후보로 추천되었는지는 잘 알 수 없다. 주명기는 1922년 인천미상조합(仁川米商組合) 조합장으로 당선된 인물로서,[39] 당시 미곡상을 하고 있었던 것으로 보인다. 그는 1929년에는 주명기정미소를 차려 운영하기도 하였다.

인천에서는 11월 20일 부협의원 선거가 있었는데, 일본인 10명과 조선인 6명이 당선되었다.[40] 조선인으로서는 공인후보 5명과 비공인후보 1명이 당선되었다[41] 결국 1923년 인천부협의원 선거에서는 조선인으로서는 4명의 상공업자, 1명의 의사, 1명의 경찰 출신이 당선된 셈이었다.

④ 신의주

신의주에서도 역시 공인후보를 선정하기로 하고 이를 위한 부협의원 예선대회를 11월 10일 열었다. 이날 대회에서는 전형위원 10인을 선거하여 이들이 별실에서 회합하여 공인후보자 4인을 선정하였다. 그들은 박재숙(朴在肅), 김종원(金宗源), 백효준(白孝俊), 장만재(張晩梓)였으며, 11월 20일 선거에서 모두 당선되었다(조선인 4명 당선).[42] 박재숙은 1919년 6월

---

38 森川淸人, 1935, 앞의 책, 934쪽.

39 「米商組合 임시총회」, 『동아일보』, 1922.11.15.

40 공인후보 6명 가운데 이재구만 차점자로 낙선하고, 나머지 5명, 즉 장석우, 김상규, 정치국, 주명기, 김윤복은 모두 당선되었다. 그리고 공인후보는 아니었지만, 인천포목상조합장 정순택(鄭順澤)이 당선되었다. 「인천의 선거, 조선인은 6명뿐」, 『조선일보』, 1923.11.22.

41 「인천포목상조합 제1회 정기총회」, 『조선일보』, 1923.4.19.

42 「부협의원 예선회」, 『동아일보』, 1923.11.16; 「각지협의원총선거」, 『매일신보』,

주로 미곡무역에 종사하는 일본인이 세운 신의주무역회사 설립에 이사 겸 대주주로 참여한 바 있었고,[43] 1921년에는 일본인이 세운 공동보관(주)의 이사로 참여했고, 1922년에는 역시 일본인이 세운 신의주곡물신탁(주)에 전무이사로 일했다.[44] 김종원은 1919년 최석하가 세운 서선통산(주)(목재의 벌채 및 제재)에 이사로 참여했고, 같은 해 일본인 다다 에이키치(多田榮吉)가 세운 신의주무역에 이사 겸 대주주로 참여했다. 1922년에는 신의주곡물신탁(주)에 감사로 참여했다.[45] 장만재는 1919년 6월에는 일본인 다다 에이키치가 세운 신의주무역(주)에 박재숙, 김종원과 함께 이사로 참여했고, 1919년 12월 최석하가 세운 서선통산(주)에도 박재숙, 김종원과 함께 이사로 참여했다.[46] 이처럼 박재숙, 김종원, 장만재 세 사람은 신의주의 자산가로서 무역업, 곡물신탁업, 제재업 등에 함께 참여하고 있는 인물이었다.

⑤ 군산

군산부에서도 공인후보 선정이 있었다. 11월 11일 군산에서는 변광호, 이정규, 이긍현 등이 주도하는 부민대회가 열려, 변광호(邊光鎬), 조중환(趙重煥), 이중기(李重基) 3명을 공인후보로 선정하였다. 11월 20일 선거에서는 이 가운데 변광호와 조중환만 당선되었다(조선인 2명 당선).[47] 변광호는

1923.11.22.
43 「신의주무역회사」, 『매일신보』, 1919.6.6.
44 中村資良, 1923, 『朝鮮銀行會社要錄』, 東亞經濟時報社.
45 中村資良, 1921, 1923, 『朝鮮銀行會社要錄』, 東亞經濟時報社.
46 中村資良, 1921, 『朝鮮銀行會社要錄』, 東亞經濟時報社.
47 「群山府議候補 府民大會開催」, 『동아일보』, 1923.11.15; 「각지협의원총거」, 『매일

1890년 군산 출생으로 일본 와세다대학 정경과를 졸업한 인물로서, 1921년 이후에는 김성수가 운영한 경성직뉴의 전무이사로 있었다.[48] 조중환은 1916~1920년 군산부 참사로 있었으며, 1919년 조선잠업주식회사 감사로 있었다.[49] 또 1920년 8월에는 군산노동공제회를 창립하고 회장을 맡았다.[50]

⑥ 진남포

진남포부에서는 11월 15일 객주조합 내에서 유권자대회를 열어 7인의 공인후보를 선정하였다. 7인의 공인후보는 장서규(張瑞奎), 이종섭(李鍾燮), 김희선(金熙善), 권정민(權正敏), 임병일(林炳日), 마재곤(馬載坤), 김수형(金銖衡) 등이었다. 11월 20일 공식 선거에서는 권정민을 제외한 6명이 당선되었다.[51] 장서규는 1912~1917년 사이 진남포부 서기를 지냈고,[52] 1920년에는 진남포의 삼화청년회 총무, 동아일보 진남포지국장를 맡았다.[53] 이종섭은 1918년에 진남포에 일본인 가토 헤이타로(加藤平太郎)가 설립한 가토정미소에 투자하여 중역으로 참여했고, 1919년 진남포

신보』, 1923.11.22.
48 中村資良, 1923, 앞의 책; 대한민국건국십년지간행회, 1956, 『대한민국건국십년지』, 1025쪽. 변광호는 1950년 제2대 국회의원으로 당선됨.
49 「부군참사이동」, 『조선총독부관보』 1106호, 1916.4.14;『조선총독부직원록』 1919, 1920년판.
50 「군산노동공제회」, 『동아일보』, 1920.8.23.
51 「남포유권자회 후보 7인 선거」, 『동아일보』, 1923.11.19;「각지선거. 진남포」, 『동아일보』, 1923.11.23.
52 『조선총독부직원록』 1912~1917년판
53 「삼화청년회 부활」, 『동아일보』, 1920.5.15;「본사 각지국장」, 『동아일보』, 1920.4.1.

에서 일본인 니시자키 쓰루타로(西崎鶴太郎)가 설립한 진남포창고(주)의 이사를 맡았다.[54] 김희선은 평남 용강군 출신으로 1911년 게이오대학 본과를 졸업한 뒤 1919년 미쓰이(三井)물산주식회사 경성지점에 입사하여 일하다가 1921년 퇴사하여 진남포에 김해상점을 개점하고 평남과 평북을 중심으로 일본과의 곡물무역업에 종사하던 인물이었다.[55] 권정민은 1918년에 진남포의 무역상으로서, 진남포물산객주조합의 평의원으로 있었음이 확인된다.[56] 임병일은 진남포부 참사 임우돈의 아들로서 일본에 유학하여 니가타의학전문학교를 졸업하고 귀국하였다.[57] 이후 그는 진남포에서 임병원(林病院)이라는 의원을 개업하였으며, 1922년에는 진남포 의사회 부회장을 맡기도 했다.[58] 마재곤은 1915년경부터 상업(객주업)에 종사하였고, 1926년경에는 신일합명회사 지배인, 일본산물직수입상, 도자기 도매상 등을 하면서, 진남포물산객주조합의 부조합장을 맡고 있었다.[59] 김수형은 1914년 의학강습소를 졸업하고 진남포에서 개업을 한 의사로서, 1916년에는 진남포에서 조선의회(朝鮮醫會)를 조직하고 회장을 맡았다.[60] 이처럼 진남포에서 부협의원 공인후보로 선출된 이는 상인(객주)이 많았고, 의사도 두 명이 포함되어 있었음을 알 수 있다.

---

54 中村資良, 1923, 앞의 책.

55 「전도유망한 남포 양대실업가, 김희선, 이기주 양 씨」, 『매일신보』, 1925.12.26.

56 「평의원을 黜會 진남포물산객주조합에서」, 『조선일보』, 1923.8.14.

57 「귀향한 新國手, 의학사 림병일군」, 『매일신보』, 1918.6.30; 「진남포의사회 조직」, 『매일신보』, 1922.10.2.

58 「林병원 好評」, 『매일신보』, 1919.12.29.

59 「진남포물산객주조합 역원회 개최」, 『매일신보』, 1926.2.16; 「진남포실업계상에 출진 분투하는 제 씨(4) 마재곤 씨의 노력」, 『매일신보』, 1926.2.22.

60 「남포의회 조직」, 『매일신보』, 1916.3.16.

⑦ 대구

대구부에서도 11월 16일 만경관에서 대구유권자 및 유지자대회가 열렸다. 이날 대회는 최극용, 양규식, 배두용, 이종면, 한익동 등에 의해 주도되었는데, 한익동은 대구청년회 회장이면서 도평의원이었다. 이날 대회에서는 전형위원 15인을 선정하여, 그들로 하여금 14인의 후보자를 추천하게 하여, 다시 유권자들의 무기명 투표로 8명의 공인후보자를 선정하였다. 공인후보자로 선정된 이는 서기하(徐基夏), 김의균(金宜均), 양익순(梁翼淳), 정용기(鄭龍基), 서병조(徐丙朝), 서철주(徐喆柱), 서철규(徐喆圭), 서상일(徐相日) 등이었다. 그러나 이날 참석한 유권자는 91명밖에 되지 않아 과연 대표성이 있는가 하는 논란이 있었다.[61]

서기하는 1908년 대구에서 대한협회 지부에 참여한 바 있었고,[62] 1913년 대구은행(주)의 감사로 참여한 바 있었다.[63] 1923년 10월 그는 대구포목상조합 전무로 일하고 있었다.[64] 김의균은 1906~1910년 한성재판소 주사를 거쳐 1910~1913년 판사로 있었으며, 퇴직 후 대구에서 변호사를 개업했다. 1922년에는 대구에서 법률강습소를 열어 법률지식을 보급하기도 했다.[65] 양익순은 대구에서 한약상을 하고 있었으며, 1921년 대구에서 권중현이 세운 약종무역(주)에 주주로 참여했다.[66] 또 1923년

---

61 「大邱有權者會 公認候補選定」, 『동아일보』, 1923.11.18.
62 『대한협회회보』 제2,3,8호, 1908 참조.
63 中村資良, 1923, 1925, 앞의 책.
64 「大邱商界革新, 포목상조합의 신시험」, 『동아일보』, 1923.10.26.
65 『대한제국관원이력서』 20책, 524쪽; 『조선총독부직원록』 1910~1913년판; 「김변호사 호평」, 『매일신보』, 1915.5.11; 「대구법률강습소」, 『매일신보』, 1922.1.5.
66 中村資良, 1921, 앞의 책.

1월에는 대구한약상조합 취체를 맡고 있었다.[67] 정용기는 1922년 대구에서 조직된 교남서화연구회에 강사로 참여한 것으로 보아, 서화가로 추정된다.[68] 서병조는 1904년 통신국전화과 주사, 1909년 대구잠업전습소장, 1914년 이후 대구부협의회원, 1920년에 관선 도평의원, 경상북도 농회 부회장, 식산은행 상담역 등으로 임명된 바가 있었던 철저한 관변 인물이었다.[69] 『조선공로자명감』에 따르면 그는 "일본인들의 대구민단 창립 당시부터 일본의 한국병합 이래 시정방침의 철저한 선전에 노력하여 내선융화를 조장했다"고 평가했다. 그는 그러한 공로로 1924년에는 총독부 중추원 참의에 임명된다.[70] 서철규는 대구에서 1923년 이응복이 세운 정미, 정맥, 잡곡 및 비료 판매 회사인 공호상회(합자회사)에 대주주로 참여한 바 있었고, 대구의 손꼽히는 자산가로 알려져 있었다.[71] 서상일은 1919년 3·1운동에 참여하여 1년간 복역하고 나온 뒤, 1921년 대구청년회의 총무를 맡고 있었으며, 1922년 5월에는 대구청년회 회장을 맡았다.[72] 서상일은 끝내 출마를 고사하였다고 한다.[73]

1923년 11월 20일 있었던 대구부협의원 선거에서는 일본인 12명이 당선되었고, 조선인은 8명이 당선되었다. 조선인 당선자는 서병주, 서병

---

67 「朝鮮一의 藥令市, 금년은 선황 때문에 소조 막심」, 『매일신보』, 1923.1.15.
68 「서화연구회 조직」, 『동아일보』, 1922.1.27.
69 조선인사흥신록편찬부, 1935, 앞의 책, 231쪽; 「관선도평의원 대구부」, 『조선일보』, 1920.12.24.
70 조선공로자명감간행회, 1935, 『조선공로자명감』, 민중시론사, 375쪽.
71 中村資良, 1923, 앞의 책.
72 「경북청년연합」, 『동아일보』, 1921.9.29; 「대구청년회 총회」, 『동아일보』, 1922.5.10.
73 「대구부의운동 맹렬화하얏다」, 『동아일보』, 1923.11.20.

조, 박병태, 한익동, 서기하, 서철규, 김의균, 정용기 등 8명이었다.[74] 8명 가운데 공인후보는 6명이었고, 공인후보가 아닌 사람은 박병태(朴炳兌)와 한익동(韓翼東) 2명이었다. 한익동은 와세다대학을 졸업하고 대구청년회 회장을 거쳐 1921년 도평의원이 되었으며, 곡물상조합의 지원을 받고 있었다.[75]

위에서 본 것처럼 1923년 부협의원 선거시 공인후보를 내어 이들이 대부분 당선되었던 곳은 평양, 원산, 인천, 신의주, 군산, 진남포, 대구 등 7곳이었다. 당시 부협의회원 선거가 있었던 12곳 가운데 7곳에서 공인후보 추천운동이 있었던 셈이다. 그리고 공인후보로 추천된 이들은 대부분 객주, 무역상, 미곡상 등 상공업자들이었고, 변호사·의사들이 일부 포함되었다. 또 이전에 부 참사나 경찰 등을 지낸 이들도 있었고, 이미 부협의 회원이나 학교비평의원을 지낸 이들도 있었다.

공인후보를 내세운 7개 부에서는 조선인 협의회원의 비중이 더 높아졌을까. 앞의 제4장의 〈표 4-5〉에 따르면, 대구의 경우는 일본인 대 조선인 당선자의 비율이 1920년 선거의 67:33에서 1923년 선거의 60:40으로 조선인측의 비율이 다소 높아졌다. 신의주의 경우에도 70:30에서 67:33으로 조선인측의 비율이 다소 높아졌다. 그러나 원산, 진남포, 인천의 경우에는 1920년과 1923년의 비율이 변함이 없었고, 평양과 군산의 경우에는 조선인측의 비율이 오히려 더 낮아졌다. 따라서 공인후보를 내세웠다고 해서 조선인측의 비중이 반드시 높아진 것은 아니었다. 그것은

---

74 「각지 선거, 조선인 8명, 대구 정원 20명」, 『동아일보』, 1923.11.22.
75 조선인사흥신록편찬부, 1935, 앞의 책, 121쪽; 「경상북도평의원회」, 『동아일보』, 1921.3.16; 「대구부의운동 맹렬화하얏다」, 『동아일보』, 1923.11.20.

일본인측에서도 그만큼 유권자들의 표가 집중되었기 때문이 아닌가 여겨진다.

그러면 공인후보 추천운동에 대해 당시 언론은 어떤 반응을 보였을까. 당시 『동아일보』는 사설을 통해 "제1회의 선거운동 당시(1920년-인용자)와 다소 색채를 달리 한 것은 주목을 요할 사실이다. 즉 종래의 불관언주의(不關焉主義)에서 한 걸음 나아가 적극적 태도를 취하려는 신현상이 이것이다. 평양과 같은 데서는 유권자 측의 대회가 개최되어 즉석에서 후보자의 공천까지 되었다는 것은 선거 기분의 긴장한 것을 가히 추측할 바이다. 종래의 선거운동이라면 전혀 일본인측에 한한 현상이었고 일반 조선인측 유권자는 서의 간섭하지 않는 태도를 취했던 것이다. 물론 조선인측에서도 일부 조명배류(釣名輩流)의 암중비약이 전무한 것은 아니었다. 즉 이와 같은 종래의 불관언주의가 금번의 개선을 기회로 하야 다소 적극적 태도에 나서려는 것이 현저하게 되었다"고 하여, 유권자대회와 같은 새로운 현상이 나타나고 있음을 주목하고 있었다. 이 사설은 "조선총독부 신시정의 표두(標頭)에 내건 각종의 자문기관이 그 근본부터 시대착오적이며 또 일시 호도적이었던 것은 여기서 굳이 말할 필요가 없다. 이리하여 일반 조선인측에서는 불설(不屑), 불치(不齒), 불관(不關)의 태도를 취하게 되었던 것"이라 하여 조선인들이 부협의회와 같은 자문기관에 무관심했던 이유를 설명했다. 또 "그뿐 아니라 각 중요 도시의 부협의원 중에서는 그 과반 대다수가 일본인측 의원이 점령한 바 되어 소수 조선인측 의원은 그 의사를 관철하기도 불가능하였을 것이다. 그 결과로 부정(府政)의 운용이 전혀 일본인 본위에 편의(偏倚)하야 시설의 균평과 공정을 얻지 못하였다. 다시 말하면 민의의 창달과 부·면 행정의 감독을 표방한 협의기관은 소수인 일본인 거주자의 엽리(獵利)운동의 괴뢰(傀儡)로 추락

했다"고 이들 자문기관을 비판했다. 그러면서도 부협의회의 권한사항이 "부의 조례에 관한 입법사항을 위시하여 부의 세출입 예산과 부채와 기타의 부민에 대한 의무의 부담을 심사하는 재정사항과 또 부의 존폐이합(存廢離合)의 중요 문제 등을 토의하는 것"이기 때문에 "기관이 건전하고 아니한 것은 일반 부민의 생활에 중대한 이해 휴척의 관계가 있을 것은 많은 말이 필요치 않다"고 하여, 자문기관만 아니라면 부협의회가 나름대로의 중요성을 가질 수 있음을 인정하였다. 그러면서 이 사설은 "(선거에 나타나는-인용자) 신경향의 태도는 현상에 안주하여 기설 제도를 긍정 시인하는 것은 아니요, 다만 절박한 현실 생활의 필요에 의하여 적응의 길을 강구함에 불과하다. 여하간 선거운동에 대한 적극적 신경향은 나아가 취하는 순변(順變)의 결속이라 할진대 헛되이 퇴영비굴(退嬰卑屈)의 암중비약을 생각할 필요는 없다. 어디까지나 정정당당한 태도로 출마하여 크게 경륜을 펼 것이며 또 일반 유권자 측에서도 의의 있는 투표의 행사를 여의(勵意)할 것이다"라고 하여, 후보들은 정정당당하게 출마하고, 유권자들은 투표에 적극적으로 참여하라고 격려하였다.[76] 이 사설은 공인후보 추천운동에 대해 어느 정도 긍정적인 평가를 하고 있었던 것이다.

  이 신문은 1주일 뒤의 사설에서도 부면협의회원의 선거와 관련하여 협의회원의 자격으로 평소의 인격과 협의회원으로서의 포부라는 두 가지 요소를 겸비한 인물을 선출할 것을 권하였다. 그리고 "유권자 각위의 귀중한 한 표는 결코 정실이나 물질에 구속할 성질이 아닌 동시에, 공권에 대한 사회적 책임을 양심에 호소하여 자각할 바이다. 이리하여 제2회의 선거를 의의있게 하기를 바란다"고 하여 유권자들이 선거에 적극적으로

---

76 「(사설) 府面協議員의 改選」, 『동아일보』, 1923.11.9.

참여할 것을 권하고 있었다.[77]

(2) 1926년의 부협의회원의 선거

1926년의 부협의회원의 선거는 1923년의 선거와는 또 다른 양상을 보였다. 1923년의 선거 때에는 조선인 공인후보를 내세우지 않았던 경성부, 마산부에서는 공인후보를 내세웠다. 또 1923년에 공인후보를 내세웠던 평양, 원산, 진남포도 공인후보를 선정하였다. 그러나 나머지 7개 부에서는 공인후보를 선정하지 않았다. 1923년에 공인후보를 내세웠던 인천, 신의주, 군산, 대구에서는 1926년에는 공인후보를 내세우지 않았다.

① 평양

평양의 경우에는 1923년 선거에서 정원이 20명이었는데, 1926년 선거에서는 정원이 30명으로 크게 늘어났다. 평양에서는 11월 2일 공인후보자 선정대회가 열렸고, 여기에서 8명의 전형위원을 선정하고, 4일 한근조 변호사 집에서 이들이 모여 18명의 공인후보를 선정하였다. 18인의 공인후보는 이기찬, 정세윤, 변인기, 오숭은, 손수경, 양재겸, 정규현, 김능수, 옥동규, 박경석, 채수현, 백윤식, 박치종, 이재순, 방윤, 황달영, 김형숙, 강병옥 등이었다.[78] 그러나 비공인 입후보자가 10여 명이 나오고, 13일 제일관에서 이들 중심의 시민대회가 열렸다. 이들은 2일의 시민대회는 정당한 시민대회로 인정할 수 없고, 따라서 18명의 공인후보도 인정할 수

---

77 「(사설) 府面協議員의 選擧有權者에게 人格과 抱負를 審査하라」, 『동아일보』, 1923.11.16.
78 「공인후보 선정, 평양부협의회」, 『동아일보』, 1926.11.7.

없다고 결의했다.[79] 이에 따라 18명의 공인후보는 곤경에 처하게 되었다. 20일의 선거에서 당선된 조선인 후보자는 19인이었고, 일본인 후보자는 11인이었다. 그러면 조선인 공인후보자는 얼마나 당선되었을까. 18명 가운데 당선된 이는 이기찬, 정세윤, 변인기, 오숭은, 손수경, 양제겸, 정규현, 김능수, 옥동규, 백윤식, 강병옥 등 11명이었다. 당선된 비공인후보자는 선우순, 이춘섭, 한윤찬, 이동열, 최몽환, 양기학, 임태화, 정인하 등 8명이었다.[80] 이로써 공인후보자의 체면은 크게 깎이게 되었다.

② 마산

마산부에서는 10월 30일 유지대회를 열어 전형위원 10명을 선정하였고, 이들이 공인후보자 5인을 선출하도록 하여 황갑주(黃甲周), 김치수(金致洙), 서광원(徐光遠), 구인욱(具麟旭), 명도석(明道奭) 등 5인이 선정되었다.[81] 마산부협의원 선거에서 당선된 조선인은 황갑주, 서광원, 구인욱, 장재식 등 4명이었고, 일본인은 10명이었다.[82] 조선인 공인후보자 가운데에서는 김치수, 명도석 등 2명이 낙선하였고, 비공인후보자로서 장재식이 당선된 것이다.

③ 원산

원산부에서는 11월 5일 밤 시영회(市營會)의 알선으로 제일보통학교에서 유권자대회가 열렸다. 이날 대회에서는 당시 의원 정원이 14명(일본

---

79 「부협의원 후보 시민대회 부인, 새로 시민대회」, 『동아일보』, 1926.11.15.
80 「각 부의원 선거 개표결과 여차. 평양 30인」, 『동아일보』, 1926.11.22.
81 「公認候補五人 馬山府議員選定」, 『동아일보』, 1926.11.2.
82 「마산부의전 낙선자 4명을 내다」, 『부산일보』, 1926.11.22.

인 8명, 조선인 5명, 결원 1명)에서 16명으로 늘어나는 것을 계기로 조선인측에서 6명의 후보자를 내세워 6명을 모두 당선시키자는 데 의견이 모아졌다. 이에 따라 전고위원(詮考委員)이 원산리 철도를 경계로 남부와 북부에서 각각 6명의 후보자를 일단 뽑고, 이후 출석자 전원이 결선투표를 하기로 하였다. 전고위원들은 남부에서 6명, 북부에서 6명을 뽑았고, 이들을 대상으로 한 결선투표에서는 남부의 남백우(南百祐), 장익진(張翼軫), 손조봉(孫祚鳳)(現), 북부의 김경준(金景俊), 박민룡(朴敏龍)(현), 김용호(金容浩)(현) 등 6명이 공인후보로 선출되었다. 그런데 남백우가 극구 사퇴하여 차점자인 남관희(南觀熙)가 대신 공인후보로 추천되었다.[83] 이후에 또 손조봉과 김용효가 후진들을 위해 사퇴하사, 남부에서는 곡물상조합의 이춘하(李春河), 원산객주조합 평의원이자 원산상업회의소 의원인 노기만(盧紀萬)을 대신 공인후보로 선출했다. 이 과정에서 탈락한 포목상조합장 최수악(崔秀嶽)은 뜻을 굽히지 않고 끝내 출마했다.[84] 11월 20일 선거 결과 장익진, 박미룡, 김경준, 남관희 등 공인후보 4명과 이춘하, 노기만 등이 당선되었다.[85]

원산의 부협의원 선거에서 유권자대회를 주도한 시영회는 1926년 2월 '문화의 향상, 경제의 발달, 상공의 개선, 기타 원산 번영의 일체 사업 등을 기도하여 당면의 문제를 해결'한다는 취지로 창립된 단체였다. 시영

---

83 「元山府協議戰 鮮人側 결속을 공고히 하여 6명의 후보자를 옹립」, 『朝鮮新聞』, 1926.11.8.
84 「맹렬하여지는 元山府議戰 李崔 양 씨 돌출」, 『매일신보』, 1926.11.17.
85 「원산부의 선거 격렬하든 선거전도 이로써 종막」, 『조선일보』, 1926.11.22; 오미일, 2016, 「1920~1930년대 초반 원산지역 조선인자본가층의 지역정치」, 『한국사연구』 175, 한국사연구회, 158~159쪽.

회를 주도한 이들은 상공업자들로서 특히 곡물과 어물의 위탁판매와 대외무역에 종사하는 객주조합원들이었다. 시영회의 창립위원들은 장익진, 홍종희, 남백우, 만석준, 조종구, 김경준, 노문기, 남충희, 김상익 등 9명이었다.[86] 앞서 본 것처럼 1923년의 원산부협의원 선거에서도 객주조합은 공인후보와 부협의원 선출을 사실상 좌지우지했는데, 1926년의 부협의원 선거에서도 객주조합측에 의해 주도된 시영회가 다시 한번 공인후보 선출과 부협의원 선출을 사실상 좌지우지했다고 볼 수 있다. 이는 원산 지역사회에서 객주조합이 여전히 상당한 힘을 갖고 있었음을 말해 준다.

④ 진남포

진남포에서도 11월 6일 객주조합 사무실에서 유권자대회를 열어 부협의원 공인후보 7명을 선정하였다. 선정된 인물은 임병일(林炳日), 마재곤(馬載坤), 오중락(吳中洛), 이근식(李根軾), 전낙홍(全洛鴻), 권정민(權正敏), 노기원(魯起元)이었는데, 이 가운데 권정민과 노기원은 출마를 거절하여, 차점자인 조정호(趙定鎬)가 출마하기로 되었다.[87] 20일 선거에서는 이들 6명이 모두 당선되었다. 그리고 일본인은 8명이 당선되었다. 조선인 당선자 가운데 임병일, 마재곤은 이미 1923년에 부협의원에 당선된 인물이었다. 임병일은 임병원이라는 의원을 운영하고 있던 의사였고, 마재곤은 객주업과 무역상

---

86 「원산시영회 창립대회」, 『동아일보』, 1926.2.23; 오미일, 2015, 「일제시기 조선인 자본가층의 결집과 '지역번영' 단체의 조직 - 1920년대 원산지역을 중심으로 - 」, 『한국사연구』 171, 한국사연구회, 329~330쪽. 이 논문에 따르면, 원산객주조합측은 1920년대 초반에는 원산청년회를 사실상 장악하고 있었지만, 1925년경 사회주의계열 청년들이 원산청년회를 장악하고, 1926년 6월 혁신총회에서 가입연령을 25세 이하로 제한하자 원산청년회와 결별하고 원산시영회를 따로 조직했다고 한다.

87 「진남포부 유권자대회와 공인후보의 면면」, 『매일신보』, 1926.11.13.

을 하면서 진남포물산객주조합의 임원을 역임한 인물이었다.

　신임 부협의원으로 당선된 권정민, 오중락, 이근식, 전낙홍, 조정호는 누구인가. 권정민은 1918년에 진남포의 무역상으로서, 진남포물산객주조합의 평의원으로 있었다.[88] 권정민은 1923년에도 공인후보로 추천되었으나 본선에서 낙선한 바 있다. 오중락은 1910년대에 평양지방법원 진남포지청의 통역생이었으며, 1925년경에는 진남포비석엡윗청년회에 참여하고 있었으며, 당시 직업은 사법대서인이었던 것으로 확인된다.[89] 이근식은 진남포 삼숭학교 교원, 재령일신고등학교 교원을 지낸 뒤, 평양제중원에서 의학을 배워 진남포에서 대동의원을 개업하였다. 1921년에는 진남포청년회 회장을 맡았고, 이후 진남포 사립늑신학교장, 1924년 진남포학교평의원 등을 역임한 인물이다.[90] 전낙홍은 1925년 진남포중개조합 감사, 1926년 진남포물산조합(조합장 이종섭)의 평의원 등을 맡고 있었다. 이로 미루어보아 그는 객주업에 종사하고 있었던 것으로 보인다.[91] 조정호는 함종읍 출신으로 1926년 당시 56세였다. 그는 사립약명학교 한문교원으로 있다가 공릉참봉으로 재직했고, 1916년 이후 진남포에서 곡물무역에 종사했으며, 학교평의원을 거쳐 1925년 진남포물산객주조합 총무를 맡았다.[92] 1926년의 진남포부협의원 6명 가운데에는 객주 내지는 무

---

88 「평의원을 黜會 진남포물산객주조합에서」, 『조선일보』, 1923.8.14.

89 『조선총독부직원록』 1918, 1919년판; 「회관신축 결의」, 『동아일보』, 1925.7.3; 「엡윗청년회 총회」, 『동아일보』, 1925.9.13; 「(광고)사법대서인안내」, 『동아일보』, 1925.7.3.

90 藤村德一편, 1931, 『전선부읍회의원명감』, 조선경세신문사, 263쪽; 「진남포춘계운동회」, 『조선일보』, 1921.5.20.

91 「중개조합 총회」, 『시대일보』, 1925.1.18; 「남포물산조합 분규 원만해결」, 『매일신보』, 1926.7.25.

92 「힐책, 격분, 노호로 심야까지 又復論戰」, 『조선일보』, 1925.5.30; 「수직료금 증액은

역상이 마재곤, 권정민, 전낙홍, 조정호 등 4명이었음을 알 수 있다.

⑤ 경성

경성부의 경우는 어떠하였을까. 경성부에서는 우선 유권자 수의 변동이 있었다. 1923년의 선거 때는 일본인과 조선인 유권자의 수가 각각 4,361명과 4,941명으로 조선인 유권자의 수가 더 많았으나, 1926년의 선거 때는 각각 4,500명과 4,700명으로, 일본인 유권자는 늘어나고 조선인 유권자는 줄어드는 모습을 보였다. 이는 조선인으로서 5원 이상의 세금을 납부하는 자가 그만큼 줄어들었기 때문이다. 즉 경성부에서 조선인들은 점점 빈곤하게 되어 가고, 일본인들은 점점 부유하게 되어 가고 있었던 것이다.[93]

이에 경성부의 조선인 유지들은 1923년에는 하지 못했던 공인후보자 추천을 하기로 하고, 10월 11일 한성은행에서 발기인 9인이 모여 협의한 결과, 14일 경성상업회의소에서 유지들이 모여 전형위원을 뽑고, 전형위원이 공인후보자 20명 가량을 선출하여 적어도 부협의원 30명 가운데 15명은 뽑히도록 하자는 데 의견을 모았다.[94]

이에 따라 14일 상업회의소에서 열린 유권자 모임에는 70여 명이 참석하여 한상룡(韓相龍)을 좌장으로 뽑고 추선위원 7명을 좌장이 지명한 뒤, 이들이 전형위원 20명을 뽑아 30명의 후보자를 추천한 뒤, 다시 참석

조선상인의 자멸책」,『조선일보』, 1925.11.6;「진남포실업계상에 출진 분투하는 제씨(5)」,『매일신보』, 1926.2.23.

93 「有權者가 減少 – 됴선인 유권자는 번번히 줄어 京城府議改選과 朝鮮人側運動」,『동아일보』, 1926.10.13.

94 위의 글,『동아일보』, 1926.10.13.

자 70여 명이 이들을 대상으로 투표하여 15명을 공인후보자로 선출하였다. 공인후보자 15명은 이인용(李仁用), 김사연(金思演), 홍승구(洪承耈), 박영근(朴榮根), 신응희(申應熙), 이항종(李恒鍾), 남정규(南廷圭), 이승우(李升雨), 이봉종(李鳳鍾), 남종(南鍾), 송달섭(宋達燮), 이강혁(李康爀 : 현임), 이윤재(李潤載), 한만희(韓萬熙), 예종석(芮宗錫 : 현임) 등이었으며, 후보자 중에서 출마를 거절할 때를 대비하여 차점자 정완규(鄭完圭), 이동선(李東善)을 예비후보로 뽑아 두었다.[95]

경성부에서 공인후보로 뽑힌 이들의 경력을 살펴보자. 일본인들의 신문인 『조선신문』에 경성부협의원 후보자에 대한 소개(직업, 나이, 주소)가 있는데, 이를 보면 이인용은 직업 미상, 김사연은 실업가, 박영근은 직업 미상, 신응희는 회사원, 이항종은 은행원, 이승우는 변호사, 송달섭은 회사원, 이강혁은 조합장, 한만희는 실업가, 예종석은 회사원으로 기록되어 있다. 홍승구, 남정규, 이봉종, 남종, 이윤재 등 5명은 후보자 명단에 없는 것으로 보아 불출마한 것으로 보인다.[96] 이하 공인후보로 출마한 10명의 경력을 『매일신보』의 「축록자(逐鹿者)들」이라는 연재 인터뷰 기사를 중심으로 살펴보면 다음과 같다.

이인용은 경성 출신으로 1905년 중교의숙(中橋義塾)을 졸업하고 보성전문에 입하였으나 부친이 울산군수로 부임하여 그를 따라 울산에 가면서 학업을 중단했다. 1907년 상경하여 탁지부서기를 거쳐 궁내부 예식관이 되었고, 병합 이후 이왕직사무관을 거쳐, 1926년에는 상업회의소 부서

---

95 「경성부협의원 공인후보 如此. 추천된 열다섯명은 이러하다」, 『동아일보』, 1926.10.16.
96 「경성부협의 후보자 일람」, 『조선신문』, 1926.11.20.

기장을 맡고 있었다.⁹⁷

　김사연(31세)은 경성고보를 졸업하고 전주농공은행에서 근무하다가, 1918~1924년 한일은행 부지배인으로 일했으며, 1924년 학교평의원에 선출되어 활동하였다. 1926년에는 조선물산회사 창립을 준비하면서 경성부협의원에 출마하였다. 그는 출마의 변으로 철두철미 조선인의 이익을 위해 분투하겠다고 말했다.⁹⁸

　박영근(40세)은 매동소학교와 흥화학교 중학부를 졸업하고 1911년에 법학전문학교를 졸업한 뒤 경무총감부 경부에 임명되었다가 1919년에 총독부 속(屬)으로 전임되었다. 1921년에는 평북 용천군수가 되었고, 이후 삭주, 자성 군수를 역임한 뒤 1924년에 퇴임하고, 이후 금융신탁업의 영흥사·동신사·영익사 등의 감사 일을 맡았다.⁹⁹

　신응희(68세)는 경북 문경 출신으로 18세 때 관비유학생으로 동경에 건너가 1884년에 육군사관학교를 졸업하고 귀국하여 군대를 지휘하다가 갑신정변을 만나 일본으로 망명하였으며, 청일전쟁 때 잠시 귀국하였으나 다시 망명하여 1908년에 귀국하여 전남관찰사가 되었으며, 1910년 병합 직후 함남도장관이 되었고, 1918년 황해도지사가 되었으며, 1921년 이를 퇴직하고 이후 중추원참의로 있었다. 그는 자신을 공인후보로 뽑아주었지

97　「逐鹿者들(5) 어디까지든지 공의공론대로. 부의후보 이인용군」, 『매일신보』, 1926.11.6.

98　조선인사흥신록편찬부, 1935, 앞의 책, 142쪽; 「學議 당선자」, 『동아일보』, 1924.4.3; 「鹿을 쫓는 사람들(1) 조선인의 이익을 위하야, 부의후보 김사연군」, 『매일신보』, 1926.11.2.

99　「逐鹿者들(11) 자치정신의 함양이 급선무, 부의후보 박영근군」, 『매일신보』, 1926.11.12.

만 선거운동을 하지 않겠다고 밝혔다.[100] 도지사와 중추원참의까지 지낸 인물이 부협의원으로 출마한다는 것은 사실 어울리지 않는 일이었다. 그는 선거운동을 하지 않았고, 결국 뽑히지 않았다.

이항종은 1907년 보성전문을 졸업하고 이후 1919년까지 법관양성소 교원을 비롯하여 각 관공사립학교 교원으로 있었다. 1919년 6월 한성은행 부산지점 지배인으로 있었으며, 이후 호남은행 지배인, 한일은행지배인으로 있으면서 부협의원으로 출마하였다. 또 그는 보전 졸업 후 제1회 변호사 시험에 합격하여 변호사 자격증을 갖고 있었다고 한다.[101]

이승우(38세)는 대동전문학교 법과를 졸업하고 강경에서 소송대리업을 하다가 상경하여 보성전문학교 법과를 졸업한 뒤 대동전문학교 교수를 하다가, 동경에 건너가 중앙대학 법과를 졸업한 뒤 변호사 시험에 합격하여, 이후 변호사로 개업했다. 김원백이 세운 동아신탁(주)의 감사 등 여러 회사의 중역을 맡고 있었다.[102]

송달섭은 장연 출신으로 관립농상공학교를 졸업하고 탁지부 기수가 되었다가 1907년에 농상공학교 교원이 되었고, 1909년에는 보통학교 교원을 거쳐 탁지부 삼정국에 근무하였다. 1910년 병합 후 관직을 그만두고 나와서 이후 경성직뉴회사 전무를 거쳐 1919년 최인성이 세운 상품위탁판매 회사인 동양흥산(주)의 전무가 되었고, 1920년에는 경성부 학교

---

100 「逐鹿者들(6) 험로도 만히 밟고 사물도 만히 체험. 부의후보 신응희군」, 『매일신보』, 1926.11.7.

101 「逐鹿者들(3) 不渡手形은 남발하기 실타. 부의후보 이항종군」, 『매일신보』, 1926.11.4.

102 中村資良, 1923, 앞의 책; 「逐鹿者들(13) 凡事에 총명한 두뇌의 소유자. 부의후보 이승우군」, 『매일신보』, 1926.11.14.

비평의원이 되었다.103

이강혁은 1916년 조직된 대정친목회에 평의원으로 참여했으며, 1920년에 민병석이 세운 조선제사(주)의 감사로 있었으며, 1924년에 세워진 동대문금융조합의 조합장으로 있었다.104

한만희(31세)는 1907년 계산보통학교를 졸업하고 경성고보에 입학했다가 1913년 동경사립경화상업학교로 전학하였다가 신병으로 퇴학하고 1916년에 동경전수대학 경제학부에 입학하여 1919년 졸업하였다. 이후 조선상업주식회사 직원, 한성은행 본정 지점 부지배인으로 있었고, 동시에 경성종로금융조합 감사를 맡았다. 1921년 한상룡이 세운 조선생명보험(주)의 주주 중의 한 사람이었고, 1925년 한성은행에서 퇴직하여 1927년에는 중앙양조(주)의 전무이사로 참여하게 된다.105

예종석은 대한제국기에 전우학교(電郵學校)를 졸업하고 전우총국(電郵總局) 주사(主事)로 근무하였으며, 중추원 의관 등으로 근무하였다. 1906년 동양용달회사를 설립하여 이후 실업계의 거물로 성장했다. 1909년에는 한성부민회 위원으로 일본 황태자를 영접했고, 1910년 10월에는 일본에서 온 시찰단을 영접했다. 1912년에는 상업회의소 임원이 되어 활동했고, 경성 남부와 동부의 부장으로도 활동했고, 경성부 참사로도 활동했다.106 1914년 경성부에 부협의회가 설치되었을 때 부협의회원으로 임명되었으

---

103 「逐鹿者들(4) 철두철미히 皮肉家의 鬪將, 부의후보 송달섭군」, 『매일신보』, 1926.11.5.
104 「대정친목회발기회」, 『매일신보』, 1916.12.1; 中村資良, 1921, 1927, 앞의 책.
105 「逐鹿者들(8) 피위임의 관계를 항상 명심할 뿐, 부의후보 한만희군」, 『매일신보』, 1926.11.9; 中村資良, 1929, 앞의 책; 「한만희 씨 별세」, 『매일신보』, 1941.4.3.
106 「시찰단 환영」, 『매일신보』, 1910.10.8; 「회의소 역원 선거 - 상업회의소의 역원선거」, 『매일신보』, 1912.3.27; 「경성부 남부장 예종석 씨」, 『매일신보』, 1914.1.1; 조선공로자명감간행회, 1935, 앞의 책, 363쪽.

며, '내지시찰단'으로 일본에 다녀왔다.[107] 1916년 친일파 조중응(자작) 등이 '내선융화'를 내걸고 실업가, 종교가, 교육자, 법조인 등을 모아 대정친목회를 조직했을 때, 예종석은 이에 조중응 회장 다음으로 중요한 자리인 전무로 참여했다.[108] 1920년 3월에 조선일보가 창간되었을 때 부사장을 맡았다가 8월에 사임했다.[109] 1920년 11월 경성부협의원 선거에서 당선되었다.[110] 이후에도 그는 경성금은상조합장, 정총대(町總代), 학무위원, 부협의원 등 여러 직책을 맡으면서 활동했다.[111]

차점자로서 예비후보로 지명된 정완규와 이동선은 누구일까. 정완규는 1924년 장두현이 창업한 서울고무공사(주)에 이사로서 참여하였는데, 서울고무는 고무신의 제조 및 판매를 하는 회사였다.[112] 그는 농장 부지배인을 거쳐 백인기가 세운 흥일사라는 회사의 지배인으로 있으면서 부협의회원에 출마하였다.[113]

이동선(35세)은 1909년에 한성외국어학교를 졸업하고 재무감독국 주사를 거쳐 한산재무서장으로 있었다. 1910년 이후 임천군재무계 주임, 충남도서기, 금융조합 이사 등을 거쳐 조선매약회사 취체역 겸 지배인, 조선

---

107 「경성인천 협의원」,『매일신보』, 1914.4.9.
108 「대정친목회 조직」,『매일신보』, 1916.11.25; 「대정친목회 발기회」,『매일신보』, 1916.12.1.
109 「조선일보 사장 경질」,『동아일보』, 1920.8.15.
110 「부협의원 당선」,『매일신보』, 1920.11.22.
111 「逐鹿者들(14) 일반부민의 부담을 공평케, 부의후보 예종석군」,『매일신보』, 1926.11.15.
112 中村資良, 1925, 앞의 책.
113 「逐鹿者들(2) 의견발표만은 잠시 보류할터, 부의후보 정완규군」,『매일신보』, 1926.11.3. 손정목은 그를 백인기의 대리인격으로 보았다. 손정목, 1992,『한국지방제도·자치사연구(상) - 갑오경장~일제강점기 -』, 일지사, 219쪽.

한약업조합장 등을 맡아 당시 조선약종상업계의 중진으로 있으면서 1926년 경성부협의원에 출마하였다.[114]

경성부의 공인후보 선출을 주도한 한상룡은 누구인가. 그는 이완용의 조카이다. 1897년 창립된 한성은행에서 1903년 우총무를 맡아 사실상 은행업무를 주도한 인물로서 1910년 전무취체역이 되었다. 그는 1914년, 1917년 1920년에 경성부협의회원으로 임명되었고,[115] 1914년 내지시찰단으로 일본에 다녀왔으며, 1916년 대정실업친목회 조직 시에 평의장으로 참여했다.[116] 1923년 1월 한상룡은 이윤용 대신 한성은행의 두취가 되었다.[117] 한상룡은 그동안의 친일행각의 공을 인정받아 1927년 6월 중추원 고문이 된다.[118]

위에서 본 것처럼 1926년 한상룡이 주도한 경성부협의원 공인후보 선출 모임에서 추천된 이들 가운데에는 그와 가까운 인물들이 많았다. 한만희와 이항종은 한상룡이 세운 한성은행의 은행원이었고, 예종석은 한상룡과 함께 1914년부터 경성부협의원으로 있으면서 내지시찰단으로 일본에도 같이 다녀왔다. 이강혁과 예종석은 대정실업친목회에 회원으로 같이 참여한 사이였다. 따라서 한만희, 이항종, 이강혁, 예종석은 한상룡 계열의 인물들이라고 볼 수 있다. 때문에 『동아일보』는 기사를 통해 공인

---

114 「逐鹿者들(7) 재정통으로 不可無할 인물, 부의후보 이동선군」, 『매일신보』, 1926.11.8.
115 「부협의원 임명」, 『매일신보』, 1918.4.19.
116 「경성인천 협의원」, 『매일신보』, 1914.4.9; 「내지시찰단 무사귀래」, 『매일신보』, 1914.4.24.
117 「한성은행 역원 개선」, 『매일신보』, 1923.1.23.
118 「중추원 참의 발표」, 『조선일보』, 1927.6.5.

후보와 이들을 추천한 위원들 사이에는 "모두가 무슨 밀접한 관계가 있는 것도 같고, 병정과 대장 관계도 같고, 아무튼지 이상하고 야릇하여 보인다"라고 평하였다. 그리고 "선거위원은 가슴에 손을 얹고 양심에 물어보라. 과연 부민 행복을 위해 선출한 것이냐 그렇지 않으면 무슨 책동이냐 협잡이냐. 적어도 조선의 수도 경성에 재주하는 부민으로서는 이것으로 공인이라 할 수 없다"고 비판하였다.[119] 공인후보로 인정하기 어렵다는 말이었다.

당시 실제로 공인후보를 인정하지 않고 비공인파로서 단독 출마한 이들도 있었다. 방규환, 이규현, 김총태, 민용호(이상 현임), 최한우 등 5명이 그들이었다. 따라서 조선인측 후보자는 20명에 달했다. 또 일본인측 후보자도 21명이었다. 그리하여 전체 출마자는 41명에 달했다.[120]

이 선거에서 당선된 조선인은 12명, 일본인은 18명이었다. 당선된 조선인들을 득표순으로 보면, 정완규, 박영근, 민용호, 한만희, 송달섭, 이항종, 이동선, 이승우, 예종석, 이인용, 김사연, 방규환 등이다.[121] 이 가운데 공인후보였던 이들은 이인용, 김사연, 박영근, 이항종, 이승우, 송달섭, 예종석, 정완규, 이동선, 한만희 등 10명이었다. 조선인 당선자 12명 중 10명을 공인후보가 차지했으니 거의 다 차지한 셈이었다. 이들은 한상룡과 가까운 은행원 내지는 실업인이거나, 관직 경력이 있거나 이미 경성부협의회원의 경력이 있었던 인물들이었다. 즉 친일적 성격이 강한 관변 인물들이 대부분이었다고 볼 수 있다.

---

119 「소위 공인후보자」, 『동아일보』, 1926.10.19.

120 「京城府議 空前の大混亂, 四十一名の候補者 - - -」, 『조선신문』 1926.11.14.

121 「경성부의 당선자(조선인측)」; 「당선과 낙선의 볼만한 희비극 일막」, 『매일신보』, 1926.11.22.

공인후보가 아니면서 당선된 이들은 민용호, 방규환 두 사람뿐이었다. 민용호(35세)는 보성전문학교를 졸업한 뒤, 조선상사주식회사 취체역, 조선제사주식회사 취체역, 동서신탁주식회사 취체역 등을 맡았고, 1923년에 경성부 부협의원으로 당선되었다.[122]

방규환은 관립소학교와 한성고등학교를 졸업하고 사립해동신숙 일어학과와 경성학당을 졸업한 후 일본에 건너가 1908년에 동경 게이오의숙에 입학하였다가 가정 형편으로 중퇴하고 귀국했다. 1910년 탁지부 재무서 주사에 피임되었다가 1911년에는 이를 사직하고 오사카에서 동아상회를 조직하고 경성, 상해, 영구에 지점을 개설하여 9년간 해외무역에 종사하였다. 그 후 1919년 1월에 사립소의학교 교장에 취임하였고, 1920년에는 경성부협의원과 경성부학교비평의원에 당선되었다. 또 소의학교를 확장하여 남대문상업학교로 개편하였고, 1923년에 경성부협의원에 재선되었다.[123]

위에서 본 것처럼 1926년에는 1923년에 비해 공인후보를 낸 부의 숫자가 크게 줄었다. 그러면 선거결과는 어떠했을까. 앞의 〈표 5-3〉에서 본 것처럼, 1923년의 경우, 전체적으로는 일본인과 조선인 선거권자의 비율이 56:44였지만, 당선자의 비율은 64:36이었다. 1926년에는 전체적으로 일본인과 조선인 선거권자의 비율이 57:43이었고, 당선자의 비율은 63:37이었다. 두 해의 선거권자의 비율도 거의 비슷했고, 당선자의 비율도 거의 비슷했던 것이다. 공인후보자를 낸 것과 내지 않은 것에 큰 차이

---

122 「逐鹿者들(9) 무산자구제로 과세에 누진율, 부의후보 민용호군」, 『매일신보』, 1926.11.10.
123 「逐鹿者들(10) 당당히 표방하는 8개조의 경륜, 부의후보 방규환군」, 『매일신보』, 1926.11.11.

는 없었다고 할 수 있다. 그러나 1926년 유권자 수의 비율(57:43)에 비해 당선자의 비율(63;47)이 더 큰 차이를 낸 것은 조선인들로서는 패배라고 할 수 있는 것이었다. 조선인들의 표가 더 분산된 것이다.

때문에 『조선일보』는 사설을 통해 선거 결과를 '조선사람의 참패'라고 표현하고, "그 결과가 발표된 경성 인천 군산 부산 목포 평양 신의주 청진의 8부(府) 중에 조선사람 의원이 다수를 점령하기는 다만 평양의 한 곳이 있을 뿐이다. 경성부협의원 30명 중 일본인이 18인, 조선인이 12인이요, 인천부협의원 20명 중에 일본인이 12인, 조선인이 8인이요, 군산부협의원 14명 중에 일본인이 10인이요 조선인이 4인이요, 부산부협의원 30명 중에 일본인이 28인, 조선인이 2인이요, 목포부협의원 14명 중에 일본인이 8인, 조선인이 6인이요, 신의주부협의원 14명 중에 일본인이 9인, 조선인이 5인이요, 청진부협의원 14명 중에 일본인이 10인이요, 조선인이 4인이었다. 이와 같이 되어 경성 인천 군산 부산 목포 신의주 청진의 7도시에서는 일본인이 절대적 우세를 점령하게 되었고, 다만 평양부에 있어서는 조선사람이 우세를 차지하게 되었으니, 부협의원 30명 중에 조선인이 19석을 점하고 일본인이 11석을 점하게 되었다"라고 설명하였다. 따라서 이 사설은 "이와 같은 결과를 볼 때 조선의 모든 활동의 중요지점이 되는 제 도시에 있어서의 세력이 결정적으로 일본인의 수중에 있다는 것을 생각하지 아니할 수 없다. (중략) 우리 조선 도시라는 것이 그 지배권이 전부 일본인의 수중에 들어가게 될 경향이 현저하다는 것만은 생각하지 아니할 수 없다"라고 한탄하였다.[124]

---

124 「(사설) 부협의원 선거의 결과」, 『조선일보』, 1926.11.22.

(3) 1929년의 부협의회원의 선거와 지방선거취체규칙

1929년의 부협의원 선거 양상은 1926년과는 또 달랐다. 우선 1929년에는 공인후보자 추천운동을 살펴보면 12개 부 가운데 진남포, 원산, 대구에서만 이 운동이 일어났고, 그나마 진남포와 원산은 성공했지만 대구는 실패로 끝났다.

① 원산

원산에서는 10월 20일 원산시민협회에서 정기총회를 열고 원산부협의회 선거 대책을 논의하여 원산부협의회 입후보자조사위원회의 보고에 따라 6명을 공인후보로 추천하기로 하였다. 추천된 6명은 남백우(南百祐), 박민룡(朴敏龍), 신갑균(申甲均), 한치항(韓致恒), 최광린(崔光麟), 김석현(金碩鉉) 등이었다.[125] 이에 따라 10월 26일 원산공회당에서 장익진의 사회로 유권자대회를 열렸고, 원산시민협회에서 추천한 6명이 새 부협의원으로 가장 적당하다고 만장일치로 의결했다.[126] 유권자대회를 주도한 원산시민협회는 어떤 단체인가. 원산시민협회는 1926년에 조직된 원산시영회가 남부파와 북부파의 대립으로 분열하여 북부파가 1927년 9월 원영회(元榮會)로 분리해 나갔다가, 1928년 12월 신간회 원산지회의 중재로 다시 통합하여 출범한 단체였다. 시민협회의 창립 임원진은 회장 조기주, 부회장 김경준과 조종구, 서무부장 김상익, 사업부장 최광린, 재무부장 남호우, 사교부장 전용빈, 교풍부장 노문기 등이었다. 이들은 대부분 객주들로서 곡물·어물·잡화·포목 등의 위탁판매와 무역에 종사한 이들이었고, 축

---

125 「元山市協에서 府議선거책 결의」, 『조선일보』, 1929.10.22.
126 「원산부의 유권자회」, 『조선일보』, 1929.10.29.

적된 자본을 정미업·고무공업·광산업 등에 투자하고 있었다.[127]

그러면 유권자대회에서 선출된 공인후보 6명은 누구인가. 박민률은 1923, 1926년 두 차례에 걸쳐 부협의원으로 당선된 현임 부협의원으로서, 원산인쇄소를 경영하고 있었다. 그는 1922년 원산청년회의 총무, 1923년 원산노동회 이사, 1926년 원산시영회 평의원, 1927년 원영회 평의원, 1928년 원산시민협회 평의원 등을 맡고 있었다.[128] 남백우는 보성전문학교를 졸업한 뒤 원산무역주식회사와 북선창고주식회사 지배인으로 근무한 바 있었고, 원산시영회와 원산시민협회의 평의원을 맡았고, 1927년 관선 도평의원으로 임명된 인물이었다.[129] 한치항은 1920년에 정미업을 개업하였고, 이후 곡물무역업에도 종사했으며, 1925년 원산노동회 이사, 1926년 원산시영회 평의원, 1927 원영회 평의원, 1928년 12월 시민협회 평의원으로 참여한 인물이었다.[130] 최광린은 1912년 와세다대학 전문부 정경과를 졸업하고, 원산에서 원산무역(주) 이사 겸 지배인으로 있으면서, 원산청년회 체육부장, 원산교풍회 선전부위원, 원산어업조합 발기인, 원산시영회 평의원, 원산상업회의소 평의원 등 다양한 직책을

---

127 오미일, 2016, 「지역번영단체의 개발프로젝트와 그 사회정치적 의미」, 『역사문제연구』 36, 역사문제연구소, 217~218쪽.

128 「원산청년회 총회」, 『동아일보』, 1922.10.27; 「원산노동 강연」, 『동아일보』, 1923.12.22; 「원산시영회 창립」, 『동아일보』, 1926.2.23; 「원영회 창립총회」, 『조선일보』, 1927.9.16; 「양단체 합동으로 원산시민협회」, 『조선일보』, 1928.12.11.

129 조선인사흥신록편찬부, 1935, 앞의 책, 348쪽; 「道議發表 一束」, 『중외일보』, 1927.4.12.

130 원산매일신문사, 1940, 『함남명감』, 원산매일신문사, 36쪽; 「元山勞會總會 임원을 개선」, 『조선일보』, 1925.5.5; 「원산시영회 창립」, 『동아일보』, 1926.2.23; 「원영회 창립총회」, 『조선일보』, 1927.9.16; 「양단체 합동으로 원산시민협회」, 『조선일보』, 1928.12.11.

맡아 활동해 온 인물이었다.[131] 김석현은 세브란스의학교를 졸업하고 원산 구세병원에 근무하다가 1925년 덕원의원을 개업한 의사였다. 1927년에는 원산학교평의원에 당선되었고, 1928년에는 원산시민협회에 평의원으로 참여했다.[132] 신갑균은 1910년대 갑산군·정평군·홍원군 등에서 군서기를 지내고, 원산에서 1925년 사법대서인으로 개업했으며, 이렇다 할 사회활동은 없던 인물이었다.[133] 이상에서 본 것처럼 이들 6명 가운데 5명은 원산시영회 혹은 시민협회에 평의원 등으로 관여한 인물이었다. 직업으로 볼 때도 4명은 상공업자 내지는 객주였고, 1명은 의사, 1명은 사법대서인이었다.

② 진남포

진남포에서는 11월 4일 조선인 유권자대회를 물산객주조합 회의실에서 개최하고 무기명투표로서 공인후보자 8명을 선출하였다. 이날 공인후보로 선출된 이들은 조정호(趙定鎬), 윤기원(尹基元), 오중락(吳中洛), 전낙홍(全洛鴻), 양치중(楊致中), 김영(金穎), 마재곤(馬載坤), 이종섭(李鍾燮) 등이다.[134] 11월 20일에 있었던 부협의원 선거에서는 8명 가운데 마재곤, 이

---

131 中村資良, 1921~1942, 앞의 책; 원산매일신문사, 1940, 위의 책, 70쪽; 「원산청년 정기총회」, 『동아일보』, 1921.10.9; 「교풍회 조직」, 『조선일보』, 1923.2.2; 「어업조합발기, 원산어업자들이」, 『동아일보』, 1926.5.13; 「원산시영 월례회」, 『조선일보』, 1926.7.30; 「元商評議改選」, 『조선일보』, 1927.10.15; 「원산시민협회」, 『조선일보』, 1928.12.15.
132 「덕원의원 신설」, 『동아일보』, 1925.8.10; 「각학교 평의원-원산」, 『동아일보』, 1927.4.5; 「양단체 합동으로 원산시민협회 12월 9일 遂創立」, 『조선일보』, 1928.12.11.
133 『조선총독부직원록』 1915~1919년; 「元山代書는 18인」, 『조선일보』, 1925.5.3.
134 「남포부의원 공인후보자 여덟명을 선정」, 『동아일보』, 1929.11.8.

종섭을 제외한 6명이 당선되었고, 비공인후보로서 이영관(李榮琯)이 당선되었다. 이때 재선된 이는 조정호, 오중락, 전낙홍 등 3명이었다. 한편 일본인으로는 8명이 당선되었다.[135]

진남포에서 부협의원으로 선출된 이들은 누구였을까. 1925년 진남포에서 조선인이 경영하는 유일한 금융회사인 신일조합(信一組合)의 후신인 신일합명회사는 사장 이종섭(李鍾燮)의 노력과 5명의 신임집행사원인 마재곤, 윤기원, 조정호, 정기철, 전사명 등이 노력한 결과, 조합을 회생시킬 수 있었다는 보도가 있었다.[136] 여기에서 보면, 1929년 부협의원이 되는 이종섭, 마재곤, 윤기원, 조정호 등 4명이 여기에 관계되어 있음을 확인할 수 있다.

신임으로 당선된 조선인들인 윤기원, 양치중, 김영 등 3명에 대해 살펴보자. 윤기원은 1926년 당시 44세로서, 일본영사관에서 조선어를 가르치고 일본어를 배운 적이 있었으며, 그 인연으로 러일전쟁 때 통역관으로 일했다. 이후 곡물무역에 종사하였고, 1926년경에는 삼화양주상회를 경영하고 있었다.[137] 양치중은 1906~1909년 일본에 유학하여 명치대학 법률전문과에서 수학한 뒤,[138] 1911년부터 1924년까지 평양지방법원 진남포지청 서기과 등에서 통역생, 서기로 근무한 인물이었다.[139] 김영은 1922년 진남포에서 창립된 평안운수(주)의 감사로 있었으며,[140] 이렇다

---

135 「각지 부면의(府面議)」,『조선일보』, 1929.11.23.
136 「남포신일회사 발전」,『조선일보』, 1925.3.2.
137 「진남포실업계상에 출진 분투하는 제 씨(5)」,『매일신보』, 1926.2.23.
138 「잡록」,『태극학보』 13, 1907.9.24; 「관비유학생」,『황성신문』, 1908.8.6.
139 『조선총독부직원록』 1910~1924년
140 中村資良, 1923, 앞의 책.

할 사회활동 경력은 발견되지 않는다. 한편 비공인후보로 당선된 이영관은 1914년 조선총독부 경부에 임명되어 1919년까지 경찰로 일하다가 나와서, 1924년 진남포 학교평의원이 되었다. 1926년 평안운수(주)의 전무취체역을 맡았던 인물이다.[141]

③ 대구

대구에서는 공인후보자 추천 움직임이 있었으나 실패로 끝났다. 대구에서는 11월 들어 입후보 의사를 내비친 이가 20명 가까이 되었다. 그러나 유권자 수의 비례로 보아, 조선인 후보로서 당선될 이는 7~8명 정도로 추산되었다. 이에 3일 정총대(町總代) 모임에서 이를 조정하려 하였으나 모임 자체가 유회되었고, 5일 밤 포목상조회(布木商助會)에서 후보자 모임을 주선하여 공인후보를 선출하는 등 대책을 세워보고자 하였으나, 입후보자의 모임에는 9명밖에 나오지 않아 결국 각개약진으로 가는 수밖에 없게 되었다.[142] 결국 11월 20일 선거에서 조선인은 7명이 당선되었고, 일본인은 13명이 당선되었다.[143]

④ 평양

조선인들의 공인후보자 운동이 처음 일어난 평양에서는 어찌 되었을까. 평양에서는 10월 말까지 후보자로 나선 사람이 조선인이 21명, 일본

---

141 『조선총독부직원록』 1915~1919년; 조선인사흥신록편찬부, 1935, 앞의 책, 516쪽.
142 「대구부의 선거전 맹렬」, 『동아일보』, 1929.11.9; 「大邱府議運動 일인이 열셋이요, 조선인이 열닐곱사람」, 『조선일보』, 1929.11.10.
143 「大邱府議選擧 지난이십일에 조선인칠명 일인십삼명」, 『조선일보』, 1929.11.22.

인이 15명에 달하였다.[144] 1926년의 선거에서부터 정원이 20명에서 30명으로 늘고, 조선인이 19명, 일본인이 11명 당선되었기 때문에 이와 같이 후보자로 나선 이들이 크게 늘어난 것으로 보인다. 그리고 1926년의 선거에서 공인후보로 추천된 18명 가운데 당선된 이는 11명에 불과했고, 비공인후보자로 당선된 이가 8명에 달하였다.[145] 이와 같은 경험 때문인지 1929년 선거에서는 공인후보를 내세우자는 말이 거의 나오지 않았다. 그러나 1929년 평양부의 유권자는 1926년에 비해 큰 변동이 있었다. 조선인 유권자는 1,316명에서 1,553명으로 237명 증가했지만, 일본인 유권자는 758명에서 1,069명으로 371명이 증가한 것이다.[146] 따라서 조선인 후보자의 당선 비율은 줄어들 것으로 예측되었다. 11월 20일의 선거 결과, 평양에서는 조선인이 17명, 일본인이 13명 당선되어 1926년보다는 각각 2명씩 줄고 느는 결과를 보였다.[147]

⑤ 경성

경성부도 양상은 비슷하였다. 경성은 원래부터 정원이 30명이었고, 일본인과 조선인의 당선 숫자가 1920년에는 18:12, 1923년에는 15:15, 1926년에는 18:12의 비율을 보였다. 1929년 선거를 앞둔 시점에서 경성부의 유권자 총수는 약 1만 559명으로 1926년의 9,256명보다 약 1,300명 정도 늘었다. 그런데 조선인은 4,641명에서 4,670명으로 거의 늘지 않았고, 일본인은 4,615명에서 5,889명으로 1,200여 명이 늘어났다

---

144 「평양부의 선거운동」, 『조선일보』, 1929.10.29.
145 「각 부의원 선거 개표결과 여차. 평양 30인」, 『동아일보』, 1926.11.22.
146 「3년간 증가한 부의 유권자 조선인 1할8분, 일인 4할6분」, 『동아일보』, 1929.10.30.
147 「부협의 당선율」, 『동아일보』, 1929.11.22.

(앞의 〈표 5-2〉 참조). 이는 경성의 조선인들의 경제력이 갈수록 일본인들의 경제력에 비해 열세가 되고 있다는 것을 의미했다. 유권자 수의 변동에 따라서 1926년의 선거의 일본인 18명, 조선인 12명 당선과는 달리 1929년 선거에서는 일본인 20명, 조선인 10명 정도의 결과가 예상되었다.[148] 그런 때문인지 출마자는 그리 많지 않아서, 선거일을 일주일 앞둔 11월 12일 현재 출마 선언자는 한만희, 김사연, 이승우, 이인용, 예종석(이상 현의원), 홍필구, 조병상, 김석진, 이규현, 윤우식, 오정환, 이규복, 이강혁 등 13인이었다. 그리고 일본인은 19명이 출마를 해서, 모두 32명이 출마한 셈이 되어, 정원 30명보다 겨우 2명 더 많은 셈이었다.[149] 결국 11월 20일의 선거에서 조선인은 12명, 일본인은 18명이 당선되었다. 조선인 후보 가운데에서는 이강혁 1인만 낙선한 셈이 되었다.[150]

⑥ 부산

부산의 경우는 어떠하였을까. 부산의 부협의원 정원은 1920, 1923년에는 20명, 1926·29년에는 30명이었다. 그런데 유권자 수에서 일본인과 조선인의 비율은 1920년에 1,027:90, 1923년에 1,492:217, 1926년에 1,788:214, 1929년에 2,115:415로 크게 차이가 났다. 1920년에는 거의 11:1 수준이었고, 1926년에 8:1, 1929년에 와서야 5:1 수준이 된 것이다. 당선자 비율은 1920년에 16:4, 1923년에 17:3, 1926년에 27:3이

---

148 「朝鮮人은 현상유지 日本人은 千名 격증, 十一月의 府議選擧戰 압두고 三年間 유권자 변천」, 『동아일보』, 1929.10.4.
149 「조선인측은 11명 당선? 정원 30명의 삼분지일, 부의선거전 관측」, 『동아일보』, 1929.11.12.
150 「12부협의 선거」, 『동아일보』, 1929.11.22.

었다. 1926년부터 정원이 30명으로 늘어나면서 그 비율은 더욱 크게 벌어졌다. 따라서 부산에서는 후보자로 나서고자 하는 조선인들이 많지 않았다. 1929년 11월 초 부협의원 선거를 앞두고 후보로 나선 조선인은 겨우 3명이었다. 반면에 후보로 나선 일본인들은 38~39명이나 되었다고 한다. 그리고 일본인들 내부에는 수구파, 개신파, 중립파의 3파가 있어 서로 경쟁하는 상황이었다.[151] 조선인 후보는 이후 2명 늘어나 안명환(安命煥), 이향우(李鄕雨), 어대성(魚大成), 김장태(金章泰), 이조원(李祖遠) 등 5명이 되었다[이후 안명환은 사퇴하고 김화일(金和逸)이 출마한 듯함]. 일본인 후보는 여전히 38명이었다.[152] 11월 20일의 선거 결과 부산에서는 일본인이 28명, 조선인이 2명 당선되었다. 당선된 조선인은 김장태, 김화일이었다. 이들은 모두 초선으로 김장태는 부산 출신으로 일본대학 법률과를 수료하고 1916년 재판소의 통역 겸 서기를 했던 인물이다. 1919년 퇴직한 뒤 경제계에 투신하여 곡물비료상을 경영했고, 1928년에는 경남은행의 지배인이 되었으며, 부산상업회의소의 부회두를 역임하였다. 김화일은 주조업자로서 일찍이 일본인 대지주 하자마 후사타로(迫間房太郎)의 집사를 했던 인물이며, 예수교회의 장로이기도 했다.[153]

⑦ 조선지방선거취체규칙의 발표
1929년의 선거를 앞두고 경찰 당국은 처음으로 「조선지방선거취체규

---

151 「釜山府議選擧戰, 일본인은 삼십명이나 조선인은 겨우 세사람」, 『조선일보』, 1929.11.3.
152 「수구, 개진, 중립 3파로 암중활약 정수에 8명이 넘는 입후보, 부산부의 선거운동」, 『동아일보』, 1929.11.6.
153 홍순권, 2010, 『근대도시와 지방권력』, 선인, 359쪽.

칙」을 발표했다. 조선총독부는 1929년 9월 30일 『조선총독부관보』를 통해 이를 공포했다. 그 주요 내용을 정리하면 다음과 같다.

제1조　본령은 부협의회원, 면협의회원, 학교평의회원 및 학교조합회의원의 선거에 대해 이를 적용한다.

제2조　선거를 관리하는 부윤, 면장 또는 학교조합 관리자는 선거회장(選擧會場)의 취체를 위해 필요하다고 인정할 때는 경찰관리의 처분을 청구할 수 있다.

제3조　선거인이 아닌 자는 선거회장에 들어갈 수 없다. 다만 회장의 사무에 종사하는 자, 회장을 감시하는 직권을 가진 자, 경찰관리 또는 선거관리자에 있어 필요하다고 인정되는 자는 이에 포함되지 않는다.

제4조　선거회장에서 연설, 토론을 하거나 또는 소란을 피우는 자, 또는 투표에 관하여 협의 혹은 권유를 하는 자, 기타 회장의 질서를 문란케 하는 자가 있을 때는 선거관리자는 이를 제지하고 명을 따르지 않을 때는 그를 회장 밖으로 퇴출시킬 수 있다.

제5조　선거사무에 관계하는 관리 및 이원(吏員)은 그 관계 구역 내에서 선거운동을 할 수 없다.

제6조　선거운동을 하는 자는 선거운동을 하는데 필요한 음식물, 선거마(船車馬) 등의 공급 또는 그 실비를 변상할 수 있다.

제7조　사위(詐僞)의 방법으로 선거인명부에 등록한 자 또는 허위의 말을 하여 회장에 들어가는 자는 50원 이하의 벌금에 처한다. 씨명을 사칭하고 기타 사위의 방법으로 투표를 하는 자는 6월 이하의 금고 또는 백 원 이하의 벌금에 처한다.

제8조　다음의 각 호에 게시한 행위를 하는 자는 1년 이하의 징역 또

는 금고 또는 2백 원 이하의 벌금에 처한다.
1. 투표를 하거나 혹은 하지 못하게 할 목적으로 선거인 또는 선거운동자에 대해 금전, 물품 기타 재산상의 이익 또는 공사의 직무의 공여, 그 공여의 신청 혹은 약속을 했을 때.
2. 투표를 하거나 혹은 하지 못하게 하거나, 또는 선거운동을 하거나 혹은 못하게 하고, 그에 대한 보수의 목적으로 선거인 또는 선거운동자에 대해 전호에 게시한 행위를 하였을 때.
3. 회원 또는 의원 후보자임을 그만두게 할 목적으로 후보자에 대해, 또는 당선을 사양케 할 목적으로 당선인에 대해 제1호에 내건 행위를 하였을 때.
4. 후보자를 사퇴하거나 또는 당선을 사퇴하는 것에 대한 보수를 줄 목적으로 후보자 또는 당선인에 대하여 제1호에 게시한 행위를 하였을 때.
5. 앞의 각호의 공여, 향응접대를 받거나 또는 요구하거나, 그 신청을 승낙하였을 때.

전항의 경우에 있어 수수한 이익은 이를 몰수한다.

제9조 선거에 관하여 다음의 각호에 게시한 행위를 한 자는 1년 이하의 징역 또는 금고 또는 2백 원 이하의 벌금에 처한다.
1. 선거인, 후보자, 선거운동자, 또는 당선인에 대해 폭행 또는 위력을 가하거나 또는 그를 유괴하였을 때.
2. 교통 또는 집회의 편의를 방해하거나 또는 연설을 방해하고, 기타 위계 사술 등 부정한 방법으로 선거의 자유를 방해하였을 때.

제10조 선거에 관하여 관리 또는 이원이 고의로 그 직무의 집행을 게을리하거나 또는 직권을 남용하여 선거의 자유를 방해하였을 때는

6월 이하의 징역 또는 금고에 처한다.

제11조 선거사무에 관계하는 관리, 이원, 입회인 또는 감시자가 선거인이 투표한 피선거인의 씨명을 표시할 때는 6월 이하의 금고 또는 백 원 이하의 벌금에 처한다. 그 표시한 사실이 허위일 때도 마찬가지다.

제12조 회장(會場)에서 정당한 사유없이 선거인의 투표에 간섭하거나, 또는 피선거인의 씨명을 인지할 방법을 행하는 자는 3월 이하의 금고 또는 50원 이하의 벌금에 처한다.(이하 18조까지는 생략)[154]

위의 취체규칙을 보면, 선거인, 후보자, 선거운동원, 선거에 관계하는 관리 및 이원 등이 해서는 안 될 일들에 대해 주로 나열하고 있음을 알 수 있다.

한편 각 부의 경찰당국은 부협의원 출마자들을 불러 선거와 관련한 협정을 하도록 했다. 예를 들어 대구부의 경우, 11월 7일 경북경찰국에서 후보자 및 참모 등 70여명을 도청 회의실로 불러 아래와 같은 협정을 하도록 했다고 한다. 다른 부에서도 이와 비슷한 협정들이 만들어졌다.

1. 거마비에 관하여는 인력거는 하루에 삼원 오십전, 반나절에 이원을 주기로 하고 자동차는 이십분에 일 원, 한 시간에 삼 원 주기로 할 것.
1. 도시락값은 한 개에 오십 전 이내로 하고 명함은 보통명함으로 할 것.
1. 사무소는 두 곳 이내로 하고 되도록 유권자의 주택은 피할 것. 혹시 부득이한 사정으로 유권자의 집에다 사무소를 두게 되더라도 집세나 방세 같은 것은 주지 않을 것.

---

154 조선총독부령 제83호 「조선지방선거취체규칙」, 『조선총독부관보』, 1929.9.30.

1. 휴게소는 교통상 지장이 없게 하되 길이와 넓이를 아홉 척으로 하고 과자 같은 것은 일절 폐한 후 다만 차(茶)만 내놓을 것.
1. 사무원은 상당한 일당을 지급하되 하루에 삼 원으로 하고 인원은 한 사람으로 정할 것.
1. 운동원 수는 십오 명 이내로 할 것.
1. 간판은 넓이 한 척, 길이 아홉 척으로 하고 열다섯 매 이내로 할 것.
1. '포스터'는 전주에는 붙이지 말되 부득이한 경우는 붙이더라도 소용이 없게 되거든 깨끗하게 청소할 것과 그 포스터의 지질은 백양지 반절로 하고 매수는 이백 매 이내로 할 것.
1. 자가용 자동차를 사용하게 되는 때는 가솔린값과 그 실비를 주고 운전수는 삼 원을 줄 것.[155]

위에서 본 것처럼 선거취체규칙과 선거협정은 비교적 자세하게 되어 있었다. 1926년까지의 선거에서는 이와 같은 취체규칙이 없어 부정선거가 이루어져도 처벌이 거의 없었고, 특히 일본인 자본가들의 금권선거가 이루어져도 이를 막을 방법이 없었다. 따라서 이에 대한 언론의 지적이 계속 이어졌고, 결국 1929년에 이르러서야 총독부와 각 부는 이와 같은 취체규칙과 선거협정이라는 것을 만들어 발표한 것이다.

---

155 「府議選擧規則 운동자들에게 새규칙을 통고」, 『조선일보』, 1929.11.11.

2. 부협의회의 운영과 주요 쟁점

1) 부협의회의 운영

부협의회는 매년 3월 정기회의를 열어 세입세출예산을 심의(자문)하고 기타 안건을 처리했으며, 1년에 몇 차례에 걸쳐 임시회의를 소집하여 역시 현안이 되는 안건들을 처리했다. 1921년 3월 부협의회가 처음 구성되었을 때, 경성과 평양의 부협의회에서 심의한 안건들은 다음과 같다.

〈표 5-5〉 경성부와 평양부 협의회의 안건

경성부협의회 안건 (1921.3.17)	평양부협의회 안건 (1921.3.11)
호별세조례 설정의 건	대정10년도 세입출예산
국세 및 지방비부과금부가세 부과징수 조례 중 개정의 건	계속비 변경의 건
부세특별세조례중 개정의 건	부세조례 개정의 건
府吏員조례 설정의 건	공설시장사용조례 제정의 건
부협의회원 비용변상조례중 개정의 건	공설욕장 및 부속이발소 사용조례 제정의 건
용산배수공사비 기채의 건	지방비 보조의 건
임주택건축비 기채의 건	부금고 사무취급계약 기일연장의 건
용산배수공사비 繼續年期 및 지출 방법의 건	소득세 부가세 조례 제정 건
시장자금적립금설치 및 관리규정 폐지의 건	평양부 여비지급조례 제정의 건
대정 10년도 세입출 예산	소득세부가세율에 관한 건
금고사무취급계약의 건	대정9년도 평양부세입출 제3회 추가갱정예산
일시차입금에 관한 건	

출전: 「평양부협의회 개최」, 『동아일보』, 1921.3.12; 「부협의회 개최」, 『동아일보』, 1921.3.15.

〈표 5-5〉에서 보면, 1921년도의 세입출예산안, 각종 조례 제·개정안, 각종 공사비 기채안, 부금고사무취급계약건, 추가갱정예산안 등이 부협

『매일신보』 1926년 12월 1일 자에 실린 경성부협의회의 모습.

의회에서 논의되었음을 알 수 있다. 물론 부협의회는 의결권이 없는 자문기관이기는 했지만, 안건에 대해 심의 후 표결을 하여 대부분 가결, 통과시키는 절차를 거쳤다.

부협의회는 자문기관이기 때문에 부에서 제안한 자문안 원안에 대해 대체로 동의, 가결을 하였지만, 일부 안건에 대해서는 수정하여 가결하기도 하였다. 예를 들어 1922년 경성부협의회는 경성부가 1921년 시가지세부가율을 본세 1원에 대해 60전씩으로 정해 징수한대로 1922년에도 징수하겠다는 안을 올리자, 부민의 부담이 너무 무겁다는 이유를 들어 10전을 삭감하여 시가지세 1원에 대해 50전으로 징수하기로 가결하였다. 그리고 이에 따른 세입액 2만여 원의 감소를 보충하기 위해, 다른 세금을 더 늘리거나 사업비를 감삭하기로 하였다고 한다.[156]

---

156 「부협의회 종료」, 『동아일보』, 1922.3.26.

그러면 각 부협의회에서 주요 이슈가 되었던 사안들은 어떤 것이었을까. 이에 대해서는 각 부별로 이슈들이 크게 달랐기 때문에, 여기에서는 경성부, 평양부, 대구부의 사례만을 들어보기로 한다.

2) 경성부협의회의 주요 쟁점

1921년 경성부협의회에서 가장 중요한 의제가 되었던 사안은 수도 이관문제였다. 즉 총독부는 그동안 국비로 경영해오던 경성의 수도시설(뚝섬 수원지 등)을 경성부와 인천부에 이관한다는 방침을 세우고 이 문제를 경기도와 경성부 사이에 논의하도록 하였다.[157] 그런데 경성부의 수도요금 수입은 연 30만 원 정도이지만, 수도시설의 유지경영비는 이보다 많아서 매년 3만 원 내외의 결손이 예상되는 상황이었기 때문에 경성부는 쉽게 결론을 내리지 못하고 있었다. 또 노량진수원지의 확장 등 급수시설을 확장하기 위해서는 3백만 원의 재원이 필요한 상황이었다. 또 인천과 경성의 수돗물을 공급하는 노량진 수원지 시설을 경성부에 넘겨주어야 할지, 인천부에 넘겨주어야 할지 결정해야 하는 문제도 있었다.[158] 이에 따라 총독부, 경기도, 경성부, 인천부 사이에서 이 문제가 논의되고 있었다.[159] 급수시설 확장을 위한 3백만 원의 경비를 경성부에서 기채를 한다면, 10~15년의 상환기한 동안 원금과 이자를 경성부민이 부담해야 되어 1호당 연평균 18원의 부담을 더 져야만 했다.[160] 결국 경성부는 1921년 7월 18일 이 문제를

---

157 「경성수도 이관문제」, 『조선일보』, 1921.4.12.
158 「수도 경영이관 11년도부터 實現乎」, 『동아일보』, 1921.5.10.
159 「수도이관 비밀토의, 경인 양부윤 열석」, 『동아일보』, 1921.5.24.
160 「경성수도이관문제 도청당국자의 의향」, 『조선일보』, 1921.7.15.

경성부협의회를 소집하여 논의했다. 당시 경성부는 경성부에서 이를 인수한다는 방침을 세우고, 부협의회의 논의에 부친 것으로 보인다.[161] 그러나 이날 회의에서는 의견이 백출하여 어떤 결론도 내지 못하고 12명의 위원을 선정하여 수원지들을 시찰하고 여러 문제를 연구하기로 하였다.[162] 7월 22일 경성부협의회는 회의를 열고, 조사위원들의 보고를 받았다. 그리고 논의 결과 노량진 수원지문제는 신구(新舊)를 구분하여 기존의 수도시설은 인천부로 이관케 하고, 현재 공사 중인 확장시설 부분은 경성부에서 인수하기로 결정하였다. 결국 경성부협의회는 수도시설을 부영으로 운영하기로 결정한 것이다. 이에 따라 경성부윤은 이 안을 들고 경기도청에 들어가 경성부의 의견을 제출하였다.[163]

이후 경기도청은 인천부와 협의를 하여, 경성-인천간에 현안이 되었던 노량진수원지의 송수량과 관련하여, 경성에 대한 송수량은 1일에 28만 입방척을 최소한도로 하고, 여력이 있으면 추가로 송수하기로 결정하였다. 이에 대해 인천부쪽도 동의하여 이 문제는 원만히 타결되었다.[164] 그리고 8월 5일 경성부협의회는 회의를 열어, 양자간에 합의된 안을 가결시켰고, 경성부윤은 이를 경기도지사에게 보고하였다.[165] 주목할 것은 이 문제와 관련한 협의과정에서 경성부협의회가 상당한 역할을 하였다는 점이다. 조사위원회를 구성하여 상황을 파악하고, 이를 토대로 논의를 진행하여 타협안을 만들었으며, 경성부에서도 부협의회에서의 논의와 의결을

---

161 「경성부협의회 수도이관문제에 대하야」, 『동아일보』, 1921.7.19.
162 「수도이관문제 부협의회 태도 미결」, 『동아일보』, 1921.7.20.
163 「수도이관협의」, 『동아일보』, 1921.7.23.
164 「인천수도의 이관문제 해결, 인천은 대성공」, 『조선일보』, 1921.7.27.
165 「수도이관문제 5일 경성부협의회 가결」, 『동아일보』, 1921.8.6.

기초로 경기도, 인천부와 협의를 진행하였다. 따라서 부협의회는 적어도 이 문제와 관련해서는 자문기관을 넘어 의결기관과 비슷한 역할을 하고 있었다고 볼 수 있다.

그러나 부협의회가 항상 이렇게 나름의 역할을 할 수 있는 것은 아니었다. 이는 이촌동제방 축조건에서 잘 나타난다. 한강변의 이촌동은 동쪽부터 동부이촌동, 중부이촌동, 서부이촌동으로 구성되어 있었는데, 동부와 중부이촌동에는 수백 명씩 살고 있었지만, 철교 서쪽편의 서부이촌동에는 3천5백여 명이나 살고 있었다(대부분 조선인임). 그리고 이 지역은 한강변의 낮은 지역이어서 홍수가 나면 반드시 침수되는 지역으로, 1920년의 홍수 때에도 거의 모든 마을이 물에 잠겼다고 한다.[166] 따라서 이 지역의 주민들은 한강변에 제방을 쌓아 홍수를 막아줄 것을 경성부에 계속해서 청원하고 있었다.[167] 1923년에는 이촌동 대표들이 경성부청을 방문하여 부윤과 토목과장을 면담하고 우선 6척 높이의 제방이라도 쌓아달라고 호소하였으나, 토목과장은 6척만으로는 아무 효과가 없고, 40척을 쌓아야만 홍수를 막을 수 있는데, 이를 위해서는 2백만 원의 예산이 필요하다고 하였다. 또 이렇게 40척 높이의 제방을 쌓으면 구 용산 일대가 물이 빠지지 않아서 물에 잠기게 될 것이라고 하였다.[168] 이후에도 주민들이 수십 차에 걸쳐 경성부청을 방문하자, 부윤은 제방의 설계도를 만들어 제출해 보라고 하였다. 이에 이촌동 주민들은 제방축조기성회를 만들고 자신들이 모금한 경비로 설계도를 만들어 제출하였다. 공사비는 3만 9,600원으

---

166 「일개월간에 2차 대홍수」, 『동아일보』, 1920.8.3.
167 「매년 홍수에 우는 우리 3천5백의 府民을 엇지」, 『동아일보』, 1923.7.26.
168 「이촌동 대 용산의 문제, 한강변 제방공사에 대하야」, 『조선일보』, 1923.7.28.

로 계상되었다.[169] 이를 경성부에 제출하자 경성부 측에서는 3만 9,000여 원의 예산을 만들 수 없다고 거부하였다. 이에 주민들은 탄원서를 만들어 경성부협의회원들을 일일이 방문하여 이를 전달하였다.[170] 부협의원들은 총독부 토목부를 방문하였고, 토목부 쪽에서는 제방의 높이가 36자 반이면 용산에 아무 관계가 없다는 의견을 냈다. 이에 이촌동 주민들은 그렇게라도 해달라고 경성부에 요청하였으나, 경성부는 미온적인 태도를 보였다. 그런 가운데 1924년 3월 26일 경성부협의회는 회의에서 이 문제를 논의하였으나 결론을 내지 못했다.[171] 경성부 측은 주민들이 제시한 제방의 설계안은 효력이 없을 것이라 주장하였고, 제방의 설계도를 만든 일본인 기사는 이를 반박하는 등 논란이 벌어졌다. 협의회원들 사이의 의견도 나뉘어 소장파들은 제방을 만들 것을 강력히 주장하였으나, 노장파들은 소극적인 태도를 보였다.[172] 결국 4월 17일 부협의회에서는 1만 원의 예산을 만들어 경성부에 대책을 마련하라는 식으로 책임을 모면하고 말았다. 제방을 쌓으려면 최소 2~3만 원의 경비가 필요했는데, 겨우 1만 원의 예산만을 경성부에 던져주고 알아서 처리하라는 식으로 빠져나간 것이다.[173]

이에 이촌동 주민들은 1만 원의 예산으로라도 제방을 쌓아줄 것을 요구하고, 자신들이 부역으로 노동력을 제공하겠다고 나섰다.[174] 그러나 여

---

169 「이촌동제방문제, 기성회에서 실계를 제출」, 『동아일보』, 1923.10.15.
170 「4천 생명이 관계되는 이촌동 제방문제」, 『동아일보』, 1924.1.25.
171 「재작일 부협의회, 이촌동 문제가 주요 안건」, 『동아일보』, 1924.3.28.
172 「이촌동 제방문제로 小川기사가 당국안을 辨駁」, 『조선일보』, 1924.4.2.
173 「해결되지 못한 해결, 이촌동에 1만 원」, 『동아일보』, 1924.4.19.
174 「이촌동의 제방결정, 예산부족은 부역으로」, 『동아일보』, 1924.4.25.

전혀 부족한 공사비, 총독부 당국의 제방공사 허가 거부 등으로 1925년 5월이 되도록 공사는 시작되지 않았다.[175] 그리고 그해 여름 장마가 시작될 때까지도 공사는 감감 무소식이었다. 그런 가운데 7월 중순부터 시작된 을축년 대홍수로 인해 이촌동은 완전히 물에 잠기고 말았다.[176] 당시 한강변에서 가장 큰 피해를 입은 곳이 뚝섬, 잠실, 그리고 이촌동이었다. 이촌동에서는 유실된 가옥이 330호, 전부 파괴된 가옥이 164호, 반파된 가옥이 120호에 달했다고 한다.[177] 이에 사이토 총독은 용산 일대의 수해가 매년 반복되고 있어 이에 대한 근본적인 대책이 필요하다면서 "앞으로는 용산제방 밖에 있는 동서 이촌동에는 일절 가옥을 건축하지 못하도록 하겠다"고 말하였다. 즉 동서 이촌동 주민들을 다른 곳으로 이주시키고 이곳에는 다시 집을 짓지 못하도록 하겠다고 한 것이다.[178] 이에 따라 이촌동 주민들은 노량진에 마련된 7천 평의 부지와 도화동 등 경성 시내 여러 곳으로 나누어 이주하게 되었다.[179] 이로써 이촌동은 사실상 사라지고 이촌동의 제방 문제는 없던 일이 되었다. 경성부협의회가 보다 적극적으로 제방 문제를 해결했더라면 1925년 을축년 대홍수 때 이촌동의 상황은 달라질 수도 있었다. 그러나 경성부협의회는 그러한 역할을 하지 못했다.

1920년대 경성부협의회에서 가장 큰 사건은 1929년의 '신당리토지

---

175 「설계만으로 유산된 이촌동 제방공사」, 『조선일보』, 1925.5.17.
176 「종전 增水기록 돌파, 용산 일대 위험, 시민 피난준비」, 『조선일보』, 1925.7.18.
177 「용산 일대에만 818호 유실」, 『조선일보』, 1925.7.21.
178 「재등총독담, 근본적 선후책을 서서히 강구하겠다」, 『조선일보』, 1925.7.21; 「이촌동의 유명, 금후 麻洞밭침」, 『동아일보』, 1925.7.22.
179 「이촌동민의 이주지 2만평이 7천평」, 『동아일보』, 1925.9.3; 「이촌동이주지 은사토로 확정」, 『동아일보』, 1926.6.25; 「이촌동민이전지 근근 공사 착수」, 『동아일보』, 1927.4.10.

문제'였다. 이에 대해서는 이미 자세한 연구가 있으므로 여기에서는 간단히 요약하기로 한다.[180] 1928년 5월 경성부 당국은 일본 오사카의 부호 시마 도쿠조(島德藏)와 신당리 일대의 경성부 소유지 14만5천여 평을 평당 3원 20전에 계약금 10만 원을 받고 매각하는 가계약을 체결했다. 이 토지는 신당리의 공동묘지 11만여 평, 이에 인접한 오물처리장 1만여 평, 그리고 경성학교조합 소유 학교림 2만여 평으로 구성된 것이었다. 당시 경성부는 공동묘지와 오물처리장을 다른 곳으로 이전하고, 학교림도 폐지하기로 했기 때문에, 경성부의 기채 상환을 위해 이 토지를 매각하기로 한 것이다. 반면 시마는 부협의원 방규환을 통해 신당리 일대가 장차 경성의 동부 발전에 중요한 지역이 될 것이라는 말을 듣고 주택을 지어 경영할 계획으로 이를 매입한 것이다. 그런데 이 가계약 안에는 왕십리와 이태원 사이의 도로와 장충단에서 신당리에 이르는 도로 등 2개의 도로를 개설해 준다는 약속이 들어 있었다. 그럼에도 경성부 당국은 부협의회와 학교조합의원의 연합 간담회에서 이런 말을 하지 않고 1개의 도로만을 개설해 주기로 했다고 말하여, 부협의원과 학교조합의원들의 만장일치의 동의를 얻었다.[181]

그런데 1928년 8월 경성에 와서 신당리 토지를 둘러본 시마는 자신이 예상한 것보다 토지가 형편없이 황폐하다며 도로를 가능하면 빨리 축조해달라고 요구했다. 이에 1929년 3월 경성부는 경성부협의회에 2개의 도로 신설을 위한 예산 10만 원을 계상하여 제출했다. 이에 부협의원들은 도로 신설이 토지 매각의 조건이 되어 있었다는 것은 처음 듣는 말이라며

---

180 김동명, 2018, 「경성부협의회의 '신당리토지문제'」, 『지배와 협력』, 역사공간.
181 김동명, 2018, 위의 글, 298쪽.

격분했다. 이들은 경성부윤이 자신들을 기망하고 부민들을 농락했다면서 6명의 조사위원을 선정하여 이 문제를 조사하기 시작했다. 그리고 조사위원들은 매매계약의 효력은 3월 말로 되어 있으므로 도로 신설을 장충단에서 신당리에 이르는 1개 선만으로 수정할 것을 경성부 측에 요구하였다. 이에 경성부 회계계장은 도쿄로 급히 가서 시마를 만나 계약안 수정을 위한 교섭에 들어갔다. 또 협상 당시 경성부윤을 맡았다가 이후 함경남도지사로 갔던 우마노 세이이치(馬野精一)는 급히 경성으로 달려와 부협의원과 만나 도로신설이 각서에 포함되어 있기는 하지만, 그것은 매매조건이 아니었고 신설 시기도 명시하지 않아 부협의원들에게 자세히 설명하지 않았다고 변명했다. 그러나 시마의 대리인인 방규환은 2개 선의 도로는 중요한 문제였고, 매매의 전제조건이었다고 우마노의 주장을 반박했다. 한편 일본에서 진행된 시마와 경성부 당국자 간의 교섭도 결렬되었다. 시마는 본계약대로 3월 말까지 잔금의 일부인 13만5천 원을 지불하고, 도로 2개 선을 완공해 주면 나머지 잔금을 지불하겠다고 선언했다.[182]

   3월 30일 시마는 잔금의 일부를 송금했고, 계약의 수정이나 파기는 더 이상 불가능하게 되었다. 이에 경성부는 4월 19일 도로 2개 선의 축조를 위한 공사비 10만 원의 지출을 경성부협의회의 안건으로 제출했다. 부협의회의 의견은 크게 세 갈래로 나뉘었다. 부의 원안대로 통과시키자는 안, 1개 선의 도로로 수정하자는 안, 원안을 부결시키자는 안 등으로 나뉜 것이다. 3자 간의 논란이 치열하게 전개되던 중에 원안 찬성론자였던 오무라 하쿠쿠라(大村百藏)가 갑자기 안건을 승인하기에 앞서 당국의 반성이

---

182 김동명, 2018, 앞의 글, 298쪽.

필요하다면서 원안의 채택을 일시 보류하고, 경성부에 대한 감독관청(경기도)의 책임을 묻고 경성부의 반성을 촉구하기 위해 결의안을 채택할 것을 주장했다. 이에 따라 부협의회는 "경성부와 시마 사이에 체결된 계약을 유감으로 알고, 이의 선후 처리에 대한 감독관청의 반성을 촉구한다"는 내용의 결의문을 채택했다.[183] 이후 부협의원들은 경성부 측과 간담회를 갖고 이와 같은 일이 다시 발생하지 않도록 도지사가 잘 감독해달라는 의견을 도지사측에 전달해줄 것을 요구하고, 대신 경성부에서 제출한 2개 선의 도로 공사비 안을 통과시키기로 어느 정도 합의를 보았다.[184]

그러나 4월 30일 열린 부협의회에서는 예상외로 한만희 의원이 절대 부결론을 주장하고 나섰고, 부 당국의 태도가 아직도 선명치 못하다며 7명의 의원[한만희, 김사연, 예종석, 이인용, 이동선, 성송록(成松綠), 후지무라 다다스케(藤村忠助)]이 퇴장해 버렸다. 이에 의장은 당황하여 휴회를 선언했는데, 휴회 시간 동안 2, 3명이 또 돌아가 정원의 반수에 미달함으로써 결국 회의는 유회되고 말았다.[185] 5월 5일 경성부는 다시 부협의회를 소집했다. 이날 회의에서 반대파[후지무라 다다스케와 한만희]는 부에서 제출한 안건에 용지매수비가 제대로 계상되지 않았다는 점을 들어 수정하여 안을 제출할 것을 요구하였다. 그러나 이러한 의견에 찬성하는 이는 9명에 그쳐 이 안은 부결되었다. 이어서 부 당국이 제출한 안건에 대한 표결이 이루어졌다. 표결 결과는 13대 9로 가결이었다. 이로써 도로축조를 위한 9만 9,440원의 예산안이 가결되었다. 회의가 끝난 뒤 반대파 9명(한만희,

---

183 김동명, 2018, 앞의 글, 302~307쪽.

184 「道知事에 警告하고 新堂里問題解決乎 삼십일 본회의에서 의결된다 道路二線結局承認」, 『매일신보』, 1929.4.29.

185 「新堂里土地問題 又復紛糾再燃」, 『매일신보』, 1929.5.2.

김사연, 이동선, 이인용, 예종석, 정완규, 박영근, 성송록, 후지무라 다다스케)은 대책을 협의한 뒤 연대 사직하기로 결의하고 경성부에 사직서를 제출했다. 당시 부협의회는 결원이 4명이고, 가와이가 출석이 불가능한 상태여서 9명이 사직하면 정족수가 부족하게 되었다. 이후 경성부협의회는 두 달 동안 휴회에 들어갔다.[186]

부협의회를 사직한 9명의 부협의원은 사건의 진상을 알리기 위해 시민대회를 개최하기로 하고 경찰당국과 교섭하였으나 경찰은 이를 허가하지 않았다.[187] 경성부당국은 일단 사직서를 보류했다. 병으로 일본에서 요양 중이던 부윤 마쓰이 후사지로(松井房治郎)는 5월 8일 경성으로 돌아왔다. 이후 부윤은 세 차례에 걸쳐 사직 의원들을 면담하였다. 그는 과거의 일은 모두 잘못되었으니 용서해달라고 하고, 신당리 토지문제는 본회의에서 통과된 1노선의 원안 예산인 9만 9,440원으로 부민의 추가 부담 없이 2개의 노선을 모두 완공시키겠다고 약속했다. 그리하여 9명의 협의원은 모두 사직서를 철회하기로 하고, 5월 19일 사직 철회 성명서를 발표했다.[188] 이후 경성부는 도로 2선 신설공사에 착수했고, 도로가 준공된 이후 1931년 1월 시마는 잔금을 모두 경성부에 보내왔다. 이로써 신당리 토지문제는 일단락이 되었다.[189]

그런데 이와 같은 신당리 토지문제가 진행되는 과정에서 『중외일보』는 1929년 4월 30일자 신문의 사설을 통하여 이와 같은 문제가 발생한

---

186 김동명, 2018, 앞의 글, 312~316쪽.
187 「市民大會는 경찰이 금지 널리 여론을 이르킬 필요가 업다고 보고까지 금지할 듯 구부의원사직후문」, 『조선일보』, 1929.5.10.
188 김동명, 2018, 위의 글, 319~321쪽.
189 김동명, 2018, 위의 글, 321쪽.

것은 부정(府政)을 일개 부윤의 재단에 맡겼기 때문이라면서 부윤을 견제하기 위해 부협의회의 권한을 강화해야 한다고 주장했다. 즉 부협의회를 자문기관이 아닌 의결기관으로 만듦으로써 시민의 권익을 적극적으로 옹호할 수 있도록 해야 한다고 주장한 것이다.[190]

3) 대구부협의회의 주요 쟁점

대구부협의회에서는 조선인 거주지의 가로(街路)에 대한 차별대우가 주요 쟁점이 되었다. 『동아일보』는 1923년 12월에 기사를 통해 대구부의 조선인 거리의 실정을 다음과 같이 묘사했다.

> 대구에서 조선사람이 많이 사는 거리라 하면 남산정을 비롯하여 명치정, 덕산정, 봉산정, 신정, 달성정과 시장정이다. 이 모든 거리의 각종 시설을 보면 짐차 하나가 완전하게 지나갈 만한 도로가 없다. 비나 눈이 오는 때이면 진흙이 튀어오르며 하수구 하나 있지 않고 길가의 도랑이란 것은 비가 조금만 와도 길에 넘칠 뿐 아니라 항상 나는 악취는 지나다니는 사람의 코를 찌르며 우편함 하나가 없다. 편지를 부치려면 내왕 3, 40분이 걸려야 되고 또 가로전등은 볼 수가 없다.[191]

이와 같은 실정이었기 때문에 남산정에서는 진흥회를 조직하고 수차 대구부에 진정을 했으나 아무런 반응이 없었다고 한다. 대구부윤은 "조선

---

[190] 「(사설) 신당리토지문제와 府議制」, 『중외일보』, 1929.4.30.
[191] 「조선인 시민을 무시하는 대구부 당국의 태도」, 『동아일보』, 1923.12.20.

인 시가에 대한 정리와 시설은 어떻게 할 것인가"라는 기자의 질문에 "대구시가정리비 가운데 일부 들었으니, 거기만 따로 할 수는 없고 하면 다 같이 한다"고 무성의하게 답했을 뿐이었다.[192]

 이와 같은 상황이었기 때문에 1924년 2월 대구부협의회에서는 협의원 한익동이 "일선인(日鮮人)의 거주지는 그 시설의 차이가 너무 현격함은 다시 의논할 여지가 없는 터인즉, 이를 방치하고는 여하한 계획, 여하한 시설도 결국은 무의미하게 될 것이라. 부협의회원은 부이사자(府理事者)와 함께 조선인의 시가지가 과연 여하한 상태에 있는가를 한 번 실지로 조사 연구한 이후에 본 의사를 진행하기를 희망한다"고 발언하였다. 이에 대해 일본인 부협의원 나가이 유쿠타로(永井行太郞)는 "일본인의 시가지가 조선인의 부락에 비교하여 다소간 완비된 것은 많은 희생을 한 역사가 있는 것이라. 민단시대부터 일본거류민의 고심 노력으로 된 것으로, 부(府)의 원조는 실로 몇 분의 일이 되지 못한 터이라. 그 현격한 차이의 연유를 양해함을 바란다"고 다소 비웃듯이 말하자, 한익동은 다시 "우리는 과거를 의논코자 함이 아니라 다만 현재를 기준으로 장래의 이상을 논의하는 차제에 전 대구를 보아 기형적 차이가 없기를 희망함이다"라고 반박했다. 이에 일본인들이 다시 들고 일어나, 다케오 데조(武尾禎藏)는 "일선(日鮮)을 구별함은 온당치 못한 의론이며, 이러한 의론은 마땅히 의장의 직권으로 제재하기를 희망한다"고 주장했다. 이에 다시 한익동이 발언하려 하자 하타모토(旗本)는 돌연 자리에서 일어나 일본어로 '바가(바보)'라고 소리를 지르며 욕설을 연발하여 회의장은 소란해지고, 한익동은 이에 대해 의회법도 알지 못하는 의원은 퇴장시켜야 한다고 하자, 하타모토는

---

192 앞의 글, 『동아일보』, 1923.12.20

한익동과 격투를 벌이려 하여 의장이 의장석에서 내려와 겨우 뜯어말렸다고 한다. 이후 대구부에서 제출한 도로개설안에 대해 남산정에서 선출된 정용기, 서기하가 "예정된 도로선이 하나도 조선인 거주지인 남산정을 통과하지 않음은 유감"이라면서, 새로 도로를 개설하기 어렵다면 기존의 도로를 조금이라도 연장해달라고 요청하였으나 대구부측에서는 별 반응이 없었고, 대구부에서 제출한 도로개설 안건은 원안 그대로 통과되었다.[193]

이에 『동아일보』는 사설을 통해 "원래 조선은 농업국이다. 따라서 국비의 대부분은 농민을 위하여 소비되어야 할 것이오. 도시를 조선인의 요구 이상으로 인위적으로 팽창시킴은 극히 부자연, 불합리, 불건전한 일이다. 도시는 상공업의 발달을 따라 자연적으로 생장케 할 것이오. 결코 인위적으로 작성할 것이 아니니, 이리 함은 재래의 주민(조선인)의 경제력을 파괴할 결과를 낳는 것이다. 그러면 어찌 하야 조선의 국비는 도시와 도시에 관계되는 대도로의 건설에 대부분을 투자하게 되는가, 그것은 일본인에게 이익이 되는 까닭이다"라고 지적하였다.[194]

또 『동아일보』에 실린 한 독자의 글은 "부협의회는 부민이 선거한 대표자가 부정(府政)에 대하야 협의하는 기관이라 한다. 이름은 매우 좋다. 그러나 이 회의 내용을 보면 주민의 대다수가 조선인임을 불구하고 소위 대표자는 대다수 일본인이다. 이러한 형세하에 있으니 원래 조선인의 이익을 근본적으로 토의할 수 없을 것은 누구나 시인하는 바이다"라면서 부

---

193 「日鮮의원의 의사충돌로 대구부의 소란. 시가지정리비 토의 중」, 『동아일보』, 1924.2.7.
194 「(사설) 도시정책」, 『동아일보』, 1924.2.8.

협의회의 한계를 지적하였다. 이 글은 또 "대구부협의회 석상에서 한(韓) 군은 하타모토(旗本)에게 욕설을 들었다. 한군은 조선인 시민이 선거한 대표, 하타모토는 일본인이 선거한 대표, 한군은 조선인 대표로 욕을 먹었고, 하타모토는 일본인 대표로 욕을 하였다. 그러고 본즉 모욕을 당하기는 확실히 대구 조선인 시민 전체가 당한 것이다. 아! 모욕을 당한 대구부민! 그 욕을 당하고도 참고 견디지 않으면 안 될 운명에 있는 조선인! 나는 다만 그때에 조선인 협의원이란 자가 하타모토의 징벌 동의도 한마디 하지 않고, 그 욕설을 묵인한 것이며, 연몌(連袂) 퇴장이라도 하여서 조선인의 기개를 보이지 못하였음이 유감이라고 생각한다"고 하여, 하타모토는 대구의 조선인 전체에 대해 욕설을 한 것이라고 비난하였다.[195]

한편 대구부협의회에서는 대구도시계획 문제를 둘러싸고 계속 논란이 거듭되다가 1924년 3월에 이르러 조선인 거리에도 도로를 확장하기로 의견이 모아져서, 3월 16일 부협의회에서는 명치정에서 대구시장으로 통하는 길과, 본정에서 횡정으로 통하는 길을 중심으로 도로를 확장하는 동시에, 정거장 앞 8간 도로를 12간으로 확장하는 계획을 중지하고 그 예산으로 조선인 시가지의 정리를 실행하기로 결정하였다. 이에 대해서는 일본인 의원들도 반대가 없었다. 그런데 4월 30일 열린 부협의회에서 부청측은 돌연 이 계획을 변경하여 굳이 필요하지 않은 8간 도로를 수리하는 데 대부분의 비용을 들이고, 명치정과 본정 도로의 예정선을 변경하여 촌상정과 궁정, 동성정의 도로를 연장하는 안을 내놓았고, 이는 일본인 부협의원들의 찬성으로 통과되었다. 이에 따라 조선인 시가지의 정리는 사실상 불가능하게 되었다. 당시 조선인 협의원들의 반대가 격렬하였지만,

---

195 「(자유종) 모욕당한 조선시민」, 『동아일보』, 1924.2.11.

12:8로 일본인 협의원들이 많았기 때문에 조선인 협의원들은 이를 막지 못하였다.[196]

이에 조선인 부협의원들은 조선인 유지대회를 소집하여 부청측의 횡포에 맞서고자 하였다. 6월 9일 대구 만경관에서는 유지대회가 열려 5,60명이 참석하였다. 서상일이 먼저 등단하여 유지대회를 연 취지와 그간의 경과를 설명하였다. 이어서 부협의원인 서병조가 등단하여 대구부윤에게 항의한 경과를 설명하였다. 이후 장시간 토의를 거쳐 참석자들은 원안대로 다시 통과시켜 줄 것을 요구하고, 만일 받아들여지지 않는 경우에는 부청의 경상비라도 지출하여 5년 이내에 본래 계획했던 남북 2개 선의 도로를 개설하도록 부청에 교섭하여 목적을 관철하기로 결의하고 산회하였다.[197] 그러나 이후에도 부청의 이렇다 할 반응이 없자, 부협의원 한익동과 대구상업회의소 평의원 서상일은 각각 사표를 제출하였다. 한익동은 부협의원으로서 제 역할을 하지 못했다는 이유로, 서상일은 무슨 공직이든지 조선인에게 아무런 의미가 없다는 이유로 사표를 제출했다고 한다.[198]

4) 평양부협의회의 주요 쟁점

평양부의 경우에도 일본인 시가지와 조선인 시가지가 구분되어 있었

---

196 「편협한 대구부당국 시가지정리계획에 대하야 조선인시가는 눈에 두지도 않고 협의원회의 결의와 여론을 무시」, 『조선일보』, 1924.5.9.
197 「悲憤한 語調로 목적관철을 절규, 대구조선인사가 도로문제로 조선인유지대회를 열고 결의」, 『조선일보』, 1924.6.11.
198 「대구부협의원 사표 제출 동기는 8간 도로 문제」, 『동아일보』, 1924.7.11.

는데, 두 시가지의 시설상의 차이로 인하여 평양의 조선인들은 큰 불만을 갖고 있었다. 1923년 『동아일보』는 다음과 같이 이에 대해 쓰고 있다.

> 평양에서 구시가는 점점 피폐하되 신시가는 점차 흥왕한다. 모든 기관이 신시가를 중심으로 하여 있고, 교통이 편리하며, 또한 공직자를 일본인으로써 중심을 삼나니, 부협의원과 같은 자도 총원 20인 중 일본인이 13인이오, 인구수로 3배나 되는 조선인 의원은 단지 7인뿐이며, 상업회의소도 조선인 의원은 일본인의 3분의 1밖에 안 된다. 평양에서 일본인을 주(主)로 하고, 조선인을 종(從)으로 함은 평양상의(平壤商議) 고장(古莊) 씨의 말뿐 아니라 사실이 증명하는 바이다. 도청, 부청, 자혜의원, 재판소 등은 본래 구시가지에 존재하던 것을 어찌하여 점차점차 신시가로 이전하였는가. 상업회의소, 공회당, 정거장, 대동강철교 등 모든 기관은 어찌하여 신시가만 중심으로 설시(設施)하였는가. 2만 원의 거액을 들여 신설하는 부영(府營) 격리병사는 일본인 시가에만 편리하게 되고 겨우 1천 3백 원의 비용으로 조선인을 위하야 구제사업을 한다는 실비(實費)진료소가 아직도 개원을 못함은 여하한 사고(事故)인가. 대동강 가교와 같은 것도 제종(諸種)의 변명이 많지만은 신시가를 중심으로 하야 가설함이 사실이요, 이것이 개통되는 날에는 구시가가 더욱 암담케 될 것이 사실이라. 구시가 시민된 자가 당국에 대하야 어찌 불평을 품지 않겠는가. 정거장을 일차 왕래할 시나 자혜의원이나 재판소에 일차 왕래를 할 시 근 십리나 떨어진 구시가 시민의 고통이 여하하며, 따라서 원성을 발하지 않을 수 있겠는가.[199]

---

[199] 「平壤時話 평양의 구시가 시민의 불평」, 『동아일보』, 1923.3.20.

즉 모든 주요 관공서, 병원시설 등이 신시가지로 옮겨가고 있었고, 심지어 대동강 철교까지도 신시가지 쪽으로 내고 있었다. 그러나 평양 부협의원은 일본인이 13인, 조선인은 7인에 불과하였다. 1923년 4월 평양부협의회의 조선인 협의원은 신시가지와 구시가지의 도로 차별에 대해 불만을 터뜨렸다. 당시 평양 신시가지의 도로는 하수도도 완전할 뿐 아니라 길도 넓고 보도와 차도를 구별하여 화강석으로 쌓았으므로 다니기에도 편리하고 위험한 일도 없었지만, 구시가의 도로는 길도 좁고 보도와 차도도 구별하지 않아 통행하기가 곤란하고 위험도 많았다. 이에 부협의원 강병옥은 구 시가지에도 보도와 차도를 구별해달라고 강력히 주장했다. 이에 부협의회는 조사위원을 선정하여 추후 보고를 받기로 했다.[200]

이에 따라 5명의 위원이 선정되었고(일본인 3명, 조선인 2명), 이들은 현장 조사를 한 뒤 상의한 끝에 도로개수가 필요하다는 데 의견을 모았다. 그리하여 도로에 전차길 3간, 차도 양측에 1간씩, 보도 양측에 1간반씩을 낸다는 데 어느 정도 합의하였다.[201] 그러나 위원 가운데 한 사람인 이치야나기(一柳)라는 의원은 구시가지의 좁은 길에 보도와 차도를 구별하면 길이 더욱 좁아지기 때문에 안 된다고 극구 반대하고 나섰다. 평양 부윤 미야다테(宮館)은 보도와 차도를 구별하는 것은 좋은 일이지만 돈이 없어서 어찌 될지 모르겠다는 소극적인 태도를 보였다.[202] 결국 이 문제는 흐지부지되고 말았다.

평양부협의회에서 가장 주요하게 다루어진 문제는 전기요금과 전기

---

200 「평양시가의 대차별, 신시가와 구시가의 도로차별, 부협의원이 협의회에서 통론」, 『동아일보』, 1923.4.5.
201 「평양부협의회」, 『조선일보』, 1923.4.17.
202 「도로개수문제로 평양민심 격분, 부윤도 찬성은 한다」, 『동아일보』, 1923.4.18.

부영화 문제였다. 이 문제는 당시 각 부(府)에서 모두 주요하게 다루어졌는데, 여기에서는 1920년대 전기부영화에 유일하게 성공한 평양의 사례를 들어보기로 한다.[203] 평양에서는 1911년 평양전기주식회사가 창립되면서 전기사업이 시작되었다. 화력발전소로 시작하였으며, 처음에는 전기 수요가 수천 등(燈)에 그쳤지만, 1914년 1차 세계대전 발발 이후 급증하여 1만2천 등이 되었고, 야간만이 아니라 주간에도 전기를 공급하기 시작하였다. 평양 부근에는 무연탄이 무진장 매장되어 있었고, 대동강을 이용한 발전도 가능하여 전기사업을 하려는 이들이 더 나타났다. 그리하여 1919년 동양척식주식회사가 세운 조선전기흥업주식회사가 등장하였다. 이 회사는 처음에는 가스를 이용한 발전을 도모했지만, 곧 무연탄을 이용한 발전으로 방향을 바꾸었다.[204] 평양전기는 1920년 500kw, 1922년 1,500kw의 발전설비를 갖추었다. 반면에 조선전기흥업은 창립 후 곧 6,500kw의 발전설비를 갖추었다. 이에 따라 1925년 이후 평양전기회사는 발전을 중지하고 조선전기흥업으로부터 전력을 공급받아 각 수용가에 공급하는 데 그쳤다. 양사는 전기 공급의 구역을 조정하여 100마력 이상의 대규모 전력 공급은 조선전기흥업이 담당하고, 100마력 미만의 전력 공급은 평양전기가 담당하기로 하였다.[205]

평양은 당시 서북지방의 대표적인 공업도시로서 전매국 연초제조창, 대일본제당회사 평양공장, 오노다시멘트 평양공장, 산십제사 평양공장

---

[203] 이에 대해서는 다음의 논문을 참조. 김경림, 1996, 「1920년대 전기사업 부영화운동 - 평양전기 부영화를 중심으로 -」, 『백산학보』 46, 백산학회; 이다솜, 2017, 「1926년 평양전기주식회사 전기요금 인하운동」(성균관대 사학과 석사논문)

[204] 평양상업회의소편, 1927, 『平壤全誌』, 평양상업회의소, 529~530쪽.

[205] 평양상업회의소편, 1927, 위의 책, 531쪽.

등이 설립되었다. 또 조선인에 의해 정미소, 양조장, 고무신공장, 메리야쓰 공장 등이 들어서 있었다.[206] 따라서 다른 지역보다 공업용 전력의 수요가 많았다. 평양뿐 아니라 전국의 주요 도시에서 전기의 수요와 보급이 늘어나면서 1920년대 중반에는 각 도시에서 전기요금의 인하를 요구하는 운동이 일어났다. 당시 조선의 전기요금은 1911년에 제정된 「전기사업취체규칙」에 따라 인가제를 채용하여 2~5년의 유효기간을 두고 기간이 완료되면 다시 요금을 정하게 되어 있었다. 즉 전기사업에서는 1지역 1사업주의라는 독점을 인정해 주는 대신, 요금 인가제를 채택하고 있었던 것이다.[207]

당시 조선의 전기 공급가격은 68전에서 1원 5전 사이로 10촉광에 평균 90전이었다. 따라서 10촉광 평균 68전 8리였던 일본보다 비쌌다. 그것은 조선의 전기가 주로 수력발전이 아닌 화력발전에 의존하고 있었기 때문이다. 평양의 전기요금은 1923년 6월 85전, 1925년 6월 80전으로 계속 인하되고 있었다. 그런데 평양전기는 1925년 12월 계약만기가 된 30마력 이상, 100마력 이하의 전기를 사용하는 업자들에게 계약 갱신 시 전기요금을 이전보다 20%나 인상하려 하였다. 이에 대해 업자들, 특히 정미업자들은 반발하면서 요금인하를 요구하기 시작하였다.[208]

이들 정미업자들은 자신들의 교섭력을 강화하기 위해 1926년 2월 6일 '전기가하(電氣價下)기성회'를 조직했다. 이들은 전기요금 문제를 논의하기 위한 시민대회를 개최할 것, 전기는 관영으로 하고 요금을 인하할

---

206 김경림, 1996, 앞의 글, 386~387쪽.
207 김경림, 1996, 위의 글, 389쪽.
208 이다솜, 2017, 앞의 글, 7~8쪽.

것 등을 논의하였다. 2월 14일 이들은 평양 시내에 전단을 배포했다. 전단의 내용은 조선전흥으로부터 직접 전기를 구매하지 않고 '브로커'인 평양전기를 통해 전기를 공급받는 구조를 없애고, 전기의 실질적 생산자인 조선전흥으로부터 직접 전기를 구매할 것을 주장했다. 2월 15일 평양공회당에서 이들은 이장(里長), 정장(町長)들까지 모아놓고 논의를 확대시켜, 결국 전기의 배급사업을 부영(府營)으로 하는 문제를 의논하였다. 2월 16일 평양공회당에서는 다시 공직자와 지역의 유력자들이 모여 '전등부영전력치하(電燈府營電力値下)기성회'를 조직했다. 그러나 3월 12일 열린 기성회 회의에서는 일단 부영화 문제는 접어두고 전기요금 인하문제에 더 치중하기로 했다. 이에 따라 기성회의 이름도 '전기치하(電氣値下)기성회'로 바뀌었다. 운동의 목적을 단순화하기 위해서였을 것이다.[209]

평양전기주식회사는 요금 인하를 계속 거부했고, 전기치하기성회는 시민대회를 열어 요금인하를 요구하고, 평양시민 2천여 명이 서명한 전기요금인하 청원서를 총독에게 제출하였다. 그러나 평양전기회사는 4원 50전 이상 요금지불을 거부한 자에 대해 소등을 단행하고 동력요금 정체자에 대해서도 송전을 정지하였다. 이에 평양부윤 마쓰이 신스케(松井信助)가 결국 이 문제에 개입하였다. 그는 회사와 기성회 간의 타협 조정에 나섰다. 3월 27일 평양부협의회도 사안의 중대성을 감안하여 '평양전기조사회'를 구성하여 이 문제에 개입하였다. 부협의회 내의 조사회는 평양전기회사의 영업실적이 매우 양호한 상태이며, 전등 수용가가 증가하고 있어 앞으로의 영업 전망도 좋다는 것을 확인했다.[210] 조사회는 수개월에

---

209 이다솜, 2017, 앞의 글, 14~19쪽.
210 김경림, 1996, 앞의 글, 393~395쪽.

걸친 조사 끝에 문제의 근본 해결은 사업의 성질상 전기사업을 공영으로 하는 길밖에 없다고 보고 부영화를 결정하는 결의서를 채택했으며, 부윤에게 속히 이를 결행할 것을 요구했다. 마쓰이 부윤도 이에 동의하는 성명서를 발표했다.[211] 이에 따라 7월 3일 열린 부협의회에서는 부영화의 방침을 가결시켰다.[212]

평양전기의 부영화 방침은 평양전기회사측에 통고되었고, 상황이 이렇게 되자 평양전기회사도 결국 이를 승낙하게 되었다. 이에 따라 평양부와 평양전기회사 간의 7월 9일 회사의 매도에 대해 합의를 하고, 구체적인 매도 주건에 대한 협상이 시작되었다.[213] 평양부협의회는 그해 11월 15일 회의를 열고, 전기사업 매수를 위한 예산으로 142만 원을 계상하고, 이를 기채로써 충용하겠다는 평양부측의 안건을 통과시켰다.[214] 마쓰이 평양부윤은 경성에 올라가 총독부, 식산은행과 교섭하여 기채문제를 협의했고, 평양부협의회에서는 공채 조령(條令) 자문안을 승인했다.[215] 평양부와 평양전기회사 간의 회사 매도 교섭은 이후 계속되어 1926년 11월 9일 매수액에 대한 합의가 이루어져 가계약이 체결되었다. 그리고 1927년 2월 14일 총독부에서 허가가 나옴으로써 평양부의 평양전기 매수는 완료되었다.[216]

이상에서 살핀 것처럼 평양부의 평양전기회사 매수와 부영화는 처음

---

211 평양상업회의소편, 1927, 앞의 책, 532쪽.
212 「평전회사에 정식으로 통첩, 부영에 양도하라고, 부협의원 임시총회의결」, 『동아일보』, 1926.7.5.
213 김경림, 1996, 앞의 글, 396쪽.
214 「평양부협의회 제문제 토의」, 『조선일보』, 1926.11.17.
215 「조선에서 효시인 公債條令 발표, 평전매수에 대한 지방공채, 평양부협의회 발표」, 『동아일보』, 1926.12.16.
216 김경림, 1996, 위의 글, 402~403쪽.

에는 전기요금 인하문제에서 발단하여 결국 부영화로까지 발전한 것이었고, 부영화의 결정 과정에서는 부협의회의 조사회가 상당한 역할을 하였음을 알 수 있다. 평양전기의 부영화는 일본인과 조선인 상공업자들, 그리고 부협의원들이 주도한 것이라 할 수 있는데, 이에 참여한 조선인들 가운데에는 김동원, 김성업, 김병연 등 동우회 회원들도 있었다.[217]

당시 전국적으로 보면, 평양만 아니라 경성·부산·대구·함흥·신의주·청진·원산·진남포·목포 등 여러 부에서 전기사업의 공영화 논의가 있었다. 그러나 이들 지역에서의 전기공영화는 모두 실패하였고 평양부의 경우만 성공할 수 있었다. 그것은 평양이 부영화를 성공시킨 1920년대 중반에는 아직 총독부나 일본정부가 조선 전기에 대한 구체적인 정책이나 방침을 세우지 않은 때였고, 평양의 전기회사는 지역 자본가들이 만든 것이었지만, 경성전기회사와 같은 경우에는 일본의 경제실력자인 시부자와 에이치(澁澤榮一)가 회장을 맡고 있었다는 차이도 있었기 때문이다.[218]

---

217 주동빈, 2023, 「일제하 평양부 '개발'과 조선인 엘리트의 '지역정치'」(고려대 한국사학과 박사논문), 162~163쪽.

218 김제정, 2000, 「1930년대 초반 경성지역 전기사업 부영화 운동」, 『한국사론』 43, 서울대 국사학과, 147쪽.

제6장
1920년대 면협의회의 구성과 운영

1. 면협의회원의 선거와 임명과정

1) 통계로 본 1920년대 면협의회원의 선거 결과

1920년대 면협의회원은 지정면의 경우에는 선거를 통해, 보통면의 경우에는 면의 추천을 통해 군수가 임명하도록 되어 있었다. 지정면은 1917년「면제」제정 당시에 만들어진 제도로서, 도청소재지, 군사도시, 철도연선도시, 어항, 종전의 개항장과 같은 전통적인 도시나 신흥도시와 같은 주요 도회지로서, 일본인들이 많이 거주하는 23개 면이 지정면이 되었다. 23개 지정면 가운데 19개 면의 면장은 일본인이었다.[1]

조선총독부는 1920년「면제」와「면제시행규칙」을 개정하면서 지정면에 황해도 황주군 겸이포면을 하나 더 추가하여, 지정면은 24개가 되었다. 지정면은 그 뒤 선거가 있었던 해인 1923년에는 24개, 1926년에는 41개, 1929년에는 43개였다. 지정면의 면협의원 정원은 1920년 256명, 1923년 270명, 1926년 488명, 1929년 512명이었다.

〈표 6-1〉 1929년 각 도별 지정면

도별	지정면	개수
경기도	수원, 송도, 영등포	3
충청북도	청주, 충주	2

1　손정목, 1992,『한국지방제도·자치사연구(상) - 갑오경장~일제강점기 -』, 일지사, 166쪽.

도별	지정면	개수
충청남도	공주, 대전, 조치원, 천안, 강경	5
전라북도	전주, 익산, 정읍	3
전라남도	광주, 여수, 제주	3
경상북도	김천, 포항, 경주, 안동, 상주	5
경상남도	진주, 진해, 통영, 밀양, 동래	5
황해도	해주, 사리원, 겸이포	3
평안남도	안주	1
평안북도	의주, 정주, 선천, 강계	4
강원도	춘천, 강릉, 철원	3
함경남도	함흥, 북청	2
함경북도	나남, 성진, 회령, 웅기	4

출전: 『부제개정제령안(1930)』 (아시아역사자료센터 A14100216100) 중 「지방제도개정안참고서」.

1929년의 43개 지정면을 도별로 보면 〈표 6-1〉과 같다. 이를 보면, 경상북도와 경상남도가 5개씩으로 가장 많고, 평안남도가 1개로 가장 적다.

〈표 6-2〉 1920년대 지정면 선거 결과

		1920년		1923년		1926년		1929년	
지정면의 수		24		24		41		43	
면협의원의 정원		256		270		488		480	
당선자	일본인	130	51%	152	57%	243	50%	239	50%
	조선인	126	49%	114	43%	245	50%	241	50%

		1920년		1923년		1926년		1929년	
현주 인구	일본인							78,978	13%
	조선인							537,536	87%
	계							616,514	
유권자	일본인	1,399	46%	3,832	48%	6,231	43%	7,781	44%
	조선인	1,633	54%	4,149	52%	8,234	57%	9,836	56%
	계	3,033		7,981		14,465		17,617	
투표자	일본인	1,224	51%	3,332	55%	5,450	48%	6,950	46%
	조선인	1,198	49%	2,707	45%	5,885	52%	8,082	54%
	계	2,422		6,039		11,335		15,032	
투표율	일본인	87%		87%		87%		89%	
	조선인	73%		65%		71%		82%	

출전: 『부제개정제령안(1930)』 중 「지방제도개정안참고서」

비고: 1929년의 면협의원 정원과 이하 숫자는 강경(정원 10명), 겸이포(정원 12명), 청주(정원 10명)가 제외된 것임.

〈표 6-2〉에서 보면, 지정면의 경우 조선인 유권자가 일본인 유권자보다 약 10% 정도 많았음을 알 수 있다. 투표자 수는 1920년대 전반에는 일본인이 더 많았고, 1920년대 후반에는 조선인이 더 많았다. 그것은 1920년대 전반에는 조선인의 투표율이 일본인의 투표율보다 크게 낮았고, 1929년에 이르러서야 조선인의 투표율이 82%, 일본인의 투표율이 89%로 어느 정도 비슷하게 되어갔기 때문이다. 결과적으로 당선자의 수도 1920년대 전반에는 일본인이 더 많았고, 1920년대 후반에는 50대 50으로 거의 비슷하게 되었음을 알 수 있다.

〈표 6-3〉 1920년대 보통면 면협의원 임명 상황

		1920년	1923년	1926년
면수		2,483	2,460	2,457
면협의원수	일본인	526	633	727
	조선인	23,380	23,203	23,444
	계	23,906	23,836	24,171
면협의원비율	일본인	0.022	0.027	0.030
	조선인	0.978	0.973	0.970

출전: 『부제개정제령안(1930)』 중 「지방제도개정안참고서」

〈표 6-3〉은 1920년대 지정면이 아닌 보통면에서의 면협의원 임명 상황을 보여 준다. 이에 따르면, 1920년에는 일본인이 526명, 조선인이 2만 3,380명, 1923년에는 일본인이 633명, 조선인이 2만 3,203명, 1926년에는 일본인이 727명, 조선인이 2만 3,444명이었다. 1929년의 경우에는 통계가 없어 확인하지 못했다. 이를 보면 보통면의 경우 일본인 면협의원은 2~3%에 그쳤고, 조선인이 97~98%를 차지했음을 알 수 있다. 보통면에는 일본인이 거의 거주하지 않았기 때문에 이런 결과가 나온 것이었다.

2) 1920년대 면협의회원의 선거와 임명 과정

1920년의 면협의원의 선거에 대해서는 앞서 제3장에서 살핀 바 있기 때문에, 여기에서는 1923년, 1926년, 1929년 지정면의 선거와 보통면에서의 임명상황에 대해 살펴보기로 한다.

(1) 1923년의 선거와 임명

1923년 지정면협의원 선거를 앞두고 지정면 중의 하나인 통영 주재 『동아일보』기자는 칼럼을 통해 이에 대한 자신의 소견을 밝혔다. 그는 면협의회는 면 세출입예산에 대한 면장의 자문기관에 불과한 것으로 그 인선도 민중의 선거가 아니라 재산이 있는 유권자들의 선거에 의한 것이어서 민중적인 것이 될 수 없고, 지정면의 경우 면장이 대부분 관선 일본인이고, 면협의원도 대부분 일본인으로 구성되면 조선인들의 의사는 거의 반영되지 않을 것이라고 우려하였다. 따라서 그는 조선인들 가운데에서도 면의 행정과 지방 사정에 대해 어느 정도 통달한 이들이 면협의원 선거에 출마할 것을 종용하였다.[2]

1923년 11월 20일 지정면 선거가 다가오자 몇몇 면에서 시민대회를 열어 '예비후보'(혹은'공인후보')를 정하려는 움직임이 나타났다. 충남 강경에서는 11월 4일 강경청년회·금강진흥회·노동친목회·강경구락부·숙옥조합(宿屋組合) 등 여러 단체에서 시민대회를 열어 면협의원 후보자를 선출하기로 하였고, 이날 시민대회에서는 6인의 면협의원 예비후보자를 선출하였다.[3] 20일 선거에서는 이들 가운데 2명이 당선되었고, 조선인 비예비후보 2명도 당선되었다. 일본인 후보는 6명이 당선되었다.[4] 경남 통영에서도 신망과 자격이 있는 인물을 뽑기 위해 구장회의와 유권자회의를 개최하기로 했다. 이에 따라 8일 통영청년단 회관에서 유권자 24인이

---

2 통영지국 일기자, 「統營漫筆 – 面議員選擧에 就하야」, 『동아일보』, 1923.11.16.
3 「강경시민대회 예정」, 『조선일보』, 1923.11.3; 「강경시민대회 後報」, 『조선일보』, 1923.11.9.
4 「각 협의원 선거 상황」, 『조선일보』, 1923.11.24.

참석한 가운데 유권자회의를 열고, 8인을 면협의원 후보로 선출했다.[5] 경북 김천에서도 11월 4일 김천면협의회 예선대회가 열려 100여 명이 모여서 면협의원 후보자 8인을 뽑았다.[6] 함남 함흥면에서도 11월 13일 각 구장과 유지 20여 명이 모여서 조선인 면협의원 예비후보자 11명을 선출했다.[7] 이 가운데 5명이 당선되었고, 비예비후보 4명이 당선되었고, 일본인 후보로는 5명이 당선되었다.[8] 함북 성진군 성진면에서는 특별한 움직임이 없다가 18일 돌연 성진청년회에서 회장과 부회장을 면협의원 적임자라고 크게 쓴 게시물을 시내 여러 곳에 게시하였고, 성진공립보통학교 교우회에서도 전 간사장을 역시 추천하는 게시물을 여러 곳에 게시했다. 또 음식점조합, 여인숙조합 등도 후보를 추천하였다. 20일 면사무소에서 투표가 이루어졌고, 개표 결과 성진청년회와 성진공보 교우회에서 추천한 이들은 모두 당선되었다.[9]

하지만 지정면 가운데 예비후보자를 미리 선출하지 못한 곳이 더 많았던 것으로 보인다. 전남 광주군 광주면에서는 광주청년회원 등 일반 청년들이 면협의원 선거를 '유희시(遊戱視)'하여 예비선거 같은 것은 없었다. 이에 따라 11월 20일 광주면사무소에서 유권자들이 참여하여 선거가 행해졌는데, 일본인 후보 7명은 모두 당선되었고, 조선인 가운데에서

---

5 「면협의 유권자 공개」, 『동아일보』, 1923.11.6; 「面議 유권자회」, 『동아일보』, 1923.11.12.
6 「김천시민의 활동」, 『동아일보』, 1923.11.6.
7 「함흥면의 후보 선거」, 『동아일보』, 1923.11.16.
8 「각협의원 선거 상황」, 『조선일보』, 1923.11.24.
9 「각협의원 선거 상황」, 『조선일보』, 1923.11.28.

는 5명이 당선되었다.[10] 경남 진주군 진주면에서는 면협의원 선거를 20일 면사무소에서 실시하였다. 그런데 각 동의 구장이 유권자들을 찾아다니면서 "이 동네는 아무개가 결정되었으니 그에게 투표하라"고 종용하고 다녔다 한다. 이에 유권자들은 항의를 하였고, 구장들은 부면장이 시킨 것이라고 변명했다고 한다.[11]

그러면 보통면에서는 어떤 과정을 거쳐 면협의원이 추천, 임명되었을까. 1920년의 경우에 대해서는 앞서 제3장에서 살펴보았듯이 도별로 다양한 방법이 동원되었지만, 대체로 보면 면사무소가 주재하는 마을의 유력자나 주민들의 회의에서 추천 혹은 투표에 의해 선정된 이들이 면장의 추천을 거쳐 군수에 의해 임명된 것으로 보인다.[12]

1923년의 경우는 어떠하였을까. 이 해에는 지정면뿐만 아니라 보통면에서도 여론수렴의 수단으로서 선거가 행해진 곳이 많았던 것으로 보인다. 예를 들어 경기도 부천에서도 1, 2, 3구로 나누어 면협의원 선출이 진행되어 제1구에서는 일본인 2명, 제2구에서는 조선인 2명, 제3구에서는 조선인 3명을 선출했다.[13] 평북 선천군에서도 선천면 외의 보통면에서는 11월 12일부터 15일까지 나흘간 각 면에서 유권자들이 모여서 투표로 면협의원을 선출하고, 이들을 대상으로 군수가 면협의원을 임명하기로 했다.[14]

황해도 재령군 재령면에서도 면협의원을 선거하기 위해 각 리를 10개

---

10 「7인 대 5인, 광주=정원12명」, 『동아일보』, 1923.11.22.
11 「피선자를 지정한 면협의원 투표법, 일반은 불평과 의심 중」, 『조선일보』, 1923.11.19.
12 이 책 제3장 303~309쪽을 참조할 것.
13 「면협의원 후보자 선정」, 『조선일보』, 1923.11.12.
14 「면협의원 선거」, 『조선일보』, 1923.11.15.

구로 나누어 유권자(25세 이상의 남자로 부과금 5원 이상 납부자)들이 모여 1구에 1인씩 선출했다고 한다.[15] 경기도 안성군 읍내면에서는 11월 9일 유권자 56인 중 35인과 면내 유지들이 모여서 무기명으로 투표하여 면협의원을 선거하였다.[16] 평남 중화군 중화면에서는 11월 12일 면사무소에서 유권자 백여 명이 모여 면협의원 투표를 하였다고 한다.[17] 경기도 안성군 읍내면에서는 11월 9일 유권자 56인 중 35인과 면내 유지들이 모여서 무기명 투표로 면협의원 10명을 선출했다.[18]

경북 칠곡군 관내 9개 면에서는 면별로 유권자들이 모여 면협의원을 각 면에서 8~10명씩 선출했다.[19] 충남 청양군 청양면에서는 15일 면사무소에서 면협의원 선거를 행하였는데, 유권자 71인 중 약 반수만 출석하여 구두 호선으로 10인을 선출했다.[20] 경기도 이천군 읍내면에서는 읍내면을 6개 구로 나누어 15~17일 사이 3일에 걸쳐 면협의원 투표를 무기명식으로 진행하여 10명을 선출했다.[21] 평북 선천에서도 지정면인 선천면 이외의 8개 보통면에 군 직원을 파견하여 유권자들을 각 면사무소에 소집하여 82명의 면협의원 후보자를 선출한 뒤, 군에서 이를 신중히 검토하여 20일자로 임명했다고 한다.[22] 경남 밀양군에서도 지정면인 밀양면 외에

---

15 「재령 面議 選擧期」, 『동아일보』, 1923.11.16.
16 「안성읍내면협의원」, 『동아일보』, 1923.11.16.
17 「중화면 협의원 선거」, 『동아일보』, 1923.11.16.
18 「안성읍내 면협의원」, 『동아일보』, 1923.11.16.
19 「칠곡군 면협의원 선거」, 『조선일보』, 1923.11.18.
20 「청양면협의원 선거」, 『동아일보』, 1923.11.20.
21 「利川」, 『동아일보』, 1923.11.22.
22 「각지 선거, 선천 각 면선거, 8면 82인」, 『동아일보』, 1923.11.24.

다른 면에서는 면장이 각 리에 출장하여 유권자들을 각 리 구장 집에 소집하여 적임의 후보자를 투표로 뽑게 한 뒤, 이들을 검토하여 11월 20일자로 면협의원에 임명했다고 한다.[23]

그러면 이와 같은 보통면에서의 면협의원 선거는 어떤 과정을 거쳐 가능하게 되었을까. 경북 예천군의 경우 면협의원 '예선(豫先)투표'를 11월 10일부터 말일까지 진행했는데, 이는 예천군에서 면협의원의 자질을 향상시킨다는 취지에서 도 당국의 승인을 얻어 진행했다고 한다.[24] 즉 몇몇 군에서 유권자들의 선거를 통해 면협의원을 선출하여 이들의 임명 여부를 검토한 뒤 임명한 것은 도 당국의 승인이라는 절차가 먼저 있었기에 가능하였던 것이다.

그러면 보통면 가운데 투표를 통해 면협의원을 선출한 곳의 비중은 얼마나 되었을까. 이에 대해서는 통계가 없어 정확히 알 수 없다. 투표가 행해지지 않은 경우에는 1920년의 경우처럼 면사무소가 주재하는 마을의 유력자나 주민, 특히 유권자들의 회의에서 구두추천 내지는 권점법을 이용하여 후보자를 뽑았을 것이다. 1920년의 경우에도 권점법을 이용한 경우가 많았는데 이와 같은 권점법을 이용한 사실상의 투표가 이루어진 곳은 더 늘어났을 가능성이 있다.

이상에서 살핀 것처럼 1923년의 면협의원 선거에서 지정면의 경우에는 여러 곳에서 유지들이 나서서 유권자대회를 열어 공인후보를 선출한 뒤 본 선거를 치른 곳이 많았는데, 이는 당시 부협의회 선거에서 나타나고 있던 공인후보 선출 붐에 영향을 받은 것으로 보인다. 보통면의 경우

---

23 「밀양 각면협의원 선거」, 『조선일보』, 1923.12.17.
24 「각 협의원 선거상황」, 『조선일보』, 1923.12.2.

에도 여론을 수렴하기 위해 유권자와 유지들을 면사무소에 모으거나, 각 동리에서 유권자들의 투표 내지는 권점법, 구두추천 등을 통하여 대부분의 면협의원 후보자들이 선출된 것으로 보인다. 즉 면장이 독단적으로 추천하고 군수가 임명하는 경우는 거의 없었던 것으로 보인다.

(2) 1926년의 선거와 임명

1926년의 선거 양상은 어떠하였을까. 지정면의 경우를 먼저 살펴보자. 지정면의 하나인 충남 공주에서는 1923년의 면협의원 선거에서 유권자들이 일본인과 조선인이 모두 160명으로 같았지만, 선거 결과 일본인 8명, 조선인 2명이 당선되는 결과가 나왔다. 이는 공주에서는 공인후보의 선출 움직임이 없어 후보자들이 난립함으로써 조선인들의 표가 분산되었기 때문이다. 3년 뒤인 1926년의 상황을 보면, 일본인 유권자 수는 160명으로 전과 거의 같은데, 조선인은 100명 정도로 크게 감소했다고 한다. 이는 조선인들의 경제형편이 그만큼 어려워졌기 때문이다.[25] 공주의 유지들은 나름대로 대책을 강구했다고 하지만, 공인후보를 내세우지는 못한 것으로 보이고, 결국 선거에서 일본인이 9명, 조선인이 1명 당선되는 더 좋지 않은 결과가 나오고 말았다.[26]

반면에 지정면인 함흥군 함흥면의 경우에는 11월 8일 함흥상업회의소가 주도하여 동명극장에서 유권자대회가 열려 조선인 유권자 40~50명이 참석한 가운데 10명의 공인후보를 선정하였다.[27] 20일에 있었던 선거 결

---

25 「협의원 선거로 각방 유지 활동」, 『동아일보』, 1926.10.25.
26 「부면협의원으로 본 조선인 도시의 消長」, 『동아일보』, 1926.11.23.
27 「咸興面議 유권자대회 공인후보 선정」, 『매일신보』, 1926.11.11; 「각지의 축록전, 함흥」, 『매일신보』, 1926.11.18.

과 조선인은 8명, 일본인은 6명이 당선되었다. 조선인측으로서는 공인후보를 내세운 것이 어느 정도 주효한 셈이었다.[28]

지정면인 전주면에서도 면협의원 후보로서 조선인 7인이 공천이 되었다(장병선, 강완선, 유익환, 김준희, 이규남, 정순모, 이석한). 이들 7인은 11월 20일 선거에서 모두 당선되었는데, 이들 외에도 1명(정현모)이 추가로 당선되어 조선인측에서는 모두 8명이 당선되었다. 한편 일본인측에서는 7명이 당선되었다. 당시 전주의 인구수는 조선인이 약 80%, 일본인이 약 20%였고, 유권자 수는 조선인이 232인, 일본인이 291인으로 일본인들이 더 많았다.[29] 그럼에도 조선인측에서 일본인측보다 더 많이 당선된 것은 사전에 후보 공천이 있었기 때문인 것으로 보인다. 이들을 공천한 모임의 주최자가 누구였는지는 보도가 없어 알 수 없지만, 공천된 이들이 주로 전주교풍회 간부들이었던 것으로 보아 교풍회측에서 유권자대회 같은 것을 개최하여 후보자를 선정한 것으로 추정된다.[30]

그러나 그 밖의 지정면에서 공인후보 선출 기사가 없는 것을 보면, 지정면에서의 공인후보 선출운동은 시들해진 것으로 보인다. 그것은 조선인측에서도 선거에 출마하고자 하는 이들이 크게 늘어나 공인후보를 선정해도 이를 무시하고 개별적으로 출마하는 이들이 많아졌기 때문인 것으로 보인다.

---

28 「부면협의원으로 본 조선인 도시의 消長」, 『동아일보』, 1926.11.23.
29 「(지방만필) 전주만필. 전주 일기자」, 『조선일보』, 1926.11.20; 「전주면의 선거, 20일 공회당에서」, 『조선일보』, 1926.11.22.
30 「해산을 취소하고 신강령을 발표, 문제의 전주교풍회」, 『동아일보』, 1926.12.10. 1926년 12월 개선된 임원 가운데에는 전주면협의원인 김준희가 회장, 이규남이 부회장, 이석한이 총무로 참여하였다.

보통면에서는 1923년의 경우보다 투표로 면협의원 후보를 선출하는 경우가 많아진 것으로 보인다. 예를 들어 전라북도에서는 각 면의 면협의원을 11월 중에 모두 개선(改選)하기로 하고, 종래 어떤 리에서는 여러 명의 후보자가 선출되고 어떤 리에서는 한 명도 선출되는 경우가 없어, 이를 막기 위해 각 리마다 후보자를 할당케 하여 선출케 했다고 한다.[31] 아마도 이는 면사무소에서 유권자나 유지들이 모여 투표하는 경우, 어떤 리에서는 여러 명이 선출되는 경우가 있고, 어떤 리에서는 한 명도 선출되지 않아 이를 방지하려 한 것으로 보인다. 그리고 이는 도 차원에서 모든 보통면에서 후보자를 각 리별로 선출케 한 것을 의미하는 것으로 보인다.

전북에서만이 아니라 경북 울산군과 황해 황주군에서도 각 면에서 면협의원을 투표로 선출했다고 하는 기사가 있는 것을 보면,[32] 보통면에서 면협의원을 투표로 선출하는 것이 일반화되어 간 것으로 보인다. 다만 아직도 면사무소에서 투표를 행한 곳들이 더 많았던 것으로 보인다. 예를 들어 경남 구포면, 평북 용천군 양하면, 경남 창원 하계면, 전남 광주군 송정면 등에서는 면사무소에서 투표가 있었다고 한다. 한편 하계면에서는 정원 숫자대로가 아니라 정원의 2배수를 뽑아서 군수에 추천하여, 군수가 그 가운데 반을 선정하여 임명했다고 한다.[33]

---

31 「전북도내 면협의원 개선 후보자 각 부락에 할당」, 『매일신보』, 1926.11.2.
32 「울산 각면, 황주 각면」, 『조선일보』, 1926.11.24.
33 「구포면협의원 추천투표」, 『부산일보』, 1926.11.20; 「각지부협의원급중요면협의원선거」, 『중외일보』, 1926.11.22; 「하계면협의원」, 『부산일보』, 1926.11.29; 「종막을 고한 각지의 선거전, 송정면」, 『조선일보』, 1926.11.26.

(3) 1929년의 선거와 임명

1929년의 면협의원 선거는 어떠하였을까. 우선 눈에 띄는 신문기사는 경북 포항에서 일본인신문기자단이 일본인 공인후보자를 옹립하기 위해 취지서와 투표용지를 유권자들에게 배부하였는데, 취지서의 내용 가운데 "공인후보 이외에 사칭후보자가 있을 시는 공인후보자는 결속하여 이를 탄압할 것"이라는 내용이 들어 있어, 경찰측에서 이는 새로 선포된 「조선지방선거취체규칙」의 '위력을 가하는 선거운동'을 금한 조항에 위배된다고 하여 공인후보 투표를 금지시켰다는 것이다.[34] 공인후보의 선출은 1920년의 부협의회 선거시 일본인들이 먼저 시작한 것으로 보이는데, 이 기사는 일본인 후보자들 사이에서도 잘 조정이 되지 않아 위력으로 후보 사퇴를 종용하려 한 일들이 있었음을 추측케 한다.

조선인들 사이에서 지정면협의원의 공인후보 추천운동이 있었던 곳은 함북 웅기군 웅기면, 경북 영일군 포항면, 전북 전주군 전주면, 충남 대전군 대전면 등이었다. 웅기면에서는 11월 5일 동양상회라는 곳에서 유권자와 유지 50여 명이 회합하여 유권자 유지대회를 열고 공인후보 6명을 선출했다.[35] 포항면에서는 11월 1일 포항의 각 단체 대표자회의가 열려 출마후보자의 참모 7명에게 인선권을 위임하였으며, 이들 7명이 투표로써 공인후보 6명을 선출하였다고 한다.[36] 전주면에서는 11월 8일 공회당에 유권자 70여 명이 회집하여 유권자간담회를 갖고 전형위원 15명이 면협의원 후보 적임자 7명을 선정 발표하였다.[37] 대전면에서는 일본인 유

---

34 「면협의원 예선 투표금지」, 『중외일보』, 1929.11.7.
35 「웅기면협의 후보자선거」, 『조선일보』, 1929.11.11.
36 「포항공인후보 6인을 선정」, 『매일신보』, 1929.11.13.
37 「전주면협의원 후보자 선정 간담」, 『중외일보』, 1929.11.14.

권자가 7백여 명, 조선인 유권자는 160여 명에 불과하여 조선인 유권자들은 전체 12명 가운데 조선인 후보는 2명 정도 당선 가능성이 있다고 보고, 2명을 공인후보로 선정했다고 한다.[38] 그 밖에 다른 지정면의 공인후보 추천운동과 관련된 기사는 신문에서 보이지 않는다.

11월 20일에 있었던 지정면 선거에서 당선된 조선인은 웅기면에서는 7명(일본인은 5명), 포항면에서는 5명(일본인은 7명), 전주면에서는 4명(일본인은 10명), 대전면에서는 1명(일본인은 11명)이 당선되었다.[39] 웅기, 포항, 대전면에서는 공인후보 수와 비슷한 수가 당선되었지만, 전주면에서는 7명의 공인후보 가운데 4명밖에 당선되지 못하였다.

보통면에서는 1926년과 마찬가지로 면사무소에서 선거를 치른 경우가 대부분이었던 것으로 보인다. 면사무소의 투표가 확인되는 곳은 전북 옥구군 미면,[40] 충남 홍성군 광천면,[41] 경북 경산군 각 면,[42] 전남 광주군 송정면,[43] 평북 용천군 부라면,[44] 전남 순천군 순천면, 평남 영유군 영유면, 경기도 광주군 중대면,[45] 전남 강진군 고성면, 평북 용천군 용천면,[46] 등이다. 일부 면에서는 리 단위에서 각각 선거를 행하기도 한 것으로 보인다. 예를 들어 전남 장성군 장성면, 함남 안변군 위익면 등에서 그러한

---

38 「大田面議 公認候補」, 『조선일보』, 1929.11.18.
39 「부제개정제령안」(1930년) 중 「지정면선거에 관한 조」(1929년) (일본국립공문서관 소장)
40 「옥구군 미면 협의원 선거」, 『매일신보』, 1929.11.21.
41 「광천면의 후보자 선거, 지난 9일에」, 『조선일보』, 1929.11.10.
42 「경산군 각면 면의원 선거 래십륙일에」, 『조선일보』, 1929.11.13.
43 「송정면의 후보자 선거 지난 십일에」, 『조선일보』, 1929.11.15.
44 「府羅面議 개선」, 『조선일보』, 1929.11.17.
45 「각지 面議 선거」, 『조선일보』, 1929.11.21.
46 경남 고성군 고성면 「각지 면의 선거」(古城, 龍川, 固城), 『조선일보』, 1929.11.22.

사례가 확인된다.[47] 한편 경남 창녕군 영산면에서는 면협의회원 정원의 2배수를 투표로 뽑아서 군수가 그 가운데 반 수를 임명하도록 했다고 한다.[48]

---

47 「각지 면의 선거」(장성, 위익면), 『조선일보』, 1929.11.22.
48 「설산면의 후보 선거」, 『조선일보』, 1929.11.16.

2. 면협의회의 운영과 주요 쟁점

1) 면협의회의 운영

면협의회는 1920년 지방제도 개정에 의해 '면장의 자문기관'의 성격을 갖고 출범하였다. 1920년 9월 조선총독부는 면협의회의 출범에 앞서 도지사 회의에서 아래와 같은 내용을 도지사들에게 지시하였다.

- 면협의회의 회의
(가) 협의회에 자문함은 협의회원 개개의 의견을 거두는 것이 아니요, 협의회로서의 의견을 결정케 하여 면장에게 답신케 하는 바의 취지이라.
(나) 협의회의 의사(議事)는 의결기관과 같은 엄정한 의사에 의하는 취지가 아니요, 요컨대 면의 공공사무에 관하야 신중한 공구(攻究)를 마치고 진지한 의견을 결정케 함에 다름아니므로, 그 의사는 형식에 치우치지 아니하고 간담적으로 각원의 의사를 토로케 하야 깊이 실정을 공구케 함에 노력할 것.[49]

즉 면협의회는 의결기관이 아니라 자문기관이며, 협의원 개개인의 의견을 수렴하는 기관이 아니라 전체의 의견을 결정하여 면장에게 자문하

---

49 「지방제도에 관한 지시사항(속) '면에 관한 사항'」, 『동아일보』, 1920.9.11; 「지방제도에 관한 지시사항(속)」, 『매일신보』, 1920.9.19.

는 기관이라는 것, 따라서 의결기관처럼 엄정한 형식을 갖추어 회의를 진행할 필요는 없고, 간담회식으로 협의원들의 자문의견을 들으면 족하다는 것이었다.

면협의회가 해야 할 가장 중요한 일은 면의 세입출 예산 및 추가경정 예산을 심의하여 통과시키고, 면부과금 가운데 호별할, 잡종할 등을 정하는 것이었다.[50] 이 경우 면협의회는 자문기관이었기 때문에 면사무소에서 제안한 예산안 등에 대해서 특별한 이의 없이 통과시키는 것이 일반적이었다.

면의 회계연도가 4월에 시작되기 때문에 면협의회는 매년 3월에 회의를 열어 세입출예산을 통과시켰다. 그리고 1년에 한두 차례 추가경정예산이나 면의 현안을 논의하기 위해 회의를 열었다. 따라서 면협의회가 열리는 날짜는 1년에 며칠 되지 않았다.

이제 아래에서는 면협의회에서 논의한 주요 쟁점 가운데 가장 많이 거론된 호별할의 등급 부과 문제, 면사무소의 이전 문제, 시장의 개설 및 이전 문제를 차례대로 살펴보기로 하자.

2) 호별할의 등급 논란

면의 세입(歲入) 예산은 부과금과 기타수입으로 구성되었다. 부과금에는 호별할, 지세할, 시가지세할, 영업할, 잡종할, 임야할, 광업할, 어업할 등이 포함되었고, 기타수입에는 재산수입, 사용료, 수수료, 교부금, 잡수입, 전년도이월금, 보조금, 기부금 등이 포함되어 있었다. 〈표 6-4〉는

---

50 「함흥면협의회」, 『매일신보』, 1921.3.15.

1927년 경기도 수원군 수원면의 세입세출예산안 가운데 세입경상부의 내역을 정리한 것이다.

⟨표 6-4⟩ 경기도 수원군 수원면의 세입세출예산 가운데 세입경상부 (1927년)

과목		본년도 예산액	비고
款	項		
재산에서 발생하는 수입	계	213	
	기본재산수입	199	貸地料 144원 20전, 예금이자 55원 62전
	화장장증축비적립금수입	14	예금이자 14원 59전
사용료 및 수수료	계	8,498	
	묘지사용료	335	
	화장장사용료	360	
	屠場사용료	2,169	牛, 羊, 豚, 馬 도축료
	시장사용료	4,976	보통시장, 가축시장, 신탄시장 사용료
	隔離病舍사용료	45	1일 50전
	증명 및 열람수수료	303	제증명 297원, 열람 6원
	호적 및 거주에 관한 수수료	200	
	독촉수수료	110	독촉장
교부금	계	902	
	국세교부금	440	국세징수금에 대한 100분의 2, 납입고지서 1통에 2전.
	국유지소작료 교부금	1	
	국유지불하대 교부금	1	
	지방세 교부금	415	지방세징수금의 100분의 3
	학교비 교부금	43	학교비징수금의 100분의 3
	농회비 교부금	1	농회비 체납징수금의 100분의 5
	수산회비 교부금	1	수산회비 징수금의 100분의 5

과목		본년도 예산액	비고
款	項		
잡수입	계	155	
	예금이자	127	
	불용품 매각대	3	
	繰替拂戾入金	18	
	체납처분비변상금	7	
부과금	계	16,193	
	시가지세할	1,191	시가지세 1원에 대해 46전
	호별할	8,620	부과호수 2,155호. 1호 평균 4원
	영업할	3,947	
	잡종할	2,435	

출전: 「수원면세입출예산에 관한 건」(국가기록원 CJA0002604)

〈표 6-4〉에서 보듯이 면의 세입(歲入) 가운데 가장 큰 비중을 차지하는 것은 호별할이었다. 수원면의 경우, 호별할 8,620원이 전체 세입 2만 5,961원에서 차지하는 비중은 33.2%에 달했다. 표에서 보듯이 수원면에서 호별할은 1호당 평균 4원이 부가되었다. 그런데 호별할은 일률적으로 부과된 것이 아니라 등급을 정하여 부과하는 것이었다. 따라서 면협의회에서 가장 중요한 안건은 호별할 부과등급을 결정하는 일이었다. 등급 부여의 기준은 연 소득액이었다. 수원면의 경우, 연소득액 5만 원 이상을 1등급, 4만 4천 원 이상을 2등급으로 정하는 식으로 하여 모두 37등급을 정하였다. 최하인 37등급의 연소득액은 200~250원이었다. 호별할이 부과된 전체 호수 2,155호 가운데 가장 많은 호수가 부여받은 등급은 36등급

(250~300원)으로 454호가 이에 해당하였다. 1호당 부과액은 1등급이 530원 87전이었고, 37등급은 31전이었다. 가장 많은 호수가 부여받은 36등급은 48전이었다.[51] 같은 해 충북 충주군 충주면의 경우에는 호별할 등급이 30등급으로 되어 있었으며, 1등급은 연소득 1만 원 이상, 30등급은 100원 이상이었다. 가장 많이 부과된 등급은 29등급으로 연소득 300~350원이었다.[52] 지역마다 등급의 산정이 달랐던 것이다.

면협의회는 면사무소에서 미리 정한 호별할의 등급을 심의하고 원안 그대로 통과시키는 것이 일반적이었다. 그런데 면협의원들이 면장과 짜고 등급을 조작한 경우들이 있어 문제가 되기도 하였다. 예를 들어 1921년 의주군 의주면에서는 면협의원들이 면장(일본인)과 짜고 등급을 조작하여 자신들의 등급을 낮추어, 오백석 추수하는 지주들의 등급을 재산 한 푼 없는 이들보다 낮게 조정하였다. 반면에 가난한 이들의 등급은 올려 70~80전을 내던 이들이 2원 80전을 내게 하였다. 면민들은 이러한 사실을 알게 되었고, 당연히 면장에 항의하는 사태가 벌어졌다.[53] 결국 이 일로 인해 조선인 면협의원 두 명이 책임을 지고 사직하였다.[54]

또 평안남도 안주군 안주면에서는 1923년 지정면으로 승격된 후 첫 면협의회에서 종래 호별할 등급의 산정 시에 연 100원 소득자에게 1원 20전을 징수하고 1,000원 소득자에게는 비례에 따라 12원을 징수해야

---

51 「수원면세입출예산에 관한 건」(국가기록원 CJA0002604)
52 「충주면세입출예산」(국가기록원 CJA0002604)
53 「의주에 불평한 民情, 소위 면협의원들이 호별할을 지독히 비싸게 한 까닭에」, 『조선일보』, 1921.4.27.
54 「義州面協議員辭職, 戶別割等級이 不公平하다는 批評에 責任을 지고 辭職」, 『동아일보』, 1921.5.20.

하는데 6원 이하를 부과하여, 빈핍한 자에게 도리어 과중한 호별할을 부과해 왔다면서 이를 개정하기로 의견을 모았다고 한다.[55] 이와 같이 호별할 등급의 불공평 문제는 여러 면협의회에서 논란이 되었다.[56]

1925년 충남 천안군 풍세면에서는 호별할 등급의 불공평 문제로 면장과 면협의원 간에 의견 충돌이 일어났다. 풍세면에서는 호별할 등급을 책정하면서 4,5년 전에 조사한 주민들의 소득을 기준으로 하고 있었고, 면협의원들은 전년도 소득을 기준으로 호별할 등급을 책정할 것을 요구하고 있었다. 그런데 면장은 "원안 집행의 직권이 면장에게 있으니 통과 여부는 마음대로 하라"고 면협의원들을 무시하는 태도를 보였다. 이에 면협의원들은 모두 연서로 사표를 제출하여 항의하였다.[57]

그런가 하면 평남 안주군 안주면에서도 1925년 호별할 부과금을 1등급부터 20등급까지의 '유산계급'에 대해서는 상당히 낮추고, 이에 반하여 21등급부터 30등급까지의 '무산계급'에 대해서는 도리어 2~3배로 높여 부과하는 사태가 일어났다. 이에 각 구장들은 긴급히 구장회의를 열어 이를 시정할 것을 요구하였다. 아울러 구장들은 "유산자들로 구성된 면협의회의 비준만으로는 일반 무산자가 불리하니, 이후부터는 호세 조정 시에 필히 구장회의를 열어 그 의견을 참작할 것"을 면사무소측에 요구하였다.[58]

경기도 강화군 길상면에서도 호별할 등급이 불공평하다 하여 면민들의 불만이 많았는데, 면협의회에서는 이를 무시하고 예년과 같이 호별할

---

55 「안주면 제1회 면협의회」, 『조선일보』, 1923.6.17.
56 「장성면협의회 분규」, 『조선일보』, 1924.4.6.
57 「호별할등급문제로 면협의원 총사직」, 『조선일보』, 1925.3.31.
58 「호별할 불평등과 안주면 구장 결의. 여덟가지를 요구하기로」, 『조선일보』, 1925.5.5.

을 부과하기로 결정하고 면에서는 고지서를 발송하였다. 그런데 군 당국에서 길상면의 호별할 등급이 너무 불공평하다 하여 직권으로 이를 조정, 변경하여 고지서를 다시 발부하였다. 이에 면협의원들은 자신들을 무시한 처사라며 반발하였다.[59]

안주면과 길상면은 자산계급에 해당하는 면협의원들이 면민들의 의사를 무시하고 자신들의 호별할을 낮추고, 일반 면민들의 호별할을 높이려다가 면민들의 반발을 불러일으킨 경우였다. 자산가들로만 구성된 면협의회가 일반 면민들이 아닌 자산가들의 이해관계를 우선적으로 반영하려 했던 경우도 있었던 것이다.

3) 면사무소의 이전 논란

면협의회에서 또 하나 중요한 쟁점이 되었던 것은 면사무소의 이전 문제였다. 1914년 면의 통폐합이 이루어진 이후 면사무소의 위치, 즉 이전 문제는 계속해서 면협의회의 현안이 될 수밖에 없었다. 이 문제와 관련된 사례는 매우 많기 때문에 그 가운데 큰 사태로 발전한 사례들만을 언급하기로 한다.

① 황해도 해주군 고산면의 사례

1926년 황해도 해주군 고산면에서는 면사무소 이전 문제로 커다란 논란이 빚어졌다. 고산면사무소는 사현리에 있었는데, 임시로 건축한 건

---

59 「협의원 총사직? 호별할을 불평케 하얏다가, 군에서 다시 조정하엿다고 강화군 길상면에서」, 『동아일보』, 1926.5.24.

물이어서 퇴락하고 또 협소하였다. 이에 1920년 당시 면장 이종원이 해주군수에게 면사무소를 수정리로 이전해줄 것을 요청하여 인가를 얻었으나 재정문제로 계속 미루어 왔다. 1926년에 이르러 재정문제가 어느 정도 해결이 되어 면사무소를 수정리에 신축하려고 하였으나, 원평리의 부호 이두영이 신임 군수를 찾아다니며 원평리에 면사무소를 신축해달라고 운동을 폈다. 이에 넘어간 신임 군수는 고산면의 회계원 조응두에게 원평리에 면사무소를 신축할 예산을 편성하여 제출하라고 지시하였다. 이러한 사실이 알려지자 면민들은 분개하여 면민대회를 열어 토의한 끝에 만장일치로 면의 중앙지인 사현리에 그대로 두기로 결의하였다. 그럼에도 면사무소측의 조응두는 1926년 3월 15일 면협의회를 열어 협의원들에게 원평리로 이전하는 데 찬성하는 날인을 하라고 요구하다가 면협의원들의 반발로 크게 소란이 일어났다.[60] 이후 면민들은 도청과 군청 당국에 진정을 하였으나 어떤 효과도 얻지 못하였다. 그러던 중 5월에 비어 있던 면장 자리에 윤경식이 취임하자 면민들은 그에게 기대를 걸었다. 그러나 윤경식 면장이 소집한 면협의회에서 투표를 한 결과 면사무소 위치가 원평리로 결정되었다. 이에 면민들은 면사무소 광장에 모여들어 이에 항의하는 소동을 벌였다.[61] 이어서 면민 대표 이경로, 박행일, 이종원 등은 황해도 지방과장을 방문하고 자신들의 의사를 전달하였으나 아무런 효과가 없었다. 이들은 최후의 수단으로 총독부에 진정하기로 하였다.[62]

---

60 「面所 이전문제로 협의회가 수라장화, 일개 부호의 충동을 받아 다수 면민의 의사를 무시」, 『조선일보』, 1926.3.20.

61 「면소 이전문제로 고산면민 소동, 면협의회의 결정도 불공평한 것이라고」, 『조선일보』, 1926.6.6.

62 「격앙되는 고산면민」, 『조선일보』, 1926.6.16.

그러나 실제로 이를 실행하였는지는 후속기사가 없어서 알 수 없다.

② 경기도 광주군 돌마면의 사례

1926년 경기도 광주군 돌마면에서도 면사무소 이전이 논란이 되었다. 당시 면사무소는 정자리에 있었는데, 정자리는 면의 한쪽 모퉁이에 치우쳐 있어, 면 당국은 시장이 있는 분당리로 이전하기로 하였고, 면협의회도 이에 찬성한 것으로 보인다. 이 안에 대해 돌마면의 11리 중 5개 리는 이에 찬성하였지만, 6개 리에서는 이에 반대하고 면의 중앙지인 야탑리로 이전할 것을 주장하였다. 그러나 면 당국은 분당리로 이전할 것을 고집하였고, 이에 6개 리의 구장 및 유시내뇨 30여 명은 여수리 이태영의 집에서 회합을 갖고 면사무소 이전 반대운동회를 개최하였다. 그리고 면사무소를 야탑리로 이전할 것, 만일 타지로 이전할 시는 면사무소 건축비를 불납할 것 등을 결의하였다.[63]

③ 경북 영덕군 오보면의 사례

경북 영덕군 오보면에서도 1926년 면사무소 이전이 문제가 되었다. 삼계동에 있던 면사무소 이전은 오래전부터 숙제로 되어 있었는데, 1926년에 와서 여러 차례 면협의회를 열어 면사무소 이전에 대해 논의를 하였으나, 이전지를 둘러싸고 오보동, 하저동, 창포동 등으로 의견이 나뉘었다. 반면에 군과 면 당국은 삼계동에 그냥 신축하는 것을 고려하고 있었다. 이에 창포 이남의 면협의원 및 5개 동의 구장들은 총사표를 제출하여 반대의사를 표시하였다. 창포 이남 동민들은 대표자를 뽑아 군 당국에

---

63 「面所건축과 이전지점 문제, 광주 돌마면에서」, 『조선일보』, 1926.4.12.

진정서를 제출하였고, 도 당국에도 진정서를 제출하였다.[64]

④ 경남 밀양군 밀양면의 사례

1927년 3월에는 경남 밀양군 밀양면에서 면사무소 이전으로 논란이 일어났다. 면장 일본인 가토 기요시(加藤淸)는 밀양면사무소를 성안의 내일동에서 역전의 삼문리로 이전하려 하였다. 이와 같은 사실이 알려지자 3월 13일 내일동 쪽 주민들은 면사무소 이전 반대운동을 시작하여 선전 비라 수만 매를 자동차로 전 시가에 살포했다. 14일에는 쌀시장에서 주민 4백여 명이 회합하여 연설회를 개최하고 반대운동을 위해 회장과 부회장을 선출하고, 결의문과 건의문을 채택하여 면협의회에 제출하기로 하였다. 그리고 면사무소에 몰려가서 면장 축출을 주장하는 등 시위운동을 폈다. 반면에 삼문리 쪽 주민들은 16일 면사무소를 삼문리로 이전해줄 것을 요청하는 진정서를 면협의회에 제출했다. 16일 면사무소에서 면협의회가 열리자 내일동 쪽 주민 3백여 명이 면사무소에 몰려가 협의회를 방청하였다. 면협의회도 내부에서 내일동 쪽 의원들과 삼문리 쪽 의원들로 나뉘었다. 이전안에 대한 들어가자 면협의원 11인 가운데 가 5명, 부 7명으로 나왔는데, 면장이 다시 표결을 요구하여 결국 가부 6명 동수가 되었고, 의장인 면장이 '가'를 선언하여 결국 삼문리 쪽으로 이전하기로 결정되었다. 이에 군중은 회의장에서 면장을 쫓아내라고 고함을 지르는 등 소란을 피워 경찰이 출동하였다. 군중 4백여 명은 교섭위원 27인을 앞세우고 군청을 방문하여 군수에게 면장에 대한 감독 부주의를 지적하였다. 군

---

64 「烏保面所 이전 문제로 5洞 구장 총사직」, 『조선일보』, 1926.7.7; 「오보면사무소 이전 문제 진정, 대표 4인이」, 『조선일보』, 1926.11.18.

중은 이어서 면장 사택을 찾아가 면장 사직을 권고하였으나, 면장은 이를 거부하였다. 이에 군중은 면사무소이전반대운동과 면장축출운동을 구체적으로 실행하기 위해 대표로 조선인 27인과 일본인 10인을 선정하였다. 17일 면협의회가 다시 열렸는데, 면협의원 6인은 면장 불신임을 말하고 퇴장하였다. 18일 면협의원 6인과 내일동 쪽 주민대표 10인(조선인 5인, 일본인 5인)은 기차로 도청으로 가서 상황을 설명하고 진정서를 제출하였다. 이에 도청의 도지사와 과장들은 도에서 출장하여 조사할 것이며, 진정서의 내용이 사실이라면 이전은 불가능하다는 뜻을 말하였다고 한다.[65] 결국 이 문제는 이전 불가로 결정이 난 것으로 보인다. 성내측 주민들과 역전측 주민들 간의 경쟁에서 일단은 성내측 주민들이 승리한 것이다. 그러나 두 달도 안 된 5월 들어 밀양군청을 성내에서 역전쪽으로 옮기려는 움직임이 또 일어났다. 역전 쪽 일본인 지주들이 군청을 옮기려는 운동을 시작한 것이었다. 이에 성내 주민들은 다시 격렬한 반대운동을 펼쳤다. 당시 성내 주민들은 약 2천 호였고, 역전 주민들은 약 2백 호로 비교가 되지 않을 정도였다.[66] 이 문제는 이후에도 계속 논란이 되었고, 도청과 군청은 1929년 8월에 들어 결국 밀양군청을 읍내와 역전의 중간인 삼문리 재판

---

65 「면소 이전반대 시민대회 개최, 적극적 반대 밀양성내 주민들이」, 『동아일보』, 1927.3.16; 「면장배척과 면비불납동맹? 면사무소 이건문제에 대하야 밀양성내 주민 선언」, 『동아일보』, 1927.3.19; 「면소 이전 반대, 면장의 독단적 행동이라고」, 『동아일보』, 1927.3.19; 「삼문리민 진정, 삼문리로 이전하라고」, 『동아일보』, 1927.3.20; 「(밀양) 면의원회 해산」, 『동아일보』, 1927.3.20; 「밀양면장 배척, 시민대회 열고」, 『조선일보』, 1927.3.22.

66 「밀양군청 이전방지운동 전말, 사건의 발단은 일인 지주의 회의로 정거장 부근의 일본사람 지주들이 군청기지 기부문제를 의론타 발각, 이면운동이 있었는가 의문」, 『동아일보』, 1927.5.8.

소 앞으로 이전하기로 결정하였다.[67]

⑤ 강원도 철원군 철원면의 사례

철원군 철원면에서는 면회의실 신축 문제로 면민들이 둘로 나뉘어 갈등을 보였다. 1927년 철원면에서는 면회의실을 읍내에 신축하기로 하였는데, 읍내에서 10정(町. 1町=약 109m) 정도 떨어진 철원 역전의 주민들이 이에 반대하고 나섰다. 역전 쪽 주민들의 주장은 장차 철원이 발전하게 되면 읍과 역은 연결이 될 것이고, 따라서 관공서는 물론이고 민가까지도 읍에서 역전 방향으로 건축하고 있고, 장차 면사무소도 읍과 역전 사이의 중앙으로 이축하지 않으면 안 되는 것이 현실이므로, 읍내에 면회의실을 신축하는 것은 불필요하다고 주장하였다. 그들은 일단 면회의실은 현재의 회의실을 증축하여 사용하고, 잔금은 기본금으로 두어 장차 도시계획이 정비된 이후에 신축하는 데 사용하는 것이 가하다고 주장하였다. 이들은 군청과 면사무소에 이와 같은 진정을 여러 차례 했음에도 불구하고 면 당국이 이를 무시하고 입찰에 부치어 불일간 공사에 착수하려 함은 민원을 무시한 것이라고 주장하였다. 면장은 면협의회에서 이미 결정된 사안이라 재론할 수 없다는 태도를 보였고, 이에 역전측 주민들은 도청에까지 진정서를 제출했다. 이에 도청에서는 군수에게 역전측 민원을 청취하라고 지시했고, 결국 면장도 4월 27일 면협의회 석상에서 군수의 명령으로 회의실 신축공사를 중지하겠다고 선언했다. 이에 대해 면협의원들은 이는 다수의 민의를 무시한 것이라고 분개하여 철원시민대회를 개최하기로

---

67 「이전문제로 분규튼 밀양군청지 확정. 성내와 역전 중간 삼문리로」, 『동아일보』, 1929.8.26.

하고, 5월 3일 철원청년회관 내에서 시민대회를 개최하고 일부 소수의 반대로 공사 중지명령을 내린 것은 면협의회의 결의를 무시한 것이며, 철원 면민들을 무시한 것이므로 이는 묵과하기 어렵다고 주장하였다. 이날 시민대회는 주로 일본인들이 주도하여 이루어졌지만, 공사의 계속을 요구하기 위한 실행위원으로서는 조선인 66명과 일본인 20명을 선정하였다. 이들 실행위원들은 5일 결의문을 군수에게 제출하고 진정을 하였다. 군수는 확실한 대답을 피하고 11일에 답변하겠다고만 말했다. 10일 철원면협의회가 소집되어 열렸는데, 이 자리에서 면장은 군수로부터 공사중지 명령을 취소하고 공사를 계속하라는 지시가 있었으며, 예산 인가까지 나왔다고 발표하였다. 이에 면협의원들은 문제가 원만히 해결되었다고 보고, 11일 오후 철원청년회관에서 재차 시민대회를 열고, 문제가 원만히 해결된 경과를 보고하였다.[68] 철원면 회의실 신축문제를 둘러싼 갈등도 읍내측 주민들과 역전측 주민들 간에 벌어진 일이었는데, 역시 읍내측 주민들의 승리로 끝이 났다. 면협의회는 읍내측 주민들 편을 들었고, 시민대회를 열어 주민들을 동원하여 힘을 과시함으로써 승리할 수 있었다고 할 수 있다.

⑥ 경북 봉화군 봉성면의 사례

1927년 8월에는 경북 봉화군 봉성면에서도 면사무소 이전 문제로 시비가 일어났다. 봉성면에서는 수년 전부터 봉성리에 있던 면사무소를 창평리로 이전하는 문제로 찬성파와 반대파의 두 파가 생겨 논란을 벌여

---

68 「철원면회의실 신축 위치문제로 분규, 당국은 민원을 무시한다고 역전 주민은 대분개」, 『동아일보』, 1927.4.8; 「철원회의실 문제로 철원시민대회, 군 당국의 조치에 분개」, 『동아일보』, 1927.5.7; 「철원면 회의실 신축문제 해결」, 『동아일보』, 1927.5.14.

왔다. 이 문제를 해결하기 위해 면에서는 면협의회를 열어 표결을 하였는데, 가부 동수가 나왔다. 이에 의장인 면장의 뜻이 중요했는데, 면장은 평소 찬성파였다. 그런데 그날 면협의회에 참석했던 군수 서병린이 면장의 찬성 의사 표명을 막고, 회의를 중단시켰다. 이후 군청과 도청은 협의를 통해 면사무소를 현재의 위치에서 10리(4km) 밖 제3의 장소로 이전하기로 하였다. 이에 찬성파 쪽에서는 더욱 반감을 갖게 되었고, 결국 찬성파는 군수 서병린을 상대로 하여 면협의회 의사록을 위조하였다는 이유로 대구지방법원에 공문서위조죄로 고발하였다. 이에 도청의 지방과장은 면협의회 회의록과 면사무소 이전과 관련된 서류를 모두 들고 담임검사를 찾아가 설명을 하고 타협을 보았다고 한다.[69] 결국 이 문제는 기존의 면사무소를 이전하지 않고 봉성리에 그대로 존치하는 것으로 마무리된 것으로 보인다.

⑦ 전남 장성군 남면의 사례

1928년 4월에는 장성군 남면에서 분향리에 있던 면사무소 이전 문제로 주민과 면사무소측이 충돌하였다. 남면 면협의회는 기존의 분향리의 면사무소가 파손되어 위험한 상태이므로 신축할 필요가 있으니, 차제에 면사무소를 행정리로 옮기는 안을 표결에 부쳐 7:2로 가결시켰다. 이에 분향리, 삼태리, 월곡리 쪽 주민들은 4월 7일 주민 334명이 참석한 가운데 면민대회를 열었다. 이들은 면사무소의 위치가 현재 면의 중앙에 있고, 건물도 낡지 않았음에도 불구하고 면에서 돌연히 기채(起債)를 하여 신축

---

69 「면소쟁탈전」, 『동아일보』, 1927.1.19 ; 「면소 이전문제로 봉화군수 被訴. 전 면장이 군수를 문서위조로」, 『조선일보』, 1927.8.22.

을 하려고 하며, 면사무소를 면의 한쪽 모퉁이인 행정리, 즉 면장의 사택에 가까운 곳으로 이전하려 하고 있다고 면사무소 측을 비난하였다. 이들은 이 문제를 면장에게 질문하기로 하였는데, 면장은 "면협의회에서 의결을 하여 현재 군 당국의 지휘만을 기다리고 있는데, 분향리쪽 주민들의 반대의사가 있으니, 아직 확정은 하지 않고 군당국과 면내 유지들의 의견을 종합하여 결정하겠다"고 답하였다. 이에 21일에는 분향리 쪽 주민 대표들이 8구 주민이 연서한 진정서와 면의 약도를 들고 군수를 찾아가 교섭한 결과, 군수는 면민의 의견을 참작하겠다는 답변을 하였다고 한다.[70]

그러나 주민들의 반발로 1928년에는 면사무소 이전은 실행되지 않았고, 1929년에도 마찬가지였다. 1930년에 들어와 8월 2일 면협의회는 면사무소 신축예산을 통과시키고, 장소도 행정리로 옮기기로 하였다. 이에 대해 분향리 주민과 인근의 월곡, 삼태 주민들은 면 유지대회를 열고 이에 대한 대책을 논의한 것으로 보인다. 그해 9월 17일 정오경 분향리와 인근 리의 주민 60~100여 명은 면사무소에 쇄도하여 면장을 끌어냈다. 마침 장성경찰서 마쓰키(松木) 경부보가 면 순시차 면사무소를 방문한 때였다. 마쓰키는 주민들을 막으려 하였으나 막지 못했고, 이에 장성경찰서와 인근 면의 주재소에 경관의 출동을 요청하였다. 면민들은 면장 천세민을 끌어내어 옷을 벗긴 뒤 면의 경계 밖으로 추방한다 하여 그를 끌고 갔다. 이에 회계원이 이를 막으려 하다가 주민들에게 폭행을 당하였다. 결국 경찰들이 출동하여 소요를 일으킨 주민들을 체포함으로써 이 소동은 끝났다. 검거된 주민들은 20여 명에 달했다. 이들 가운데 십여 명은 조사

---

70 「면사무소 이전 반대 면민대회, 위치는 물론 건축까지」, 『동아일보』, 1928.4.10; 「장성군 남면 면민대회, 면소 이전문제로」, 『조선일보』, 1928.4.17; 「면소 위치로 남면민대회, 교섭위원 진정」, 『조선일보』, 1928.5.1.

뒤에 방면되었고, 7명은 폭력행위취체령 위반으로 광주지방법원 검사국으로 압송되었다.[71] 이는 당시 장성민요사건으로 불렸는데, 조선후기의 민란과 매우 유사한 형태를 띠고 있었다. 이 소동을 겪은 후 면사무소는 이전되지 않고 분향리에 머문 것으로 보인다.

⑧ 황해도 황주군 삼전면의 사례

1928년 4월에는 황주군 삼전면에서 면사무소 이전 문제로 갈등이 크게 일어났다. 3월 29일 삼전면 내송리 의산포에는 면민 40여 명이 회합하여 면민대회를 개최하고, 의장 조필선의 사회하에 현재의 면사무소는 협착하므로 개축할 것, 개축비는 면예산의 1,217원 외에 부족한 부분을 각 리에서 의연 부담할 것, 현재의 면사무소의 위치인 용전리는 면에서 편벽진 곳이므로 면의 중앙지인 내송리 도직가로 이전할 것 등을 결의하였다.[72]

그러나 용전리와 석천리 일부에서 이에 반대하고 나섰고, 철도리에서는 내송리 의산포라는 곳으로 이전하자는 운동을 펴기 시작했다. 이에 황주군 당국에서는 삼전면장에게 면민들의 의사를 충분히 청취하여 원만히 해결하라는 지시를 내렸다. 이에 면장 김준모는 4월 14일 내송리 의산포에서 면민회의를 소집하여 각 리에 협의원 외에 대표자 2인씩을 보내도록 하여 각 리의 의견을 청취하였다. 그러나 이 회의에서는 아무런 합의를 얻

---

71 「60여 촌민이 장성 남면소 습격, 면사무소 옮기는 일로 소동. 면장, 회계원 중상」, 『조선일보』, 1930.9.19; 「백여 군중이 면소를 습격, 면소신축에 반대하야. 현장 피검 15명」, 『동아일보』, 1930.9.20; 「면소 위치 이전 문제로 주민들이 쇄도 소란. 면장을 불너내어 越境까지 식혀. 장성남면습격사건 상보」, 『조선일보』, 1930.9.22; 「長城民擾事件 二十餘名取調, 일반은 처결유하를 주목」, 『조선일보』, 1930.9.27; 「장성소요사건 관계자 7명 송국. 11명은 무사 석방. 군수 면장도 호출」, 『조선일보』, 1930.10.8.

72 「삼전면민대회, 면사무소 개축문제로」, 『동아일보』, 1928.4.7.

어내지 못하였다. 15일 용전리와 석천리의 구장과 면협의원들은 모두 당국에 사표를 제출하였다. 28일 내송리에서는 용전리 외의 주민 대표들이 모여서 면민대회를 열고, 면사무소의 내송리 이전을 다시 결의하고 만일 이것이 성사되지 못한다면 각 리의 구장 및 면협의원은 모두 사직하기로 결의하였다. 5월 17일 황주군청에서는 면민 대표를 소집하여 협의한 바, 용전리측에서는 반대가 있었으나, 외송리, 내송리, 석천리, 철도리 대표들이 이전에 찬성하여 내송리 쪽으로 이전하기로 결정하였다고 한다.[73]

그 밖에도 다른 지역에서도 면사무소 이전과 관련하여 면장-면협의원-주민들 간의 갈등이 많았으며, 특히 각 리 주민들 사이의 갈등이 적지 않았다. 그리고 이 과정에서 면협의회는 이렇다 할 역할을 하지 못하였고, 면민대회라는 이름의 주민대회가 사실상 열쇠를 쥐고 있었음을 볼 수 있다. 면협의회는 주민대표로서의 역할을 제대로 하지 못하고 있었다. 그것은 면협의회가 의결권도 없었고, 주민들 가운데 부유한 자들만 참여하여 투표 내지는 호선에 의해 선출되었기 때문에 대표권도 취약했기 때문이었다. 신문기사들을 보면 면사무소 이전을 둘러싼 갈등은 대체로 1920년대 전반부터 1930년대 전반까지 이어졌음을 확인할 수 있다.

4) 시장의 개설, 분설 및 이전

면협의회에서 자주 거론된 또 하나의 주요 이슈는 시장의 개설, 분설

---

[73] 「해결이 지난한 삼전면소이전문제, 면민협의도 또 결렬, 면협의원, 구장연몌사직」, 『중외일보』, 1928.6.23; 「만약 불성공이면 구장, 면협 총사직, 황주군 삼전면소 이전운동」, 『동아일보』, 1929.5.3; 「용전리 반대나 삼전면소 이전」, 『동아일보』, 1929.5.22.

및 이전 문제였다.[74] 역시 그 사례가 매우 많기 때문에, 주요 사례들만을 들어보기로 한다.

① 평남 안주군 율산시장의 사례

율산시장의 사례는 1922년부터 시작되어 1928년에 와서야 해결된 경우였다. 안주읍내에는 청교리 염전동에 시장이 하나 있었지만, 청교리 시장은 부지가 좁아 수만 명이 모이는 시장으로서는 여러모로 불편이 컸다. 이에 빈민들이 많이 살던 율산리와 남천리 주민들은 1922년 율산리에 시장을 하나 개설해 달라고 군과 도청 당국에 진정하였다. 당시 율산리의 유지인 최승준과 배식 외에 170여 명은 시장분설운동에 착수하여 율산리에 1천 평의 부지를 확보하고 정식으로 시장 허가원을 제출하였다.[75] 이에 도청에서는 안주군에 안주면 구장들의 의견을 모아서 보고하라고 지시하였다. 군 당국에서는 1923년 3월 26일 각 리 구장을 면사무소로 소집하여 시장을 청교리 외에 율산리에도 분설하는 안에 대해 찬반 의견을 물었다. 표결 결과 19 대 4로 분설에 찬성하는 의견이 많았다. 1923년 6월에는 면협의회가 열려 시장분설 문제를 토의한 결과, 반수 이상의 찬성으로 분설하기로 의결하였다.[76]

이에 따라 도청에서는 직접 안주에 직원을 보내 실지조사를 하는 등

---

74 이에 대해서는 허영란, 2009, 『일제시기 장시연구』, 역사비평사, 171~181쪽에 개략적으로 설명되어 있다.
75 「안주 율산리민, 시장구역연장운동」, 『동아일보』, 1923.1.18; 「안주에 시장운동 두 곳에 나누어 보게하자고 정식으로 허가원까지 제출」, 『조선일보』, 1923.2.11.
76 「시장 분설운동, 안주 신의리에서」, 『동아일보』, 1923.3.17; 「시장 분설운동」, 『조선일보』, 1923.9.7.

조사를 거쳐 1924년 3월 27일에 시장 개설 인가를 내주었다.[77] 그러나 문제는 시장기지를 매수하는 일이었다. 시장기지를 매수하여 여러 시설을 하는 데에는 4천여 원이 필요했다. 이 가운데 2천 원은 주민들이 현금 혹은 저당(금융조합에)을 내어 준비하기로 하고, 나머지 2천여 원은 율산리의 부호인 한태경, 배식, 김창수, 오덕항 4인에게 6년간 연부로 저당권을 설정하고 기채를 하기로 하였다.[78] 부호들에게 2천 원 기채를 하는 것은 성사가 되었으나, 주민들이 현금으로 내기로 한 2천 원을 모으는 것은 쉽지 않았다. 일부 주민들이 이를 잘 내지 않은 것이다.[79] 결국 수금위원들이 애를 써서 현금 2천 원도 모두 수금이 되었다. 이에 따라 율산 시장은 제반 시설을 마칠 수 있었고, 1925년 5월 밀에 이르러 미도소 개시(開市)를 할 수 있었다.[80] 원래 율산리는 빈민들이 많이 살던 곳이었고, 이곳에 시장이 개설되면 이들의 생계가 해결될 것으로 기대되었다. 따라서 시장이 개설되자 많은 이들이 이에 기대를 하였고, 시장 개설운동을 주도해온 최승준 등은 큰 칭송을 받았다.[81]

그러나 율산시장이 개시한 이후 청교리 시장의 장꾼들이 바로 율산시장으로 옮겨오지는 않았다. 따라서 율산시장은 여전히 텅 빈 상태가 되었고, 집을 저당잡히거나 토지를 사서 집까지 지은 율산리 주민들은 큰 고통을 받게 되었다. 이에 율산리 주민들은 월 6회씩 열리는 시장(5일시)을

---

77 「율산시장 開市期」, 『조선일보』, 1924.5.26.
78 「율산시장 기지 매입에 착수, 주민생활에 호영향」, 『조선일보』, 1925.1.18; 「안주 율산시장 금월내 개시될 듯」, 『조선일보』, 1925.4.6.
79 「일부의 무성의로 율산시장 난산」, 『조선일보』, 1925.5.27.
80 「난산을 전하던 율산시장, 윤사월 십사일에 첫 장을 개시한다」, 『조선일보』, 1925.5.30.
81 「빈민촌에 시장개설, 생활의 一生脈」, 『동아일보』, 1925.6.5.

반으로 나누어 청교리에서 3회, 율산리에서 3회 열리도록 해주거나, 안주 서문밖 신의리에 새로 개설한 가축시장을 율산리로 옮겨 달라고 요구하였다. 율산리 주민들은 이러한 내용의 진정서를 군 당국에 제출하였다. 그러나 군에서는 청교리와 신의리 주민들도 고려하지 않을 수 없었기 때문에 쉽게 결론을 내지 못하였다.[82] 그런 가운데 안주 면협의회는 1927년 5월 28일 면협의회를 열어 주민들이 요구하는 시장부흥책을 들어주기로 의견을 모았다.[83] 그러나 이후에도 문제는 쉽게 해결되지 않았다. 결국 율산시장측의 대표 최승준 등은 1928년 들어 도, 군, 면 당국과 적극 교섭하여 청교리 시장측의 양해를 얻어 백미 전부와 잡화 행상만은 율산시장에서 취급하기로 합의를 하였다. 또 율산시장의 주민 중 박지찬 등 유지 3인이 자금 3천 원을 투자하여 일반 장꾼들이 팔지 못한 물건들을 매수해 주는 등 제반 편의를 도모하기로 하였다. 이에 따라 율산시에도 장꾼들이 점차 증가하였고, 율산시장도 활기를 띠기 시작하였다고 한다.[84] 이리하여 안주면 율산시 문제는 6년여 만에 겨우 해결을 보게 되었다.

② 경북 김천군 김천면 시장의 사례

1925년 경북 김천군 김천면에서는 시장의 이설 문제 등을 둘러싸고 면장과 면협의원 사이에 갈등이 벌어졌다. 김천면에서는 6월 7일 오후 8시 반에 시민대회가 열려 면협의회원으로부터 와타나베(渡邊) 면장과

---

82 「율산시민 고통, 商賈가 아니 모여서」, 『동아일보』, 1925.7.6; 「율산시장 문제, 우시장 이전으로 微命 보전?」, 『동아일보』, 1926.2.5; 「사활문제의 율산시장 당국에 진정」, 『동아일보』, 1927.2.21.

83 「율산시장 문제 원만히 해결, 면협의회에서」, 『동아일보』, 1927.6.1.

84 「율산시장 발전, 유지의 다액투자로」, 『동아일보』, 1928.4.22.

협의원들 간에 일어난 문제의 진상 보고가 있었고, 그 후 협의원 9명에 대해 사직을 권고하기로 한 결의가 채택되었다. 즉 면협의원 9명은 시장을 면의 다른 마을로 옮길 것을 면장에게 여러 차례 핍박하였으나 면장이 이를 거절하였고, 이에 면협의원들은 면장에게 사직할 것을 압박하면서 일체 면정(面政)의 자문을 거절한 지 3개월이 되었다는 것이다. 또 어떤 면협의원은 시장세 횡령사건 등에도 관계되었다는 것도 폭로되었다. 시민대회에서 사직이 권고된 9명의 면협의원은 일본인 5명, 조선인 4명의 협의원들이었다.[85]

그 후 14일에는 면장과 면협의원 간의 무조건 화해를 주장하는 일부 시민 44인의 발기로 또 다른 김천 시민대회가 열렸다. 이들은 김천의 분요 사건은 면민의 복리를 저해하고 있으므로 양측은 무조건 화해하기를 권고한다는 것이었다.[86] 시민들도 면협의원 배척파와, 면장과 면협의원 화해파의 양파로 나뉜 것이다. 하지만 배척파의 시민 대표들이 군청 등 관계당국과 접촉하여 활동한 결과, 문제가 된 협의원 9명은 당국으로부터 면직처분이 내려질 상황이 되었다. 이에 이들은 먼저 사직하였고, 1명은 당국에 의해 면직당하였다.[87] 그러나 이후 군 당국은 면장에게도 사직을 강요하여 결국 면장도 사직하였다. 이에 면협의원 보궐선거에 나왔던 후보자들도 항의하는 뜻으로 후보자를 사퇴하는 일이 있었다.[88] 김천면의 이 사건은 일본인과 조선인 면협의원들이 자신들의 이해관계를 앞세워

---

85 「김천 시민대회, 협의원을 탄핵」, 『동아일보』, 1925.6.10.
86 「시민대회에도 左黨右派. 김천면 분규사건 배척, 화해 양파」, 『조선일보』, 1925.6.16.
87 「김천면 분규 해결, 9명 사직과 1명 면직」, 『동아일보』, 1925.7.24.
88 「김천면협의원 후보자총사직, 前 面長이 권고 사직된 후에 상부태도에 분개하야 사직, 김천면 분규사건확대」, 『동아일보』, 1925.8.19.

시장을 이전하려다가 이를 거부하는 면장과 충돌하면서 발생한 사건이었다. 이처럼 상공업자들이 다수였던 면협의원들은 자신들의 이해관계를 관철하기 위해 면협의회를 이용하려 한 경우들이 많았다.

③ 함남 북청군 북청면 우시장의 사례

1927년 5월에는 함남 북청군 북청면에서 우시장 이전 건이 문제가 되었다. 남리에 있던 우시장을 서리로 이전한다는 안이 면협의회에서 통과된 것이다. 이에 5월 15일 북청면 주민들은 시민대회를 북청청년회연합회관에서 개최하고 실행위원 조영희의 면장 사이토 데쓰고로(齋藤鐵五郎)와의 면담 결과를 보고받았다. 조영희에 따르면, 우시장을 왜 이전하려 하는가 하는 질문에 대해 면장 사이토는 "동 시장이 협소하고 오습(汚濕)할 뿐만 아니라 면협의회에서도 가결한 것이어서 이전하려 하는 것이다"고 답했다고 한다. 또 조영희가 "우시장을 동면 서리로 이전하려는 것은 서리의 부호의 부탁으로 내정한 것이고, 면협의회는 구실이 아니냐"고 묻자, 면장은 "그렇게 알아도 좋다"고 답했다고 한다. 이에 시민대회 참석자들은 면장과 부면장을 배척하며, 세금은 국세만 직접 군 당국에 납부하고 면부과금은 면사무소에 납부하지 말 것, 면장과 부면장에게 사직권고서를 발송하고, 군당국에 면장과 부면장을 사직시켜 달라는 진정서를 제출할 것을 결의하였다. 아울러 내리 2개 구와 동리 3개구, 남리 2개구 등 7개 구에서는 구장들이 모두 사직하였다.[89] 남리 주민들은 20일 군청으로 몰려가 진정서를 제출하였으며, 우시장을 이전하지 말 것을 요청하고, 우

---

89 「우시장 이전한다고 면장배척운동. 결의 4개조를 군당국에 진정」, 『동아일보』, 1927. 5. 28.

시장이 협소하다면 주민들이 나서서 시장을 더 넓히겠다고 약속하였다.[90]

그런데도 아무런 소식이 없이 시간만 흘러가자, 7월 8일 7개 구 주민 3백여 명은 다시 시민대회를 열고, 9일에 일제히 철시를 하고 시민대회에 모인 군중들은 즉시 시위행진을 하자고 결의하였다. 그리하여 면장과 부면장 배척이라고 쓴 깃발과 북, 징을 들고 시위행렬을 시작할 즈음에 경찰들이 출동하여 이를 중지시키고 실행위원 4, 5명을 경찰서로 데려갔다. 이에 군중 백여 명은 군청으로 몰려가 군수 면담을 요청하였으나 부재중이어서 만나지 못하였다.[91]

이 문제는 9월까지도 해결되지 못하여 7개 구 시민들은 2기분 호세를 면사무소에 납부하지 않았고, 이에 군청에서는 시민대회 실행위원과 7개 구장을 군청에 불러 선후책을 논의하였으나 실행위원들은 면장이 우시장 건을 취소하기 전에는 할 수 없다고 하여 하등의 해결책을 찾지 못하였다고 한다.[92]

그러나 우시장의 이전은 바로 추진되지 않은 것으로 보인다. 남리 주민들의 반발이 워낙 거셌기 때문일 것이다. 그런 가운데 1929년 들어 면장이 후쿠다 마사오(福田政雄)로 교체되었다. 새 면장이 들어선 이후 그는 우시장 이전을 전혀 추진하지 않았다. 이에 이번에는 서리 주민들이 반발하고 나섰다. 서리 주민들은 1930년 2월에 3, 4차에 걸쳐 면에 몰려가서 1927년의 북청면협의회의 우시장 이전 결의에 따라 우시장의 이전을 추진해줄 것을 면장에게 요구하였다. 면장은 시정의 순서상 어렵다며 이를

---

90 「시장 이전반대」, 『동아일보』, 1927.5.23.
91 「면장 배척 확대 철시까지 단행, 북청우시장 이전문제로」, 『동아일보』, 1927.7.11.
92 「戶稅 불납 계속, 면장 배척문제로」, 『동아일보』, 1927.9.27.

거절하였다. 서리 주민들은 2월 24일에도 면사무소에 몰려가 면장 면회와 진정서 수리를 요구하였으나, 면장은 병을 칭탁하며 만나주지 않았고 진정서 수리도 거절하였다.[93] 이로써 우시장의 이전 문제는 끝난 것으로 보인다. 면협의회는 성급하게 이전 문제를 결정하였다가 남리 주민들의 광범위한 반발만 불러일으켰고, 이후 사태 수습 과정에서는 아무런 역할도 하지 못하는 무기력한 모습만 보였다. 한편 서리 주민들은 1930년대에 들어서는 시장 증설을 당국에 계속 요청하여 어채시장이 서리에 설치되었다.[94]

④ 전북 전주군 삼례시장의 사례

삼례시장은 시장의 이전문제로 1929년 2월 이후 오랫동안 분규가 있었던 곳이다. 삼례시장은 경성-목포간 일등도로가 관통하고, 이리-고산간 도로도 지나는 곳이어서 교통이 복잡한 곳에 있었다. 그런데 시장이 협착하여 장이 서는 날이면 장꾼들이 도로변에 앉아서 물건을 판매하는 관계로 교통에 지장이 많았고, 위생상으로도 불리한 점이 많았다. 이에 삼례면의 유지들은 현 시장을 확장하거나 다른 넓은 곳으로 이전해달라는 진정서를 면장에게 제출하고, 도 당국에까지 진정서를 냈다. 이에 전주군수 가와사키 이치로(川崎一郞)는 현장을 답사하여 후보지를 조사하게 되었다.[95]

---

93 「북청 서리 주민 수백명이 면에 쇄도, 우시장 이전문제로」, 『조선일보』, 1930.2.20; 「우시장 문제로 군중이 면에 쇄도. 진정 수리를 요구. 지난 24일 북청 서리 주민들이」, 『조선일보』, 1930.3.3.

94 허영란, 2009, 앞의 책, 176쪽 참조.

95 「삼례시장 이전을 관계당국에 진정」, 『동아일보』, 1929.2.9; 「삼례시장을 이전할 계획. 후보지 조사」, 『동아일보』, 1929.4.10.

이후 삼례시장의 이전을 둘러싼 여론은 3파로 갈리게 되었다. 제1파는 현재의 시장을 동쪽과 북쪽으로 확장하여 사용하자고 주장하였고, 제2파는 면사무소의 입장으로 삼례역전의 이엽사농장 부지를 삼례면의 모범림과 교환하여 이엽사농장 부지로 이전하자고 주장하였으며, 제3파는 경비의 절약과 교통상의 편리 등을 위해 서신리로 옮기자고 주장하였다. 그런데 면장인 권일용은 제2안을 추진하기 위해 면협의회와 상의도 없이 이엽사 농장측과 가계약을 체결하였다. 이에 면협의원들은 면장의 독단적 행위를 규탄하면서 5월 23일 면협의회를 개최하였고, 구 시장 상인들은 도 당국에 탄원서를 제출하여 반대의 뜻을 밝혔다. 면장이 이엽사 농장측과 맺은 가계약은 이엽사 농장 부지 가격을 9천 원으로 책정하고, 면 유림을 6천 원으로 책정하여, 면 기채액에서 나머지 3천 원을 충당한다는 것이었다. 그러나 이 안에 대해서는 면민들, 특히 구 시장 주민들의 반대가 많았다.[96]

이 문제는 8월 28일 다시 열린 면협의회에 상정되었다. 그러나 면협의원들도 3파로 나뉘어, 2명은 현 시장을 확장하는 입장이었고, 2명은 이엽사 부지로 이전하자는 입장이었으며, 4명은 서신리로 이전하자는 입장이었다. 따라서 면협의회도 어떤 결론을 내지 못하였다. 한편 구 시장 연고자들은 구시장확장기성회를 조직하여 5명을 위원으로 선정해서 군 당국에 진정서를 제출했다.[97] 시장 이전문제는 해결책을 찾지 못한 채 해를 넘겼고, 1930년에 들어와서도 어떤 결론을 얻지 못하였다.

---

96 「삼례시장 문제, 三派로 착잡 분규, 면장의 이엽사 농장 이전안은 면민 전반이 반대」, 『조선일보』, 1929.6.9.
97 「삼례시장 위치문제로 군당국에 진정, 현 시장측은 기성회를 조직」, 『조선일보』, 1929.9.2.

결국 1931년 3월에 들어와 열린 삼례면협의회에서는 면유림을 이엽사에게 판매하고, 이엽사 농장부지를 매수하여 그곳으로 이전하기로 결론을 내렸다. 물론 이번에도 구 시장측에서는 크게 분개하여 도 당국에 진정서를 제출하는 등 반대운동을 펼쳤다. 그러나 4월 30일 도 당국에서는 이엽사 농장부지로 시장 인가를 내주었다. 이로써 4, 5년에 걸린 시장 이전 문제는 매듭을 짓게 되었다. 그해 12월 이엽사 부지 자리에 시장 공사가 진행되었고, 1932년 1월 20일 새로 이전한 삼례시장은 문을 열게 되었다.[98]

삼례시장의 이전 문제와 관련해서는 결국 면사무소측의 입장이 관철되었다고 할 수 있고, 이 과정에서 면협의회도 결국은 면사무소 편을 들었다고 볼 수 있다. 그 밖의 다른 시장들의 개설, 분설, 이전 문제를 둘러싼 분규에 대해서는 설명을 생략한다.[99]

이상 면협의회에서의 주요 쟁점이 된 사항을 호별할의 등급책정 문제, 면사무소의 이전문제, 시장의 개설과 이전문제를 중심으로 살펴보았다. 이외에도 도로부역 문제, 면장의 비행문제, 일본인 면서기 채용 문제 등도 면협의회의 주요 쟁점 사항이었다. 이러한 쟁점사항을 둘러싸고 면장과 면협의원 간에 충돌이 빚어지는 경우가 많았고, 이는 면장 배척운동으로 발전하기도 했다. 이에 대한 자세한 설명은 생략한다.

한편 면협의회의 권한 문제를 둘러싸고 면장과 면협의회 사이에 논쟁이 자주 벌어졌다. 예를 들어 1929년 3월 평북 의주군 의주면 면협의회에서는 면협의원이 예산 수정의 의견을 제시하자, 의장인 면장은 면협의회

---

98 「삼례시장은 이엽사로 이전, 확장파는 반대」, 『동아일보』, 1931.4.1; 「삼례시 이전문제. 백17명의 연서로 전북도당국에 진정」, 『동아일보』, 1931.4.30; 「삼례시장은 이엽사로 인가」, 1932.1.26; 「삼례신시장 20일부터 개시」, 『동아일보』, 1931.5.5.
99 다른 사례들에 대해서는 허영란, 2009, 앞의 책, 171~181쪽을 참조할 것.

는 면장의 자문기관에 불과한 것이므로 예산을 수정할 권한은 없다고 답하였다. 이에 면협의원은 "그러면 우리는 무슨 소용이 있느냐. 면장이 만든 예산이 불충분해도 그대로 승인해야 한다면 우리는 자문에 응할 필요가 없다. 아무리 자문기관이지만 협의회를 설치한 취지는 민의의 소통에 있는 것 아니냐"라고 면장을 공박하였다.[100] 면협의회의 권한을 둘러싼 이와 같은 갈등은 면협의회가 열릴 때마다 자주 발생할 수밖에 없었다.

1930년 3월 열린 충북 괴산군 증평면 면협의회에서는 그해의 세입세출예산안을 검토하였는데, 이때 세출 예산에 『매일신보』 구독비 132원이 포함되어 있었다. 이에 대해 면협의회원 김영모가 이렇게 불필요한 곳에 쓰느니보나 더 긴급한 증평과 미원 간의 도로와 교량 가설비에 쓰는 것이 어떠냐고 질문하였다. 이에 대해 의장인 면장은 『매일신보』는 각 신문 중에 가장 오랜 역사를 가진 것으로 문화향상을 위해 구독해야 한다고 답했다. 이에 다른 면협의회원 이성로가 만일 문화향상을 위해 필요하다면 왜 하필 『매일신보』만 구독하느냐면서, 면비로 구입할 필요없이 각 구장들이 자비로 구독하게 하는 것이 어떠냐고 질문하였다. 이에 대해 면장인 의장은 "이는 상부에서 시키는 바인 즉 우리 의사로 어찌할 수 없다"고 답하였다. 이에 대해 김영모 의원은 분개한 어조로 "그렇다면 당국의 의사대로 할 것이지 자문기관을 둘 필요가 없은즉 폐지하는 것이 가하다. 우리가 받는 일당 1원도 가난한 민중의 손실이다"라고 말하였다.[101] 김영모와 이성로는 자문기관인 면협의회는 아무 힘이 없는 유명무실한 기관일 뿐이라고 지적하였던 것이다.

---

100 「의주면협의회, 高給의 일인서기를 채용하야 面費 남용」, 『조선일보』, 1929.3.16.
101 「유명무실한 자문기관은 차라리 폐지하라」, 『조선일보』, 1930.3.24.

3. 주민대회와 면장배척·면장민선 운동

1) 주민대회

1920·1930년대 조선의 각지에서는 부민대회, 군민대회, 읍민대회, 면민대회, 리민대회 등으로 불리는 수많은 주민대회가 일어났다. 한상구는 일찍이 이에 주목하고 논문을 썼다. 그의 논문에 따르면, 1920년대 초반부터 급격히 확산되기 시작한 주민대회는 지역사회에서 주민의 이해관계와 연관된 거의 모든 사안과 관련하여 열렸다고 한다. 당시의 신문에 보도된 바를 정리하면, 부민대회는 283건, 군민대회는 337건, 읍민대회는 650건, 면민대회는 1,150건으로, 면민대회가 가장 많았다. 또 리민대회, 동민대회, 정민대회 등도 3백여 건에 달한다고 한다.[102]

이와 같은 주민대회는 일본에서 이미 메이지 연간에 정민대회, 촌민대회 등으로 나타나긴 했지만 그 회수는 그리 많지 않았다. 그런데 조선에서는 이러한 주민대회가 1920년대 이후 붐처럼 일어난 것이다. 그것은 조선에는 이미 조선후기부터 내려오던 군·현단위의 향회, 면단위의 면회, 리 단위의 리회 등의 전통이 있었고, 또 1920년대 이후 부협의회·면협의회와 같은 자문기관이 등장하기는 했지만, 지방민들의 의사를 제대로 대변하지 못하고 있었기 때문이다. 이에 지방민들의 의사를 모으고 이를 표출하는 주민대회가 붐을 이루며 열린 것으로 보인다.

---

102 한상구, 2013, 「일제시기 지역주민운동 연구-지역 주민대회를 중심으로-」(서울대 국사학과 박사논문), 25쪽.

〈표 6-5〉 각급 주민대회의 발생건수와 발생비율

	부민대회	읍민대회	군민대회	면민대회	합
발생건수(A)	283건	650건	337건	1,150건	2,420건(B)
발생비율(A/B)	11.6%	26.8%	13.8%	48.3%	100%
발생지역수(C)	20개소	181개소	142개소	724개소	-
발생지당 발생회수(A/C)	13.5회	3.6회	2.4회	1.6회	-
각급지역 총수(D)	20개소	254개소	220개소	2,050개소	-
각급지역발생지 비율(C/D)	100%	71.7%	64.5%	35.4%	-

출전: 한상구, 2013, 「일제시기 지역주민운동 연구-지역 주민대회를 중심으로-」(서울대 국사학과 박사논문), 49쪽.

〈표 6-5〉에 따르면, 부민대회는 20개 부 모두에서 열렸고, 각 부 당 13.5회 정도 열렸다. 읍민대회는 254개 읍 가운데 181개 읍에서 있었고, 발생지 당 3.6회 열렸다. 군민대회는 220개 군 가운데 142개 군에서 열렸고, 발생지 당 2.4회 있었다. 면민대회는 2,050개 면 가운데 724개 면에서 열렸고, 발생지 당 1.6회 열렸다.

이 가운데 면민대회에서 주로 다룬 사안은 행정과 관련된 요구나 비판이 41%로 가장 많았고, 학교설립과 운영이 28.4%로 그 뒤를 이었고, 지역발전과 운영이 21.6%, 사회적 운동이나 사건이 5.2%를 차지했다. 부민대회나 읍민대회에서는 사회적 사건/운동이 각각 29.7%, 18.8%를 차지했던 것에 비해, 면민대회에서는 5.2%밖에 차지하지 않아 상당한 차이를 보였다.[103]

---

103 한상구, 2013, 앞의 글, 52쪽.

2) 면장배척을 위한 면민대회

면민대회에서는 면장 배척 120건을 포함한 '관공리 배척' 사안이 138건으로 상당히 많았고, 행정의 실태(失態) 사안이 93건으로 역시 상당히 많았다.[104] 특히 주목되는 것은 '면장 배척'을 위한 주민대회가 상당히 많았다는 점이다. 면장은 1917년 '면제' 실시 이후 면의 행정주체이자 지역사회의 유력자였다. 면장은 군수가 추천하여 도지사가 임명하게 되어 있었는데, 임기가 따로 정해져 있지 않았다. 따라서 한 번 임명되면 한 곳에서 10년 넘게 면장의 자리를 차지하고 있는 경우도 있었다. 면장은 면서기를 임면할 수 있는 권한도 갖고 있었기 때문에 면서기도 그에게 무조건 충성할 수밖에 없었다. 면장은 면서기로 출발하여 경력을 쌓은 뒤 면장이 되는 경우도 있었지만, 지역사회의 유력한 부호로서 면장이 되는 경우도 있었다. 이런 경우 면장은 지역사회의 명실상부한 유력자로서 누구도 그를 견제하지 못했다. 1920·1930년대에 면협의회가 있었지만, 자문기관에 불과하고 1년에 한두 번밖에 열리지 않아 면장을 견제하는 데는 역부족이었다. 아래는 황해도 황주군 청룡면의 면민들이 면장을 배척하여 군에 낸 진정서 가운데 면장의 비행과 관련된 내용이다.

1. 1922년도에 청룡공립보통학교 기부금 2백 원을 횡령하였다가 발각됨으로 다시 납부한 일.
2. 본면 포북리 학무위원 이동관 씨로부터 학생의 상품 대금 20원 기부함도 횡령하였다가 발견되니 전하여 준 일

---

104 한상구, 2013, 앞의 글, 64쪽.

3. '면유종우(面有 種牛)'(면 소유의 씨를 받기 위한 소)는 이진섭에게 반환시켜서 자기 종제 효섭에게 주려다가 축산조합에게 수치를 당한 일
4. 1923년도에 자기 사가(私家)를 중수할 때 해남 해북 양 리민에게 무상으로 부역을 징발한 일
5. 호별할 등급을 면협의회에서 결정한대로 실행하지 아니하고 자기의 직권으로 변경한 일[105]

위와 같이 면장 배척은 주로 면장의 부정과 비리, 공금의 횡령, 행정에서의 전횡, 주민들의 사적 동원, 주민들에 대한 불친절 등이 이유가 되었다. 면장 배척운동은 약 140건 정도 되는데, 이 가운데 60건 정도가 군과 도에 의해 수용되어 면장이 경질되었다고 한다. 사소한 비리나 비위의 경우는 경질되지 않았고, 공금횡령과 같은 명백한 범죄가 있었던 경우는 대체로 경질되었다고 한다. 일부 지역에서는 타 지역 출신이 면장으로 온다고 이를 배척하는 경우도 있었지만, 이는 거의 성공하지 못했다고 한다.[106]

3) 면장민선을 위한 면민대회

일부 지역에서는 면장 교체기에 면장 민선운동도 활발히 일어났다. 1923년 2월 전남 여수군 소라면에서는 면장이 횡령사건으로 퇴직하자 그 후임을 민선으로 하게 해달라고 군 당국에 수차 청원하였다. 그러나 군과

---

105 「청룡면민 부정면장 배척 격렬, 면장의 비행을 드러 군청에 진정, 일변으로 면민대회를 소집 준비」, 『동아일보』, 1925.3.26.
106 한상구, 2013, 앞의 글, 69~70쪽.

도는 이를 무시하고 관선 면장을 임명하자, 각 구 구장과 면협의원 16명은 동맹 사직하여 이에 저항하였다.[107] 이 사건에 대해 『동아일보』는 사설에서 "민중적 생활의 가장 긴절한 관계를 가지는 지방단체의 기관인 면장의 선임을 그 지방주민이 직접 선거하여 자기의 신망하는 인물로써 그 생활을 지배케 하고 또 그 앞으로의 생활을 개척케 하고자 함이 어찌 무리한 요구이며, 부당한 주장이라 하리오"라면서 "전남 여수군 소라면에서는 구장과 면협의원이 면장의 민선을 주장하야 당국에 청원하였으되 또 청원이 불용(不容)됨을 보고 마침내 연맹 사직을 단행하였다 하는도다. 이는 실로 시대적 사조의 필연한 영향이라 할 수 있으며, 또한 조선 민중이 그 생활에 각성하는 표징이라 할 수도 있다"면서 면장 직선운동을 응원하였다.[108]

이후 여러 곳에서 면장 직선운동이 일어났다. 1923년 2월 평남 평원군 숙천면에서는 유력자 40명이 모여 민선후보자 4명을 선정하여 당국에 이들 중에서 임명해줄 것을 요청하였다.[109] 경남 밀양군 밀양면에서도 그해 3월에 면민대회를 열고 박장억을 민선면장 후보로 선출하여 도청에 그를 신임 면장으로 임명해줄 것을 요청하였다.[110] 전남 해남 삼산면에서는 면장이 사임한 뒤 면 주민들이 면민대회를 열어 이석진을 민선면장으로 뽑아 군과 도 당국에 진정서로 추천하였다.[111]

---

107 「관선면장 반대로 구장협의원 십육명 동맹사직, 여수 소라면의 면장 민선운동」, 『동아일보』, 1923.2.23.
108 「(사설) 면장의 민선운동, 당연한 귀결」, 『동아일보』, 1923.2.24.
109 「도처에 起하는 면장 민선운동, 평원군 숙천면에서 면민대회까지 열려」, 『동아일보』, 1923.2.28.
110 「면장민선운동, 면민대회 결의」, 『동아일보』, 1923.4.7.
111 「면장 민선을 운동, 면민대회를 개최하고 이백칠십여명이 진정」, 『조선일보』, 1923.8.14.

가장 강력한 면장 민선운동은 전남 여수군 남면에서 일어났다. 1924년 5월 8일 남면 주민들은 면민대회를 열고 결원 중인 면장 후임자로서 안정혁을 뽑아 여수군수에 진정서로 제출하였다. 면민들은 안정혁은 남면 회계원으로 오랫동안 재직해온 이로서 주민들의 신망이 있다면서 그를 추천한 것이다. 그러나 군에서는 이를 받아들이지 않았고, 관선 면장을 임명하였다. 이에 주민들은 2차, 3차 면민대회를 열어 관선면장을 받아들일 수 없음을 확인하였다. 면민들은 관선 신임면장 김○두는 경력도 없고 친일파로서 일본인들 편의를 많이 보아줄 것이라면서 그를 반대하였다. 면민대회에서는 면장 민선위원을 선정하여 이 운동을 추진하고 있었는데, 경찰이 이에 개입하여 민선위원 세 사람을 위협하고 구타하는 사건까지 발생하였다. 그러나 면장은 교체되지 않았고, 김○두는 1926년까지 면장 자리에 있었다.[112]

면장 민선운동은 갑자기 돌출적으로 나온 것은 아니었다. 앞서 제1장에서 서술한 바 있듯이 조선후기에도 각 면에서는 면집강(대한제국기에는 면장)이 있었고, 군수가 면집강을 선정하기도 했지만, 각 면에서 각 동 주민들이 모여서 회의를 통해 뽑는 경우도 많았기 때문이다.[113] 따라서 군수가 선정한 면장에 불만이 있을 때, 면민들이 면장을 예전처럼 자신들이 뽑아야 한다는 생각을 가진 것은 자연스러운 일이었다.

이상에서 살펴본 것처럼 면민대회와 면장배척·면장민선운동은 주민들의 자발적인 주민자치운동이었다고 볼 수 있다. 총독부 당국이 지방자치제

---

112 「면장민선운동, 군수에 진술서 제출」, 『동아일보』, 1924.5.24; 「남면 면장 민선운동, 면민대회를 開하고 7개 조건을 결의해」, 『조선일보』, 1924.6.30; 「면장 민선위원을 순사부장이 위협, 관선면장을 끝까지 배척하면 포승으로 잡아간다고 위협해」, 『동아일보』, 1924.7.6; 「여수 남면 면장 배척의 진상, 모 유력자의 말」, 『조선일보』, 1924.12.16.

113 이 책 제1장, 114~115쪽을 참조할 것.

를 제대로 실시하지 않는 상황이 계속되자 주민들이 과거 주민자치의 전통을 되살려서 이를 실천하고자 하는 움직임을 보여 준 것이었다.

부민대회, 군민대회, 읍민대회, 면민대회는 지방자치가 파행을 겪고 있던 당시 상황에서 주민의 의사를 결집하고 표현하는 역할을 하고 있었고, 훗날 진정한 지방자치를 위한 훈련과정의 역할을 하고 있었다고 볼 수 있다.

제3부
1930년대 이후의 지방제도 개편과 운영

제7장
1930년 제2차 지방제도 개정과
의결기구 도입

1. 1930년 지방제도 개정의 배경

1920년대 중반에 접어들면서 친일 조선인들과 재조선 일본인들은 참정권론을 내세우면서 자신들도 정치에 참여할 수 있게 해줄 것을 일본정부와 조선총독부에 요구하고 있었다. 김명준·정병조 등이 이끄는 국민협회는 조직을 확대하고, 1924년 일본 의회에 조선인들의 참정권 부여를 청원하는 건의서를 제출했다. 재조선 일본인들도 친일조선인들과 함께 1924년 갑자구락부를 조직하여 1925~1927년 매년 일본 의회에 건의서를 제출하여, 중의원 선거지역을 경성부, 부산부, 대구부, 평양부 등으로 확대해 줄 것을 요구했다. 그 경우, 자신들이 일본 중의원 의원으로 진출할 수 있다고 생각했기 때문이다.[1]

1927년 3월 사이토 마코토(齋藤實) 총독은 자신의 비서관 출신인 총독부 관방 문서과장 나카무라 도라노스케(中村寅之助)에게 조선인들의 참정권 문제에 대한 의견서를 작성해 보도록 비밀리에 지시했다. 이에 따라 나카무라는 곧 의견서를 작성했다. 그는 의견서에서 1) 일본 제국의회 중의원과 귀족원에 조선에서 선출한 의원을 참여시키는 방안, 2) 홋카이도와 각 부현의 지방자치의회와 비슷한 형태로 조선을 전 구역으로 하는 '조선지방의회'를 설치하는 방안을 나란히 제시하였다. 이 가운데 그가 말하는 '조선지방의회'에 대해 살펴보자. 첫째, '조선의회'가 아닌 '조선지방의회'란 홋카이도나 각 부현의 지방의회와 같은 수준의 것이다. 둘째, '조

---

1 이태훈, 2020, 「1920년대 중후반 갑자구락부의 제한적 참정권청원운동과 식민지배정책의 동향」 『동방학지』 193; 김종식·윤덕영·이태훈, 2022, 『일제의 조선참정권 정책과 친일세력의 참정권 청원운동』, 동북아역사재단.

선지방의회'에는 법령제정권 같은 부여하지 않고, 예산과 결산만을 심의하게 하며, 그 예산도 조선총독부 특별회계 전체가 아니라 토목·산업·교육·위생·구제와 관련된 약 4분의 1에 해당하는 정도로 한정하며, 나머지 4분의 3은 조선총독부가 조선지방의회의 심의 없이 마음대로 집행하도록 한다. 셋째, 조선총독에게 '조선지방의회'의 감독권을 부여하여, 조선지방의회의 결의에 대한 취소 및 재의 명령, 원안의 집행, 정회, 해산 등 거의 무제한의 감독 권한을 부여한다. 넷째, '조선지방의회'는 총독이 임명하는 임기 3년의 관선의원 40명과 민선의원 79명으로 구성한다. 다섯째, 각종 지방자치단체의 자문기관인 지정면협의회, 부협의회, 도평의회를 의결기관인 면회, 부회, 도회로 승격한다.[2] 이상의 내용을 보면, 그가 말하는 '조선지방의회'는 대체로 기존의 도평의회를 조선 전체로 확대한 정도에 그치는 것이었다고 할 수 있다. 그런데 여기에서 주목할 것은 그가 기존의 지방단체의 자문기관인 면협의회, 부협의회, 도평의회를 의결기관으로 승격시키자고 제안한 점이다. 사이토 총독은 1920년 지방제도 개정 당시부터 일정한 시일이 지난 뒤에는 자문기관에서 의결기관으로 승격시킬 것이라고 말하고 있었는데, 나카무라는 이제 그 시점이 다가오고 있다고 본 것이다.

사이토 총독은 나카무라의 안을 가지고 헌정회 내각 와카쓰키 레이지로(若槻禮次郎) 수상과 원로 사이온지 긴모치(西園寺公望)와 협의하고자 했다. 그러나 1927년 4월 헌정회 내각이 무너지고 정우회의 다나카 기이치(田中義一) 내각이 수립되면서, 사이토는 자신과 껄끄러운 관계에 있던 다나카 수상과의 협의를 포기했다. 그리고 사이토는 1927년 6월에서 8월

---

2 김종식·윤덕영·이태훈, 2022, 앞의 책, 265~273쪽.

사이에 개최된 제네바군축회의에 참석하기 위해 임시로 다른 이에게 총독 자리를 맡겨야만 했다. 이에 따라 4월 15일에 우가키 가즈시게(宇垣一成) 전 육군대신이 사이토 대신 임시로 조선총독을 맡았다. 따라서 사이토는 위의 나카무라 안에 대한 협의를 진척시킬 수 있는 기회를 가질 수 없었다. 결국 이 안은 협의도 제대로 해보지 못한 채 폐기되고 말았다.[3]

다나카 총리는 1927년 12월 10일 야마나시 한조(山梨半造)를 후임 조선총독으로 추천했다. 이에 따라 야마나시 총독과 이케가미 시로(池上四郎) 정무총감이 조선에 부임하게 되었고, 조선자치문제는 거의 거론되지 않았다. 다만 지방자치문제에 대해서는 이케가미 정무총감이 1929년 2월 경성·평양·대구·부산의 4부(府)의 자문기구를 의결기구로 만드는 문제에 대해 연구가 필요하다는 정도로 언급했을 뿐이었다.[4]

그리고 그해 7월 다나카 내각이 '장쭤린(張作霖) 폭살사건'을 제대로 처리 못한 책임을 지고 총사직하고, 민정당의 하마구치 오사치(濱口雄幸) 내각이 수립되었다. 이에 따라 조선총독의 경질 문제도 거론되어 하마구치는 문관총독을 임명하고자 했으나 군부의 반대가 거셌고, 추밀원과 궁중에서도 반대했다. 결국 하마구치는 타협책으로 사이토 마코토를 다시 조선총독으로 추천하게 되었다. 1929년 9월 사이토는 다시 조선총독으로 임명되어 부임해왔고, 6월에 정무총감으로 부임했던 고다마 히데오(兒玉秀雄)를 유임시켰다.[5]

사이토 총독은 부임해 오기 전에 도쿄에서 기자들과 만나 조선의 지

---

3 김종식·윤덕영·이태훈, 2022, 앞의 책, 273~274쪽.
4 「4부의 자치제 시행코저 조사 진행 중」, 『조선일보』, 1929.2.9.
5 김종식·윤덕영·이태훈, 2022, 위의 책, 282~283쪽.

방자치 문제에 대해 언급했다. 이에 대해 『동아일보』는 다음과 같이 보도하였다.

> (동경전) 재등 총독은 부임 후 당면의 문제로 조선 도, 부, 면의 자치제를 확립하려는 의향을 가지고 종래 조선에서 도, 부, 면의 평의회, 협의회의 자문기관이 있으나, 금회(今回) 이 자문기관을 의결기관으로 고치고, 선거권·피선거권의 확장을 기도하고 자치제를 확립하려는 것으로서 그 정도 및 범위에 대해서는 조사 후 결정할 것이며, 우선 경성·평양·대구·부산의 주요 각 부에 시행할 터인데, 이들 부에서는 이미 자문기관인 무협의회와 같은 것은 실질적으로 의결기관과 그 기능을 갖추고 있는 현상이므로 자치제를 시행하여도 하등 불안이 없음은 명백하다고 관측되고 있다. 이들 4부에 실시 후 운용상 효과를 본 후 점차 다른 도, 부, 면에 자치제도의 확립을 기할 터이라더라.[6]

사이토 총독은 이같이 각 지방의 자문기관을 의결기관으로 점차적으로 탈바꿈시킨다는 구상은 말하였지만, 조선의 참정권문제나 자치의회 문제에 대해서는 이렇다 할 언급을 하지 않았다. 그러나 이 문제는 계속 덮어둘 수만은 없는 문제였다.

사이토는 총독부 관료들에게 참정권 내지 자치의회 문제에 대한 방안을 만들어보도록 지시했다. 이에 따라 총독부 관료들은 제1안부터 제4안까지 4개의 안을 만들었고, 최종적으로 제4안으로 정리했다. 제4안의 제목은 「조선에서의 참정에 관한 제도의 방책」으로, 제1편은 '조선 재주 제

---

6   「도·부·면의 자치제 확립?」, 『동아일보』, 1929.9.9.

국신민의 참정에 관한 제도'이고, 제2편은 '현행 조선지방제도 개정'으로 되어 있다. 제1편의 내용은 재조선 제국신민의 본국 중의원 참정권을 배제하고, '조선지방의회'만을 설치하며, 소수의 귀족원 의원만 추가로 선임한다는 것이었다. 즉 5인 이내의 조선인을 선정하여 임기 7년의 귀족원 의원으로 칙임한다는 것이었다. 또 '조선지방의회'는 10년 후에 설치하되, 총 100인의 의원 가운데 3분의 1은 총독이 임명하는 관선으로, 3분의 2는 민선으로 선임한다는 것이었다. 조선지방의회의 권한은 법령 제정 권한은 없이 총독부 전체 예산 중에서 일부 지방비에 대한 심의·의결권만을 준다는 것이었다. 또 총독은 전결처분, 의결에 대한 취소 및 재의 명령, 원안 집행, 정회, 해산 등의 감독권을 갖는다는 것이었다.[7] 사이토 총독은 이 방안을 가지고 1929년 12월 10일 경성을 출발하여 도쿄로 갔다. 그는 도쿄에서 하마구치 수상, 마쓰다 척무대신 등을 만나 '조선지방의회' 안에 대해 협의한 것 같다. 그러나 수상이나 척무대신은 이에 대해 강하게 반대한 것으로 보인다. 사이토는 또 총독부 경무국장을 지낸 마루야마 쓰루기치(丸山鶴吉) 당시 경시총감, 임시 조선총독을 지낸 우가키 가즈시게(宇垣一成) 육군대신, 그 밖에 내무대신과 농림대신, 추밀원 서기관장 등을 만나서도 이 문제에 대해 의견을 들은 것으로 보인다. 그러나 그들의 반응은 냉담했다.[8] 일본 정부 요인들은 여전히 조선인에게 자치의회나 참정권을 주는 것은 모두 위험하다고 보고 있었던 것이다. 이러한 논의는 극비리에 진행되었기 때문에, 당시 언론에는 거의 보도되지 않았다. 다만 『조선일보』는 사이토 총독이 척무상과 회견하고 '조선자치안'을 논의했

---

7 김종식·윤덕영·이태훈, 2022, 앞의 책, 295~297쪽.
8 김종식·윤덕영·이태훈, 2022, 위의 책, 295~297쪽, 309~311쪽.

는데, 이에 대해 척무당국에서 상당한 반대가 있었고, 또 통치상의 중대문제이므로 신중한 심의를 하기로 했다는 식으로 보도했다.[9]

그런데 『조선일보』는 같은 날짜의 신문에서 사이토 총독이 하마구치 수상과 마쓰다 척무상과 회견하고 부면제(府面制)의 개혁에 대해 양해를 구한 결과 두 사람의 찬성을 얻었다고 보도했다. 즉 지방자치제의 개정에 대해서는 동의를 얻었다고 보도한 것이다. 이 신문은 다만 아직 구체안에 대해서는 총독부 측에서도 결정하지 않았기 때문에 최후 결정은 보지 못하였다고 보도하였다.[10] 사이토는 16일 기자들에게 "조선지방자치제의 개정은 내년 봄 의회가 다시 열릴 즈음에 상경하여 결정할 터로, 목하 조사 중인 바 도평의회, 부면협의회를 결의기관으로 하려는 것쯤이다"라고 말하였다.[11] 결국 일본 정부와 조선총독부는 조선인들의 참정권이나 자치의회 문제는 미루어두고, 일단 지방자치제도의 확장을 통해 조선인들의 정치참여 욕구를 무마한다는 방침에 합의한 것이었다.

당시 『동아일보』 보도에 따르면, 척무성은 이미 1929년 8월부터 각 식민지의 지방자치권의 확장 문제에 대해 연구하고 있었다. 조선총독부도 야마나시 한조 총독 시기부터 이미 이에 대한 연구를 해오고 있었다고 한다. 사이토 총독은 1929년 12월 도쿄에 갔을 때, 지방자치확장안에 척무성과 의견을 같이한 이후, 이마무라 다케시(今村武志) 내무국장을 중심으로 구체안을 작성하도록 지시하였다. 총독부 내무국에서는 이에 대한 연구를 계속하여, 1월 13, 14일에 열린 도지사회의에서 자문을 구한 뒤, 최후의 결정을 하기로 하였다. 그런데 이들이 생각하는 지방자치제도의

---

9 「조선자치안 拓省은 반대」, 『조선일보』, 1929.12.15.
10 「구체안만 어드면 지방자치제 실시」, 『조선일보』, 1929.12.15.
11 「자치제 결정은 明春頃에나」, 『조선일보』, 1929.12.19.

확장이란 도평의회와 부협의회, 지정면협의회의 의결기관화를 중심으로 한 것이었다.[12]

---

12 「自治制案携帶 近近總督渡東」, 『동아일보』, 1930.1.9.

2. 제2차 지방제도 개정의 경과와 주요 내용

이러한 과정을 거쳐 지방자치 확장안이 어느 정도 마무리되자, 사이토와 이마무라는 1930년 2월 12일에 경성을 출발하여 도쿄로 가서 지방제도 개정과 관련한 본격적인 협의에 들어갔다.[13] 조선총독부 측과 척무성 측은 3월 초 합의를 보고, 사이토 총독이 마쓰다 겐지(松田源治) 척무상에게 지방자치확장안의 요강을 건네주었다고 한다. 그 내용은 1) 도평의회, 부협의회 및 지정면 협의회를 의결기관으로 한다는 것, 2) 그 실시 시기는 차기 선거 때부터로 한다는 것이었다.[14]

이어서 척무성은 3월 11일 조선의 지방제도 개정의 요강을 내각회의에 제출하여 승인을 받았다. 12일 척무성이 밝힌 요강을 보면 다음과 같다.

1. 부제
(가) 부협의회를 부회로, 부협의회원을 부회의원으로 고치고 자문기관을 의결기관으로 함.
(나) 부회에 의장 및 부의장을 두고 의장은 부윤이 맡도록 하고 부의장은 의원 중에서 선거함.
(다) 의원의 임기를 4개년으로 함.
(라) 부제 개정에 따라 부에서의 학교조합 및 학교비를 폐하고 부회에 제1교육부회 및 제2교육부회를 설치함

---

13 「12일에 齋藤總督 渡東, 자치문제 기타로」, 『동아일보』, 1930.2.7.
14 「地方自治擴張案 齋藤總督 拓相에 提出」, 『조선일보』, 1930.3.3.

(마) 시행기일은 소화 6년 4월 1일로 함.

2. 면제

(가) 면제를 읍면제로 고침

(나) 현재의 지정면을 읍으로 하고, 그 이외를 보통면으로 함.

(다) 읍에 읍회를 두고, 의결기관으로 함.

(라) 면에 선거제도를 도입함. 단 면협의회는 자문기관으로 함.

(마) 의원(읍회) 및 협의회원(면협의회)의 임기를 4개년으로 함.

(바) 시행기일은 소화 6년 4월 1일로 함.

3. 도제

(가) 도평의회를 도회로 고치고 자문기관을 의결기관으로 함.

(나) 도회에 의장 및 부의장을 두고 의장은 도지사가 맡도록 하고 부의장은 도회에서 의원 중에서 이를 선거함.

(다) 도회는 정원의 3분의 2는 이를 선거하고, 3분의 1은 도지사가 이를 임명함. 선거할 의원은 부회 의원, 읍회 의원 및 면협의회원으로 하여금 이를 선거케 함.

(라) 의원의 임기를 4개년으로 고침.

(마) 시행기일은 추후 개정 부제 및 개정 읍면제 시행 후에 총독이 이를 정함.[15]

위에서 중요한 것을 들어보면, 1) 부협의회를 부회로 고치고 의결기관으로 한다는 것, 2) 부의 학교조합과 학교비를 폐하고 부회에서 이를 다

---

15 「자문기관을 의결기관으로, 의장은 지사, 부윤. 의원의 임기는 4개년으로. 지방제도 법안요강」, 『동아일보』, 1930.3.12.

룬다는 것, 3) 지정면을 읍으로 하고 그 이외는 보통면으로 하며, 읍에는 의결기관인 읍회를, 보통면에는 자문기관인 면협의회를 둔다는 것, 4) 도평의회는 의결기관인 도회로 고치고, 도회 의원의 3분의 2는 부회의원, 읍회의원, 면협의원이 선거하고, 3분의 1은 도지사가 임명한다는 것 등이다.

한편 『동아일보』는 그 밖에도 의결기관의 감독권과 관련하여, 의사기관의 위법 또는 부당한 의결은 취소하고 재의(再議)의 명령을 할 수 있음은 물론이고, 의결과 관계없이 원안의 집행을 할 수 있고, 의사기관의 정회 및 해산도 명할 수 있도록 하였다고 보도하였다. 여기서 말하는 '감독권'은 의결기관을 사실상 무력화할 수 있는 것들이었다.[16]

3월 25일 사이토 총독은 경성에 귀임하여 부제, 읍면제, 도제의 개정 요지에 대해 발표하였다. 그 내용을 보면 다음과 같다.

1. 부제(府制)
(1) 부의 학교조합 및 학교비를 폐하고 그 사무를 府에 통일함.
(2) 부의 일본인 교육비 및 조선인 교육비는 각기 부의 특별경제로 하고 일본인 교육비는 일본인에게, 조선인 교육비는 조선인에게 부과함.
(3) 부협의회를 부회, 부협의회원을 부회의원으로 고치고, 자문기관을 의결기관으로 함.
(4) 부회에 제1교육부회 및 제2교육부회를 두고, 제1교육부회는 일본인 부회의원, 제2교육부회는 조선인 교육부회 의원으로 조직함.
(5) 부회에 의장 및 부의장을 두고 의장은 부윤이 이를 맡게 하고, 부

---

16 「원안을 집행, 정회, 해산을 명령. 의결기관에 대한 감독권」, 『동아일보』, 1930.3.13.

의장은 의원 중에서 선거함.

(6) 부회 의원의 정원은 현재의 부협의회원의 수보다는 약간 증원함.

2. 읍면제(邑面制)

(1) 면제를 읍면제로 고침.

(2) 현재의 지정면을 읍으로 하고, 장래 그 발달이 현저한 면은 읍으로 함.

(3) 읍에 읍회를 두고 의결기관으로 함.

(4) 면에 선거제도를 행함. 단 면협의회는 자문기관으로 함.

3. 도제(道制)

(1) 도지방비령을 道制로 고침.

(2) 도평의회를 道會로 고치고 이에 의결권을 인정함.

(3) 도회의원 정원의 3분의 2는 부회의원, 읍회의원 및 면협의회원이 선거하고, 3분의 1은 도지사가 임명함.

(4) 도회에 의장 및 부의장을 두고, 의장은 도지사가 이를 맡게 하고 부의장은 의원 중에서 선거함.

4. 학교조합령, 학교비령

(1) 부제 개정에 따라 부의 학교조합 및 학교비를 폐함.

(2) 군도 학교평의회원은 읍회 의원 또는 면협의회원이 선거함.

5. 지방단체에 대한 감독

지방단체에 대한 감독에 대하여는 일본지방제도의 예에 의하여 의사기관의 위법 또는 부당한 의결의 취소 또는 재의의 명령을 하며, 또 필요한 때는 정회 및 해산을 명할 수 있게 하고, 또 중요사항에 대하야는 인가를 받게 하기로 함.

6. 시행기일

부제, 읍면제, 학교조합령, 학교비령의 개정은 1931년(明治 6) 4월

1일부터 시행할 예정으로 하고, 도제의 시행에 대해서는 총독이 따로 이것을 정하기로 하였다.[17]

위에서 중요한 것들을 들어보면, 1) 부의 학교조합 및 학교비는 부에 통합하여 운영한다는 것, 2) 지정면을 '읍'으로 칭하고, 읍회는 의결기관으로, 면협의회는 자문기관으로 한다는 것, 3) '도지방비령'을 '도제'로 고치고, 의결기관으로서 '도회'를 둔다는 것, 4) 군과 도(島)의 학교비평의원은 읍회의원과 면협의원이 선출한다는 것 등이다.

한편 학교조합비와 학교비를 폐지하고 이를 부에 통합하는 문제는 쉽지 않은 문제였다. 그것은 경비부담에서 학교조합 측의 일본인은 1호당 20~30원을 부담하고 있었던 데 비해, 학교비 측의 조선인은 1호당 2~3원을 부담하고 있었기 때문이다. 따라서 이를 통합하여 운영하기는 어려웠다. 이에 총독부는 기존의 학교조합과 학교비의 회계를 여전히 나누어 운영하기로 하였고, 부회에서도 일본인 의원으로 구성되는 제1교육부회와, 조선인 의원으로 구성되는 제2교육부회에서 각각 다루기로 하였다.[18]

또 새로 설치되는 도회, 부회, 읍회 의원의 정원은 어떻게 할 것인가도 해결해야 할 문제였다. 당시 총독부 측은 1) 도회의원은 대체로 기존의 도평의원의 수를 유지하고 정원의 증감을 하지 않는다, 2) 부회의원은 학교조합령과 학교비령의 폐지에 따라 부회에서 이를 다루어야 하기 때문에 정원의 증원이 필요하다고 보아, 12개 부회의 정원을 모두 상당수 증원한다. 3) 읍회 의원은 기존의 지정면협의원의 정원을 대체로 유지한다

---

17 「地方制度改正, 齋藤總督歸任發表」, 『동아일보』, 1930.3.26.
18 「자치권 확장과 제법규의 폐합」, 『동아일보』, 1930.3.26.

는 식으로 정리를 하였다.[19]

요강이 합의된 뒤 조선총독부 내무국은 관계 법안을 입안하여 척무성과 협의를 하였고, 7월 15일 작성된 안을 척무성에 제출했다. 제출된 법안은 부제, 읍면제, 도제(이상 전문 개정), 학교조합령중개정의건, 지방관관제중개정의건, 공립학교관제중개정의 건(이상 일부 개정) 등 6가지였다.[20] 척무성에서는 총독부가 제출한 조선지방자치확충안에 대해 관리국장, 문서국장, 조선부 제1, 2과장 등이 모여 약 10회에 걸쳐 심사를 했고, 심사가 끝나자 이를 차관, 참여관, 관리국장 등이 모여 최종 심의를 한 뒤 대체로 원안대로 결정하고, 주무국에서 자구 수정을 행한 뒤 8월 12, 13일경 법제국에 넘겼다.[21]

법제국에서는 이를 약 2개월에 걸쳐 다시 심의하여, 10월 25일 심의를 완료하고 자구를 수정하였다.[22] 법제국에 의해 최종 수정된 안은 11월 21일에 내각에 상정되어 통과되었다. 총리는 22일 천황에게 재가를 요청했고, 11월 24일 천황은 이를 재가했다.[23] 조선총독부는 이를 12월 1일 『조선총독부관보』를 통해 공포하였다. 공포된 제령 가운데 도제안을 제외하고는 모두 1931년 4월 1일부터 시행하기로 되었다.[24]

사이토 총독은 11월 21일 각의에 조선지방제도 개정안이 상정되었

---

19 「朝鮮地方制度 改正後의 議員定員數」, 『동아일보』, 1930.3.28.
20 「조선지방자치 확충안 촉진」, 『조선일보』, 1930.7.17.
21 「자치권 확장안 원안대로 결정」, 『조선일보』, 1930.8.10.
22 「자치권 확충안 법제국 심의 종료」, 『조선일보』, 1930.10.26; 「조선지방-制度改正案 來月初閣議上程」, 『동아일보』, 1930.10.27.
23 「도제제정제령안」, 「면제개정제령안」, 「부제개정제령안」(아시아역사자료센터 A14100216100); 「개정 제령안은 24일 御裁可」, 『조선일보』, 1930.11.28.
24 「朝鮮地方制度改正 諸制令 一日公布」, 『동아일보』, 1930.12.2.

때, 자신의 소회를 언론을 통해 발표하였다. 그는 1919년 자신이 조선총독으로 부임했을 때, "여러 행정을 쇄신하는 가운데 지방분권의 실현에 노력하되 장래에 지방자치의 제도를 확립하겠다고 선명(宣明)하였다. 당시의 민도는 일반으로 아직 지방자치를 운용하기에 적당치 못하다고 인정하고, 우선 그 계제로 각 지방단체에 자문기관을 설치하여 시정상에 반영시켜 민정에 적절한 행정을 행하는 동시에, 훗날 지방자치제도 실시를 위한 훈련을 하기에 노력하였다"고 자신의 제1차 지방제도 개정을 자화자찬하였다. 이어서 그는 이제 10년의 세월이 흘러 지방제도의 운용의 실적이 양호하고 지방행정이 현저히 발달하였으므로, "지방제도에 다시 일단의 개신을 가하기에 적당한 시기임을 믿고 이를 입안하도록 했다"고 말했다. 그러면서 그는 이번 지방제도 개정의 요지는 부 및 읍에 의결기관을 설치하고, 도제를 제정하고, 면협의원 및 학교평의원의 선거제도를 개정하는 것에 있었다면서, "요컨대 금회의 개정은 조선의 일반적 지방자치제도의 창정"이라고 말하였다. 즉 1930년의 제2차 지방제도 개정을 '조선에서의 지방자치제도의 창정'이라고 주장한 것이다.[25]

한편 『동아일보』는 이번 지방제도 개정에 의하여 각 부회에서는 부세 외에도 학교비, 학교조합비 등을 다루게 되어, 의원 정원이 약 1.5배로 늘어나게 될 것으로 보인다고 보도했다.[26] 또 『조선일보』는 선거권자의 자격을 부세(府稅) 5원 이상 납부로 여전히 유지하지만, 앞으로는 부세 안에 학교비와 학교조합비가 포함되므로 선거 자격을 가진 자는 이전에 비해

---

25 「朝鮮自治擴充案 閣議에서 決定. 지방제도 개정과 齋藤總督 談」, 『동아일보』, 1930.11.23.
26 「諸法令大改正. 자치권 확충에 伴하야」, 『동아일보』, 1930.11.24.

거의 2배 이상으로 늘어날 것이라고 전망했다.[27]

한편 총독부는 지방제도 개정에 따라 도회, 부회, 읍회의 선거를 위한 '선거규칙'도 개정하고, 선거인명부 제작 등 여러 준비를 해야 했다. 총독부는 이러한 준비 과정을 거쳐 1931년 5월 혹은 6월에 제1회 부회, 읍회 선거를 실시하기로 계획했다. 그리고 도회 의원은 부회와 읍회 의원들이 선출해야 하므로 1932년 중에 선거를 실시하는 것으로 계획을 세웠다.[28]

『동아일보』는 1930년 12월 2일 자에서 '지방자치안의 요령'이라 하여, 개정된 지방자치제의 내용을 요약하여 다음과 같이 설명하였다.

> 조선지방자치제도 개정안은 약 반년 전에 미치어 심의 중이더니 금 1일부로 발포되었는데, 이 제도개정의 골자는 도와 부읍의 종래의 자문기관을 의결기관으로 개정하야 회로 개칭하는 동시에, 부의 학교비와 학교조합의 3단체를 부에 통일하야 교육문제는 특별경제로 하야 제1부회는 재래의 학교조합, 제2부회는 재래의 학교평의회의 능력을 가지게 하는 것이다. 그리고 읍회, 면회의 권한을 확장하고 면협의원도 재래의 임명을 선거로 하였으며, 선거권은 대개 재래와 같으나 부세(재래의 학교비와 학교조합비를 부세로 편입) 5원 이상 납부자로 하고 회원의 임기는 4년으로 연장하였다. 대개 이와 같으나 실질상으로는 감독제도가 엄중하여 특별한 진보라고 볼 수 없다. 신제도의 실시는 명년부터이므로 신 의원 선거는 명년 5월 중순일 듯하며, 도회는 복선거이므로 명후년쯤 되리라 한다.

27　「제법령 개정 지방자치에 딸어」, 『조선일보』, 1930.11.25.
28　「제법령 개정 지방자치에 딸어」, 『조선일보』, 1930.11.25; 「자문을 의결기관으로 지방자치안 요령」, 『동아일보』, 1930.12.2.

• 부제

부회는 재래의 부협의회를 결의기관으로 하는 동시에 학교비와 학교조합 두 단체를 통일하나 교육기관이 다르므로 조선인 교육은 조선인 부회원으로 제2교육부, 일본인 교육은 일본인으로 제1교육부라는 특별분과회를 조직하여 특별경제를 세웠다. 그러므로 부회원 중 한편이 없든지 하면 할 수 없으므로 의원 정수를 어느 편이든지 총수의 4분의 1은 있어야 한다. 의원 정원 총수는 다음과 같다.

- 인구 3만 미만: 24인
- 인구 3만 이상 5만 미만: 27인
- 인구 5만 이상 10만 미만: 30인
- 인구 10만 이상: 33인
- 인구 10만을 초과하는 부(府)는 인구 5만을 더함에 따라 3인씩 증가함

• 읍면제

읍이라는 것은 종래의 41개 지정면을 읍이라 개칭하고 그 외를 면이라 칭하는 것으로 읍회는 대개 부회와 제도가 같이 되었으나, 부의장제가 없어 부회와 같이 의원 중에서 부의장을 뽑는 제도가 없으며, 또 학교비와 학교조합의 능력을 부와 같이 가지지 못하였을 따름이다. 그리고 능력을 법인으로 만들어 그 사무가 광범하게 되었으며, 규칙 제정권을 갖게 되어 10원 이내의 과료를 과할 수 있게 되었다. 면협의회는 의결기관이 아니오 자문기관이나, 면의 능력은 읍과 별 차이가 없이 되었다. 읍회 의원 및 면협의원의 선거 자격과 임기는 읍면세 5원 이상 납부자로 대개 부제의 그것과 같으며, 의원 및 협의원의 정수는 다음과 같다.

- 인구 5천 미만: 8인
- 인구 5천 이상 1만 미만: 10인
- 인구 1만 이상 2만 미만: 12인
- 인구 2만 이상: 14인

읍 의원 및 면 협의회원의 정수는 총선거를 행할 경우가 아니면 증감할 수 없음. 단 현저한 증감이 있을 때에 도지사가 필요 있다고 인정할 때에는 차한(此限)에 부재(不在)함.

• 도제

도제는 도지방비의 능력이 한 개의 재정주체로 일정한 범위의 경비의 지변(支辨)에 관계할 뿐이었으나, 법인으로 하여 법령의 범위 안에서 사무를 처리할 수 있어 일본의 부현과 동일한 능력을 갖게 하였다. 도회원은 임기 4년으로 정수의 3분의 1은 도지사가 자유로 임명할 수 있고, 그 3분의 2는 복선거로 하여 부회 의원, 읍회 의원, 면협의회원이 선거한다. 의원의 정수는 종래 18인 내지 37인이던 것을 20인 내지 50인으로 하였는데, 복선거이므로 신 의원 선거는 내후년쯤 되리라 한다.

• 학교비제

학교비라는 것은 3단체 통일로 부의 학교비를 폐지하였으므로 군, 도의 학교비 평의회에 관한 재정인데, 의결기관이 아니오 재래와 같은 자문기관이며, 그 선거는 재래의 선거에 의한 후보자 중에서 군수와 도지사가 임명하던 것을 조선인 읍면회원이 선거하기로 된 도회의원과 같은 복선거로 되고 임기·선거권은 다른 것과 같다.[29]

---

29 「자문을 의결기관으로 지방자치안 요령」, 『동아일보』, 1930.12.2.

위의 기사는 제2차 지방제도 개정의 내용을 가장 잘 요약한 것이라 할 수 있다. 앞서 본 기사들에서 나오지 않았던 주요 내용만을 들면, 1) 부회에 기존의 학교조합과 학교비를 다루는 제1교육부, 제2교육부가 설치되고, 각각 일본인과 조선인만으로 구성되기 때문에 일본인과 조선인 의원은 부회 의원 총수의 4분의 1은 되어야 한다는 것, 2) 읍과 면은 법인이 되어 읍회와 면협의회는 규칙제정권을 갖게 되었다는 것, 3) 도회 의원의 정수는 종래 18인 내지 37인이던 것을 20인 내지 50인으로 늘렸다는 것, 4) 부의 학교비 제도는 폐지되고, 군과 도(島)의 학교비 제도는 그대로 남아 있고, 학교평의회는 의결기관이 아니라 자문기관이며, 조선인 읍면 의원이 선출한다는 것, 5) 모든 의원의 임기는 4년이며, 선거권 및 피선거권자는 부세 또는 읍면세를 5원 이상을 납부하는 자라는 것 등이다.

한편 제2차 지방제도 개정을 사실상 주도한 이마무라 다케시(今村武志)는 조선총독부 기관지인 『조선』 1931년 1월호에 「조선지방제도의 개정에 대하여」라는 글을 실었다. 이 글은 그가 생각하는 제2차 지방제도 개정의 주요 골자를 정리한 것이었다. 여기에서는 이 글을 요약하여, 그의 새 지방제도에 대한 구상이 어떤 의도를 가지고 있었는지 짚어보기로 한다. 먼저 부제에 대해 살펴보자.

◎ **부제에 대하여**

자문기관인 부협의회를 의결기관인 부회로 만드는 것, 3단체를 통일하는 것이 가장 중요한 개정의 요점이다.

1. 부회

부회는 부에 관한 중요한 사안을 의결하고, 부의장을 선거하고, 부의 공익에 관한 의견서를 부윤 기타 관계 관청에 제출하고, 회의규칙을 개설하는 것. 관청의 자문에 답신하는 것 및 부의 사무에 관한 서류 및 계산서를 검열하고, 사무관리·의결의 집행 및 출납을 검사할 수 있는 권한을 가진다. 부회의 의장은 부윤이 맡고, 부의장의 제도를 개설하여 부회 의원 중에서 선거하고, 의장이 사고가 있을 때 의장의 직무를 대리하게 된다.

2. 부회 의원

부협의회원의 임기는 3년이었는데, 부회 의원의 임기는 4년으로 연장하고, 그 정수는 종래 12인 내지 30인으로 했던 것을 24인 내지 42인으로 증가시켰다. 그 선거권 및 피선거권의 요건은 종래 부협의회원의 선거에 있어서와 거의 같고, 납세요건은 종래와 같이 5원인데, 별항에 서술한 것과 같이 단체통일의 결과, <u>종래 부세(府稅) 외에 내지인은 종래의 학교조합비, 조선인은 종래의 학교비부과금에 상당하는 부세의 납부액를 가산하게 되기 때문에 선거권자는 상당히 증가하게 되고, 결국 선거권을 확장하는 결과가 된다.</u>

3. 3단체의 통일

3단체의 통일은 제도로서 선례가 없고, 또 각자의 연혁상 상당히 곤란한 사업으로서, 입법기술상 상당히 귀찮은 일이 많다. 즉 부의 학교조합 및 학교비를 폐지하고 부에 이를 통일해도 아직 그 교육기관을 전연 단일화할 시기에 도달하지 못했기 때문에, 주로 일본인 교육을 목적으로 하는 것과, 주로 조선인 교육을 목적으로 하는 것은 각자의 경제를 부의 일반 경제로부터 분리하여, 특별경제로서 종래와 같이 학교의 시설경영을 하게 될 것이다. 따라서 특별경제의 비용은 각 특별경제마다 그 재산에서 발생하는 수입·사용료·수수료, 기타의 수입으로써 충당하고, 부족할 때는 부세 및 부역현품을 부과 징수할 수 있게 된 것이다. 때문에 부민은 일반경제에 속하는 부세의 외에, 내지인은 내지인 교육을 목적으로 하는 특별경제의 부세를, 조선인은 조선인 교육을 목적으로 하는 특별경제의 부세를 각각 부담하게 된 것이다. 이렇게 특별경제가 된 이상, 이에 관한 의결을 부회에서 하는 것은 적당하지 않아 <u>제1교육부회, 제2교육부회를 두고, 제1교육부회는 일본인 교육을 목적으로 하는 특별경제의 사안을, 제2교육부회는 조선인 교육을 목적으로 하는 특별경제의 사안을 의결하는 것이다.</u> 교육부회는 부회의 예에 따라 부의장을 선출하고, 기타 사무검사, 의견제출 등 부회와 거의 마찬가지의 권한을 가지는 것이다. 이같이 부에 있어서는 부회 및 제1, 제2교육부회가 각기 별개의 직무권한을 가지는 것이지만, 이를 조직하는 의원은 부회의원으로서 선출된 자가 이를 맡는 것이다. 때문에 부회 의원은 부회를 조직하는 외에 따로 교육부회도 조직하게 되는 것이기 때문에, 부회 의원의 선거는 단순히 선거의 결과에 방임하기 어려운 경우가 있다. 가령 극단적인 경우를 상상하면, 일선인 의원 어느 쪽에 당선자가 전혀 없거나 또는 극히 소수가 되면, 교육부회의 조직이 곤란하게 될 우려가 있기 때문에, 이를 구제할 필요가 있다. 따라서 일선인 어느 쪽도 의원 정수의 4분의 1 이하가 될 수 없다는 것을 규정한 것이다. 이 규정의 결과로서 부회의원 중에 궐원이 생기는 경우, 보궐선거에 있어서도 특별한 규정을 요한다. <u>부회 의원의 궐원이 의원 정수의 6분의 1을 넘게 될 때, 또는 일본인 의원 혹은 조선인 의원의 수가 의원 정수의 4분의 1의 6분의 5를 채우지 못</u>

하게 될 때는 보궐선거를 행하는 것이 필요하게 되는 것으로 했는데, 이는 다른 단체의 규정에서는 유례를 볼 수 없는 것이다. 3단체의 통일에 의하여 의원 선거의 번거로움을 없애고 사무의 간이화를 도모하고, 사무비를 절약할 수 있는 것으로, 종래에 비하여 훨씬 합리화된 것이라고 믿는다.

4. 감독제도

부의 중요 사안은 부회 또는 교육부회의 의결을 거쳐야 하지만, 그 의결이 권한을 넘어 법령 혹은 회의규칙에 위배될 때나 명백히 공익을 해하거나 또는 부의 수지(收支)에 관하여 부적당하다고 인정될 때에는 부윤은 그 의견에 의하여 또는 도지사의 지휘에 의하여 재의에 부치거나 또는 그 의결을 취소할 수 있다. 또 도지사는 부회 또는 교육부회의 정회를 명하고, 조선총독은 부회의 해산을 명할 수 있는 등의 규정을 두었다. 또 부에서 법령에 의하여 부담하거나, 또는 당해 관청의 직권에 의하여 명하는 비용을 예산에 싣지 않을 때에는 도지사는 이를 예산에 추가할 수 있다. 이러한 규정에 대해서는 혹자는 부회 또는 교육부회의 권한을 심하게 속박하는 것처럼 오해하는 경우도 있으나, 일면에서 말하면 의결의 효력을 존중하기 때문에 도리어 만일의 경우에 있어서의 규정을 요하는 것으로, 진보된 지방제도에 있어서도 같은 규정이 있어, 결코 조선의 지방제도에 특유한 것은 아닌 것이다.[30]
(밑줄은 필자)

---

30 今村武志, 1931.1. 「朝鮮地方制度の改正に就て」, 『朝鮮』 1931년 1월호, 10~13쪽.

위의 '부제' 개정에 관한 설명에서 유의할 점은 두 가지이다. 하나는 선거권자의 수가 학교조합비 및 학교비의 부세 포함으로 크게 늘어날 것이라 한 점이다. 이에 대해서는 뒤에 다시 보겠지만, 이 글은 학교조합비의 규모가 학교비에 비해 10배 수준으로 5원 이상 납부자가 많기 때문에 일본인 선거권자가 크게 늘어나게 된다는 점은 언급하지 않고 있다.

또 하나는 감독제도로서, 부윤은 부회의 의결을 취소하거나 재의를 요구할 수 있고, 도지사는 부회의 정회를 명하고, 조선총독은 부회를 해산시킬 수도 있다고 하였다. 당시 일본의 경우에도 1911년에 만든 시제(市制)를 보면, 시장이 시회의 의결 권한을 넘거나 법령 혹은 회의규칙에 위배될 때에는 재의에 부칠 수 있다고 했고, 감독관청인 부현지사가 의결 혹은 선거를 취소할 수 있으며, 역시 감독관청인 내무대신은 시회의 해산을 명할 수 있다고 하였다.[31] 이러한 조항은 1930년대에도 유지되었다. 또 대만의 시회와 관련해서도 같은 규정이 있었다. 이는 조선의 부회에만 있는 규정은 아니었다. 그러나 부나 시의 부회나 시회에 대한 견제 내지 감독권이 지나치게 강한 것은 사실이었다. 이어서 읍면제에 대해 살펴보자.

◎ 읍면제

읍면제는 종래의 면제를 개정하여 읍면제로 한 것으로, 종래의 면제에서 지정면과 보통면의 구별이 있었던 것과 같이, 읍면제에서는 종래의 지정면을 읍으로 하고, 보통면을 면으로 규정한 것이다. 종래의 지정면과 보통면의 경우에는 협의회원을 전자의 경우는 선거를 하고,

---

31 고려대학교 한국사연구소 일제시대사연구실, 2010, 『식민지조선과 제국일본의 지방제도관계법령 비교자료집』, 선인, 577쪽, 592쪽.

후자의 경우는 임명으로 했던 것과, 전자의 경우에는 부장(副長)을 두는 차이가 있는 것뿐이었는데, 읍과 면은 제도로서 비상한 차이를 갖는 것으로 되었다.

1. 능력

종래의 면은 법령에 의하여 면에 속하는 사무를 처리를 해왔지만, 명백히 법인이라고 규정하지 않았다. 이번 개정으로 그 사무의 범위는 자못 한정적인 것이지만, <u>읍과 면은 분명히 '법인'으로 규정하고, 또 법령의 범위 내에서 그 공공사무 및 법령에 의하여 읍·면에 속하는 사무를 처리할 수 있게 된 것이다.</u>

2. 주민 및 그 권리의무

종래 면에는 그 주민에 관한 규정이 없고, 따라서 주민의 권리의무에 관한 규정이 없었는데, 이번 개정에 의해 읍·면은 모두 부와 마찬가지로 규정이 개설되었다.

3. 읍면규칙

종래의 면은 규칙제정권은 인정되지 않았는데, 읍면제에 의하여 <u>읍·면은 읍·면주민의 권리의무, 또는 읍·면의 사무에 관하여 읍면규칙을 개설할 수 있게 되었고</u>, 또 읍면세, 사용료, 수수료 및 영조물의 사용방법 등에 관한 읍면규칙에는 10원 이하의 과료(過料)를 부과하는 규정을 개설할 수 있게 된 것이다.

4. 읍회·면협의회

면은 종래와 같이 면협의회를 두어 의장 및 면협의회원으로써 이를 조직하고, 읍에는 읍회를 두어 의장 및 읍회의원으로써 이를 조직한다. 읍회에는 부의장을 두지 않음으로써 그 선거를 행하지 않지만, 기타의 점에서는 부회에 있어서와 거의 마찬가지의 권한을 가지게 되어, 종래의 지정면에 비하여 커다란 진보라고 말할 수 있다. 면협의회는 종래와 같이 자문기관이며, 이 점이 읍회와 다른 가장 중요한 점이며, 이 차이에 의하여 다른 각종 규정에도 자연 차이를 낳게 된다. 면협의회도 면의 공익에 관한 사안에 대해 의견서를 면장 또는 관계 관청에 제출하고, 관청의 자문에 답신하는 등의 점은 종래에 비하여 권한이 확장된 것이다.

5. 읍회의원·면협의회원

읍회의원 및 면협의회원은 모두 선거로 뽑는다. 그 정수는 종래와 같이 8인 내지 14인으로 하고, 임기는 종래에 비해 1년 연장하여 부회의원과 마찬가지로 4년으로 한다. 의원 및 협의회원의 선거권 및 피선거권은 대체로 부회의원의 그것과 마찬가지이며, 종래의 지정면 협의회원의 선거권 및 피선거권과 큰 차이가 없지만, 종래 면의 협의회원은 임명되던 것이 선거로 뽑는 것으로 되어 커다란 진전이 있다. 그러나 선거의 수속에 대해서는 면의 실정에 따라 반드시 읍과 같이 하는 것은 곤란한 경우도 있다고 상상할 수 있어, 총독부령 중에 적당한 특례를 둘 예정이다.

6. 읍면장의 권한

읍면장은 종래대로 지방관관제에 의한 대우관리이지만, 그 읍·면 대표자로서의 직권은 상당히 확장된 것이다. 즉 종래 군수·도사가 가지고 있던 이원(吏員)의 임면권을 읍면장에게 옮기고, 이원에 대한 징계권도 가지게 하였으며, 또 그 외에 이원의 급여, 명예직의 비용변상액 등도 군수·도사의 직권으로써 정하게 하였던 것을 읍면규칙으로써 이를 정하게 하였다.

7. 감독제도

감독제도는 대체로 부의 경우와 같게 규정하였지만, 읍회 또는 면협의회에 정회를 명하는 규정은 없고, 또 면협의회는 자문기관이기 때문에 재의 또는 의결의 취소 등의 규정이 없는 점이 다르다.[32]

(밑줄은 필자)

읍면제와 관련하여 주목할 점은 1) 읍과 면이 법인이 되었다는 것, 2) 읍·면의 규칙을 제정할 수 있게 되었다는 것, 3) 읍회는 의결기관이지만 면협의회는 자문기관이라는 것, 4) 면협의회도 면의 공익에 관한 사안에 대해 의견서를 면장 또는 관계 관청에 제출하고, 관청의 자문에 답신할 수 있게 되었다는 것, 5) 면협의원도 임명이 아니라 모두 선거로 뽑게 되었다는 것, 6) 읍·면장이 이원의 임면권과 징계권을 갖게 되었다는 것 등이다. 다음으로 도제에 대해 살펴보기로 하자.

---

32 今村武志, 1931.1. 앞의 글, 14~16쪽.

◎ 도제(道制)

도제는 새로 제정된 것으로 도지방비령은 폐지되었는데, 그 개정의 요점을 들면 다음과 같다.

1. 능력

종래의 도지방비는 하나의 재정 주체로서 일정한 범위의 경비의 지변을 인정받는 데 지나지 않았다. 이제 도는 법인으로서 법령의 범위 내에서 도의 공공사무 및 법률·칙령 또는 제령에 의하여 도에 속하는 사무를 처리할 수 있고, 부현(府·縣)과 거의 동일한 능력을 갖기에 이르렀다.

2. 도회(道會)

도는 도회를 두고, 도에 관한 중요한 사안을 의결하는 외에, 도의 공익에 관한 사안에 대해 의견서를 도지사 기타 관청에 제출하는 것, 회의 규칙을 개설하는 것, 관청의 자문에 답신하는 것, 부의장을 선거하는 것 등의 권능을 인정받았다. 도회의 의장은 도지사로 하지만, 부의장은 도회 의원 중에서 선거하고, 의장이 사고가 있을 때 의장의 직무를 대리하게 된다.

3. 도회 의원

도평의회원은 임기가 3년이었지만, 도회 의원은 이를 4년으로 하고, 정수의 3분의 1을 도지사의 자유임명으로 하는 제도는 종래와 같으나, 정수의 3분의 2의 의원은 종래는 후보자 선거에 의한 임명제도였던 것을 폐지하고 부회의원·읍회의원·면협의회원이 이를 선거하는 것으로 하였다. 의원의 정수는 종래 18인 내지 37인이었으나, 이를 20인 내지 50인으로 하고, 각 도의 정수는 총독부령으로 정하게 되었다. 도회의원의 피선거권은 대체로 종래와 같으나, <u>도내의 읍면의 읍면장 및 유급이원은 무자격으로 하고, 반면에 신직(神職)·승려, 기타 제 종교사(宗敎師)에게는 자격을 부여</u>하는 것으로 고쳤다.

4. 과료(過料)

도세·사용료 및 수수료의 부과징수 및 영조물의 사용에 관해서는 도지사는 도회의 의결을 거쳐 10원 이하의 과료를 과하는 규정을 개설할 수 있다. 종래는 이들 규정의 다수는 도령으로써 규정하고, 지방관 관제에 기초한 도지사의 직권에 의하여 형벌을 과하는 규정을 두었던 것인데, 금후는 이러한 행정벌(行政罰)을 과하게 되기 때문에, 자연히 형벌규정은 이를 폐지해야 한다.

5. 감독제도

감독제도는 부에 있어서의 같은 주의로써 규정되어 있지만, <u>도회는 정회를 명하는 규정을 두지 않았다.</u>[33]

(밑줄은 필자)

도제와 관련하여 주목할 점은 1) 도가 법인이 되어 도에 속하는 사무를 처리할 수 있고, 부현(府·縣)과 거의 동일한 능력을 갖게 되었다는 것, 2) 도회의 의장은 도지사로 하지만, 부의장은 도회 의원 중에서 선거하여 의장이

---

33 今村武志, 1931.1. 앞의 글, 16~17쪽.

사고가 있을 때 의장의 직무를 대리하게 되었다는 것, 3) 도회 의원 정수의 3분의 1을 도지사의 자유임명으로 하는 것은 종래와 같지만, 정수의 3분의 2를 종래는 부협의원·면협의원이 후보자를 선출하여 도지사가 이를 임명하는 식이었지만, 이제는 부회의원·읍회의원·면협의회원이 이를 바로 선출하는 식으로 바뀌었다는 것 등이다.

그런데 위의 5번의 "도회는 정회를 명하는 규정을 두지 않았다"는 부분은 사실이 아니었다. 도제 제28조에는 분명히 "도지사는 기일을 정해 도회의 정회를 명할 수 있다"고 하였다.[34] 또 제59조에는 "조선총독은 도회의 해산을 명할 수 있다"고 하여, 총독의 도회 해산권도 명시하고 있다. 그런데 이마무라는 이에 대해서는 언급하지 않았다. 일본의 부현회제도에서도 부현지사의 정회와 내무대신의 해산 조항이 들어가 있다(이에 대해서는 제10장에서 서술).

또 의결사항이 공익을 해친다고 인정될 때에는 뒤의 제10장에서 보듯이 일본의 부현회는 이를 재의에 부친다고 하였지만, 조선의 도회의 경우 도지사는 자신의 의견이나 총독의 지휘에 의해 재의에 부치거나 특별한 사유가 있을 경우 의결을 취소할 수 있다고 하였다. 도지사의 도회에 대한 견제가 더욱 강력했던 것이다.

---

34 고려대학교 한국사연구소 일제시대사연구실, 2010, 앞의 책, 392쪽.

3. 부회·읍회의원, 면협의회원 선거에 관한 규정 및 선거취체규칙

총독부는 1931년 5월 혹은 6월에 제1회 부회, 읍회, 면협의회 선거를 실시하기로 계획했다. 따라서 1931년 들어 총독부는 부회, 읍회, 면협의회의 선거를 위한 '선거규칙'도 개정하고, 선거인명부 제작 등 여러 준비를 해야 했다. 1931년 2월 18일 총독부 내무국장이 각 도지사 앞으로 보낸 공문은 다음과 같다.

부회의원, 읍회의원 및 면협의회원의 선거에 관한 건
부회의원, 읍회의원 및 면협의회원의 선거에 관해서는 별도 훈령에 관계되는 부회의원, 읍회의원 및 면협의회원의 선거에 관한 규정 외에 별지 선거인명부의 조제 및 취급 순서에 의하여 미리 주밀한 지도를 하여 조금이라도 착오가 없도록 할 것이며, 또 면협의회원의 선거에 대하여 읍면제시행규칙 제27조 제2항의 규정에 의하여 특례를 두는 경우에 선거록 및 대서록(代書錄)에 대해서는 다음과 같이 지시를 하니 유루없도록 하기 바람.
덧붙여 선거인 명부의 조제 및 취급순서에 대해서는 장래에 있어서도 같은 취급을 하도록 유념해 둘 것.
1. 선거특례를 두어 투표의 대서를 하도록 하는 경우의 선거록은 훈령에 보이는 양식 외에 좌기 사항을 기재하고, 대서록은 별지 양식에 의하도록 할 것.
   투표의 대서는 면장이 본인이 스스로 말하는 씨명을 선거입회인의 입회 아래 투표 용지에 대서하고 이를 본인에게 교부한다.

투표의 대서를 받은 자의 씨명은 별지 대서록과 같다.

2. 선거특례를 두어, 투표에 의하지 않고 권점(圈點), 타점(打點) 또는 씨명 지칭 등의 방법을 사용하는 경우의 선거록은 훈령에 보이는 바와 같은 양식에 준하지 않고 <u>별지양식</u>에 의하여 조제하도록 할 것.[35]

(밑줄은 필자)

위의 공문에서 보면, 선거와 관련하여 작성해야 할 서류는 선거인명부, 선거록, 대서록의 3가지였다. 선거록이란 뒤에 보듯이 선거에 관한 제반 사항을 기록한 것이고, 대서록은 글자를 쓸 줄 몰라 다른 사람이 글자를 대신 써준(代書) 경우 이를 기록한 것이었다.

또 권점, 타점, 씨명지칭과 같은 특별한 사례가 등장하는데, 이는 후보자의 이름을 쓰는 대신 후보자의 이름 아래 유권자가 동그라미 혹은 점을 그려 넣거나, 씨명을 말로 불러주는 경우를 말하는 것이었다.

그러면 선거인명부는 어떻게 제작하였을까. 이에 대해 총독부 내무국은 다음과 같은 훈령을 각 도에 내려보냈다.

개정제도 실시 후 첫 선거에 관한 부회의원, 읍회의원 및 면협의회원의 선거인명부는 4월 1일 현재로 이를 작성해야 한다. 따라서 미리 유권자를 조사해두었다가 4월 1일에도 여전히 선거권의 요건을 구비하였는지 여부를 조사하여 그 자격이 있는 자만을 명부에 등재해야 한다. 명부의 제작 및 취급은 다음의 방법에 의해서 해야 한다.

---

35 「소화 6년 개정지방제도관계잡록」(국가기록원 CJA0002880), 46쪽.

1. 소화 5년(1930)도 부세(지세부가세, 영업세부가세, 가옥세부가세, 호별세, 특별특별호별세, 특별영업세) 또는 면부과금(지세할, 영업세할, 호별할, 특별영업할) 5원 이상을 납부하는 자를 뽑을 것.
2. 위의 자 중에서 소화 5년 4월 1일 이래 계속 5원 이상의 납부의무를 가진 자를 뽑을 것.
3. 위의 자 중에서 제국신민인 남자로서 독립의 생계를 영위하고 1년 이래 부읍면 내에 주소를 가진 자를 뽑을 것.
4. 위의 자 중에서 연령 25세 이상의 자를 뽑을 것.
5. 위의 자 중에서 금치산자, 준금치산자, 파산자로서 복권을 하지 못한 자, 6년의 징역 또는 금고 이상의 형에 처해진 자, 6년 미만의 징역 또는 금고의 형에 처해져 그 집행이 끝나거나 또는 집행을 받지 않은 자, 육해군 군인으로서 현역 중인 자, 또는 전시 사변에 제하여 소집 중인 자 및 지원에 의하여 국민군에 편입 중인 자는 제외할 것.
6. 이상에 의하여 조사한 자에 대해 소화 6년 4월 1일 현재에 있어 이상 각 항의 자격을 갖춘 자를 뽑을 것.
7. 이상 각 호의 순서에 의한 조사는 우선 별지 양식에 의한 부회의원(읍회의원, 면협의회원) 선거자격 조서를 만들어 정리하고, 이에 의하여 선거인명부를 만들 것.
8. 선거권을 가진 자라도 부세 또는 읍면세(면부과금) 체납 처분 중에는 선거권을 행사할 수 없으므로, 명부 제작 기일 현재 또는 그 후에 이에 해당함이 있을 때는 명부에 그 뜻을 써서 부전(附箋:쪽지)을 붙여둘 것.
9. 선거인명부는 4월 21일부터 7일간 부청 또는 읍면사무소에서 관계자가 종람할 수 있게 제공할 것. (참조) 명부의 종람은 상당한 책임

이 있는 자의 감시하에 이를 하도록 하고, 명부는 열쇠가 있는 서함
　　　(書函)에 엄중히 보관할 것.
　10. 결정에 기초한 선거인명부의 수정을 요할 때에는 5월 17일까지
　　　수정을 할 것.
　11. 확정된 명부에 등록된 자가 선거권을 가지지 못하게 된 경우, 또는
　　　선거 당일 제8호에 해당하는 자는 선거권을 행사할 수 없음.[36]

　위에서 보면, 선거에 참여할 수 있는 자격은 1930년 4월 1일 이후 부세나 면부과금 연 5원 이상을 납부하는, 25세 이상의 1년 이상 해당 지역에 주소를 가진 남자로 요약된다. 이는 일본 본국에서 1926년 보통선거제 실시 이후에 지방선거에서도 세금 납부액과는 상관없이 25세 이상의 남자로서 2년 이상 정촌에 거주한 남자로 선거권을 가질 수 있게 한 것과[37] 크게 달랐다.

　한편 위의 훈령에는 선거권자의 자격조서 양식이 첨부되어 있었다. 이를 보면 씨명, 주소, 생년월일, 부세(읍면세) 연액을 연도별로 기록하게 되어 있고, 선거인명부 조제일로부터 소급하여 1년 동안 부(읍면)에 주소를 가지고 있었는지의 여부, 선거권의 유무, 선거권행사 중지 사유 및 기간, 비고 등을 기록하게 되어 있다.[38]

　한편 조선총독부에서는 2월 25일에 부회, 읍회, 면협의회의 선거에 관한 규정을 각 도지사, 군수, 부윤, 도사, 읍장, 면장 등에게 내려보냈는데, 주요 내용을 보면 다음과 같다.

36　「소화 6년 개정지방제도관계잡록」(국가기록원 CJA0002880), 47~50쪽.
37　中西啓之, 1997, 『日本の地方自治』, 自治体研究社, 102쪽.
38　「소화 6년 개정지방제도관계잡록」(국가기록원 CJA0002880), 51쪽.

부회의원, 읍회의원 및 면협의회원의 선거에 관한 규정

제1조 부회의원, 읍회의원 및 면협의회원의 선거는 다른 법령 중 별도로 정한 것 외에는 본 규정에 의하여 집행해야 한다.

제2조 부제시행규칙 제6조 또는 읍면제시행규칙 제5조의 규정에 의하여 선거인명부를 관계자의 종람에 제공할 때에는 부윤 또는 읍면장은 종람 개시일로부터 적어도 3일 전에 그 뜻을 고시해야 한다.

제3조 부제시행규칙 제9조 또는 읍면제시행규칙 제8조의 규정에 의하여 선거인명부의 조제는 종람, 확정 및 이의의 결정에 관한 기일 및 기간을 정할 때에는 도지사 또는 군수, 도사는 이를 곧 고시해야 한다.

제4조 부제시행규칙 제12조 제2항 또는 제4항의 규정에 의한 선거입회인 혹은 투표입회인 또는 읍면제 시행규칙 제11조 제2항의 규정에 의한 선거입회인은 선거기일로부터 적어도 3일전에 이를 선임하고 별기 양식에 의한 선임장을 본인에게 교부해야 한다. 단 임시로 급한 처리가 필요한 경우에는 적당한 조치를 취할 수 있다.

제11조 부윤(또는 투표분회장) 또는 읍면장은 투표를 하기에 앞서 선거회장(또는 투표분회장)에 참석한 선거인의 면전에서 투표함을 열어 그 안에 아무것도 들어 있지 않다는 것을 보인 후 안쪽 덮개를 덮고 열쇠를 채워야한다.

제13조 부윤(또는 투표분회장) 또는 읍면장은 선거입회인(또는 투표입회인)의 면전에서 선거인을 선거인명부와 대조하고, 또 선거인으로 하여금 별기 양식에 의한 투표부에 날인하게 한 후 투표용지를 교부해야 한다.

제15조 투표는 부윤(또는 투표분회장) 또는 읍면장 및 선거입회인(또는 투표입회인)의 면전에서 선거인으로 하여금 스스로 투표함에 넣도

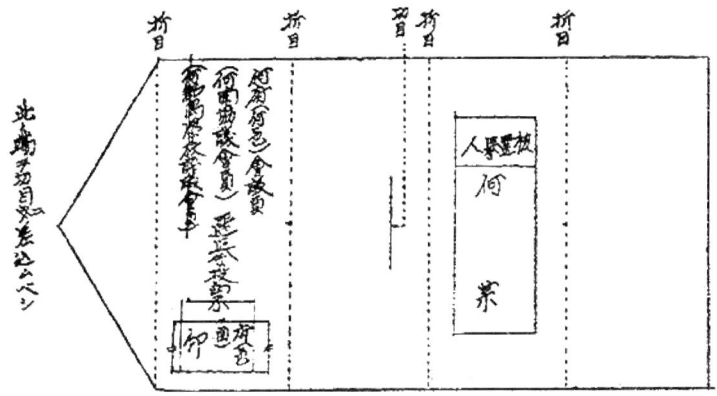

〈그림 7-1〉 부회의원, 면협의회의원 투표 용지 양식

록 해야 한다.

제19조 부윤 또는 읍면장은 투표의 당일(부에서 투표분회를 설치한 때에는 모든 투표함의 송치를 받은 후) 선거입회인의 입회 하에 투표함을 열어 투표의 총수와 투표인의 총수를 계산해야 한다.

제20조 부윤 또는 읍면장은 선거입회인과 함께 투표를 점검해야 한다.

제21조 투표를 점검할 때는 부윤 또는 읍면장은 선거 사무에 종사하는 자 2인으로 하여금 각기 따로 동일한 피선거인의 득표를 별기 양식에 따른 득표부(得票簿)에 기입하고 득표수를 계산하도록 해야 한다.

제22조 전조(제21조)의 계산이 끝나면 부윤 또는 읍면장은 각 피선거인의 득표수를 낭독해야 한다.

(하략)[39]

---

[39] 「소화 6년 개정지방제도관계잡록」(국가기록원 CJA0002880), 62~65쪽. 더 자세한 내

위의 규정을 보면, 부회의원, 읍회의원 및 면협의회원의 선거는 기본적으로는 '투표'에 의해 실시하도록 되어 있었다. 그리고 이를 위해 투표함과 기표소 등을 준비하도록 되어 있었다. 위의 훈령 뒤에는 '별기'(別記)라 하여, 입회인의 선임장 양식, 투표부 양식, 득표부 양식, 당선고지서 양식, 선거인명부 양식, 투표용지 양식, 선거록 양식, 투표록 양식 등이 붙어 있었다.

이 가운데 투표용지 양식을 보면 〈그림 1〉과 같았다. 이를 보면 투표자는 후보자의 이름을 직접 써넣은 뒤, 이를 접어서 투표함에 넣도록 되어 있었다.

이어서 선거과정과 결과를 보고하는 '선거회선거록양식'을 보면 다음과 같다. 아래 선거회 선거록 양식을 보면 부, 군, 읍에서의 선거는 기본적으로 투표를 통해 하도록 되어 있었다. 그리고 이 선거록을 보면 투표가 어떤 과정을 거쳐 진행되었는지 대체로 알 수 있다.

소화○년○월○일 집행 ○도○부(○군○읍)회 의원(○군○면협의회원) 선거회 선거록

1. 부(읍)회의원(면협의회원) 몇 명 선거를 위하여 ○부청(○읍면사무소)(어떤 장소)에 선거회장을 개설하였다.
2. 아래의 선거입회인은 모두 투표시각까지 선거회에 참석하였다.
   주소 씨명, 주소 씨명, 주소 씨명, 주소 씨명
   투표시각에 이르러 선거입회인 중 ○○가 참석하지 않아 부윤(읍면장)은 임시로 선거인명부에 등록되어 있는 자 가운데 아래의 사

용은 이 책의 부록을 참조할 것.

람을 선거입회인으로 선임하였다.

　주소 씨명.

3. 선거회는 소화○년○월○일 오전(오후) 몇 시에 이를 개시하였다.
4. 부윤(읍면장)은 선거입회인과 함께 투표에 앞서 선거회에 참석한 선거인의 면전에서 투표함을 열어 그 안이 비어있다는 것을 보인 후, 안쪽 덮개를 닫아 열쇠를 채우고, 부윤(읍면장) 및 선거입회인이 열석한 면전에 이를 설치하였다.
5. 부윤(읍면장)은 선거입회인의 면전에서 선거인을 선거인명부와 대조하 후 투표용지를 교부하였다.

(중략)

7. <u>선거인은 스스로 투표를 하고 부윤(읍면장) 및 선거입회인의 면전에서 이를 투표함에 넣었다.</u>

(중략)

14. 오전(오후) 몇 시에 이르러 부윤(읍면장)은 투표시간을 마친다는 뜻을 고하고, 선거회장의 입구를 폐쇄하였다.
15. 오전(오후) 몇 시 선거회장에 있는 선거인의 투표가 종료됨으로써 부윤(읍면장)은 선거입회인과 함께 투표함의 투표구 및 바깥 덮개를 닫고 열쇠를 채웠다.
16. 선거회에서 투표를 한 선거인의 총수는 몇 명. 그 가운데 선거인명부에 등록된 선거인으로서 투표를 한 자 몇 명. 결정서에 의해 투표한 자 몇 명. 투표 거부의 결정을 받은 자의 총수 몇 명.
17. 각 투표 분회장으로부터 투표함이 다음과 같이 도착하였다. 어디 어디 투표함은 투표분회장(직명과 씨명) 및 투표입회인(씨명)이 휴대하고 ○월○일 오전 몇 시에 도착하여, 이를 검사한 바 이상이

없었다.

18. 소화○년 ○월 ○일 부윤(읍면장)은 (모든 투표함의 송치를 받음으로써 그 당일) 오전(오후) 몇 시부터 개표를 개시하였다.

19. 부윤(읍면장)은 선거입회인 입회 하에 (차례대로) 투표함을 열어 투표 총수와 투표인의 총수를 계산한 바 다음과 같았다.

    투표 총수 몇 표. 투표인 총수 몇 명.

20. 부윤(읍면장)은 모든 투표용지를 섞어서 선거입회인과 함께 이를 점검하였다.

21. 선거사무에 종사한 아무개(직명 씨명)와 아무개 2인은 각기 따로 동일한 피선거인의 득표수를 계산하였다.

22. 유효 또는 무효로 결정된 투표는 다음과 같다.

    총 투표수 몇 표 가운데 1. 유효로 결정된 것, 몇 표. 2. 무효로 결정된 것, 몇 표.

23. 오전(오후) 몇 시 투표의 점검을 마침으로써 부윤(읍면장)은 각 피선거인의 득표수를 낭독하였다.

24. 각 피선거인의 득표수는 다음과 같다.

    몇 표: 씨명, 몇 표: 씨명.

    <u>위 가운데 우선 부제 제8조 제6항에 규정한 최소원 수인 몇 명을 채울 때까지는 내지인, 조선인 별로 유효투표의 최다수를 얻은 몇 사람을 당선자로 한다. 단 두 사람이 득표수가 같을 때에는 연령을 조사하여 연장자를 당선자로 한다.</u>

    (내지인 씨명, 씨명. 조선인 씨명, 씨명)

    <u>그 나머지의 피선거인 가운데 다시 유효투표의 최다수를 얻은 몇 사람을 당선자로 한다. 단 두 사람이 득표수가 같을 때에는 연령</u>

을 조사하여 연장자를 당선자로 한다.

25. 부윤(읍면장)은 투표의 유효, 무효를 구별하여 각기 따로 묶고, 이를 봉투에 넣어 선거입회인과 함께 봉인하였다.

26. 오전(오후) 몇 시 선거사무를 종료하였다.[40]

(하략) (밑줄은 필자)

위의 내용 가운데 제24항에서 "우선 부제 제8조 제6항에 규정한 최소원 수인 몇 명을 채울 때까지는 내지인, 조선인 별로 유효투표의 최다수를 얻은 몇 사람을 당선자로 한다"는 것은 무슨 의미일까. 「부제」 제8조 6항에 따르면, "내지인 의원 및 조선인 의원의 수는 모두 의원 정수의 1/4에 미달할 수 없다"고 하였다. 즉 일본인이든 조선인이든 정원의 25%를 일단은 채워야 한다는 뜻이다. 따라서 일본인 25%, 조선인 25%의 당선자를 미리 정하고, 나머지는 다수 득표자 순으로 당선자를 정한다는 뜻이다. 이는 부회의원의 선거에만 적용되는 규정으로서, 제1,2교육부회를 두어 운영하기 위해서는 최소한의 조선인, 일본인 의원이 필요해서 만든 것이었다.

한편 조선총독부는 1931년 5월 21일의 첫 총선거를 앞두고 3월 24일 「조선지방선거취체규칙」을 개정하여 '조선총독부령 제21호'로 발표했다 (4월 1일부로 시행). 경기도 경찰부는 4월 1일 이에 의거하여 부회 선거와 관련하여 '선거운동에 관한 중요 주의사항'을 발표하였다. 그 주요 내용을 보면 다음과 같다.

---

40 「소화 6년 개정지방제도관계잡록」(국가기록원 CJA0002880), 70~76쪽.

1. 후보자, 선거자에 관한 사항

가. 부회의원 후보자가 되려는 자는 선거기일전 3일까지 그 뜻을 부윤에 계출(屆出)할 것.

나. 선거인명부에 등록된 자 타인을 의원후보자로 되게 하려는 때는 전항의 기한 내에 부윤에 그 추천의 계출을 할 것.

다. 의원후보자된 것을 사퇴하고, 또는 그 추천을 취소한 때는 곧 그 뜻을 부윤에게 계출할 것.

라. 후보자 또는 추천자(추천자가 여러 명이 될 때는 그 대표자) 등으로 하여금 자기 또는 그 추천한 의원 후보자를 위하여 선거운동자를 선임할 때는 곧 그 주소 및 씨명을 소할 경찰서에 계출할 것.

마. 그 선거운동자에 이동이 있을 때도 마찬가지로 계출할 것. 추천자 스스로 선거운동자가 될 때도 계출을 요할 것. 계출한 후보자 또는 선거운동자가 아니고는 선거운동을 하지 못할 것. 단 연설 또는 추천장에 의한 선거운동은 계출의 필요가 없음.

이상의 각 항에 위반될 시는 규칙 제13조의 2에 의하여 처분될 것이므로 주의할 사.(이하 생략)[41]

위에서 보면, 후보자가 되려는 자는 3일 전까지 후보 등록을 해야 함을 알 수 있다. 또 본인이 직접 등록하지 않아도 추천을 통해서 후보자가 될 수도 있었음을 알 수 있다.

---

41 「지방제도의 개정 선거운동 주의」, 『동아일보』, 1931.4.2.

4. 지방제도 개정에 대한 언론의 반응

1930년 12월 1일 공포된 새 지방제도는 1931년 4월 1일부터 시행되었다. 이날을 기해 사이토 총독은 담화를 발표했는데, 그 내용은 다음과 같다.

지난해 12월 공포한 개정지방제도 제령(諸令)은 이후 부수 제 규칙의 제정, 기타 각반(各般)의 준비를 완료하여 오늘로써 그 실시를 하기로 되었다. 지방제도 금차(今次)의 개정은 이미 관계 제령에 의하여 명백한 것같이 부에 부회, 읍에 읍회, 도에 도회를 설치하고, 이를 의결기관으로 한 것, 부회의원, 읍회의원, 면협의회원, 도회의원, 학교평의회원의 선거제도를 확충하여 의원의 임기를 연장한 것, 부(府)에서의 3단체를 통일한 것 등 주로 지방자치권의 확립을 골자로 하여 거의 제도의 전반에 걸쳐 중대한 개혁을 단행한 것이다. 이는 곧 조선에서의 일반적 지방자치제도의 창설로서 지방정치의 민권의 신장에 다름아니다. 그리고 지방자치제도에 기초한 민원의 신장은 중대한 만큼 그 활용 여하는 즉시 지방민의 복지에 밀접한 영향을 줄 뿐 아니라 지방행정의 진부(振否)에 관계하고 나아가서는 통치상에도 중대한 결과를 미치는 것이므로 직접 이에 참여하는 것이며, 지방민 제 씨의 책임은 더욱더 중대하게 되었다고 아니할 수 없다. 고로 지방 공동의 사무에 참여하는 지방민 제 씨 및 그 집행의 책임을 맡는 지방관은 다시 일층 협심협력하여 개정 제도의 운용의 적의(適宜)를 제(制)하여 지방복지의 증진에 기여하여 본 제도가 유종의 미과(美果)를 거두기에 노력하

기를 바라마지않는 바이다.⁴²

　사이토 총독은 제2차 지방제도 개정의 의의를 '지방자치제도의 창설'이라고 자화자찬하고 있었다. 그러나 신제도는 많은 문제를 안고 있었다. 앞서 지적한 부에서의 일본인 유권자의 절대다수화라는 문제점 외에도, 조선인의 절대다수가 거주하는 면에서의 면협의회의 경우 의결기관이 아니라 여전히 자문기관으로 남겨놓았다는 점에서 이를 '지방자치제의 실시'라고 말하기에는 어려웠다.

　이에 대해 이마무라 다케시 내무국장은 "면의 실정은 십 년 전에 비교하여 진보되었으나 그 진보의 정도가 대개 부·읍에 미치지 못하는 점이 많아 부·읍과 마찬가지로 자치제도를 시행함은 시기상조로 생각한다. 2,423의 면은 인구로 보든지 면적으로 보든지 조선의 대부분을 차지하고 있으므로 조선 전체로 보면 그 대부분의 구역, 인구에 대하여 완전에 가까운 자치제도를 시행함은 시기상조의 실상에 있다고 아니할 수 없다"고 말하였다.⁴³ 즉 이마무라는 조선의 대부분의 인구, 면적에 해당하는 면에서 아직은 '완전에 가까운 자치제도'를 시행할 수 없다고 말하였던 것이다. 사이토가 말하는 '자치제도의 창설'은 엄밀하게는 면은 제외된 부와 읍이라는 한정된 지역에만 해당하는 것이었으며, 그것도 '감독권'이라는 이름으로 의결을 취소할 수 있는 등 의결기관의 권능을 사실상 무력화시킬 수 있는 여러 장치를 두고 있는 '매우 제한적인 자치제도'였던 것이다.

　언론에서도 제2차 지방제도 개정에 대해 여러 불만을 제기하였다. 당

42　「개정된 지방제도 4월 1일부터 실시, 齋藤 총독 談」, 『동아일보』, 1931.4.1.
43　「개정된 지방제도 4월 1일부터 실시, 今村 내무국장 談」, 『동아일보』, 1931.4.1.

시 『동아일보』는 이 지방제도 개정에 대해 "너무 관료적이오, 실질적으로 공허함에 놀라움을 금할 수 없는 바다. 더구나 그것이 현행의 소위 자문기관에서 실질적으로는 일보를 진출하지 못한 것으로 오직 한둘의 형식적 개정에 불과하여, 선거라 하되 선거의 허명뿐이오, 그 실이 없으며, 결의기관이라 하되 결의의 형식뿐이오, 실질이 없는 목우적(木偶的) 괴물을 만들었으니, 민중을 우롱함이 이에서 더 심한 자가 없을 것이다"고 비판하였다.[44] 이 사설은 크게 두 가지 문제점을 지적하였다. 첫째는 결의기관으로서의 권한의 한계였다.

> 첫째로 부회, 읍회, 도회를 결의기관으로 한다면서 회의의 의장을 지사, 부윤으로 지정하고, 더구나 행정관리에게 소위 감독권이란 것을 거의 만능적으로 부여했다. 즉 "위법 또는 부당한 의결은 취소하고 재의 명령을 할 수 있는 것은 물론 원안을 집행하거나 정회, 해산을 명할 수 있다"하였다. 다시 말하면 부회나 도회가 다대수로써 의결을 하더라도 지사나 부윤은 단독으로 그 의결을 취소할 수가 있고, 그 의결에도 불구하고 원안대로 집행할 수가 있다 하면 결의기관 존재의 필요는 어디 있으며, 그렇게 칭호할 가치가 무엇일까. 또 의장을 행정관리로 지정한다 하면 관리는 의장의 직권으로 제안의 제출을 저지할 수도 있고, 의사의 진행을 마음대로 조종할 수 있는 반면에, 의원은 의장을 불신임하더라도 이를 탄핵할 여지가 없으니 관료적이라 하기보다도 의결기관이란 것이 완전한 죽은 물건인 것은 명약관화다.[45]

---

44 사설 「소위 지방자치확장안」, 『동아일보』, 1930.3.13.
45 위의 글, 『동아일보』, 1930.3.13.

즉 지사 및 부윤이 맡는 의장이 의결을 취소하고, 원안을 집행할 수 있고, 정회나 해산을 명할 수 있어 사실상 의결기관이라고 볼 수 없다는 것이었다. 의결기관이 된 부회와 도회의 경우, 감독기관인 도지사와 조선총독이 이를 해산할 수 있게 되어 있는 것도 중대한 문제였다. 일본의 시회나 부현회의 경우에도 해산조항이 있었는데(제10장 참조), 조선의 부회와 도회의 경우에도 '해산' 조항이 있었던 것이다. 이는 부회와 도회에서 조선인 의원이 다수가 되어 제대로 통제할 수 없는 상황이 될 때 이를 해산할 수 있는 안전장치를 만들어 놓은 것으로, '관치주의'의 극단을 보여준다.

둘째는 도회 관선의원 3분의 1 존치, 보통면의 자문기관 존치, 그리고 유권자의 강력한 자격제한 존치 문제 등이었다.

> 그래도 부족하여 도회에 3분의 1이란 관선의원을 그대로 존치하였으며, 현재 지정면이라는 소수의 면협의회를 읍회라 개칭하여 소위 의결기관으로 한 외에 다대수인 보통면의 회의는 그나마 자순기관으로 존치하였으니, 소위 지방자치 확장이 질과 양을 들어 비상히 국한되고 거의 실질이 없고 이름에 불과한 것은 삼척동자라도 알 수 있다. 그뿐 아니라 현재의 선거권자 자격의 국세 5원 이상의 납입자라는 제한에 대하여는 언급한 바가 없으니 이는 극단의 제한선거를 존속할 의사라고 해석할 수 밖에 없을 것이다.[46]

그런데 개정된 제도의 가장 큰 문제는 유권자의 자격 문제에 있었다. 『동아일보』는 사설을 통해 이 문제에 대해 다음과 같이 지적하였다.

---

46 앞의 글, 『동아일보』, 1930.3.13.

'민의창달'의 간판에 상당한 당국의 정책을 두루 찾아보아도 오직 한 종류밖에 없나니 곧 지방제도의 개정이란 그것이다. 그 개정제도의 실시도 목전에 다다랐거니와 부회, 읍회가 결의기관이 된다 하되, 결의기관이라고 칭하기에는 너무 억울할 만큼 제한조건이 많다. 더구나 선거권을 가질 권리가 있는 사람은 년(年) 5원(圓) 이상의 납세자라야 되며, 그것도 남자라야 되니, 당국은 민도라는 말과 점진이라는 말로 변명할는지 모르거니와 이것은 대세를 이해치 못하는 큰 실수가 아닐 수 없다. 그뿐더러 우연인지 모르나 <u>신제(新制)에 따르면 유권자 수효가 조선인은 늘지 못하고 일본인만 격증하여 부, 읍 어느 것을 물론하고 태반은 일본인이 절대다수를 점할 만큼 되었다.</u> 이것은 주객을 전도한 것이라고 아니할 수 없으니, 조선인의 민의에 관한 한에서 민의창달이란 유명무실이라고 아니할 수 없다.[47] (밑줄은 필자)

『동아일보』는 1930년 12월 2일자의 기사에서 이미 부회 선거의 경우에 조선인 유권자가 일본인 유권자의 6할 정도밖에 되지 않는다는 점을 지적했다. 즉 총독부에서 조사한 바에 따르면, 신제도 실시 후의 각 부의 조선인과 일본인 유권자 추정수는(개성과 함흥은 제외) 조선인은 28,187인, 일본인은 47,076인으로, 일본인이 조선인보다 18,889인이 더 많아, 조선인은 일본인의 약 6할에 해당한다는 것이었다. 유권자 수에서 이렇게 큰 차이가 나게 된 것은 일본인의 학교조합비가 조선인의 학교비보다 많기 때문이라고 분석했다. 즉 앞서도 본 것처럼 일본인의 학교조합비는 1년에 20~30원이어서 일본인 성인 남자로서 독립된 가계를 유지하는 이는 거의

---

47 「民意不暢達 - 당국은 聽而不聞하는가」, 『동아일보』, 1931.3.25.

모두 부세 5원 이상 납부자로서 유권자가 될 수 있었지만, 조선인의 학교비는 2~3원에 그쳐 부세 5원 이상 납부자는 여전히 적을 수밖에 없었다. 따라서 그동안 조선인 유권자 수가 크게 많았던 평양의 경우에는 그 격차가 줄어들고, 마산의 경우에는 거의 비슷하였지만, 그 밖의 부에서는 일본인 유권자가 다수이고 조선인 유권자는 소수가 된다고 분석했다. 특히 부산과 같은 곳은 일본인과 조선인 유권자 수가 큰 차이가 나는데, 적어도 총수의 4분의 1은 조선인을 뽑아야 한다는 법규가 있어 그나마 4분의 1은 뽑힐 것이라고 보았다.[48] 즉 의결기관이 되는 부회의 경우, 일본인 유권자가 많아 일본인 의원들이 절대다수를 차지하게 될 것은 불을 보듯 명확한 일이었다. 부회의 경우 의결기관으로 만든다고 해도 일본인 의원이 다수가 될 것이기 때문에 총독부로서는 전혀 걱정할 필요가 없었다. 반면에 면협의회의 경우에는 조선인 의원이 여전히 다수가 될 것이기 때문에 의결기관으로 만들지 않고 여전히 자문기관으로 남겨두었던 것이다. 아래 표는 이 신문이 보도한 각 부의 일본인과 조선인의 유권자 추정치이다.

〈표 7-1〉 각 부의 부회 선거 유권자 추정치

부명	경성	인천	군산	목포	대구	부산	마산	평양	진남포	신의주	원산	청진
일본인	19,662	2,566	1,400	1,426	3,261	8,035	1,116	3,636	1,004	1,399	1,829	1,792
조선인	13,700	1,238	569	541	2,422	1,548	1,179	4,304	496	673	672	845

출전: 「조선인유권자 일본인의 6할약, 부회의원 선거유권자 4만7천 대 2만8천」, 『동아일보』, 1930.12.2.

---

48 「조선인 유권자 일본인의 6할약, 부회의원선거유권자 4만7천 대 2만8천」, 『동아일보』, 1930.12.2.

〈표 7-1〉에서 보면, 평양과 마산을 제외한 모든 부에서 일본인 유권자의 수가 조선인 유권자의 수보다 많았다. 대부분의 부에서 2배 이상이었으며, 부산의 경우에는 5배 이상이나 되었다. 그런데 이는 어디까지나 추정치였다. 1931년 2월 들어 각지에서 발표된 유권자 수를 보면, 일본인의 증가폭은 이보다 훨씬 큰 것으로 나타났다. 경성의 경우에는 조선인은 이전보다 530명이 늘어난 5,200명 정도였는데, 일본인은 이전보다 8,400명이 늘어난 1만 4,200명에 달하였다. 대구에서도 조선인은 1,887명, 일본인은 3,693명으로, 일본인이 2배 정도 되는 것으로 나타났다.『동아일보』는 그 이유에 대해 "이렇게 조선인 유권자는 조금 늘고 일본인 유권자만이 격증하는 까닭은 다름이 아니라 선거권 납세자격 5원이라는 데 재래에 쳐주지 않던 학교비호별할 및 학교조합비호별할을 가입하게 된 까닭이다. 조선인이 내는 학교비에 있어서는 그것을 많이 내는 사람은 이미 다른 국세를 많이 내는 이들인 까닭에 학교비를 가입했자 유권자가 그리 늘지 아니하고, 그 반대로 일본인이 내는 학교조합비는 그들 전유(專有)의 교육기관을 유지할 필요상 부세(府稅)를 적게 내는 이라도 조합비만은 많이 내고 있던 관계상 그와 같이 유권자가 각지를 통하여 격증하게 되는 것이다. 이리하여 지방제도 개정 전에 있어서도 전 조선의 부 및 지정면을 통하야 일본인이 평균 10대 6의 비로 절대우세였거니와 이제 와서는 그 이상으로 우세를 잡게 되었다"라고 설명하였다.[49]

이 신문은 이와 관련하여 "현재 조선인의 학교비와 일본인의 학교조합비의 부과세율(賦課稅率)이 가령 1년 소득이 1천 원이라 하면, 조선인의 학교비는 4원밖에 아니되는데, 일본인의 학교조합비는 9원 40전이나 되

---

49 「(사설) 유권자 수로 본 지방제 - 일본인 절대우세」,『동아일보』, 1931.2.4.

므로, 단순히 학교비와 학교조합비로 따진다면 일본인은 1년 소득 670원이면 유권자가 될 수 있으나, 조선인은 1년 소득 1,300원 이상이라야 유권자가 될 수 있다"고 예를 들어 설명하였다.[50]

이 신문은 "따라서 종래에 예외로서 조선인이 우세하던 지방, 예를 들면 평양이나 개성과 같은 소수의 지방에서도 개정의 결과는 형세가 아연 역전하게 되었다. 평양의 예를 들자면 전기에 있어서 조선인 유권자 1,600, 일본인 유권자 1,200의 비(比)이던 것이 개정 후에 있어서는 조선인 2,000 대 일본인 2,500의 비가 되리라 한다. 이리하여 지방제도의 개정은 예외없이 전 조선의 부회 및 읍회에 있어서 일본인의 세력을 적어도 그 양에 있어서 평균해서나 개별해서나 절대다수를 만드는 데 성공했다"고 분석했다. 이 신문은 "더욱 주목할 만한 것은 그와 같이 일본인의 우세를 담보하기 어려운 면협의회는 그냥 자문기관으로 존속하기로 되었으며, 또 면 출신 의원이 대다수가 되어 역시 조선인이 수효가 많게 될 형세인 도회에 있어서는 제도만은 발표하였으나 그 실시의 시기는 무기로 연기하야 총독의 재량에 맡기도록 하였으며, 또는 관선의원 임명의 권리를 보류해 두었다"고 지적했다.[51] 결국 제2차 지방제도 개정에 의해 부회의 경우는 일본인들이 모두 주도권을 장악하게 될 것이라고 예상했다. 그리고 일본인 의원이 적을 수밖에 없는 면협의회는 여전히 별 권한이 없는 자문기관으로 남겨둔 것이라고 본 것이다.

평양의 경우, 이 신문이 추정하기로는 종래 1,200명에 불과하던 일본인 유권자가 일약 2,500 내지 3,000명으로 늘어날 것으로 예상하고, 조선

---

50 「日本人有權者 朝鮮人의 三倍!」, 『동아일보』, 1931.1.28.
51 「사설. 유권자 수로 본 지방제 – 일본인 절대우세」, 『동아일보』, 1931.2.4.

인 측은 1,600명에서 2,200명 정도로 늘어날 것으로 예상했다. 따라서 과거 부협의원 선거에서 조선인 당선자와 일본인 당선자의 비율이 17:13이었는데, 이번 선거에서는 13:17로 뒤집히게 될 것이라고 전망했다. 이와 같은 상황은 다른 지방에서도 마찬가지일 것이라고 하면서, 이런 점에서 이번 지방제도의 개정은 "일본인의 세력을 더욱 강대케 하는 효능을 가진 것"이라고 지적하였다.[52] 제2차 지방제도의 개정을 통한 이른바 '지방자치제'의 도입은 일본인들이 지방의회를 장악할 수 있는 장치(학교조합비의 부세 인정)를 갖추어 놓은 위에서 이루어진 것이다. 결국 조선인들의 참여를 최소화하고, 일본인들의 참여를 최대화한 것으로, 이는 주민 참여를 민족차별로 왜곡한 것이었다. 또 이는 제2차 지방제도 개정이 재조선 일본인들의 정치참여 욕구를 가능한 범위 내에서 최대한 만족시킨다는 목적도 갖고 있었음을 말해준다.

1931년 5월 21일의 선거가 다가오면서 선거인명부 종람과 이의 제기가 있어 유권자 수가 점점 더 정확하게 파악되었는데, 경성부회의 경우 5월 5일 현재 조선인은 7,907명, 일본인은 14,549명으로 나타났다. 1930년 12월 31일 현재 경성부의 인구는 조선인 25만 1,228명, 일본인 9만 7,758명으로 조선인이 일본인의 약 3배 가량 되었지만, 유권자의 수는 조선인은 인구 1백명 당 3인, 일본인은 인구 1백명당 15인으로 조선인의 약 5배로 나타났다.[53]

『동아일보』는 경성부의 유권자 수가 어떻게 변동해왔는가를 〈표 7-2〉와 같이 작성해서 보여 주었다. 표를 보면, 조선인 유권자의 비중은

---

52 「地方自治制 實施로 日本 有權者 倍增」, 『동아일보』, 1930.11.28.
53 「조선인은 百分三인데 일본인은 百分十五」, 『동아일보』, 1931.5.5.

55.0%→53.1%→50.4%→44.2%→34.7%로 계속해서 줄어들어 왔음을 알 수 있다. 특히 1931년에 조선인 유권자의 비중은 크게 줄어들었다. 반면에 일본인 유권자의 비중은 45.0%→46.9%→49.6%→55.8%→65.3%로 크게 늘어났다. 그리하여 1931년에 이르면 일본인 유권자는 전체 유권자의 거의 3분의 2 수준에 다다랐다. 특히 1929년과 1931년 유권자 수의 변동을 보면, 1929년 조선인 4,670명, 일본인 5,889명으로 1,200명 정도 차이가 있었으나, 1931년에는 조선인 7,907명, 일본인 1만 4,849명으로 거의 6천여 명의 차이가 났고, 일본인이 조선인의 거의 두 배 가까이 되었다.

〈표 7-2〉 경성부 유권자 수의 변동

연도	조선인		일본인		합계
	유권자 수	백분비	유권자 수	백분비	
1920	2,626	55.0	2,145	45.0	4,771
1923	4,941	53.1	4,361	46.9	9,302
1926	4,640	50.4	4,560	49.6	9,200
1929	4,670	44.2	5,889	55.8	10,559
1931	7,907	34.7	14,849	65.3	22,756

출전: 「조선인의 유권자는 改選期마다 체감」, 『동아일보』, 1931.5.8.

위와 같은 상황은 경성부에서만 볼 수 있는 것이 아니었다. 전국적인 상황을 보면, 1931년 부회 선거에서 전국 14부 부회의 유권자는 총 5만 9,699인으로, 그 가운데 조선인은 2만 2,366명, 일본인은 3만 7,333명으로, 조선인 유권자는 전체의 약 37%, 일본인 유권자는 전체의 약 63%에 달하였다.[54] 일본인들이 압도적으로 우세한 가운데 선거를 치를 수 있게 구도가 짜여진 것이었다.

그래서 당시 『동아일보』는 사설을 통해 "우연인지 모르거니와 신제(新制)에 따르면 유권자 수효가 조선인은 늘지 못하고 일본인만 격증하여 부읍(府邑) 어느 곳을 물론하고 태반은 일본인이 절대다수를 점할 만큼 되었다. 이것은 주객을 전도한 것이라고 아니할 수 없으니, 조선인의 민의에 관한 한에서 민의창달이란 유명무실이라고 아니할 수 없다"고 비판했다.[55]

『조선일보』도 사설을 통해 "신제도가 실시되려는 즈음에 조선인의 자산상태는 상대적 감하로 되어서 경성부와 같은 데는 일본인에 대한 조선인 유권자 비율이 7대3의 비(比)로 되었고, 부산은 가장 심해서 조선인은 거의 그 존재가 희박한 터이오, 개성과 평양이 이와 좀 다르되 다른 부(府)는 모두 일반이오, 읍회에 있어서도 모두 경성 혹은 부산에서와 같은 비율로 되는 것이매, 이 방면에 진출하는 조선인으로서도 그 조선인으로서의 의사창달이라는 것이 자못 미약하여 믿음직하지 않음을 짐작하겠다"고 하여,[56] 유권자 수의 변화에 대해 불만을 토로하였다.

그렇다고 해서 당시 조선어 신문들이 1931년부터 시작되는 지방의회 선거를 보이콧해야 한다고 주장한 것은 아니었다. 1931년 4월 1일 부회와 읍회 선거의 입후보 등록이 시작되자 『동아일보』는 사설에서 이렇게 쓰고 있다. "개정 지방제도에 의한 부읍회 의원 입후보는 지난 4월 1일부터 일제히 개막되었다. 개정된 지방제도란 자, 선거자격에 있어서 납세상의 제

---

54 「14부 선거 유권자 일본인이 6할 3분」, 『동아일보』, 1931.5.9.
55 사설 「民意 不暢達」, 『동아일보』, 1931.3.25.
56 사설 「실시되는 개정 지방제 - 그 객관적 전망 - 」, 『조선일보』, 1931.4.1.

한이 있고, 의안의 결의에 있어서 의장(부회에는 부윤, 읍회에는 읍장)의 부결권이 있으며, 결의안의 집행에 있어서 부윤, 읍장의 원안 집행권이 있어서 도저히 자치제라 할 만한 것이 못 된다는 것은 오인이 누차 논평한 바이니와, 그러나 이미 부여된 권리인지라 이것을 포기할 필요는 없을 것이다" 즉 유권자 자격, 의장의 부결권, 부윤·읍장의 원안집행권 등 여러 측면에서 문제가 많은 제도이기는 하지만, 그래도 의결권이 부여된 부회와 읍회를 보이콧할 필요는 없다는 것이었다. 따라서 이 신문은 "제한적이나마 부읍회에 결의권이 인정된 이상 부읍 회원은 지방민의 직접 이해관계에 착안치 않을 수 없다. 그러므로 선거권을 가진 민중은 종래 자가의 일신상의 편익이나 추구하던 모리배를 일축하고 진실로 지방민의 이해를 위하여 투쟁할 능력과 식견이 있는 자를 선거하여야 할 것이다"라고 주장하였다.[57]

당시 언론의 논조를 보면, 개정된 지방제도는 많은 문제를 안고 있지만, 이를 외면하고 보이콧하기보다는, 제한적이나마 주어진 의결권을 이용하여 지방의회에서 조선인들의 이해관계를 관철시켜 보자는 것이었다고 할 수 있다. 그러나 뒤에 보는 것처럼 이러한 시도는 지방의회의 '구조적 한계' 앞에서 번번이 좌절을 맛보지 않을 수 없었다.

이상에서 1930년 제2차 지방제도 개정에 대해 살펴보았다. 2차 지방제도 개정의 핵심은 도회와 부회를 의결기관으로 만든다는 것이었다. 총독부는 이를 들어 조선에서 지방자치가 시작되었다고 선전했다. 그러나 총독부는 새로운 제도에 여러 독소조항들을 두어 이를 철저히 통제하려 하였다. 이를 정리하면 다음과 같다. 첫째, 도회의 경우에 관선의원이 3분의 1을 차지하게 되어 있었고, 나머지 3분의 2도 부회와 면협의회 의원들

57　사설「부읍회의원 선거 개막 - 유능자를 선출하라」,『동아일보』, 1931.4.1.

이 간접선거로 뽑아 주로 관변인물들이 선출될 수 있게 해두었다. 또 도지사가 여러 이유를 들어 도회의 의결을 취소하거나 무시할 수 있게 해두었으며, 감독관인 조선총독은 도회의 해산을 명할 수 있게 해두었다. 둘째, 부회의 경우에 유권자의 자격을 부세 5원 이상으로 제한하여 일본인 유권자가 조선인 유권자보다 훨씬 많게 만들어, 구조적으로 부회 의원의 다수를 일본인들이 차지하도록 해놓았다. 이로써 부회를 조선인 의원이 아닌 일본인 의원들이 주도할 수 있게 해 둔 것이다. 부민의 다수가 조선인임에도 불구하고, 그들의 의사를 대변하는 의원은 소수파가 될 수밖에 없게 해둔 것으로, 이는 지방자치의 중요 요소인 주민들의 '참여권'을 크게 제한한 것이다. 또 부윤이 여러 이유를 들어 부회의 의결을 취소하거나 무시할 수 있게 해두었으며, 2차 감독관인 조선총독은 부회를 해산할 수 있게 해두었다. 셋째, 면협의회의 경우, 대다수의 인구가 면 단위의 농촌지역에 거주하여, 면협의회가 지방자치에서 가장 중요한 의회가 될 수 있음에도 불구하고 의결기관이 아닌 자문기관으로 그대로 남아 있게 함으로써, 사실상 지방자치의 중요 요소인 주민들의 '동의권'(의결권)을 박탈한 것이나 다름없었다. 넷째, 도·부·면의 장을 여전히 모두 임명제로 해두고, 도회·부회·면협의회의 의장을 행정기관의 장인 도지사·부윤·면장이 맡게 함으로써, 주민이 선출한 의원들이 자율적으로 의사 진행을 할 수 없게 해두었다. 따라서 이는 '반쪽 지방자치'에도 미치지 못하는 것이었다. 이와 같이 제2차 지방제도 개정의 결과로서 등장한 이른바 '지방자치'란 것은 사실은 총독부나 도·부·면 등 행정기관의 장이 주도권을 여전히 쥐고 있고, 의회측은 매우 제한적인 권한만을 갖는 것으로 되어 있어, 전체적으로는 '식민지형 지방자치'에 지나지 않는 것이었다고 할 수 있다.

제8장
1930년대 이후 부회·읍회·
면협의회·도회 선거와 그 결과

이 장에서는 1931, 1935, 1939, 1943년에 있었던 부회·읍회·면협의회의 총선거와, 1933, 1937, 1941년에 있었던 도회의 선거 과정과 그 결과에 대해 차례대로 살펴보기로 한다.

1. 1931년의 부회·읍회·면협의회 총선거

제2차 지방제도 개정 후 첫 번째 선거인 1931년의 부회, 읍회, 면협의회 선거는 5월 21일 행해졌다. 1931년 6월 내무국 지방과에서 7월에 새로 부임해 올 우가키 가즈시케(宇垣一成) 총독에게 보여 주기 위해 만든 것으로 보이는「지방제도 개정의 경개(梗槪)」라는 자료를 보면, 5월 21일의 선거에 대해 다음과 같이 묘사하고 있다.

부·읍에 있어서는 입후보자의 수가 모두 정원을 초과하기에 이르러 경쟁이 극심하였다. 혹은 연설회를 열어 소견을 발표하고, 문서전(文書戰), 방문전(訪問戰) 등이 맹렬하였다. 면에서의 선거열은 부읍에는 미치지 못했지만, 문자를 쓸 줄 모르는 유권자는 선거권 행사를 위하여 투표 문자의 연습을 하는 예가 적지 않았다. 그리고 면제에 인정된 대로 글을 쓸 줄 모르는 이가 많은 면에서는 투표의 대서(代書)를 인정하고, 구역이 광대하여 교통이 불편한 면에서는 여러 선거구를 설치하도록 하는 등 선거를 편하게 할 수 있도록 특수한 규정을 만드는 외에, 지방 관민에 있어서도 혹은 당일의 우천을 예상하여 우비를 준비하거나, 또는 가교(假橋)를 가설하는 등 모든 방법을 강구한 결과, 당일의 여행자, 중병자, 문맹자 등 부득이한 자 외에는 거의 전부 선거권을 행사하고, 노년자는 아이의 손을 붙잡고, 가벼운 병이 있는 자는 병을 물리치고 투표를 하는 등 그 열심이 예상 이상이어서 기권자의 수는 목하 집계 조사 중이지만 최저 6분, 최고 3할, 평균 1할 5분 내외로 보인다.[1]

위에서 보면, 부와 읍에서는 후보자의 수가 정원을 넘어섰고, 일부 면에서는 글을 쓸 줄 모르는 이에게는 후보자의 이름을 다른 이가 대신 써 주는(代書) 것을 인정하는 등 가급적 기권을 막으려 했던 것으로 보인다.

〈표 8-1〉 유권자 수와 인구 100명당 유권자 수 (1931년)

구분	유권자 수			인구			인구 100명에 대한 유권자 수		
	일본인	조선인	계	일본인	조선인	계	일본인	조선인	계
부회	37,067	21,721	58,788	263,378	829,875	1,093,253	14.07	2.62	5.38
읍회	7,781	9,394	17,175	83,394	617,055	700,449	9.33	1.52	2.45
면협의회	11,421	285,913	297,334	156,104	18,280,376	18,436,480	7.31	1.56	1.61
계	56,269	317,028	373,297	502,876	19,727,306	20,230,182	11.18	1.60	1.84

출전: 「지방제도 개정의 경개(梗槪)」(국가기록원 조선총독부 기록물 CJA0002880), 145쪽

그러면 당시 선거의 유권자 수는 얼마나 되었을까. 〈표 8-1〉은 유권자 수와 인구 100명당 유권자의 수를 보여 준다. 부회의 경우, 유권자 수는

---

1 「소화 6년 개정지방제도관계잡록」(국가기록원 CJA0002880) 중 「지방제도 개정의 경개(梗槪)」, 142~143쪽.

일본인이 37,067명, 조선인이 21,721명, 전체 58,788명으로, 일본인 유권자가 63.1%, 조선인 유권자가 36.9%를 차지한다. 일본인 유권자가 압도적으로 많다고 할 수 있다. 인구 100명당 유권자의 수도 일본인은 14.07명, 조선인은 2.62명으로 일본인이 5.4배 정도 많다. 인구비례에 따른 대표성의 원칙에서 크게 벗어나 있다고 볼 수 있다. 읍회의 경우에는 일본인 유권자가 7,781명, 조선인 유권자가 9,394명으로 각각 전체 유권자의 45.3%, 55.7%를 차지했다. 그러나 인구 100명당 유권자의 수는 각각 9.33명, 1.52명으로 그 차이가 6.1배 정도로 부회보다 더 크다. 면협의회의 경우, 일본인 유권자가 11,421명, 조선인 유권자가 285,913명으로, 각각 전체 유권자 297,334명의 3.8%, 96.2%를 차지한다. 그러나 이 경우에도 인구 100명당 유권자의 수로 보면, 일본인의 경우 7.31명, 조선인의 경우 1.56명으로 일본인이 4.7배가 된다. 전체적으로 보아도 일본인 유권자 수는 56,269명, 조선인 유권자의 수는 317,028명으로, 각각 전체 유권자 273,297명의 20.6%, 79.4%를 차지하며, 인구 100명당 유권자의 수는 일본인의 경우 11.18명, 조선인의 경우 1.60명으로 약 7배의 커다란 차이가 난다. 이미 유권자의 수에서 이와 같은 커다란 차이가 났기 때문에, 선거 결과는 어느 정도 예상되는 것이었다.

〈표 8-2〉 각부 부회 의원 선거인명부에 나타난 유권자 현황 (1931년 4월 말)

부명	명부등재인원			1930년12월말 현재 인구			인구100명에 대한 선거인수		
	일본인	조선인	계	일본인	조선인	계	일본인	조선인	계
경성	14,843	7,890	22,733	97,758	251,228	348,986	15.18	3.14	6.51
인천	1,903	807	2,710	11,238	49,960	61,198	16.93	1.63	4.43
개성	236	1,562	1,798	1,390	47,007	48,397	16.98	3.32	3.72

부명	명부등재인원			1930년12월말 현재 인구			인구100명에 대한 선거인수		
	일본인	조선인	계	일본인	조선인	계	일본인	조선인	계
군산	1,209	330	1,539	8,781	16,541	25,322	13.77	1.99	6.08
목포	902	440	1,342	8,003	23,488	31,491	11.27	1.87	4.26
대구	2,929	1,678	4,607	29,633	70,820	100,453	9.88	2.37	4.59
부산	5,598	1,691	7,289	44,273	85,585	129,858	12.64	1.98	5.61
마산	798	710	1,508	5,559	20,149	25,708	14.36	3.52	5.87
평양	2,833	2,765	5,598	18,157	26,650	134,807	15.60	2.37	4.15
진남포	832	597	1,429	5,894	30,415	36,309	14.12	1.96	3.94
신의주	1,238	845	2,083	7,907	29,003	36,910	15.66	2.91	5.64
원산	1,397	899	2,296	7,096	32,523	41,837	19.69	2.76	5.80
함흥	957	786	1,743	9,334	32,503	41,837	10.25	2.42	4.17
청진	1,396	722	2,118	8,355	24,003	32,358	16.71	3.01	6.55
계	37,071	21,722	58,793	263,378	829,875	1,093,253	14.08	2.62	5.38

출전: 「개정지방제도관계서류」(국가기록원 CJA0002879) 중 「부회의원선거인명부조제보고표」(107쪽)

〈표 8-2〉는 1931년 4월말 현재 부별로 유권자의 수, 인구수, 그리고 인구 1백 명 당 유권자 수를 표시한 것이다. 전체적인 숫자는 〈표 8-1〉의 부회와 거의 유사하다. 부별로 보면, 일본인의 인구 1백 명 당 선거인 수는 원산부가 19.69명으로 가장 많고, 대구부가 9.88명으로 가장 적다. 조선인의 인구 1백 명 당 선거인 수는 마산부가 3.52명으로 가장 많고, 인천부가 1.63명으로 가장 적다. 일본인과 조선인의 인구 1백 명 당 선거인 수가 가장 큰 차이를 보이는 곳은 역시 원산으로, 일본인 19.69명, 조선인 2.76명이었다. 유권자의 절대적인 숫자에서 가장 큰 차이를 보인 곳은 부

산으로, 일본인 5,598명, 조선인 1,691명으로 3,907명이나 차이가 난다.

이와 같이 유권자 수에서 조선인이 크게 불리하게 된 상황에서, 선거를 약 한 달 앞둔 4월 하순에 들어서자 후보자들이 본격적으로 등록을 하기 시작했다. 대구부에서는 유권자 수로 보면 부회 의원 정원 33명 중에 일본인이 21~22명, 조선인이 11~12명 당선될 것으로 예측되었다. 그런데 4월 22일까지 대구부청에 후보 등록을 한 이는 일본인 20명, 조선인 19명으로, 조선인은 예상되는 당선자의 2배가량 등록을 했다.[2] 신의주부의 경우 일본인 유권자가 1,239명, 조선인 유권자가 848명으로 유권자의 비율이 약 3:2였는데, 일본인 입후보자는 15명, 조선인 입후보자는 9명으로 유권자의 비율과 거의 비슷하게 등록을 했다.[3] 목포부의 경우, 일본인 유권자는 902명, 조선인 유권자는 439명으로 약 2:1의 비율이었는데, 일본인 입후보자는 19명, 조선인 입후보자는 11명으로 조선인 입후보자가 예상 당선자보다 다소 많았다.[4] 평양의 경우, 1931년 2월 초에 평양음식점조합·이발조합·고물상조합 등을 망라한 평양 각조합연합회의 주최로 유권자대회를 열어 후보자 조정을 하려 했으나 이 조정은 실패로 돌아간 것으로 보인다.[5] 평양부에서는 부회 정원이 33명이었는데, 조선인이 26명, 일본인이 26명 각각 입후보 등록을 하였다.[6] 당시 유권자 수의 비율은 거의 50:50 수준이었기 때문에 이렇게 많은 후보가 등록을 한 것으로 보인다.

각 부회의 후보 등록은 선거 3일 전까지도 가능하였기 때문에 이후에

---

2 「대구부의 난립 조선인 19명」, 『동아일보』, 1931.4.24.
3 「신의주부의원 입후보 9명」, 『동아일보』, 1931.4.24.
4 「일본인 우세, 군산부 유권자 수」, 『동아일보』, 1931.4.27.
5 「평양 유권자 대회」, 『동아일보』, 1931.2.2.
6 「부읍회원 선거 입후보자 일람표(1)」, 『조선일보』, 1931.5.20.

도 후보 등록은 계속 늘어났다. 부별로 최종적으로 등록한 후보자가 얼마나 되는지는 통계가 없어 확인하기 어렵다.

〈표 8-3〉 1931년 부회 의원 선거 당선자 수

부명	정원	유권자 수 비율(%)		당선자 수(명)		당선자 수 비율(%)		비고
		조선인	일본인	조선인	일본인	조선인	일본인	
경성	48	34.7	65.3	18	30	37.5	62.5	
인천	30	29.8	70.2	8	22	26.7	73.3	
개성	27	86.9	13.1	20	7	74.1	25.9	일본인 1인 추가
군산	24	21.4	78.6	6	18	25.0	75.0	조선인 1인 추가
목포	27	32.8	67.2	8	19	29.6	70.4	
대구	33	36.4	63.6	10	23	30.3	69.7	
부산	33	23.2	76.8	9	24	27.3	72.7	조선인 4인 추가
마산	24	47.1	52.9	10	14	41.7	58.3	
평양	33	49.4	50.6	14	19	42.4	57.6	
진남포	27	41.8	58.2	12	15	44.4	55.6	
신의주	27	40.6	59.4	11	16	40.7	59.3	
원산	27	39.2	60.8	12	15	44.4	55.6	
함흥	27	45.1	54.9	11	16	40.7	59.3	
청진	27	34.1	65.9	8	19	29.6	70.4	
계	414	36.9	63.1	157	257	37.9	62.1	

출전: 「지방제도 개정의 경개(梗槪)」, 147쪽; 「개정지방제도관계서류」(국가기록원 CJA0002879) 중 「부회의원선거인명부조제보고표」(107쪽)

〈표 8-3〉에 따르면, 14개 부에서 일본인은 257명, 조선인은 157명이 의원으로 당선되었음을 알 수 있다. 그 비율을 보면 일본인이 62.1%, 조

선인이 37.9%였다. 전국적으로 14개 부의 부회의원 입후보자는 조선인이 226명, 일본인이 306명으로 합계 532인이었다. 이 가운데 조선인이 157명, 일본인이 257명이 당선되었다. 입후보자의 당선율을 보면, 조선인측이 69.5%, 일본인측이 84.0%로, 일본인측이 훨씬 높았다.[7]

부별로 보면, 일본인이 10명 이상 차이로 더 많이 당선된 곳은 경성, 인천, 군산, 목포, 대구, 부산, 청진이었다. 그리고 조선인이 다수로 당선된 곳은 개성 한 곳밖에 없었다. 개성의 경우 일본인이 6명 당선되어 27명의 4분의 1인 7명을 채우지 못해, 일본인 차점자를 1명 더 당선시키는 조치를 취했다(부제 제8조 제6항 적용). 군산과 부산의 경우는 반대로 조선인 당선자가 정원의 4분의 1을 채우지 못해 군산에서는 1명, 부산에서는 무려 4명의 조선인 차점자들을 당선시켰다. 나머지 부에서는 조선인이 전체의 25~45% 정도를 차지했다. 전체적으로 보면 인천·군산·목포·부산·청진 등에서 조선인 비율이 크게 낮았다. 모두 개항장이거나 신흥도시(청진)였음을 알 수 있다.[8]

유권자 수의 비율과 당선자 수의 비율을 비교해 보자. 전체적으로는 유권자의 경우 조선인 36.9%, 일본인 63.1%였고, 당선자의 경우 조선인 37.9%, 일본인 62.1%로 거의 같았다. 따라서 유권자의 비율이 사실상 당선자의 비율을 결정하고 있었다고 말해도 과언이 아니다. 때문에 당시 신문 기사를 보면 유권자의 비율에 따라 조선인과 일본인 의원의 정원이 사실상 정해져 있는 것처럼 말할 정도였다.

---

7 「조선인 당선자보다 일본인이 백명 우세」, 『동아일보』, 1931.5.24.
8 「(時評) 부읍회원 선거」, 『조선일보』, 1931.5.24.

〈표 8-4〉 1929년과 1931년 부회 선거 당선자의 비교(개성과 함흥 제외)

연도	구분	경성	인천	군산	목포	대구	부산	마산	평양	진남포	신의주	원산	청진	개성	함흥	계
1929	일본인	18	11	10	9	13	28	8	13	9	11	11	11			152
	조선인	12	9	4	5	7	2	6	17	7	5	5	3			82
	계	30	20	14	14	20	30	14	30	16	16	16	14			234
1931	일본인	30	22	18	19	23	24	14	19	15	16	15	19	7	16	257
	조선인	18	8	6	8	10	9	10	14	12	11	12	8	20	11	157
	계	48	30	24	27	33	33	24	33	27	27	27	27	27	27	414

출전: 『府制改正制令案』(1930) (아시아역사자료센터 A14100216100) 중에 포함된 「지방제도 개정안 참고서」; 「지방제도 개정의 경개(梗槪)」, 147쪽

비고: 개성과 함흥은 1930년 부(府)로 승격되었음

〈표 8-4〉에서 보면, 조선인 당선자가 일본인 당선자보다 많은 부는 개성부 한 곳밖에 없었다. 평양의 경우는 1929년에는 17:13으로 조선인 당선자가 일본인 당선자보다 많았는데, 1931년에는 19:14로 일본인 당선자가 조선인 당선자보다 많아졌다. 평양의 경우, 유권자의 수가 거의 50:50이었고, 후보자 수도 26:26이었음에도 불구하고 당선자 수에서는 19:14로 나타났다. 유권자 수와 후보자 수는 일본인과 조선인이 거의 같았지만, 일본인측은 후보자들 가운데 표를 몰아줄 사람들을 어느 정도 사전에 정했고, 조선인측은 그러한 조정을 하지 못했기 때문인 것으로 보인다.[9]

다른 곳에서는 일본인 당선자 수와 조선인 당선자 수의 차이가 더 크게 벌어진 경우가 많았다. 경성의 경우, 일본인과 조선인 당선자의 비율이 18:12에서 30:18로 바뀌었고, 인천의 경우도 11:9에서 22:8로 바뀌

---

9 「(時評) 부읍회원 선거」, 『조선일보』, 1931.5.24.

었다. 군산의 경우에도 10; 4에서 18:6으로, 목포의 경우에도 9:5에서 19:8로, 대구의 경우에도 13; 7에서 23:10으로, 바뀌었다. 이는 모두 유권자 수의 차이가 더 커졌기 때문이다. 또 인천의 경우, 일본인 대 조선인 유권자 수가 70:30 정도였는데, 당선자 수는 22:8로 나타난 것은 조선인 후보자들이 14명이나 나와서 표가 분산되었기 때문인 것으로 보인다.[10]

부산의 경우에는 새로 만들어진 부제 제8조 제6항의 규정에 따라 조선인에게 4분의 1을 보장해줌으로써 28:2에서 24:9로 그 차이가 줄어들었다. 전체적으로 보면, 그 차이가 더 크게 벌어진 곳이 많았는데, 그것은 앞에서 본 것처럼 학교조합비가 부세에 포함되어 일본인 유권자의 수가 크게 늘어났기 때문이다.

한편 총독부 당국은 부회 의원 당선자에 대해 "당선자 중 내지인은 중년 이상인 경우가 많고, 조선인은 소장자(少壯者)인 경우가 많다. 때문에 조선인은 모두 일본어에 능통하고, 전문 또는 고등의 학력을 가진 신인이 대부분을 점한다. 당선자의 직업을 보면, 내지인은 모두 상공업자가 가장 다수를 점하고, 변호사 및 의사가 다음을 차지하며, 재력은 모두 중위(中位)로서 일류의 자산가는 각 부에서 공히 입후보하지 않았다. 또 선거자격에 납세액의 제한이 있기 때문에 항산이 없는 당선자는 없다"고 분석했다.[11]

조선인 당선자를 보면, 경성부의 경우에는 당선자 18명 가운데 회사원이 6명, 변호사가 3명, 지주가 2명, 농업 1명, 양조업 1명, 질옥업 1명, 교사 1명, 신문기자 1명, 전직군수 1명, 광산업 1명 등으로, 회사원과 변호사가 많았다.[12] 평양부의 경우에는 당선자 14명 가운데 변호사가 3명,

---

10 「조선인후보 난립, 운동이 맹렬화」, 『동아일보』, 1931.5.12.
11 「지방제도 개정의 경개(梗槪)」, 146쪽.
12 藤村德一編, 1931, 『全鮮府邑會議員銘鑑』, 朝鮮經世新聞社, 京城, 48~49쪽. 일본인

회사원이 3명, 의사가 2명, 상업과 농업이 각 2명, 여관업 1명, 무역업 1명 등으로 변호사·회사원·의사들이 많았다. 진남포부의 경우에는 당선자 12명 가운데 미곡상 3명, 상업 2명, 정미업 1명, 양주업 1명, 대금업 1명, 회사원 1명, 의사 1명, 농업 1명, 대서업 1명 등 상공업자들이 많았다. 인천부의 경우에는 조선인 당선자가 8명이었는데, 물산업(객주) 2명, 회사원 3명, 양조업 2명, 어업 1명 등이었다.[13]

다음으로 읍회 당선자에 대해 살펴보자. 〈표 8-5〉에서 보는 바와 같이 41개 읍에 정원은 506명, 당선자 가운데 일본인은 247명, 조선인은 259명으로 비슷하였다. 양측이 같은 수가 당선된 곳은 수원·전주·정주(井州)·상주·진주·정주(定州) 등 6개 읍이었다. 일본인이 더 많이 당선된 곳은 영등포·청주·공주·대전·강경·조치원·천안·익산·광주·김천·포항·진해·통영·해주·겸이포·춘천·나남 등 17개 읍이었다. 나머지 18개 읍에서는 조선인이 더 많이 당선되었다.

〈표 8-5〉 1931년 읍회 의원 당선자

도명	읍명	정원	당선자	
			일본인	조선인
경기	수원	12	6	6
	영등포	10	6	4
충북	청주	12	7	5

당선자의 경우에는 상공업자 7명, 회사원 및 사장 6명, 변호사 6명, 신문판매 및 기자, 잡지사장, 저술업 등 4명, 의사 1명, 우편소장 1명, 여관업 1명, 음식점 1명, 농업 1명, 대서업 1명 등이었다.

13 「부읍회원 선거 입후보자 일람표(1)(2)」, 『조선일보』, 1931.5.20.21; 「각 도부읍회 의원 선거 당선자 씨명」, 『조선일보』, 1931.5.23.

도명	읍명	정원	당선자	
			일본인	조선인
충남	충주	14	6	8
	공주	12	7	5
	대전	14	11	3
	강경	12	7	5
	조치원	10	6	4
	천안	12	8	4
전북	전주	14	7	7
	익산	12	7	5
	정주(井州)	12	6	6
전남	광주	14	10	4
	여수	14	6	8
	제주	14	4	10
경북	김천	12	7	5
	포항	12	8	4
	경주	12	4	8
	안동	12	5	7
	상주	14	7	7
경남	진주	14	7	7
	진해	12	8	4
	통영	14	8	6
	밀양	12	5	7
	동래	12	2	10

도명	읍명	정원	당선자	
			일본인	조선인
황해	해주	14	8	6
	겸이포	12	9	3
	사리원	14	5	9
평남	안주	12	2	10
평북	의주	12	4	8
	정주(定州)	10	5	5
	선천	12	3	9
	강계	10	4	6
강원	춘천	10	6	4
	강릉	12	5	7
	철원	12	5	7
함남	북청	12	2	10
함북	나남	12	9	3
	성진	12	5	7
	회령	12	5	7
	웅기	14	5	9
합계	41개 읍	506	247 (48.8%)	259 (51.2%)

출전 : 「지방제도 개정의 경개(梗槪)」, 149~150쪽.

읍회 당선자에 대해 총독부 내무국측은 다음과 같이 분석했다. "읍회 의원은 자력, 신망 등이 모두 읍에서 일류 인사인 경우가 적지 않다. 내지인에는 나이가 많은 자가 많고, 조선인에는 연소한 자가 많다. 조선인에 지식계급이 많은 것은 부(府)의 경우와 같다"[14]

한편 읍회 선거의 경우, 조선인들이 공인후보자를 낸 곳이 있었을까. 동래읍의 경우, 3월 31일에 이미 경오구락부라는 조선인 유지 단체에서 입후보의 난립을 방지하기 위하여 공인후보자 10명을 선정하였다고 한다.[15] 그러나 다른 읍의 경우에 공인후보자를 낸 곳은 없는 것으로 보인다.

다음으로 면협의회의 선거에 대해 살펴보자. 이 선거와 관련해서 총독부 내무국측은 "금회의 선거에서 면협의회원의 선거 자격 중 특히 납세요건 5원을 낮추어 면의 실정에 부응하도록 한 경우는 전국적으로 243개 면(전 면수의 약 1할)으로서, 그 가운데 4원으로 한 경우가 188개 면, 3원으로 한 경우가 45개 면, 2원으로 한 경우가 7개 면, 1원으로 한 경우가 3개 면이었다"고 쓰고 있다. 또 "자치적 훈련이 충분치 않은 주민에 대해 복잡한 선거방법을 일제히 강요하는 것은 적당치 않으므로 면의 상황에 따라 종래의 관행을 고려하여 대서(代書) 투표에 의한 특례를 인정한 곳이 1,035개 면(전체 면수의 4할 2분)으로, 이 특례를 인정한 면에서는 스스로 글을 쓰는 것이 불가능한 유권자가 대서를 요청할 경우 면장 혹은 면리원이 선거입회인의 입회하에 유권자가 말해 주는 피선거인의 씨명을 대서하여 이를 본인에게 교부하면 본인이 이를 투표함에 넣도록 하였는데, 그 수는 1개 면에 10인 내지 50인 내외에 달하였다"고 하였다. 또 "구역이 현저하게 광대한 면, 혹은 도서벽지 등 교통이 불편한 면에 대해서는 선거의 편리를 위해 특례로서 선거구를 개설하도록 하였는데, 그 수는 115개

---

14 「지방제도 개정의 경개(梗槪)」, 148쪽.
15 「읍회의원의 공인후보자」, 『동아일보』, 1931.4.6.

면이었다. 이러한 선거구는 1면에 작은 경우는 2구, 많은 경우는 4구까지 개설하여 면리원이 출장하여 선거사무를 집행했다"고 한다.[16]

〈표 8-6〉 1931년 면협의회원 당선자 수

도명	면수	정원	당선자 수		
			일본인	조선인	계
경기	246	2,310	102	2,208	2,310
충북	104	1,074	44	1,030	1,074
충남	170	1,712	111	1,601	1,712
전북	185	1,836	143	1,693	1,836
전남	263	2,692	215	2,477	2,692
경북	267	2,740	101	2,639	2,740
경남	247	2,446	146	2,300	2,446
황해	118	2,098	80	2,018	2,098
평남	146	1,470	31	1,439	1,470
평북	189	1,912	35	1,877	1,912
강원	173	1,760	59	1,701	1,760
함남	138	1,476	56	1,420	1,476
함북	77	768	27	741	768
계	2,422	24,294	1,150	23,144	24,294

출전 : 「지방제도 개정의 경개(梗槪)」, 153쪽.

〈표 8-6〉에서 보는 바와 같이, 면협의회원 전체 당선자는 24,294명이었으며, 이 가운데 일본인은 1,150명으로 4.7%, 조선인은 23,144명으로

---

16 「지방제도 개정의 경개(梗槪)」, 151쪽.

95.3%를 차지했다. 그것은 농촌지역인 면 단위에는 일본인들이 별로 거주하지 않았기 때문이다. 그러나 거주 인구에 비해서는 일본인들이 많이 당선된 셈이었다고 총독부 내무국은 기록하였다.[17] 한편 면협의회원 당선자는 "대체로 면내의 일류 유력자로서 고령자가 많고, 그 가운데에는 나이 80을 넘긴 자도 있었다"고 한다.[18]

---

17 「지방제도 개정의 경개(梗槪)」, 151쪽.
18 「지방제도 개정의 경개(梗槪)」, 152쪽.

2. 1935년의 부회·읍회·면협의회 총선거

1935년의 부·읍·면 의원 총선거도 전례에 따라 5월 21일에 실시되었다. 1935년 10월 1일부로 부로 승격될 예정이었던 대전, 광주, 전주의 세 곳은 부제가 실시된 이후인 11월 21일에 부회 선거를 하기로 결정되었다. 3개 부의 부회 의원 정원은 광주 27명, 대전은 24명, 전주는 24명으로 결정되었다.[19] 또 경성의 경우에도 10월 1일부로 행정구역을 확장하기로 예정되었고, 이에 따라 경성부 부민 인구는 약 20만 명이 늘어나게 되었다. 인구 5만 명 증가에 부회 의원 3인을 늘리게 되어 있었기 때문에 12명의 의원을 늘려야 하는데, 그 선거는 행정구역 확장 이후에 보궐선거로 실시하기로 결정되었다.[20]

한편 경기도 경찰부는 부읍회 총선거를 앞두고 2월 21일 「지방선거취체규칙」 일부를 개정하여 발표하였다. 그 주요 내용은 다음과 같았다.

1. 선거운동자는 경성부 20명 이내, 인천·개성부는 10명 이내, 수원·영등포읍은 7명 이내로 할 것.
2. 가족의 선거운동도 운동자로 간주함.
3. 전화에 의한 투표권유도 선거운동으로 간주함.
4. 町洞會, 縣人會 기타 또는 개인의 자발적 운동도 후보자의 운동으로 간주함.

---

19 「부승격 3읍은 부의로 재선거」, 『조선일보』, 1935.4.26.
20 「행정구역 확장안 10월 1일에 완성」, 『동아일보』, 1935.5.16.

5. 누구를 막론하고 후보자 또는 운동자를 유권자 집에 안내하는 행위는 선거운동으로 간주함.
6. 선거운동에 요하는 음식물은 경성 인천 개성의 각 부가 1식 50전 이내, 1일 1원 50전 이내로 함. 기타 지방은 1식 30전 이내, 1일 1원 이내로 함.
7. 선거사무소는 1인에 대하야 1개소로 제한함.
8. 선거당일은 선거회장으로부터 2정(町) 이내에 설치하지 못함.
9. 휴게소와 이에 유사한 설비는 인정치 아니함.
10. 선거회장 부근에서 후보자 또는 운동자가 배회하여 유권자에 행례(行禮)를 하는 것 같은 행위를 불허함.
11. 호별방문은 오전 8시부터 오후 8시까지로 하고, 동행자는 3인 이내로 제한함.
12. 정동회(町洞會) 기타 운동단체 유지의 추천으로 인정되는 후보자에 있어서도 '공인(公認)'의 문자는 절대 사용을 불허함.[21]

위의 취체규칙을 보면, 선거운동에 관해 구체적인 규제 방안을 제시하고 있음을 알 수 있다. 특히 주목되는 것은 그동안 각 단체나 정동회 등으로부터 공인후보로 추천된 이들이 '공인'이라는 문자를 앞세워 선거운동을 해온 것을 공식적으로는 하지 못하도록 한 것이다. '공인후보'를 세우는 일은 이미 1920년대부터 일본인과 조선인측 모두에서 진행되어 온 것인데, 1930년대 들어 여러 문제가 발생하면서 폐지를 주장하는 목소리가 높아져 왔다. 공인후보를 세우는 일은 각 정동(町洞)에서 적절하게 구역을

---

21 「선거운동의 신취체규칙」, 『동아일보』, 1935.4.6.

나누어 정회에서 공인후보 1인을 선정하여 그 지역의 유권자들이 표를 몰아주어 당선시키는 것이었다. 예를 들어 1931년 선거 당시 경성부의 장곡천정, 북미창정, 서소문정, 정동, 태평통 1·2정목의 6개 정(町洞)연합역원회는 회의를 갖고 공인후보로서 후지타(藤田爲與, 태평통 2정목)와 모리이(森井與一郞, 북미창정) 두 사람을 추천하기로 만장일치로 결정하였다. 그리고 두 사람의 '지반 할당'이라는 것을 하여 후지다의 지반은 태평통 2정목, 서소문정, 정동의 3개 정으로, 모리이의 지반은 장곡천정, 북미창정, 태평통 1정목으로 하기로 협정하였다.[22] 경성부의 용산 일대에서도 일본인측은 그런 식으로 공인후보를 선정하였다. 그런데 이 경우, 공인을 받지 못한 다른 후보자들이 이들 정에 들어와 선거운동을 하는 것을 공인후보측에서 가로막는 경우가 발생하였다. 이에 대해 공인을 받지 못한 후보들은 불만을 터뜨렸고, 여기에서 여러 문제가 발생하였다. 1931년 경성부의 소가 쓰토무(曾我勉)는 『경성일보』에 투고하여 공인후보제도를 폐지해야 하고, 후보들이 '공인후보'의 문자를 사용하는 것을 금해야 한다고 주장했다.[23] 이러한 문제들 때문에 일부 정(町)에서는 직접 공인후보를 내세우지는 않고, 암묵적으로 특정한 후보를 지지하기로만 한 경우들도 있었다.[24] 1931년 선거에서 이러한 논란이 있었기 때문에, 1935년 선거에서는 경찰측에서 아예 후보들이 '공인'이라는 문자를 사용하지 못하도록 규제한 것으로 보인다. 이후 공인후보 추천운동은 시들해졌다.

한편 1935년 선거에서는 유권자 수에 다소간 변화가 있었다. 전국적

---

22 「6개 町 연합의 공인후보 추천」, 『조선신문』, 1931.4.12.
23 「공인후보란? / 경성부의 후보 曾我勉(寄)」, 『경성일보』, 1931.4.25.
24 「공인후보의 이름으로 각 방면에서 물의를 낳다. 町內의 골칫거리」, 『경성일보』, 1931.4.25.

으로 부회 선거의 유권자 수는 일본인 33,921명(59.8%), 조선인 22,766명(40.2%), 전체 56,687명이었다.²⁵ 1931년 부회 유권자 수가 일본인 37,071명(63.1%), 조선인이 21,722명(36.9%), 전체 58,793명이었던 것에서 조선인의 비중이 3.3% 늘어난 것이다.

경성부의 경우, 1931년의 선거 당시 유권자 수는 조선인 7,907명(34.7%), 일본인 14,849명(65.3%), 합계 22,756명이었는데, 1935년에는 조선인 7,431명(35.8%), 일본인 13,311명(64.2%), 합계 20,742명으로, 조선인은 476명, 일본인은 1,518명이 각각 줄어들었으며, 조선인 비중이 약간 높아졌다. 1934년에 제3종 개인소득세가 만들어지면서 부민의 교육비 부담을 경감한다는 취지에서 제1부, 제2부 특별경제(과거의 학교조합비와 학교비)에 국고 보조가 있었다. 이에 따라 교육비가 포함된 호별세가 감소되어, 종래 호별세만으로 유권자 자격을 갖고 있던 납세자들은 대부분 선거 무자격자(세액 5원 이하)로 되었기 때문이다.²⁶

부읍회 후보자의 등록은 5월 21일의 선거를 앞두고 한 달 전인 4월 21일부터 시작되었다. 경성부의 경우 5월 21일까지 등록한 후보자는 모두 64명으로, 조선인 24명, 일본인 40명에 달했다. 경성부의 21일의 선거에서 기권한 유권자는 조선인은 18.8%, 일본인은 14.8%였다. 이는 1931년의 선거에서 기권자가 조선인 20%, 일본인 17%였던 것에 비해 약 2% 정도 떨어진 것이었다.²⁷

경성부의 선거 결과를 보면, 정원 48명 가운데 조선인이 15명, 일본인

---

25 「조선지방자치제도의 개요」(1944년 작성, 아시아역사자료센터 B05014017200) 중 '제2회 부읍회의원 및 면협의회원의 선거 개황'의 별표 5 참조.
26 「부내 유권자 격감」, 『동아일보』, 1935.4.21. 석간
27 「경성부의 투표 만7천 조선인 6,020명」, 『동아일보』, 1935.5.22. 조간

이 33명의 당선자를 냈다.[28] 각각 31.3%, 68.7%를 차지한 것이다. 조선인 당선자의 비율 31.3%는 조선인 유권자의 비율 35.8%에 미치지 못했으며, 일본인 당선자의 비율 68.7%는 일본인 유권자의 비율 64.2%보다 높은 것이었다.

부산부의 경우, 유권자 수는 일본인이 5,683명, 조선인이 1,878명으로 전체 7,561명의 75.2%, 24.8%를 각각 차지했다. 조선인 유권자가 4분의 1에 조금 미치지 못한 것이다. 의원 총수는 36명이었기 때문에, 최소 4분의 1인 9명을 조선인 의원이 차지할 것으로 전망되었다.[29] 21일의 선거에서는 조선인이 10명, 일본인이 26명 당선되었다. 조선인이 예상보다 1명 더 당선된 것이다.

〈표 8-7〉 1931년과 1935년의 부회 의원 당선자 비교

부명	1931년 정원	1935년 정원	1931년 당선자 수(명)		1935년 당선자 수(명)		1931년 당선자 수 비율(%)		1935년 당선자 수 비율(%)	
			조선인	일본인	조선인	일본인	조선인	일본인	조선인	일본인
경성	48	48	18	30	15	33	37.5	62.5	31.3	68.7
인천	30	30	8	22	12	18	26.7	73.3	40.0	60.0
개성	27	30	20	7	23	7	74.1	25.9	76.7	23.3
군산	24	27	6	18	7	20	25.0	75.0	25.9	74.1
목포	27	30	8	19	13	17	29.6	70.4	43.3	56.7
대구	33	33	10	23	12	21	30.3	69.7	36.4	63.6
부산	33	36	9	24	10	26	27.3	72.7	27.8	72.2

---

28 「부의선거에 나타난 빈약한 조선인 세력」, 『조선일보』, 1935.5.23. 조간
29 「부산부 유권자 7,500여 명」, 『동아일보』, 1935.4.21. 조간

부명	1931년 정원	1935년 정원	1931년 당선자 수(명)		1935년 당선자 수(명)		1931년 당선자 수 비율(%)		1935년 당선자 수 비율(%)	
			조선인	일본인	조선인	일본인	조선인	일본인	조선인	일본인
마산	24	24	10	14	10	14	41.7	58.3	41.7	58.3
평양	33	36	14	19	17	19	42.4	57.6	47.2	52.8
진남포	27	27	12	15	16	11	44.4	55.6	59.2	40.7
신의주	27	27	11	16	11	16	40.7	59.3	40.7	59.3
원산	27	30	12	15	13	17	44.4	55.6	43.3	56.7
함흥	27	27	11	16	13	14	40.7	59.3	48.1	51.9
청진	27	27	8	19	11	16	29.6	70.4	40.7	59.3
계	414	432	157	257	183	249	37.9	62.1	42.4	57.6

출전: 「府議선거에 나타난 빈약한 조선인 세력」, 『조선일보』, 1935.5.23.

〈표 8-7〉에서 보면, 1935년 14개 부회 의원의 정원은 1931년의 414명에서 432명으로 18명 늘어났다. 1935년의 부회의원 당선자는 조선인 183명, 일본인 249명, 계 432명으로, 조선인이 42.4%, 일본인이 57.6%를 차지했다. 이는 1931년의 조선인 37.9%, 일본인 62.1%에 비해 조선인 비율이 4.5% 늘어난 것이었다. 이는 조선인 유권자의 비율이 1931년에 비해 3.3% 늘어났기 때문인 것으로 보인다.

1935년의 선거에서 조선인 당선자가 일본인 당선자보다 더 많았던 부회는 개성과 진남포 2개 부회뿐이었다. 1931년 선거에서는 개성 한 곳밖에 없었는데, 진남포 한 곳이 더 늘어난 셈이었다. 일본인에 비해 아직도 적기는 하지만 조선인의 비중이 늘어난 곳은 인천, 목포, 대구, 평양, 진남포, 청진 등이었다. 이 가운데 가장 크게 늘어난 곳은 인천과 목포로 조선인 당선자의 비율이 각각 13.3%, 13.7% 늘어났다. 그 원인은 무엇일까.

인천의 경우, 1931년의 유권자가 조선인이 807명(29.8%), 일본인이 1,903명(70.3%)이었는데, 1935년 유권자는 조선인이 1,076명(41.0%), 일본인이 1,548명(59.0%)으로 조선인은 크게 늘고, 일본인은 크게 줄어들었다.[30] 그 결과, 당선자도 조선인과 일본인이 12:18, 40% 대 60%로 바뀐 것이다. 이는 유권자 수의 비율과 거의 같았다. 목포의 경우에도 1931년 유권자의 수가 조선인 440명(32.8%), 일본인 902명(67.2%)이었는데, 1935년 유권자 수는 조선인 551명(38.4%), 일본인 883명(61.6%)으로 바뀌었다.[31] 이에 따라 당선자도 1931년 조선인 29.6%, 일본인 70.4%에서 1935년 조선인 43.3%, 일본인 56.7%로 바뀐 것이다. 여기에서도 유권자 비율이 당선자 비율을 결정하는 가장 중요한 변수였음을 확인할 수 있다. 일본인 유권자의 수가 줄어든 것은 개인소득세제의 실시로 교육비가 포함된 호별세가 줄어들었기 때문이었다.

〈표 8-8〉 1935년 읍회의원 민족별 당선자 수

도명	읍명	정원	당선자	
			일본인	조선인
경기	수원	12	5	7
	영등포	12	7	5
충북	청주	12	7	5
	충주	14	6	8

30 1935년 인천의 유권자 수는 「부제에 관한 서류」(국가기록원 CJA0019731), 626쪽 '부회의원선거득표수표' 참조.

31 1935년 목포의 유권자 수는 「목포부 유권자」, 『동아일보』, 1935.4.22.에서 확인함.

도명	읍명	정원	당선자	
			일본인	조선인
충남	공주	12	7	5
	대전	14	11	3
	강경	12	6	6
	조치원	10	4	6
	천안	12	6	6
전북	전주	14	7	7
	이리	12	6	6
	정읍	12	5	7
	김제	12	7	5
	남원	12	4	8
전남	광주	14	8	6
	나주	12	6	6
	여수	12	3	9
	순천	12	4	8
	제주	14	2	12
경북	김천	12	7	5
	포항	12	7	5
	경주	12	4	8
	안동	13	5	8
	상주	14	5	9
경남	진주	12	6	6
	진해	12	7	5
	통영	14	8	6
	밀양	12	6	6

도명	읍명	정원	당선자	
			일본인	조선인
경남	동래	13	3	10
	울산	12	5	7
	삼천포	12	2	10
	김해	14	4	10
황해	해주	14	6	8
	겸이포	12	8	4
	사리원	14	6	8
평남	안주	12	2	10
평북	의주	12	4	8
	정주(定州)	10	5	5
	선천	12	3	9
	강계	12	4	8
강원	춘천	12	6	6
	강릉	12	5	7
	철원	12	4	8
함남	북청	12	2	10
	홍남	12	11	1
함북	나남	12	8	4
	성진	12	6	6
	나진	12	6	6
	회령	12	5	7
	웅기	14	4	10
합계	50개 읍	621	275 (44.3%)	346 (55.7%)

출전 : 「부의선거에 나타난 빈약한 조선인 세력」, 『조선일보』, 1935.5.23.

한편 1935년 읍회 선거는 모두 50개 읍에서 치러졌다. 1931년 선거 당시의 41개 읍에서 9개가 더 늘어난 것이다. 〈표 8-8〉에서 보면, 이 선거에서 조선인 당선자는 346명, 일본인 당선자는 275명으로, 각각 55.7%와 44.3%를 차지했다. 1931년의 51.2%, 48.8%에 비해 조선인 당선자의 비율이 약간 높아진 것이다. 또 조선인이 일본인보다 많은 읍회는 26개였고, 일본인이 조선인보다 많은 읍회는 13개, 조선인과 일본인이 동수인 읍회는 11개였다. 1931년에는 조선인이 더 많은 읍회 18개, 일본인이 더 많은 읍회 17개, 동수인 읍회 6개였는데, 조선인이 더 많은 읍회가 8개 늘어나고, 일본인이 더 많은 읍회는 4개 줄어들고, 동수인 읍회가 5개 늘어난 것이었다.

당시 읍면의 유권자 수는 조선인이 286,645명, 일본인이 23,742명이었다. 그리고 읍회와 면협의회 당선자 수는 조선인이 22,327명, 일본인이 1,473명이었다.[32] 읍회 당선자가 조선인 346명, 일본인 275명이었으므로, 면협의회 당선자는 조선인이 21,981명(94.8%), 일본인이 1,198명(5.2%)이었을 것으로 추정된다. 1931년에 면협의원의 조선인 당선자 95.3%, 일본인 당선자 4.7%였던 것과 큰 차이가 없었다.

---

32 「조선지방자치제도의 개요」 중 '제2회 부읍회의원 및 면협의회원의 선거 개황'의 별표 4 참조.

3. 1939년의 부회·읍회·면협의회 총선거

1939년의 부읍면 선거도 5월 21일 실시되었다. 당시 전국의 부의 수는 20개였으나, 새로 부로 승격한 6개의 부는 부회의원 임기가 아직 만료되지 않아 14개 부의 부회의원 선거만 실시되었다. 또 읍의 수도 늘어나 74개 읍에서 선거가 실시되었고, 2,204개 면에서도 선거가 실시되었다.[33]

〈표 8-9〉 1939년 부회 의원 입후보자수

선거구	의원 정수	최종후보의 수			입후보자 초과 수
		일본인	조선인	계	
경성	69	48	40	88	19
인천	33	24	19	43	10
개성	30	9	33	42	12
군산	27	17	15	32	5
목포	30	17	18	35	5
대구	36	25	28	53	17
부산	39	29	20	49	10
마산	27	14	14	28	1
평양	39	23	35	58	19
진남포	30	18	22	40	10
신의주	30	18	15	33	3

---

33 「조선지방자치제도의 개요」 중 '제3회 부읍회의원 및 면협의회원의 선거 개황'

선거구	의원 정수	최종후보의 수			입후보자 초과 수
		일본인	조선인	계	
원산	30	16	24	40	10
함흥	30	15	20	35	5
청진	30	21	18	39	9
계	480	294	321	615	135

출전: 『조선일보』, 1939.5.21. 「14부 입후보 615명 정원 480」

1939년 부회 선거 당시 입후보자와 의원 정수는 〈표 8-9〉와 같다. 이에 따르면, 부회 의원 정원이 480명인데, 입후보자는 615명으로 135명이 초과되었음을 알 수 있다. 특히 후보자가 많았던 곳은 경성, 평양, 대구로서, 이곳에서는 그만큼 경쟁이 치열할 수밖에 없었다.

〈표 8-10〉 1939년 부회의원 당선자 수 및 선거권자 수

부명	당선자 수	민족별 구분		선거권자 수		
		일본인	조선인	일본인	조선인	계
경성	69	39	30	15,033	12,280	27,313
인천	33	19	14	1,651	1,708	3,359
개성	30	8	22	269	1,965	2,234
군산	27	17	10	965	748	1,713
목포	30	13	17	1,059	1,230	2,289
대구	36	18	18	2,190	2,824	5,014
부산	39	24	15	5,903	3,251	9,159
마산	27	13	14	858	1,151	2,009
평양	39	17	22	3,536	5,033	8,569

부명	당선자 수	민족별 구분		선거권자 수		
		일본인	조선인	일본인	조선인	계
진남포	30	15	15	709	1,091	1,800
신의주	30	16	14	880	1,005	1,885
원산	30	15	15	1,098	1,024	2,122
함흥	30	13	17	1,000	1,303	2,303
청진	30	18	12	1,338	1,041	2,379
계	480	245	235	36,494	35,654	72,148

출전: 「조선지방자치제도의 개요」 중 '제3회 부읍면회의원 선거의 개황, 별표 1. 부회의원당선자 수, 선거권자 수'

1939년의 부회 의원 당선자 수와 유권자 수는 〈표 8-10〉과 같다. 〈표 8-10〉에서 보면, 1939년 14개 부회 의원 당선자 수는 모두 480명이었고, 이 가운데 조선인이 235명(49.0%), 일본인이 245명(51.0%)를 각각 차지했다. 당시 유권자 수는 총 72,148명이었고, 이 가운데 조선인이 35,654명(49.4%), 일본인이 36,494명(50.6%)이었다. 유권자의 비율과 당선자의 비율이 거의 같음을 알 수 있다. 1931년 부회의원 당선자 가운데 조선인은 37.9%, 일본인은 62.1%이었고, 1935년의 부회 의원 당선자 가운데 조선인은 42.4%, 일본인은 57.6%를 차지했다. 그리고 1939년에는 조선인 49%, 일본인 51%가 되었으니, 조선인의 비중은 갈수록 늘어나고, 일본인의 비중은 갈수록 줄어들고 있음을 알 수 있다. 이는 조선인 유권자의 비율이 1931년에 36.9%, 1935년에 40.2%, 1939년에 49.4%로 계속 늘어난 것에 따른 것이었다. 유권자의 비율과 당선자의 비율은 약간의 차이는 있지만, 거의 비슷하였음도 확인할 수 있다.

14개 부회 가운데 조선인 의원이 더 많이 당선된 경우는 개성, 목포, 마산, 평양, 함흥 등 5개 부회였으며, 일본인 의원이 더 많이 당선된 경우는 경성, 인천, 군산, 부산, 신의주, 청진 등 6개 부회였다. 그리고 조선인, 일본인이 동수인 경우는 대구, 진남포, 원산 등 3개 부회였다. 1935년의 선거에서 조선인이 더 많은 부회는 개성과 진남포 2개 부회밖에 없었는데, 1939년의 선거에서는 5개 부회로 늘어난 것이다. 이 역시 유권자 수 비율의 변화에 따른 것으로 보인다.

부회 선거 유권자 수의 변화는 경성부의 경우 1935년에 조선인 7,431명(35.8%), 일본인 13,311명(64.2%), 합계 20,742명이었는데, 1939년에는 조선인 12,280명(45.0%), 일본인 15,033명(55.0%), 합계 27,313명으로 바뀌었다. 조선인과 일본인 모두 늘어났으며, 특히 조선인이 크게 늘어났다. 동아일보의 분석에 따르면 이는 교육비 부담의 증가, 부역(府域) 확장에 의한 신편입지역 내의 가옥세의 신규 부과 등에 따른 것이었다고 한다. 경성부는 또 총인구가 73만 7천여 명에 달하여, 의원 정수도 6인이 늘어난 69명이 되었다.[34]

〈표 8-11〉 1939년 읍회 의원 당선자 수 및 선거권자 수

도별	당선자 수			선거권자 수			투표자 수
	일본인	조선인	계	일본인	조선인	계	
경기도	12	36	48	332	778	1,110	1,046
충청북도	14	14	28	531	745	1,276	1,173
충청남도	30	28	58	641	729	1,370	1,294

---

34 「조선인 유권자는 3,700여 명이 증가」, 『동아일보』, 1939.4.8.

도별	당선자 수			선거권자 수			투표자 수
	일본인	조선인	계	일본인	조선인	계	
전라북도	22	28	50	855	976	1,831	1,734
전라남도	39	65	104	1,245	2,690	3,935	3,569
경상북도	27	53	80	650	2,198	2,848	2,805
경상남도	51	113	164	1,603	3,519	5,122	4,867
황해도	29	71	100	619	2,099	2,718	2,566
평안남도	2	10	12	26	234	260	231
평안북도	14	34	48	362	1,034	1,396	1,263
강원도	22	52	74	746	1,423	2,169	2,042
함경남도	15	27	42	512	875	1,387	1,300
함경북도	30	26	56	1,161	1,051	2,212	2,006
합계	307	557	864	9,283	18,358	27,634	25,896

출전: 「조선지방자치제도의 개요」 중 '제3회 부읍면회의원 선거의 개황, 별표 3. 읍회의원 당선자 수, 선거권자 수, 투표자 수'

〈표 8-11〉은 읍회 의원 당선자 수, 유권자 수, 투표자 수를 보여 주는 것이다. 이에 따르면, 유권자 수는 모두 27,634명으로, 이 가운데 조선인은 18,358명, 일본인은 9,283명이었다. 조선인이 66.4%, 일본인이 33.6%였다. 당선자 수는 모두 864명으로, 조선인이 557명, 일본인이 307명이었다. 조선인이 64.5%, 일본인이 35.5%였다. 당선자 수와 유권자 수의 비율은 거의 같았다. 읍회 선거의 조선인 당선자의 비율은 1931년에 51.2%, 1935년에 55.7%, 1939년에 64.5%로 높아지는 추세에 있었으며, 특히 1939년에 약 9% 포인트 정도로 크게 높아졌다.

<표 8-12> 1939년 면협의회원 선거 상황

도별	선거집행면수	입후보자수	당선자 수		
			합계	일본인	조선인
경기도	226	2,640	2,172	67	2,105
충청북도	104	1,377	1,080	56	1,024
충청남도	166	2,301	1,718	92	1,626
전라북도	164	2,210	1,660	135	1,525
전라남도	231	3,278	2,414	129	2,285
경상북도	224	3,299	2,320	90	2,230
경상남도	226	3,016	2,276	95	2,181
황해도	195	2,578	1,926	79	1,847
평안남도	138	2,085	1,436	42	1,394
평안북도	174	2,688	1,816	52	1,764
강원도	167	2,049	1,744	76	1,668
함경남도	118	1,902	1,296	50	1,246
함경북도	71	910	726	36	690
합계	2,204	30,333	22,584	999	21,585

출전: 「조선지방자치제도의 개요」 중 '제3회 부읍면회의원 선거의 개황, 별표 4. 면협의회원 선거상황조의 1'

1939년의 면협의회원 당선자는 조선인이 21,585명, 일본인이 999명, 전체 22,584명으로, 조선인이 95.6%, 일본인이 4.4%를 각각 차지했다. 이는 1931년에 면협의회원의 조선인 당선자 95.3%, 일본인 당선자 4.7%였고, 1935년에 면협의회의 조선인 당선자가 94.8%, 일본인 당선자가 5.2%이었던 것과 큰 차이가 없었다.

1939년의 면협의회원 선거 유권자의 수가 전체 299,585명, 조선인

284,989명, 일본인 14,596명으로 조선인과 일본인이 각각 95.1%, 4.9%를 차지했다.[35] 이는 당선자의 비율과 거의 비슷했다.

한편 1939년 읍면 선거에서는 선거가 있었던 읍 68개소에서 의원 정수 864명에 입후보자가 일본인 290명, 조선인 713명, 합계 1,003명으로 139명이 초과되었고, 선거가 있었던 면 2,164개소에서 협의회원 정수 22,152명에 입후보자가 25,786명으로 3,634명이 초과되었다고 한다.[36]

---

35 「조선지방자치제도의 개요」 중 '제3회 부읍면회의원 선거의 개황, 별표 5. 면협의회원 선거상황조의 2'
36 「14개府 입후보 135명이 초과」, 『동아일보』, 1939.5.21.

4. 1943년의 부회·읍회·면협의회 추천제 선거

1943년에 있었던 네 번째 지방선거에서는 전시라는 이유로 '의원후보자의 추천제'라는 것을 도입하여, 민간유력자들로만 구성된 부읍회의원 및 면협의회원 후보자 추천회를 열어 의원 후보자와 동수의 후보자를 선정하여 후보 등록을 하게 하였다. 의원후보 추천제는 일본 본토에서 1942년 4월에 실시된 중의원 선거에서 이미 도입된 바 있었다. 일본에서는 이미 1940년에 일국일당체제를 만든다는 신체제운동을 시작하여 대정익찬회를 발족하였으며, 1942년에는 대정익찬회가 지도하는 소위 '익찬선거'가 실시되었던 것이다.[37]

조선에서는 이보다 앞선 1942년 2월 대구부회 보궐선거에서 추천제가 처음 실시되었다.[38] 그리고 그해 11월에 있었던 해주부회 선거에서도 추천제가 도입되었다. 11월 21일에 있을 선거를 앞두고 해주부회에서는 9월부터 전시하에서 '익찬의회'(翼贊議會)를 확립한다는 명분으로 추천제를 도입하는 문제를 제기하였고, 결국 10월 15일 추천제를 도입하기로 결정하였다.[39] 이에 따라 추천위원회가 구성되었고, 몇 차례 회의 끝에 10월 19일 마지막 회의를 열고 일본인 15명, 조선인 15명의 후보추천자를 발표하였다. 일본인 쪽은 회사원, 회사중역, 상업 종사자들이 많았고,

---

37   김동명, 2018, 『지배와 협력』, 역사공간, 80쪽.
38   김동명, 2018, 위의 책, 81쪽.
39   「해주부의원 선거제서 추천제로」, 『매일신보』 1942.10.20; 「해주부의원 추천제로 선거」, 『매일신보』, 1942.9.18.

조선인 쪽은 의사와 변호사가 가장 많았다.⁴⁰ 이후 일본인 1명이 개인적으로 입후보하는 일이 있었으나 곧 사퇴하였다. 그리고 추천위원회에서 추천된 이들은 11월 21일 선거에서 모두 당선되었다.⁴¹

1943년 들어 부·읍·면 의원의 추천선거제가 본격 거론되기 시작하였다. 그리고 결국 2월 17일 조선총독부는 다음과 같은 「총선거지도요강」을 발표하였다.

1. 취지

대동아 전쟁하 이번 총선거를 맞이하여 참으로 시국이 요청하는 충량유위(忠良有爲)한 자질 우수한 인재의 진출을 가능케 하여 지방의회의 쇄신강화를 도모하는 동시에 민중으로 하여금 헛되이 선거운동에 몰두하는 것 같은 사태를 피하게 하기 위하여 추천제에 의하게 하려 한다.

2. 방안

(1) 추천제의 주지(周知) : 일반 민중으로 하여금 추천제를 이해케 할 방도를 강구할 것.
(2) 추천모체의 구성

(가) 모체 결성의 준비 : 부윤·읍면장이 중심이 되어 지방 유력자의 의견을 모으고, 지방의 총의(總意)로써 모체 구성원 됨에 적당한 인물을 선정할 것.

---

40 「해주부의원 후보 30명을 선거위원회에서 추천」, 『매일신보』, 1942.10.21.
41 「府政 翼贊 위해 입후보를 사퇴」, 『매일신보』, 1942.11.21 ; 「영예의 당선자 발표, 해주부의 선거전 終告」, 『매일신보』, 1942.11.8.

(나) 모체의 결성 : ① 모체의 구성원은 지방유력자 중 공정하고도 인망이 높은 자여야 하고, 그 인물을 선정한 후보자는 부읍면민에게 전폭적인 신뢰를 가질 수 있는 인물을 선정할 것 ② 구성원 수에 대하여 표준을 정하기 어려우나, 의원 정수의 2분의 1 이내를 기준으로 하고, 지방의 실정에 따라 적당하게 이를 정할 것.

(다) 모체의 명칭은 ○○○會議員(협의회원)후보자추천회로 할 것.

(3) 추천

(가) 의원 또는 협의회원과 동수를 추천케 할 것

(나) 추천될 후보자는 다음에 의하게 할 것. ① 국체의 본의에 투철하고 인격 식견이 고매한 인물일 것 ② 진지순정(眞摯純正)하고 봉공심(奉公心)이 풍부한 인물일 것.

(4) 계출(届出)

(가) 추천인은 선거인 명부에 등록된 자임을 要하므로 주의할 것

(나) 자선(自選)은 인정치 않으므로 계출인(届出人)은 피추천인이 아닐 것.

3. 기타

(1) 자유입후보자의 취급 : 추천제의 본지 철저에 의하여 자유입후보자가 없도록 기할 것이나, 자유입후보자에 대하여 선거간섭에 치우치는 행위가 없도록 유의할 것.

(2) 관계 관청과 연락 : 도군도(道郡島), 경찰, 검사국 방면의 연락을 특히 긴밀히 하여 본건 목적 달성에 과오 없기를 기할 것.

(3) 기권방지 : 기권 방지에 대하여 적당한 방책을 강구할 것.[42]

---

42 「부읍면의원의 선거 추천제도를 채용」, 『매일신보』, 1943.2.18.

위에서 보는 것처럼 추천회는 지방유력자로 구성된 '○○○회후보자추천회'로 하고, 의원 정수의 2분의 1 이내로 하도록 하였다. 추천회를 지방유력자로 구성한다고 하였지만, 부윤·읍면장이 이를 사실상 주도했을 것으로 보인다. 이로써 이제 민선의 시대는 끝이 났고, 사실상 관이 추천한 관선후보를 그대로 선출하는 시대가 되었다고 볼 수 있다.

당시 총독부 기관지 『매일신보』는 추천제 도입에 대해, "이것은 국가에서 요구하는 충량유위한 인재를 공평정대하게 추천한 다음, 유권자의 투표로써 최종적으로 가장 우수한 사람을 선정하여 참다운 익찬체제를 확립하자는 것이 목적이다. 그러나 일면 이것은 종래 여러 가지로 논의되던 선거운동을 걷잡을 수 없게 시국을 망아니노 내선히 뇌쓸이하는 것은 반성할 필요가 있다는 취지에서 단호히 추천제를 적용하기로 된 것이라고 볼 수 있는 것이다. 즉 종래의 자유입후보에 의한 선거운동이란 것이 과연 국가에서 요구하는 익찬적인 인재를 선거할 수 있는 것이냐 하는 근본적인 문제는 잠시 두고라도 그 선거운동 자체가 인간의 정력과 물자의 불필요한 낭비였던 것이다. '축록전(逐鹿戰)' 등의 명칭부터가 그러한 느낌을 주는 것이지만 이것은 실로 일종 사치로운 행사였다고 볼 수 있었던 것"이라 하여, 자유입후보제를 '사치로운 행사'였다고 비판하였다. 또 이 기사는 "소화 14년의 총선거 당시의 예로만 보아도 부회의원은 입후보자 1인에 운동원이 평균 15명, 읍이 7인 이내였다. 그 전에는 제한이 없었던 것이지만 이같은 제한을 받은 때로만 보더라도 전선의 부회의원 정원수 744명에 입후보자가 약 천 명이 15명의 운동원만 가지고 있다면 그 운동원 수 총계는 1만5천 명이다. 여기에 입후보할 사람까지 합치면 1만6천여 명이 선거운동 때문에 일정한 기간 다른 일을 못하게 된다. 귀중한 인간의 노력을 이같이 낭비한 것이다. 이것은 결전하 도저히 용서될 수 없는 것이다. 여기서 이번 선거에는 이같은 인간의 정력낭비의 악폐를 일소하고 이들을 필요한 직역본공에 정진케 하자는 것이다"라고 하여, 후보추천제가 인력 낭비를 막기 위한 것이라고 합리화하였다.[43]

〈표 8-13〉 1943년 경성부회의원 추천회 명단

일본인(16명)			조선인(12명)		
이름	현직	주요경력	이름	현직	주요경력
井上淸	조선전력전무	경성부윤	朴興植	화신백화점 사장	실업가
谷多喜麿	한강수전 사장	경성부윤	閔奎植	동일은행 두취	실업가
伊達四雄	토목협회장	경성부윤	金川聖(李聖根)	매일신보 사장	경찰
林茂樹	경춘철도사장	총독부관리	玉山友彦(張友植)	한성은행 중역	경찰
矢鍋永三郎	민간유지	총독부관리	木下斗榮(朴斗榮)	중추원참의	중추원참의
穗積眞六郎	상공회의소회두	총독부관리	烏川僑源(鄭僑源)	농지개발영단 이사	중추원참의
賀田直治	조선피혁 사장	실업가	金思演	경기도회의원	중추원참의
田川常次郎	용산공작 사장	실업가	松川明宰(任明宰)	조선의사회장	전문직
坂口重治	기린비누공장장	실업가	林田東植(趙東植)	동덕고녀 교장	전문직
進辰馬	本町 龜屋주인	실업가	大山光杲(徐光杲)	변호사	전문직
杉市郞平	現부회 부의장	부회의원	李原康爀(李康爀)	東部隣保館長	지역유지
大梅健治	현 부회의원	부회의원	太應善	민간유지	지역유지
國友尙謙	현 부회의원	부회의원			
肥塚正太	경성부연맹이사	지역유지			
池田長次郞	영등포방면 유지	지역유지			
新田義民	本町 경방단장	지역유지			

출전: 「府議 후보추천 母體」, 『매일신보』, 1943.4.15; 양지혜, 2017, 「전시체제기(1939~1945년) 경성부회의 구성과 활동」, 『일제강점기 경성부윤과 경성부회 연구』, 서울역사편찬원, 347~348쪽.

---

43 「부읍면의 개선의 決戰型 추천제의 의의 심대」, 『매일신보』, 1943.2.19.

그러면 당시 추천위원회는 구체적으로 어떻게 구성되었을까. 경성부의 경우를 보면 〈표 8-13〉과 같다. 경성부회 의원 추천위원회는 실업계 인물이 가장 많고, 전직 총독부 관리, 현직 부회 의원, 전현직 중추원참의, 도회 의원, 매일신보 사장, 고녀 교장, 변호사, 의사 등으로 다양하게 구성되어 있었으며, 대부분 관변인사들이었다. 특히 조선인들 가운데에는 유명한 친일협력 인물들이 끼어 있었다. 추천위원회 회장은 야나베 에이조로(矢鍋永三郞)였는데, 그는 1880년생으로 동경제대를 졸업하고 1907년 고등문관시험 합격 후 바로 조선에 건너와 통감부서기관으로 근무했으며, 1908년 10월 충청남도 공주의 재무감독국장, 1910년 10월 경상남도 재무부장으로 전임, 세관장을 거쳐 총독부 관세과장, 이재과장, 삼사관, 1924년 황해도지사 등을 역임했다. 이후 퇴관하여 식산은행 이사로 취임하였으며, 1933년 9월 조선금융조합연합회가 설립되자 연합회 회장에 선임되어 5년간 이를 맡았다. 이후 1939년 국민정신총동원조선연맹 상무이사를 맡았다.[44] 그는 전직 총독부 관리로서, 경성부를 대신하여 추천회의 회장을 맡았던 것이다.

경성부회 추천회에서는 의원 정원 56명(일본인 32명, 조선인 24명)을 모두 추천하였다. 선거에서는 추천받지 않은 1명(김민식)이 당선되었으나, 당국의 압력으로 자진사퇴하였고, 그 대신 후보로 추천되었다가 낙선한 이가 당선되었다. 이로써 추천회에서 추천한 56명이 모두 당선된 결과가 되었다.[45]

44　高橋三七, 1939, 『事業と鄕人』 제1집, 實業タイムス社; 大陸硏究社, 141쪽; 『매일신보』, 1943.5.23. 「추천제 첫 번 선거를 맞추고, 추천위원회장 矢鍋永三郞」
45　임대식, 1997, 「일제하 경성부 '유지'집단의 존재형태」 『서울학연구』 8집, 104쪽.

1943년 5월 부읍면 선거에서 당선된 이는 전국적으로 모두 23,747명이었다. 그 가운데 추천회의 추천을 받지 않고 후보 등록을 하여 당선된 이는 읍회의원 1명, 면협의회원 9명뿐이었다. 투표율은 부회의원의 경우 6할, 읍면의원의 경우 9할2푼으로 나타났다고 한다.[46] 선거 결과에 대해 좀 더 자세히 살펴보자.

〈표 8-14〉 1943년 부회의원 선거 상황

부명	의원 정수	선거권자 수	투표자 수	투표율(%)	당선확정자		
					일본인	조선인	계
경성	56	68,183	35,055	51.4	32	24	56
인천	32	12,306	7,269	59.1	18	14	32
개성	28	4,026	2,065	51.3	7	21	28
군산	28	3,654	2,736	74.9	18	10	28
목포	28	4,160	3,222	77.5	14	14	28
대구	36	10,474	7,959	76.0	18	18	36
마산	28	3,420	3,158	92.3	15	13	28
평양	40	26,035	15,535	59.7	20	20	40
진남포	28	4,159	3,028	73.0	14	14	28
신의주	32	5,918	3,720	62.9	16	16	32
원산	32	5,912	4,112	69.6	16	16	32
함흥	32	7,453	4,788	64.2	15	17	32
계	400	155,700	92,657	59.5	203	197	400

출전: 「조선지방자치제도의 개요」 중 '제4회 부읍면회의원 선거의 개황. 별표 2. 부회의원선거상황'

대전, 진주, 광주, 부산, 진주, 해주, 청진, 나진, 성진의 9개 부에서는 이때 선거가 실시되지 않았다.[47]

46 「조선지방자치제도의 개요」 중 '제4회 부읍면회의원 선거의 개황'
47 9개 부는 1939년 선거 직후 부 행정구역 확장이 이루어지거나 새로 부로 승격했기 때

〈표 8-14〉에 따르면, 9개 부를 제외한 12개 부에서만 선거가 실시되었고, 이 선거에서 당선된 이는 모두 400명이었으며, 그 가운데 조선인이 197명(49.3%), 일본인이 203명(50.7%)이었다. 1939년 14개 부회 의원 당선자 수가 480명이었고, 이 가운데 조선인이 235명(49.0%), 일본인이 245명(51.0%)를 각각 차지했던 것과 거의 비슷하다고 할 수 있다. 조선인이 우위를 차지한 곳은 2곳(개성, 함흥)이었고, 일본인이 우위를 차지한 곳은 4곳(경성, 인천, 군산, 마산)이었으며, 조선인과 일본인이 동수로 당선된 곳은 6곳(목포, 대구, 평양, 진남포, 신의주, 원산)이었다. 이때 부회 의원 당선자들은 모두 후보자 추천회에서 추천한 이들이었다. 따라서 동수가 당선된 경우는 모두 추천회에서 그렇게 추천한 것이라고 볼 수 있다. 1943년 부회 선거의 유권자의 수는 1939년의 선거 때와 비교하여 약 2.6배 증가했다(60,610명에서 156,534명으로 증가). 이는 부역이 확장된 이유도 있었지만, 전시체제기를 맞아 부세가 대폭 인상된 이유도 있었다. 민족별로 보면, 일본인이 약 1.8배 늘어났고(29,158명에서 51,257명으로), 조선인이 약 3.4배 늘어났다(31,362명에서 105,277명으로).[48] 따라서 유권자의 수를 고려하면 부회 의원의 수도 일본인:조선인을 약 1:2의 비율로 하는 것이 맞지만, 추천제로 하면서 1:1의 비율로 강제한 것이라고 볼 수 있다.

문에 의원들의 4년 임기가 만료되지 않아 1943년 5월 선거가 치러지지 않았다.

48 주동빈, 2023, 「일제하 평양부 '개발'과 조선인 엘리트의 '지역정치'」(고려대 사학과 박사논문), 285~286쪽.

〈표 8-15〉 1943년 읍회의원 선거상황

도명	총읍수	선거 집행읍수	의원정수	선거권자 수	투표자 수	투표율 (%)	당선확정자 수 일본인	조선인	계
경기	8	8	98	3,529	3,197	90.6	29	69	98
충북	4	4	54	3,462	2,924	84.4	21	31	54
충남	11	10	120	4,041	3,875	95.9	54	66	120
전북	6	6	76	3,572	3,258	91.2	35	41	76
전남	10	9	116	6,476	5,648	87.2	49	67	116
경북	11	8	104	5,739	5,694	99.2	40	64	104
경남	12	12	154	7,545	6,850	90.8	60	94	154
황해	10	10	130	6,417	5,640	87.9	48	82	130
평남	5	5	62	2,388	2,154	90.2	15	47	62
평북	9	9	116	5,032	3,910	77.7	33	83	116
강원	13	12	152	6,492	6,074	93.6	55	97	152
함남	9	5	70	5,993	4,918	82.1	19	51	70
함북	6	4	54	3,557	2,688	75.6	26	28	54
계	114	102	1,306	64,243	56,830	88.5	484	822	1,306

출전: 「조선지방자치제도의 개요」 중 '제4회 부읍면회의원 선거의 개황. 별표 3. 읍회의원선거상황'

〈표 8-15〉는 읍회의 의원 선거 상황이다. 이에 따르면 유권자는 모두 64,243명이었고, 투표자는 56,830명으로 투표율은 88.5%였다. 당선자는 조선인 822명, 일본인 484명, 합계 1,306명이었다. 조선인이 62.9%, 일본인이 37.1%를 차지했다. 이는 1935년 읍회 선거 당선자 가운데 조선인이 66.4%, 일본인이 33.6%였던 것과 비교하여, 조선인 당선자의 비율이 3.5%포인트 낮아진 것이다.

<표 8-16> 1943년 면협의회원 선거 도별 상황

도명	총면수	선거 집행면수	협의회원 정수	선거권자 수	투표자 수	투표율 (%)	당선확정자 수 일본인	당선확정자 수 조선인	당선확정자 수 계
경기	222	217	2,226	31,469	29,508	93.8	84	2,042	2,126
충북	101	102	1,054	15,372	14,284	92.9	67	987	1,054
충남	161	160	1,666	22,431	21,562	96.1	123	1,543	1,666
전북	169	161	1,634	18,631	17,400	93.4	166	1,467	1,633
전남	242	230	2,446	44,855	41,341	91.9	206	2,240	2,446
경북	240	221	2,282	45,016	45,000	99.9	157	2,125	2,282
경남	227	223	2,224	38,293	36,684	95.8	156	2,077	2,233
황해	200	191	1,926	27,352	25,490	93.2	90	1,835	1,925
평남	134	133	1,392	23,952	21,894	91.4	64	1,328	1,392
평북	162	159	1,674	27,634	23,413	84.7	59	1,613	1,672
강원	161	158	1,686	25,499	24,331	95.4	101	1,584	1,685
함남	121	111	1,322	24,108	20,968	87.0	69	1,153	1,225
함북	68	69	706	17,770	14,758	83.0	465	640	705
계	2,211	2,134	22,048	362,381	336,533	92.9	1,407	20,634	22,041

출전: 「조선지방자치제도의 개요」 중 '제4회 부읍면회의원 선거의 개황. 별표 4. 면협의회원 선거 도별상황'

<표 8-16>에 따르면, 면협의회원 선거가 이루어진 면은 전체 면 2,211개 면 가운데 2,134개 면이었다. 협의회원 정수는 22,048명이었고, 당선자는 조선인 20,634명, 일본인 1,407명이었다. 당선자의 비율은 조선인 92.1%, 일본인 7.9%였다. 이는 1939년 당선자 가운데 조선인이 95.6%, 일본인이 4.4%를 차지했던 것과 비교하여 조선인의 비율이 3.5%포인트 낮아진 것이다. 읍회 의원 선거에서 조선인의 비율이 3.5%포인트

낮아진 것과 일치한다.

투표율은 92.0%로 집계되었는데, 경북의 경우 99.9%로 되어 있고 유권자 45,016명 가운데 45,000명이 투표했다고 기록되어 있으나, 믿기 힘든 숫자이다. 따라서 전체 투표율 92.0%도 믿기 어렵다.

5. 1933·1937·1941년의 도회 선거

제2차 지방제도 개정이 이루어진 것은 1930년 12월이었고, 부제나 읍제는 1931년 4월 1일부터 시행되었다. 그러나 총독부는 「도제」에 대해서는 이를 미루어두었다가 1929년에 선출한 도평의회원의 임기가 끝나는 1933년 4월 1일부터 시행하기로 결정하고, 1933년 2월 1일 「도제시행규칙」을 발포하였다.

도제 시행규칙의 맨 앞에는 각 도 도회의원의 정원이 명기되어 있다. 〈표 8-17〉은 도회 의원의 정원을 보인 것이다. 이에서 보면 도회 의원의 정원은 모두 422명으로 이전의 도평의회원의 정원 364명보다 58명이 늘어났다. 정원이 가장 많은 도는 경북, 경남, 전남, 경기로서 40명을 넘었다.

〈표 8-17〉 각 도 도회의원의 정수

도명	도회의원 정수	도평의회원 정수	도회원 정수의 증가
경기	42	38	4
충북	21	18	3
충남	25	24	1
전북	30	24	6
전남	43	34	9
경북	45	37	8
경남	43	33	10
황해	30	27	3
평남	27	24	3
평북	34	30	4

도명	도회의원 정수	도평의회원 정수	도회원 정수의 증가
강원	31	31	-
함남	30	26	4
함북	21	18	3
합계	422	364	58

출전: 「도제시행에 대하야 宇垣 조선총독담」, 『동아일보』, 1933.2.1. 석간

    1933년 5월 10일 도회 의원 첫 선거가 실시되었다. 이후 1937년과 1941년에도 같은 날짜에 선거가 실시되었다. 그러면 1933년, 1937년, 1941년 도회 의원 선거 결과는 어떻게 나왔을까. 〈표 8-17〉에서 보면, 1933년 선거에서는 총정원 422명 가운데 민선에서는 조선인 241명, 일본인 42명이 당선되었고, 관선에서는 조선인 56명, 일본인 83명이 당선되었다. 관선과 민선을 합하여 보면, 조선인은 297명, 일본인은 125명이 당선되어, 각각 70.4%, 29.6%를 차지했다. 1937년 선거에서는 총정원 422명 가운데 민선에서는 조선인 246명, 일본인 37명이 당선되었고, 관선에서는 조선인 56명, 일본인 83명이 당선되었다. 관선과 민선을 합하여 보면, 조선인은 302명, 일본인은 120명이 당선되어 각각 71.6%, 28.4%를 차지했다. 1941년 선거에서는 총정원 422명 가운데 민선에서는 조선인이 245명, 일본인이 38명 당선되었다. 관선에서는 조선인이 55명, 일본인이 84명 당선되었다. 민선과 관선을 합하여 보면 조선인이 300명, 일본인이 122명이 당선되어 각각 71.1%, 29.9%를 차지했다. 세 차례의 도회 선거에서 조선인과 일본인의 비율은 대체로 각각 71%, 29% 안팎을 유지했음을 알 수 있다.

    한편 관선의원은 전체 정원이 139명이었는데, 조선인에게 55~56명,

일본인에게 83~84명을 배당했음을 알 수 있다. 이는 백분비로 보면 각각 39.6%, 60.4%에 해당한다. 즉 관선 의원은 조선인과 일본인에게 각각 4:6의 비율로 배당했음을 알 수 있다. 앞서 제4장에서 서술했듯이 1920년대 도평의회에서는 관선 조선인과 일본인 의원의 비율이 45:55 정도의 비율이었는데, 1930년대 도회에서는 조선인과 일본인의 비율이 40:60 정도로 바뀐 것이다. 또 관선과 민선을 합하여 도평의회 시기에는 조선인과 일본인의 비율이 75:25 정도의 비율이었는데, 도회 시기에는 71:29 정도로 바뀌었다. 즉 일본인의 비중이 다소 높아진 것인데, 이는 관선에서 일본인의 비중을 5% 정도 늘린 것과 관련이 있었다.

〈표 8-18〉 도회의원 선거 당선자와 민선 경쟁률

연도	조선인			일본인			후보합계 (명)	민선정원 (명)	민선 경쟁률
	후보자 (명)	민선당선(명)	관선당선(명)	후보자 (명)	민선당선(명)	관선당선(명)			
1933	923	241	56	90	42	83	1,013	283	3.6:1
1937	752	246	56	98	37	83	850	283	3.0:1
1941	727	245	55	69	38	84	796	283	2.8:1

출전: 동선희, 2011, 『식민권력과 조선인 지역유력자-도평의회·도회의원을 중심으로』, 선인, 88쪽

〈표 8-18〉에서 보듯이 세 차례 도회 선거에서 민선의 경우에는 조선인과 일본인 당선자의 숫자가 1933년에 각각 241명과 42명, 1937년에 각각 246명과 37명, 1941년에 각각 245명, 38명이 나왔다. 민선의 전체 정원 283명 가운데 조선인은 85.2%, 86.9%, 86.6%였고, 일본인은 14.8%, 13.1%, 13.4%였다.

그러면 당시 도회 의원 선거를 한 선거권자인 부회, 읍회, 면협의회원

의 민족별 비율은 어떠했을까. 〈표 8-19〉에서 보면, 조선인은 전체 선거권자의 93%를 약간 넘었고, 일본인은 6%를 약간 넘었다. 선거권자와 민선의원 당선자 사이에는 약 7% 정도 차이가 난다. 민선의 조선인 경쟁율이 3.3:1로 일본인 경쟁율 2.2:1보다 높았던 것과 관련이 있는 것으로 보인다.

〈표 8-19〉 도회 의원 선거권자의 민족별 숫자

연도	1933			1937			1941		
민족별	조선인	일본인	계	조선인	일본인	계	조선인	일본인	계
선거권자(명)	21,953	1,508	23,461	21,974	1,636	23,610	21,942	1,553	23,495
백분비(%)	93.6	6.4	100	93.1	6.9	100	93.5	6.5	100

출전: 동선희, 2011, 앞의 책, 87쪽.

동선희의 연구에 따르면, 도회 선거가 시작되면서 신인 당선자의 비율이 증가했다고 한다. 1933년 도회 의원이 된 조선인 의원 306명 가운데 도평의원 경력자가 111명(36.5%), 도평의원 무경력자가 195명(63.5%)이었다. 함경남도 도회의 경우 당선자 22명 가운데 도평의원 경력을 가진 자는 2명밖에 되지 않아 교체 비율이 가장 높았다고 한다. 이러한 경향은 1937년 도회 선거에도 마찬가지여서, 당시 『매일신보』에 따르면 민선의원 당선자 282명 가운데 216명(77%)이 신인으로 압도적이었다고 한다. 1941년 도회 선거에서는 282명의 민선의원 당선자 가운데 신인이 193명으로 68.2%를 차지했다고 한다.[49]

---

49 동선희, 2011, 『식민권력과 조선인 지역유력자-도평의회·도회의원을 중심으로』, 선인, 88~89쪽.

당시 도회 의원 선거는 부·군(읍·면)·도(島)와 일부 총독이 지정한 읍을 선거구로 하여 각각 정원이 배당된 가운데 치러졌다.[50]

1937년 부·군·도·읍에서의 민선에서 후보자와 경쟁률, 그리고 당선자의 민족별 비율은 어떠했을까. 〈표 8-20〉을 보면, 부 지역에서는 일본인 당선자가 19명, 조선인 당선자가 6명으로 일본인 당선자가 더 많았다. 총독이 지정한 13개 읍에서도 일본인 당선자가 8명, 조선인 당선자가 5명으로 일본인이 더 많았다. 그러나 군의 일반 읍과 면에서는 조선인 당선자가 233명, 일본인 당선자가 9명으로 조선인 당선자가 압도적으로 많았다. 이들 지역에는 일본인 거주자가 별로 없었고, 선거권자인 읍회나 면협의회 의원이 거의 없었기 때문이다. 또 하나 주목될 것은 군 단위의 읍·면에서 입후보자가 가장 많아서 경쟁률이 3.1:1에 달했다는 점이다. 이는 당시 군 단위에서 도회 의원이 되고자 하는 이들이 상당히 많았음을 말해 준다.

〈표 8-20〉 1937년 도회 선거에서 부·읍·군·도에서의 후보자·당선자의 민족별 비율

단위	선거구(개)	정원(명)	입후보자(명)			당선자(명)		
			조선인	일본인	계	조선인	일본인	계(경쟁률)
부	18	25	14	31	45	6	19	25(1.8:1)
지정 읍	13	13	10	15	25	5	8	13(1.9:1)
군(읍·면)	218	243	723	51	774	233	9	242(3.1:1)
도(島)	2	2	5	1	6	1	1	2(3.0:1)
계	251	283	752	98	850	245	37	282(3.0:1)
비율			88.5%	11.5%	100%	86.9%	13.1%	100%

출전: 동선희, 2011, 앞의 책, 89쪽.

---

50 「도제시행규칙」, 『조선총독부관보』, 1933.2.1. 참조.

동선희의 연구에 따르면, 1937년 도회 선거 때 부 지역의 조선인 출마자는 모두 전·현직 부회 의원이었다고 한다. 예를 들어 경성부 당선자인 조병상과 홍필구는 1920년대부터 10년 이상 경성부협의원과 부회 의원을 지냈고, 개성부 당선자인 임한선도 개성부회 의원을 지냈고, 평양부 당선자인 손수경도 역시 평양 부회 의원을 지낸 이었다. 당시 조선인 부협의회원, 부회의원의 경력을 가진 이들이 도회 의원으로 적극 진출하고자 하는 의지가 있었음을 알 수 있다.[51]

51　동선희, 2011, 앞의 책, 91쪽.

제9장
1930년대 이후 지방의회의 운영과 '식민지형 지방자치'

1. 부회의 운영과 주요 쟁점

1) 부회의 의원 구성

앞서 제8장에서 보았듯이 1931년 이후 선거에서는 일본인 유권자들의 비중이 크게 늘어나 일본인 의원들의 우세가 계속되었다. 아래 〈표 9-1〉은 1931년 이후 부회 선거에서의 민족별 당선자 수와 그 비율을 정리한 것이다.

〈표 9-1〉 1930년대 이후 부회 당선자의 민족별 비율

연도	당선자 수(명)		당선자 수 비율(%)		유권자 수		유권자 수 비율(%)	
	조선인	일본인	조선인	일본인	조선인	일본인	조선인	일본인
1931	157	257	37.9	62.1	21,722	37,071	36.9	63.1
1935	183	249	42.4	57.6	22,766	33,921	40.2	59.8
1939	235	245	49.0	51.0	35,654	36,494	49.4	50.6
1943	197	203	49.3	50.7	105,277	51,257	67.3	32.7
계	772	954	44.7	55.3	185,419	158,743	53.9	46.1

출전: 제8장의 각 연도 총선거 서술 부분을 참고하여 정리

1931년과 1935년 선거에서는 일본인 유권자가 압도적으로 우세하여 부회 당선자의 비율도 일본인의 압도적인 우세로 나왔다. 그러나 조세제도가 바뀌면서 일본인 유권사 수가 줄고 조선인 유권자 수가 늘어나 1939년 선거에서는 유권자 수가 거의 비슷하게 되었다. 1943년 선거에서

는 유권자 수에서 조선인 유권자가 일본인 유권자의 2배 정도로 늘어났지만, 후보추천제를 실시하면서 조선인과 일본인 당선자의 숫자를 비슷하게 만들었다. 즉 '부회'의 경우, 일본인들이 우세를 점하거나 적어도 동수가 되게 함으로써 조선인들이 주도권을 장악할 수 없도록 만든 것이다.

이에 대해 좀 더 구체적으로 알기 위해 1930년대 선거에서 당선된 경성부회와 인천부회 의원들에 대해 살펴보기로 하자.

〈표 9-2〉 1930년대 경성부회의 인적 구성

연도	민족별 구분		당선자 성명	의원수	계
1931	조선인	초선	梁在昶(회사중역-조선생명 상무이사), 鄭求瑛(변호사, 전 검사), 朴驥明(자영업-양조업), 李弘鍾(변호사), 朴準鎬(교육가- 동성상업학교장), 金圭瓚(언론인-간도일보 조선시사장), 劉承復(회사원-태평생명보험회사), 金在泳(지주, 교육가)	8	18
		재선	任興淳(회사원-조선제모(주) 상무), 尹宇植(상업, 전 도 서기), 金思演(경성부협의원), 洪必求(자영업-금성상회), 吳珽煥(전당업, 전 총독부관리-군수), 李圭復(회사중역-대륙고무 감사), 曹秉相(同民會 상임이사), 李升雨(변호사), 芮宗錫(회사중역-경성현물주식회사 감사), 金錫晉(지주)	10	
	일본인	초선	波多江千代藏(우편소장, 전 총독부관리), 馬場蔀(회사중역-복덕무진사장, 전 총독부관리), 山中大吉(변호사), 藤田爲與(변호사, 전 경찰), 寺田榮(변호사, 전 검사), 森安敏暢(변호사, 전 경찰), 菅總治(의사, 병원 부원장), 石森久彌(언론인, 조선공론사 사장), 秋山督次(회사중역-토목청부업), 森井與一郎(변호사, 전 총독부관리), 加納一米(언론인-조선경제신보사 사장), 石原憲一(농업-石原農場 경영, 언론인-경성일일신문 주필 역임), 大梅健治(금융조합 감사), 近藤秋次郎(회사중역-조선잠사 상무취체역), 寶諸彌七(자영업-사법대서, 전 경찰), 白石巖(운수업-인력거대부업), 茅野留藏(여관업), 杉市郎平(저술업, 회사원), 曾我勉(건축설계업, 전 우편소장)	19	30
		재선 이상	森秀雄(회사원-경성전기 서무과장), 濱田虎熊(변호사, 전 총독부관리), 藤村忠助(언론인-경성일보사 이사), 中村都一(신문판매업, 전 교사, 전 총독부관리), 田中半四郎(토목청부업-田中組), 肥塚正太(우유업-동아목장), 松本淸次郎(회사중역-조선제과원료(주) 이사), 增田三穗(상업-가구제조판매업), 塚崎兼作(음식업), 大村百藏(회사중역-경성중앙물산(주) 사장), 成松綠(회사원-경성제유소 대표사원)	11	

연도	민족별 구분		당선자 성명	의원수	계
1935	조선인	초선	姜昌熙(회사중역-조선운송(주) 이사), 金應純(목재상), 芮興洙(용달업), 朴勝城(회사중역, 전 총독부관리), 韓相喆(회사원-조선화재해상보험)	5	15
		재선이상	曹秉相(동민회 상임이사), 尹宇植(상업, 전 총독부 관리), 洪必求(지주, 자영업), 朴疇明(양조업), 朴準鎬(교육가- 동성상업학교장), 韓萬熙(회사중역-한성은행 지배인, 중앙양조 전무), 梁在昶(회사중역-조선생명 상무이사), 劉承復(회사원-태평생명보험회사, 경성일보, 매일신보 근무), 李弘鍾(변호사), 李升雨(변호사)	10	
	일본인	초선	古川敬介(회사원, 전 철도국 관리), 內田鯤五郎(광산업, 전 총독부 기사), 壹岐幸義(의사), 加藤好晴(무직, 전 경찰-경시), 間島梅吉(상업), 南條晟(변호사, 전 경찰), 大野史郎(예비역 군인), 本田建義(의사, 병원장), 赤荻與三郎[상업-요리점], 전 군인], 庄司秀雄(조선대아시아협회 상임간사, 전 총독부 도 시학관), 片岡熙三郎(교육가), 上杉直三郎(전직 관리-경성부 서무과장, 도서관장 등), 桂基質(광산업, 전 총독부 관리), 關根金作(상업-가구상), 上原誠治(상업), 梅林卯三郎(변호사)	16	33
		재선이상	波多江千代藏(우편소장, 전 총독부관리), 山中大吉(변호사), 森安敏暢(변호사, 전 경찰), 大梅健治(금융조합 감사), 菅總治(의사, 병원 부원장), 近藤秋次郎(회사중역-조선잠사 상무취체역), 中村郁一(신문판매업, 전 교사), 加納一米(언론인-조선경제신보사 사장), 白石巖(운수업-인력거대부업), 古城龜之助(상업-약품,의료기 판매, 금융업), 濱田虎熊(변호사, 전 총독부관리), 馬場蔀(회사중역-복덕무진사장, 전 총독부관리), 成松綠(회사원-경성제유소 대표사원), 寶諸彌七(자영업-사법대서, 전 경찰), 石原憲一(농업-石原農場 경영, 언론인-경성일일신문 주필 역임), 藤田爲與(변호사, 전 경찰), 杉市郞平(저술업, 회사원)	17	
1936 증원선거	조선인	초선	姜永皓(광업, 측량사), 康容杓(교육계-양정고보 서무주임), 金泰濚(회사원-경성방직), 朴元信(지주), 李昌業(회사중역-운수업), 車相鎬(전 관리-우편소장), 韓相億(변호사),	7	7
		재선이상		0	
	일본인	초선	國友尙謙(전총독부 관리-경무국 경무과장), 木下榮(토건업, 부동산업), 不破三平(회사중역, 전 세관 관리), 山田眞一(요식업), 鈴木文助(회사중역-경성연와 사장), 伊藤東作(상업), 長谷川和三郎(상업-석탄상),	7	8
		재선이상	藤村忠助(언론인-경성일보)	1	

연도	민족별 구분		당선자 성명	의원수	계
1939	조선인	초선	金奎應(지주), 金敏植(교육, 진흥학교, 영창학교), 金宗亮(제재업, 토목건축업), 朴疇明(양조업), 成元慶(대지주), 蘇完圭(변호사), 梁潤植(변호사), 芮興洙(회사중역-삼흥상회(주) 대표), 李康鳳(약제사) 李斗用(회사-중앙상공 지배인), 李相殷(광업), 李信龜(지주, 교육계), 李源祥(광업), 李在元(변호사), 崔白洵(변호사)	15	29
		재선 이상	姜永皓(광업), 康容玓(회사중역-경강물산(주)이사), 姜昌熙(회사중역-조선운송(주) 이사), 金應純(목재상), 金泰溱(회사원-중앙주조(주)이사), 梁在昶(회사중역-조선토지광산(주) 사장), 朴勝城(회사중역, 전 총독부관리), 朴元信(지주), 李昌業(운수회사 대표), 李弘鍾(변호사), 曹秉相(경인기업(주) 대표), 車相鎬(우편국장), 韓萬熙(중앙양조(주)이사), 韓相喆(조선화재해상보험(주))	14	
	일본인	조선	廣綱德太郎(회사중역-내선석유(주)이사), 栗本正隆(상업), 武田知星(교육, 퇴직교사), 石川儀浩(회사주역-유품상사 대표), 小川勝平(변호사), 小坂貞雄(언론인), 松原圖南(우편소장), 植田郡治(민요작가), 野附勤一郎(광업), 中馬越之助(건축업), 中尾豊(퇴직교사), 村岡太之助,(건축업) 播本恒太郎(회사중역-인쇄회사 사장)	13	40
		재선 이상	加納一米(언론인-조선경제신보사 사장), 加藤好晴(전 경찰-경시),間島梅吉(상업), 古川敬介(회사원, 전 철도국 관리), 關根金作(상업-가구상), 國友尙謙(전총독부 관리-경무국 경무과장), 南條晟(변호사, 전 경찰), 內田鯤五郎(광산업, 전 총독부 기사), 壹岐幸義(의사), 大梅健治(상업-사료상), 鈴木文助(회사중역-경성연와 사장), 梅林卯三郎(변호사), 木下榮(토건업, 부동산업), 寶諸彌七(자영업-사법대서, 전 경찰), 不破三平(회사중역, 전 세관 관리), 濱田虎熊(변호사, 전 총독부 관리), 山中大吉(변호사), 杉市郞平 (저술업, 회사원), 森安敏暢(변호사, 전 경찰), 上杉直三郎(전직 관리-경성부 서무과장, 도서관장 등), 上原誠治(상업), 梅林卯三郎(변호사), 石原憲一(농업-石原農場 경영), 伊藤東作(상업), 庄司秀雄(조선대아시아협회 상임간사, 전 총독부 도시학관), 中村郁一(신문판매업), 曾我勉(건축설계업)	27	

출전: 고태우, 2017, 「1930년대(1931~1939년) 경성부회의 구성과 활동」; 양지혜, 2017, 「전시체제 기(1939~1945년) 경성부회의 구성과 활동」, 『일제강점기 경성부윤과 경성부회 연구』, 서울역사편찬원.

〈표 9-2〉에서 1931년의 경성부회 선거에서 당선된 이들을 먼저 살펴보자. 이 선거에서 당선된 이들은 모두 48명이고, 조선인이 18명, 일본인이 30명이었다. 조선인 가운데 초선은 8명, 재선 이상(경성부협의회 이후)

은 10명으로 비슷하였다. 일본인의 경우는 30명 가운데 초선이 19명, 재선 이상이 11명으로, 초선이 훨씬 많았다.

당선된 조선인의 직업을 살펴보면, 자영업이 4명, 회사중역(사장 포함)과 회사원이 5명, 변호사가 3명, 언론인이 1명, 교육자가 2명, 기타 3명 등이었다. 회사 중역 및 회사원이 5명으로 가장 많았는데, 그들은 조선생명 상무(양재창), 태평생명보험 근무, 조선제모(주) 상무, 대륙고무(주) 감사, 경성현물(주) 감사 등을 맡고 있었다. 자영업자들은 4명이었는데, 그들은 양조업, 상점, 전당업 등을 하고 있었다. 이들의 전직을 살피면, 총독부관리(검사, 군수, 도 서기) 등의 경력을 가진 이들이 3명 있었다. 일본인의 경우는 회사경영(중역) 내지 회사원 12명, 변호사 6명, 언론인 4명, 자영업 4명, 의사 1명, 기타 3명 등이었다. 특기할 것은 일본인 가운데 전 총독부 관리나 경찰의 경력을 가진 이가 8명으로 상당히 많았다는 점이다. 1931년 경성부회 선거에서 당선된 일본인과 조선인 가운데에는 회사 경영에 참여하고 있는 자본가층이 가장 많았고, 다음으로 자영업자, 변호사, 언론인 등이 많았으며, 전직 관리 및 경찰도 8명이나 되었다.

1935년의 경우는 어떠할까. 1935년 선거에서 당선된 이들은 조선인이 15명, 일본인이 33명이었다. 조선인 가운데 초선은 5명, 재선 이상은 10명으로 재선 이상이 훨씬 많았다. 일본인의 경우에는 초선이 16명, 재선이 17명으로 비슷했다.

이들의 직업을 살펴보자. 조선인의 경우, 회사중역 내지 회사원이 6명, 자영업이 5명, 변호사가 2명, 기타가 2명이었다. 일본인의 경우, 회사 중역 내지 회사원이 6명, 자영업이 6명, 변호사가 4명, 의사가 2명, 무직 및 기타가 13명이었다. 무직 및 기타 가운데에는 전직 총독부 관리 혹은 경찰들이 많았다. 1935년 선거에서는 전직 총독부 관리 내지 경찰들이

13명이나 되었다(조선인 2명, 일본인 11명).

1936년에는 경성부의 영역이 확장되면서 부회 의원 15명이 증원되었고, 이에 따라 선거가 실시되었다. 이때 선거에서 당선된 조선인과 일본인은 각각 7명, 8명이었다. 조선인은 7명 모두 초선이었고, 일본인은 8명 중 7명이 초선이었다. 이들의 직업을 보면, 조선인은 회사원 및 회사중역이 3명, 우편소장 1명, 지주 1명, 고보 서무주임 1명 등이었다. 일본인은 회사중역 및 회사경영이 3명, 자영업이 3명, 전총독부 경찰 1명, 언론인 1명 등이었다. 1935, 36년 선거에서도 자본가층 내지 자영업자층이 가장 큰 비중을 차지하고 있었음을 알 수 있다.

1939년 경성부회 선거에서 당선된 이들은 조선인이 29명, 일본인이 40명이었다. 조선인 29명 가운데 초선은 15명, 재선 이상은 14명이었고, 일본인 40명 가운데 초선은 13명, 재선 이상은 27명이었다. 조선인은 초선 비율이 약간 더 높았고, 일본인은 재선 이상 비율이 압도적으로 높았다.

이들의 직업을 살펴보자. 조선인의 경우, 회사 중역 내지 회사원은 11명, 광업 3명, 자영업은 3명, 지주 4명, 변호사 5명, 기타 3명이었다. 회사경영, 광업, 자영업 등 자본가 계층이 가장 많고, 다음이 변호사, 지주 등의 순이었다. 일본인의 경우, 회사중역 내지 회사원이 7명, 자영업(상업)이 7명, 토목건축업이 4명, 광산업이 2명, 변호사가 5명, 언론인이 3명, 의사 1명, 무직 및 기타가 12명이다. 역시 자본가 계층이 가장 많았고, 변호사, 언론인이 그 뒤를 이었다. 전직 총독부 관리 및 경찰은 일본인 8명, 조선인 1명이었다.

이상에서 본 것처럼 1930년대 경성부회의 의원으로 참여한 이들은 대체로 경성부의 회사 경영자와 같은 자본가들과 자영업자, 변호사, 언론인, 의사들이었고, 일본인 의원 가운데에는 총독부 관리나 경찰 출신도 상당수 있었다. 1930년대에 경성부에서 경성부회를 통해 일제의 지방통치에 대한 협력세력으로 참여한 이들은 주로 자본가, 자영업자, 전문직이 주류를 이루고 있었다고 볼 수 있다.

다음에는 지방의 인천부회에 대해 살펴보기로 하자. 인천부회와 관련해서는 1935년 부회의원 선거에 관한 자세한 기록이 「부제에 관한 건」이라는 이름으로 국가기록원에 남아 있다.[1] 이 자료 가운데 당시 인천부회 의원으로 당선된 이들을 기록한 '부회의원 당선자 확정보고표'를 정리한 것이 〈표 9-3〉이다.

〈표 9-3〉 1935년 인천부회 당선자의 경력과 직업

씨명	경력	직업	원적	주소	생년	득표수
吉木善介	전 부회의원, 현 인천상공회의소 의원	매약판매업	山口縣 都農郡	인천부 花町	1882	158
張光淳	현 인천신용조합 이사	신용조합 이사	인천부 龍里	인천부 龍里	1907	154
代田繁治	전 부회의원, 현 인천상공회의소 의원, 현 인천물산주식회사 사장, 현 인천 도매상조합장, 현 인천부 교화지부장	酒醬油 도매상	兵庫縣 揖保郡	인천부 新町	1881	149
村田浮	전 부회의원, 현 인천상공회의소 의원, 현 인천수산주식회사 중역	회사원	岡山縣 岡山市	인천부 山手町	1879	132

---

[1] 이 기록은 당시 인천부에서 부회의원 선거와 관련하여 총독부 내무국 지방과, 경기도, 법원 등 여러 기관과 주고 받은 문서, 후보자 추천서, 후보자 입후보 등록 문서, 들을 인천부에서 보존한 것이다. 이 가운데 가장 중요한 것은 역시 총독부에 보고한 '선거회선거록'이라는 보고서이다. 이 보고서에는 선거의 진행과정, 선거 결과(후보자의 득표수), 당선자 명단 등이 자세히 기록되어 있다. 그리고 경기도 지사에게 보낸 보고서에는 '부회의원선거권자 및 인구 대 당선자표', '부회의원 선거 득표수표', '부회의원의 연령, 직업, 자산표', '부회의원 당선자 확정보고표' 등이 포함되어 있다.

씨명	경력	직업	원적	주소	생년	득표수
中川哲	전 부회의원, 현 有馬정미소 지배인	회사원	兵庫縣 明石郡	인천부 萬石町	1885	125
生田鐵造	전 인천부 내무과장, 전 부회의원, 현 力武물산주식회사 지배인	회사원	佐賀縣 佐賀郡	인천부 山手町	1886	119
直野良平	전 부회의원	정미업	大分縣 北海郡	인천부 花町	1891	111
向井最一	전 인천공립상업학교장, 현 인천교화위원장, 현 제국재향군인인천분회장	무직	香川縣 丸龜市	인천부 山手町	1882	72
金允福	전 조선총독부 도경시, 전 부회의원, 현 경기도 도회의원	부동산 대부업	인천부 外里	인천부 外里	1870	68
安基榮	현 인천고무공업사 대표자	고무화 제조업	인천부 外里	인천부 外里	1895	67
金泰勳	현 합자회사 김태훈정미소 대표자	정미업	부천군 영종면	인천부 신화수리	1908	66
中條榮藏	전 부회의원	운송업	三重縣 一志郡	인천부 花房町	1880	62
宋在鵬	전 부천군 덕적면장, 현 덕적면 어업조합이사	어업조합 이사	부천군 덕적면	인천부 율목리	1897	60
田中嘉七	현 소화흥업주식회사 사장	변호사	福井縣 遠敷郡	인천부 本町	1894	59
樋渡兼三郎	전 조선총독부 도경시, 전 부회의원, 현 인천소방조 조두, 현 인천 氷貯藏組合長	회사원	秋田縣 雄勝郡	인천부 花房町	1883	58
小谷益次郎	전 인천기독교청년회 주사, 현 山根町 총대	부동산대부업	兵庫縣 神戶市	인천부 山根町	1886	54
黃潤	전 조선총독부 경기도 府屬, 현 花町 총대	錻力器제작업 및 청부업	파주군 농면	인천부 花町	1890	54
宋炳喆	전 부천군 농회서기	통운조합 이사	연천군 왕등면	인천부 柳町	1899	54
今村覺次郎	전 부회의원, 현 인천수산주식회사 사장	회사원	鹿兒島縣 鹿兒島市	인천부 山水町	1875	53
吉岡久	전 인천학교조합 의원, 현 仁川松函石油組合 이사	회사원	靜岡縣 小笠郡	인천부 山手町	1892	53
鄭旭鉉	전 조선총독부 도 순사, 전 부회의원, 현 인천 제2공립보통학교 학무위원	대서업	인천부 外里	인천부 龍里	1895	49

씨명	경력	직업	원적	주소	생년	득표수
吉田秀次郎	전 부회의원, 현 경기도 도회의원, 현 인천상공회의소 會頭	회사원	熊本縣 蘆北郡	인천부 山手町	1872	47
後藤連平	전 경기도 도회의원, 전 부회의원, 현 조선매일신문사 사장	변호사	大分縣 大分郡	인천부 山手町	1876	46
大石季吉	전 부회의원, 현 町里總代연합회 회장	貸家業	長崎縣 長崎市	인천부 本町	1869	46
伴康衛	전 부회의원, 현 인천연합청년단 이사장	식료품상	香川縣 高松市	인천부 本町	1889	42
清田三郎	전 부회의원	무직	熊本縣 葦北郡	인천부 仲町	1887	41
金鍾燮	전 부회의원, 현 인천상공회의소 의원, 현 森信汽船주식회사 취체역	회사원	인천부 율목리	인천부 율목리	1899	38
宋雲學	현 인천 제2공립보통학교 학무위원	주조업	인천부 萬石町	인천부 萬石町	1887	37
金泰性	전 부회의원, 현 인천제일공립보통학교 학무위원	포목상	인천부 율목리	인천부 율목리	1896	30
金澤圭	전 인천금융조합 서기	객주업	인천부 율목리	인천부 율목리	1901	23

출전: 「부제에 관한 서류」(국가기록원 CJA0019731) 중 '부회의원 당선자 확정보고표'(648~650쪽) 및 '인천부회의원선거회 선거록'(각 피선거인의 득표수 기록. 530~531쪽)

〈표 9-3〉에서 보면, 인천부회 당선자 30명 가운데 일본인이 18명, 조선인이 12명이었다. 직업으로 보면, 이 가운데 회사원이 8명으로 가장 많고, 이어서 상업종사자가 5명으로 많았다. 여기서 회사원도 사실은 회사의 사장이나 이사와 같은 중역이어서 역시 경제인이라 할 수 있다. 또 현직 상공회의소 회두나 의원이 4명이다. 이처럼 개항장이었던 인천에서는 경제인들이 부회의 중심세력을 이루고 있었다고 할 수 있다. 조선인들 가운데에는 경찰 출신도 2명이 포함되어 있었다.

다른 지역은 어떠했을까. 부산의 경우, 1931년의 선거에서 일본인이 24명, 조선인이 9명 당선되었다. 일본인 24명의 직업을 보면 상업이 8명으로 가장 많고, 농목축업 4명, 전문직 3명, 공업 2명, 금융/보험업 2명, 전직 관공리 1명, 수산업 1명, 운송/서비스업이 1명, 기타 2명이었다. 조선인 9명의 직업을 보면 상업이 4명, 공업이 3명, 운송/서비스업이 1명, 전문직이 1명이었다. 1935년의 선거에서는 일본인 27명, 조선인이 9명 당선되었다. 일본인 27명의 직업을 보면 상업이 7명, 회사원이 4명, 농목축업이 4명, 공업이 3명, 금융/보험업이 3명, 전문직이 3명, 기타가 3명이었다. 조선인 9명의 직업을 보면 전문직이 3명, 상업이 2명, 공업이 2명, 광업이 1명, 전직 관공리가 1명이었다. 1939년 8월의 선거에서는 일본인이 26명, 조선인이 12명이 당선되었다. 일본인 26명의 직업을 보면 상업이 10명, 회사원이 4명, 농목축업이 3명, 공업이 2명, 전문직이 2명, 전직 관공리가 2명, 금융/보험업이 1명, 운송/서비스업이 1명, 수산업이 1명이었다. 조선인 12명의 직업을 보면, 상업이 3명, 공업이 3명, 전문직이 3명, 농목축업이 3명이었다. 3차례의 선거에서 당선된 이는 동일인의 중복계산을 피하면 일본인이 64명, 조선인이 27명이었다고 한다. 이 가운데 일본인의 직업을 보면, 상업이 20명, 공업이 6명, 금융/보험업이 5명, 회사원이 8명, 농목축업이 8명, 전문직이 7명, 수산업이 2명, 전직 관공리가 2명, 기타가 4명이었다. 조선인의 직업을 보면 상업이 7명, 공업이 6명, 전문직이 6명, 농목축업이 3명, 광업이 2명, 회사원이 1명, 전직 관공리가 1명이었다.[2] 이를 보면 부산 부회의 경우에도 일본인·조선인을 불문하고 상업, 공업 종사자가 다수를 차지하였고, 여기에 금융/보험업자, 운송/서비스업자까지 포함하면 자본가계층이 거의 절대 다수를 차지하였음을 알 수 있다. 회사원도 사실은 회사중역인 경우가 많아서 이들도 자본가계층

---

2 홍순권, 2010, 『근대도시와 지방권력』, 선인, 408쪽.

을 대변하는 입장에 있었다고 할 수 있다. 다음으로 많은 직업이 전문직인데 변호사가 가장 많고, 의사, 약사, 신문기자 등이 이에 포함된다.

평양의 경우는 어떠했을까. 1931년의 선거에서 당선된 일본인은 19명, 조선인은 14명이었다. 일본인 19명의 직업을 보면, 상공업이 15명, 전문직이 2명, 전직 관리가 1명, 기타가 1명이었다. 조선인 14명의 직업을 보면, 상공업이 4명, 전문직이 7명, 전직 관리가 1명, 기타가 2명이었다. 1935년의 선거에서 당선된 일본인은 20명, 조선인은 16명이었다. 일본인 20명의 직업을 보면, 상공업 종사자가 14명, 전문직이 2명, 전직 관리가 3명, 기타가 1명이었다. 조선인 16명의 직업을 보면 상공업 종사자가 7명, 전문직이 5명, 전직 관리가 1명, 기타가 2명이었다. 1939년의 선거에서는 일본인이 17명, 조선인이 22명으로 조선인이 더 많이 당선되었다. 일본인 17명의 직업을 보면, 상공업 종사자가 11명, 전문직이 3명, 전직 관리가 2명, 기타가 1명이었다. 조선인 22명의 직업을 보면 상공업 종사자가 11명, 전문직이 4명, 전직 관리가 3명, 기타가 4명이었다.[3] 평양의 경우에도 일본인·조선인을 막론하고 상공업 종사자가 압도적으로 많았음을 알 수 있고, 조선인의 경우에는 전문직 종사자의 비중이 다소 높았음을 알 수 있다. 이때의 전문직은 주로 변호사와 의사였다.

1931년 조선총독부 내무국 지방과에서 새로 부임하는 우가키 총독에게 올린 보고서를 보면, "(부회의원의) 당선인의 직업에서는 내선인 모두 상공업자가 가장 다수를 점하고, 변호사 및 의사가 뒤를 잇는다. 당선자의 자력(資力)은 대개 중위이고 일류의 자산가는 각 부 모두 입후보하지 않는다"

---

3 주동빈, 2023, 「일제하 평양부 '개발'과 조선인 엘리트의 '지역정치'」(고려대 한국사학과 박사논문), 439쪽.

고 하였다.[4] 이를 보면 1930년대에 부회에 출마하여 당선된 자본가 계층은 대자산가층이라기보다는 중소 자산가층이었다고 볼 수 있다. 당시 대자산가층은 주로 도회를 지망하고, 중소 자산가층은 부회를 지망했던 것으로 보인다. 조선총독부는 도회를 통해서는 대자산가층, 부회를 통해서는 중소 자산가층을 지방통치의 협력세력으로 포섭하고 있었던 것이다.

2) 부회의 권한·구성과 회의의 진행

1930년대 부회는 어떤 권한을 갖고 있었을까. 1930년 개정된 부제 제13조에 따르면, 부회는 아래와 같은 사안들에 대해 의결을 할 수 있었다.

1) 부 조례를 설치 또는 개폐하는 일
2) 세출입예산을 정하는 일
3) 결산보고에 관한 일
4) 법령에서 규정한 것을 제외하고 부세, 부역현품, 사용료 또는 수수료의 부과 징수에 관한 일
5) 부채(府債)를 기(起)하고 기채의 방법, 이식의 정률(定率) 및 상환의 방법을 정하거나 이를 변경하는 일.
6) 기본재산 및 적립금 등의 설치, 관리 및 처분에 관한 일
7) 부동산의 관리 및 처분에 관한 일
8) 계속비를 정하거나 또는 변경하는 일

---

[4] 주동빈, 2023, 앞의 글, 203쪽; 내무국 지방과, 1931.6, 「지방제도 개정의 경개」(신임 총독 공람서류) 『소화 6년 개정지방제도 관계 잡록』(국가기록원 소장 CJA0002880)

9) 특별회계를 설치하는 일

10) 세출입예산으로서 정한 것을 제외하고 새로운 의무의 부담을 지거나 또는 권리를 포기하는 일

11) 소송 및 화해에 관한 일[5]

위에서 보는 것처럼 부회는 주로 예산과 결산에 관한 사항과 부의 재정과 관련된 각종 사안을 다루게 되어 있었다. 다만 위의 13조 말미에 보면, "부윤이 필요하다고 인정한 때에는 전항 각호에 기재된 사안 외에 부에 관한 사안을 부회의 의결에 부칠 수 있다"고 하였다. 즉 부의 주요 현안에 대해서도 심의, 의결할 수 있다는 것이었다. 그러나 이는 '부윤이 필요하다고 인정할 때'에 한정된 것이었다.

그러면 부회의 회의는 어떻게 진행되었을까. 부회는 정기부회(통상부회)와 임시부회로 구성되었으며, 부회 의원들은 그 밖에도 간담회나 기념식 등에 참석했다. 각 부회는 부회 활동의 규칙을 만들어 「○○부회회의규칙」이라 이름붙였다. 경성부회의 경우, 제1기 경성부회가 성립하고 두 번째 회의가 열린 1931년 6월 24일 이 규칙을 제정했다. 그 주요 내용을 보면 다음과 같다.[6]

먼저 회의 시간과 관련해서는 회의는 의장이 시작과 종료를 선언하고, 오후 2시에 시작해서 오후 5시에 끝나는 것을 원칙으로 한다고 하였다(제

---

5   고려대학교 한국사연구소 일제시대사연구실, 2010, 『식민지조선과 제국일본의 지방제도관계법령 비교자료집』, 선인, 327~328쪽.

6   이에 대해서는 고태우, 2017, 「1930년대(1931~1939년) 경성부회의 구성과 활동」, 『일제강점기 경성부윤과 경성부회 연구』, 서울역사편찬원, 305~307쪽 및 「경성부회회의규칙」, 『경성휘보』118, 1931년 6월, 29~33쪽 참조.

1조). 또 의원석에는 번호를 붙이며, 번호는 추첨을 통해 정하고, 회의 중에는 씨명을 부르지 않고, 의장은 직명, 의원은 번호를 대신 부른다고 하였다(제2조, 제6조). 회의는 정족수를 채워야 개회를 할 수 있으며, 개회시각 이후 상당한 시간이 지난 뒤에도 정족수를 채우지 못할 때에는 의장은 유회를 선언해야 한다고 하였다. 또 회의 중에 퇴석자가 많아 정족수에 미달할 때에도 역시 유회를 선언해야 한다고 하였다(제5조).

부제 개정안에 따르면 부회에서는 의장 유고시 이를 대신할 수 있는 부의장 1명을 선출하게 되어 있었다. 부회회의규칙에서는 부의장 1명을 의원 가운데에서 무기명투표로 선출해야 한다고 되어 있었다(제12조). 또 규칙에는 없었지만 제1교육부회와 세2교육부회에서는 일본인과 조선인으로 부의장을 각각 1인씩 선출하여 부회를 이끌도록 하는 것이 관례가 되었다.[7]

회의규칙을 보면, 부회에는 상임위원회와 특별위원회를 두게 되어 있었다. 상임위원의 정원은 12인이며 임기는 1년이었다. 상임위원 가운데 일본인 또는 조선인의 수는 정원의 3분의 1을 내려가지 않도록 해야 한다고 되어 있었다. 상임위원은 부(府)의 사무에 관한 서류 및 계산서를 검열하고, 사무의 관리, 의결의 집행 및 출납의 검사를 맡게 되어 있었다(제38조). 특별위원의 수는 필요에 따라 의결을 통해 정하도록 되어 있었는데, 특별위원은 의안의 심사를 맡도록 되어 있었다(제39조). 각 위원은 위원회를 조직하고 위원장을 호선하며, 위원장은 위원회를 통리하고, 그 검열, 검사 또는 심사한 사안에 관하여 경과 및 결과를 부회에 보고해야

---

7 「부제 개정 후 副議長 선거 문제」, 『동아일보』, 1931.5.31; 「평양부 초회의」, 『동아일보』, 1931.6.12.

한다고 되어 있었다(제40조). 이에 따라 '부회상임위원회'에는 상임위원장이 있었다. 또 일부 부회에서는 교육부회에서 부의장을 뽑지 않고 상임위원장을 뽑기도 했다.[8]

부회는 어떻게 의사 진행을 했을까. 회의규칙을 보면, 의사는 3독회를 거쳐 이를 결정하되, 단 의장은 회의에 자문을 구하여 독회를 생략할 수도 있다고 하였다(제19조). 제1독회에서는 의안에 대한 질의 및 대체적인 가부를 논의한 후, 제2독회를 열 것인가 여부를 결정하게 되어 있었다. 단 앞서 본 특별위원회 등 위원에 부탁한 의안에 관해서는 해당 위원의 보고를 듣고 이를 결정하도록 하였다(제20조). 제2독회에서는 의안의 각 조 또는 각 관에 대해 축차 심의하여 이를 결정하도록 했다(제21조). 의안에 대한 수정 동의(動議)는 제2독회에서 이를 제출하도록 했고, 단 이에 대한 찬성자가 없을 경우에는 이를 의제로 삼을 수 없도록 했다. 수정 동의는 안(案)을 마련하여 찬성자와 함께 서명하여 의장에게 제출하도록 했다(제22조). 제3독회에서는 의안의 전부에 대해 가부를 의결하도록 했다. 제3독회에서는 숫자의 정오 또는 자구의 정정 외에는 수정 동의를 받지 않도록 했다(제23조). 한편 「부제」에 따르면, 의원들은 관청의 자문이 있을 때에 의견서를 제출할 수 있게 되어 있었는데, 회의규칙에서는 의원의 의견서는 3인 이상의 의원이 연서하여 의장에게 제출해야 한다고 하였다. 다만 긴급하거나 간단한 의견은 서면으로 제출하지 않고 구두로 할 수도 있다고 하였다. 의장은 의견서안 또는 의견의 제출이 있을 때는 회의에서 자문을 구하도록 하였다(제25조).

---

8   1932년 이후 경성부회가 그러하였다. 「부 상임위원회 각 위원장 선정」, 『동아일보』, 1932.7.6; 「경성부회의 상임위원회」, 『동아일보』, 1938.6.18.

그러면 발언과 토론은 어떻게 진행하였을까. 의원이 발언하고자 할 때에는 기립하여 '의장'하고 불러서 자기의 번호를 고하고 의장의 허가를 받아 발언하도록 했다. 허가를 얻으면 의원은 자기 자리에서 기립하여 발언하도록 하였다(제27조, 제28조). 발언은 의제 외에는 하지 못하도록 하였고, 발언이 장황하거나 무용(無用)한 논설이라고 인정될 때 의장은 이를 제지할 수 있다고 하였다(제28조). 의제에 대해 발언이 없을 때는 의장은 이의가 없다고 보고 채결(採決)을 할 수 있다고 하였다(제29조).

채결, 즉 의안을 채택하는 표결은 의원들이 기립하는 방법에 의하되, 단 의장이 필요하다고 인정할 때나 의원 2인 이상의 요구가 있을 때는 회의에 자문을 구하여 기명 또는 무기명투표의 방법을 따를 수 있다고 하였다. 또 의장이 찬성자가 다수라고 인정될 때는 의원들의 기립을 묻지 않고 곧바로 채결을 선고할 수 있다고 하였다(제32조). 원안과 수정안 모두 과반수의 찬성을 얻지 못하였을 때는 의장은 위원에게 부탁하여 그 보고를 듣고 가부를 결정할 수 있다고 하였다(제34조). 채결 시에 회의장에 있는 의원은 반드시 표결에 참가해야 한다고 하였다(제36조).

3) 부회의 주요 쟁점

부회에서는 주로 예산과 결산을 심의, 의결했지만, 그 과정에서 부의 행정에 관하여 여러 질문과 토론을 할 수 있었다. 또 부의 주요 현안에 대해서는 많은 제약이 있기는 했지만, 여러 방법을 통해 부회 회의에서 이를 제기하고 토론을 할 수도 있었다. 1930년대 부회에서 제기된 주요 쟁점은 어떤 것들이었을까. 부회의 주요 쟁점으로서는 도시인프라의 민족적 차별, 도시계획 및 도시확장의 문제, 각종 시장 문제, 도시빈민에 대한 대책, 조선인들의 학교 시설 및 교육예산 문제, 전기 부영화 문제, 전시체제에 대한 지원 문제 등을 들 수 있다. 아래에서는 이 가운데 도시인프라 차별 문제, 시장 문제, 학교시설 및 교육예산 문제, 전기부영화 문제에 대해서만 간단히 살펴보기로 한다.

(1) 도시 인프라의 민족적 차별

식민지 조선의 각 도시의 일본인과 조선인의 주거지역은 대체로 구분되어 있었다. 특히 개항장의 경우 조계지로 출발한 일본인 거주지역은 조선인 거주지역과 확연히 구분되어 있었고, 개시장으로 출발한 경성이나 평양의 경우에도 일본인들이 들어가 거주한 지역은 조선인들이 그리 거주하지 않던 지역이어서 역시 조선인 거주지역과 어느 정도 구분되어 있었다. 다른 전통적인 도시의 경우에도 일본인들이 성벽을 헐고 들어가 과거 관아가 있던 지역을 중심으로 자리를 잡아 원래의 조선인들의 민가가 있던 지역과는 다소 구분되었다. 이후 일본인 거주지역에는 도로시설, 상하수도시설, 전등시설들이 어느 정도 갖추어져 갔지만, 조선인 거주지역에는 이러한 시설들이 제대로 갖추어지지 않았다. 1930년대가 되면 그 차이는 더욱 벌어졌고, 이에 부회의 조선인 의원들은 이와 같은 차이를 줄이기 위해 조선인 거주지역에 도로개수, 상하수도시설, 가로등시설과 같은 기본적인 도시인프라를 갖추어달라고 부회에서 예산을 심의할 때마다 부청에 요구했다. 이제 각 부회에서 이러한 요구가 어떻게 제기되고 있었는지를 살펴보자.

먼저 경성부회에서는 1934년 3월 14일 열린 경성부 예산회에서 양재창 의원이 "남촌과 북촌을 비교해 보면 도로나 하수에 북촌은 개수할 곳이 더 많은데 이에 대해 어찌 생각하느냐"고 질문했다. 이에 대해 경성부의 마치다(町田) 토목과장은 "남촌은 동리에서 기부하는 곳이 있어 예산의 일부를 지원하기 때문에 남촌 방면에 시설이 빨라졌다"고 답하였다. 이에 대해 양재창 의원은 다시 일어나 "그러면 부 당국은 남의 힘을 빌려서 일을 하는 것이냐? 그렇다면 긴급한 데는 그곳 동민에게 기부를 요구해서라도 예산에 보태 공사를 함이 어떠냐? 얼마 안 되는 기부가 있다는 것을 구실 삼아 시급하지 않은 곳을 먼저 공사하는 것은 선후가 바뀐 것이 아니냐?"고 비판하였다.[9]

이에 대해 『조선일보』는 다음 날 사설에서 경성부의 이런 답변을 비판하였다. 이 사설은 먼저 "남촌이나 북촌이나 다 같은 경성부임에 틀림이 없고 또 그 어느 곳의 주민이든지 다 같은 경성부민임에 틀림이 없으니 만일 경성부의 모든 시설이 남북을 갈라서 차별을 둔다면 그것은 편파코 협애한 태도로서 결코 위정자의 취할 바가 되지 못한다"고 지적하였다. 이어서 이 글은 "금년도 경성부의 토목비 예산을 본다면 경성부 당국은 아직도 남북촌의 차별을 고치지 못하는 모양이다. 경상비에 있어서 포장도로 수리는 1등 21개소, 2등 4개소, 3등 6개소, 등외 3개소, 시구개수 3개소로 전부 37개소인 바, 1등 중 종로 교차점부터 돈화문통, 돈화문통으로부터 종로 4정목 교차점과, 2등 중 종로 4정목으로부터 동대문의 몇 개소를 제한 외 거의 모두 다 남촌지대요, 간이포장 및 역석(礫石)도로 수리는 1등 9개소, 2등 2개소, 3등 6개소, 시구개수 15개소로 전부 32개소인 바, 1등 중 총독부 광장으로부터 광화문통과 경중(京中)으로부터 의주통. 2등 중 동대문으로부터 부계(府界), 3등 중 의주통으로부터 아현 또는

---

9 「남, 북촌 시설에 層折이 何其多? 토목시설에 무방침을 논박. 14일의 경성부예산회. 주민 기부바더 시설한 것이라는 답변에 맹렬히 追及」, 『조선일보』, 1934.3.15.

시구개수 8개소 등을 제한 외에 그 역시 거의 다 남촌지대다. 또 임시비에 있어서도 도로개수를 요한다는 21개소에서 청계천 연안의 도로와 돈화문에서 대화정의 도로까지를 북촌지대로 보더라도 겨우 4개소에 불과하고, 하수구거 개수를 요한다는 곳 9개소에서 효자동을 북촌지대로 쳐서 오직 1개소에 불과하고, 교량 개축은 단 한 곳으로 그곳 또한 북촌지대가 아니다"고 비판하였다. 이어서 이 글은 "경성부 당국의 이와 같은 태도가 우리로 하여금 또 다시 거기에 대한 노노(呶呶 : 떠드는 것)를 부득이하게 만드는 것이다. 경성부 당국은 임시비에 대하야 주민의 기부금으로써 재원을 삼게 되는 까닭이라고 변명하지만, 그 변명은 너무나 근거가 박약하다고 보인다. 왜 그런가 하면 임시비에는 도로 개수 공비(工費)가 96,880원인데 기부금은 겨우 29,800여원이요, 하수구거 공비가 32,530원인데 기부금은 겨우 5,980여원인 즉 전자는 전 공비의 3분의 1도 못 되고 후자는 전 공비의 5분의 1도 못 된다. 아니 사실상 임시비에 있어서는 기부금의 재원을 말미암는다 하더라도 왜 경상비에서까지 그 차별을 없애지 못하는가"라고 비판하였다.[10]

경성부회에서는 북촌을 가로지르는 청계천의 개수도 항상 문제가 되었다. 1936년 3월 예산회의에서 박준호 의원은 "남산 주회 도로와 같은 긴급하지도 않은 것을 만들려 하면서 저 청계천은 어찌해서 아직까지 어떤 해결책을 마련하지 않는가"하고 질문을 던졌다. 그러나 이에 대해 일본인측 의원들은 "청계천 문제는 그동안 질문에서 많이 나왔었고, 지금 상정된 의안에는 들어있지 않으니 논의하지 말라"고 청계천 문제의 거론을 가로막았다. 이에 의장을 맡고 있던 경성부윤은 청계천 문제는 차후에

---

10 「(사설) 경성부 토목비 예산에 대하야」, 『조선일보』, 1934.3.16.

대책을 세우겠다고 얼버무려 결국 더 이상 거론되지 못하고 말았다.[11] 북촌의 도시인프라에 대한 경성부회에서의 논의는 항상 이런 식으로 끝났다. 조선인 의원들은 기회가 닿는대로 문제제기를 하였지만, 다수 의석을 차지한 일본인 의원들은 더 깊은 논의를 방해하였고, 결국 정책이나 예산에는 반영되지 못한 채 논의는 끝나버리고 말았다. 조선총독부가 부회에서 일본인 의원들이 다수 의석을 차지할 수 있도록 유권자의 자격을 제한한 것은 바로 이러한 효과를 노린 것이었다.

부산부회는 더욱 심하였다. 1934년 3월 부회 소속 조선인 의원 9명이 총사직하는 상황이 벌어졌다. 당시 부산부회의 의원 총수는 33명인데, 조선인 의원은 9명뿐이었다. 이들은 매년 예산회의가 있을 때마다 조선인 노동자들이 거주하는 지역에 도로를 부설하여 교통과 위생문제를 해결하자고 주장하고 당국에 실행을 촉구했다. 그러나 이들의 제안은 항상 부결되었는데, 3월 29일 회의에서도 조선인 의원 목순구가 조선인 빈민지대에 넓이 4,5척 되는 도로를 5천 원 예산으로 부설하자고 제안하였으나, 일본인 의원들은 이에 반대하여 장시간 토론을 하였으나 결국 표결 결과 부결되고 말았다. 이에 조선인 의원들은 30일에 총사직원을 제출하였던 것이다.[12] 이후 부윤은 이들의 사직원을 수리하지 않고, 조선인 의원들과 계속 접촉하여 사직원 철회를 종용하였다. 10일에는 조선인 의원들을 관사에 초청하여 앞으로 조선인 부민의 이익을 위해 성의를 다해 노력하겠다고 약속하기도 하였다. 결국 11일 조선인 의원 7명은 사표를 철회하

---

11 「'청계천' 문제 재연, 부회 양파로 대립. 질문저지로 조선인측 분개. 작일 경성부회 소연」, 『조선일보』, 1936.3.24.

12 「제안 거부에 분개코 조선인의원 총사직」; 「다수 의원의 반대로 간이도로안 부결」, 『동아일보』, 1934.3.31.

였다.¹³ 그러나 부윤은 약속을 지키지 않았다. 조선인 빈민지대의 도로 개설은 여전히 이루어지지 않았고, 1936년 3월 『동아일보』의 부산 주재 기자는 "교통과 왕래가 불편한 산기슭에 있는 조선인 중심지대에 간이도로 한 줄기를 개설할 예산이 없다"면서, 조선인들은 "동일한 부민(府民)으로서 너무나 한심한 대우를 받고 있다"고 지적하였다.¹⁴

군산의 경우도 비슷하였다. 1936년 4월 『동아일보』 군산 주재 기자는 그해 군산의 예산안을 보고 이렇게 지적하였다.

> 이에 예산의 안목인 토목비를 보기로 하자. 세출경상부만도 1만 9,189원이라는 굉장한 숫자를 계상하였으나, 거개가 포장도로의 파손된 곳의 수선비가 주로 되었고, 나머지는 가로수비니 뭐니 하여 있으며, 임시부에만도 2만 6,800원[경정(京町) 개착 공사비 2만 7천 원을 제하였음]을 계상하였으나, 그의 전부는 도로 포장비로 되어 있지 않은가?
> 그렇다면 전기의 방대한 토목비는 전 시가의 일반적 시설에 필요되는 것이 아니라 편중된 일부 시설이 아닌가? 보라 4만 부민의 절대다수는 조선인이다. 그들의 거주지대에는 문화적 시설의 혜택은 고사하고 통행할 만한 도로 하나가 완성된 곳이 없으며, 그에 반하는 비위생상태는 말할 수 없다. 소위 부민의 복리증진을 목표로 하고 편성하였다는 예산면에는 세민(細民)지대 즉 절대다수의 조선인은 식구 중에 들지 못하였으니 통탄하지 않을 수 없는 바이다.

---

13 「부윤의 권고로 사표를 철회」, 『동아일보』, 1934.4.13.
14 「지방논단: 부산부예산의 편중」, 『동아일보』, 1936.3.26.

보라. 개복정(開福町), 약송정(若松町), 산상정(山上町), 산하정(山下町), 둔율정(屯栗町), 신흥정(新興町), 경포정(京浦町) 등 일일히 매거할 수 없는 시가 주위의 시설을! 도로 하나가 볼 수 없어 심지어 오예물처분에까지 참상을 드러내고 있지 않은가? 금상첨화격으로 그만해도 훌륭한 지대의 시설에만 전력을 경주하고 절대다수의 조선인을 등한시함은 위정자의 심사를 알기 어려운 바이다.[15]

즉 예산의 토목비를 주로 일본인 거리에만 투자하고, 조선인 거리에는 거의 투자하지 않고 있다는 것이었다. 그러면서 이 기자는 "그 예산의 내용을 보건대 참으로 섭섭한 말로 조선인 부민은 그의 존재조차 아는가, 모르는가 하는 의문을 가질 만큼 심혹한 차이가 있음에 불만치 않을 수 없었다. 예산심의 석상에서도 조선인 부의들의 논박 요망도 있었으나, 결국 원안대로 통과되고 말았다"고 지적하였다.[16]

즉 경성, 부산, 군산의 경우 예산회의 때에 조선인 의원들이 조선인 거주지역에도 도로나 위생 시설들을 해달라고 요청하였지만 번번이 거절당하였고, 결국 다수의 일본인 의원들은 일본인 거주지역 중심의 예산안을 원안대로 밀어붙였던 것이다. 조선인들의 참여가 제한된 가운데 식민자인 일본인 의원들이 지배하는 '식민지형 지방자치' 의회에서 이러한 일은 항다반사(恒茶飯事)로 일어나고 있었다.

---

15 「지방논단: 금년도 예산의 결정을 보고」, 『동아일보』, 1936.4.9.
16 위의 글, 『동아일보』, 1936.4.9.

(2) 시장 개설 및 이전 문제

각지의 부회에서 자주 논란이 된 쟁점 중의 하나가 시장(市場)의 개설이나 이전과 관련된 문제였다. 몇 가지 사례를 들어보기로 한다.

① 인천의 어시장 부영화와 일용품시장 개설 문제

1930년대 전반, 인천에서는 어시장(魚市場)의 부영화(府營化)와 일용품 시장의 개설이 문제가 되었다. 이를 차례대로 살펴보기로 하자.

인천의 어시장은 1885년부터 조선인 상인들의 조합에 의해 운영되어 온 어시장과, 일본인들의 2개의 어시장을 통합하여 1907년 설립된 인천수산주식회사가 운영하는 어시장의 양자가 있었다. 1920년대 중반 이후 이 두 개의 어시장을 통합하여 인천부에서 부영으로 하려는 시도가 있었다. 그러나 양측의 반발로 잘 되지 않았는데, 1929년 인천수산회사의 어시장 경영권이 만료가 되자, 인천부에서는 화방정 앞 매립지에 부영(府營)의 어시장을 설치하여 두 개의 어시장을 통합하고 그 대행권을 수산회사측에 주고자 하였다. 이에 대해 조선인 어상인들의 반발이 일어났다. 조선인 상인들은 40여 년의 역사를 가진 조선인 어시장(대표 정홍택)을 시장허가를 받지 않았다는 이유로 일본상인들이 장악하게 한다든가, 아니면 시장규칙에 의해 취체하게 되면 이 시장을 상대로 한 어선 80여 척과 시장 상인들의 타격이 클 것이라면서 이의를 제기했다.[17] 10월 30일 인천부청에서는 인천부협의회가 열렸는데, 이날 회의에서는 인천 부윤이 새 부영 어시장의 대행권을 인천수산회사에 주겠다고 하자, 조선인 의원들이 역사가 오래 된 신정(新町)의 조선인 어시장을 무시하고 왜 하필 수산회

---

17   인천부청편, 1933, 『인천부사』, 인천부, 1145쪽; 인천지국 일기자, 「魚市場 설치와 부당국의 失態, 대행은 하필 수산회사」, 『조선일보』, 1929.11.3; 「40년 이래 경영의 조선인 魚市場 무시, 차별적인 寺島부윤」, 『동아일보』, 1929.11.3.

사측에 대행권을 주느냐고 반발하여 후일 다시 이 문제를 논의하기로 하고 산회하였다.[18] 이 문제는 부영 어시장의 경영권 문제만이 아니라, 조선인 어시장의 존폐로까지 연결될 수 있어 조선인 의원들의 반발이 심했던 것으로 보인다. 11월 6일 다시 열린 부협의회에서 인천 부윤은 어시장 문제는 다시 고려할 점이 있다고 하면서 어시장 부영화와 시장 경영권을 수산회사에 주는 안은 철회하겠다고 선언하여 이 문제는 일단 원점으로 돌아갔다.[19]

이 사안은 1933년 봄에 다시 현안으로 떠올랐다. 당시 인천 부윤은 전에 인천 화방정(花房町) 매축지에 시장을 신축하려 했던 계획을 취소하고, 총독부에서 새로 매축하고 있던 연안 무역지대에 시장을 신축하겠다는 예산을 올려 부회에서 통과되었다.[20] 그리고 이듬해인 1934년 들어 인천 부윤은 새 어시장에 갑매장과 을매장의 두 매장을 만들어, 전자의 사용자는 어업자, 수산물의 중개업자와 수산물의 생산판매를 목적으로 하는 조합으로 하고, 후자의 사용자는 수산물의 위탁판매에 경험이 있는 자와 수산물의 생산판매를 목적으로 하는 공법인(公法人)으로 하는 안을 제안하였다. 즉 갑매장은 조선인 위탁판매업자인 정홍택 상점과 일본인 2명에게 사용권을 주고, 을매장은 수산회사에게 사용권을 준다는 타협안을 제시한 것이다.[21] 이에 대해 일본인측의 수산회사와 직접 관계가 있는 일부

---

18 「어시장 대행권을 수산회사에 줌은 조선인 경영의 어시장을 무시」, 『조선일보』, 1929.11.3.
19 「어시장 문제는 제안을 철회. 부윤 제의에 다수 찬성」, 『동아일보』, 1929.11.8.
20 「인천어시장 8년도에 신설, 장소변경 가결, 다년 현안 해결」, 『동아일보』, 1933.4.1. 조간
21 「어시장 문제로 부회 대혼란」, 『조선일보』, 1934.3.21; 「수산시장문제로 議場계속 혼란, 반대와 질문으로 終始」, 『동아일보』, 1934.3.20. 석간

일본인 의원들이 부회에서 반대하였지만, 여론은 이 안에 대한 찬성으로 흘러가, 결국 1934년 3월 24일 인천부회에서 원안대로 통과되었다.[22]

이듬해인 1935년에는 인천에서 또 송현리 일용품시장 건설 건이 논란이 되었다. 인천부는 부회에 예산을 제출하면서 조선인들이 사는 북촌에 일용품시장을 건설하겠다고 발표했다. 이 시장은 송현리에 건설하며 부지는 1,500평으로 하고, 일용잡화·야채·생선 등을 파는 88개의 상점을 포괄하는 시장으로 짓는다는 것이었다. 여기에 투입되는 예산은 6만 5천5백 원으로 기채를 통해 자금을 동원한다는 계획이었다.[23] 그런데 문제는 그 시장의 기지였다. 인천부에서 발표한 시장 부지에는 주민 37호가 살고 있었다. 주민들은 자신들의 집을 철거하고 시장을 짓는 데 반대하고, 인접한 곳에 공터가 있으니 그곳에 시장을 지으라고 요구하였다.[24] 또 부에서는 이들 주민의 이전비로 1만 원의 예산을 계상하였는데, 주민들은 이전비가 너무 적다고 주장하였다. 부회에서도 조선인 의원들은 주민들의 의사를 대변하여 비판하였고, 일본인 의원들은 시장의 규모가 너무 크다고 비판하였다.[25] 결국 인천부회에서는 논란을 벌인 끝에 시장의 부지를 1,500평에서 925평으로 줄이기로 결정하였다.[26] 이후에도 37호의 주민들은 이전비가 너무 적다면서 계속 철거에 반대하고 도청을 찾아가

---

22 「인천의 중대안 어시 문제 해결, 결국 원안대로 일치 가결」, 『조선일보』, 1934.3.26.
23 「인천 송현리에 일용품 시장 건설, 88상점을 지을 계획, 인가되면 즉시 착수」, 『동아일보』, 1935.3.21. 조간
24 「松峴里시장 문제 반대 물의가 분분」, 『동아일보』, 1935.3.27. 조간
25 「시장문제로 부회에서 논전, 기지문제와 효과도 대론란. 인천부회의 대긴장」, 『동아일보』, 1935.3.31. 석간
26 「송현리일용품시장 예정장소로 결정」, 『동아일보』, 1935.4.2. 조간; 「인천부회 종막-원안 일치가결」, 『조선일보』, 1935.4.2. 조간

진정을 하기도 했다. 인천부측은 주민들과 협상을 계속하여 문제를 해결하였다고 한다. 그러나 이전비는 한 푼도 늘지 않아 주민들은 결국 부 당국과의 협상에서 얻어낸 것이 별로 없는 것으로 보인다. 한편 부 당국은 시장 건설비의 규모를 줄여 41,500원을 기채하기로 하여 부회에 이를 상정하였고, 부회에서는 이를 통과시켰다.[27] 이로써 그해 11월 12일 37호의 가옥에 대한 일제 철거가 시작되었다.[28]

1934, 1935년 당시 인천부회의 의원 분포를 보면 조선인 8명, 일본인 22명으로 일본인 의원들이 압도적으로 많았다. 따라서 조선인 의원들의 목소리는 작을 수밖에 없었다. 어시장 문제는 조선인 어시장 상인들의 힘이 상당하여 부 당국이 그들을 무시할 수 없었던 것으로 보인다. 그러나 일용품시장의 경우에는 힘이 없는 조선인 주민들이 헐값의 이전비를 받고 집을 내어줄 수밖에 없었던 것으로 보인다. 이 과정에서 조선인 의원들은 조선인 주민들의 입장을 충분히 대변하지 못하였다. 수적으로 크게 열세인 조선인 의원들의 영향력은 한계가 있을 수밖에 없었다.

② 대전의 우시장 이전 문제

1936년 대전에서는 우시장 이전 문제가 논란이 되었다. 대전의 우시장은 본래 본정(本町) 2정목에 있던 대전시장 안에 있었다. 1924년에 조선총독부에서 발간한 『조선의 시장』이란 책을 보면, 이 시장은 본정 2정목에 있었고, 5일에 한 번 열리는 사설시장이었다. 거래품목은 농산물, 수산물, 직물, 면사, 도자기, 우마(牛馬), 조수(鳥獸), 신탄(薪炭), 음식물, 일용

---

27 「송현 일용품 시장 원부지로 확정」, 『동아일보』, 1935.10.16. 조간
28 「인천일용품시장 원안대로 遂解決. 12일 일제철거 개시」, 『조선일보』, 1935.11.14. 조간

품 등 다양하였다. 이 시장은 주로 조선인들이 이용하는 시장이었고, 본정통이 본래 일본인들의 집단거주지였지만 이 시장을 이용하는 일본인은 적었다고 한다.[29]

그런데 1933년에 영정(榮町)의 주민 230여 명이 우시장을 영정 피병사(避病舍) 자리로 이전해달라는 청원서를 대전읍에 제출했다. 이유는 우시장이 대전천의 상류지역에 있어 위생상 좋지 못하다는 것이었다.[30] 이때는 대전읍에서 아무런 반응을 보이지 않았지만, 이후에도 영정 주민들은 지속적으로 운동을 펴서, 1936년에 들어와 이 문제가 본격적으로 부의 현안으로 등장했다. 대전읍은 1935년 11월에 읍에서 부로 승격했고, 부회도 조직되었다. 1936년 3월 예산을 다루는 부회에서 우시장의 이전 문제가 대두되었고, 의원들 사이에 갑론을박이 벌어졌다. 결국 3월 29일 회의에서는 우시장을 영정 3정목으로 이전하기로 의결하였다. 이에 우시장이 있던 본정의 시장 주민들은 연일 회의를 열고 대책을 협의했다. 3월 31일 주민들은 우시장의 이전에 절대 반대하며, 일이 이에 이르게 한 공직자들은 모두 사퇴할 것을 요구한다는 결의문을 채택하였다. 이에 따라 시장 소재지의 구장(區長)과 조장(組長) 7명이 사직서를 부 당국에 제출하였다.[31] 이후 시장 측의 상공회의소 의원(일본인 5명, 조선인 1명)도 사직원을 상공회의소에 제출하였다. 그리고 시장 측 부회 의원 5명(조선인 4명, 일본인 1명)도 사직원을 제출하였다. 이후 일본인 의원 2명도 역시 사직원을

---

29 조선총독부, 1924, 『朝鮮の市場』, 327~329쪽.
30 「대전 우시장 이전 청원 제출, 2백30여명 연서로, 榮町 避病舍 자리로」, 『동아일보』, 1933.9.8.
31 「우시장 이전 반대 격화 공직자 총사직을 결의」, 『동아일보』, 1936.4.3. 조간

제출했다.[32] 부회 의원 7명이 사퇴한 가운데, 부회에서는 이 문제를 둘러싸고 논란이 거듭되었다. 당시 대전부 당국의 입장에서는 여자고보 기성회 기금 모집과 대전의 여러 건설 사업을 앞두고, 경제적으로 실력자들이 다수 포진하고 있는 본정의 시장을 무시할 수 없는 상황이었다. 결국 부회 의원들은 부 당국과 협의하여 시장 이전과 관련된 예산의 집행을 1년간 보류하기로 결정하였다.[33] 우시장 이전을 보류시킨 것이다. 이로써 우시장 이전 문제는 사실상 유야무야되고, 본정시장측 상인들의 승리로 끝났다. 사표를 제출했던 공직자들도 모두 사표를 철회했다.

대전의 우시장 이전을 둘러싼 논란은 부회가 이 문제를 섣불리 결정했다가, 기존 시장측 주민들의 강력한 민원에 부딪혀 이를 철회한 것으로, 부회가 평소 지역주민들의 의사를 제대로 반영하지 못하고 있음을 보여준 것이었다. 1935년 11월 20일에 실시된 첫 대전부회 의원 선거에서는 일본인이 20명, 조선인이 7명 당선되었다.[34] 당시 대전부의 유권자는 일본인이 1,524명, 조선인이 250명이었다.[35] 그런데 1935년 말 대전부의 인구는 모두 36,379명이었고, 이 가운데 일본인이 8,811명, 조선인이 27,407명으로, 조선인이 일본인보다 약 3배 많았다.[36] 그런데 유권자는 일본인이 조선인보다 약 6배 많았다. 이처럼 인구와 유권자의 균형이 맞지 않았고, 민족별 유권자의 수에 영향을 받아 일본인 의원이 조선인 의

---

32 「우시장 이전 반대 시장측 부의 총사직」, 1936.4.26. 조간 「부회결의 무시도 불능, 시장이전 문제 미묘」, 『동아일보』, 1936.4.15. 조간

33 「우시장 이전 문제 쌍방 타협으로 遂解決」, 『동아일보』, 1936.6.13. 조간

34 「신설된 3府의 초대 부의원」, 『동아일보』, 1935.11.22. 석간

35 「대전부의 선거」, 『동아일보』, 1935.10.20. 석간

36 『조선총독부통계연보』 1935년판, 24쪽.

원보다 3배나 더 많이 당선되었다. 따라서 부회 의원들이 주민들의 의사를 제대로 대변하는 것을 기대하기는 어려운 상황이었다. 이에 주민들은 주민대회를 열어 부회의 결정에 강력히 저항했고, 부회 의원들은 결국 자신들의 결정을 사실상 취소할 수밖에 없었던 것이다.

그 밖에도 1933년 마산 우시장 이전을 둘러싼 부회의 논란, 1938년 개성 가축시장을 둘러싼 부회의 논란, 1939년 광주의 시장 이전 문제를 둘러싼 부회의 논란, 진주 시장 문제를 둘러싼 부회의 논란 등이 있으나, 이에 대한 설명은 생략하기로 한다.

(3) 조선인 아동의 교육시설 및 교육예산 문제

1930년 제2차 지방제도 개편으로 기존의 일본인 소학교의 학교조합비와 조선인 보통학교의 학교비 예산결산심의는 부회의 제1교육부회와 제2교육부회로 넘겨졌다. 일본인들의 소학교는 사실상의 의무교육이었고, 학교조합비는 예산도 비교적 넉넉하여 큰 문제가 없었다. 그러나 조선인들의 보통학교는 학교 수가 적어 취학연령의 아동을 다 수용하기도 어려웠고, 학교비의 예산도 적어서 이 문제를 해결하기도 어려웠다. 따라서 조선인들의 보통학교 예산을 다루는 제2교육부회에서는 항상 여러 논란이 따를 수밖에 없었다.

1933년 1월에 열린 경성부회의 제2교육부회에서는 조선인 의원들이 여러 가지 희망 사항을 아래와 같이 피력하였는데, 그들의 희망에는 당시 조선인 학교의 여러 문제가 고스란히 드러나 있었다.

첫째, 빈약한 조선현상에 비추어보아 현재의 보통학교 생도 수업료 매달 80전이라는 것은 많으므로 경성부로서는 특히 부형의 부담을 경감하는 의미에서 그 수업료를 내리라는 것.

둘째, 현재의 국고보조, 지방비보조를 좀더 올려 받도록 부 당국은 힘쓰기 바라는 것.

셋째, 해마다 늘 당하는 입학난을 완화할 것.

넷째, 입학아동들의 선발을 공평히 할 것.

다섯째, 현재 18공보교의 소위 후원회라는 것은 일해일리(一害一利)가 있은 즉, 부당국은 이를 엄중히 감독하여 폐해가 없도록 할 일.

여섯째, 궐식아동에 대한 급식문제는 그 가부를 확실히 결정하야 그 필요를 느끼는 때에는 특지가의 기부를 기다릴 것도 없이 부 당국이 사신하야 부비로서 그 실시를 영속할 것.[37]

위의 첫 번째 보통학교 아동들의 수업료의 감하 내지는 폐지 문제는 그동안에도 계속 전국적으로 문제가 되어 왔는데, 경성부에서도 수업료 월 80전을 내리도록 요구한 것이다. 이에 대해 부 당국이나 총독부 당국은 모두 다른 재원이 없기 때문에 불가능하다는 입장을 보여 왔다. 두 번째 국고 보조, 지방비 보조를 늘리는 문제에 대해서도 역시 총독부 당국과 도 당국에서 계속 난색을 보여 쉽지 않은 문제였다. 세 번째 문제는 아래에서 다시 자세히 살펴보기로 한다. 여섯 번째의 궐식아동 급식은 1933년에 독지가의 기부에 의해 이를 처음 실시되었는데, 부 의원들은 이를 부 당국에서 예산을 마련하여 계속 실시하라고 촉구한 것이다. 그러나 경성부 당국에서는 1934년도에 자체 예산을 마련하지 않았고, 기부금

---

37 「보교수업료 감하 입학난 완화책 등 주요 요망 7건을 제안. 제2교육부회 경과」, 『동아일보』, 1933.1.26.

이 떨어지자 급식은 자동 중단되었다.[38]

교육부회에서 항상 논란이 된 것은 보통학교 입학난을 어떻게 해소할 것인가의 문제였다. 특히 경성부에서는 1930년대에 학령 아동이 계속 증가하여 입학난이 심각하였다. 당시 경성부에는 18개의 공립보통학교가 있었다. 당시 경성부학교비(보통학교 교육비)의 세입은 1년에 50만 원 정도였는데, 이는 일본인 소학교 교육비의 세입 1백만 원에 비해 반밖에 되지 않았다. 조선인 가운데 학교비를 내는 이는 2만 3,300명이었고, 따라서 1인 당 평균 부담액은 약 20원 정도였다. 당시 경성부내 18개 학교의 294개 학급의 평균 교육비는 1학급 당 1,500원 정도였다. 그리고 1학급의 교사(校舍)를 건축하는 데에는 약 1만 5,000원이 소요되었다. 늘어나는 학령 아동들을 수용하기 위해서는 학급을 증설하는 수밖에 없었는데, 1학급 증설에는 임시비 1만 5,000원과 경상비 1,500원이 필요했다. 따라서 매년 1학년 10학급을 증설하게 되면 6년간 60학급을 증설해야 하고, 따라서 이에는 매년 상당한 예산이 필요했던 것이다.

경성부는 자체적으로는 이러한 예산을 마련할 방법이 없었고, 따라서 미취학 아동은 계속 늘어날 수밖에 없었다. 1935년 취학해야 할 아동 수는 8,000명 정도로 예상되었는데, 학교에서 수용할 수 있는 인원은 4,500명 정도밖에 되지 않았다. 따라서 3,500명 정도는 취학할 수 없는 상황이었던 것이다.[39] 때문에 경성부와 경성부회에서는 학교비에 해당하는 호별세의 증세를 거론하기도 하였다. 그러나 총독부 재무국측에서는 그 직전에 제

---

38 「궐식아동 급식제도 실시 1년만에 폐지」,『동아일보』, 1934.1.13. 조간
39 「잠정학급증설도 완료로 우심할 明春 입학난. 학령아동까지도 자연증가」,『동아일보』, 1934.12.21. 조간

3종 소득세라는 새로운 세제를 만들어 조선인들의 부담이 커졌기 때문에 호별세를 증징하기는 어렵다는 입장을 취하고 있었다. 이에 경성부회의 조선인 의원들은 일본인 교사와 교장들이 받고 있는 가봉과 사택료를 폐지하자는 주장을 내놓았다. 당시 일본인 교장과 교사가 받는 가봉과 사택료는 무려 15만여 원에 달하고 있었다. 15만 원은 100학급의 경상비에 해당하는 거액이었다. 따라서 이의 폐지를 들고나온 것이다.[40] 당시 보통학교의 교장은 대부분 일본인이었고, 일본인 교사는 전체 교사의 3분의 1 정도를 점하고 있었다. 총독부는 조선인 아동들의 교육을 동화교육으로 이끌기 위해서는 이들이 필요하다고 보았고, 따라서 일본으로부터 많은 수의 일본인 교사를 초빙하여 데리고 오고 있었다. 일본인 교사들이 조선에 오는 이유는 본봉과 맞먹는 액수의 가봉이라는 인센티브가 있었기 때문이었다. 만일 가봉과 사택료를 폐지한다면 일본인 교사들이 조선에 올 이유가 없었다. 따라서 1920년대부터 수많은 군의 학교비평의회에서 일본인들의 가봉과 사택료 제도를 폐지하라고 요구했지만 총독부는 이를 한사코 거부해왔다. 1930년대 들어 경성부회와 여러 부회에서도 같은 요구를 했지만 총독부는 들은 척도 하지 않았다.[41]

이 문제는 1936년의 경성부회 제2부교육회에서 다시 또 문제가 되었다. 이때 유승복 의원의 발언을 보면, 경성부 내 18개 공립보교의 교직원 봉급을 보면 3만 37,954원인데, 그 가운데 가봉을 받는 일본인 교장 17인의 가봉액이 1만 3,219원이고, 가봉을 받는 96인의 일본인 교사의

---

40 「과대증세는 實現難, 普校학급증설 절망, 소득세 관계로 재무국 증세 반대, 주목되는 교육부회 간담회」, 『동아일보』, 1935.1.31. 석간

41 이에 대해서는 박찬승, 2018, 「일제하 공립보통학교의 일본인 교원 임용을 둘러싼 논란」 『동아시아문화연구』 75, 한양대 동아시아문화연구소를 참조할 것.

가봉액이 4만 2,854원이었다. 개인별로 보면, 가봉이 없는 조선인 교사의 1년 봉급은 620원이었는데, 가봉을 받는 일본인 교사의 1년 봉급은 1,496원으로 2배가 훨씬 넘었다. 따라서 제2부의 교육비 부채가 100만 원을 바라보고 있는 상황에서 가봉을 받는 교사 대신 가봉을 받지 않는 교사를 써서 경비를 절약하는 것이 필요하다고 그는 주장하였다. 이에 대해 경성부의 일본인 학무과장은 '도저히 바랄 수 없는 희망'이라고 일축하였다.[42] 총독부 학무국의 방침을 거스를 수 없다는 말이었다.

한편 1935년 대구부회에서는 도청에서 대구부에 주는 교육비 보조에 차별이 있다 하여 문제가 되었다. 즉 1935년도 예산안에 일본인들의 교육비에 대한 보조비는 4만 8,000원이 계상되었고, 조선인들의 교육비에 대한 보조비는 5,038원밖에 계상되지 않았던 것이다. 이에 조선인들의 제2부 교육회는 두 차례나 유회가 되었고, 조선인 의원들은 3명을 대표로 선정하여 경북도청에 찾아가 그 근거를 추궁하였다. 그러나 도청측은 대구부측에서 그렇게 요청하였기 때문에 어찌할 수 없다고 답변하였다.[43] 이 문제에 대해서는 뒤에 도회 부분에서 다시 자세히 보도록 한다.

(4) 전기 부영화 문제

앞서 제5장에서 보았지만, 1920년대에 여러 지방도시에서는 전기사업의 공영화와 관련한 논의와 운동이 전개되었다. 그 결과 평양·겸이포·사리원에서는 전기사업의 공영화가 이루어졌다. 이들 지역만이 아니라

---

42 「부채 백만 원대이니 가봉교장 폐지하라 제2부 교육부회에서 긴문건」, 『동아일보』, 1936.2.15. 조간

43 「교육비 보조 차별문제 해결」, 『동아일보』, 1935.4.26. 조간

경성을 비롯하여 전국 각지의 부에서는 1920년대 후반부터 1930년대 초반까지 전기사업의 부영화(府營化)가 큰 쟁점이 되었다. 이에 따라 각 부의 부회에서도 이 문제를 중점적으로 다루지 않을 수 없었고, 부영화를 둘러싸고 부의원들의 파벌이 나뉘는 등 부영화 문제의 파장은 매우 컸다. 여기서는 당시 부영화운동과 부회의 관련에 대해 경성부회를 중심으로 살펴보기로 한다.

경성에서의 전기부영화 문제는 이미 1920년대 중반부터 제기되었다. 경성에서의 전기사업은 당시 경성전기주식회사에 의해 독점적으로 운영되고 있었다. 이 회사는 1909년 일한와사주식회사가 한미전기주식회사를 인수하여 일한와사전기주식회사로 개칭하고, 1915년 다시 경성전기주식회사(이하 '경성전기'로 약칭함)로 개칭한 것이었다. 경성전기의 사업은 전차·전등·전력·가스의 네 부분으로 이루어져 있었다. 전차 승객은 1920년대 후반에는 일일 평균 승객이 10만 명을 넘었고, 전등 보급도 1930년경에는 60%에 이르고 있었다. 또한 공장의 동력도 전력을 주로 이용하는 등, 1920년대 후반에 이르면 경성지역에서 전기는 이미 생활필수품이 되고 있었다. 이와 같은 수요 확대와 지역 독점경영에 의해 경성전기는 1920년대에 계속해서 12%의 높은 주식배당을 할 수 있었다.[44]

그러나 경성 부민들은 경성전기에 대해 많은 불만을 갖고 있었다. 지역주민들은 비싼 전기요금, 경성전기회사의 폭리, 주주의 구성과 본점의 위치(도쿄), 질 낮은 설비와 서비스 등에 불만을 갖고 있었다. 특히 북촌의 조선인 주민들은 가로등의 편재, 전등의 촉광 차이, 전차노선의 미비 등에

---

44 김제정, 2000, 「1930년대 초반 경성지역 전기사업 부영화운동」, 『한국사론』 43, 서울대 국사학과, 138~140쪽.

불만을 가졌다. 결국 1920년대 중반부터 경성에서는 전기요금 인하, 전차 요금 구역제 철폐 등을 요구하는 목소리가 높아졌고, 이를 해결하는 방안으로 '전기사업의 부영화' 여론이 높아지기 시작했다. 이런 논의는 먼저 부협의회에서 시작되었다. 부협의원들은 1920년대 중반부터 경성부에 전기사업의 부영화에 대한 의견을 묻기 시작했다. 1929년에는 부협의회 회원들이 전기사업의 부영화를 건의하는 진정서를 총독부에 제출하기도 했다. 그리고 1930년 가을에는 부협의원들이 공영사업에 대한 조사를 시작했고, 1931년에는 아예 공영사업준비금을 예산에 계상하여 전기사업의 부영화를 본격적으로 추진할 것을 경성부윤에게 요구하기도 하였다.[45]

경성부도 추진 중이던 도시계획 사업의 재원 확보를 위해 전기사업의 공영화를 긍정적으로 검토하기 시작했다. 경성부에서 낸 1927, 1928년의 조사서들에서는 전기사업과 같이 도시 발달, 산업 진보에 중대한 관계가 있고, 부민의 일상생활과 밀접한 관계가 있는 사업은 공기업으로 하는 것이 타당하다고 주장했다. 경성부는 경성부민의 이익 옹호를 명분으로 하고, 도시계획사업의 재원 확보를 목표로 하여 전기사업의 공영화를 주장하고 나섰다. 언론도 이에 보조를 같이하여 전기사업의 부영화를 지지하는 사설과 기사들을 게재하였다. 이들은 전기사업은 민중의 생활필수품인 동시에 성질상 독점적이고 공공사업에 속하는 것이므로 공영으로 하는 것이 옳다고 주장하였다.[46] 제5장에서 본 것처럼 평양에서는 1920년대에 전기사업의 부영화가 이루어져 전기요금 인하가 이루어졌고, 사업 매수를 위해 발행한 공채를 계획대로 상환하면서도 남은 잉여금을 부재

---

45 김제정, 2000, 앞의 글, 143~144쪽.
46 김제정, 2000, 위의 글, 144~145쪽.

정에 편입시키는 등 긍정적인 결과를 낳고 있었다.[47] 일본에서도 인구 20만 이상의 대도시에서는 대부분 전기사업이 공영화되는 추세였다. 경성에서의 전기 부영화 문제는 이러한 타 도시의 전기공영화로부터 큰 영향을 받고 있었다.

경성에서의 전기부영화운동이 1930년대 초반에 활성화된 것은 경성전기의 독점영업기한이 가스는 1932년 6월, 전기는 1933년 1월에 만료된다는 사실과 깊은 관계가 있었다. 즉 이들 기한이 만료되어 연장되기 전에 이 문제를 결정해서 부영화해야 한다는 절박감이 있었던 것이다. 그리하여 1929년 경성부협의회 선거 때부터 이미 전기부영화 문제가 주요 이슈로 등장했고, 1930년 2월 부협의회가 열리자 부의원 6명이 경성부영전기조사위원회 설치를 요구하는 등 그 세력이 점차 확산되고 있었다. 그런 가운데 1931년 지방제도 개편에 따른 경성부회 의원 선거가 있었고, 선거에 출마한 이들은 대부분 전기사업의 공영화를 공약으로 내걸었다.[48]

1931년 5월 선거로 경성부회가 출범한 뒤, 7월 1일 새로 구성된 경성부회의 의원 23명의 제안과 4명의 찬성으로 '전기가스 부영안의 의견서'가 경성부회에 제출되면서 이 문제는 급물살을 타기 시작하였다. 재적의원 48명의 과반수 찬성으로 의견서가 제출되었기 때문에, 이 안은 통과가 확실시되었다.[49] 이에 각 정과 동의 총대들이 이를 지지하고 나섰다. 경성부의 조선인 총대들은 7월 6일 정동총대연합회 임시총회를 열고 부영을

---

47 오진석, 2009, 「1930년대 초 전력산업 공영화운동과 경성전기」, 『사학연구』 94, 한국사학회, 183쪽; 김경림, 1996, 「1920년대 電氣事業府營化運動 – 平壤電氣府營化를 중심으로」, 『백산학보』 46, 백산학회 참조.
48 김제정, 2000, 앞의 글, 151~152쪽.
49 오진석, 2009, 위의 글, 188쪽.

결의하고 73명의 연명으로 경성부윤에게 의견서를 제출하였다. 또 종로를 중심으로 조선인 상인과 자본가들이 연합하여 만든 경성상공협회에서도 7월 27일 경성상공업자대회를 열어 도로개수와 전기가스 부영화 촉진을 주장했다. 그리고 25일에는 정동 총대와 경성상공협회의 주요 인물들이 대거 참여한 '경성전기가스부영기성회'를 구성하였다. 이에 자극받은 일본인 정동 총대들도 결집하여 조선인 총대들과 함께 남북연합경성전기가스부영기성회를 조직하여, 8월 2일 부민대회를 열고 빠른 시일 내에 전기가스의 부영화를 단행하기로 결의했다.[50]

그러나 경성전기측도 이에 대해 나름의 대비책을 세워두고 있었다. 1929년 경성부협의회 선거 때 경성전기 서무과장 모리 히데오(森秀雄)를 출마시켜 적극적인 선거운동으로 최다 득표로 당선시켰다. 1931년 경성부회 선거 때에도 다시 그를 출마시켜 역시 득표 1위로 당선시켰다. 또 법률고문 변호사인 데라다 사카에(寺田榮)도 출마시켜 6위로 당선시켰다. 이들은 경성부회 내에서 자사에 우호적인 의원들을 통해 자파의 세력을 늘리기 시작하였다. 그 결과 경성전기는 일본인 의원 6명, 조선인 의원 8명 등 14명을 부영화에 사실상 반대하는 세력으로 포섭하였다. 이들은 당장 부영화를 하는 것보다는 면밀한 조사와 심의를 선행하자고 주장하였다. 이들은 이후 '조사파'라고 불렸다. 경성전기는 부영화에 회의적인 여론을 만들기 위해 조사파의 핵심인 이시모리 히사야(石森久彌)가 사장으로 있던 『조선공론』과 그 자매지인 『조선신문』, 그리고 경성전기에 우호적인 『조선경제일보』와 『경성일보』의 지면을 적극 활용했다.[51] 당시 경

---

50 오진석, 2009, 앞의 글, 188~189쪽.
51 오진석, 2009, 위의 글, 192~194쪽.

성전기측의 부영화 반대의 논지는 전기사업을 공영으로 할 경우 전기요금이 더 비싸게 될 수 있고, 도시지역만의 전기 공영은 향후 농촌지역 전기 공급에 장애를 초래할 것이며, 일본 자본의 조선 유치가 어려워져 산업개발이 저해될 수 있다는 것이었다.[52]

그러나 경성부회 내에서는 아직 '부영화파'가 다수였다. 1931년 8월 9일 경성부회는 이 문제를 둘러싸고 6시간 반 동안 찬반토론을 거쳐 부영화안을 표결에 부쳐 31대 15로 통과시켰다. 이후 경성부회 의원들은 경성부회 내에 경성전기가스사업부영준비위원회를 설치하고, 총독부 등 관계 관청을 방문하여 부영화를 진정했다. 경성부도 부영화를 추진하기 위해 부영계를 설치하는 등 부영화 준비에 착수했다.[53]

그러나 경성전기도 쉽게 물러서지 않았다. 경전 사장 오하시 신타로(大橋新太郎)는 일본 정계와 재계에 상당한 인맥을 구축하고 있었고, 이를 통해 조선총독부를 움직이기 시작하였다. 경성전기는 1930년 10월에 이미 조선총독부에 관민합동의 부영화와 관련한 조선전기사업조사회를 구성할 것을 제의했고, 총독부는 이를 받아들였다. 1931년 새 총독으로 우가키가 부임해오고, 전기민영화론자인 이마이다 기요노리(今井田淸德)가 정무총감으로 부임하여 조선전기사업조사회의 위원장을 맡아 경성전기에 우호적인 분위기가 형성되었다. 1931년 10월에 열린 조사회의 제2회 회의에서는 발전, 송전, 배전을 분리하여 송전간선망은 국영으로 하고, 송전지선과 발전, 배전 부문은 민영을 유지하며, 배전회사는 전국을 5구역으로 나누어 통합하기로 결정했다. 또 필요한 경우에는 발송배전 통합의

---

52 오진석, 2009, 앞의 글, 198쪽.
53 오진석, 2009, 위의 글, 196쪽.

민영회사도 인정하기로 했다. 조사회는 이를 총독부 측에 답신안으로 제출했다.

총독부에서는 이를 검토한 뒤, 12월 17일 이마이다 정무총감이 나서서 직접 배전회사의 공영화 반대 방침을 성명으로 밝혔다. 공영화가 효율적인 전력통제정책의 추진에 방해가 되고 기업심 위축과 투자유치 저해로 인해 전기사업의 발달과 보급에 장애가 될 우려가 있어 반대한다는 것이었다.[54] 이에 대해 『동아일보』는 사설을 통해 "이와 같은 너무나 노골적인 기업가 옹호의 의사가 당당히 성명으로 발표된다는 데 대하여 우리는 먼저 아연자실할 수밖에 없다"면서, "조선에 투자를 유치하기 위하여 사업가에게 되도록 유리한 조건을 제공하자는 것을 무조건 찬성할 수 없는 것은 물론이다. 이것은 오직 조선의 대중생활의 이해와 저촉 아니되는 한에서만 용허할 수 있는 것이다. 이제 전기사업의 발달에 대해서도 일반인민의 의사를 무시하고 그 이익을 침해하는 것이라 할진대 우리는 아무리 사업의 발달이 급속하더라도 이를 단호히 반대해야 할 것"이라면서, 전기사업의 민영론에 대해 비판하였다.[55]

경성부회의 부영화파도 계속 추진을 천명하였다. 그러나 경성부회의 의장을 겸임하고 있던 경성부윤 이노우에 기요시(井上淸)는 정무총감과 경기도지사의 지시를 받아 상급기관의 결정을 존중할 수밖에 없다는 이유를 들어 부영화안을 더 추진할 수 없음을 밝혔다. 경성부회 의원들은 결의기관인 부회의 권위를 무시한 처사라면서 권고사직, 불신임안 제출

---

54 「민중의 열망과 배치, 전기민영안 찬성, 담화형식으로 총감 성명」, 『동아일보』, 1931.12.18.
55 「(사설) 電氣公營에 대하야 – 당국자의 반성을 促함」, 『동아일보』, 1931.12.19.

등으로 경성부윤을 압박하고, 총독을 방문해 강력히 항의했지만 이미 대세는 기울어진 뒤였다. 일부 부회 의원들은 사퇴를 추진하기도 했지만 이탈자가 속출하여 15명만 사직원을 제출했을 뿐이었다.[56]

경성전기는 부회 내의 조사파 의원들을 통해 '대안'을 마련하자는 제안을 내놓았다. 1932년 1월 정무총감도 부영화를 보류하는 대신 경성전기의 본사를 경성으로 이전하고, 100만 원 이상을 경성부에 기부하며, 전기요금을 인하하고, 교외 전차요금을 통일하는 등 성의를 보여야 한다고 경성전기에 성의표시를 요구했다. 이후 경성부회는 대안 마련에 나서서 경성전기의 본사 이전, 증자 시 경성부에 우선인수권 부여, 배당률을 제한하고 순이익에서 배당금을 제외한 금액의 2분의 1을 경성부에 분배할 것, 전기와 가스요금을 대폭 인하할 것 등을 대안으로 경기도에 제출했다. 경기도는 경성전기와 협상에 나섰다. 결국 경성전기측은 경성전기의 본사 이전, 경성부와 인근 읍면에 110만 원 기부, 증자시 조선에서도 공모하고 지방공공단체에 호의 있는 고려, 회사 수지가 허락하는 범위 내에서 전기와 가스요금 인하 노력 등의 사항을 받아들였다. 경성부회가 요구한 9개 사항 중에서 4가지 사항은 전혀 받아들여지지 않았지만, 경성부회는 이 타협안을 받아들였다. 결국 경성부회와 정동총대, 중소 상공업자들이 추진한 부영화는 좌절되고, 경성전기는 이후 35년간의 영업권 재인가를 받을 수 있었다.[57] 그리고 총독부는 이를 토대로 1932년 2월 17일에 「조선전기사업령」을 공포했다.

당시 전기가스 부영화 움직임은 경성부에서만 있었던 것이 아니었다.

---

56   오진석, 2009, 앞의 글, 197~203쪽.
57   오진석, 2009, 위의 글, 204~209쪽.

함흥부의 경우에도 1931년 10월 7일 부회에서 부영안을 가결시켰다. 그러나 이마이다 정무총감의 성명이 나오자 12월 20일 "이마이다 정무총감의 전기 공영에 대한 공표의 의견은 절대 반대함, 정무총감의 일반적 의견에 주저하지 않고 부영화 일로에 매진할 것" 등을 다시 결의하였다.[58] 그러나 이후 함흥부의 부영화안도 사실상 좌절되었다. 진남포의 부회에서도 1931년 9월 9일 만장일치로 전기 부영화안을 가결시켰다. 그리하여 전기회사측과 매수교섭을 진행하던 중에 이마이다 정무총감의 성명이 나와 진남포의 부영화안도 사실상 좌절되었다.[59]

경성부회, 함흥부회 등의 전기가스사업 부영화안이 좌절된 것은 당시 지방자치 의회의 의결 사항이 조선총독부 권력과 그 배후에 있던 일본 독점자본에 의해 부정당한 것을 의미한다. 이 사건은 당시 지방자치 의회의 권위와 힘이 얼마나 취약했는지를 말해 주는 하나의 사례였다. 당시 언론에서는 이 사건은 지방자치제를 유린한 것이라고 맹렬히 비난하였는데, 이에 대해서는 뒤에서 다시 보기로 한다.

---

58 「전조선 전기공영운동 大觀」, 『동아일보』, 1932.1.1.
59 위의 글, 『동아일보』, 1932.1.1.

2. 읍회와 면협의회의 운영과 쟁점

1) 읍회와 면협의회 의원의 구성

앞서 제8장에서 본 읍회와 면협의회 선거 결과를 정리한 것이 〈표 9-4〉이다. 이에서 보면, 읍회의 경우에는 1931년과 1935년 선거에서는 조선인 당선자들이 일본인 당선자보다 약간 많았고, 1939년부터는 거의 2배가 될 정도로 우세하게 되었음을 알 수 있다. 이는 읍의 숫자가 크게 늘어나면서 읍의 조선인 인구와 유권자 수가 크게 늘어났기 때문이다. 그러다가 1943년 추천제가 실시되면서 조선인 당선자의 비율이 다소 줄어든 모습을 볼 수 있다.

면협의회의 경우에는 1931년부터 계속해서 조선인 당선자가 95% 안팎을 점하고 있음을 볼 수 있다. 이는 면 단위 지역에는 그만큼 일본인들의 인구와 선거권자가 적었기 때문이다.

〈표 9-4 〉 읍회·면협의회의 당선자 수 및 비율

연도	읍회				면협의회			
	당선자 수(명)		당선자 수 비율(%)		당선자 수(명)		당선자 수 비율(%)	
	조선인	일본인	조선인	일본인	조선인	일본인	조선인	일본인
1931	259	247	51.2	48.8	23,144	1,150	95.3	4.7
1935	346	275	55.7	44.3	21,981	1,198	94.8	5.2
1939	557	307	66.4	33.6	21,585	999	95.6	4.4
1943	822	484	62.9	37.1	20,634	1,407	92.1	7.9

출전: 제8장의 각 연도 총선거 서술 부분을 참고하여 정리

그러면 이때 새로 만들어진 읍회의 의원들은 어떤 이들이었을까. 1931년 면에서 읍으로 승격한 여러 읍 가운데에는 전주읍이 있었다. 여기에서 전주읍의 사례를 살펴보자. 전주읍에서는 1931, 1935년 두 차례에 걸쳐 읍회 선거가 있었다. 1935년 11월에는 부로 승격하여 다시 부회 선거가 있었다. 〈표 9-5〉는 1931년과 1935년 두 차례 읍회의원으로 선출된 조선인과 일본인이다.[60]

〈표 9-4〉 전주읍 읍회 의원 명단

기수	기간	의원 명단	출전
제5대 (읍회)	1931.5~1935.	姜完善, 金奉斗, 金昌熙, 申時澈, 林澤龍, 柳直養, 徐漢旭(1931.10.28.사표) 1931.11.20 보선 : 印昌桓 (7명) 松本福市 大坪三津男 加瀨雄三 古屋野正治 富川理七 上野茂雄 久永麟一 (1931.11.20 보선 : 武內勝次 大木良作 高瀨七藏) (7명)	『매일신보』 1931.5.22. 호외
제6대 (읍회)	1935.5~1935.11	曺東玫, 元炳喜, 白南赫, 柳重鎭, 李範璇, 申時澈, 朴泳恩 (7명) 松本福市 久永麟一 大木良作 加瀨雄三 古屋野正治 武內勝次 高瀨七藏 (7명)	『매일신보』 1935.5.22.

위의 일본인과 조선인 의원 가운데 이전의 면협의회와 이후 부회에서 2선 이상을 한 주요 인물들의 경력을 살피면 다음과 같다.

○ **조선인 의원**

인창환(印昌桓, 2, 4, 5, 7대)

금융업, 1920년 삼남은행 이사, 1923년 전주무진(주)의 중역, 1924~1939,

---

60 이하의 분석은 박찬승, 2018, 「일제하 전주의 일본인·조선인 유력자층」, 『전주학연구』 12, 전주역사박물관을 참조하여 서술함.

면협의회, 부회 의원, 1933년 전주금융조합 대표, 1936년 중추원 참의. 1930년대 151정보 농지소유. 유치원 설립, 1937년 기전·신흥학교 부흥을 위해 10만 원 기부.[61]

강완선(姜完善, 3, 5, 7대)

1915년 와세다대학 졸업, 1918년 조선총독부 검사로 진주, 목포 등의 법원에서 근무, 1923년 퇴직 후 전라북도 전주에서 변호사로 활동, 1924년 민선 도평의원, 도회 부의장, 전주변호사회 회장.[62]

신시철(申時澈, 5, 6, 7대)

1913년 3월 사립 전주신흥학교 졸업, 1915년 3월 사립 경성경신학교 졸업, 1918년 9월 도쿄 미타영어학교(三田英語學校) 졸업, 1923년 동경고등상업학교 졸업, 1915년 3월부터 1916년 1월까지 금산사립심광학교 교원을 지냄, 1923년 4월부터 약종상에 종사, 1924년 10월 조선일보 전주지국장이 되었고, 기자를 겸함. 이후 전북노동운동연맹 회원으로서 전주, 이리, 경성 등을 내왕하며 노동운동에 종사함. 1925년 4월부터 1926년 3월까지 경성부 외 숭인면 신설리 소재 조선어학당 및 정신여학교 교사를 지냄. 서울청년회에서 활동. 1929년 비밀결사 조직 혐의로 체포되어 조사를 받았으나 무혐의 석방. 1931년부터 읍

---

61 한국농촌경제연구원편, 1985, 『농지개혁시 피분배지주 및 일제하 대지주 명부』, 한국농촌경제연구원, 186쪽; 전주상공의소편, 1938, 『商工の全州』, 전주상공회의소, 44쪽; 조선총독부편, 『조선총독부급소속관서직원록』 36~38쪽; 『朝鮮銀行會社要錄』 (1923~1939판)

62 조선공로자명감간행회, 1935, 『조선공로자명감』, 민중시론사, 352쪽; 鎌田白堂 著, 1936, 『朝鮮の人物と事業-湖南篇 第1輯』, 실업지조선사출판부, 297쪽.

회, 부회에 의원으로 참여.[63]

김봉두(金奉斗, 4, 5대)
1910년 전라북도 서기, 1913년 이후 임실, 금산군, 정읍 등의 군수, 1923년 전북 내무부 권업과 이사관, 1925년 전라북도 산업과장, 1929~1935년 면협의회, 읍회 의원, 1932년 전주읍 부읍장. 1936년 이리 부읍장.[64]

김창희(金昌熙, 5, 7대)
1920.5.전주청년구락부 참여. 1921년 동아일보 전주지국장. 1930.5. 전주민우회 이사.[65]

임택룡(林澤龍, 5, 7대)
1916년 임시토지조사국 기수보(技手補), 1917년 기수. 이후 일본에 유학. 1920, 1921년 유학생순회강연단 참여, 1921년 유학생 동우회 회원, 흑도회(黑濤會) 회원. 1922년 4월, 동경치과의학전문학교 졸업, 세브란스 병원에서 근무 뒤 1924년 6월 전주에서 '임치과' 개업. 1924년 8월 전주청년회 지육부장, 1925년 전주청년회 지육부 위원. 1927년 신간회 전주지회 참여.[66]

---

63 조선인사흥신록편찬부, 1935, 『조선인사흥신록』, 조선신문사, 236쪽.
64 「全州副邑長 金奉斗 씨로 임명」, 『매일신보』, 1932.3.22; 「裡里副邑長에 金奉斗 씨 취임」, 『매일신보』, 1936.2.26.
65 「본사 전주지국 지국장 김창희 씨」, 『동아일보』, 1921.3.3; 「전주민우회 임시총회」, 『매일신보』 1930.5.7.
66 「異彩를 放하는 新人物, 동경류학생의 금년졸업생 중에 성적우수하고 명망잇는 사람

박영은(朴泳恩, 6, 7대)

1915~1925년 광주지방법원 정읍지청. 전주지청, 군산지청 통역생 겸 서기, 1926~1931년 전주지방법원 서기.[67]

백남혁(白南赫, 6, 7대)

금융업 (보험대리), 1931년 전주어채(全州魚菜) 이사, 1935년 삼화상회(토지가옥의 매매 및 임대차, 곡물, 농구의 매매 등) 대표. 1936년 조선지업(주) 전무취체역.[68]

원병희(元炳喜, 6, 7대)

1925~1929년 전주지방법원 검사국 검사.[69]

위에서 보면, 조선인으로서 의원이 된 이들은 주로 금융업자, 상공업자나 관직 경력이 있는 이들이었다. 류명중, 인창환, 강완선은 전주민우회에 참여한 경력이 있는 인물들이었다. 이처럼 의원이 된 인물들은 대체로 이러한 사회경제적 기반을 바탕으로 의원이 되었다고 볼 수 있다. 다소 특이한 인물로서는 신시철과 임택룡을 꼽을 수 있다. 신시철은 교사와 노동운동 경력이 있는 인물이었고, 임택룡은 전주청년회와 신간회 전주지

들」, 『동아일보』, 1922.4.3; 「林澤龍齒科醫好評(全州)」, 『동아일보』, 1924.6.27; 「전주청년회 간부 총사직, 모신문기사 관계로」, 『동아일보』, 1924.8.12; 「대회 소집 준비」, 『동아일보』, 1927.11.18.

67 조선총독부편, 『조선총독부급소속관서직원록』 1928~1931년도

68 中村資良, 1939, 『朝鮮銀行會社要錄』; 전주상공회의소편, 1938, 앞의 책, 48쪽; 전주부편, 1943, 『全州府史』, 전주부, 876쪽.

69 조선총독부편, 『조선총독부급소속관서직원록』 1925~1929년도.

회에 참여한 인물이었다. 이들이 읍회, 부회에 참여하게 된 배경에 대해서는 자세히 알 수 없으나, 결국 '체제에 대한 저항'에서 '체제 내 견제'로 노선을 바꾼 것이 아닌가 생각된다.

○ **일본인 의원**

마쓰모토 후쿠이치(松本福市, 2, 3, 4, 5, 6, 7대)

1883년 돗토리현출생. 1907년 한국에 와서 군산에 거주. 1910년 전주로 이전하여 마쓰모토운송점을 시작. 이어서 무순탄(撫順炭), 일본탄(日本炭)의 총판매점 개설. 1924년 주식회사 삼남은행 감사역, 조선운수계산주식회사 감사역. 1930년 호남트럭주식회사를 조직하여 이사가 됨. 마쓰모토운송점을 조선운송회사로 합병하고 조선운송회사 전주지점장, 후에 군산지점 지점장이 됨. 전주읍회 의원, 소방조 조두, 조선소방협회 평의원 역임.[70]

가세 유조(加瀨雄三, 2, 3, 4, 5, 6, 7대)

1907년 조선으로 건너옴. 경성의 신궁양행(新宮洋行)에서 근무. 전주의 전라북도도립자혜의원에 근무. 1914년 퇴직하고 주장유상(酒醬油商) 개업. 청주와 장유(醬油)의 판매량 격증. 전주 상공회장 추대. 면협의원. 전주무진주식회사 상무이사.[71]

---

70 조선공로자명감간행회, 1935, 앞의 책, 558쪽; 조선인사흥신록편찬부, 1935, 앞의 책, 446쪽; 鎌田白堂, 1936, 앞의 책, 308쪽.
71 조선인사흥신록편찬부, 1935, 위의 책, 102쪽; 조선공로자명감간행회, 1935, 위의 책, 108쪽.

다케우치 가쓰지(武內勝次, 2, 3, 5, 6대)

1894년 청일전쟁에 종군. 1904년 러일전쟁에도 참가. 1906년 9월 한국으로 건너가. 全州에서 거주. 농사경영 및 이 외 일에 종사하여 1935년에 이름. 그간 금융조합 평의원을 10년 이상 역임함 공로로 1933년에 전라북도 지사로부터 표창을 받음. 전주읍회 의원 역임.[72]

오쓰보 미쓰오(大坪三津男, 2, 3, 5,7대)

1925년 당시 축산조합 직원, 학교조합 의원(4,5,6,7,8,9기), 면 서기, 1936년 7월 자동차운수사업 면허를 양도받음.[73]

오키 료사쿠(大木良作, 2, 5, 6대)

1884년 야마구치현에서 출생. 1898년 2월 상업 견습을 위해 조선으로 건너와 경상남도 부산의 다카노오(高野尾)잡화점에서 근무함. 1904년 러일전쟁에 종군하고 1907년 만기제대 귀국, 1907년 다시 조선에 건너와 전주에서 잡화상을 개업, 이후 철물점으로 전업. 1923년 전주무진주식회사 대표, 1931년부터 자동차판매업을 겸영. 전주상공회 회장, 전주읍회 의원, 1924년 전북 도평의원(민선). 전주재계의 일인자로 꼽힘.[74]

---

72 조선인사흥신록편찬부, 1935, 앞의 책, 287쪽; 「전주정계의 원로, 武內勝次」, 『부산일보』 1930.7.10.
73 『조선총독부관보』 제2855호, 1936.7.20
74 조선인사흥신록편찬부, 1935, 위의 책, 81쪽; 鎌田白堂, 1936, 앞의 책, 303쪽; 中村資良, 1935, 앞의 책.

허사나가 린이치(久永麟一, 5, 6, 7대)

1877년생, 미야기현 출신, 1910년대 변호사, 1921년 학교조합 관리자, 1923년 전주시민회 회장, 1925년 전주면 면장, 1930년대 도회 의원.[75]

다카세 나나조(高瀨七藏, 5, 6, 7대)

1907년 5월에 한국에 건너와 1908년에 경성 남대문통 한호(漢湖)농공은행에 입행해, 공주지점, 춘천지점, 경성본점 등에서 근무함. 1918년에 조선식산은행 창립과 동시에 동 은행으로 옮김. 김천지점 근무를 거쳐, 1924년 3월에 대구부 봉산정에 다카세(高瀨)신탁상회를 세움. 1927년 11월부터 승합자동차업을 경영하여 1935년에 이름. 삼남자동차상회 설립, 전주읍회 의원, 전주상공회의소 평의원.[76]

고야노 쇼지(古屋野正治, 5,6,7대)

얼음판매상.[77]

우에노 시게오(上野茂雄, 4,5대)

전주면협의원.[78]

위에서 보는 것처럼 일본인 의원들은 한두 명의 변호사나 관직경험자

---

[75] 조선인사흥신록편찬부, 1935, 앞의 책, 386쪽; 조선공로자명감행회, 1935, 앞의 책, 167쪽; 鎌田白堂, 1936, 위의 책, 265쪽.

[76] 조선인사흥신록편찬부, 1935, 위의 책, 276쪽.

[77] 전주상공회의소편, 1938, 앞의 책, 45쪽.

[78] 「각지 부면의 당선 발표」, 『중외일보』, 1929.11.22.

를 제외하면 거의 대부분이 상공업자, 금융업자였다. 즉 일본인 상공업자, 금융업자들은 이러한 지방 공직에 진출하는 데 상당히 적극적이었던 것이다. 그것은 공직 진출이 자신들의 사업에 유리하게 작용하리라고 기대하였기 때문일 것이다. 이상 전주읍의 사례를 들어보았는데, 다른 지역도 이와 대동소이하였을 것으로 추정된다. 읍회의 경우, 읍 차원에서의 부호들, 즉 주로 상공업자와 금융업자들이 지방통치의 협력세력으로 참여하고 있었던 것이다.

2) 읍회와 면협의회의 권한과 회의 진행

1930년 12월에 제령 제12호에 의해 제정된 「읍면제」에 따르면, 읍회의 의장은 읍장이, 면협의회 의장은 면장이 맡게 되어 있었다. 읍회 의원 또는 면협의회 의원 중 궐원이 발생한 경우 그 수가 의원 혹은 협의회원 정원의 6분의 1을 초과한 경우, 또는 읍면장이 필요하다고 인정하는 경우에는 보궐선거를 실시해야 한다고 되어 있다.[79]

그러면 읍회와 면협의회는 어떤 권한을 갖고 있었을까. 「읍면제」에 따르면, 읍회와 면협의회의 심의사항은 거의 같았다. 읍회 권한을 살펴보자.

제13조 읍회는 법령에 의해 그 권한에 속한 사항 외에 읍에 관한 다음의 사안을 의결한다.
1) 읍규칙을 제정 또는 개폐하는 일
2) 세입출예산을 정하는 일

---

79 고려대 한국학연구소 일제시대사연구실, 2010, 앞의 책, 244~246쪽.

3) 결산보고에 관한 일

4) 법령에서 규정한 것을 제외하고 읍세, 부역현품, 사용료 또는 수수료의 부과징수에 관한 일

5) 읍채(邑債)를 기(起)하고 기채의 방법, 이식의 정률 및 상환의 방법을 정하거나 또는 이를 변경하는 일.

6) 기본재산 및 적립금의 설치, 관리 및 처분에 관한 일

7) 부동산의 관리 및 처분에 관한 일

8) 계속비를 정하거나 변경하는 일

9) 특별회계를 설치하는 일

10) 세입출예산으로 정하는 일을 제외하고 새로운 의무를 부담지거나 또는 권리를 포기하는 일

11) 소송 및 화해에 관한 사항

읍장이 필요하다고 인정한 때에는 전항 각호에 기재한 사안 외에 읍에 관한 사안을 읍회의 의결에 부칠 수 있다.

제14조 읍회는 법령에 의해 그 권한에 속한 선거를 실시해야 한다.

제15조 읍회는 읍의 사무에 관련된 서류 및 계산서를 검열하고, 사무의 관리, 의결의 집행 및 출납을 검사할 수 있다.

제16조 읍회는 읍의 공익에 관한 사안에 대해 의견서를 읍장 또는 관계 관청에 제출할 수 있다.

제17조 읍회는 관청의 자문이 있는 때에는 의견을 답신해야 한다.[80]

위에서 보면 읍회는 읍의 재정과 관련된 제반 사항을 심의하고 의결

---

80 고려대 한국학연구소 일제시대사연구실, 2010, 앞의 책, 246~247쪽.

하도록 되어 있다. 이 가운데에서도 특히 예산을 정하고, 결산보고를 받고, 읍세·부역현품·사용료 등을 정하는 일이 가장 중요하다고 볼 수 있다. 면협의회도 읍회와 거의 같은 사안을 다루고 있었다. 그러나 기본적으로 읍회는 의결기관이었고, 면협의회는 자문기관이었다. 따라서 면협의회는 의결권은 없었다. 또 위에서 제14, 15조의 권한은 없었다. 제16조의 자발적인 의견서 제출, 제17조의 자문에 대한 의견서 제출을 할 권한은 있었다.[81]

그런데 읍회의 의결권한에도 제한이 있었다. 제23조에 따르면, "읍회의 의결 또는 선거가 그 권한을 초월하거나 법령에 위배된다고 인정한 때에 읍장은 그 의견에 의해 또는 군수 혹은 도사(島司)의 지휘에 의해 이유를 제시하고 이를 재의에 부치거나 또는 재선거를 실시하게 해야 한다. 단 특별한 사유가 있다고 인정한 때에 읍장은 도지사의 지휘를 청해 즉시 그 의결 또는 선거를 취소할 수 있다"고 하였다. 또 제24조에서는 "읍회의 의결이 명백하게 공익을 해하거나 또는 읍의 수지에 관해 부적당하다고 인정한 때에 읍장은 그 의견에 의해 또는 군수 혹은 도사의 지휘에 의해 이유를 제시하고 이를 재의에 부쳐야 한다. 단 특별한 사유가 있다고 인정한 때에 읍장은 도지사의 지휘를 청해 즉시 그 의결을 취소할 수 있다"고 하였다.[82] 따라서 읍회의 의결은 읍장에 의해 얼마든지 취소될 수 있는 가능성이 있었다. 그런데 당시 일본의 정촌회에도 유사한 조항들이 있어,[83] 이러한 조항이 조선의 경우에만 적용된 것은 아니었다. 일본 지방자

81　고려대 한국학연구소 일제시대사연구실, 2010, 앞의 책, 247~248쪽.
82　고려대 한국학연구소 일제시대사연구실, 2010, 위의 책, 248쪽.
83　고려대 한국학연구소 일제시대사연구실, 2010, 위의 책, 732~733쪽.

치의 '관치주의'적 성향이 식민지 조선에서도 그대로 적용되고 있었다고 볼 수 있다.

읍회와 면협의회에서 실제 논의된 사항은 어떤 것들이었을까. 읍회와 면협의회는 대체로 1년에 한두 차례 세입세출예산의 심의와 기타 주요 현안에 대해 논의하기 위해 소집되었다. 1931년 6월 5일 밀양읍에서 열린 첫 읍회에서는 다음과 같은 사안들이 논의되고 통과되었다고 한다.

　　1. 읍공식규칙설정의 건
　　2. 밀양읍회 회의규칙 결정의 건
　　3. 읍회의원 및 명예직 吏員비용 변상규칙 설정의 건
　　4. 읍리원 봉급규칙 설정의 건
　　5. 여비지급규칙 설정의 건
　　6. 공사의 청부노력의 공급 및 물건의 매매 대차에 관한 규칙 설정의 건
　　7. 특별세 하천공사비세 규칙 설정의 건
　　8. 화장장 사용규칙 설정의 건
　　9. 도수장 사용규칙 설정의 건
　　10. 6년도 호세 각인의 부과액 부의의 건
　　11. 읍면제 제15조에 의한 위원 선거의 건[84]

충남 공주읍에서도 6월 5일 첫 읍회가 열렸는데, 여기에서는 다음과 같은 사안들이 논의되어 모두 원안대로 가결되었다고 한다.

---

84 「각지부읍회 상황(1)」, 『조선일보』, 1931.6.9.

1. 격리병사 이전의 건
2. 수도철관 확장의 건
3. 호세할 감하의 건
4. 하수도공사비 기채의 건
5. 호별할 산정의 건[85]

평북 의주읍에서도 6월 17일부터 2일간 읍회가 열렸는데, 다음과 같은 사안들을 논의하여 의결하였다고 한다.

1. 의주읍회 회의규칙 및 의주읍회 봉급인 여비규칙 실정의 건
2. 소화 6년도 의주읍 호세각인별 부담액 사정의 건
3. 소화 5년도 의주면 세입출 결산보고의 건
4. 예산외 의무부담의 건
5. 소화 6년도 의주읍 세출입 추가예산의 건[86]

위에서 보면 당시 읍회에서는 읍회의 회의규칙, 봉급규칙, 여비규칙, 호세 및 호별할의 각인별 산정, 세입출 예산과 결산, 각종 사업비, 예산외 의무부담 등을 논의하여 의결하였음을 알 수 있다.

한편 면협의회의 경우는 주로 세입출예산과 호별세 개인별 등급 결정을 논의하여 이를 승인하였다. 예를 들어 1940년 6월 3일 태안면협의회에서 논의하여 승인한 자문안은 다음과 같다.

---

85 「각지부읍회 상황(1)」, 『조선일보』, 1931.6.9.
86 「제도개정후 의주 첫 읍회」, 『동아일보』, 1931.6.25.

諮第一號 소화 십오년도 태안면 호별세 개인별 등급 결정의 건
諮第二號 소화 십오년도 태안면 호별세의 부과액 결정의 건
諮第三號 소화 십오년도 태안면 호별세의 부과전결(賦課專決)의 건
諮第四號 소화 십오년도 태안면 호별세 부가세 과율결정의 건
諮第五號 소화 십오년도 태안간 부가세 규칙 중 개정의 건[87]

3) 읍회와 면협의회의 쟁점 현안

읍회와 면협의회는 많은 한계를 가진 기관이었다. 그런 가운데에서도 읍회와 면협의회에서는 읍·면의 여러 현안들이 거론되었다. 아래에서는 여러 현안 가운데에서 가장 많이 거론된 면사무소 이전과 면 통합 문제, 호별세와 부역의 부과 문제 등의 문제에 대해 간략히 살펴보기로 한다. 그 밖에도 시장 이전과 신설 문제, 도시 계획 문제 등도 자주 쟁점 현안이 되었으나 여기에서는 설명을 생략하기로 한다.

(1) 면사무소 이전과 면통합 문제

1920년대에 이어 1930년대에도 면사무소의 위치 문제, 면의 통합 문제는 면의 주요 쟁점 사안이었다. 아래에서 몇 가지 사례를 들어보자.

1931년 6월부터 경남 울산군 울산면에서는 면사무소의 신축을 둘러싸고 논란이 일어났다. 면장은 그해 5월 면사무소의 신축 예정지로 동부의 복산동 박모의 땅을 사기로 매매계약을 맺었다. 그런데 이 사실이 외부로 알려져 서부 쪽 주민들이 크게 반대하고 나섰다. 9월 29일에는 면협

---

87 「태안면협의회 종료」, 『동아일보』, 1940.6.3.

의회가 열렸는데, 이 자리에서도 동부 쪽 협의원들은 면장의 결정을 지지하고, 서부 쪽 협의원들은 면사무소의 기지로 이미 예정되어 있던 서부의 성남동 연지(蓮池)를 지지했다. 양파는 갑론을박 토론을 벌인 뒤 표결에 들어갔는데, 결과는 6:6 동수였다. 이에 서부 쪽 주민들은 동민대표 20여 명이 회집하여 면사무소는 반드시 원래의 예정지였던 성남동 연지로 와야 한다는 것을 결의하고, 이를 군과 도 당국에 진정하기로 하였다. 또 만일 면장이 이를 무시하고 복산동 쪽에 면사무소를 신축한다면 면장 불신임 운동을 벌이기로 결의하였다. 이 문제는 해를 넘겨 1932년 울산면이 울산읍으로 승격한 뒤에 읍회에서 다시 논의가 되었고, 결국 표결 결과 복산동이 면사무소 새 부지로 결정되었다.[88]

1931년에는 함경북도 길주군에서 길성면과 영북면을 통합하려는 정책을 추진하여 6월 15일 양면의 합동 협의회를 길성면사무소에서 열고 합면할 것을 종용하였다. 그러나 영북면 협의회원들은 이에 반대하여 23일 영북면민대회를 열고 4백여 명의 참석자들에게 일일이 반대 날인을 받아 군 당국에 진정하였다.[89] 영북면 주민들의 반대로 두 면의 통합은 일단 좌절되었다. 그러나 1937년에 와서 함경북도 당국은 다시 두 면을 통합하고 이를 길주읍으로 승격시킨다는 방침을 발표하였다.[90] 이후 이에 대한 반대 기사가 보이지 않는 것으로 보아, 이때는 통합과 읍 승격이 이

---

88 「면소 이전 문제로 면장이 반대 분규, 울산군 울산면에서」, 『조선일보』, 1931.6.10; 「면소위치 문제로 분규 노골화, 면당국의 금후 처치가 주목처, 울산면소 신축문제」, 『조선일보』, 1931.10.3; 「울산군청(읍사무소의 오기인듯 - 인용자) 이전 위치 결정, 복산동으로」, 『조선일보』, 1932.5.31.

89 「吉英合面問題에 英北面民 反對」, 『동아일보』, 1931.7.2

90 「면폐합 단행 동시에 길주에 읍제 실시」, 『조선일보』, 1937.5.25. 석간

루어진 것으로 보인다.

　같은 해 함경남도 영흥군 고녕면에서도 고녕, 호도 양면의 통합 문제가 일어났다. 당시 고녕면장 윤주환은 양면의 통합이 인건비 등 각종 경비를 절약할 수 있다면서 이를 추진하였다. 그러나 이는 일반 면민은 물론 면협의회원들의 동의도 얻지 못하였고, 결국 면민들은 면민대회를 열어 이에 반대하고, 면협의회원과 각리 구장들까지도 총사직하는 사태가 벌어졌다. 면민들은 나아가 윤주환 면장이 면민들을 무시하고 이와 같은 면 통합을 독단적으로 추진했다 하여 면장 불신임운동을 시작하였다.[91] 결국 양면의 통합 문제는 면민들의 강한 반발로 추진이 중단된 것으로 보인다.

　이 밖에도 면의 통폐합 문제, 면사무소 위치 문제 등으로 면장, 면협의회, 면민 사이에 있었던 갈등 사례가 많으나, 여기에서는 위의 3가지 사례를 설명하는 것으로 대신하기로 한다.

(2) 호별세와 호별할의 부과 문제

　읍회나 면협의회에서 논의하여 결정하는 가장 중요한 의제는 지방세에서 지세부가세와 함께 큰 비중을 차지하는 호별세와 호별할의 부과문제였다. 이 문제를 둘러싸고는 면장·면사무소와 면협의회·면민 간에 논란이 일어나는 경우가 많았다. 몇 가지 사례를 들어보자.

　1932년 경남 동래읍에서는 주민들 간에 호별세를 읍당국이 과중하게

91　「면폐합설로 면민대회 개최, 영흥군 고녕면에서」,『조선일보』, 1931.9.26;「고령 호도 양면 병합운동진전, 면장이 단독으로 하는 것이라고. 面民이 面長不信任」,『동아일보』, 1931.9.29;「면폐합설로 당국에 반대 진정, 합면은 절대 안 된다고, 영흥군 고녕면민들이」,『조선일보』, 1931.10.3.

부과하였다고 불만이 컸다. 1932년도 동래읍의 호별세 부과액은 매호당 3원 50전으로 총 부과 호수 3,277호에 1만 1,469원 50전이 되어야 했는데, 실제로는 매호당 4원 20전이 부과되어 약 70전이 더 부과되었던 것이다. 이렇게 된 것은 읍회에서 심의하면서 등급과 호수에 변동이 있었는데, 이를 제대로 반영하지 않고 계산한 때문이었다. 결국 동래읍장은 이에 대해 "고의로 한 것이 아니라 계산상 잘못된 것"이라면서 "과오납된 금액은 반환하겠다"고 발표했다. 그런데 문제는 이에 그치지 않았다. 읍장이 일본인 야마모토(山本)의 호별세의 등급을 마음대로 낮추어서 호별세를 부과한 사실이 드러난 것이다. 특정인의 호별세를 읍회의 승인도 없이 낮추어 부과한 것은 읍면제의 규정을 위반한 것이었다. 이에 읍회에서는 읍에서 제출한 의안을 전부 부결시키고, 감독관청인 도지사에게 의견서를 제출하여 단호한 처분을 해달라고 요청하였다.[92]

1932년 봄 황해도 재령군 재령면에서는 면장이 재령면의 부호 정찬유와 민병덕의 호별할이 면협의회에서 결정되었음에도 불구하고 이를 줄여주고, 다른 이들의 경우에도 호별할이 제대로 부과되지 않았다면서 면민들이 면당국을 비난하는 사태가 벌어졌다. 이에 면협의회는 비공식적으로 모임을 갖고 대책을 협의하였다. 면협의회원들은 면 당국에서 본래 협의회에 제시하고 협의회에서 통과시킨 호별할 부과의 표준표에는 1등급은 재산 2만 원, 2등급은 재산 1만 4,000원 이상을 부과하기로 되어 있

---

92 「동래읍당국이 호별세 과중부과. 매호 70전 평균증가로 2천5백 원 가량 증가」, 『동아일보』, 1932.6.5; 「동래호세 문제 성명서 발표. 읍회 의원들이」, 『동아일보』, 1932.6.16; 「호별세 문제로 읍당국 불신임. 제출의안 전부를 부결. 읍회와 읍당국 逢紛휴」, 『동아일보』, 1932.6.23; 「불공평한 과세, 읍장 등을 배척」, 『동아일보』, 1932.7.2; 「추읍장의 전결처분으로 동래읍회 의원 분기, 호별세의 부과금을 읍장이 읍회에 경유치 안코 專斷해. 도지사에 의견서 제출」, 『조선일보』, 1932.7.11.

었는데, 실제 부과한 표준표에는 1등급은 재산 1만 2,000원, 2등급은 재산 1만 원 이상으로 되어 있어 누군가가 문서를 변조하였다는 것을 확인하였다. 이와 같이 하여 1등급부터 4등급까지는 세금을 줄여주고, 그 아래 등급은 세금을 올려 이를 보충하였고, 또 1~4등급까지는 재산을 제대로 조사하지도 않고 등급을 부과하였다는 것을 협의회원들은 확인한 것이다. 면협의회원들은 대표를 선정하여 면당국에 재조정을 요구하기로 하였다. 그러나 신임 면장 정건유는 자신은 잘 모르는 일이며, 1932년도 호별할은 다소 불공평한 점이 있다 하더라도 이미 군을 경유하여 도의 허가를 받았기 때문에 이를 정정할 수는 없다면서 오히려 면민들에게 말이 없도록 해달라고 부탁하였다. 이에 면협의회원들은 더욱 분개하여 총사직 등을 고려하기로 하였다. 그러나 협의회원들의 사직은 없었고, 이 일은 유야무야 넘어가게 되었던 것으로 보인다.

이에 『동아일보』 재령지국 기자는 신문에 면협의회원의 무능을 질타하는 글을 쓰기도 하였다.[93] 그러나 이 사안은 단순히 면협의회원들의 무능을 탓할 수 있는 문제가 아니었다. 면장이 면협의회에서 심의 통과시킨 사안을 무시하고 새로운 과세표준안을 만들 수 있었던 것은 면협의회가 의결기관이 아니라 자문기관이었기 때문이다. 면장은 면협의회와 상관없이 과세표준안을 새로 만들어도 위법한 일이 아니었다. 따라서 그는 새로운 표준안을 만들었고, 면협의회원들은 이에 대해 항의했지만 면장은 이

---

93 「부호급은 탈세하고 빈민은 과중한 과세. 면장이 임의로세율을 개정. 재령면의 중대한 과오」, 『동아일보』, 1932.5.4; 「재령읍에 부정사건 폭로. 면협의원 대책을 강구」, 『조선일보』, 1932.5.6; 「道,郡의 허가를 이유로 면장은 再查定 거절. 불공평한 세금을 그대로 배정. 載寧富豪脫稅問題」, 『동아일보』, 1932.5.12; 「지방논단 호세부과 불공평. 면장 의원의 책임 여하」, 『동아일보』, 1932.6.21.

를 무시해도 아무런 문제가 없었던 것이다. 결국 이 일은 자문기관인 면협의회의 한계를 잘 보여 준 사건이었다고 할 것이다..

(3) 부역의 부과 문제

부역문제는 1920년대에도 계속 면협의회 등에서 쟁점이 되어 온 것이지만 1930년대에 들어서도 여전히 쟁점사항이 되었다. 몇 곳의 사례를 들어보자.

1930년 전북 부안군 부령면에서는 관내 3등 도로에 사리(자갈)를 깔기 위해 면민에게 자갈 40,486상자(석유상자를 표준)를 배정하여(사리상자 값으로) 일반 면민에게 납입고지서를 발부했다. 이에 대해 면민들은 큰 불만을 품고 군과 도 당국에 진정을 하는 등 문제가 불거졌다. 면민들이 불만을 품게 된 이유는 다음과 같았다. 첫째, 부안군은 수년 동안 흉작으로 곤경을 겪다가 그해에 들어 처음으로 풍작이 되기는 했지만 아직도 형편이 어려운 상황이고, 미가도 폭락하여 지세납부도 어려운 상황에서 사리상자값으로 과중한 부담을 지우고 있다. 둘째, 중산계급 이상은 호별할 등급에 준하지 않고 부담을 줄여주었지만, 중산계급 이하는 호별할 등급에 따라 부담을 배정함으로써 불공평한 분배가 되었다. 셋째, 사리 한 상자에 10전이면 될 것을 25전으로 계산하여 고지서를 발부하여 부담을 가중시켰다. 넷째, 10월 10일에 납입고지서를 발부하고 15일까지 현금이나 사리를 납입하라고 하고, 이에 응하지 않으면 강제집행을 하겠다고 하는 것은 무리한 행정이다. 이와 같은 면민들의 반발에 대해 면장은 "사리대금 부담이 근년과 같은 전황 때에 과중한 것은 잘 안다. 당초 면협의회에서 6만 상자를 결의한 것을 군청과 면에서 인민의 부담이 과중할 듯하여 4만 상자로 줄여준 것이다. 등급 산정은 면협의회에 일임하여 협의회에서 결정한 것이며, 면에서는 환산대금보다는 될 수 있는대로 사리로 받을 계획이고, 기일이 급박한 것은 농민들의 한가한 때를 이용하여 그리한 것"이라면서, 책임을 면협의회에 떠넘겼다. 한 면협의회원은 "중산계급 이상은 그동안 수해 구제금이니 기부금이니 하여 낸 것이 많기 때문에 이번에 사리 배정 부과를 줄여준 것이 사실이다. 면민이 불평을 한다면 우리가 책임을 지겠다"고 말했다고 한다.[94] 이 사안을 보면, 이곳의 면협의회원들은 중산계급의 이익을 먼저 고려했음을 알 수 있다.

1931년 봄에는 경남 합천군 삼가면에서 삼가교 공사의 부역문제로 면민대회가 열리는 등 소동이 있었다. 면민들은 수재와 한재로 어려움을 겪고 있는 면민들은 면민대회를 열고 부역을 면제해달라고 군과 도에 탄원을 하고, 면민들의 부역을 결정한 면협의회의 결의를 '경망한 짓'이라고 비난하였다.[95] 합천군 대양면에서는 이와 반대로 면협의회에서 면예산안을 심의할 때 부역 5천 명에 대한 예산안을 반상(返上), 즉 거부하였다. 이에 군 당국에서는 다시 면협의회를 소집하여 부역안을 다시 심의하도록 요청했으나, 협의회원들은 "본면 농촌 상황은 작년의 흉작으로 초근목피로 근근이 연명하는 궁민이 3할 이상이나 되므로 이때 5천 명이나 되는 부역은 절대로 낼 수 없다"면서 부역안을 또 반상하기로 결정하였다.[96]

경북 경산군 경산면에서는 부역문제로 면장과 면협의회가 대립하

---

94 「砂利賦役에 불평이 자자, 등급 기타를 불공평하게 해. 전북 부안군 부녕면 처사」, 『동아일보』, 1930.10.14.

95 「三嘉橋 架設에 부역면제운동. 면협의회가 경망했다고 市民大會에서 경고」, 『동아일보』, 1931.4.1.

96 「賦役豫算案 兩次나 返上, 궁민에 부역은 못시킨다고. 陝川大陽面協議會」, 『동아일보』, 1932.3.30.

였다. 면장은 면협의회를 열고 자갈부역 등급을 사정하게 되었는데, 면협의회원들은 면당국을 신임하고 원안대로 통과시켰으나, 고지서가 발부된 뒤에 등급 사정의 불공평이 발견되었다. 또 호별할 등급사정을 할 때에도 협의회원들의 반대가 있었지만, 면장 직권으로 원안대로 등급사정을 하자, 면협의회원들이 이에 불만을 품고 면협의회원직을 총사퇴하는 일이 벌어졌다.[97] 이처럼 부역 부과 문제를 놓고 면협의회는 면 당국과 면민 사이에서 곤란한 위치에 놓이는 일이 많았다.

---

97 「賦役等級査定에 不平, 면협의원총사직. 慶山郡慶山面에서」, 『조선일보』, 1936.7.19. 조간

3. 도회의 운영과 주요 쟁점

1) 도회 의원의 구성

　도회 의원은 어떤 이들로 구성되었을까. 〈표 9-6〉은 1937년 민선과 관선에 의해 구성된 도회 의원들의 직업을 정리한 것이다. 이에 따르면, 농업(지주 및 농업경영)이 37.4%로 가장 많았다. 농업 종사자의 비중이 특히 컸던 곳은 역시 호남과 영남, 그리고 황해·평남과 같이 농업이 차지하는 비중이 큰 곳이었다. 여기에서 '농업경영'도 사실은 대부분 농장형 대지주였을 것으로 추정된다. 즉 당시 도회 의원 가운데 가장 큰 비중을 차지한 것은 대지주층이었던 것이다. 1930년대 이후 도 차원에서의 지방통치에 대한 협력세력으로서는 대지주층이 가장 큰 비중을 차지했던 것이다.

　다음으로는 상업이 17.3%를 차지했는데, 그 안에는 곡물상, 목재상, 무역상 등 다양한 상인이 포함되어 있었다. 다음이 회사중역 및 회사원으로 12.0%를 차지했는데, 숫자가 더 많은 회사원도 사실상 회사 중역이라고 보이며, 이들 가운데에는 회사의 주주도 많았다. 경성부가 포함된 경기도의 경우, 회사중역과 회사원의 비중이 특히 컸다. 다음이 광공업 종사자로서 7.8%를 차지했는데, 광산업, 주조업, 정미업이 많아 경공업 종사자로 볼 수 있다. 그 밖에 의사가 5.4%, 변호사가 2.2%, 사법서사와 대서업이 5.1%를 차지하여, 이들을 다 합하면 12%가 넘어 전문직 종사자가 상당히 큰 비중을 차지하고 있었음을 알 수 있다. 또 교통운수업 경영자가 4.6%로 이들이 차지하는 비중도 결코 작지 않았다. 전체적으로 보면, 지주와 자본가, 경영자, 전문직 등이 대부분을 차지하였다고 할 수 있다.

1930년대에 일제는 도 차원에서의 지방통치 협력세력으로 이들 계층을 포섭할 수 있었던 것이다.

〈표 9-6〉 1937년 도회 의원의 직업별 구성

직업		경기	충북	충남	전북	전남	경북	경남	황해	평남	평북	강원	함남	함북	계	합계	백분비
농업	지주	1					6								7	153	37.3
	농업	7	7	11	15	16	11	15	16	14	10	12	7	5	146		
상업	상업	3	4	2	1	10	1		1	3	8	3	6	6	48	71	17.3
	건포상	1													1		
	인삼상	1													1		
	곡물상	2					4			1					7		
	잡화상		1				1								2		
	목재상		1				1			2		1			5		
	약종상						1								1		
	무역상						2		2	1					5		
	해산물 중개업						1								1		
회사	회사원	18		5	1	2		1	3	2	3	1	3	2	41	49	12.0
	회사중역					1	2	4					1		8		
금융업	은행원					1		1							2	6	1.5
	금융업				2								1		3		
	보험업						1								1		
변호사				1	3	2	1	1			1				9	9	2.2
사법서사	사법서사			1			3	1				5	2	1	13	21	5.1
	대서업	1	1		1	2		1	1				1		8		

직업		경기	충북	충남	전북	전남	경북	경남	황해	평남	평북	강원	함남	함북	계	합계	백분비
광공업	광산업		2	1	1		2			1	3	1			11	32	7.8
	정미업				2	2					1				5		
	제유업						1								1		
	수산공업					1									1		
	주조업	1	1			1	4	3					1		11		
	인쇄업	1						1							2		
	철공업						1								1		
의사			3	1			3	2	2	3	3	5			22	22	5.4
교통운수업		1	1	2	2	1		2	3	3	1	2	1		19	19	4.6
어업, 수산업		1			1	1	3	1			3			1	11	11	2.7
교육가							1					1			2	2	0.5
우편소장		1			1	1									3	3	0.7
신문업		1									1	2			4	4	1.0
대가업		1													1	1	0.2
무직, 기타		1	1	1	1		1	1					1		7	7	1.7
계		42	22	25	29	40	44	40	28	27	34	30	28	21	410	410	100

출전: 경성일보사·매일신보사 공편, 1937, 『조선연감』, 경성일보사·매일신보사, 747~752쪽.

그런데 도회 의원으로 당선된 이들은 경제적 배경도 중요했지만 공직자로서의 경력도 매우 중요했다. 앞에서 전주읍회 의원에 대해 살펴보았지만, 전주읍에서 민선, 혹은 관선으로 도회의원이 된 이들을 살펴보면 〈표 9-7〉과 같다.

〈표 9-7〉 전북 도평의회·도회 의원 중 전주 출신

연도	의원
1920	鄭碩謨, 吳○○, 山田彦光, 志賀日俊(이상 민선)
1924	李海晩(관선), 姜完善(민선), 大木良作(민선), 山下猪三郎(민선) 山本悅藏(관선),
1927	李海晩(관선), 山本悅藏(민선), 久永麟一(관선)
1930	李康元(관선), 柳直養(민선), 佐竹龜(1931, 보궐)
1933	姜完善(관선), 李大奎(민선), 久永麟一(관선), 佐竹龜(관선), 加瀨雄三(1936, 보궐)
1937	姜完善(관선), 山本悅藏(민선), 久永麟一(관선)

출전: 동선희, 2011, 앞의 책, 399, 411쪽; 「전북 도의원 당선」, 『매일신보』 1920.12.19. 등 신문기사

〈표 9-7〉에서 보면 조선인 가운데에 강완선이 3선, 이해만이 2선을 했다. 일본인 가운데에는 히사나가 린이치(久永麟一)와 야마모토 요조(山本悅藏)가 3선, 사타케 가메(佐竹龜)가 2선을 했음을 알 수 있다.

조선인 가운데 이해만과 강완선은 면협의회와 부회에 의원으로 참여한 이들이었다. 강완선은 조선총독부 검사를 거쳐 변호사로 활동하였고, 면협의회와 부회를 거쳐 도평의회, 도회의원이 되었다. 이해만은 군 서기와 금융조합 대표를 지냈으며, 면협의회원을 거쳐 도평의회원이 되었다. 유직양은 조선주양조합자회사(老松酒場)의 대표였으며, 역시 면협의회원을 거쳐 도평의회원이 되었다.[98]

일본인 가운데 히사나가 린이치(久永麟一)는 변호사로서 학교조합 관리자, 전주면장, 면협의회 의원 등을 지낸 인물이었고, 야마모토 요조(山本悅藏)는 토목공사 감독, 자동차회사, 총포화약류회사, 학교조합의원, 면협의회 의원 등을 지낸 인물이었다. 오키 료사쿠(大木良作)는 상점 점원을 하다가

98　전주상공회의소편, 1938, 앞의 책, 55쪽.

자기 상점을 개업하여 잡화상, 철물점, 자동차 판매업 등을 하고, 상공회 회장, 읍회 의원을 지낸 이다. 가세 유조(加瀨雄三)은 청주와 장유 제조 및 판매업을 하던 이로서, 전주상공회 회장, 면협의회 의원을 지낸 이다. 야마시타 이사부로(山下猪三郞)는 본래의 직업은 알 수 없고, 1914~1925년 학교조합 의원을 지낸 이다. 사타케 가메(佐竹龜)는 1882년 후쿠오카현 출신이며, 와세다대학 법과를 졸업한 뒤, 판사생활을 하다가 조선으로 건너와 1920년부터 1931년까지 판사직에 있다가 퇴직하여 전주에서 변호사를 개업한 이다.[99]

이와 같이 면협의회원, 부회 의원 등으로 참여한 경력은 도평의회, 도회 의원이 되는 데 유리한 경력이 되었음을 알 수 있다. 더 나아가 도평의회, 도회 의원의 경력은 중추원 의관이 되는 데 유리한 경력이 되었다. 동선희의 연구에 따르면, 도평의회·도회 의원 가운데 중추원 의관이 된 이, 또는 그런 경력을 가진 이는 132명으로, 전체 도평의회·도회 의원의 1할에 육박하였다고 한다. 1920년대 이후 중추원 참의를 선발할 때에는 중앙참의와 지방참의를 나누어 선발했는데, 각 도에서 지방참의의 후보자를 선발할 때 주로 도평의회·도회의원을 선발했기 때문이다.[100]

2) 도회의 권한·구성과 회의진행

도회는 어떤 권한을 갖고 있었을까. 1930년 12월에 발포된 「도제」의 제12조에 따르면 도회는 다음과 같은 사안을 의결할 수 있었다.

---

99 조선인사흥신록편찬부, 1935, 앞의 책, 192쪽.
100 동선희, 2011, 앞의 책, 209~211쪽.

제12조 도회는 법령에 의해 그 권한에 속한 사건 외에 도에 관한 다음의 사안을 의결한다.

1) 세입출예산을 정하는 사항

2) 결산보고에 관한 사항

3) 법령에서 규정한 것을 제외하고 도세, 부역현품, 사용료 또는 수수료의 부과 징수에 관한 사항

4) 도채(道債)의 발행과 기채방법, 이식(利息)의 정률(定率) 및 상환방법을 정하거나 또는 이를 변경하는 사항.

5) 기본재산 및 적립금 등의 설치, 관리 및 처분에 관한 사항

6) 계속비를 정하고 또는 변경하는 사항

7) 특별회계를 설치하는 사항

8) 세입출예산으로서 정하는 사항을 제외하고 새로운 의무의 부담을 지거나 또는 권리의 포기를 하는 사항

도지사가 필요하다고 인정하는 때에는 전항 각호에 기재한 사안 이외에 도에 관한 사안을 도회의 의결에 부칠 수 있다.[101]

위의 제12조에서 보면 주로 세입출 예산, 기채, 기본재산 및 적립금 등과 관련한 사항을 의결할 수 있게 되어 있으며, 그 밖에도 '도에 관한 사안', 즉 도의 현안에 대해 논의하고 의결에 부칠 수 있다고 되어 있다. 또 제15조에 따르면 "도회는 관청의 자문이 있는 때에는 의견을 답신해야 한다"고 하여, 도청의 자문에 대한 의견서를 낼 수 있게 되어 있었다.

그런데 「도제」 제23조에서는 "도회의 의결 또는 선거가 그 권한을 초

---

101 「도제」,『조선총독부관보』, 1930.12.1.

월하거나 또는 법령 혹은 회의 규칙에 위배된다고 인정될 때에는 도지사는 그 의견에 의해 또는 조선총독의 지휘에 의해 이유를 제시하고 이를 재의에 부치거나 또는 재선거를 행하게 해야 한다. 단 특별한 사유가 있다고 인정될 때에 도지사는 조선총독의 지휘를 청해 즉시 그 의결 또는 선거를 취소할 수 있다"고 하였다. 또 제24조에서는 "도회의 의결이 명백하게 공익을 해하거나 또는 도의 수지에 관하여 부적당하다고 인정한 때에 도지사는 그 의견에 의해 또는 조선총독의 지휘에 의해 이유를 제시하고 재의에 부쳐야 한다. 단 특별한 사유가 있다고 인정될 때에 도지사는 조선총독의 지휘를 청해 그 의결을 취소할 수 있다"고 하였다. 즉 도회의 의결은 어떤 경우에는 도지사에 의해서 재의가 요청되거나 심지어 취소될 수도 있었던 것이다. 이러한 조항들은 일본의 부현회에도 있었는데, 이는 지방자치의 '동의권'을 심각하게 제한하는 것이었다. 이와 같이 '관치주의'적인 일본 지방자치의 독소조항은 식민지 조선의 지방자치에도 그대로 적용되고 있었던 것이다.

또 제57조에 따르면, "도는 조선총독이 이를 감독한다. 조선총독은 도의 감독상 필요한 명령을 발하거나 처분할 수 있다"고 하여 총독의 엄격한 감독 하에 놓여 있었다. 심지어 제59조에서는 "조선총독은 도회의 해산을 명할 수 있다"고까지 되어 있었다. 또 "도회 해산의 경우에는 30일 이내에 의원의 선거 및 임명을 행해야 한다. 단 특별한 사유가 있는 때는 조선총독은 그 기간에 대해 특례를 설치할 수 있다"고 하여, 상당 기간 동안 선거를 통해 도회를 재구성하지 않을 수도 있었다.[102] 도회는 비록 의결기관이기는 하였으나, 이와 같은 근본적인 제약을 갖고 있는 취약한 기

---

102   앞의 글, 『조선총독부관보』, 1930.12.1.

관이었다. 일본 부현회의 경우에도 감독관인 내무대신이 부현회를 해산할 수 있다는 조항이 있었다. 이 또한 일본의 지방자치제도가 갖고 있는 '관치주의'적 속성을 그대로 보여주는 것이었다. 조선총독부는 식민지 조선에서의 도회 '해산' 조항은 도회의 의원 구성에서 조선인이 다수가 될 가능성이 높았기 때문에 반드시 필요하다고 보았을 것이다.

한편 도회는 도지사가 자동적으로 맡는 의장 외에, 부의장 1인을 도회의원 중에서 선출할 수 있게 되어 있다. 부의장의 임기는 의원의 임기에 따른다고 되어 있었다. 부의장 선거는 무기명 투표로 행해졌으며, 부의장으로는 조선인이 당선되기도 하고 일본인이 당선되기도 하였다.

도회는 구체적으로 어떤 안건들을 논의했을까. 그 예로서 1934년 3월 경기도회에서의 안건을 보면 다음과 같다.

의안 목차

1. 세입출예산의 건
2. 아동장학금 특별회계 세입출 예산의 건
3. 은급특별회계 세입출 예산의 건
4. 기채의 건
5. 토목비 계속연기(繼續年期) 및 지출방법 개정의 건
6. 권업비 계속연기 및 지출방법 변경의 건
7. 토목비 계속비 권업계속비 및 토목비 대부금 기채조건 중 변경의 건
8. (昭和)8년도 세입출 추가경정예산의 건
9. 지방비 이원퇴은료(吏員退隱料) 퇴직급여금 사망급여금 유족부조료지급규칙 중 개정의 건
10. 도세부과규칙 중 개정의 건

11. 공립학교 수업료 및 입학시험수수료 징수 규칙의 건
12. 농사시험장 유용 빈우 종부(乳用 牝牛 種付) 규정의 건[103]

위의 안건 목차를 보면, 도회에서는 세입출예산, 기채, 계속비, 추가경정예산 외에 이원(吏員)의 퇴직금, 도세, 공립학교 수업료 등도 논의했음을 알 수 있다.

3) 도회의 쟁점

도회에서 쟁점이 되었던 사안들은 여러 가지가 있으나, 여기에서는 도회에서 가장 많이 거론된 교육문제와 부역문제에 대해 살펴보기로 한다.

(1) 교육 문제

도회에서 거론된 교육문제는 보통학교 수업료 폐지문제, 학생들의 입학난 해소 문제, 일선인 공학문제, 사립학교 보조금 증액 문제, 조선인 교장의 증원 문제, 교원의 자질 문제 등 다양하였다.

이 가운데 1930년대 도회에서 가장 뜨거운 이슈가 된 것은 보통학교 수업료의 폐지문제였다. 1933년 10월 31일 경남도회에서는 진주 출신 이장희 의원이 초등교육을 6년제로 할 것, 보통학교 수업료는 폐지할 것을 안건으로 제안하여 논란을 벌인 뒤 표결에 부쳐 23 대 16으로 이 안건은 가결되었다. 당시 도 당국에서는 경남도의 재정상태로는 수업료를 철폐하면 이를 보충할 재원이 없다고 반대하였고, 일부 의원들도 반대하

---

103 「경기도의 개회 금년도 예산안 설명후 휴회」, 『조선일보』, 1934.3.4. 석간

였다. 그러나 이장희 의원이 조선인 교육은 조선인들이 다 부담할 것이라면서, 수업료 철폐로 감액되는 경비를 국고나 도 지방비에서 염출할 수 없다면 조선인들의 학교비를 증액해서라도 기어이 실행해야 한다고 주장하였다. 이에 도 당국자는 보통학교 생도 6만여 명의 수업료가 30만 원에 달하여 이를 보충할 재원이 없고, 학교비를 증수한다면 부유층에게는 과중한 부담이 주어지게 되며, 수업료를 철폐하면 수용 아동이 격증하게 되어 이를 수용할 교사의 건축비가 나올 곳이 없다면서 수업료 철폐에 반대하였다. 그러나 농촌의 실정이 매우 어렵고, 이에 수업료를 내지 못해 학교를 중도에 포기하는 학생들이 크게 늘고 있는 점을 감안하여 수업료를 절폐해야 한다는 의견이 다수를 이루어 결국 수업료 철폐안이 가결되었던 것이다. 도회에서 수업료 철폐를 가결시킨 것은 전 조선에서 처음 있는 일이었다.[104]

이에 대해 당시 『동아일보』는 사설을 통해 경남도회의 수업료 철폐는 '통쾌한 조처'라고 찬사를 보내면서 이를 응원하였다. 이 사설은 "물론 이것은 이제 겨우 도회에서 가결된 결의이므로 그 실행권을 쥐고 있는 경남지사의 조처가 어떻게 낙착될지는 아직 예단키 어려운 바이나 어쨌든지 간에 이것을 확실히 근래에 들어 보기 드문 통쾌한 소식의 하나라고 생각하고 싶다"고 찬사를 보냈다. 이 사설은 "소화 6년(1931) 조선 내 공립보교 1,860교에 생도가 44만 5,813명인즉 이 생도수의 수업료를 매월 평균 60전씩으로 따져 본다면 수업료의 1년(11개월)간 총수입이 294만여 원에 불과하다. 그러면 조선총독부 1년 경비 2억4,5천만 원 중에서 3백만 원

---

104 「16대 23으로 수업료 철폐가결, 31일 경남도회에서, 조선최초의 결의」, 『동아일보』, 1933.11.1. 조간.

미만의 금액을 변통하기는 결코 곤란한 문제가 아니다. 그와 반대로 보교 생도에게 매월 6, 70전의 수업료는 여간 큰 부담이 아니다. 이것은 하루가 다르게 피폐해 가는 조선인의 생활이 여실히 고백할 뿐만 아니라 전조선 보교생도 중 6, 7할 가량이 궐식하고 통학하게 되는 것과 수업료 때문에 중도 퇴학자가 반수 이상인 사실이 웅변으로 입증하는 바이다. 그러므로 우리는 항상 초등교육의 수업료 철폐론을 고집하는 것이며, 또 이번 경남도회의 결의를 기쁘게 생각하는 것이다"라고 하였다.[105]

경남도회에서 이와 같이 수업료 철폐를 결의하자, 다른 지역의 도회에서도 이를 논의하기 시작하였다. 1934년 2월 열린 충북도회에서도 안상욱 의원이 보통학교에서 일본인 교사와 교장 대신 조선인 교사와 교장을 채용한다면 외지수당 등 약 8만 7,000여 원의 경비를 절약할 수 있고, 이 금액만으로도 수업료 감액은 물론 철폐도 가능할 것이라고 주장하였다. 이에 대해 도 당국자는 일본인 교사의 배치는 적절하게 이루어지고 있으며, 일본인 교장 대신 조선인 교장을 배치하는 것은 총독부의 승인을 요하는 문제라면서 총독부의 내규가 있어 당분간은 불가능하다고 답변하였다.[106]

1934년 3월에 열린 경북도회에서도 박재영 의원은 "조선농촌의 피폐함이 자못 심각한 바 있음은 새삼스럽게 말할 필요가 없거니와 이를 빈곤한 농민에게 비록 기십 전의 수업료라 하더라도 작지 않은 부담이 아닐 수 없는 것이다. 사람으로서 그 누가 자기가 낳은 귀여운 아들과 딸의 교

---

105 「(사설) 수업료 철폐 결의 - 경남도회의 통쾌한 조처」, 『동아일보』, 1933.11.2. 석간
106 「조선인 교사 채용과 수업료 감하를 절규, 긴장한 충북도회의」, 『동아일보』, 1934. 2.27. 조간

육에 무관심할 자가 있으랴만 못 먹고 못 입어서 허덕이는 그들에 있어는 적은 돈 몇 십전의 수업료에다 자녀의 교육을 희생에 바치고 마는 비애를 가지게 하는 것이다. 그뿐이랴. 온갖 힘을 다하여 통학하던 생도가 더 이어나갈 도리가 없어 중도에 퇴학하여 어린 가슴에도 끝없는 비애를 느껴 목이 메이고 눈이 붓도록 우는 참담한 현상을 우리는 얼마든지 볼 수 있는 것이다. 그 부모나 아이나 못 가르쳐 애타고 못 배워 헤매는 기막힌 정경은 실로 형언할 수 없는 바이니 위정당국자 어찌 견디어 보며 참아나갈 성질의 것이랴. 신년도부터 월사금을 단연 폐지할 의사는 없는가?"라고 질문하였다. 이에 대해 도 당국자는 올해부터 수업료를 10전씩 내리기로 했다는 간단한 답변을 하고 넘어가버리고 말았다 한다.[107]

수업료 폐지를 결의한 경상남도에서는 이후에 어떻게 되었을까. 도회에서는 이를 결의하였지만, 이를 실행할 것인가의 여부는 경남도지사에게 달려 있었다. 도지사는 "재정만 허용하면 실시하겠다"고 말하고 있었을 뿐, 실제로 이를 실행하지는 않았다. 1934년 3월에 열린 도회에서 의원들이 수업료 철폐를 속히 실행하라고 요구하였는데, 이에 대해 도 당국자들은 "현하의 도 재정은 수업료를 전폐할 수 없고, 다만 1학년부터 4학년까지는 금년도에 10전 평균을 감하고 명년부터는 30전씩 감하할 방침이니, 금년에는 국고에서 보통학교에 5만 890원을 보조하야 각 군의 사정에 의하여 등차식으로 공평하게 수업료를 감하하겠다"고 답변하였을 뿐이었다. 그리고 이후에도 수업료 폐지는 이루어지지 않았다. 1935년까지는 개인소득세의 일부분이 도에 환원되어 내려와 이를 통해 수업료

---

107 「"농촌실정은 不可形言 수업료는 폐지가 당연. 금년부터 실시할 의사 없는가" 경북도회서 박의원 열변」, 『동아일보』, 1934.3.10. 석간

가 80전에서 50전으로 감하될 수 있었다. 그러나 1936년부터는 이것도 끊기게 되어 수업료의 감액도 불가능하게 되었다.[108] 결국 도회에서 '수업료 감하'를 의결했지만, 이는 아무런 구속력도 없었던 것이다.

(2) 부역 문제

앞서 본 면협의회에서도 부역 문제는 주요 쟁점이 되었지만, 도회에서도 역시 부역 문제는 자주 거론되었다. 부역은 도 단위로 부과되는 일이 많았기 때문에 도회에서 특히 자주 거론되었던 것으로 보인다.

도회가 출범한 이듬해인 1934년 3월 예산을 다루는 도회 정기회의가 열리자 각 도회에서는 부역문제를 집중적으로 거론하였다. 전북도회에서는 장수 출신의 정준모 의원이 장수군은 전북에서 가장 빈한한 군으로서 대개가 하루하루 노동력을 팔아 먹고사는 이들인데, 부역이 1년에 10일 이상 부과되어 고통이 매우 크다면서 특히 농번기 부역은 철폐해야 한다고 주장하였다.[109] 평북도회에서도 영변 출신 홍재경 의원이 영변에서는 부자나 빈민이나 똑같이 1년에 부역이 20차 부과된다면서, 현재의 부역제는 소수의 특수계급을 옹호하고 다수의 빈민계급을 노예와 같이 시달리게 하는 것이라고 비판하였다.[110] 이러한 부역철폐론은 경기도회, 경남

---

108 「철폐가결된 月謝 조속실행을 제창. 경남도회에서 각 의원들이. '전폐불능 감하실시'」, 『동아일보』, 1934.3.13. 석간; 「수업료의 전체는 절대로 불가능. 재원 부족으로 체감계획도 명년부터는 불능」, 『조선일보』, 1935.2.26. 조간

109 「救窮 토목공사와 부역철폐를 요청. 전북도의 제3일 논제」, 『조선일보』, 1934.3.5; 「농번기의 부역 철폐를 주장. 여러 가지 폐해가 많다고. 전북도회의 제2일」, 『동아일보』, 1934.3.6. 석간

110 「'빈민만 시달리는 부역을 철폐하라' 특수계급은 책임을 전가. 평북도회서 홍의원 절규」, 『동아일보』, 1934.3.14. 조간

도회에서도 나왔다.

　1935년 봄에도 각 도회에서 부역 문제가 주요 쟁점이 되었다. 충북도회에서 보은 출신 박의원은 질문을 통해 "부역에 출역하는 세농민측을 볼진대 한 끼의 조밥도 넉넉히 먹지 못하고 굶어가면서 출역한다. 이 광경을 보는 면직원들은 동정의 눈물을 금치 못한다 한다. 과연 이것이 사실일진대 부역은 농한기에 부과하는 것을 전제로 하고, 세농민과 유산층은 다소 차등을 두어서 부과해야 한다"고 주장하였다.[111] 부역 차등 부과론이었다. 충남도회에서도 김정환 의원이 부역을 전폐하는 것이 불가능하다면 빈부에 차등을 두어 징수함이 당연하다고 주장하였고, 이에 토목과장은 불원간 발표될 도로령에서는 재산 정도에 따라 차별 부과가 될 것으로 안다고 답변하였다.[112] 전북도회에서도 순창 김영무 의원이 부역철폐론을 주장하였고, 다른 의원들도 이에 동조하자, 일본인 사카이의원은 "조선인에게는 병역제도가 없는 관계로 부역제도를 철폐함은 부당하다"고 주장했다. 이에 대해 의장은 병역문제는 의제 밖이라면서 당국에서도 불공평한 부역제도를 인정하여 목하 총독부에서 합리적 법령을 연구하고 있다고 답변하였다.[113]

　전남도회에서도 여수의 김경택 의원이 "조선 농촌의 현상을 보건대 농민 전부가 궁세민이어서 초근목피나 보리겨죽조차 삼순구식(三旬九食)하고 있는 형편인데, 그네들에게 매년 수십일씩이나 부역을 과하게 되는 것은 차마 볼 수 없는 참상이다. 그럼에도 불구하고 그 지방의 유력자는

---

111 「빈부계급에 부역차별을 주장. 충북도회의서 문제」, 『동아일보』, 1935.2.28. 조간
112 「학교비한도 확장과 서당야학 성의 지도 절규. 충남도회의 대긴장」, 『동아일보』, 1935.3.7. 조간
113 「부역전폐를 전북도회서 주장」, 『동아일보』, 1935.3.9. 조간

그 부역에도 나오지 아니하는 현상"이라면서, 달리 재원을 만들어서 그 비용에 충당하는 동시에 부역을 폐지하도록 하라고 주장하고, 종래에 지방유력자로서 부역에 응하지 않는 자는 어떻게 처치하였느냐고 물었다. 이에 대해 도 당국자는 부역을 폐지하라는 의사에는 동감이나, 이를 대신할 재원이 없다고 말하고, 종래 부역에 응하지 않는 자에게는 하등 징계할 만한 법령이 없어 별도리가 없었다고 답하였다.[114] 평북도회에서는 삭주의 김항원 의원이 도로부역의 대안으로서, "1, 2, 3등 도로의 수리는 국비로 할 것, 도로부역은 빈부에 따라 등차가 있게 할 것, 도로를 많이 사용하는 자동차업자와 같은 사람에게 세금을 많이 받을 것" 등을 제안했다. 이에 대해 도 당국자는 1, 2, 3등 도로의 부역폐지는 경비관계로 할 수가 없고, 빈부에 따른 부역의 차등부과는 면(面)에서 할 수 있을 것이며, 도로 사용자에게는 세금을 많이 받도록 하고 싶다고 답하였다. 하지만 이는 총독부의 세제 개편이 있어야 가능한 일이었다.[115]

결국 이 문제는 도 당국 차원에서 해결할 수 없는 문제였고, 총독부가 나설 수밖에 없었다. 총독부 토목과는 1935년 이 문제에 대해 연구를 진행하였다고 한다. 총독부에서 검토한 3가지 방법은 1) 도로 손상에 대한 부담세 징수의 방법, 2) 가솔린세 징수의 방법, 3) 자동차세 증세의 방법이었다. 1)의 방법은 주로 자동차업자들에게 과세하는 것인데, 표준과세액의 결정이나 징수방법이 매우 어려워 일본에서도 실시하는 부현이 적은 실정이었다. 2)의 방법은 가솔린의 판매업자에게 징수하는 방법이 있

---

114 「三旬九食의 세궁민에 부역부과는 불가. 일반 토목공사는 직영하라. 전남도회에서 대논란」, 『동아일보』, 1935.3.13. 석간

115 「"빈부의 등차없는 일률부역은 불가" 평북도회에서 말썽되여」, 『조선일보』, 1935.3.13. 석간

으나 일본에서도 아직 실시하지 않은 것이어서 조선에서 먼저 실시하기는 어렵다는 것이 총독부의 입장이었다. 결국 총독부가 가장 유력하게 검토한 것은 3)의 방법이었다. 당시 일본에서의 자동차세는 한 대에 평균 150원이었으나, 조선에서는 평균 50원(각 도에 따라 30~60원)에 불과했다. 따라서 자동차세를 증액하여 도로 손상 개수비용을 염출하여 도로부역을 점진적으로 철폐하는 것이 가장 적당하다고 결론을 내리고 이에 대해 연구를 진행하고 있다고 신문은 보도하였다.[116] 이에 따라 1936년 1월 지방세제를 정리하면서 도세(道稅)에 속하는 자동차세를 약간 인상하기는 하였으나, 부역 문제를 해결할 수 있을 정도로 큰 폭의 인상은 아니었다.[117] 전라남도의 경우 그동안 30원씩 징수해오던 것을 20원 인상하여 50원씩을 거두어 중요도로 포장공사비에 충당하기로 하였다고 한다.[118] 따라서 이후에도 부역은 계속되었고, 논란도 계속되었다.

1936년 2월 경기도회에서는 일본인 의원 개성의 오카모토 도요키(岡本豊喜)가 "관행부역은 조선 고래로부터 내려온 미풍이니 이를 철폐할 필요가 없다"고 주장했다. 이에 대해 강화의 황우천 의원은 "현하의 소위 관행부역이라는 것은 전부 무산대중의 부담이다. 만일 이 부담이 유산계급, 유력계급에 있었다고 하면 이것은 벌써 철폐되었을 것"이라고 주장했다. 이에 용인 출신 조빈행 의원이 "부역은 조선의 관행이라고 하나, 이는 헌병시대에 강제적으로 시켜오던 악풍으로 전연 종래로부터의 관습이 아닐 뿐 아니라, 농민들은 농번기에 며칠씩 부역에 불려 나가 여간 고통을 느

---

116 「자동차세를 증세. 도로부역 완화방침. 도로손상 부담세와 까솔린세도 고려」, 『조선일보』, 1935.6.15. 조간
117 「지방세제 정리 관계법령 발포, 牛島 내무국장 담」, 『동아일보』, 1936.1.10.
118 「도로완성 위하야 자동차세 인상」, 『동아일보』, 1936.2.10.

끼는 바가 아니니 당연히 철폐하든지 아니면 한가한 때만 부역을 시키되 회수를 줄여야 한다"고 주장하였다.[119]

이와 같이 부역제가 각 도회에서 계속 문제가 되는 가운데, 이 문제가 가장 심각하게 논의된 곳은 경상남북도였다. 경상남북도는 1934년 9월 낙동강 유역의 사방공사인 치산사업을 10년에 걸쳐 실시하기로 하였다. 이 사업에는 총경비 3천만 원이 투입될 계획이었는데, 그 가운데 6할은 국고보조로, 나머지 2할은 경남과 경북도에서, 2할은 부역으로 현지 주민이 부담하는 것으로 되었다.[120] 이 대규모 사방사업은 1935년 5월 착공하는 것으로 결정되어, 4월에 도청에서 각 군의 내무주임, 임업주임, 임업과 사방기수 등 60여 명이 모여 협의를 하였다. 이들은 이 공사에 10년간 총 723만 명의 부역노동력을 동원하기로 하고, 1935년에만 72만 명을 동원하기로 하였다.[121] 이에 대해 경북도회 의원들은 낙동안 연안 주민들의 부담이 너무 과중하다고 비판하였다. 당시 이에 관계된 면은 모두 70개 면이었으며, 1년에 연인원 72만 명을 동원해야 하기 때문에 1개 면에 1만 명 정도가 동원되어야만 했기 때문이다. 이에 경남도회에서 오명진 의원은 "낙동강 사방공사의 출역은 너무나 공평하지 못한 악정으로, 유역민의 부담이 과중하니, 유역민이 아닌 일반 지방민도 동등하게 부담해야 한다"고 주장하였다. 그는 "연 수입 1백 원밖에 안 되는 빈민에게 1년에 약

---

119 「휴지통」, 『동아일보』, 1936.2.25. 조간; 「'헌병시대' 악풍인 관행 부역 철폐 요구, 농번기 강제부역은 농촌에 영향 막대, 개회벽두 경기도회서 논의」, 『조선일보』, 1936.2.24.
120 「宿案의 낙동강유역 대사방공사 실시. 명년도부터 10년간 계속사업. 총공비 3천만 원」, 『조선일보』, 1934.9.10.
121 「경남북 낙동강연안 대규모의 사방공사, 소요인원 723만인, 본격적 실시에 착수」, 『조선일보』, 1935.4.13. 조간

20원에 해당하는 부역을 부과하였으니, 이는 민정을 무시한 악정"이라면서 하루빨리 이를 철폐하라고 주장했다. 이에 대해 도 당국자는 "작년의 부역은 일부분에 좀 과중하게 되었으니, 금년부터는 공평을 도모하겠다"고만 답변하였다.[122] 결국 1936년에도 12개 군 63개 면에서 연인원 35만여 명을 부역으로 동원하기로 도회에서 결정되었다.[123]

그런 가운데 경상북도에서는 또 오카자키 데쓰로(岡崎哲郎) 도지사의 이른바 '도로 자갈부역'이 큰 사회문제가 되었다. 오카자키 지사는 1935년 가을부터 "여윈 도로에 밥을 줘라"라는 표어를 내걸고, 경북 도내의 3등 이상의 모든 도로에 자갈을 깔도록 지시했다. 이에 따라 경북의 모든 군에서는 도로의 진 노면에 세 치 내지 다섯 치의 정도의 자갈을 깔아야만 하게 되었다. 도지사는 이 일을 도로 연변의 주민들의 부역으로 충당하라고 지시했다. 이에 따라 모든 군에서 이른바 '사리(砂利:자갈)부역'이 시작되었다. 그런데 경북 영주와 같은 곳은 지리적으로 천변에서도 자갈을 구하기 어려운 곳이었다. 따라서 이런 곳에서는 타지에서 자갈을 운반해와야만 했다. 자갈 한 상자를 타지에서 운반해오려면 20전은 주어야 했는데, 이를 세 치 내지 다섯 치 깔려면 한 평에 25원은 들여야만 했다. 그런데 이를 부담이 불가능한 빈민들에게까지도 부과하여 매호당 24원 20전이 돌아가게 되었다. 당시 1년 수입이 100원 남짓밖에 되지 않는 빈민들에게 24원여는 큰돈이었다.[124] 1936년 봄 이 일이 경북도회에서 논란이 되자, 도의 토목과

---

122 「낙강 유역 사방공사 부역배정 불공평, 산청군에는 한집에 6백인이나 돼" 당국은 금후 완화 언명」, 『동아일보』, 1936.3.11. 석간

123 「11년도 낙강 사방부역 연인원 35만명, 경남도내 12개 군민의 부담, 14일 도회 정식 통과」, 『조선일보』, 1936.3.17. 석간

124 「문제의 자갈 부역, 경북도회에서 논란, 22,24일의 회의 석상에서, 장내를 긴장케 한

장은 그처럼 주민에게 피해가 있으면 고려하겠다고 답하였다. 그러나 도당국은 5월 상순부터 다시 도내 모든 도로의 자갈부역을 재개하고, 엄밀한 심사를 하기로 결정하였다.[125]

이에 대해 안동군의 『동아일보』 기자는 아래와 같이 비판하면서, 별 필요도 없는 무리한 이 공사를 중지해야 한다고 주장하였다.

> 현시 본도 내의 제 도로 중에는 문제의 사리(砂利)를 부시(敷施)치 않고는 인마(人馬) 등의 통행에 불편한 곳도 얼마간 있을지 모르나 대부분의 도로는 그야말로 탄탄대로로서 하등의 불편을 느끼는 점이 없다. 일례를 들면 안동군 내에서 어느 방면의 도로를 보더라도 사리를 부시치 않으면 일반의 통행에 심히 곤란하다든지 혹은 우설(雨雪) 시가 되어 도로가 파궤되는 등의 험로는 전연 없다고 본다.
>
> 그럼에도 불구하고 천편일률의 정책 아래 각 군민의 총동원으로 도로 수선에만 장시일의 고역을 부과시켜 가뜩이나 피폐한 농민들의 혈한(血汗)을 조이는 결과를 가져올 뿐 아니라 목하에는 인차마(人車馬) 등의 내왕에도 크나큰 고통을 받고 있으니, 이것은 현시 도당국으로서 너무나 도에 넘는 가혹한 조치가 아닐까 한다.
>
> 그래서 군민 중에 부역에를 못 나갈 경우에는 부역대금을 가가호호에 지불케 하는데 과반 안동읍민에게는 매호 평균 1원50전씩을 징수하였지만, 이밖에 심한 면에는 매호 평균 15원까지의 거액을 징수케 되

각원 질문」, 『동아일보』, 1936.2.26. 석간; 「洛江 砂防의 부역, 10년에 1천만명, 자갈문제도 재연, 문맹퇴치 등 경북도회서 질문 통격」, 『동아일보』, 1936.2.29. 석간

125 「경북도 전반 도로에 자갈부역을 또 실시, 도회에서 고려를 언명하고도 춘궁기 주민에게 대충동」, 『동아일보』, 1936.4.19. 조간

어 본도 내의 전 부역 환금액이 총 53만여 원에 달한다고 한다. 해마다 궁한(窮寒)에 울고 또 춘궁에 우는 일반 세민들은 이 고역으로 말미암아 한층 더 생활의 불안을 통감하고 있다.[126]

『조선일보』도 사설을 통해 위와 같은 과중한 부역의 실시, 특히 농번기의 부역 실시에 대해 다음과 같이 비판하였다.

부산통신에 따르면 최근 3년간 경상남도 내의 1,2,3등 도로 및 등외 도로의 유지 수선 부역 인원 합계가 194만 7천여 명에 달하고 기타 사방공사와 신설노보 기타의 3년간 부역인원 수 약 12만여 명을 가산하면 실로 총계 256만 7,900여 명에 달했다고 전한다. 그리고 최근 3년간 기성도로 수선 부역인원수는 소화 8년에 63만 8,000여 명, 소화 9년에 64만 200여 명, 소화 10년에 66만 9,000여 명으로 매년 증가하는 경향을 보이고 있다. 또 금년도에도 지난 3월 7일의 경남도회의에서 낙동강 사방공사에 관계 지민(地民)의 부역 35만 4,000여 명을 결정하였다고 보도되었다. 이상의 숫자를 보면 이는 부역 숫자로서 너무도 과대함을 지적치 않을 수 없다. 물론 부역이란 것이 도로공사나 기타 사방공사에 조력하는 것이므로 그 공사 자체가 우리 일반을 위하는 일이로되 그래서 당국자가 이를 부과한다면 의무로써 이행하는 것 뿐이로되 일면으로 생각하면 이는 보수없는 무상의 노동이니 (중략) 여력이 있고, 여유가 있는 때에 다소의 부역을 가함은 부득이한 일이나, 너무나 과대한 수의 인원을 강제부역케 한다는 것은 불가한 일

---

126 「(지방논단) 사리공사 실시에 대하야」, 『동아일보』, 1936.5.30. 조간

이며, 또 이상과 같이 많은 수효라면 농한기만을 이용할 수는 없는 일이니 농번기에도 부득이 이를 가하게 될 것이다. 이것은 더욱 불가하다고 않을 수 없다.[127]

이 사설은 이어서 "오인은 농촌의 갱생을 위하는 의미에서 과대한 부역을 완화하고 보다 더 많이 국비를 지출하여 적은 자금으로써도 보수를 제공하여 그 노동을 요함이 타당하다고 생각한다. 그리고 특히 농번기의 부역은 일체 이를 과하지 않도록 힘써야 할 것"이라고 주장했다.

그러나 일제 말기까지 부역은 폐지되지 않았으며, 중일전쟁 이후 전시체제기에 들어서면서 부역은 '전시노동력 동원'으로 오히려 더 강화되었다.

---

127 「(사설) 부역제도를 완화하라-농번기 부역은 철폐하라」, 『조선일보』, 1936.4.22. 조간

4. 언론의 '식민지적 지방자치' 비판

1930년 제2차 지방제도 개정을 통해 도회, 부회, 읍회라는 의결기관이 등장했고, 총독부는 바야흐로 지방자치제가 시작되었다고 선전했다. 그러나 이들 지방의회는 의결기관으로서의 역할을 제대로 하지 못했다. 제도상으로 도지사, 부윤, 읍장은 도회, 부회, 읍회의 의결사항을 무시하고 집행하지 않을 수 있는 권리를 갖고 있었다. 그 밖에도 도회, 부회, 읍회 의원의 권한은 매우 제한적이어서, 이전의 도평의회, 부협의회, 면협의회 때와 큰 차이가 없었다. 따라서 당시 『동아일보』나 『조선일보』 등 조선인 언론은 이러한 허울뿐인 지방자치제를 신랄하게 비판했다.

1931년 8월 9일 경성부회는 경성전기를 부영화하는 안을 표결에 부쳐 31대 15로 통과시켰다. 그러나 총독부는 이에 반대하여 결국 부영화안을 좌절시켰다. 1931년 12월 17일 이마이다 정무총감이 부영화안에 대해 반대의사를 명확히 밝히자, 『동아일보』는 사설을 통해 "부회 개회 1년, 부의(府議)에서 절대다수로 통과되고 부민의 여론의 절대지지를 받고 있는 이 문제가 재벌만으로 대표된 소위 '전기사업조사회'의 자문 답신에 의하야 일편의 휴지가 되고 만다 하면 이야말로 당국의 대간판인 지방자치는 여지없이 그 면목이 전궤(全潰)될 것이니, 각 지방의 의원단이 궐기할 형세에 있다는 것도 무리가 아니다. 당국자가 쌓아놓은 지방제의 원만한 운용을 당국 스스로의 행동으로 저해한다는 것은 이 얼마나 모순이 극한 일인가"라고 비판하였다.[128] 즉 총독부 당국이 그동안 선전해 온

---

[128] 「(사설) 전기공영에 대하야 – 당국자의 반성을 촉함」, 동아일보 1931.12.19.

조선의 지방자치제도를 스스로 무너뜨리는 일을 하고 있다는 것이었다.

『동아일보』는 또 1932년 4월 23일 사설에서 경성부회를 무력하게 만들고 있는 부회 제도를 또 하나의 사례를 들어 비판하였다. 1932년 4월 19일 경성부회 제2교육부회에서 조병상 의원이 의안 이외의 미동공립보통학교 운동장 문제에 대해 질문을 하자, 일본인 가도와키 모쿠이치(門脇默一) 내무과장이 "의사규칙에 따르면 본회의 석상 일정에 의안된 의제 이외의 질문에 대하여는 응답할 수 없다"면서 단연히 거부하였다. 이에 대해 홍필구 의원이 "의안 이외의 질문과 응답은 선례가 있는 것 아니냐"고 전례를 들어 공박하였으나, 가도와키 내무과장은 여전히 굽히지 않고 "나쁜 관례를 답습할 필요는 없다"면서 의원들의 질문을 일축하였다. 이에 경성부회 조선인 의원들이 회의 불출석이라는 배수진을 치고 부윤에게 항의하여 결국 부윤과 내무과장의 사과를 받아냈다.[129] 『동아일보』 사설은 이 사건의 예를 들어 다음과 같이 부회 제도의 문제점을 지적하였다.

> 현재의 부회는 결의기관이라 한다. 그러나 부회의 의장은 부윤이 겸임하고 의장은 부회의 해산권, 거부권을 가졌으며, 또 의장은 부윤의 자격으로 결의의 불채용권을 가졌다. 그뿐 아니라 부회의원은 의안제출권을 가지지 못했다. 그러므로 결의기관이 되고 못되고는 오직 그 제도의 운영 여하에 달렸었다. 그런데 최근의 예를 보면, 그 운용의 자순기관(諮詢機關) 이상을 넘지 못함을 보나니, 지난번 40만 부민의 열광적 소망과 부의원 과반수에 의하여 결의된 경성전기공영안이 감독

---

129 「내무과장 답변거절로 제2교육회 파란. 의안 이외의 질문이란 이유로. 전례를 무시한 怪態」, 『동아일보』, 1932.4.22.

관청의 반대에 의하여 수포로 돌아간 것과 이번에 의안제출권이 없는 부의원의 의제 외의 질문이 내무과장의 답변 기피에 의하여 거부된 것은 그 중요한 일례라 않을 수 없는 것이다.

의안제출권은 의연 부의원에게 없으며, 부윤의 의장 겸임, 의장의 강대한 권리, 부윤의 부회 결의에 불구속의 권리는 의연 존재함으로써다. 그러므로 요는 부회를 완전한 민의표현의 기관으로 하려면 현재 있는 모든 제한을 하루라도 속히 제거하여야 할 것이다.[130]

즉 부회의 권한을 제약하고 있는 것들, 예를 들어 부윤의 의장 겸임, 의장의 막대한 권한, 부윤의 부회 결의에 대한 불구속, 부의원의 의안제출 불가 등을 고쳐야 한다는 것이었다.

1930년대 언론은 도회에 대해서도 비슷하게 비판적이었다. 『조선일보』는 1937년 「도회의 무능」이라는 사설에서 "도회는 비록 결의기관이 되었다 할지라도 의장을 도지사가 겸임하고 도지사가 의결의 불채택, 도회의 해산 등 방대한 권한을 가졌으며, 도회원 3분의 1은 관선이오, 3분의 2의 민선도 납세 5원 이상의 선거권자로부터 피선된 부읍회원 및 면협의원의 간접선거로 되는 파행적 선거이기 때문에 사실상 구태의연한 자순기관에 불과한 것이므로 민중의 관심도 그다지 큰 바 아니다. 그렇지만, 8천만 원을 넘는 도 예산을 심사하는 도회가 너무도 무위무능하게 관변에의 아유(阿諛)와 자가(自家)의 이권(利權) 획득에 여념이 없음을 볼 때 일종의 한심한 감을 포회치 않을 수 없다"고 비판하였다. 이 사설은 계속하여 "도회를 위시하여 부읍회 학교비 등 지방자치기관의 예산은 제국의회

---

130 「(사설) 경성부회 又復 파란」, 『동아일보』, 1932.4.23.

의 협찬을 불요(不要)하고 오직 총독의 권한에 속하는 것이다. 그러므로 지방자치체의 의원들의 능력 여하로는 어느 정도의 예산의 운용을 좌우할 수도 있을 것이다. 그런데 최근 도회 등의 상황을 보면 불합리한 농촌의 부담과중, 인권의 유린, 긴급한 재해 구제비의 부족, 초급(焦急)한 교육기관 설치에 대한 무성의를 공격하는 이도 적고, 당국이 제안한 예산의 유유낙락을 일삼지 않으면 관변에의 사적 아유로 자가이권의 획득에만 급급하는 감이 있으니 한심타 않을 수 없다"고 도회 의원들의 무능과 나태, 사적 이익의 추구 등을 신랄히 비판하였다.[131]

이상에서 살펴본 것처럼 1930년대의 이른바 '지방자치제'로 도입된 부회·읍회나 도회는 많은 한계를 안고 있었다. 부회는 의장을 부윤이 겸임하고, 부윤은 부회 결의의 불채택권을 갖고 있었으며, 부회의원은 의안 제출권을 가지지 못했으며, 총독은 부회 해산권을 갖고 있었다. 도회의 경우, 관선이 3분의 1을 차지하고, 의장을 도지사가 겸임하고, 도지사는 도회 결의의 불채택권, 도회 해산권을 갖는 등 역시 제약이 심했다. 따라서 부회나 도회는 형식은 의결기관이지만, 내용은 이전의 자문기관과 큰 차이가 없는 상태였다. 당시 일본정부나 조선총독부 당국자들은 조선에 제대로 된 지방자치제를 실시할 생각이 별로 없었다. 그들이 생각하는 조선에서의 지방자치는 일본과는 다른 '식민지형 지방자치'였다. 당시『동아일보』나『조선일보』는 조선의 이와 같은 '식민지형 지방자치'를 '기만적 지방자치'라고 신랄하게 비판하고 있었다.

---

131 「(사설) 도회의 무능 – 당국에 대한 비판력 결여」,『조선일보』, 1937.3.5. 조간

제10장
1930년대 조선과 대만에서의 지방제도 개정 비교

1, 1930년대 조선·대만의 지방제도 개정 과정

일본의 식민지 지배를 받고 있던 조선과 대만에서는 조선에서의 3·1운동 직후인 1920년 하라수상의 지휘하에 지방제도 개정이 거의 동시에 이루어졌다. 사이토 마코토 조선총독은 1920년 4월에 조선의 지방제도 개정과 관련된 안을 만들어 일본 정부의 동의를 얻어 1920년 7월 29일 관련된 법령들을 공포하였다. 대만에서도 덴 겐지로(田健治郎) 총독이 조선보다 늦은 1920년 7월 초 이와 관련된 안을 만들어 급히 일본 정부의 동의를 얻어 1920년 7월 30일 관련된 법령들을 공포하였다.

1920년에 개정된 조선과 대만의 지방제도를 당시 일본의 지방자치제와 비교해 보면 다음과 같다. 1920년대 일본의 부현은 법인이었지만, 조선의 도(道)와 대만의 주(州)는 법인이 아니었다. 또 일본의 부현회·시회·정촌회는 모두 의결기관이었지만, 조선의 도평의회·부협의회·면협의회와 대만의 주협의회·시협의회·가장협의회는 모두 자문기관이었다. 조선과 대만의 경우, 지방자치에서의 '분권' 및 지방의회의 권한이 모두 크게 제한적이었던 것이다.

또 일본의 부현회, 시회, 정촌회 의원은 모두 선거권자(일정액 이상의 세금 납부자)의 선거로 선출되었다. 그러나 조선의 도평의회원의 3분의 2는 선거제(부면협의회원의 선거로 선출), 3분의 1은 임명제(도지사가 임명), 부협의회원은 선거제, 면협의회원은 지정면은 선거제, 나머지 면은 임명제로 되어 있었다. 대만의 주협의회원·시협의회원·가장협의회원은 전원 임명제였다. 일본은 선거제, 대만은 임명제, 조선은 임명제와 선거제가 섞여 있는 형태였다. 그런데 선거제로 되어 있는 조선의 부협의회원의 경우에 선거권자 및 피선거권자를 부세 연액 5원 이상 납부자로 정하여, 일본의 시회의 경우보다 더 많은 세금을 내야만 유권자가 될 수 있었다. 이는 조선인보다 상대적으로 부유한 재조선 일본인들에게 유리한 제도였다.[1] 식민지 조선과 대만의 경우, 지방자치에서의 '주민 참여권'이 크게 제한되어 있었던 것이다.

의결사항과 자문사항을 보면 일본의 정촌회와 대만의 가장협의회의 경우는 정촌조례·규칙의 제정 및 개정이나 가장 조례의 제정 및 개정이 들어가 있으나, 조선의 면협의회는 이러한 규정을 갖지 못했다. 조선의 면에는 조례나 규칙 제정권이 없었기 때문이었다. 조선의 읍면에 규칙제정권이 주어진 것은 1930년 지방제도 개정 때였다. 그 밖에도 자문기관이라는 한계 때문에 지역 현안에 대한 질문권, 의결권이 크게 제한되어 있었다. 즉 지방자치에서의 '주민의 동의권'이 크게 제한되어 있었던 것이다.

한편 조선에서는 1920년대 초부터 국민협회와 같은 친일세력이 이른바 '참정권청원운동'을 시작하였다. 이는 조선인들에게도 일본 본국 의회에 의원을 보낼 수 있도록 해달라는 것이었다. 또 같은 시기 고원훈 등 일부 친일세력은 조선에 자치권을 달라면서 '조선의회'를 설치해달라고 총독부에 청원하였다. 그리고 1925년을 전후해서는 동아일보계열과 천도교 신파 등 민족주의 세력의 일각에서도 독립운동 대신 자치운동으로 방향전환을 하는 이들이 나타났다.[2] 재조선 일본인들도 친일조선인들과 함께 1924년 갑자구락부를 조직하여 1925~1927년 매년 일본 의회에 건의

---

1 이상은 다음 논문의 제1장을 참조하여 서술함. 박찬승, 2022, 「1920·30년대 식민지 조선·대만에서의 지방제도 개정 비교」, 『동아시아문화연구』 89, 한양대 동아시아문화연구소.

2 박찬승, 1992, 『한국근대정치사상사연구』, 역사비평사, 제4장.

서를 제출하여, 경성부, 부산부, 대구부, 평양부 등에서 일본 본국의 중의원을 선거할 수 있게 해줄 것을 요구했다.

대만에서도 1920년대 초 이후 조선과 마찬가지로 '참정권청원운동'과 '자치운동'이 일어났다. 자치운동은 구체적으로는 1921년부터 1934년까지 린셴탕(林獻堂)의 주도하에 '대만의회설치운동'으로 전개되었는데, 그는 제국의회에 모두 15차에 걸쳐 대만의회를 설치해달라는 청원서를 제출하였다.[3]

조선총독부, 대만총독부, 그리고 일본정부는 공식적으로는 조선과 대만의 민도가 향상되면 '참정권'을 부여하겠다고 답했다. 이는 일본 본토의 제국의회에 조선과 대만의 대표자들을 의원으로 받아들이겠다는 것이었다. 그러나 일본정부는 어느 시점에 조선인과 대만인을 의회 의원으로 받아들일지는 말하지 않았다.

1929년 조선총독으로 재부임해 온 사이토는 앞서 제7장에서 본 것처럼 1929년 12월 '조선지방의회'안을 만들어 수상, 척무대신 등과 협의했다. 이때 사이토가 제시한 안은 조선인 칙선 의원이 귀족원에 참여할 수 있게 하며, 조선에 '조선지방의회'를 설치해 준다는 것이었다. 일본 정부 요인들은 이 안에 대해 강력히 반대했다. 일본 정부(하마구치내각)는 여전히 조선인과 대만인에게 자치의회나 참정권을 주는 것은 모두 위험하다고 보았다. 결국 일본정부는 이 문제를 지방자치제도의 확장을 통해 해결하는 방안을 택하였다. 즉 지방자치제도의 확장을 통해, 조선인과 대

---

3 張正昌, 1980, 『林獻堂與台灣民族運動』, 國立臺灣師範大學; 若林正丈, 1993, 「台湾議会設置請願運動」『近代日本と植民地』6, 岩波書店; 台灣總督府警務局編, 2006, 『臺灣社會運動史』(대만총독부경찰연혁지 제2편, 領台以後の治安狀況, 중권), 海峽學術出版社 참조.

만인의 정치참여 욕구를 무마한다는 것이었다.

당시 신문보도에 따르면, 척무성은 이미 1929년 8월부터 각 식민지의 지방자치권의 확장 문제에 대해 연구하고 있었다. 조선총독부도 야마나시(山梨) 총독 시기부터 이미 이에 대한 연구를 해오고 있었다. 사이토 총독은 1929년 12월 도쿄에 갔을 때, 이미 지방자치확장안에 척무성과 의견을 같이 했다고 한다. 이후 이마무라(今村) 내무국장을 중심으로 구체안의 작성을 진행시켰다.[4] 사이토와 이마무라는 1930년 2월 12일에 경성을 출발하여 도쿄로 가서 지방제도 개정과 관련한 본격적인 협의에 들어갔다.[5] 조선총독부 측과 척무성측은 3월 초 합의를 보고, 사이토 총독이 마쓰다 겐지(松田源治) 척무상에게 지방자치확장안의 요강을 제출했다. 그 내용은 1) 도평의회, 부협의회 및 지정면 협의회를 의결기관으로 한다는 것, 2) 그 실시 시기는 차기 선거 때부터로 한다는 것이었다.[6]

이어서 척무성은 3월 11일 조선의 지방제도 개정의 요강을 내각회의에 제출하여 승인을 받았다. 요강이 합의된 뒤 조선총독부는 관계 법안을 입안하여 척무성과 협의를 하였고, 6월 23일 합의된 안을 척무성에 제출했다. 척무성은 이를 8월 15일에 하마구치 총리에게 제출하였고, 11월 21일에 내각에 보고하여 통과되었다. 총리는 22일 천황에게 재가를 요청했고, 11월 24일 이를 재가했다.[7] 조선총독부는 이를 12월 1일 공포하였고, 부제와 면제 개정 제령은 1931년 4월부터 시행하는 것으로 결정되

---

4 「自治制案携帶 近近總督渡東」, 『동아일보』, 1930.1.9.
5 「12일에 齋藤總督 渡東, 자치문제 기타로」, 『동아일보』, 1930.2.7.
6 「地方自治擴張案 齋藤總督 拓相에 提出」, 『동아일보』, 1930.3.3.
7 「도제제정제령안」, 「면제개정제령안」, 「부제개정개령안」(아시아역사자료센터 A14100216100.)

었다.[8]

그런데 대만에서의 지방제도 개정은 조선의 지방제도 개정과 동시에 추진되지 않았다. 대만의 경우에는 1930년 5월 마쓰다 척무대신이 의회에서 대만의 지방자치도 확장하기 위하여 이 문제를 대만총독부 측과 협력하여 조사 연구 중이라고 의회에서 답변하였다. 그는 "급격한 개혁은 피하고 민도에 따라서 점진적 개혁을 도모할 의향"이라고 말하였다. 이때 그는 두 가지 방침을 밝혔는데, 주·시·가장협의회를 자문기관에서 의결기관으로 바꾸고, 협의회원의 관선을 민선으로 바꾸겠다고 말했다.[9] 그러나 대만에서의 지방자치 실시는 쉽게 진척되지 않았다.

이에 대만에서는 지방자치 촉진운동이 시작되었고, 이를 위한 대만지방자치연맹이 1930년 8월 17일 결성되었다. 양자오지아(楊肇嘉) 등이 주도한 이 운동에 린셴탕(林獻堂)은 고문으로 참여하였다. 타이베이(臺北)에 본부를 두고, 전국에 10개 지부를 거느린 대만지방자치연맹은 그 선언서에서 대만총독부는 대만 민중에게 사이비적인 자치제도만을 베풀고 있다고 지적하고, 같은 일본의 통치하에 있는 조선의 경우에는 이미 자문기관을 의결기관으로 바꾸고, 민선의 범위도 확대했다면서, 대만의 민중도 더 이상 침묵할 수 없다고 선언했다.[10] 결국 그들의 주장은 지방자치를 확대해 달라는 것이었다.

대만지방자치연맹은 1933년 10월 조선을 방문하여 조선 지방자치의 제도와 실상을 조사하여 『조선지방제도시찰보고서』라는 책자를 출판하

---

8 「조선지방제도개정, 제 제령 1일 공포」, 『동아일보』, 1930.12.2.
9 「대만에도 지방자치권」, 『조선일보』, 1930.5.7.
10 台灣總督府警務局編, 2006, 앞의 책, 279~282쪽.

였다. 이 책의 서언에서 이들은 다음과 같이 말하고 있다.

> 대만은 조선에 비하여 재정, 교육, 문화 등 여러 점에서 앞서 있음에도 불구하고 오로지 정치상의 제도가 훨씬 조선보다 뒤져 있다. 그 가장 현저한 예가 지방자치제이다. 조선은 대정 9년 제1차 사이토 총독의 손에 의하여 지방자치제가 도입되고, 다시 소화 6년 제2차 사이토 총독에 의하여 지방자치제의 개혁이 단행되었다. 이리하여 관선의원이 민선의원으로 바뀌고, 자문기관이 의결기관으로 변하고, 이제 그 면목을 일신하여 내지의 현행제도에 접근한 지방자치제가 시행되기에 이르렀다. 그런데 대만은 대정 9년 故 덴(田)총독에 의하여 시행된 현행제도를 묵수하여 14년간 똑같이 관선의원에 의해 조직된 자문기관을 유지하여 하등의 개선을 하지 않고 있다. 이러한 극히 불완전한 제도의 개혁을 요구하기 위해 우리 대만지방자치연맹은 지난 3년간 지방자치제 확립의 단일 목표 아래 분투해왔던 것이다. 그리고 조선과 대만은 일본의 식민지로서 그 입장이 같고, 지방자치제에 관해서는 조선은 대만에 앞서서 시행되고 있는 관계상, 조선 전반의 실정을 알고, 나아가 지방자치제도 운용의 실제를 아는 것은 대만에서의 개혁운동상 타산지석이 될 바가 많다고 믿는다.[11]

이들은 1931년 제도 개정에 의해 조선의 지방자치제가 상당히 진척되어 일본의 지방자치제에 근접하였지만, 대만은 1920년의 지방자치제에 머물러 있다면서 불만을 토로하였다.

---

11 楊肇嘉, 1934, 『朝鮮地方制度視察報告書』, 대만지방자치연맹본부, 1~2쪽.

1930년 이후 대만에서 위와 같이 지방자치 확대 운동이 벌어진 뒤에도 대만총독부와 척무성의 이 문제에 대한 추진은 지지부진하였다. 4년 가까이 지난 1934년 8월 10일에 이르러서야 척무성과 대만총독부는 자치제 확충을 시급히 추진하여 1935년에는 실시하기로 합의를 보았다.[12] 양측은 4개월 정도 협의를 거쳐 1934년 12월 25일에야 대만총독은 합의된 안을 척무성에 제출할 수 있었다. 이후에도 여러 검토를 거쳐 척무대신이 총리대신에게 이를 올린 것은 1935년 3월 22일이었으며, 내각에서 통과된 것은 3월 28일, 총리대신이 천황에게 재가를 요청한 것은 29일, 재가가 난 것도 29일이었다.[13] 그리고 대만총독부에서 이를 『총독부부보(總督府府報)』에 공포한 것은 4월 1일이었다.[14]

---

12 「臺灣自治制擴充, 明年度부터 實施, 今日 拓務省서 協議」, 『조선일보』, 1934.8.11.

13 「대만주제개정율령안」, 「대만시제개정율령안」, 「대만가장제개정율령안」(일본 국립공문서관 소장)

14 律令 제1호 「台灣州制」, 『臺灣總督府報』 호외, 1935.4.1. (대만 국사관 대만문헌관 소장)

2. 1930년대 개정된 지방제도의 내용 비교

아래에서는 1929년 일본의 지방제도, 1930년 조선의 지방제도, 1935년 대만의 지방제도를 비교해 보고자 한다.[15] 이를 통해 1930년대 조선과 대만의 지방제도 개정이 어떤 성격을 지니고 있었는지 파악해 보자. 〈표 10-1〉은 1930년대 일본의 부현제, 조선의 도제, 대만의 주제를 비교하여[16] 정리한 것이다.[17]

〈표 10-1〉 일본의 府縣制, 조선의 道制, 대만의 州制의 비교 (1930년대)

일본의 府縣制 (1929)	조선의 道制 (1930)	대만의 州制 (1935)
府縣: 법인	道: 법인	州: 법인
부현지사: 임명 (칙임)	도지사: 임명 (칙임)	주지사: 임명 (칙임)
府縣會: 의결기구. 의장단: 의원 중에서 의장과 부의장 각 1명을 선출	道會: 의결기구. 의장은 도지사. 부의장 1인은 의원 중에서 선거.	州會: 의결기구. 의장은 주지사. 의장 사고시에는 주지사 대리자가 의장 직무를 대리함.
부현회 의원 정원: 부현 인구가 70만 미만이면 의원 30명, 70~100만이면 5만이 늘 때마다 1인을 추가, 100만 이상이면 7만이 늘 때마다 1인을 추가.	도회 의원 정원: 20~50인의 범위 내에서 조선총독이 정함.	주회 의원 정원: 20~40인의 범위 내에서 대만총독이 정함.

---

15 이하의 내용은 박찬승, 2022, 앞의 글, 제2장을 수정 보완한 것임.

16 1930년대 일본, 조선, 대만의 지방제도에 대해서는 다음의 자료를 참조했다. 고려대 한국사연구소 일제강점기사연구실, 2010, 『식민지조선과 제국일본의 지방제도 관계 법령 비교자료집』, 선인; 佐伯迪, 1935, 『臺灣地方自治』, 昭和印刷所; 『朝鮮總督府官報』, 1930.12.1; 『臺灣總督府府報』, 1935.4.1.

17 台灣廳制가 1937년에 제정되어 廳協議會가 설치되었으나 모두 관선이었고, 규모도 작았기 때문에 여기에서는 다루지 않는다. 「台灣廳制」, 『臺灣總督府府報』, 1937.9.9.

일본의 府縣制 (1929)	조선의 道制 (1930)	대만의 州制 (1935)
부현회 의원 선출: 모두 선거구에서 선출(민선). 임기는 4년, 명예직.	道會 의원 선출: 정원의 3분의 2를 각 선거구에서 부회, 읍회, 면협의회원이 선출(간접선거). 나머지 3분의 1은 학식·명망 있는 자 중에서 도지사가 임명(관선). 임기 4년. 명예직.	州會 의원 선출: 정원의 2분의 1을 각 선거구에서 시회의원과 가장협의회원이 선출(간접선거). 나머지 2분의 1은 피선거권자 가운데 학식·명망이 있는 자 중에서 대만총독이 임명(관선). 임기 4년. 명예직.
선거권 및 피선거권: 부현 내의 市町村 公民(제국신민인 25세 이상 남자이며 2년 이래 시정촌주민인 자)은 부현회의 선거권 및 피선거권을 갖는다(이전의 연액 3円, 10円 조항을 삭제)(예외 있음).	피선거권: 제국신민으로 25세 이상의 남자. 독립된 생계를 영위. 1년 이래 도내에 거주. (예외 있음)	피선거권: 제국신민으로 25세 이상의 남자, 독립된 생계를 영위, 6개월 이상 해당 시에 거주, 市稅 또는 街庄稅 연액 5圓 이상 납부한 자.(예외 있음)
참사회: 부현회는 그 권한에 속한 사항을 부현 참사회에 위임할 수 있음. 부현 참사회는 부현지사, 부현 고등관 2명 및 명예직 참사회원으로 조직하며, 정원 9~11명임.	참사회 관련 조항 없음.	주참사회: 주회는 그 권한의 일부를 주참사회에 위임할 수 있음. 주참사회는 주지사, 내무부장, 명예직 참사회원 6인으로 구성. 명예직 참사회원은 주회 의원중에서 선출. 참사회는 주회가 위임한 사항, 주회가 폐회 중일 때 주회의 권한 가운데 가벼운 사항 등을 주회 대신 의결함.
부현회 견제: 1) 부현회 또는 부현참사회의 의결 또는 선거가 그 권한을 초월하였거나 법령·회의규칙에 위배된다고 인정될 때에는 부현지사는 자신의 의견이나 내무대신의 지휘에 의해 이를 재의에 부치거나 재선거를 하도록 해야 함. 특별한 사유가 있을 때에는 그 의결 또는 선거를 취소할 수 있음. 2) 부현회의 의결이 공익을 해친다고 인정될 때에는 부현지사는 자신의 의견이나 내무대신의 지휘에 의해 재의에 부치거나, 특별한 사유가 있을 경우 재의에 부치지 않고 내무대신에게 지휘를 청할 수 있음.	도회 견제: 1) 도회의 의결 또는 선거가 그 권한을 초월하였거나 법령·회의규칙에 위배된다고 인정될 때에는 도지사는 자신의 의견이나 조선총독의 지휘에 의해 이를 재의에 부치거나 재선거를 하도록 해야 함. 특별한 사유가 있을 때에는 그 의결 또는 선거를 취소할 수 있음. 2) 도회의 의결이 공익을 해치거나 도의 收支에 부적당하다고 인정될 때에는 도지사는 자신의 의견이나 총독의 지휘에 의해 재의에 부치거나 특별한 사유가 있을 경우 의결을 취소할 수 있음.	주회 견제: 주회 또는 주참사회의 의결 또는 선거가 권한을 초월하였거나 법령·회의규칙에 위배된다고 인정될 때에는 주지사는 자신의 의견이나 대만총독의 지휘에 의해 이를 재의에 부치거나 재선거를 하도록 해야 함. 특별한 사유가 있을 때에는 그 의결 또는 선거를 취소할 수 있음. 2) 주회 또는 주참사회의 의결이 공익을 해치거나 州의 收支에 부적당하다고 인정될 때에는 도지사는 자신의 의견이나 총독의 지휘에 의해 재의에 부치거나 특별한 사유가 있을 경우 의결을 취소할 수 있음.

일본의 府縣制 (1929)	조선의 道制 (1930)	대만의 州制 (1935)
내무대신은 부현회의 해산을 명할 수 있음.	총독이 도회 해산을 명할 수 있음. 이 경우 30일 이내에 의원의 선거 및 임명을 해야 함.	총독이 주회 해산을 명할 수 있음. 이 경우 30일 이내에 의원의 선거 및 임명을 해야 함.
부현회 의결사항: 1)부현조례 및 부현규칙 개설과 개폐, 2)세출입 예산, 3)결산보고, 4)법률과 명령에서 정한 것 외의 사용료, 수수료, 부현세 및 부역현품의 부과 징수, 5)부동산의 처분과 매수, 양수, 6)積立金穀 등의 설치 및 처분, 7)세출입예산에서 정한 것 외의 새로운 의무부담, 8) 재사 및 엿乙물의 관리방법, 8) 기타 법률·명령에 의해 부현회의 권한에 속하는 사항.	도회 의결사항: 1)세출입 예산, 2)결산보고, 3)법령에서 정한 것 외의 도세, 부역현품, 사용료 또는 수수료의 부과징수, 4)道債의 발행과 기채방법, 利息의 定率 및 상환방법, 5) 기본재산 및 적립금의 설치, 관리 및 처분, 6) 계속비, 7) 특별회계 설치, 8) 세출입예산에서 정한 것 외의 새로운 의무의 부담, 9) 기타 도지사가 필요하다고 인정하는 사항.	주회 의결사항: 1)세출입예산, 2)결산보고, 3)법령에 정한 것 외의 사용료, 수수료, 주세 또는 부역현품의 부과징수, 4)주채의 발행과 기채 방법, 이식의 정률, 상환 방법, 5) 기본재산 및 적립금곡 등의 설치 및 처분, 6) 계속비, 7) 특별회계 설치, 8)세입출예산에서 정한 것 외의 새로운 의무의 부담.
부현의 감독: 부현은 내무대신이 이를 감독한다.(127조)	도의 감독: 도는 조선총독이 이를 감독한다.(57조)	주의 감독: 주는 대만총독이 이를 감독한다.(76조)

출전: 고려대 한국사연구소 일제강점기사연구실, 2010, 『식민지조선과 제국일본의 지방제도 관계법령 비교 자료집』, 선인

〈표 10-1〉에서 보는 것처럼 1930년대 조선의 도회, 대만의 주회도 일본의 부현회처럼 의결기구가 되었다. 그러나 의장은 도지사, 주지사로서, 부현회가 의원 중에서 의장을 선출하는 것과는 달랐다. 또 부현회 의원은 모두 선거구 주민들이 선출하였지만, 도회 의원은 3분의 1, 주회 의원은 2분의 1을 도지사와 주지사가 각각 임명하였고, 나머지 도회 의원의 3분의 2는 부회·읍회·면협의회 의원들이 선출하고, 주회 의원의 2분의 1은 시회·가장협의회 의원들이 선출하도록 하였다.

또 부현회의 선거권과 피선거권은 1926년 보통선거제 실시 이후 부현의 공민(公民)이면 누구나 가질 수 있도록 하고 예전의 직접국세 3원 또

는 10원 자격 조항을 삭제했지만, 대만의 주회는 시세(市稅) 또는 가장세(街庄稅) 연액 5원(圓) 이상 납부한 자만 피선거권을 갖도록 했다. 조선의 도회는 피선거권에서 세금 조항은 없었지만, 선거권자들이 부세나 읍면세 5원 이상 납부자인 부회와 읍회, 면협의회원들이었고, 그들 가운데 도회 의원이 선출되는 경우가 많았기 때문에 사실상 선거권과 피선거권에 세금 5원 조항이 있는 것이나 마찬가지였다.

부현회, 도회, 주회의 의결사항은 거의 비슷했지만, 일본의 부현회의 경우에만 부현의 조례 및 부현규칙의 개설과 개폐가 가능했다. 조선의 도(道)와 대만의 주(州)에는 조례나 규칙을 제정할 권한이 없었다. 한편 일본과 대만의 경우에는 부현참사회와 주참사회가 있었지만, 조선의 경우에는 도참사회가 없었다.

그리고 부현회의 경우 내무대신의 해산이 가능하다는 조항이 있었는데, 조선과 대만의 도회와 주회도 조선총독과 대만총독이 이를 해산할 수 있도록 했다. 이는 도회와 주회가 총독부가 예상하지 못한 방향으로 나아갔을 때, 이를 해산하기 위해 만들어놓은 통제장치로서, 관치주의(官治主義)의 극치를 보여준다. 또 부현회, 도회, 주회의 경우에 모두 의결사항이 권한의 범위를 넘어서거나 법령·회의규칙에 위배될 때에는 지사가 자신의 의견이나 상급자(내무대신, 총독)의 지휘를 받아 재의에 부칠 수 있고, 특별한 사유가 있을 때에는 이를 즉시 취소할 수 있다고 하였다. 그러나 의결사항이 공익을 해친다고 인정될 때에는 부현회는 이를 재의에 부치거나 내무대신의 지휘를 받을 수 있다고 하였지만, 도회와 주회의 경우 도지사·주지사는 자신의 의견이나 총독의 지휘에 의해 재의에 부치거나 특별한 사유가 있을 경우 의결을 취소할 수 있다고 하였다. 지사의 도회·주회에 대한 견제가 더욱 강력했던 것이다. 이와 같은 조항은 시회·부회·시회의 경우에도 마찬가지로 반복되었다. 다음으로 1930년대 일본의 시제(市制), 조선의 부제(府制), 대만의 시제(市制)를 서로 비교해 보면 〈표 10-2〉와 같다.

〈표 10-2〉 일본의 시제, 조선의 부제, 대만의 시제 비교 (1930년대)

일본의 市制(1929)	조선의 府制(1930)	대만의 市制(1935)
市: 법인	府: 법인	市: 법인
시장: 시회에서 선출. 임기 4년. 유급.	부윤: 임명 (奏任)	시윤: 임명 (奏任)
감독: 제1차로 부현지사, 제2차로 내무대신이 市를 감독함.	감독: 제1차로 도지사, 제2차로 조선총독이 府를 감독함.	감독: 제1차로 주지사, 제2차로 대만총독이 市를 감독함.
시회: 의결기구. 의장과 부의장은 의원 중에서 각 1인을 선출.	부회: 의결기구. 의장은 부윤. 부의장 1인은 의원 중에서 선출.	시회: 의결기구. 의장은 시윤. 사고 시 助役이 의장의 직무를 대리.
시회 의원 정수: 인구 5만 미만은 30인, 5~15만은 36인, 15~20만은 39인, 20~30만은 42인, 30만 이상은 45인. 30만 이상의 경우 인구 10만, 50만 이상의 경우 인구 20만이 늘 때마다 의원 3인을 추가.	부회 의원의 정수: 인구 3만 미만은 24인, 3~5만은 27인, 5~10만은 30인, 10만 이상은 33인, 10만 이상은 인구 5만이 늘어날 때마다 3인 추가.	시회 의원의 정수: 인구 5만 미만은 24인, 5~10만은 28인, 10~20만은 32인, 20~30만은 36인, 30만 이상은 40인.
시회 의원: 모두 선거로 선출(민선). 임기 4년, 명예직.	부회 의원: 모두 선거로 선출(민선, 제한선거). 일본인 또는 조선인 의원은 의원 정수의 4분의 1에 미달하면 안 됨. 임기 4년, 명예직.	시회 의원: 정원의 2분의 1을 선거로 선출(민선, 제한선거). 나머지 2분의 1은 피선거권을 가진 자 중에 학식·명망이 있는 자를 주지사가 임명(관선). 임기 4년, 명예직.
선거권 및 피선거권: 제국신민으로 25세 이상의 남자이면서 2년 이래 시 주민인자는 시 공민으로서 선거권과 피선거권을 갖는다. (예외조항 있음)	선거권 및 피선거권: 제국신민으로 25세 이상 남자, 독립된 생계를 영위, 1년 이상 府에 거주, 5원 이상의 부세 납부. (예외조항 있음)	선거권 및 피선거권: 제국신민으로 25세 이상의 남자, 독립된 생계를 영위, 6개월 이상 해당 시에 거주, 시세 연액 5원 이상 납부한 자. (예외조항 있음)

일본의 市制(1929)	조선의 府制(1930)	대만의 市制(1935)
내무대신은 시회의 해산을 명할 수 있음. 이 경우 3개월 이내에 의원의 선거를 행해야 함.	조선총독은 부회의 해산을 명할 수 있다. 이 경우 3개월 이내에 의원의 선거를 행해야 함. 도지사는 기일을 정해 부회 또는 교육부회의 정회를 명할 수 있음.	대만총독은 시회의 해산을 명할 수 있다. 이 경우 3개월 이내에 의원의 선거를 행해야 함. 주지사는 기일을 정해 부회 또는 교육부회의 정회를 명할 수 있음.
시회 의결사항: 1)시조례 및 시규칙의 제정 및 개폐, 2)시비로써 지변해야 하는 사업, 3)세입출예산 책정, 4)결산보고 인정, 5)법령에서 정한 경우 외의 사용료, 수수료, 가입금, 시세 혹은 부역현품의 부과징수, 6)부동산의 관리, 처분 및 취득, 7)기본재산 및 적립 금곡의 설치 및 관리, 8)세출입예산으로 정한 외의 새로운 의무의 부담 및 권리포기, 9)재산 및 영조물의 관리, 10)시이원의 신원보증에 관한 일, 11)시에 관계된 소원, 소송 및 화해에 관한 일.	부회 의결사항: 1)부 조례의 설치 및 개폐, 2)세입출예산 책정, 3)결산보고 인정, 4)법령에서 정한 경우 외의 부세, 부역현품, 사용료, 수수료의부과징수, 5)부채의 기채 결정과 방법, 이식의 정률, 상환의 방법 등, 6)기본재산 및 적립금곡의 설치, 관리 및 처분, 7)부동산의 관리 및 처분, 8)계속비를 정하거나 변경하는 일, 9)특별회계를 설치하는 일, 10)세출입예산으로 정한 외의 새로운 의무의 부담 및 권리포기, 11)소송 및 화해에 관한 일.	시회 의결사항: 1)시 조례의 설치 및 개폐, 2)세입출예산 책정, 3)결산보고 인정, 4)법령에서 정한 경우 외의 사용료, 수수료, 시세 또는 부역현품의 부과징수, 5)시채의 기채 결정과 방법, 이식의 정률, 상환의 방법 등, 6)기본재산 및 적립금곡의 설치, 관리 및 처분, 7)부동산의 관리 및 처분, 8)계속비를 정하거나 변경하는 일, 9)특별회계를 설치하는 일, 10)세출입예산으로 정한 외의 새로운 의무의 부담 및 권리포기.

출진: 고려대 한국사연구소 일제강점기사연구실, 2010, 『식민지조선과 제국일본의 지방제도 관계법령 비교자료집』, 선인 참조.

〈표 10-2〉에서 보는 것처럼 일본의 시장은 시회에서 선출되었지만, 조선의 부윤, 대만의 시윤은 총독부에서 임명되었다. 일본의 시회와 조선의 부회, 대만의 시회는 모두 의결기관이었지만, 일본 시회의 의장은 시회에서 선출되었고, 조선 부회와 대만 시회의 의장은 부윤과 시윤이 맡게 되어 있었다. 이는 부회와 시회의 부윤과 시윤에 대한 견제기능을 사실상 무력화시키는 조치였다. 일본의 시회와 조선의 부회 의원은 모두 민간에서 선출하도록 했지만, 대만의 시회 의원은 2분의 1은 민선, 2분의 1은 관선으로 되어 있었다. 선거권도 일본 시회의 경우, 25세 이상의 남자로 2년

거주자이면 되었지만, 조선 부회와 대만 시회의 경우 25세 이상 남자, 독립된 생계, 6월~1년 이상 거주, 세금 5원(圓) 이상 부세 또는 시세 납부 등으로 그 조건이 훨씬 까다로웠다. 특히 세금 5원 이상은 대단히 높은 기준으로 이에 해당되는 조선인이나 대만인은 소수에 지나지 않았다. 따라서 이 조항은 재조선, 재대만 일본인에게 유리한 조항이었다.

일본의 시회, 조선의 부회, 대만의 시회의 의결사항은 거의 같다. 조선의 부회와 대만의 시회도 1930년대 들어 조례를 제정하거나 개정할 수 있게 되었기 때문이다.[18] 그러나 조선의 부회, 대만의 시회의 의결이 권한을 넘거나 법령 혹은 회의 규칙에 위배된다고 인정되는 경우, 부윤과 시윤은 재의에 부치거나 도지사의 지휘를 받아 바로 취소시킬 수 있는 권한을 갖고 있었다. 일본의 경우에도 시회의 의결이 권한을 넘거나 법령 혹은 회의규칙에 배치된다고 인정될 때에는 시장은 그 의견에 따라 혹은 감독관청의 지휘에 따라 재의에 부치거나 의결을 취소할 수 있게 되어 있었다.[19] 따라서 이는 조선, 대만, 일본이 모두 같았다.

또 일본의 시회, 조선의 부회, 대만의 시회는 모두 언제라도 내무대신이나 총독에 의해 해산될 수 있었으며, 그 경우 3개월 내에 선거를 실시해 이를 재구성하도록 되어 있었다. 이와 같이 강력한 견제가 있었기 때문에 시회나 부회는 자율권이 거의 없었다고 볼 수 있다.

다음으로 1930년대 일본의 정촌제, 조선의 읍면제, 대만의 가장제를 비교해 보면 〈표 10-3〉과 같다.

---

18 제령 제11호 「부제중 개정」, 『조선총독부관보』 1930.12.1; 율령 제2호 「臺灣市制改正」, 『대만총독부부보』 1935.4.1.
19 고려대 한국사연구소 일제 강점기사연구실, 2010, 위의 책, 577쪽.

〈표 10-3〉 일본의 정촌제, 조선의 읍면제, 대만의 가장제 (1930년대)

일본의 정촌제 (1929)	조선의 읍면제 (1930)	대만의 가장제(1935)
町村: 법인	邑面: 법인	街庄: 법인
町村長: 명예직. 임기 4년. 정촌회에서 선출하여 부현지사의 인가를 받아야 한다.	읍면장: 임명 (판임관대우). 임기 규정 없음.	가장장: 임명 (판임관대우). 임기 4년.
정촌회: 의결기구. 의장은 정촌장.	읍회: 의결기구. 면협의회: 자문기구. 읍회 의장은 읍장, 면협의회 의장은 면장.	街庄협의회: 자문기구. 의장은 街庄長. 가장장 사고 시에는 그 대리자가 의장의 직무를 대리함.
정촌회 의원: 모두 선거로 선출. 민선. 임기는 4년. 명예직.	읍회 및 면협의회원: 모두 선거로 선출(민선, 제한선거). 임기 4년. 명예직.	가장협의회원: 정원의 2분의 1을 선거로 선출(민선, 제한선거). 나머지 2분의 1은 피선거권자로서 학식·명망이 있는 자 가운데 주지사 또는 청장이 임명(관선). 임기 4년. 명예직.
정촌회 의원의 정수: 인구 1,500 미만은 8인, 1,500~5천은 12인, 5천~1만은 18인, 1만~2만은 24인, 2만 이상은 30인.	읍회 및 면협의회원의 정수: 인구 5천 미만은 8인, 5천~1만은 10인, 1만~1만5천은 12인, 1만5천~2만은 14인.	가장협의회원의 정수: 인구 5천 미만은 8인, 5천~1만은 10인, 1만~1만5천은 12인, 1만5천~2만은 14인, 2만~2만5천은 16인, 2만5천 이상은 20인.
선거권 및 피선거권: 제국신민인 25세 이상 남자이며 2년 이래 정촌 주민인 자는 그 정촌 공민이 된다. 정촌 공민은 정촌의 선거권과 피선거권을 가짐.	선거권 및 피선거권: 제국신민으로 25세 이상의 남자, 독립된 생계를 영위하면서 1년 이상 해당 읍면에 거주한 자. 읍면세를 연 5圓 이상 납부한 자.	선거권 및 피선거권: 제국신민으로 25세 이상의 남자, 독립된 생계를 영위, 6개월 이상 해당 가장에 거주. 街庄稅 연액 5圓 이상 납부한 자.
정촌회 의결 사항: 정촌조례 및 정촌규칙의 제정 또는 개폐, 정촌비로 지변해야 하는 사업에 관한 일, 세출입 예산을 정하는 일, 결산보고를 인정하는 일, 기타.	의결사항: 읍면 규칙을 제정 또는 개폐하는 일, 세출입예산을 정하는 일, 결산보고에 관한 일, 읍면 기채에 관한 일, 기타.	의결사항: 가장 조례를 제정 또는 개폐하는 일, 세출입예산을 정하는 일, 결산보고에 관한 일, 가장 기채에 관한 일, 기타.
해산권: 내무대신은 정촌회의 해산을 명할 수 있음. 정촌회가 해산된 경우 3개월 이내에 의원을 선거해야 함.	해산권: 조선총독은 읍회 또는 면협의회의 해산을 명할 수 있음. 이 경우 3개월 이내에 선거를 실시해야 함.	해산권: 대만총독은 가장협의회의 해산을 명할 수 있음. 이 경우 3개월 이내에 선거를 실시해야 함.

일본의 정촌제 (1929)	조선의 읍면제 (1930)	대만의 가장제(1935)
停會 관련 조항 없음.	정회권: 郡守 또는 島司는 기일을 정해 읍회 또는 면협의회의 停會를 명할 수 있음.	정회권: 廳長 또는 郡守는 기일을 정해 가장협의회의 停會를 명할 수 있음.

〈표 10-3〉에서 보는 것처럼, 1930년대에 이르러 조선의 읍면과 대만의 가장은 법인이 될 수 있었다. 그런데 일본의 정촌장은 정촌회에서 선출하게 되어 있었지만, 조선의 면장이나 대만의 가장장은 모두 임명제로 되어 있었다. 또 일본의 정촌회는 의결기구였지만, 조선의 읍회는 의결기구, 면협의회는 자문기구로 되어 있었고, 대만의 가장협의회도 자문기구로 되어 있었다. 다만 정촌회, 읍회, 면협의회, 가장협의회의 의장은 모두 정촌회장, 읍장, 면장, 가장장이 맡게 되어 있어 이 점에서는 모두 같았다.

일본의 정촌회 의원과 조선의 읍회 의원과 면협의회원은 민선으로 선출하게 되어 있었지만, 대만의 가장협의회원의 경우 2분의 1은 민선, 2분의 1은 관선으로 되어 있었다. 또 선거권과 피선거권의 경우도 앞서 본 시회와 부회의 경우처럼, 일본의 정촌회는 1926년 보통선거제 실시 이후에 25세 이상의 남자, 2년 이상 거주자이면 되었지만, 조선의 읍회와 면협의회의 경우에는 25세 이상의 남자, 1년 이상 거주자, 독립된 생계, 읍면세 5원 이상 납부자로 되어 있었고, 대만의 가장협의회의 경우에도 25세 이상의 남자, 6개월 이상 거주자, 독립된 생계, 가장세 5원 이상 납부자로 되어 있었다. 이 역시 조선인과 대만인에게는 불리하고 재조선, 재대만 일본인에게는 유리한 조항이었다.

정촌회·면협의회·가장협의회의 의결 혹은 자문 사항은 거의 같았다. 정촌회는 정촌의 조례 및 규칙의 제정과 개폐의 의결권을 가졌고, 면협의회는 면의 규칙에 대한 제정과 개폐에 관한 자문권을 가졌고, 가장협의회는 가장의 조례에 대한 제정과 개폐에 관한 자문권을 가졌다. 예산과 결산 등 각종 사안도 거의 비슷했지만, 의결기구와 자문기구의 권한의 차이는 매우 컸다.

정촌회의 해산권은 내무대신에게, 읍회와 면협의회의 해산권은 조선총독에게, 가장협의회의 해산권은 대만총독에게 있어, 이 점에서는 큰 차이는 없었다. 그런데 정촌회의 회의에 대해 강제 정회(停會)에 대한 조항이 없었던 반면, 조선의 읍회와 면협의회에 대해서는 군수와 도사, 대만의 가장협의회에 대해서는 청장 또는 군수가 강제 정회를 시킬 수 있었다. 이는 읍회·면협의회와 가장협의회가 예상치 않은 방향으로 나아갔을 때 회의를 정지시키기 위한 통제장치였다.

3. '식민지형 지방자치'

이상에서 살펴본 것처럼, 1930년대 조선과 대만에서의 지방제도 개정은 지방의 공공단체를 모두 법인으로 만들었다는 점, 도회·주회, 부회·시회, 읍회 등을 의결기관으로 바꾸었다는 점, 조선의 부회·읍회·면협의회 의원을 민선으로 바꾸었다는 점에서는 상당한 진전이 있었다고 볼 수 있다. 그러나 조선의 도회·부회·읍회·면협의회의 의장을 도지사·부윤·읍장·면장으로 한 것, 대만의 주회·시회·가장협의회의 의장을 주지사·시윤·가장장으로 한 것, 조선의 면협의회, 대만의 가장협의회는 여전히 자문기관으로 남겨둔 것, 조선의 도회와 대만의 주회 의원을 간접선거와 관선으로 선출하게 한 것, 대만의 시회 의원과 가장협의회원은 2분의 1은 민선, 2분의 1은 관선으로 한 것 등은 여전히 일본의 지방자치제도와는 상당한 차이가 있는 것이었다.

1930년대 이후에도 조선과 대만의 지방제도는 지방자치제라고 말하기에는 매우 미흡한 것이었다. 사이토 마코토 조선총독과 고다마 히데오 정무총감이 1930년의 지방제도 개정을 '지방자치제도의 창정', '지방자치제의 제1보'라고 자화자찬하였지만,[20] 사실은 일본의 지방자치제와 비교할 때 상당한 거리가 있는 것이었다. 조선보다 한계가 많았던 대만의 경우에는 더 말할 것도 없었다. 당시 조선의 『조선일보』는 개정된 대만 지방제도에 대해 "반수가 관선이기 때문에 실제 문제로서 당해 지방당국이 제안하는 것이 부결되는 일이 없다. 그뿐 아니라 감독규정(재의, 취소, 원안

---

20 齋藤實, 1931, 「地方制度改正に就て」 『朝鮮』 1931년 1월호, 5쪽.

집행, 강제예산, 정회, 해산 등)이 있으므로 자치제도라고 할 수 없고, 자치제도의 연습기관이라고 하는 평이 맞는 것 같다"고 하였다.[21]

결국 조선과 대만에서 시행된 이른바 '지방자치제'는 분권, 참여, 동의를 기초로 하는 본래 의미의 지방자치라고 보기는 어려웠고, 굳이 말한다면 '식민지형 지방자치'라고나 부를 수 있는 것이었다.

이는 특히 조선과 대만에서 선거권과 피선거권의 제한이 일본인과 현지인의 거주자 대 유권자의 비율, 거주자 대 당선자의 비율에 현격한 차이를 가져온 것에서도 잘 나타난다. 먼저 조선의 경우 1931년의 선거의 예를 들어보자.

〈표 10-4〉 조선의 유권자와 인구의 비 (1931년)

구별	유권자 수			1930년 12월 31일 인구			인구 100인에 대한 유권자 수의 比(%)		
	일본인	조선인	계	일본인	조선인	계	일본인	조선인	계
府(14)	37,067	21,721	58,788	263,378	829,875	1,093,253	14.07	2.62	5.38
邑(41)	7,781	9,394	17,175	83,394	617,055	700,449	9.33	1.52	2.49
面(2423)	11,421	285,913	297,324	154,966	18,268,726	18,425,692	7.37	1.56	1.61
計	56,269	317,028	375,297	501,738	19,715,626	20,217,394	11.21	1.60	1.84

출전: 楊肇嘉, 1934, 『朝鮮地方制度視察報告書』, 臺灣地方自治聯盟本部, 47쪽.

〈표 10-4〉에서 보면, 재조선 일본인은 인구 대비 유권자의 비중이 부 14.07%, 읍 9.33%, 면 7.37%인데 반하여, 조선인은 부 2.62%, 읍 1.52%, 면 1.56%로 비교가 되지 않을 정도로 차이가 심하다.

---

21 「대만자치제안」, 『조선일보』, 1935.2.26.

〈표 10-5〉 조선의 부회 · 읍회 · 면협의회 당선자 수 (1931년)

	일본인		조선인		계	
부회	257	62.1%	157	37.9%	414	100.0%
읍회	247	48.8%	259	51.2%	506	100.0%
면협의회	1,149	4.7%	23,145	95.3%	24,294	100.0%

출전: 楊肇嘉, 1934, 위의 책, 48~53쪽.

〈표 10-5〉에서 보면, 부회의 경우 부 거주 인구의 24.1%를 차지하는 일본인이 부회 의원의 62.1%를 차지하였고, 읍회의 경우에도 읍내에서의 일본인 인구가 차지하는 11.9%의 비중에 비해 읍회 당선자가 48.8%의 비중을 차지하였다. 부회의 경우 일본인들이 이를 주도할 수 있었던 것은 물론이고, 읍회의 경우에도 거의 반수를 차지하였고, 여기에 읍장이 가세하면 사실상 읍회를 주도할 수 있었다.

대만의 경우도 비슷했다. 1944년의 통계를 살펴보면 〈표 10-6〉, 〈표 10-7〉과 같다.

〈표 10-6〉 대만 가장협의회의 유권자 수 (1944년)

유권자 수			1938년 12월 31일 인구			인구 100인에 대한 유권자 수의 比 (%)		
일본인	대만인	계	일본인	대만인	계	일본인	대만인	계
14,634	245,059	259,693	91,165	4,398,845	4,490,010	16.05	5.57	5.78
5.63%	94.36%	100%	2.03%	97.97%	100%			

출전: 『台湾ニ於ケル地方議會議員選擧ノ槪況』(일본 국립공문서관 소장) 참조.

〈표 10-7〉 대만의 주회, 청협의회, 시회, 가장협의회 의원 수의 구성 (1944년)

	관선			민선			계
	일본인	대만인	계	일본인	대만인	계	
州會	60	19	79	40	37	77	156
廳協議會	25	10	35	0	0	0	35
市會	110	40	150	50	81	131	281
街庄協議會	571	1,157	1,728	78	1,500	1,578	3,306

출전: 『台湾ニ於ケル地方議會議員選擧ノ概況』 (일본 국립공문서관 소장) 참조.

〈표 10-6〉에서 보면, 1944년 대만 가장협의회의 유권자 수는 모두 25만 9,693명인데, 이 가운데 재대만 일본인은 14,634명, 대만인은 24만 5,059명으로 각각 5.63%, 94.36%를 차지했다. 그런데 일본인은 일본인 인구 100명당 16.05명, 대만인은 대만인 인구 100명당 5.57명에 해당하는 것이었다. 일본인이 인구비례로는 약 3배에 달했다.

〈표 10-7〉에서 보는 주회의 경우에도 관선은 일본인이 60명, 대만인이 19명으로 일본인이 압도적으로 많고, 민선도 일본인이 40명, 대만인이 37명으로 일본인이 많았다. 청협의회는 관선만 있었는데, 일본인이 25명, 대만인이 10명으로 일본인이 더 많았다. 시회의 경우에도 관선의 경우 일본인이 110명, 대만인이 40명이었으며, 민선의 경우 일본인이 50명, 대만인이 81명으로, 합하면 일본인이 160명, 대만인이 121명으로 일본인이 훨씬 더 많았다. 이는 관선에서 일본인이 압도적으로 많았기 때문이다. 가장협의회의 경우에는 농촌에 거주하는 일본인이 적어서 어쩔 수 없었지만, 일본인이 주로 거주하는 시의 경우에는 일본인 중심의 시회를 구성하였다. 또 주회와 청협의회의 경우에도 역시 일본인 중심의 구성을 통해

이를 일본인 주도로 운영하려 했음을 알 수 있다.

결국 조선이나 대만에서 시행되고 있었던 지방자치란 사실은 식민자인 일본인이 주도하도록 설계된 것이었으며, 그런 점에서도 이는 '식민지형 지방자치'에 지나지 않았다고 할 것이다.

맺음말

이상 본문에서 1895년부터 1910년까지 조선(대한제국)의 지방제도 개편과 1910년부터 1945년까지 조선총독부의 지방제도 개편을 살펴보았다. 특히 이 책에서는 1920년과 1930년 조선총독부의 지방제도 개편에서 '지방자치'의 측면이 어떻게 다루어졌으며, 두 차례의 개편의 결과 도입된 자문기구, 의결기구가 어떤 성격을 지니고 있었는지에 대해 중점적으로 살펴보고자 했다. 이하 본문의 내용을 요약하는 것으로 맺음말을 대신하고자 한다.

대한제국기와 통감부시기의 지방제도 개편

1895년 당시 개화파정부는 대대적인 지방제도 개편을 단행했다. 기존의 도제를 폐지하고 전국을 23부로 나누어 전국 337개 군을 23개 부의 관할 아래 두었으며, 기존의 부·목·군·현을 폐지하고 모두 군으로 바꾸었다. 정부는 337개 군을 154개 군으로 통폐합하려 하였으나 일부 반대 의견으로 이를 보류하고 말았다. 그렇지만 각 군을 5등급으로 나누어 등급별로 이서층의 정원을 정했으며, 이 과정에서 과다했던 이서층을 감원하였고, 이서층의 봉급 규정도 마련하였다. 또 정부는 지방관으로부터 재판권·경찰권·징세권을 분리시키는 작업을 시작했다. 또 개화파정부는 기존의 '향회'를 법제화하여(「향회조규」 반포) 근대적인 지방자치 의회로 만들고자 했으나, 1896년 2월 아관파천으로 개화파정부가 무너지면서 이를 제대로 실시하지 못했다.

아관파천으로 새로 들어선 정부는 23부제를 폐지하고 도제를 부활시키면서 13도제를 실시했다. 군은 기존의 337개 군에서 339개 군으로 2개 군이 늘어났다(府도 포함). 새 정부도 지방관으로부터 재판권·경찰권·징세권을 분리하는 작업을 계속했다. 그러나 이에는 상당한 예산이 필요하였고, 또 이서층의 반발도 있어 다소 지지부진하게 진행되었다. 새 정부는 지방제도를 개정하면서 각 군에 향장을 1인씩 두도록 했다. 향장은 이전 향청의 좌수와 같은 자리로서, 군민들이 투표하여 뽑도록 했는데, 대체로 향교에서 재임이나 유사를 맡은 이들이 많이 뽑혔다. 향장에게는 향청의 일만이 아니라 관아의 이서층을 지휘 감독하는 책임까지 주어져, 향장은 상당한 권력을 갖게 되었다.

1905년 11월 일본이 한국에 '보호조약'을 강제하여 외교권을 박탈한 이후, 일본은 한국에 통감부와 이사청을 설치하였다. 통감으로 부임한 이토 히로부미는 '시정개선'이라는 명분 아래 한국의 내정에도 개입하였다. 이토는 '지방제도조사소'를 설치하고 각 군의 통폐합안을 만들도록 했다. 여기에서 만든 안은 기존의 345개 부군을 219개로 통폐합한다는 것이었다. 이에 대해 『대한매일신보』는 찬성하였지만, 『황성신문』은 지방 이서층의 대량 실직을 우려하여 반대하였다. 이토는 결국 군의 통폐합을 일단 유보하라고 지시했다. 다만 비입지와 두입지는 정리를 하도록 했다. 부군의 통폐합은 1908년 하반기부터 조금씩 이루어지기 시작했지만, 본격적인 작업은 1910년대로 미루어졌다.

1906년 대한제국 정부는 「지방관관제」를 공포하여 도, 부, 군 소속 관리의 명칭과 봉급, 인사 등에 관한 규정을 정비했다. 이때 각 도와 부에는 관찰사와 부윤을 보좌하는 참서관 1인을 두도록 했다. 각 군의 향장과 수서기는 통합하여 '군주사'가 되었다. 군주사는 주로 이전의 향장, 유학(幼學), 향리들이 맡았다. 1907년에는 「지방관관제」를 개정하여 불과 1년여 만에 참서관 제도를 없애고 대신 서기관과 사무관을 두도록 했다.

통감부는 1907년 정미 7조약을 통해 사법제도를 장악하기 시작했다. 지방의 경우, 관찰사와 군수, 감리가 갖고 있던 재판권은 완전히 분리되어 지방재판소와 구재판소에 귀속되었으며, 사실상 지방재판소의 재판권은 일본인들에 의해 장악되었다. 경무고문 마루야마 시게토시는 이보다 앞선 1905년 2월 「경무청관제」와 「각 개항시장 경무서관제」를 반포하여 경찰권의 장악에 들어갔다. 지방 13도에 경무서, 그리고 주요 부·군에 경무분서를 설치하고, 일본인 경찰들을 대거 배치했다. 이는 관찰사와 부윤·군수로부터 경찰권을 분리시키고, 나아가 일본 측이 조선의 경찰권을 장악하기 위한 조치였다. 1907년 7월 마루야마 시게토시는 한국 경찰의 조직을 본격적으로 일본식으로 고쳤다. 경무청을 경시청으로, 경무사는 경시총감으로, 경무관은 경시로 개칭하였다. 1907년 7월 정미 7조약에 따라 일본인도 한국관리에 임용될 수 있게 되자, 마루야마는 경무총감을 직접 맡았다. 마루야마는 이어서 일본인 경부 26명, 순사 600명, 통역 4명, 고문의 47명을 일본에서 새로 충원하여 데리고 왔다. 그리고 1년 뒤인 1908년 7월에는 일본인 경시 혹은 경부 20여 명을 각 지방의 경찰서장으로 임명하여, 지방의 경찰을 완전히 장악하였다.

1904년 한국의 재정고문으로 온 메가타 다네타로는 1906년 「관세관관제」를 통해, 탁지부 아래에 세무감·세무관·세무주사를 두는 식으로 징세기구를 개편하였다. 세무감은 당분간 관찰사가 겸임하도록 했지만, 주요 지역 36개소에는 세무관을 파견하여 일체의 세무를 담당하게 하고, 동시에 각 군에 주재하는 168명의 세무주사를 감독하게 하였다. 이로써 징세사무는 지방행정업무에서 분리되어 세무관-세무주사-면장-공전영수원으로 이어지는 별도의 징세기구가 맡아서 하게 되었다. 1907년 12월에는 「재무감독국관제」를 공포하여, 재무감독국(5곳)-재무서(231곳)로 이어지는 일원적인 징세기구를 만들었다.

1906년 9월 「관세관관제」의 시행에 따라 징세업무가 '세무관-세무주사-면장-공전영수원'으로 이어지는 징세기구에 맡겨지자, 면장이 중요한 직책이 되었다. 당시 각 관찰사는 기존의 면집강을 혁파하고 각 면에 면장을 새로 뽑아. 면장은 징세업무만이 아니라 점차 일반 행정까지 맡아서 하도록 했다. 1908년부터 통감부는 면장 직제와 면제를 입법화하기 위한 검토에 들어갔다.

통감부는 지방재정의 문제를 해결하기 위하여 1906년 「지방세규칙」을 만들었으나, 시기상조라는 반대에 부딪혀 일단 유보하였다. 1909년에 이르러 다시 「지방비법」이라는 것을 만들어 반포했으며, 각 도에서는 「지방비부과금부과규칙」을 제정, 반포했다. 지방비에서는 잡세를 대부분 배제했으나, 시장세가 들어 있어 이에 대한 상인들의 저항이 곳곳에서 일어났고, 평남 순천에서는 폭동으로까지 확대되기도 했다.

1910년대 조선총독부의 지방제도 개편

일제는 1910년 9월 한국을 병합한 지 한 달이 되는 시점에 「조선총독부지방관관제」를 반포하였다. 여기에서 각 도에는 장관, 참여관, 사무관 등을 둔다고 했다. 각 도 아래에는 부와 군을 두고, 책임자로 부윤과 군수 등을 둔다고 했다. 그리고 각 도, 부, 군에는 도장관, 부윤, 군수의 자문역으로 참사를 두도록 했다. 각 부와 군에는 면을 두어, 면장이 이를 맡도록 했으며 면장에게는 판임관 대우를 하기로 했다. 면은 재산을 소유할 수도 있고, 면 경비를 면부과금 등으로 자체 조달할 수도 있게 되어 있었지만, 법인과 같은 지방단체는 아니었다. 총독부는 면장을 명망과 자산, 학식과 재능이 있는 자로 임명하고자 했다. 그러나 이런 이들은 면장을 기피하여 '잡류'와 '패류'들이 맡는 경우가 많았으며, 일본어 공문을 읽지 못하는 면장들도 많았다.

1910년 10월 총독부가 설치된 이후 내무부에서는 바로 지방제도 개정에 관한 구상을 시작하여 1911년 말에 『지방제도 개정에 관한 의견』이라는 작은 책자를 만들었다. 여기에서는 지방비령, 부제, 면제, 학교조합령 등 지방제도의 개정에 관한 내무부의 의견을 정리하고 있다. 이후 총독부는 이에 의거하여 지방제도 개편을 추진해 나가게 된다.

　내무부는 1912년부터 군·면의 통폐합 준비를 시작했다. 총독부는 우선 군의 폐합을 진행하고, 이어서 면의 폐합을 하기로 하였다. 1913년 5월 총독부는 각 도에 군 폐합에 관한 의견을 내려보냈고, 각 도에서는 현지의 사정을 감안한 의견을 총독부에 올려보냈다. 총독부는 이를 참고하여 수정안을 만들어 다시 각 도에 내려보냈다. 이렇게 몇 차례 조정이 이루어진 뒤 군폐합이 결정되었다. 최종적으로 전국의 군은 317개에서 220개로 폐합되어 97개가 줄어든 셈이었다. 가장 많이 줄어든 곳은 충남, 경북, 경기로서 각각 23개, 17개, 16개의 군이 줄어들었다. 반면 황해도와 평안남북도는 거의 줄어들지 않았고, 함경남북도는 오히려 1~3개가 늘었다. 군 폐합이 진행되는 과정에서 폐지되는 군의 주민들이 저항하는 경우가 많았다. 경남 거제-통영-용남군의 폐합, 황해 배천-연안군의 폐합, 강원 금성-김화군의 폐합, 충남 강경-논산의 폐합, 보령-대천의 폐합, 경기 수원-남양의 폐합 등이 그러한 사례였다. 부·군의 폐합 결과는 1914년 3월 1일부터 시행되었다.

　군폐합으로 97개 군이 줄어들게 되자 이에 속했던 군서기의 처리 문제가 대두하였다. 총독부는 이들을 가능하면 이속하는 군에 전속시키고, 불가능한 경우에는 인접한 군에 배치하도록 지시했다. 그리고 군을 5등급으로 나누어 군 서기의 정원을 배당했는데, 각 군별 정원은 이전보다는 다소 늘려 폐치되는 군의 서기를 받아들일 수 있도록 했다. 군서기의 정원은 일본인과 조선인을 각각 따로 정했는데, 전체적으로는 일본인이 713명, 조선인이 1,101명이었다.

　군폐합이 끝나자 1913년 8월경부터 면폐합이 시작되어 1914년 1월 본격적으로 진행되어 2월 말 어느 정도 마무리되었다. 면 폐합의 결과, 4,322개 면이 2,522개 면으로 정리되었다. 1,800개를 줄인 것으로 총독부에서 당초 계획했던 것보다 더 많이 줄였다. 면폐합의 결과는 1914년 4월 1일부터 시행되었다.

　군과 면 폐합은 군과 면의 경비를 줄이기 위한 것이었다. 그런데 폐합 과정에서 계획보다도 더 많은 군과 면을 폐지하여, 이 과정에서 무리한 통합 사례들이 있었고, 또 군청 소재지를 정하는 과정에서도 비합리적인 결정 사례들이 있어 지방민들의 반발이 만만치 않았다.

　군과 면 폐합이 마무리되자 총독부는 1914년「부제(府制)」실시를 위한 준비에 들어갔다. 부제의 실시와 관련해서는 총독부 내에서 3개의 안이 마련되었는데, 내무부 안을 중심으로 최종안이 마련되었다. 그 핵심 내용은 부협의회를 의결기관이 아닌 자문기관으로 하고, 학교조합은 따로 둔다는 것이었다. 또 부협의원은 민선이 아니라 도장관이 총독의 허가를 얻어 임명한다는 것, 즉 관선으로 한다는 것이었다. 이러한 내용을 담은「부제」가 제령으로 1913년 10월 30일 공포되었고, 1914년 4월 1일부터 시행되었다. 1914년부터 부제가 시행되면서, 부윤은 모두 일본인이 맡게 되었고, 이 원칙은 1945년 해방될 때까지 바뀌지 않았다. 또 12개 부의 부협의회의 민족별 구성을 보면, 1914년의 경우 일본인이 66명, 조선인이 46명으로 약 6:4의 비율로 일본인이 많았다.

　부제의 실시에 이어 총독부는 1916년부터 면제 실시의 준비에 들어갔다. 그해 11월 총독부 내무부는「면제」제령 초안을 확정하였다. 제1조를 보면 "면은 법인으로 한다. 관의 감독을 받아 그 공공사무 및 법령에 의하여 면에 속하는 사무를 처리한다. 면이 처리해야 할 공공사무의 범위는 조선총독이 이를 정한다"고 하였다. 이 안은 일본 정부 내무성에 제출되었고, 이후 내무성과 내각 법제국에서 검토에 들어갔다. 그런데 법제국측은 면을 법인으로 만든다는 데 대해 매우 비판적이었다. 그들은 이는 "식민지에서 자치제를 실시하려는 것"이라면서 받아들일 수 없다고 하였다. 총독부 관리들은 "면제는 자치제가 아니며, 이미 면은 사실상의 공공단체로서 재산을 소유하고 사업을 경영하고 있다"면서 면의 법인화가 필요하다고 반박하여 논쟁이 벌어졌다. 결국 전 총독 데라우치 수상이 중재를 하여, 최종안에서는 제1조가 "면은 법령에 의하여 면에 속한 사무를 처리한다"고만 하여, '면의 법인화'라든가 '공공사무'라는 문구는 완전히 빠졌다. 결국 조선의 '면제'에서는 면의 기본 성격을 법인이나 공공단체가 아닌 관치행정의 말단기관으로 규정하였다. 그러나 내용적으로 보면 총독부관리들이 주장한 것처럼 면이 자체 재산을 소유하고, 각종 부과금과 부역, 현품 등을 거둘 수 있게 되었다.

「면제」는 제령으로 1917년 6월 9일 공포되었고, 10월 1일부터 시행에 들어갔다. 이후 각 면에서의 세입과 세출을 보면 면의 수입이 크게 늘어났음을 확인할 수 있다. 그러나 면은 아직 자치단체나 공공단체라고 부를 수는 없는 존재였다. 면장 선거제나 면협의회와 같은 것도 아직은 없었다. 면은 아직 말단 행정단위였을 뿐이었다. 당시 조선총독부나 일본 법제국 관료들은 조선의 '면제'를 일본 '정촌제'의 식민지판 정도로 생각하고 있었다. 1914년 조선에서의 면 통폐합도 1889년 일본에서의 정촌 통폐합을 연상시키는 것이었다.

1920년대 제1차 지방제도 개편과 자문기구의 도입

　1919년 3·1운동이 일어나자 일본 정부는 대책에 부심하였다. 일제 지도자들은 조선에서 자치는 인정할 수 없지만, 지방단체의 자치를 점차 인정함으로써 조선인들의 참정권에 대한 욕구를 달래주고, 지역유력자층을 지방통치의 협력세력으로 포섭하는 것이 필요하다고 보았다. 여기에서 그들은 1920년 지방제도를 개정하여 지방자문기구로서 도평의회, 부협의회, 면협의회를 도입하기로 결정한다. 먼저 도 단위에서는 「조선도지방비령」을 제정 공포하고, 자문기관으로서 도평의회를 설치하였다. 다음 부 단위에서는 이미 실시하고 있는 「부제」를 개정하여 부협의회원을 관선에서 민선으로 바꾸고, 임기도 2년에서 3년으로 늘렸다. 부협의회원의 선거권자 및 피선거권자는 독립의 생계를 영위하는, 25세 이상의 남자로서, 1년 이상 부 주민으로 거주하고, 그 부에서 1년에 부세 5원 이상을 납부한 자로 하였다. 다음 면 단위에서는 「면제」를 개정하여 면에 자문기관으로서 면협의회를 두도록 했다. 다만 면협의회원은 부협의회원과는 달리 총독이 지정한 면에서는 선거를 하고, 나머지 면에서는 군수 또는 도사(島司)가 임명하도록 했다. 면협의회원은 명예직이며, 임기는 3년으로 했다. 총독이 지정하는 면은 대체로 도청소재지, 군사도시, 철도연선도시, 어항, 종전의 개항장과 같은 전통적인 도시나 신흥도시와 같은 주요 도회지로서, 일본인들이 많이 거주하는 면이었다.

　초등교육과 관련해서는 일본인들의 경우에는 이미 1909년에 「학교조합령」을 공포하여 학교조합에서 이를 운영하도록 했고, 조선인들의 경우에는 1911년에 「공립보통학교비용령」이라는 것을 공포하여 부윤 또는 군수가 이를 운영하도록 했다. 1920년 총독부는 「공립보통학교비용령」을 폐지하고 「조선학교비령」을 새로 공포하면서 '학교평의회'를 두어 이를 운영하도록 했다. 학교평의회원은 부에서는 이를 선거하고, 군·도에서는 군수 또는 도사가 임명하도록 하였다. 학교평의회원은 명예직이며 임기는 3년이었다.

당시 『동아일보』는 이와 같은 지방제도 개정에 대해 "이번에 발표된 지방제도는 지방자치제가 아니라 관료의 자문기관에 불과하다"고 비판하고, 그 자문기관도 하등 실효가 없는 기만적인 기구에 지나지 않는다고 지적하였다. 또 선거권자도 연 5원 이상의 납세자로 한정하여 조선인보다 일본인이 다수를 차지할 것이라고 예상하였다. 부나 지정면에서의 선거권자는 실제로 일본인들이 조선인들보다 훨씬 많았다. 이 신문은 선거권자의 납세액을 일본에서는 2원 이상으로 하고 있는데, 조선에서는 그 2.5배인 5원 이상으로 한 것은 '기괴한 일'이라고 지적하였는데, 사실은 매우 의도적인 것이었다. 또 도평의회의 의장을 도지사로, 부협의회의 의장을 부윤으로, 면협의회의 의장을 면장으로 한 것은 의원들의 의사표현을 구속할 것이라고 비판하였다. 또 선거가 이루어지는 경우에도 부정선거에 대한 벌칙 규정이 전혀 없다는 것도 문제라고 지적하였다. 총독부가 이와 관련된 규칙을 만들어 공포한 것은 1929년에 이르러서였다. 『동아일보』의 이와 같은 비판에 대해 미즈노 정무총감은 조선의 신지방제도는 아직은 지방자치 제도라고 말할 수는 없다는 것을 인정하고, '훗날의 지방자치를 위한 훈련 단계'라고 변명하였다.

개정된 지방제도에 따른 선거는 어떻게 진행되었을까. 앞서 본 『동아일보』도 지적했지만 새 지방제도에서 가장 큰 문제는 선거권자의 자격을 지방세 5원 이상 납부자로 정했다는 점이었다. 지정면의 경우 면부과금 5원 이상을 납부한 자는 거의 없었다. 당시 제도에서는 부득이한 경우 도지사가 총독의 인가를 얻어 5원 이하로 낮출 수 있게 했기 때문에, 각 도에서는 각 군의 요청을 받아들여 면협의회원의 피선거권과 임명 자격을 면 부과금 5원 이하(4원에서 40전까지)로 낮추는 경우가 많았다. 학교평의원의 경우도 마찬가지여서 기준 금액을 4원에서 20전까지 낮추었다.

선거 결과는 어떻게 나왔을까. 1920년 11월의 부협의회 선거에서는 12개 부에서 일본인이 133명, 조선인이 57명 당선되었다. 24개 지정면에서는 일본인이 130인, 조선인이 126인 당선되었다. 그런데 당선자 1인 대비 인구수를 계산해 보면, 부의 경우 일본인측은 인구 1,316명당 1명의 당선자를 낸 반면, 조선인측은 인구 6,977명당 1명의 당선자를 낸 셈이었다. 지정면의 경우도 일본인측은 인구 421명당 1명의 당선자, 조선인측은 인구 1,724명당 1명의 당선자를 낸 셈이었다. 민족 간에 대표의 비례성에서 심각한 격차가 있었음을 알 수 있다. 이는 유권자의 자격을 지방세 5원 이상 납부자로 정했기 때문이었다.

그러면 부와 지정면 협의회원에 당선된 이들은 어떤 이들이었을까. 부협의회원으로 당선된 일본인들은 대체로 지방의 중견 유지로서, 이미 지방행정에 어떤 형태로든 간여한 경험이 있는 인물들이었다. 부협의회에 당선된 일본인들은 40·50대가 많았던 반면, 조선인들은 30·40대가 많았다. 조선인 부협의회원은 지주, 자본가, 상공업자 등으로 중소 자산가층으로 부를 수 있는 이들이었다. 지정면 협의회원의 직업을 살펴보면, 일본인들은 상업이 91명, 농업이 12명, 기타 23명 등으로 상업이 가장 많았는데, 조선인들은 농업이 65명, 상업이 45명으로 농업이 가장 많았다. 자산 상태를 보면, 일본인과 조선인 협의회원이 거의 비슷했다. 지정면의 면협의회원에 선출된 이들(일본인과 조선인)은 대체로 1~10만 원의 자산을 가진 이들로서, 역시 중소 자산가층에 속하는 이들이었다. 부와 지정면에서 일제의 지방통치의 협력세력으로 포섭된 이들은 주로 지주, 자본가, 상공업자로서 중소 자산가층에 속하는 이들이었던 것이다.

지정면 외의 보통면에서의 면협의회원은 어떤 절차로 임명되었을까. 법제상으로는 군수·도사가 임명하게 되어 있었지만, 총독부는 민의를 수렴한다는 취지에서 각 마을별로 협의회원의 인원을 배당하여, 가능하면 마을 사람들이 추천하는 이를 임명하도록 했다. 각 마을에서는 유력자나 주민들의 회의에서 추천 혹은 권점법이나 투표를 통해 뽑은 이들을 면장에게 추천한 것으로 보인다. 보통면에서 군수·도사가 임명한 면협의회원을 민족별로 보면, 일본인이 56명, 조선인이 23,380명으로 각각 2.2%, 97.8%를 차지했다.

도평의회원은 각 도별 정원 가운데 3분의 2를 부·군·도에서 부·면협의회원이 선거로 뽑고(민선), 3분의 1을 도내에 거주하는 학식과 덕망이 있는 자로써 임명하도록 했다(관선). 1920년 선거에서는 민선으로 243명, 관선으로 119명이 선출 및 임명되었다. 관선의 경우 일본인이 63명, 조선인이 56명으로 53:47의 비율로 일본인이 약간 많았다. 민선의 경우에는 일본인이 24명, 조선인이 219명으로 조선인이 압도적으로 많았다. 전체 362명 가운데 일본인은 87명, 조선인은 275명으로, 일본인은 24%, 조선인은 76%를 차지했다.

1920년 관선 도평의원의 경력을 보면, 조선인은 부·군·도 참사를 지낸 이가 18명으로 가장 많았고, 다음이 도 참사를 지낸 이로 9명이었다. 또 부·면협의회원을 지낸 이도 7명, 군수를 지낸 이도 6명이었다. 즉 관리였거나 관과 밀접한 관계를 가져온 이들이 관선 도평의원으로 임명된 것이다. 일본인들의 경우에는 학교조합관리자 및 직원이 26명으로 압도적으로 많았고, 상업회의소 및 민회 의원이 15명으로 그 뒤를 이었다. 관선의 경우, 조선인이나 일본인이나 모두 전직 관리나 관변인물들로서 조선총독부의 지방통치에 적극 협력할 만한 인물들을 임명한 것이다.

민선도평의원의 직업을 보면, 조선인은 농업이 182명, 상업이 19명, 현직 면장이 13명의 순이었는데, 일본인은 상업이 10명, 은행회사중역 2명, 변호사 2명의 순이었다. 경력을 보면, 조선인의 경우 부·군·도 참사를 지낸 이가 117명으로 가장 많고, 다음이 면장(전·현직)을 지낸 이로 49명이었다. 또 군수를 지낸 이가 24명, 도·부·군 서기를 지낸 이가 19명, 부·면협의회원이 11명이었다. 관선 도평의원과 마찬가지로, 대부분 군수·면장 등 관리의 경력을 가졌거나, 참사·부면협의회원 등 관변에서 활동한 경력을 가진 이들이 민선으로 선출된 것이다.

1920년대 도평의원회의 구성과 운영

1920년대 도평의회원 선거는 1920, 1924, 1927년 3회에 걸쳐 있었다. 관선 1/3, 민선 2/3의 원칙은 그대로 유지되었다. 또 관선에서 일본인과 조선인의 비율이 55:45 내외로 임명되는 것도 그대로 유지되었다. 관선과 민선을 합하여 일본인과 조선인의 비율은 대체로 25:75로 유지되었다.

도평의회는 1년에 두 차례 정도 열렸는데, 3월에 열리는 정기회의는 세입세출예산을 심의하기 위한 회의여서 다소 길었고, 그 이후 필요에 따라 한 차례 정도 열리는 임시회의는 추가경정예산을 심의하기 위한 회의여서 정기회의보다 짧았다. 도평의회는 어떻게 진행되었을까. 도평의회에서 가장 중요한 의제는 각 도 지방비의 세입세출예산에 관한 심의였다. 따라서 이에 대한 보고와 질문 순으로 회의가 진행되었다. 도평의회는 그 밖에도 추가예산안, 은급특별회계예산안, 예산외 의무부담금, 수수료 등과 제정 도령안, 개정 도령안, 각종 규정 개정안 등에 대해 검토하고 자문했다. 도평의회원들은 그 밖에도 기업전습소 예산, 아동장학금 예산, 도로부역, 도로·교량·하수도 신설 등 도의 현안에 대해 질문을 했다.

도평의회에서 가장 많이 거론된 사안은 교육문제, 도로부역 문제였다. 교육문제에서 자주 거론된 것은 보통학교와 중등학교의 증설 문제, 조선인 학교와 일본인 학교 간의 차별대우, 보통학교의 일본인 교장 대신 조선인 교장 임명 요구 등이었다. 도로부역 문제와 관련해서는 구시대의 유물인 부역제도를 폐지하라는 주장이 가장 많았다.

1920년대 도평의회에서는 여러 분란과 사건이 있었는데, 그 가운데 대표적인 것은 통영 김기정 경남도평의회원 징토 사건, 전남도평의회원 알력 사건, 경남도평의회 예산안 반상(반려) 사건 등 3대 사건이었다. 김기정 사건은 경남 도평의회원 김기정(통영)이 "조선사람에게는 교육이 필요치 않다. 조선은 교육으로 망했다"는 망언을 한 것이 일반 사회에 알려져, 통영의 사회단체들이 그를 규탄하는 집회와 시위를 연 사건이다. 시위가 대규모로 번져 경찰과 충돌했고, 그 결과 수십 명이 다치고 2백여 명이 경찰에 연행되었다. 결국 22명이 재판에 회부되었고, 실형을 언도받은 이들도 있었다.

전남도평의회원 알력 사건은 일본인 도평의원 야마노 다키조가 회의장 밖에서 "조선농촌이 피폐해진 것은 보통학교의 남설에 있다"는 발언을 한 것이 알려져, 조선인 도평의원들이 회의장에서 그의 사과를 요구하였다. 이에 일본인 의원들이 반발하여 양측이 대립하였고, 결국 조선인 의원 5명이 사표를 냈다. 도지사 석진형이 나서서 조선인 의원들을 설득하였고, 결국 조선인 의원들은 사표를 철회하였다.

경남도평의회의 예산안 반상사건은 1929년 경남도에서 제출한 예산안에 대해 도평의원 김병규가 1927~1931년 사이에 보통학교의 1면1교제를 완성하겠다고 약속했음에도 불구하고, 후임자인 수도 모토 지사가 이를 변경하여 예산안에서 1929~1936년 사이에 완성하겠다고 한 것은 약속 위반이며, 따라서 이 예산안에 대해서는 자문할 수 없다면서 예산안의 반상(返上), 즉 예산안의 반려를 동의(動議)하여, 표결 결과 통과된 사건이다. 조선총독부는 경상남도에 예산안 반상을 무시하고 원안대로 집행할 것을 명령하였다. 또 도지사는 김병규와 예산안 반상에 찬성한 14명의 조선인 의원들을 해임하였다. 조선인 의원들은 이에 반발하여 양측간에 논쟁이 거듭되었다. 해임된 의원들에 대한 보궐선거가 실시되어 해임된 이들도 다시 출마하여 대부분 당선되었다. 이 사건은 조선인 도평의회원들도 일제의 지방통치에 일방적으로 협력만 한 것은 아니었다는 것을 보여 주며, '도평의회의 권한은 어디까지인가?'라는 문제를 제기했다는 점에서 의미가 있었다. 그러나 조선총독부가 경남도에 도평의회의 의결을 무시하고 예산안의 원안집행을 명령하고, 조선인 의원들을 해임함으로써 도평의회의 자문기관으로서의 한계, 조선지방제도에서의 '분권의 한계'와 '관치적 성격'을 그대로 드러낸 사건이었다고 할 수 있다.

1920년대 부협의회의 구성과 운영

1920년대 12개 부의 부협의회의 선거는 1920, 1923, 1926, 1929년 네 차례에 걸쳐 있었다. 이들 선거에서 당선된 일본인과 조선인은 133:57, 126:70, 146:84, 152:82로 항상 일본인이 많았다. 그것은 유권자 수가 경성과 평양을 제외한 나머지 10개 부에서 일본인이 조선인보다 항상 많았기 때문이다. 경성과 평양의 경우는 조선인 유권자의 수가 많았지만, 당선자는 일본인이 더 많았다. 그것은 투표율에서 일본인이 조선인보다 훨씬 높았기 때문이다. 조선인들은 부협의회와 같은 자문기관을 백

안시하거나 비판적인 이들도 꽤 많았고, 또 아예 관심을 두지 않는 경우도 많아 투표율이 낮을 수밖에 없었다.

1923년 일부 부협의회 선거에서는 공인후보 추천운동이 나타났다. 평양, 원산, 인천, 신의주, 군산, 진남포, 대구 등 7곳에서 공인후보 추천이 있었다. 공인후보로 추천된 이들은 대부분 객주, 무역상, 미곡상 등 상공업자들이었고, 변호사·의사들이 일부 포함되었다. 또 이전에 부 참사나 경찰 등을 지낸 이들도 있었고, 이미 부협의회원이나 학교비평의원을 지낸 이들도 있었다. 공인후보를 낸 곳에서는 조선인들의 당선 비율이 다소 높아졌다. 그러나 일본인측도 역시 공인후보를 내고 있었기 때문에 큰 효과는 거두지 못했다.

1926년 선거에서는 경성, 마산, 평양, 원산, 진남포 등 5개 부에서만 공인후보 추천이 있었다. 12개 부 가운데 평양 외에는 여전히 일본인들이 당선자의 다수를 점하였다. 1929년 선거에서는 진남포, 원산에서만 공인후보 추천이 있었다. 결국 일본인 당선자는 다소 늘고, 조선인 당선자는 다소 줄어드는 결과를 가져왔다. 한편 경찰당국은 1929년 선거를 앞두고 처음으로「조선지방선거취체규칙」을 발표했다.

부협의회는 매년 3월 정기회의를 열어 세입세출예산을 심의(자문)하고 기타 안건을 처리했으며, 1년에 몇 차례에 걸쳐 임시회의를 소집하여 역시 현안이 되는 안건들을 처리했다. 부협의회는 세입출예산안, 각종 조례 제·개정안, 각종 공사비 기채안, 부금고 사무취급계약건, 추가갱정예산안 등을 심의했다. 부협의회는 자문기관이기 때문에 부에서 제안한 자문안 원안에 대해 대체로 동의하였지만, 일부 안건에 대해서는 수정하여 가결하기도 하였다.

각 부에서 제기된 주요 쟁점을 살펴보자. 경성부에서는 수도이관 문제, 이촌동 제방축조 문제, 신당리 토지문제 등이 주요 쟁점이 되었다. 대구부에서는 조선인 시가지에 대한 차별 문제, 도시계획 문제 등이 주요 쟁점이 되었다. 평양부에서는 역시 조선인 시가지에 대한 차별 문제, 전기요금과 전기부영화 문제 등이 주요 쟁점이 되었다.

1920년대 면협의회의 구성과 운영

1920년대 면협의회원은 지정면의 경우에는 선거를 통해, 보통면의 경우에는 면의 추천을 통해 군수가 임명하도록 되어 있었다. 지정면은 1917년 「면제」 제정 당시에 만들어진 제도로서, 도청소재지, 군사도시, 철도연선도시, 어항, 종전의 개항장과 같은 전통적인 도시나 신흥도시와 같은 주요 도회지로서, 일본인들이 많이 거주하는 23개 면이 지정면이 되었다. 지정면은 1920·1923년에는 24개, 1926년에는 41개, 1929년에는 43개였다. 이들 지정면의 면협의원의 정원은 1920년 256명, 1923년 270명, 1926년 488명, 1929년 512명이었다.

지정면의 경우 조선인 유권자가 일본인 유권자보다 10% 정도 많았다. 그러나 투표자 수는 1920년대 전반에는 일본인이 더 많았고, 1920년대 후반에는 조선인이 더 많았다. 1920년대 전반에는 조선인의 투표율이 일본인의 투표율보다 크게 낮았고, 1929년에 이르러서야 조선인의 투표율이 82%, 일본인의 투표율이 89%로 어느 정도 비슷하게 되었다. 결과적으로 당선자의 수도 1920년대 전반에는 일본인이 더 많았고, 1920년대 후반에는 50대 50으로 거의 비슷하게 되었다. 보통면에서의 면협의원 임명 상황을 보면, 1920년에는 일본인이 526명, 조선인이 2만 3,380명, 1923년에는 일본인이 633명, 조선인이 2만 3,203명, 1926년에는 일본인이 727명, 조선인이 2만 3,444명으로, 일본인 면협의원은 2~3%에 그쳤고, 조선인이 97~98%를 차지했다.

1923년 11월 20일 지정면 선거가 다가오자 몇몇 면에서는 시민대회를 열어 공인후보를 정하려는 움직임이 나타났다. 강경, 통영, 김천, 함흥, 성진 등이 그러한 곳이었다. 1923년에는 보통면에서도 여론수렴의 수단으로서 선거가 행해진 곳이 많았다. 마을의 유력자나 주민, 특히 유권자들의 회의에서 투표를 하거나, 구두추천 내지는 권점법을 이용하여 후보자를 뽑았던 것으로 보인다. 1926, 1929년에는 아예 면사무소에 유권자나 유지들이 모여 투표를 한 경우가 많았던 것으로 보인다.

면협의회의 가장 중요한 일은 면의 세입출 예산 및 추가경정예산을 심의하여 통과시키고, 면부과금 가운데 호별할, 잡종할 등을 정하는 것이었다. 면협의회는 매년 회계연도가 4월에 시작되기 때문에 3월에 회의를 열어 세입출예산을 통과시켰다. 그리고 1년에 한두 차례 추가경정예산이나 면의 현안을 논의하기 위해 회의를 열었다. 따라서 면협의회가 열리는 날짜는 1년에 며칠 되지 않았다. 면협의회의 주요 쟁점은 호별할의 등급을 정하는 문제, 면사무소의 이전 문제, 시장의 개설 및 분설·이설 문제 등이었다.

1920·1930년대 조선의 각지에서는 부민대회, 군민대회, 읍민대회, 면민대회, 리민대회 등으로 불리는 수많은 주민대회가 열렸다. 1920년대 초반부터 급격히 확산되기 시작한 주민대회는 지역사회에서 주민의 이해관계와 연관된 거의 모든 사안과 관련하여 열렸다. 당시의 신문에 보도된 바를 정리하면, 부민대회는 280여 건, 군민대회는 330여 건, 읍민대회는 650여 건, 면민대회는 1,160여 건으로, 면민대회가 가장 많았다. 또 리민대회, 동민대회, 정민대회 등도 3백여 건에 달한다. 조선에는 이미 조선후기부터 내려오던 군·현단위의 향회, 면단위의 면회, 리 단위의 리회 등의

전통이 있었고, 또 1920년대 이후 부협의회·면협의회와 같은 자문기관이 등장하기는 했지만, 지방민들의 의사를 대변하는 지방자치 의회와는 거리가 멀었기 때문에 이와 같은 주민대회가 붐을 이루면서 일어난 것으로 보인다.

면민대회에서 다룬 사안을 보면 행정과 관련된 요구나 비판이 41%로 가장 많았고, 학교설립과 운영이 28.4%로 그 뒤를 이었고, 지역발전과 운영이 21.6%, 사회적 운동이나 사건이 5.2%를 차지했다. 특히 주목되는 것은 면민대회에서 면장 배척 120건을 포함한 '관공리 배척' 사안이 138건으로 상당히 많았고, 행정의 실태(失態) 사안이 93건으로 상당히 많았다는 점이다. 또 면장 교체기에는 여러 곳에서 면장 직선운동이 일어났다.

부민대회, 군민대회, 읍민대회, 면민대회는 지방자치가 파행을 겪고 있던 당시 상황에서 주민의 의사를 결집하고 표현하는 역할을 하고 있었고, 훗날 진정한 지방자치를 위한 훈련과정의 역할을 하고 있었다고 볼 수 있다.

1930년 제2차 지방제도 개정과 의결기구의 도입

1929년 조선총독으로 다시 부임해온 사이토 마코토는 조선의 도평의회, 부면협의회와 같은 지방 자문기관을 의결기관으로 점차 탈바꿈시키겠다는 '지방자치확장안'의 구상을 피력하였다. 사이토의 지시에 따라 총독부 관리들은 이에 대한 안을 만들기 시작했다. 1930년 2월 조선총독부와 일본 정부 척무성측은 이러한 방향에 합의를 보고, 3월에 척무성에 지방자치확장안의 요강을 제출하여 합의를 보았다. 그 주요 내용은 1) 부협의회를 부회로 고치고 의결기관으로 한다, 2) 부의 학교조합과 학교비를 폐하고 부회에서 이를 다룬다, 3) 지정면을 읍으로 하고 그 이외는 보통면으로 하며, 읍에는 의결기관인 읍회를, 보통면에는 자문기관인 면협의회를 둔다, 4) 도평의회는 의결기관인 도회로 고치고, 도회 의원의 3분의 2는 부회의원, 읍회의원, 면협의원이 선거하고, 3분의 1은 도지사가 임명한다는 것이었다. 총독부는 이후 관계 법안을 입안하여 척무성에 제출했고, 법제국의 심의를 거쳐 천황의 재가를 받아 공포하였다.

요강 이외에 법안에 담긴 주요 내용을 보면, 1) 부회에 기존의 학교조합과 학교비를 다루는 제1교육부, 제2교육부가 설치되고, 각각 일본인과 조선인만으로 구성되기 때문에 일본인과 조선인 의원은 부회 의원 총수의 4분의 1은 되어야 한다, 2) 읍과 면은 법인이 되어 읍회와 면협의회는 규칙제정권을 갖게 된다, 3) 도회 의원의 정수는 종래 18인 내지 37인이던 것을 20인 내지 50인으로 늘린다, 4) 부의 학교비 제도는 폐지되고, 군과 도(島)의 학교비 제도는 그대로 남겨두고, 학교평의회는 의결기관이 아니라 자문기관이며, 조선인 읍면 의원이 선출한다, 5) 모든 의원의 임기는 4년이며, 선거권 및 피선거권자는 부세 또는 읍면세를 5원 이상을 납부하는 자로 한다는 것 등이었다.

그런데 이 개정된 제도 중 부회와 관련해서는 두 가지 주목할 점이 있었다. 하나는 선거권자의 수가 학교조합비 및 학교비의 부세 포함으로 크게 늘어나게 되었고, 특히 일본인 선거권자가 크게 늘어나게 되었다는 점이다. 또 하나는 감독제도로서, 부윤은 부회의 의결을 취소하거나 재의를 요구할 수 있고, 도지사는 부회의 정회를 명하고, 조선총독은 부회를 해산시킬 수도 있다고 한 점이다.

다음 읍면제와 관련하여 주목할 점은 1) 읍과 면이 법인이 되었다는 것, 2) 읍·면의 규칙을 제정할 수 있게 되었다는 것, 3) 읍회는 의결기관이지만 면협의회는 자문기관이라는 것, 4) 면협의회도 면의 공익에 관한 사안에 대해 의견서를 면장 또는 관계 관청에 제출하고, 관청의 자문에 답신할 수 있게 되었다는 것, 5) 면협의원도 임명이 아니라 모두 선거로 뽑게 되었다는 것, 6) 읍·면장이 이원(吏員)의 임면권과 징계권을 갖게 되었다는 것이다.

조선총독부는 1932년 5월에 부회, 읍회, 면협의회 선거를 치르기로 하고, 선거에 관한 규정 등을 마련하였으며, 또 「조선지방선거취체규칙」을 개정하여 발표했다.

이와 같은 제2차 지방제도 개정에 대해 사이토 총독은 이를 '지방자치 제도의 창설'이라고 자화자찬하고 있었다. 그러나 총독부는 새로운 제도에 여러 독소조항들을 넣어 두었다. 1) 도회의 경우에 관선의원이 3분의 1을 차지하게 되어 있었고, 나머지 3분의 2도 부회와 면협의회 의원들이 간접선거로 뽑아 주로 관변인물들이 선출될 수 있게 해두었다. 또 도지사가 여러 이유를 들어 도회의 의결을 취소하거나 무시할 수 있게 해두었으며, 감독관인 조선총독은 도회의 해산을 명할 수 있게 해두었다. 이는 조선의 지방자치가 사실은 총독부와 도라는 행정권력의 '관치'에 갇혀 있었음을 말하는 것이며, 지방자치의 중요 요소인 '분권'이 크게 제한되고 있었음을 말한다. 2) 부회의 경우에 유권자의 자격을 부세 5원 이상으로 제한하여 일본인 유권자가 조선인 유권자보다 훨씬 많게 만들어, 구조적으로 부회 의원의 다수를 일본인들이 차지하도록 해놓았다. 이로써 부회를 조선인 의원이 아닌 일본인 의원들이 주도할 수 있게 한 것이다. 부민의 다수가 조선인임에도 불구하고, 그들의 의사를 대변하는 의원은 소수파가 될 수밖에 없게 해둔 것으로, 이는 지방자치의 중요 요소인 주민들의 '참여권'을 크게 제한한 것이었다. 또 부윤이 여러 이유를 들어 부회의 의결을 취소하거나 무시할 수 있게 해두었으며, 2차 감독관인 조선총독은 부회를 해산할 수 있게 해두었는데, 이 역시 조선지방자치의 '관치적 성격'을 말해 주는 것이다. 3) 면협의회의 경우, 대다수의 인구가 면 단위의 농촌지역에 거주하여, 면협의회가 지방자치에서 가장 중요한 의회가 될 수 있음에도 불구하고, 의결기관이 아닌 자문기관으로 그대로 남아 있게 함으로써, 사실상 지방자치의 중요 요소인 주민들의 '동의권'(의결권)을 박탈한 것이나 다름없었다. 4) 도·부·면의 장을 여전히 모두 임명제로 해두고, 도회·부회·면협의회의 의장을 행정기관의 장인 도지사·부윤·면장이 맡게 함으로써, 주민이 선출한 의원들이 자율적으로 의사 진행을 할 수 없게 해두었다. 따라서 이는 '반쪽 지방자치'에도 미치지 못하는 것이었다.

이와 같이 제2차 지방제도 개정의 결과로서 등장한 이른바 '조선의 지방자치'란 사실은 총독부나 도·부·면 등 행정기관의 장이 주도권을 여전히 쥐고 있고, 의회측은 매우 제한적인 권한만을 갖는 것으로 되어 있어, 관치적 성격이 대단히 강한 것이었다. 또 그 관치적 성격이 일본 본국보다 훨씬 강했다는 점에서 조선의 지방자치는 '식민지형 지방자치'에 지나지 않는 것이었다고 말할 수 있다.

1930년대 부회·읍회·면협의회·도회 선거와 그 결과

1931년에 부회·읍회·면협의회의 첫 총선거가 있었다. 유권자 수를 보면, 부회의 경우 일본인이 3만 7,067명, 조선인이 2만 1,721명, 전체 5만 8,788명으로, 일본인 유권자가 63.1%, 조선인 유권자가 36.9%를 차지했다. 읍회의 경우에는 일본인 유권자가 7,781명, 조선인 유권자가 9,394명으로 각각 전체 유권자의 45.3%, 55.7%를 차지했다. 면협의회의 경우, 일본인 유권자가 1만 1,421명, 조선인 유권자가 28만 5,913명으로,

각각 전체 유권자 29만 7,334명의 3.8%, 96.2%를 차지했다. 유권자의 수에서 이와 같은 커다란 차이가 났기 때문에, 선거 결과는 어느 정도 예상되는 것이었다.

선거결과를 보면, 부회의 경우 14개 부에서 일본인은 257명, 조선인은 157명이 당선되었다. 일본인이 62.1%, 조선인이 37.9%였다. 각 부별로 보면, 일본인이 10명 이상 차이로 더 많이 당선된 곳은 경성, 인천, 군산, 목포, 대구, 부산, 청진이었다. 그리고 조선인이 다수로 당선된 곳은 개성 한 곳밖에 없었다. 유권자 수의 비율과 당선자 수의 비율을 비교해 보면, 유권자의 경우 조선인 36.9%, 일본인 63.1%였고, 당선자의 경우 조선인 37.9%, 일본인 62.1%로 거의 같았다. 따라서 유권자의 비율이 사실상 당선자의 비율을 결정하고 있었다고 말해도 과언이 아니다.

조선인 당선자를 보면, 경성부의 경우에는 당선자 18명 가운데 회사원이 6명, 변호사가 3명, 지주가 2명, 농업 1명, 양조업 1명, 질옥업 1명, 교사 1명, 신문기자 1명, 전직군수 1명, 광산업 1명 등으로, 회사원과 변호사가 많았다. 평양부의 경우에는 당선자 14명 가운데 변호사가 3명, 회사원이 3명, 의사가 2명, 상업과 농업이 각 2명, 여관업 1명, 무역업 1명 등으로 변호사·회사원·의사들이 많았다.

읍회의 당선자에 대해 살펴보면, 41개 읍에 정원은 506명, 당선자 가운데 일본인은 247명, 조선인은 259명으로 비슷하였다. 면협의회원의 당선자를 살펴보면, 전국적으로 2만 4,294명이었으며, 이 가운데 일본인은 1,150명으로 4.7%, 조선인은 2만 3,144명으로 95.3%를 차지했다. 그것은 농촌지역인 면 단위에는 일본인들이 별로 거주하지 않았기 때문이다.

1935년의 총선거부터는 「지방선거취체규칙」 일부가 개정되어, 공인 후보로 추천된 이들이 '공인'이라는 문자를 앞세워 선거운동을 해온 것을 공식적으로는 하지 못하도록 했다. 이에 따라 공인후보 추천운동은 시들해졌다.

이 해의 선거에서는 유권자 수에 다소간 변화가 있었다. 전국적으로 부회 선거의 유권자 수는 일본인 3만 3,921명(59.8%), 조선인 2만 2,766명(40.2%), 전체 5만 6,687명이었다. 1931년 부회 유권자 수가 일본인 3만 7,071명(63.1%), 조선인이 2만 1,722명(36.9%), 전체 5만 8,793명이었던 것에서 조선인의 비중이 3.3% 늘어난 것이다. 1934년에 제3종 개인소득세가 만들어지면서 부민의 교육비 부담을 경감한다는 취지에서 제1부, 제2부 특별경제(과거의 학교조합비와 학교비)에 국고 보조가 있었다. 이에 따라 교육비가 포함된 호별세가 감소되어, 종래 호별세만으로 유권자 자격을 갖고 있던 납세자들은 대부분 선거 무자격자(세액 5원 이하)로 되었기 때문이다.

1935년 14개 부회 의원 선거의 정원은 1931년의 414명에서 432명으로 18명 늘어났다. 1935년의 부회의원 당선자는 조선인 183명, 일본인 249명, 계 432명으로, 조선인이 42.4%, 일본인이 57.6%를 차지했다. 이는 1931년의 조선인 37.9%, 일본인 62.1%에 비해 조선인 비율이 4.5% 늘어난 것이었다. 이는 조선인 유권자의 비율이 1931년에 비해 3.3% 늘어났기 때문인 것으로 보인다.

1935년 읍회 선거는 모두 50개 읍에서 치러졌다. 1931년 선거 당시의 41개 읍에서 9개가 더 늘어난 것이다. 이 선거에서 조선인 당선자는 346명, 일본인 당선자는 275명으로, 각각 55.7%와 44.3%를 차지했다. 1931년의 51.2%, 48.8%에 비해 조선인 당선자의 비율이 약간 높아진 것이다. 면협의회 당선자는 조선인이 21,981명(94.8%), 일본인이 1,198명(5.2%)이었을 것으로 추정된다.

1939년의 선거에서 14개 부회 의원 당선자 수는 모두 480명이었고, 이 가운데 조선인이 235명(49.0%), 일본인이 245명(51.0%)를 각각 차지했다. 당시 유권자 수는 총 7만 2,148명이었고, 이 가운데 조선인이 3만 5,654명(49.4%), 일본인이 36,494명(50.6%)이었다. 유권자의 비율과 당선자의 비율이 거의 같음을 알 수 있다. 조선인의 비중이 조금씩 높아지고 있었다.

　읍회 선거의 경우, 유권자 수는 모두 27,634명으로, 이 가운데 조선인은 1만 8,358명, 일본인은 9,283명이었다. 조선인이 66.4%, 일본인이 33.6%였다. 당선자 수는 모두 864명으로, 조선인이 557명, 일본인이 307명이었다. 조선인이 64.5%, 일본인이 35.5%였다. 당선자 수와 유권자 수의 비율이 거의 같았다. 면협의원의 당선자는 조선인이 2만 1,585명, 일본인이 999명, 전체 2만 2,584명으로, 조선인이 95.6%, 일본인이 4.4%를 각각 차지했다. 이전과 별 차이가 없었다.

　1943년에 있었던 네 번째 지방선거에서는 전시라는 이유로 '의원후보자의 추천제'라는 것을 도입하여, 민간유력자들로만 구성된 부읍회의원 및 면협의회원 후보자 추천회를 열어 의원 후보자와 동수의 후보자를 선정하여 후보 등록을 하게 하였다. 일본에서 이미 등장했던 이른바 '익찬선거'의 조선판이었다. 당시 추천위원회는 구체적으로 어떻게 구성되었을까. 경성부회 의원 추천위원회를 보면, 실업계 인물이 가장 많고, 전직 총독부 관리, 현직 부회 의원, 전현직 중추원참의, 도회 의원, 매일신보 사장, 고녀 교장, 변호사, 의사 등으로 다양하게 구성되어 있었으며, 대부분 관변인사들이었다. 특히 조선인들 가운데에는 유명한 친일경력의 인물들이 끼어 있었다.

　1943년에는 9개 부를 제외한 12개 부에서만 선거가 실시되었고, 이 선거에서 당선된 이는 모두 400명이었으며, 그 가운데 조선인이 197명(49.3%), 일본인이 203명(50.7%)이었다. 1939년 14개 부회 의원 당선자 수가 480명이었고, 이 가운데 조선인이 235명(49.0%), 일본인이 245명(51.0%)를 각각 차지했던 것과 거의 비슷했다.

읍회의 경우, 유권자는 모두 6만 4,243명이었고, 투표자는 5만 6,830명으로 투표율은 88.5%였다. 당선자는 조선인 822명, 일본인 484명, 합계 1,306명이었다. 조선인이 62.9%, 일본인이 37.1%를 차지했다. 이는 1939년 읍회 선거 당선자 가운데 조선인이 66.4%, 일본인이 33.6%였던 것과 비교하여, 조선인 당선자의 비율이 3.5%포인트 낮아진 것이다.

면협의회원 선거가 이루어진 면은 전체 면 2,211개 면 가운데 2,134개 면이었다. 협의회원 정수는 2만 2,048명이었고, 당선자는 조선인 20,634명, 일본인 1,407명이었다. 당선자의 비율은 조선인 92.1%, 일본인 7.9%였다. 이는 1939년 면협의회원 당선자 가운데 조선인이 95.6%, 일본인이 4.4%를 차지했던 것과 비교하여 조선인의 비율이 3.5%포인트 낮아진 것이다.

도회의원 선거는 1933년 5월 10일에 처음 시행되었으며, 1937년과 1941년에도 같은 날에 시행했다. 1933년 선거에서는 총정원 422명 가운데 민선에서는 조선인 241명, 일본인 42명이 당선되었고, 관선에서는 조선인 56명, 일본인 83명이 당선되었다. 관선과 민선을 합해 보면, 조선인은 297명, 일본인은 125명이 당선되어, 각각 70.4%, 29.6%를 차지했다. 1937년 선거에서는 총정원 422명 가운데 민선에서는 조선인 246명, 일본인 37명이 당선되었고, 관선에서는 조선인 56명, 일본인 83명이 당선되었다. 관선과 민선을 합하여 보면, 조선인은 302명, 일본인은 120명이 당선되어 각각 71.6%, 28.4%를 차지했다. 1941년 선거에서는 총정원

422명 가운데 민선에서는 조선인이 245명, 일본인이 38명 당선되었다. 관선에서는 조선인이 55명, 일본인이 84명 당선되었다. 민선과 관선을 합하여 보면 조선인이 300명, 일본인이 122명이 당선되어 각각 71.1%, 29.9%를 차지했다. 세 차례의 도회 선거에서 조선인과 일본인의 비율은 대체로 각각 71%, 29% 안팎을 유지했음을 알 수 있다.

한편 관선의원만을 보면, 전체 정원이 139명이었는데 조선인에게 55~56명, 일본인에게 83~84명을 배당했음을 알 수 있다. 이는 백분비로 보면 각각 39.6%, 60.4%에 해당한다. 즉 관선 의원은 조선인과 일본인에게 각각 4:6의 비율로 배당했음을 알 수 있다.

1930년대 이후 지방의회의 운영과 '식민지형 지방자치'

1930년대 부회 선거에서 당선된 이들은 어떤 이들일까. 경성 부회의 예를 들어보자. 1931년 경성부회 선거에서 당선된 이들은 모두 48명인데, 이 가운데 조선인이 18명, 일본인이 30명이었다. 이들의 직업을 살펴보면, 자영업이 4명, 회사중역(사장 포함)과 회사원이 5명, 변호사가 3명, 언론인이 1명, 교육자가 2명, 기타 3명 등이었다. 회사 중역 및 회사원이 5명으로 가장 많았다. 자영업자는 4명이었는데, 그들은 양조업, 상점, 전당업 등을 하고 있었다. 총독부관리(검사, 군수, 도 서기 등)의 경력을 가진 이들도 3명 있었다. 일본인의 경우는 회사경영(중역) 내지 회사원 12명, 변호사 6명, 언론인 4명, 자영업 4명, 의사 1명, 기타 3명 등이었다. 특기할 것은 일본인 가운데에는 전 총독부 관리나 경찰의 경력을 가진 이는 8명으로 상당히 많았다는 점이다. 1935, 1939년 선거에서도 대체로 비슷한 성향의 이들이 당선되었다.

인천 부회의 경우에도 회사원이 8명으로 가장 많고, 이어서 상업종사자가 5명으로 많았다. 부산 부회의 경우에도 일본인·조선인을 불문하고 상업, 공업 종사자가 다수를 차지하였고, 여기에 금융/보험업자, 운송/서비스업자까지 포함하면 자본가계층이 거의 절대 다수를 차지하였음을 알 수 있다. 회사원도 사실은 회사중역인 경우가 많아서 이들도 자본가계층을 대변하는 입장에 있었다. 다음으로 많은 직업이 전문직인데 변호사가 가장 많고, 의사, 약사, 신문기자 등이 이에 포함된다. 평양 부회의 경우에도 일본인·조선인을 막론하고 상공업 종사자가 압도적으로 많았고, 조선인의 경우에는 전문직 종사자(변호사, 의사)의 비중이 다소 높았다. 1930년대에 부회를 통해 일제의 지방통치에 협력한 세력은 주로 중소상공업자, 지주, 자영업자, 전문직 종사자들로서, 대체로 중소자산가 계층이었다고 할 수 있다.

부회에서는 주로 예산과 결산을 심의, 의결했지만, 그 과정에서 부의 행정에 관하여 여러 질문과 토론을 할 수 있었다. 또 부의 주요 현안에 대해서는 많은 제약이 있기는 했지만, 부회 회의에서 주로 예산과 관련하여 현안을 거론하고 토론을 할 수도 있었다. 1930년대 부회의 주요 쟁점으로서는 도시인프라의 민족적 차별, 도시계획 및 도시확장의 문제, 각종 시장 문제, 도시빈민에 대한 대책, 조선인들의 학교 시설 및 교육예산 문제, 전기 부영화 문제, 전시체제에 대한 지원 문제 등이 있었다.

1930년대에 새로 개설된 읍회 의원들은 어떤 이들이었을까. 전주 읍회의 예를 들어보면, 조선인으로서 의원이 된 이들은 주로 금융업자, 상공업자나 관직 경력이 있는 이들이었으며, 일본인으로서 의원이 된 이들도 한두 명의 변호사나 관직경험자를 제외하면 대부분 상공업자, 금융업자였다.

당시 읍회에서는 읍회의 회의규칙, 봉급규칙, 여비규칙, 호세 및 호별할의 각인별 산정, 세입출 예산과 결산, 각종 사업비, 예산외 의무부담 등을 논의하여 의결하였다. 면협의회도 대체로 같은 사안들을 다루었다. 읍회와 면협의회에서는 읍·면의 여러 현안들도 논의하였다. 여러 현안 가운데에서 가장 많이 거론된 것은 면사무소 이전과 면 통합 문제, 호별할과 부역의 부과 문제, 시장 신설과 이전 문제, 도시계획 문제 등이었다.

도회 의원들은 어떤 이들로 구성되었을까. 1937년 민선과 관선에 의해 구성된 도회 의원들의 직업을 보면, 농업(지주 및 농업경영)이 37.3%로 가장 많고, 농업 종사자의 비중이 특히 컸던 곳은 역시 호남과 영남, 그리고 황해와 평남과 같이 농업이 차지하는 비중이 특히 큰 곳이었다. 여기에서 농업 종사자란 주로 지방의 대지주층을 가리키는 것이었다. 즉 도회 의원 가운데 가장 큰 비중을 차지한 것은 대지주층이었던 것이다. 다음이 상업으로 17.3%였는데, 상업 안에는 곡물상, 목재상, 무역상 등 다양한 상인이 포함되어 있었다. 다음으로 회사중역 및 회사원이 12.0%를 차지했는데, 숫자가 더 많은 회사원도 사실상 회사 중역이라고 보이며, 이들 가운데에는 회사의 주주도 많았다. 다음으로 광공업 종사자가 7.8%를 차지했는데, 광산업, 주조업, 정미업이 많았다. 그 밖에 의사가 5.4%, 변호사가 2.2%, 사법서사와 대서업이 5.1%를 차지하여, 이들을 다 합하면 12%가 넘어 전문직 종사자가 상당히 큰 비중을 차지하고 있었음을 알 수 있다. 또 교통운수업 경영자가 4.6%로 이들이 차지하는 비중도 작지 않았다. 전체적으로 보면, 지주와 자본가, 경영자, 전문직종사자 등이 대부분을 차지하였고, 이들이 도회를 통해 도 차원에서 일제의 지방통치에 협력세력으로 참여했음을 알 수 있다.

도회에서는 주로 세입출 예산, 기채, 기본재산 및 적립금 등과 관련한 사항을 의결할 수 있게 되어 있으며, 그 밖에도 '도에 관한 사안', 즉 도의 현안에 대해 논의하고 의결에 부칠 수 있다고 되어 있다. 도회의 실제 안건을 보면, 도회에서는 세입출예산, 기채, 계속비, 추가경쟁예산 외에도 이원의 퇴직금, 도세, 공립학교 수업료 등도 논의했음을 알 수 있다.

도회에서 가장 많이 거론된 사안은 교육문제와 부역문제였다. 교육문제는 보통학교 수업료 폐지문제, 학생들의 입학난 해소 문제, 일선인 공학문제, 사립학교 보조금 증액 문제, 조선인 교장의 증원 문제, 교원의 자질 문제 등 다양하였다. 부역은 주로 '관행부역'이라 하여 도로 수리나 사방공사에 인근 주민들의 노동력을 강제로 동원하는 것이었다. 특히 농번기 부역은 농민들에게 큰 폐해가 되었기 때문에, 도회 의원들은 농번기 부역 동원을 하지 말아야 한다고 요구했고, 상당수 의원들은 전제시대나 헌병시대의 유물인 부역제를 아예 폐지해야 한다고 주장했다. 그러나 도나 총독부는 도로 수리 등을 위한 재원이 없다는 이유로 부역제를 그대로 유지하였다. 일제 말기까지 부역은 폐지되지 않았으며, 중일전쟁 이후 전시체제기에 들어서면서 부역은 '전시노동력 동원'이 되어 오히려 더욱 강화되었다.

이상에서 살펴본 것처럼 1930년대의 이른바 '지방자치제'로 도입된 부회·읍회·도회는 많은 한계를 안고 있었다. 부회는 의장을 부윤이 겸임하고, 부윤은 부회 결의의 불채택권, 총독은 해산권을 갖고 있었으며, 부회 의원은 의안제출권도 가지지 못했다. 도회의 경우, 관선이 3분의 1을 차지하고, 의장을 도지사가 겸임하고, 도지사는 도회 결의의 불채택권, 총독은 도회 해산권을 갖는 등 역시 제약이 심했다. 따라서 부회나 도회는 형식은 의결기관이지만, 내용은 이전의 자문기관과 큰 차이가 없는 상태였다. 당시 일본정부나 조선총독부 당국자들은 조선에 제대로 된 지방자치제를 실시할 생각이 별로 없었다. 그들이 생각하는 조선에서의 지방자치는 일본과는 다른 '식민지형 지방자치'였다. 따라서 당시 『동아일보』나

『조선일보』는 조선의 이와 같은 '식민지형 지방자치'를 '기만적 지방자치'라고 신랄하게 비판하고 있었다.

일본·조선·대만 지방제도의 비교와 식민지형 지방자치

1920년대 대만에서는 자치운동과 참정권 운동이 일어났다. 그러나 대만총독부와 일본정부는 이 문제에 소극적으로 대응했다. 대만인들은 1930년 조선에서의 지방자치제 확장과정을 지켜보면서, 1930년 8월 대만지방자치연맹을 결성하고 대만에서도 지방자치제를 확대해줄 것을 대만총독부에 요구하였다. 결국 1934년에 이르러 대만총독부는 일본정부의 동의를 얻어 지방자치제 확장안을 발표하였다.

1930년대 조선과 대만에서 실시된 지방자치제도는 매우 제한적인 지방자치제였다. 이를 당시 일본의 지방자치제도와 비교하고, 당시 조선과 대만의 지방자치제의 차이는 무엇이었는지 확인해 보자.

1930년대 조선의 도·부·면, 대만의 주·시·가·장도 일본의 부·현·시·정·촌과 마찬가지로 모두 법인이 되었다. 도·주·부·현의 지사는 모두 임명제로 같았다. 그러나 일본의 시장(市長)·정장(町長)·촌장(村長)은 시회(市會)에서 선출되었지만, 조선의 부윤·읍장·면장, 대만의 시윤(市尹)·가장(街長)·장장(庄長)은 총독부에 의해 임명되었다.

1930년대 조선의 도회, 대만의 주회도 일본의 부현회처럼 의결기구가 되었다. 조선의 부회, 대만의 시회도 일본의 부회와 마찬가지로 의결기구가 되었다. 그러나 일본의 정촌회는 의결기구였지만, 조선의 읍회는 의결기구, 면협의회는 자문기구로 되어 있었고, 대만의 가장협의회도 자문기구로 되어 있었다. 조선과 대만의 지방자치제는 여전히 제한된 성격의 것이었다.

조선의 도회와 대만의 주회의 의장은 도지사와 주지사로서, 일본의 부현회의 의장이 의원 가운데 선출되는 것과는 달랐다. 일본의 시회와 조선의 부회, 대만의 시회는 모두 의결기관이었지만, 일본 시회의 의장은 시회에서 선출되었고, 조선 부회와 대만 시회의 의장은 부윤과 시윤이 맡게 되어 있었다. 일본의 정촌장은 정촌회에서 선출되며 정촌회의 의장을 맡았다. 그러나 조선의 읍장·면장이나 대만의 가장·장장은 총독부에 의해 임명되었으며, 이들이 조선의 읍회·면협의회, 대만의 가장협의회의 의장을 맡았다.

일본의 부현회 의원은 모두 선거구 주민들이 선출하였지만, 조선의 도회 의원은 3분의 1, 대만의 주회 의원은 2분의 1을 도지사와 주지사가 각각 임명하였고, 나머지 도회 의원의 3분의 2는 부회·읍회·면협의회 의원들이 선출하고, 주회 의원의 2분의 1은 시회·가장협의회 의원들이 선출하였다. 일본의 시회와 조선의 부회는 모두 민간에서 선출하도록 했지만, 대만의 시회 의원은 2분의 1은 민간이 선출하고, 2분의 1은 주지사가 임명하도록 되어 있었다. 일본의 정촌회 의원과 조선의 읍회 의원과 면협의회원은 민간에서 선출하게 되어 있었지만, 대만의 가장협의회원의 경우 2분의 1은 민간에서 선출하고, 2분의 1은 주지사가 임명하도록 되어 있었다. 대만의 경우가 더 제한적으로 되어 있었음을 알 수 있다.

또 일본 부현회의 선거권과 피선거권은 부현의 공민(公民)이면 누구나 가질 수 있도록 하고, 예전의 직접국세 3원 또는 10원 조항을 삭제했지만, 대만의 주회는 시세(市稅) 또는 가장세(街庄稅) 연액 5원 이상 납부한 자만 피선거권을 갖도록 했다. 조선의 도회는 피선거권에서 세금 조항은 없었지만, 선거권자들이 부세나 읍면세 5원 이상 납부자인 부회와 읍회, 면협의회원들이었고, 그들 가운데 도회 의원이 선출되는 경우가 많았기 때문에 사실상 선거권과 피선거권에 세금 5원 조항이 있는 것이나 마찬가지였다.

부현회, 도회, 주회의 의결사항은 거의 비슷했지만, 일본의 부현회의 경우에만 부현의 조례 및 부현규칙의 개설과 개폐가 가능했다. 조선의 도와 대만의 주에는 조례나 규칙을 제정할 권한이 없었다. 한편 일본과 대만의 경우에는 부현참사회와 주참사회가 있었지만, 조선의 경우에는 도참사회가 없었다.

선거권의 경우도 일본의 시회·정촌회는 25세 이상의 남자, 2년 이상 거주자이면 되었지만, 조선의 부회, 읍회·면협의회의 경우에는 25세 이상의 남자, 1년 이상 거주자, 독립된 생계, 읍면세 5원 이상 납부자로 되어 있었고, 대만의 시회, 가장협의회의 경우에도 25세 이상의 남자, 6개월 이상 거주자, 독립된 생계, 가장세 5원 이상 납부자로 되어 있었다. 이 역시 조선인과 대만인에게는 불리하고 재조선 일본인과 재대만 일본인에게는 유리한 조항이었다.

따라서 1930년대 이후에도 조선과 대만의 지방제도는 지방자치제라고 말하기에는 매우 미흡한 것이었다. 특히 대만의 시회 의원과 가장협의회원을 2분의 1은 민선제, 2분의 1은 임명제로 한 것은 조선의 부회 의원과 면협의회원을 모두 민선제로 한 것보다 훨씬 더 제한적인 제도였다.

결국 조선과 대만에서 시행된 이른바 '지방자치제'는 본래의 의미의 지방자치라고 보기는 어려웠고, 굳이 말한다면 '식민지형 지방자치'라고나 부를 수 있는 것이었다.

해방 이후 지방자치에 미친 영향

끝으로 본문에는 쓰지 않았지만, 조선총독부의 '식민지형 지방자치'가 해방 이후에 어떤 영향을 미쳤는지 간단히 살펴보자. 1948년 제헌헌법에서는 지방자치를 실시할 것을 규정하고 있었다. 이에 따라 1949년 국회는 「지방자치법」을 제정했다. 그러나 당시 정부는 지방자치 선거를 실시할 재원도 없었고, 또 1950년 한국전쟁이 발발함에 따라 지방자치제를 실시할 수 없었다. 1952년 이승만 정부는 직선제 실시를 위한 헌법 개정에 지방의원 세력을 이용하기 위해 지방자치 선거를 전격 실시했다. 이를 계기로 한국에서도 비로소 지방자치제가 시작되었다.

1950년대 지방자치제 실시에 의해 도, 시, 읍, 면에 의회가 설치되고, 이들 의회는 의결기관이 되었다. 그러나 군에는 의회가 설치되지 않았다. 이는 일제하의 식민지형 지방자치제의 '유제(遺制)'라고 볼 수 있다. 일제는 일본의 정촌제를 모방하여 식민지 조선에서 읍면제를 실시하면서 읍에는 읍회, 면에는 면협의회를 두었지만, 군에는 군회를 두지 않았다. 1949년 제정된 지방자치법에서도 읍·면이 여전히 지방자치의 기본단위가 되어 군의회가 없는 대신 읍·면의회가 설치되었던 것이다. 그러나 면의회도 이제는 의결기관이 됨으로써, 이제 면에서도 일제하 면협의회의 한계를 '극복'하고 명실상부한 지방자치제가 실시될 수 있었다. 또 이들 의회에서는 민의 소청이나 청원을 들어 이를 논의할 수도 있게 되었다. 이에 따라 이들 의회에서는 당시 지역의 현안이 되는 문제들을 충분히 논의할 수 있게 되었다. 또 면장도 처음에는 면의회에서 선출하다가 직선제로 바뀌어 민선면장시대가 열렸다.

1961년 5·16군사정부는 지방자치제를 중단시켰다. 이로써 지방의회는 사라지고, 도지사·군수·읍면장도 모두 임명제로 바뀌었다. 30년 뒤인 1991년 지방자치제가 부활하여 시·군·구의 기초의회와 서울특별시, 5개 직할시, 9개 도에서 광역의회 의원 선거가 실시되었다. 1995년에는 광역 및 기초단체장과 광역 및 기초의회 의원 선거가 실시되었다. 1990년대 이후의 지방자치제에서는 읍·면의회가 사라지고 대신 군의회가 등장했는데, 이는 1961년 군사정부에 의해 기초자치단체가 읍·면에서 군으로 바뀌었기 때문이다. 이로써 일제하의 '식민지형 지방제도'의 유제는 비로소 사라졌다고 말할 수 있다.

참고문헌

1. 자료

• 대한제국 자료

『高宗實錄』,『관보』(조선, 대한제국)

경기도 이천군편,『訓謄冊』11책, (규장각 고 5120-149)

내각편, 1907,『청원서』3책 (규장각 17848)

내각편, 1907,『統別勅令往復案』5책(규장각 17851의2)

내각편록과편, 1895,『議奏』37권 (규장각 17705)

내각편록과편, 1895,『탁지부청의서』(규 17716)

내부, 1896,『地方制度』(규장각 15443)

내부, 1908.5,『관찰사회의』(규장각 15252)

내부, 1909,『한성부사무관급각 도서기관회의요록』(국립중앙도서관 소장)

법부 법무국, 1905,『訓指起案』13책 (규장각 17277의 5)

의정부편, 1906,『起案』13(규장각 17746)

지방제도조사소, 1906,『地方制度調査』(국립중앙도서관 소장)

탁지부편, 1907,『보고서철』제2책(규장각 17995)

탁지부편, 1907,『훈령편안』12책(규장각 17876)

탁지부 사세국, 1908,『面に關する調査』

• 통감부 및 관련 자료

국사편찬위원회편, 2000,『통감부문서』제10권,「지방제도 개혁」

통감관방, 1906~07,『한국시정연보』

조선통감부,『통감부공보』

• 조선총독부 및 관변 자료

今村武志, 1931.1, 「朝鮮地方制度の改正に就て」, 『朝鮮』 1931년 1월호

내무부, 1911, 『조선지방제도 개정에 관한 의견』

水野鍊太郎, 1920.12.14, 「京城府協議會員茶話會に於ける政務總監演述」, 『施政に關する諭告・訓示竝演述』, 조선총독부, 1922

水野鍊太郎, 1921.10.1, 「地方制度と其の運用」, 『施政に關する諭告・訓示竝演述』, 조선총독부, 1922

水野鍊太郎, 1921, 「朝鮮統治의 一 轉機」, 『朝鮮』 1921년 9월호

岩井敬太郎, 1910, 『顧問警察小誌』, 내부 경무국

原敬, 1919, 「朝鮮統治私見」(『齋藤實文書』 13, 고려서림, 1990)

齋藤眞, 1931, 「地方制度改正に就て」, 『朝鮮』 1931년 1월호

조선총독부, 1910~1938, 『조선총독부시정연보』

조선총독부, 1910~1942, 『조선총독부통계연보』

조선총독부, 1910~1945, 『조선총독부관보』

조선총독부, 1911, 『부군서기 강습회 강연집』

조선총독부, 1930, 『지방제도개정안참고서』, (일본국립공문서관 소장 「府制改正制令案」에 포함)

조선총독부내무국, 1922, 『改正地方制度實施槪要』

조선총독부편, 1924, 『朝鮮の市場』

조선총독부편, 1924, 『朝鮮に於ける內地人』

조선총독부편, 1910~1943, 『朝鮮總督府及所屬官署職員錄』

澤田豊丈, 1918, 「面制에 대하여」, 『朝鮮總督府道郡島書記講習會講演集』

脇坂健次, 1924, 『改正 府制面制釋義』, 제국지방행정학회

• 조선면제 제정 관련 국가기록원 및 일본 국립공문서관 자료

국가기록원 CJA0002542, 「조선 면제 제정의 건」

국가기록원 CJA0002572, 「면제관계서류」

아시아역사자료센터, A13100239800, 「面制制令案」(1917)

• 부·군·면 폐합 관련 국가기록원 자료

국가기록원 CJA0002545, 「부군폐합에 관한 건」
국가기록원 CJA0002546, 「부군폐합에 관한 건」
국가기록원 CJA0002547, 「부군폐합에 관한 건」
국가기록원 CJA0002548, 「부군폐합에 관한 건」
국가기록원 CJA0002550, 「부군폐합에 관한 건」
국가기록원 CJA0002564, 「군서기 정원에 관한 건」
국가기록원 CJA0002560, 「면 폐합에 관한 건」

• 1930년 지방제도 개정 관련 자료

아시아역사자료센터 A14100216100, 「도제제정제령안」, 「면제개정제령안」, 「부제개정제령안」(1930)
국가기록원 CJA0002880, 「소화 6년 개정지방제도관계잡록」(1931)
국가기록원 CJA0002879, 「개정지방제도관계서류」
국가기록원 CJA0019731, 「부제에 관한 서류」
아시아역사자료센터 B05014017200, 「조선지방자치제도의 개요」(1944)

• 면협의회 자료

국가기록원 CJA0002604, 「면협의회 회의록」

• 신문 자료

『대한매일신보』, 『황성신문』, 『매일신보』, 『동아일보』, 『조선일보』, 『중외일보』, 『釜山日報』, 『朝鮮新聞』, 『京城日報』

• 기타 자료

鎌田白堂, 1936, 『朝鮮の人物と事業 - 湖南篇 第1輯』, 실업지조선사출판부
경성일보사·매일신보사 공편, 1937, 『조선연감』, 경성일보사·매일신보사
고려대 한국사연구소편, 2010, 「道에 관한 해설」, 『식민지조선과 제국일본의 지방제도 관계법령 비교자료집』, 선인

국사편찬위원회편, 1972, 『대한제국관원이력서』, 국사편찬위원회

국사편찬위원회편, 1998, 『駐韓日本公使館記錄』 25권, 국사편찬위원회

김기전·차상찬, 1924, 「朝鮮文化基本調査(其八)-平南道號」, 『개벽』 제51호

金正明편, 1964, 『日韓外交資料集成』, 巖南堂書店

대만총독부, 『(臺灣總督府)府報』

大垣丈夫, 1913, 『朝鮮紳士大同譜』, 조선신사대동보발행사무소

대한민국건국십년지간행회, 1956, 『대한민국건국십년지』

藤村德一편, 1931, 『전선부읍회의원명감』, 경성, 조선경제신문사

森川靑人, 1935, 『조선총독부시정25주년기념표창자명감』, 조선총독부시정25주년기념표창자명감간행회

楊肇嘉, 1954, 『朝鮮地方制度視察報告書』, 대만지방자치연맹본부

越智唯七, 1917, 『新舊對照 朝鮮全道 府郡面里洞 名稱一覽』, 京城, 中央市場

인천부청편, 1933, 『인천부사』, 인천부

전주상공회의소편, 1938, 『商工の全州』, 전주상공회의소

조선공로자명감간행회, 1935, 『조선공로자명감』, 민중시론사

朝鮮紳士錄刊行會編, 1931, 『朝鮮紳士錄』, 조선신사록간행회

조선인사흥신록편찬부, 1935, 『조선인사흥신록』, 경성, 조선신문사

「朝鮮行政」編輯總局編, 1937, 『朝鮮統治秘話』, 帝国地方行政学会

佐伯迪, 1935, 『臺灣地方自治』, 昭和印刷所

中村資良, 1921-1939, 『朝鮮銀行會社要錄』, 東亞經濟時報社

萩原彦三, 1945, 「寺內さん大塚さん」, 『朝鮮の回顧』(和田八千穗·藤原喜藏編), 根澤書店

평양상업회의소편, 1927, 『平壤全誌』, 평양상업회의소

한국농촌경제연구원편, 1985, 『농지개혁시 피분배지주 및 일제하 대지주 명부』, 한국농촌경제연구원

2. 저서

姜東鎭, 1980, 『일제의 한국침략정책사』, 한길사 (『日本の朝鮮支配政策史研究』, 동경대학출판회, 1979의 번역본)

姜再鎬, 2001, 『植民地朝鮮の地方制度』, 東京, 東京大學出版會

고석규, 1998, 『19세기 조선의 향촌사회 연구-지배와 저항의 구조-』, 서울대학교출판부

김동명, 2018, 『지배와 협력』, 역사공간

김영기, 1999, 『지방자치제의 이해』, 대영문화사

김인걸, 2017, 『조선후기 공론정치의 새로운 전개』, 서울대 출판부

김종식·윤덕영·이태훈, 2022, 『일제의 조선 참정권 정책과 친일정치운동 세력의 참정권 청원운동』(일제침탈사연구총서 10권), 동북아역사재단

김태웅, 2012, 『한국근대지방재정연구』, 아카넷

김필동, 2003, 『차별과 연대-조선 사회의 신분과 조직-』, 문학과지성사

台灣總督府警務局編, 2006, 『臺灣社會運動史』(대만총독부경찰연혁지 제2편, 領台以後的治安狀況, 중권), 海峽學術出版社

大石嘉一郞, 2007, 『近代日本地方自治の歩み』, 東京, 大月書店

도면회, 2014, 『한국근대형사재판제도사』, 푸른역사

동선희, 2011, 『식민권력과 조선인유력자-도평의회·도회 의원을 중심으로-』, 선인

박찬승, 1992, 『한국근대정치사상사연구』, 역사비평사

사쿠마 쓰토무(이경희 역), 1987, 『일본지방자치제도』, 서울, 문우사

山田公平, 1991, 『近代日本の國民國家と地方自治: 比較史研究』, 名古屋大學出版會

山中永之佑, 2021, 『帝國日本の統治法』, 大阪大學出版會

손정목, 1992, 『한국지방제도·자치사연구(상)-갑오경장~일제강점기-』, 일지사

윤해동, 2006, 『지배와 자치-식민지 촌락의 삼국면 구조-』, 역사비평사

張正昌, 1980, 『林獻堂與台灣民族運動』, 國立臺灣師範大學

中西啓之, 1997, 『日本の地方自治』, 東京, 自治体研究社

허영란, 2009, 『일제시기 장시연구』, 역사비평사

홍순권, 2010, 『근대도시와 지방권력』, 선인

3. 논문

강광수, 2015, 「일본 지방제도의 형성과정에 관한 연구」, 『한국지방자치연구』 제16권 제4호, 한국지방자치학회

姜再鎬, 1999, 解說「地方制度と地方制度特例」,『(史料)日本の地方自治』, 學陽書房

姜再鎬, 1998,「地方制度」,『行政學の基礎』, 岩波書店

고태우, 2017,「1930년대(1931~1939년) 경성부회의 구성과 활동」,『일제강점기 경성부윤과 경성부회 연구』, 서울역사편찬원

기유정, 2007,「1920년대 경성의 '유지정치'와 경성부협의회」,『서울학연구』28, 서울학연구소

김경림, 1996,「1920년대 전기사업 부영화운동 - 평양전기 부영화를 중심으로 - 」,『백산학보』46, 백산학회

김대길, 1990,「1910년 평안도 순천지방의 시장세 반대운동」,『사학연구』42, 한국사학회

김대길, 1992,「1910년 평안도지방의 시장세 반대운동」,『중앙사론』7, 중앙사학연구소

김동명, 2010,「1929년 경상남도 도평의회 예산안반상(返上)사건 연구」,『한일관계사연구』37, 한일관계사학회

김동명, 2011,「식민지조선에서의 도평의회의 정치적 전개 - 김기정 징토 시민대회를 중심으로」,『일본문화학보』50, 일본문화학회

김동명, 2013,「1928년 전라남도 도평의회의 조선인과 일본인 '알력'사건 연구」,『한일관계사연구』46, 한일관계사학회

김민석, 2023,「갑오개혁·대한제국기 지방제도 개편과 지방자치 논의」(한양대 사학과 박사논문)

김상환, 2014,「1920년대 통영지역 청년운동과 '김기정징토운동'」,『역사와 경계』9, 부산경남사학회

김연지, 2007,「1914년 경상남도 지방행정구역의 개편과 성격」,『역사와 세계』31, 효원사학회

김용덕, 1978,「향청연혁고」,『한국사연구』21·22, 한국사연구회

김윤정, 2017,「1930년대 함흥부회와 전주부회의 구성과 활동」,『사림』60, 수선사학회

金翼漢, 1996,『植民地朝鮮における地方支配體制構築過程と農村社會變動』(동경대 박사학위논문)

김인걸, 1991,「조선후기 향촌사회 변동에 관한 연구 - 18,19세기 '향권'담당층의 변화를 중심으로 - 」(서울대 국사학과 박사논문)

김제정, 2000,「1930년대 초반 경성지역 전기사업 부영화 운동」,『한국사론』43, 서울대 국사학과

김준형, 1882, 「조선후기 면리제의 성격」(서울대 국사학과 석사논문)

大和和明, 1988, 「植民地期 朝鮮地方行政に関する試論: 面制の確立過程を中心に」, 『歷史評論』 제458호, 역사과학협의회

동선희, 2006, 「일제하 경남 지역 조선인 읍회의원에 관한 연구-1920~1945년의 지정면협·읍회의원-」, 『청계사학』 20, 청계사학회

문명기, 2020, 「일제하 대만·조선 기층행정 운영의 비교분석」, 『동양사학연구』 150, 동양사학회

박기서·김민철, 1995, 「일제의 조선경찰권 침탈과정에 관한 연구」, 『경희사학』 19, 경희사학회

박성연, 2010, 「통감부시기 面·里洞制 연구-동래부의 사례를 중심으로-」(서울대 국사학과 석사논문)

박찬승, 2018, 「일제하 전주의 일본인·조선인 유력자층」, 『전주학연구』 12, 전주역사박물관

박찬승, 2022, 「1920·30년대 식민지 조선·대만에서의 지방제도 개정 비교」, 『동아시아문화연구』 89, 한양대 동아시아문화연구소

송양섭, 2019, 「18~19세기 동래부 동하면의 '면중(面中)'과 잡역운영」, 『역사와현실』 112, 한국역사연구회

송찬섭, 1997, 「민회와 농민항쟁」, 『역사비평』 1997년 여름호, 역사비평사

송찬섭, 2023, 「1862년 농민항쟁 과정의 공론의 형성: 향회와 민회를 중심으로」, 『역사연구』 47, 역사학연구소

안병욱, 1987, 「19세기 민중의식의 성장과 민중운동-'향회'와 '민란'을 중심으로-」, 『역사비평』 1987년 가을호, 역사비평사

안병욱, 2000, 「19세기 향회와 민란」(서울대 국사학과 박사논문)

안용식, 2009, 「일제하의 면읍행정체제 개편과 면읍장의 사회적 배경 연구」, 『현대사회와행정』 19-3, 한국국정관리학회

若林正丈, 1993, 「台湾議会設置請願運動」, 『近代日本と植民地』 6, 岩波書店

양지혜, 2017, 「전시체제기(1939~1945년) 경성부회의 구성과 활동」 『일제강점기 경성부윤과 경성부회 연구』, 서울역사편찬원

염인호, 1983, 「일제하 지방통치에 관한 연구-'조선면제'의 형성과 운영을 중심으로-」, (연세대 사학과 석사논문)

오동석, 2004, 「일제하 '지방자치' 관련 법제의 변화」, 『법사학연구』 30, 한국법사학회

오미일, 2015, 「일제시기 조선인 자본가층의 결집과 '지역번영' 단체의 조직 - 1920년대 원산지역을 중심으로 -」, 『한국사연구』 171, 한국사연구회

오미일, 2016, 「1920~1930년대 초반 원산지역 조선인 자본가층의 지역정치」, 『한국사연구』 175, 한국사연구회

오미일, 2016, 「지역번영단체의 개발프로젝트와 그 사회정치적 의미」, 『역사문제연구』 36, 역사문제연구소

오진석, 2009, 「1930년대 초 전력산업 공영화운동과 경성전기」, 『사학연구』 94, 한국사학회

유정현, 1992, 「1894~1904년 지방재정제도의 개혁과 이서층 동향」, 『진단학보』 73, 진단학회

윤정애, 1985, 「한말 지방제도 개혁의 연구」, 『역사학보』 15, 역사학회

윤해동, 1997, 「'통감부설치기' 지방제도의 개정과 지방지배 정책」, 『한국문화』 20, 서울대 한국문화연구소

이다솜, 2017, 「1926년 평양전기주식회사 전기요금 인하운동」 (성균관대 사학과 석사논문)

이동훈, 2018, 「'한국병합' 전후 재조일본인 교육사업의 전개 - 거류민단체에서 학교조합으로 -」, 『한림일본학』 32, 한림대학교 일본학연구소

이명학, 2020, 「일제시기 행정구역의 개편과 명칭의 변화 - 면을 중심으로 -」, 『한국독립운동사연구』 70, 독립기념관 한국독립운동사연구소

이상찬, 1986, 「1906~1910년의 지방행정제도 변화와 지방자치논의」, 『한국학보』 42, 일지사

이상찬, 1989, 「1894~1895년 지방제도 개혁의 방향 - 향회의 법제화 시도를 중심으로 -」, 『진단학보』 67, 진단학회

이영호, 1993, 「갑오개혁 이후 지방사회의 개편과 성진민요」, 『국사관논총』 41, 국사편찬위원회

이윤상, 1996, 「1894~1910년 재정제도와 운영의 변화」, (서울대 국사학과 박사논문)

이정은, 1988, 「창녕군 영산의 3·1운동」, 『한국독립운동사연구』 2, 독립기념관 한국독립운동사연구소

이정은, 1992, 「일제의 지방통치제제 수립과 그 성격」, 『한국독립운동사연구』 6, 독립기념관 한국독립운동사연구소

이정은, 1995, 「화성군 장안면·우정면 3·1운동」, 『한국독립운동사연구』 9, 독립기념관 한국독립운동사연구소

이태훈, 2020, 「1920년대 중후반 갑자구락부의 제한적 참정권청원운동과 식민지배정책의 동향」 『동방학지』 193

임대식, 1997, 「일제하 경성부 '유지'집단의 존재형태」, 『서울학연구』 8, 서울학연구소

전봉덕, 1982, 「일제의 사법권 강탈과정의 연구」, 『애산학보』 2, 애산학회

전성현, 2019, 「일제강점기 '민의가 있는 바를 표현'하는 장소로서의 읍회와 그 한계」, 『지방사와 지방문화』 22권 2호, 역사문화학회

조명근, 2017, 「1920~30년대 대구부협의회·부회 선거와 조선인 당선자」, 『대구사학』 129, 대구사학회

조미은, 2010, 「일제강점기 재조선 일본인 학교와 학교조합 연구」(성균관대학교 박사논문)

주동빈, 2021, 「1920년대 평양부협의회 선거와 조선인 지역유력자의 '혈연-공간적' 변동」, 『한국문화』 97, 서울대 규장각한국학연구원

주동빈, 2023, 「일제하 평양부 '개발'과 조선인 엘리트의 '지역정치'」(고려대 한국사학과 박사논문)

한상구, 2013, 「일제시기 지역주민운동 연구-지역 주민대회를 중심으로-」(서울대 국사학과 박사논문)

한상권, 1995, 「연구동향 조선시기 국가의 지방지배 연구현황」, 『역사와현실』 18, 한국역사연구회

한지헌, 2016, 「1906~1910 통감부 이사청 연구」(숙명여대 사학과 박사논문)

허영란, 2014, 「일제시기 읍·면협의회와 지역정치」, 『역사문제연구』 31, 역사문제연구소

홍순권, 1997, 「일제초기의 면 운영과 '조선면제'의 성립」 『역사와 현실』 23, 한국역사연구회

부록

1. 연표

연월일	주요 법령·정책 및 주요 사건
1895.3.25	「재판소구성법」 반포. 지방재판소, 한성 및 개항장(인천·부산·원산) 재판소, 순회재판소, 고등재판소, 특별법원 등 설치하기로 하여 지방관으로부터 재판권 분리 작업 개시.
1895.5.28	내부대신 박영효 주도로 「지방제도 개정」. 8도를 폐지하고 23개 부를 설치. 모든 부·목·군·현을 군으로 통일. 각 군을 5등급으로 나누어 이서층의 정원을 정함.
1895.5.29	「지방관제」 반포. 23부에 경무서 설치. 각 경무서에는 경무관, 총순, 순검을 두도록 함. 지방관으로부터 경찰권 분리 작업 개시.
1895.9.7	「각군세무장정」 반포. 각 군에 세무주사 1인을 두어 세무를 담임케 함.
1895.11.3	「향회조규」와 「향약판무규정」 반포.
1896.8.6	내부대신 박정양 주도로 23부제를 폐지하고 13도 8부 1목 339군 제도를 실시. 각 군에 향장(주로 신향들이 맡음)을 두어 이서층을 지휘하게 함.
1896.8.18	개항장 4곳, 12도 관찰부, 제주목에 재판소를 설치하기로 함.
1896.9.5	23부에 설치한 경무서와 경무관 제도를 폐지함. 한성부와 4곳의 개항장에만 남겨둠.
1896.9.7	각 군의 세무주사를 폐지하고 이서층이 도로 조세 수취와 상납의 실무를 맡음.
1898.8.1	「지방경무장정」 반포. 개항장과 각 도 관찰부의 경무관, 총순, 순검 관련 규칙.
1899.5.30	한성부재판소, 개항(시)장재판소, 순회재판소, 평리원, 특별법원의 5가지 재판소를 두기로 함. 그러나 지방재판소는 따로 개설되지 않고 관찰부에 설치되어 관찰사가 판사를 겸함.
1900.6.12	경부(警部)를 내부(內部)에서 독립시킴. 한성부와 각 개항장의 경무서에는 경무관과 총순을 둠.
1901.3.18	경부를 도로 폐지. 경무청을 부활시킴. 각 도에는 여전히 경무서가 따로 설치되지 않음.
1905.3.1	「경무청관제」, 「각 개항시장 경무서관제」 발포.
1905.11.17	일본이 한국에 보호조약을 강제.
1905.11.22	한성에 통감부, 한성·인천·부산·원산·진남포·목포·마산과 기타 주요지에 이사청을 설치.

연월일	주요 법령 · 정책 및 주요 사건
1906.4.7	이토 통감의 지시에 따라 지방제도조사소가 설치됨. 이후 군 폐합을 검토
1906.6.19	칙령「지방 13도 각 관찰부 경무서 및 분서 설치에 관한 건」 발포.
1906.7.23	이토 통감, 군의 폐합 추진을 보류하라고 지시.
1906.9.24	칙령「지방관관제」,「지방관등봉급령개정건」,「지방관전고규정」 등을 반포. 각 군에 향장, 수서기를 없애고 군주사 1인을 둠.
1906.9.24	칙령「관세관관제(管稅官官制)」를 통해, 탁지부 아래에 세무감·세무관·세무주사를 두는 식으로 징세기구를 개편. 각 군에 세무주사가 주재하여 세무를 담당. 그 아래에 면장-공전영수원을 두어 수세.
1906.10.1	칙령「지방구역정리건」을 통해 271개소의 비입지와 두입지를 정리함.
1906.12.29	칙령「지방세규칙」 공포
1907.5.13	칙령「지방위원회규칙」 공포.
1907.12.13	칙령「재무감독국관제」 공포.
1908.9.	부분적인 부·군 폐합이 이루어짐.
1909.4.1	법률로「지방비법」을 반포
1909.6.24	21개 군에 일본인 군주사 40명을 임명. 연말까지 전국 11부와 44개군에 일본인 군주사 1인씩을 임명.
1909.10.	부분적인 면 폐합이 이루어짐.
1909.11.	조선총독부, 지방행정조사위원회 설치.
1910.9.30	일본 칙령으로「조선총독부지방관관제」를 반포.
1910.10.1	조선총독부령「면에 관한 규정」 반포.
1911.9.28	조선총독부령「면장징계규정」 반포.
1911년말	조선총독부, 비밀리에「조선지방제도 개정에 관한 의견」 책자를 만듦.
1913.3.6	조선총독부령「면경비부담방법」 반포.
1913.10.30	제령「부제(府制)」 공포. 시행은 1914.4.1.「조선거류민단법」은 폐지
1913.12.29	조선총독부령「도의 위치, 관할구역 및 부군의 명칭, 위치, 관할구역」 공포. 부군폐합 결과 발표. 317개 군이 220개 군으로 줄어듬. 시행은 1914년 4월 1일부터.
1914.4.1	조선총독부, 면 폐합의 결과 발표. 종래의 4,336개 면이 2,522개 면으로 줄어듬.
1917.6.9	「면제」및「면제시행세칙」 공포. 실시는 10월 1일부터.
1920.7.29	제1차 지방제도 개정.「면제개정령」,「부제개정령」,「도지방비령」,「학교비령」과 시행규칙 반포.

연월일	주요 법령·정책 및 주요 사건
1920.11.20	부와 지정면에서 처음으로 협의회원 선거 실시.
1920.12.	민선 도평의회원 선거 처음으로 실시(이후 1924, 1927, 1930년에 선거 실시)
1923.11.20	부협의회원 선거.
1926.11.20	부협의회원 선거.
1929.9.30	조선총독부령 83호「조선지방선거취체규칙」발표.
1929.11.20	부협의원 선거
1930.12.1	제2차 지방제도 개정.「부제개정」,「읍면제개정」(이상 全文 개정),「도제」(제정),「학교조합령중개정」,「지방관관제중개정」,「공립학교관제중개정」(이상 일부 개정)
1931.4.1	개정된 지방제도(부제, 읍면제) 시행.
1931.3.24	「조선지방선거취체규칙」개정 발표.
1931.5.21	개정지방제도에 의해 부·읍·면에서 첫 총선거. 이후 1935년, 1939년 총선거 실시.
1933.4.1	「도제」시행.
1933.5.10	도회 의원 선거 첫 실시. 이후 1937년, 1941년에 도회 의원 선거 실시.
1943.2.17	부읍면「총선거 지도요강」발표, 입후보자 추천제 실시.

2. 법령

1) 면제 (제령 제1호, 1917년 6월 9일, 『관보』 1917년 6월 9일)

면제는 명치44년 법률 제30호 제1조 및 제2조에 의해 칙재를 받아 이에 이를 공포한다.

제1조 　면은 법령에 의해 면에 속한 사무를 처리한다.

제2조 　면의 사무는 면장이 이를 담임한다.

제3조 　면에는 조선총독이 정하는 바에 의해 유급 또는 무급의 면리원을 둘 수 있다.

면리원은 군수 또는 도사(島司)가 이를 임면한다.

면리원은 면장의 명을 받아 사무에 종사한다.

제4조 　조선총독은 면을 지정하고 면장의 자문에 응하게 하기 위해 상담역을 둘 수 있다.

제5조 　앞의 제3조에 규정한 것 이외에 면장, 면리원 및 상담역에 관하여 필요한 사항은 조선총독이 이를 정한다.

제6조 　면은 영조물의 사용에 대해 사용료를 징수할 수 있다.

면은 특히 일개인을 위해 하는 사무에 대해 수수료를 징수할 수 있다.

제7조 　면은 그 필요한 비용 및 법령에 의해 면의 부담에 속하는 비용 및 법령에 의해 면의 부담에 속한 비용을 지변(支辨)할 의무를 진다.

면은 그 재산에 의해 생기는 수입, 사용료, 수수료 기타 면에 속한 수입으로써 전항의 지출을 충당하고, 그래도 부족할 때에는 부과금 및 부역현품을 부과 징수할 수 있다.

(이하 생략)

2) 면제 중 개정(제령 제13호, 1920년 7월 29일, 『관보』 1920년 7월 29일)

면제 중 개정의 건을 명치44년 법률 제30호 제1조 및 제2조에 의해 칙재를 받아 이에 이를 공포한다.

면제 중 다음과 같이 개정한다.

제4조 면장의 자문에 응하게 하기 위해 면에 협의회를 둔다.
협의회는 면장 및 협의회원으로 이를 조직한다.
협의회원의 정원은 8인 이상 14인 이하의 범위 내에서 조선총독이 이를 정한다.
협의회는 면장을 의장으로 한다.
제4조의 2. 면장은 면에 관한 다음의 사항을 협의회에 자문해야 한다. 단 급시(急施)를 요해 협의회에 자문할 겨를이 없다고 인정한 때에는 이에 해당하지 않는다.

1) 세입출 예산을 정하는 것.
2) 법령에서 정한 것을 제외하고 사용료, 수수료, 부과금 혹은 부역현품의 부과징수에 관한 것.
3) 차입금에 관한 것, 단 제9조 제2항의 일시의 차입금은 제외한다.
4) 세입출예산으로써 정한 것을 제외하고, 새로이 의무의 부담을 지우거나 또는 권리의 포기를 하는 것.
5) 제14조의 재산의 처분에 관한 것.

면장은 필요하다고 인정한 때에 전항 각호에 언급된 사항 외에 면에 관한 사항을 협의회에 자문할 수 있다.

제4조의 3. 협의회원은 조선총독이 지정하는 면에 있어서는 이를 선거하고, 기타의 면에서 있어서는 군수 또는 도사가 이를 임명한다.

협의회원은 명예직으로 한다.

협의회원의 임기는 3년으로 한다. 단 보권의 협의회원의 임기는 그 전임자의 잔임 기간으로 한다.

제4조의 4. 협의회원 직무를 게을리하거나 또는 체면을 오손(汚損)하는 행위가 있을 때는 군수 또는 도사는 도지사의 인가를 얻어 이를 해임할 수 있다.

제5조 전4조에 지정한 것 외에 협의회 및 협의회원의 선거 기타 협의회원에 관하여 필요한 사항은 조선총독이 이를 정한다.

(이하 생략)

3) 부제 중 개정 (제령 제12호, 1920년 7월 29일, 『관보』 1920년 7월 29일)

부제 중 개정의 건을 명치44년 법률 제30호 제1조 및 제2조에 의해 칙재를 받아 이에 이를 공포한다.

부제 중 다음과 같이 개정한다.

제2조 및 **제14조** 중 '도장관'을 '도지사'로 고친다.

제11조 부윤의 자문에 응하게 하기 위해 부에 협의회를 둔다.

협의회는 부윤 및 협의회원으로써 이를 조직한다.

협의회원의 정원은 12인 이상 30인 이하의 범위 내에서 조선총독이 이를 정한다.

협의회는 부윤을 의장으로 한다.

(중략)

제13조 협의회원은 이를 선거한다.

협의회원은 명예직으로 한다.

협의회원의 임기는 3년으로 한다. 단 보궐의 협의회원의 임기는 전임자의 잔임기간으로 한다.

(이하 생략)

4) 조선도지방비령(제령 제15호, 1920년 7월 29일, 『관보』 1920년 7월 29일)

조선도지방비령을 명치44년 법률 제30호 제1조 및 제2조에 의해 칙재를 받아 이에 이를 공포한다.

제1조 각 도의 지방비는 도의 지방세 기타의 도지방비에 속한 수입으로써 이를 지변한다.

도지방비에 관한 사무는 도지사가 이를 담임한다.

제2조 법률, 칙령 혹은 제령에 규정이 있는 경우 외에 도지방비로써 지변할 수 있는 비목은 다음과 같다.

1) 토목비, 2) 권업비, 3) 교육비, 4) 위생비, 5) 구제비, 6) 보조비, 7) 도평의회비, 8) 도지방비취급비

제3조 지방세로서 부과할 수 있는 것은 다음과 같다.

1) 국세부가세, 2) 특별세

(중략)

제10조 도지방비에 관해 도지사의 자문에 응하게 하기 위해 도평의회를 둔다.

도평의회는 도지사 및 도평의회원으로 이를 조직한다.

도평의회원의 정원은 조선총독이 이를 정한다.

도평의회는 도지사를 의장으로 한다.

제11조 도지사는 다음의 사항을 도평의회에 자문해야 한다. 단 시급을 요해 도평의회에 자문할 겨를이 없다고 인정될 때에는 이에 해당하지 않는다.

1) 세출입예산을 정하는 일. 단 예산의 추가경정으로서 지방세, 사용료 혹은 수수료에 증감변경이 없는 경우는 제외한다.
2) 지방세, 사용료, 수수료 혹은 부역현품의 부과징수에 관한 일.
3) 기채(起債)에 관한 일.
4) 세출입예산으로써 정한 것 외에 새로이 의무를 부담하거나 또는 권리를 포기하는 일.

제12조 도평의회는 도의 공익에 관한 사항에 대해 의견서를 도지사에게 제출할 수 있다.

제13조 도평의회원은 도지사가 이를 임명한다.

도평의회원은 명예직으로 한다.

도평의회원의 임기는 3년으로 한다. 단 보궐한 도평의회원의 임기는 그 전임자의 잔임기간으로 한다.

제14조 도평의회원이 직무를 게을리하거나 체면을 오손하는 행위를 한 때에 도지사는 조선총독의 인가를 얻어 그를 해임할 수 있다.

제15조 앞의 5조에서 규정한 경우 외에 도평의회 및 도평의회원에 관해 필요한 사항은 조선총독이 이를 정한다.

(이하 생략)

5) 부제 중 개정 (제령 제11호, 1930년 12월 1일 『관보』 1930년 12월 1일)

부제 중 개정의 건을 명치44년 법률 제30호 제1조 및 제2조에 의해 칙재를 받아 이를 공포한다.

부제 중 다음과 같이 개정한다.

제1조 부는 법인으로 하고 관의 감독을 받아 법령의 범위 내에서 그 공공사무 및 법령에 의해 부에 속한 사무를 처리한다.

제2조 부의 폐치(廢置), 명칭 및 구역은 조선총독이 이를 정한다.

제3조 부의 폐치 또는 구역변경의 경우에 있어 처분을 요하는 재산이 있는 때에 그 처분은 관계있는 부회, 교육부회, 읍회, 면협의회, 학교평의회 및 학교조합회의 의견을 들어 조선총독의 인가를 얻어 도지사가 이를 정한다.

제4조 부의 폐치 또는 구역변경의 경우에 부의 사무에 대해 필요한 사항은 본령에 규정한 것 외에는 조선총독이 이를 정한다.

제5조 부내에 주소를 가진 자는 그 부의 주민으로 한다.

부 주민은 본령에 의해 부의 영조물을 공용(共用)하는 권리를 가지며 부의 부담을 분임할 의무를 진다.

제6조 부는 부 주민의 권리, 의무 또는 부의 사무에 관한 부 조례를 설치할 수 있다.

부 조례는 일정한 공고식(公告式)에 의해 이를 고시해야 한다.

제7조 부에 부회를 두며 의장 및 부회 의원으로 조직한다.

의장은 부윤이 이를 맡는다.

제8조 부회 의원은 이를 선거한다.

의원 정수는 다음과 같다.

1) 인구 3만 미만의 부: 24인

2) 인구 3만 이상 5만 미만의 부: 27인

3) 인구 5만 이상 10만 미만의 부: 30인

4) 인구 10만 이상의 부: 33인

인구 10만을 넘는 부에서는 인구 5만이 늘어날 때마다 의원 3인을 증가한다. 전 2항의 인구는 조선총독이 정한 바에 의한다.

의원 정수는 총선거를 행하는 경우가 아니면 이를 증감하지 않는다. 단 현저하게 인구의 증감이 있는 경우로 조선총독이 필요하다고 인정한 때에는 이에 해당하지 않는다.

내지인 의원 및 조선인 의원의 수는 모두 의원 정수의 4분의 1에 미달할 수 없다. 단 궐원이 발생한 경우에 다음 보궐선거를 행하기까지의 기간은 이에 해당하지 않는다.

제9조   제국신민인 연령 25세 이상의 남자이면서 독립생계를 영위하고 1년 이래 부 주민이 되고 또 1년 이래 조선총독이 지정한 부세 연액 5원 이상을 납부한 자는 그 부의 부회의원 선거권을 가진다. 단 다음에 기재된 자는 이에 해당하지 않는다. (중략)

선거권을 가진 자가 부세 체납 처분 중에는 선거권을 행사할 수 없다. 제1항에서 규정한 1년의 기간은 부읍면의 폐치 또는 구역변경으로 인해 중단되지 않는다. 이 경우에 새로이 부의 구역이 된 지역에서 부담하는 읍면제 제9조 제1항에서 규정한 읍면세 및 학교비 부과금 또는 학교조합비는 이를 제1항에서 규정한 부세로 간주한다.

제10조   부회의원 선거권을 가진 자는 피선거권을 가진다. 단 다음에 기재된 자이면서 재직 중인 자 및 앞의 조 제2항에서 규정한 자는 이

에 해당하지 않는다.

1) 소속 도 및 해당 부의 관리 및 유급 이원

2) 판사, 검사 및 경찰관리

3) 소학교 및 보통학교의 교원

제11조 부회 의원은 명예직으로 한다.

의원의 임기는 4년으로 하고 총선거일로부터 이를 기산한다.

의원 정수에 이동(異動)이 발생됨으로 인해 해임을 요하는 자가 있는 때에는 조선총독이 정하는 바에 의해 이를 정한다.

의원 정수에 이동이 발생됨으로 인해 새로이 선거된 의원은 총선거에 의해 선거된 의원의 임기만료일까지 재임한다.

제12조 부회 의원 중 궐원이 발생한 경우에 다음 각 호의 하나에 해당한 때에는 보궐선거를 실시해야 한다.

1) 궐원의 수가 의원 정수의 6분의 1을 초과하게 된 때.

2) 내지인 의원 또는 조선인 의원의 수가 제8조 제6항에서 규정한 최소원수의 6분의 5를 채우지 못하게 된 때.

3) 부윤이 필요하다고 인정한 때.

의원 정수의 이동이 발생됨으로 인해 선거를 행하는 경우에 의원 중 궐원이 있는 때에는 아울러 보궐선거를 실시해야 한다.

보궐선거는 그 전임자의 잔임기간 동안 재임한다.

제13조 부회는 법령에 의해 그 권한에 속한 사항 외에 부에 관한 다음의 사항을 의결한다. 단 특별경제에 관한 사항은 이에 해당하지 않는다.

1) 부 조례를 설치 또는 개폐하는 일.

2) 세출입예산을 정하는 일.

3) 결산보고에 관한 일.

4) 법령에서 규정한 것을 제외하고 부세, 부역현품, 사용료 또는 수수료의 부과징수에 관한 일.

5) 부채(府債)를 기(起)하고 기채의 방법, 이식(利息)의 정률 및 상환의 방법을 정하거나 이를 변경하는 일. 단 제49조 제2항의 차입금은 제외한다.

6) 기본재산 및 적립금 등의 설치, 관리 및 처분에 관한 일.

7) 부동산의 관리 및 처분에 관한 일.

8) 계속비를 정하거나 또는 변경하는 일.

9) 특별회계를 설치하는 일.

10) 세입출예산으로 정한 것을 제외하고 새로운 의무의 부담을 지우거나 또는 권리의 포기를 하는 일.

11) 소송 및 화해에 관한 일.

부윤이 필요하다고 인정한 때에는 전항 각호에 기재된 사항 외에 부에 관한 사항을 부회의 의결에 부칠 수 있다.

제14조 부회는 법령에 의해 그 권한에 속한 선거를 행해야 한다.

제15조 부회는 부의 사무에 관한 서류 및 계산서를 검열하고 사무의 관리, 의결의 집행 및 출납을 검사할 수 있다. 단 특별경제에 관한 것은 이에 해당하지 않는다.

제16조 부회는 부의 공익에 관한 사항에 대해 의견서를 부윤, 기타 관계 관청에 제출할 수 있다.

제17조 부회는 관청의 자문이 있는 때는 의견을 답신해야 한다.

부회의 의견을 들어 처분을 해야 하는 경우에 부회가 성립되지 않았거나, 초집(招集)에 응하지 않거나 혹은 의견을 답신하지 않거나 또는 부회를 초집할 수 없는 때는 해당 관청은 그 의견을 기다리지 않고 즉시 처분할 수 있다.

제18조 부회는 의원 중에서 부의장 1인을 선거해야 한다.

부의장의 임기는 의원의 임기에 의한다.

제19조 의장 유고시에는 부의장이 그를 대신하고, 의장 및 부의장 모두 유고시에는 임시로 의원 중에서 임시의장을 선거해야 한다.

전항 임시의장의 선거에 대해서는 연장의 의원이 의장의 직무를 대리하고 연령이 같은 때에는 추첨으로써 이를 정한다.

제20조 부회는 회의규칙을 만들어야 한다.

제21조 본령에서 규정한 것 외에 부회, 부회의원 및 부회의원의 선거 및 그 취체에 관해 필요한 사항은 조선총독이 이를 정한다.

제22조 부윤은 부를 통할하고 부를 대표한다.

부윤은 부회 또는 교육부회의 의결을 거쳐야 하는 사안에 대해 그 의안을 발의하고 그 의결을 집행하고 기타 부의 사무를 담임한다.

(이하 생략)

6) 도제 (제령 제15호, 1930년 12월 1일 『관보』 1930년 12월 1일)

도제를 명치44년 법률 제30호 제1조 및 제2조에 의해 칙재를 받아 이를 공포한다.

제1조 도는 법인으로 한다. 관의 감독을 받아 법령의 범위 내에서 그 공공사무 및 법률, 칙령 또는 제령에 의해 도에 속한 사무를 처리한다.

제2조 도의 폐치, 명칭 및 구역은 조선총독이 이를 정한다. (중략)

제5조 도에 도회를 설치하고 의장 및 도회 의원으로써 이를 조직한다.

의장은 도지사가 맡는다.

제6조 도회 의원의 정수는 20인 이상 50인 이하의 범위 내에서 조선총독이 이를 정한다.

제7조 도회 의원 정수의 3분의 2 및 정수를 3분하기 곤란한 경우에 그 단수(端數)에 상당하는 원수의 의원은 이를 선거한다.

제8조 도회 의원의 선거는 각 선거구에서 부회 의원, 읍회 의원 및 면협의회원이 이를 행한다. 선거구 및 각 선거구에서 선거해야 하는 의원의 배당에 관하여 필요한 사항은 조선총독이 이를 정한다.

제9조 제국신민인 연령 25세 이상의 남자로서 독립의 생계를 영위하며 1년 이상 도내에 주소를 가진 자는 그 도에서 도회 의원의 피선거권을 가진다. 단 다음에 기재한 자는 이에 해당하지 않는다. (중략)

제10조 도회 의원의 정수에서 제7조의 규정에 의해 선거해야 하는 의원수를 공제한 수의 의원은 학식, 명망 있는 자이면서 앞 조의 피선거권을 가진 자 중에서 도지사가 이를 임명한다.

제11조 도회 의원은 명예직으로 한다.

의원의 임기는 4년으로 하고 총선거일로부터 이를 기산한다.

보궐의원은 그 전임자의 잔임기간 동안 재임한다.

제12조 도회는 법령에 의해 그 권한에 속한 사항 외에 도에 관한 다음의 사항을 의결한다.

1) 세출입예산을 정하는 것.

2) 결산보고에 관한 것.

3) 법령에서 규정한 것을 제외한 도세, 부역현품, 사용료 또는 수수료

의 부과 징수에 관한 것.

4) 도채(道債)의 발행과 기채방법, 이식의 정률 및 상환방법을 정하거나 또는 이를 변경하는 것. 단 제51조 제2항의 차입금은 제외한다.

5) 기본재산 및 적립금 등의 설치, 관리 및 처분에 관한 것.

6) 계속비를 정하고 또는 변경하는 것.

7) 특별회계를 설치하는 것.

8) 세입출예산으로서 정하는 것을 제외하고 새로이 의무를 부담시키거나 또는 권리를 포기시키는 것.

　도지사가 필요하다고 인정하는 때는 전항 각호에 게재한 사항 외에 도에 관한 사항을 도회의 의결에 부칠 수 있다.

제13조　도회는 법령에 의해 그 권한에 속하는 선거를 실시해야 한다.

제14조　도회는 도의 공익에 관한 사항에 대해 의견서를 도지사 기타의 관계관청에 제출할 수 있다.

제15조　도회는 관청의 자문이 있을 때는 의견을 답신해야 한다.

도회의 의견을 들어 처분을 해야 할 경우에 도회가 성립하지 않거나, 초집에 응하지 않거나, 혹은 의견을 답신하지 않거나, 또는 도회를 초집할 수 없을 때는 당해 관청은 그 의견을 기다리지 않고 곧바로 처분을 할 수 있다.

제16조　도회는 의원 중에서 부의장 1인을 선거해야 한다.

부의장의 임기는 의원의 임기에 따른다.

제17조　의장 유고시에는 부의장이 이를 대신하고, 의장 및 부의장 모두 유고시에는 임시로 의원 가운데 임시의장을 선거해야 한다.

전항의 임시의장 선거에 대해서는 연장의 의원이 의장의 직무를 대리한다. 연령이 같을 때에는 추첨으로써 이를 정한다.

제18조 도회는 회의규칙을 제정해야 한다.

제19조 본령에 규정하는 사항 외에 도회, 도회의원, 도회의원의 선거 및 그 취체에 관해 필요한 사항은 조선총독이 이를 정한다.

제20조 도지사는 도를 통할하고 도를 대표한다.

도지사는 도회의 의결을 거쳐야 하는 사항에 대하여 그 의안을 발하며 그 의결을 집행하고 기타 도의 사무를 담임한다.

(중략)

제23조 도회의 의결 또는 선거가 그 권한을 초월하거나 또는 법령 혹은 회의규칙에 위배된다고 인정한 때에 도지사는 그 의견에 의해 또는 조선총독의 지휘에 의해 이유를 제시하고 이를 재의에 부치거나 또는 재선거를 행하게 해야 한다. 단 특별한 사유가 있다고 인정한 때에 도지사는 조선총독의 지휘를 청해 즉시 그 의결 또는 선거를 취소할 수 있다.

전항의 규정에 의한 도회의 의결 또는 선거가 거듭 그 권한을 초월하거나 또는 법령 혹은 회의규칙에 위배된다고 인정한 때에 도지사는 조선총독의 지휘를 청해 그 의결 또는 선거를 취소해야 한다.

제24조 도회의 의결이 명백하게 공익을 해하거나 또는 도의 수지(收支)에 관하여 부적당하다고 인정한 때에는 도지사는 그 의견에 의해 또는 조선총독의 지휘에 의해 이유를 제시하고 이를 재의에 부쳐야 한다. 단 특별한 사유가 있다고 인정한 때에는 도지사는 조선총독의 지휘를 청해 즉시 그 의결을 취소할 수 있다.

전항의 규정에 의한 도회의 의결이 거듭 명백하게 공익을 해하거나 또는 도의 수지에 관하여 부적당하다고 인정한 때에는 도지사는 조선총독의 지휘를 청해 그 의결을 취소할 수 있다. 단 전항의 규정에 의해 다시 재의에 부쳐도 무방하다.

제25조 도회가 성립되지 않은 때에, 초집에 응하지 않은 때에, 회의를 개최할 수 없는 때에 또는 의결해야 하는 사건을 의결하지 않은 때에, 도지사는 조선총독의 지휘를 청해 그 의결해야 하는 사항을 처분할 수 있다. 앞의 2조의 규정에 의해 도회의 의결을 취소한 때 역시 동일하다.

제26조 도회에서 의결해야 하는 사항에 관해 임시급시(臨時急施)를 요하는 경우에 도회가 성립하지 않은 때에 또는 도지사가 이를 초집할 여유가 없다고 인정한 때에 도지사는 이를 전결처분할 수 있다.

제27조 앞의 2조의 규정에 의한 처분에 대해서는 차회 회의에서 이를 도회에 보고해야 한다.

제28조 도지사는 기일을 정해 도회의 정회를 명할 수 있다.

제29조 도회의 권한에 속하는 사항의 일부는 그 의결에 의해 도지사가 이를 전결처분할 수 있다. (이하 생략)

7) 읍면제(제령 제12호, 1930년 12월 1일 『관보』 1930년 12월 1일)

면제 개정의 건을 명치44년 법률 제30호 제1조 및 제2조에 의해 칙재를 받아 이를 공포한다.

면제를 다음과 같이 개정한다.

제1조 읍면은 법인으로 하고, 관의 감독을 받아 법령의 범위 내에서 그 공공사무 및 법령에 의해 읍면에 속한 사무를 처리한다.

제2조 읍면의 폐치, 명칭 및 구역은 조선총독이 이를 정한다.

(중략)

제7조 읍에 읍회, 면에 면협의회를 둔다.

읍회는 의장 및 읍회의원으로, 면협의회는 의장 및 면협의회원으로 조직한다.

읍회의 의장은 읍장으로, 면협의회의 의장은 면장으로 한다.

제8조 읍회의원 및 면협의회원은 이를 선거한다.

의원 및 협의회원의 정수는 다음과 같다.

1) 인구 5천 미만의 읍면: 8인
2) 인구 5천 이상 1만 미만의 읍면: 10인
3) 인구 1만 이상 2만 미만의 읍면: 12인
4) 인구 2만 이상의 읍면: 14인

전항의 인구는 조선총독이 정하는 바에 의한다.

의원 및 협의회원의 정수는 총선거를 실시하는 경우가 아니라면 이를 증감하지 않는다. 단 현저하게 인구의 증감이 있는 경우에 도지사가 필요하다고 인정한 때에는 이에 해당하지 않는다.

조선총독이 특별히 필요하다고 인정한 경우에는 읍 또는 면을 지정하여 부제 제8조 제6항의 규정을 준용할 수 있다.

제9조 제국신민인 연령 25세 이상의 남자이면서 독립의 생계를 영위하고 1년 이래 읍면 주민으로 구성되고 1년 이래 조선총독이 지정한 읍면세 연액 5원 이상을 납부한 자는 그 읍면에서 읍회의원 또는 면협의회원의 선거권을 가진다. 단 다음에 기재된 자는 이에 해당하지 않는다.(중략)

제10조 읍회의원 또는 면협의회원의 선거권을 가진 자는 각각 그 피선거권을 가진다. 단 다음에 기재된 자로 재직중인 자 및 전조 제2항

에 규정된 자는 이에 해당하지 않는다.

1) 소속 도군도의 관리, 대우관리 및 이원
2) 해당 읍면의 읍면장 및 유급이원
3) 판사, 검사 및 경찰관리
4) 소학교 및 보통학교의 교원

제11조 읍회의원 및 면협의회원은 명예직으로 한다. 의원 및 협의회원의 정수에 이동이 발생하여 해임을 요하는 자가 있는 때에는 읍면장의 추첨으로 이를 정한다. 단 궐원이 있는 때에는 그 궐원을 이에 충원한다.(중략)

제12조 읍회의원 또는 면협의회원 중 궐원이 발생한 경우 그 수가 의원 혹은 협의회원 정수의 6분의 1을 초과하게 된 때에 혹은 읍면장이 필요하다고 인정한 때에는 보궐선거를 실시해야 한다.

제13조 읍회는 법령에 의해 그 권한에 속한 사항 외에 읍에 관한 다음의 사항을 의결한다.

1) 읍규칙을 제정 또는 개폐하는 일
2) 세입출예산을 정하는 일
3) 결산보고에 관한 일

(중략)

제16조 읍회는 읍의 공익에 관한 사안에 대해 의견서를 읍장 또는 관계 관청에 제출할 수 있다.

제17조 읍회는 관청의 자문이 있는 때에는 의견을 답신해야 한다.
(중략)

제18조 면장은 법령에서 규정한 사항 외에 면에 관한 다음의 사안을 면협의회에 자문해야 한다.

1) 면규칙을 제정 또는 개폐하는 일

2) 세입출예산을 정하는 일 (중략)

면장은 면협의회에 자문할 수 있다.(이하 생략)

8) 부회의원, 읍회의원 및 면협의회원의 선거에 관한 규정(「소화 6년 개정지방제도관계서철」(국가기록원 조선총독부 기록물 CJA0002880, 62~65쪽)

제1조 회의원, 읍회의원 및 면협의회원의 선거에 관부회의원, 읍회의원 및 면협의회원의 선거는 다른 법령 중 별도로 정한 것 외에는 본 규정에 의하여 집행해야 한다.

제2조 부제시행규칙 제6조 또는 읍면제시행규칙 제5조의 규정에 의하여 선거인명부를 관계자의 종람에 제공할 때에는 부윤 또는 읍면장은 종람 개시일로부터 적어도 3일 전에 그 뜻을 고시해야 한다.

제3조 부제시행규칙 제9조 또는 읍면제시행규칙 제8조의 규정에 의하여 선거인명부의 조제는 종람, 확정 및 이의의 결정에 관한 기일 및 기간을 정할 때에는 도지사 또는 군수, 도사는 이를 곧 고시해야 한다.

제4조 부제시행규칙 제12조 제2항 또는 제4항의 규정에 의한 선거입회인 혹은 투표입회인 또는 읍면제 시행규칙 제11조 제2항의 규정에 의한 선거입회인은 선거기일로부터 적어도 3일전에 이를 선임하고 별기 양식에 의한 선임장을 본인에게 교부해야 한다. 단 임시로 급한 처리가 필요한 경우에는 적당한 조치를 취할 수 있다.

제5조 부윤은 투표 입회인을 선임할 때에는 곧 이를 투표분회장에게 통지해야 한다.

제6조 선거회장(또는 투표분회장)에는 그 문호에 표찰을 내걸어야 한다.

제7조 선거회장(또는 투표분회장)에서의 투표인의 출입구는 가능하면 이를 따로 만들어야 한다.

제8조 부윤(또는 투표분회장) 또는 읍면장이 필요하다고 인정하는 경우에는 도착 번호표를 선거인에게 교부할 수 있다.

제9조 투표 기재의 장소는 선거인의 투표를 엿보거나 또는 투표의 교환 기타의 부정한 수단을 쓸 수 없도록 상당한 설비를 해야 한다.

제10조 투표함은 가능한한 이중의 덮개를 만들어 각기 따로 열쇠를 채워야 한다.

제11조 부윤(또는 투표분회장) 또는 읍면장은 투표를 하기에 앞서 선거회장(또는 투표분회장)에 참석한 선거인의 면전에서 투표함을 열어 그 안에 아무것도 들어 있지 않다는 것을 보인 후 안쪽 덮개를 덮고 열쇠를 채워야한다.

제12조 투표함의 안쪽 덮개에 열쇠를 채웠을 때에는 그 열쇠는 부윤(또는 투표분회장) 또는 읍면장이 이를 봉투에 넣어 선거입회인과 함께 봉인을 하고, 부윤(또는 투표분회장) 또는 읍면장이 이를 보관해야 한다.

제13조 부윤(또는 투표분회장) 또는 읍면장은 선거입회인(또는 투표입회인)의 면전에서 선거인을 선거인명부와 대조하고, 또 선거인으로 하여금 별기 양식에 의한 투표부에 날인하게 한 후 투표용지를 교부해야 한다.

제14조 선거인이 잘못하여 투표용지를 오손(汚損)하였을 때는 부윤(또는 투표분회장) 또는 읍면장은 그 청구에 의하여 앞서 교부한 것과

교환하여 재교부를 해야 한다.

제15조 투표는 부윤(또는 투표분회장) 또는 읍면장 및 선거입회인(또는 투표입회인)의 면전에서 선거인으로 하여금 스스로 투표함에 넣도록 해야 한다.

제16조 선거인이 투표전 선거회장(또는 투표분회장) 밖으로 나가거나 또는 퇴출을 명령받았을 때에는 부윤(또는 투표분회장) 또는 읍면장은 투표용지를 돌려받아야 한다.

제17조 투표를 마쳤을 때에는 부윤(또는 투표분회장) 또는 읍면장은 선거입회인(또는 투표입회인)과 함께 투표함의 투표구 및 바깥 덮개를 덮고 열쇠를 채워야 한다. 투표함의 바깥 덮개의 열쇠는 제12조의 예에 의하여 부윤(또는 투표분회장) 또는 읍면장이 이를 보관해야 한다.

제18조 투표함은 열쇠를 채운 뒤 부윤에 송치하는 경우 외에는 이를 회의장 밖으로 반출할 수 없다.

제19조 부윤 또는 읍면장은 투표의 당일(부에서 투표분회를 설치한 때에는 모든 투표함의 송치를 받은 후) 선거입회인의 입회 하에 투표함을 열어 투표의 총수와 투표인의 총수를 계산해야 한다.

제20조 부윤 또는 읍면장은 선거입회인과 함께 투표를 점검해야 한다.

제21조 투표를 점검할 때는 부윤 또는 읍면장은 선거 사무에 종사하는 자 2인으로 하여금 각기 따로 동일한 피선거인의 득표를 별기 양식에 따른 득표부(得票簿)에 기입하고 득표수를 계산하도록 해야 한다.

제22조 전조(제21조)의 계산이 끝나면 부윤 또는 읍면장은 각 피선거인의 득표수를 낭독해야 한다.

제23조 부윤 또는 읍면장은 투표의 유효, 무효를 구별하고 각기 이를

봉투에 넣어 선거입회인과 함께 봉인을 해야 한다.

제24조 부제시행규칙 제21조 제1항 또는 읍면제시행규칙 제20조 제1항의 규정에 의한 당선의 고지는 별기 양식에 의하여 이를 해야 한다.

제25조 선거인명부 및 부회의원의 선거인명부의 초본은 별기양식에 의하여 이를 만들어야 한다.

제26조 투표용지는 별기양식에 의하여 이를 만들어야 한다.

제27조 선거록 및 투표록은 별기양식에 의하여 이를 만들어야 한다.

인명 찾아보기

ㄱ

가가와 데루(香川輝) 138
가도와키 모쿠이치(門脇黙一) 694
가메야마 리헤이타(龜山理平太) 90
가세 유조(加瀨雄三) 652, 656, 675, 676
가세 유조(加瀨雄三) 656, 676
가쓰라 다로(桂太郎) 146
가와이 아사오(河井朝雄) 332
가와카미 쓰네로(川上常郞) 138
가토 기요시(加藤淸) 478
가토 헤이타로(加藤平太郞) 396
강병옥 386, 387, 389, 403, 404, 447
강완선(姜完善) 464, 683, 655, 675
고다마 히데오(兒玉秀雄) 191, 508, 715
고무라 주타로(小村壽太郞) 107
고영희 120
곽탁(郭鐸) 348
구연흠 90
구인욱(具麟旭) 404
권정민(權正敏) 396, 397, 406~408
김경준(金景俊) 405, 406, 418

김계완 355
김기정 349, 352~357, 376, 734
김능수 403, 404
김능원 386, 388
김두현 102, 390
김병규 362~364, 366, 367, 370, 371, 734, 735
김봉두(金奉斗) 654
김봉욱(金鳳郁) 345
김사연(金思演) 409, 410, 415, 424, 439, 440
김상규(金相圭) 392, 393
김석현(金碩鉉) 418, 420
김수형(金銖衡) 396, 397
김영(金穎) 420, 421
김영옥 390
김용호(金容浩) 389, 392, 405
김원석 353, 354, 357
김윤복(金允福) 393
김윤정(金潤晶) 42, 138
김의균(金宜均) 398, 400
김장태(金章泰) 425

김종운(金鍾運) 389, 392

김종원(金宗源) 394, 395

김창한(金彰漢) 138

김치수(金致洙) 404

김태헌(金泰憲) 101

김형숙 403

김홍구(金洪久) 101

김화일(金和逸) 425

김희경 386~388

김희선(金熙善) 396, 397

ㄴ

나가이 유쿠타로(永井行太郎) 442

나카무라 도라노스케(中村寅之助) 506

남경희 390

남관희(南觀熙) 405

남백우(南百祐) 390, 391, 405, 406, 418, 419

남정규(南廷圭) 409

남충희(南忠熙) 389~392, 406

노기원(魯起元) 406

노세 다쓰고로(能勢辰五郎) 138

노재승 361

노중현 101

니시자키 쓰루타로(西崎鶴太郎) 397

ㄷ

다나카 기이치(田中義一) 507

다다 에이키치(多田榮吉) 395

다무라 도이치(田村藤市) 356

다카세 나나조(高瀨七藏) 658

다케오 데조(武尾禎藏) 442

다케우치 가쓰지(武內勝次) 657

다케이 도모사다(武井友貞) 138

데라다 사카에(寺田榮) 646

데라우치 마사타케(寺內正毅) 147

덴 겐지로(田健治郎) 698

ㄹ

류창근(柳昌根) 341

린센탕(林獻堂) 700, 702

ㅁ

마루야마 시게토시(丸山重俊) 107, 110, 724

마루야마 쓰루기치(丸山鶴吉) 510

마쓰나가 다케키치(松永武吉) 138

마쓰다 겐지(松田源治) 513, 701

마쓰모토 후쿠이치(松本福市) 656

마쓰무라 마쓰모리(松村松盛) 241

마쓰이 후사지로(松井房治郎) 368, 440

마재곤(馬載坤) 396, 397, 406, 408, 420, 421

메가타 다네타로(目賀田種太郎) 88, 111, 724

명도석(明道奭) 404

미즈노 렌타로(水野鍊太郎) 237, 239, 284

ㅂ

박병태(朴炳兌) 440

박봉삼 355

박영근(朴榮根) 355, 409, 410, 415, 440, 766

박영은(朴泳恩) 655

박영효(朴泳孝) 57~59, 63, 84

박이규 358, 359

박재숙(朴在肅) 394, 395

박정양(朴定陽) 60, 70, 71, 84, 766

박준규 358, 361

박중양(朴重陽) 138

박중한 355

박충의 392

박치종 403

박태규 355

박태근 355

박행일 476

박희로 90

방규환 415, 416, 437, 438

방윤 403

배두용 398

배식 486, 487

백남혁(白南赫) 655

백윤식 403, 404, 386~389

백효준(白孝俊) 394

변광호(邊光鎬) 395

변인기 403, 404

ㅅ

사와다 도요타케(澤田豊丈) 121, 149, 212, 242

사이온지 긴모치(西園寺公望) 507

사이토 데쓰고로(齋藤鐵五郎) 490

사이토 마코토(齋藤實) 239, 372, 506, 508, 698, 715, 139

사타케 가메(佐竹龜) 675, 676

서광원(徐光遠) 404

서기하(徐基夏) 398, 400, 443

서병조(徐丙朝) 398, 399, 445

서상일(徐相日) 398, 399, 445

서준성 390

서철규(徐喆圭) 398~400

서철주(徐喆柱) 398

석진형(石鎭衡) 359~361, 734

선우순 389, 404

성송록(成松綠) 439, 611, 612

소네 아라스케(曾禰荒助) 146, 147

손수경 386, 387, 389, 403, 404, 608

손조봉(孫祚鳳) 389, 392, 405

송달섭(宋達燮) 409, 411, 415

스즈키 다카시(鈴木隆) 138

시마 도쿠조(島德藏) 437

시부자와 에이치(澁澤榮一) 452

시오카와 이치타로(鹽川一太郎) 90

신갑균(申甲均) 418, 420

신석린(申錫麟) 138

신시철(申時澈) 683, 655

신응희(申應熙) 138, 406, 410

ㅇ

아베(阿部) 216, 218~220, 222, 223, 341

아키야마 마사노스케(秋山雅之介) 191, 216

안남규 390, 391

안명환(安命煥) 425

안정협 390, 391

야마가타 아리토모(山縣有朋) 22

야마가타 이사부로(山縣伊三郎) 149

야마나시 한조(山梨半造) 508, 511

야마노 다키조(山野瀧三) 358, 734

야마모토 요조(山本悅藏) 675

야마시타 이사부로(山下猪三郎) 676

양규식 398

양익순(梁翼淳) 398

양자오지아(楊肇嘉) 702

양제겸 386, 387, 389, 403, 404

양치중(楊致中) 420, 421

어대성(魚大成) 425

에기 다스쿠(江木翼) 191

예종석(芮宗錫) 409, 412~415, 439, 440

오쓰보 미쓰오(大坪三津男) 652, 657

오쓰카 쓰네사부로(大塚常三郎) 149, 242

오중락(吳中洛) 406, 407, 420, 421

오카모토 도요키(岡本豊喜) 687

오카자키 데쓰로(岡崎哲郎) 689

오키 료사쿠(大木良作) 657, 675

오하라 신조(小原新三) 149, 188, 189

오하시 신타로(大橋新太郎) 647

옥동규 396, 403, 404

와카쓰키 레이지로(若槻禮次郎) 507

와타나베 도요히코(渡邊豊日子) 331

우가키 가즈시게(宇垣一成) 508, 510

우마노 세이이치(馬野精一) 438

우메 겐지로(梅謙次郎) 104

우사미 가쓰오(宇佐美勝夫) 149, 191, 223

우에노 시게오(上野茂雄) 658

원병희(元炳喜) 655

원응상(元應常) 138

유성준(兪星濬) 90, 138

유혁로(柳赫魯) 138

윤갑병(尹甲柄) 138

윤기원(尹基元) 420, 421

이강혁(李康爀) 409, 412, 414, 424

이근식(李根軾) 406, 407

이기찬 386, 387, 389, 403, 404

이노우에 기요시(井上淸) 648

이능우 90

이도순 390

이동선(李東善) 409, 413, 415, 439, 440

이동호(李東皓) 392, 393

이두황(李斗璜) 138

이마무라 다케시(今村武志) 511, 523, 546

이마이다 기요노리(今井田清德) 647

이봉종(李鳳鍾) 409

이서배 101, 124

이승우(李升雨) 409, 411, 415, 424

이시모리 히사야(石森久彌) 646

이완용 120, 414

이윤재(李潤載) 409

이은용 386~388

이인용(李仁用) 409, 415, 424, 439, 440

이재구(李宰求) 392, 393

이조원(李祖遠) 425

이종면 398

이종섭(李鍾燮) 396, 407, 420, 421

이종원 476

이지용 87, 88, 93

이진호(李軫鎬) 138

이춘섭 386, 388, 389, 404

이춘하(李春河) 408

이치키 기토쿠로(一木喜德郞) 191, 194

이케가미 시로(池上四郞) 508

이토 히로부미(伊藤 博文) 106, 111, 113, 155, 723

이항종(李恒鍾) 409, 411, 414, 415

이향우(李鄕雨) 425

인창환(印昌桓) 652, 655

임병일(林炳日) 396, 397, 406

임택룡(林澤龍) 654, 655

ㅈ

장만재(張晩梓) 394, 395, 793

장박(張博) 74

장서규(張瑞奎) 396

장석우(張錫佑) 392

장익진(張翼軫) 405, 406, 418

장헌식(張憲植) 138

전낙홍(全洛鴻) 406~408, 420, 421

정규현 386, 389, 403, 404

정난교(鄭蘭敎) 138

정봉점 390

정세윤 386, 403, 404

정완규(鄭完圭) 409, 413, 415, 440

정용기(鄭龍基) 398~400, 443

정창욱 360, 361

정치국(丁致國) 392, 393

조정호(趙定鎬) 406~408, 420, 421

조종구 406, 418, 390, 391

조중환(趙重煥) 395, 396

조희문(趙義聞) 138

주명기(朱命基) 393, 394

ㅊ

차주원 386~388

채수현 403

최각 390

최광린(崔光麟) 390, 418, 419

최극용 398

최응삼(崔應三) 392, 393

최정덕(崔廷德) 138

최학기 355

히가키 나오스케(檜垣直右) 138, 188

히사나가 린이치(久永麟一) 658, 675

ㅎ

하라 다카시(原敬) 22, 239

하마구치 오사치(濱口雄幸) 508

하야시 겐스케(林權助) 87, 107, 111

하자마 후사타로(迫間房太郎) 323, 425

하타모토(旗本) 442, 444

하헌상 90

한만희(韓萬熙) 409, 412, 414, 415, 424, 439

한상룡(韓相龍) 408, 412, 414, 415

한윤찬 386~389, 404

한익동 331, 398, 400, 442, 443, 445

한치항(韓致恒) 418

현도철(玄道轍) 101

호즈미 노부시게(穗積陳重) 191, 194

홍승구(洪承耈) 409

황갑주(黃甲周) 404

황달영 403

황석환 389

후쿠다 마사오(福田政雄) 491

동북아역사재단 일치일로사 연구총서 11

조선총독부의 지배체제 개정

초판 1쇄 발행 2024년 12월 30일

지은이 박찬승
펴낸이 박지향
펴낸곳 동북아역사재단

등 록 제312-2004-050호(2004년 10월 18일)
주 소 서울시 서대문구 통일로 81 NH농협생명빌딩
전 화 02-2012-6065
팩 스 02-2012-6186
홈페이지 www.nahf.or.kr
잡지·인쇄 디자인붐

ISBN 979-11-7161-170-6 94910
978-89-6187-669-8 (세트)

- 이 책은 저작권법에 의해 보호를 받는 저작물이므로 어떤 형태나 어떤 방법으로도 무단전재와 무단복제를 금합니다.
- 잘못된 인쇄본은 있습니다. 공공의 책은 바꾸어 드립니다.